Das unerlaubte Handeltreiben mit Betäubungsmitteln

Deutsches, europäisches und internationales Strafrecht und Strafprozessrecht

Herausgegeben von
Martin Waßmer

Band 19

Felix Schmidt

Das unerlaubte Handeltreiben mit Betäubungsmitteln

Eine rechtsdogmatische Analyse, Bewertung und Beschränkung der extensiven Auslegung des unerlaubten Handeltreibens

PETER LANG
Lausanne - Berlin - Bruxelles - Chennai - New York - Oxford

Bibliografische Information der Deutschen Nationalbibliothek
Die Deutsche Nationalbibliothek verzeichnet diese Publikation in der Deutschen Nationalbibliografie; detaillierte bibliografische Daten sind im Internet über http://dnb.d-nb.de abrufbar.

Zugl.: Kiel, Univ., Diss., 2022

D 8
ISSN 2197-8417
ISBN 978-3-631-89468-2 (Print)
E-ISBN 978-3-631-90682-8 (E-PDF)
E-ISBN 978-3-631-90683-5 (EPUB)
DOI 10.3726/b21090

Verlegt durch:

Peter Lang GmbH, Berlin, Deutschland

info@peterlang.com http://www.peterlang.com/

Vorwort

Die vorliegende Arbeit wurde im Wintersemester 2021 an der Juristischen Fakultät der Christian-Albrechts-Universität zu Kiel als Dissertation angenommen. Rechtsprechung und Literatur sind bis Dezember 2021 berücksichtigt.

Zuvörderst möchte ich meinem Doktorvater, Herrn Prof. Dr. Andreas Hoyer (Kiel), einen besonderen Dank für die herzliche Aufnahme an seinen Lehrstuhl, für die Betreuung der Arbeit sowie für das mir geschenkte Vertrauen aussprechen. Die mir gewährte Freiheit in der wissenschaftlichen Arbeit und die rechtsdogmatische Prägung haben nicht nur den Inhalt dieser Dissertation maßgeblich bestimmt, sondern mich auch persönlich geformt. Hervorzuheben ist zudem mein ehemaliger Lehrstuhl- und Kanzleikollege, Dr. Momme Buchholz, der mich sowohl auf diese spannende Thematik aufmerksam gemacht als auch den Fortschritt der Untersuchung stets kritisch begleitet hat. Des Weiteren möchte ich mich beim gesamten Lehrstuhlteam von Prof. Dr. Andreas Hoyer herzlich für die überaus schöne (Lehr-)Zeit bedanken; das dort gelebte (nahezu familiäre) Verhältnis wird während meines weiteren beruflichen Werdegangs mit Sicherheit einzigartig bleiben. Überdies danke ich Prof. Dr. Bernd Heinrich (Kiel) für die rasche Erstellung des Zweitgutachtens.

Da mir meine praktischen Erfahrungen als Strafverteidiger bei dieser Untersuchung sehr geholfen haben, möchte ich zudem meinen ehemaligen Kolleginnen und Kollegen der Kanzlei Gubitz+Partner (Kiel) danken, da sie den Spagat zwischen meiner wissenschaftlichen und rechtsanwaltlichen Tätigkeit überhaupt erst ermöglicht haben. Im Übrigen war die in jeder Hinsicht konstruktive Kritik von Rechtsanwalt Dr. Björn Elberling (Kiel) zu den mir anfangs noch relativ unbekannten völker- und unionsrechtlichen Fragestellungen überaus wertvoll für mich. Des Weiteren bin ich Christian Sadel dafür verbunden, dass er die Arbeit durch sein Lektorat sprachlich entscheidend verbessert hat.

Abschließend möchte ich ganz herzlich Kerstin und Ralf Schmidt danken, ohne deren elterliche Unterstützung die Arbeit mit Sicherheit nicht entstanden wäre. Gewidmet ist die Arbeit meiner Familie, Anne-Christin und Piet Fietje Wolter, die mir stets liebevoll zur Seite standen und zugunsten dieser Dissertation so manches Mal auf mich verzichten mussten.

Klein Nordsee, Mai 2023

Inhalt

Verzeichnis der verwendeten Literatur

Ambos, Kai: Internationales Strafrecht, 5. Auflage, München, 2018 (zitiert: *Ambos* Internationales Strafrecht, S.)

Amelung, Knut: Rechtsgüterschutz und Schutz der Gesellschaft, Frankfurt am Main, 1972 (zitiert: *Amelung* S.)

Amelung, Knut: Der Begriff des Rechtsguts in der Lehre vom strafrechtlichen Rechtsgüterschutz, In: Hefendehl, Roland; von Hirsch, Andrew; Wohlers, Wolfgang (Hrsg.) Die Rechtsgutstheorie, Baden-Baden, 2003, S. 155–182

Anselmino, Otto; **Hamburger**, Adolf: Kommentar zu dem Gesetz über den Verkehr mit Betäubungs mitteln (Opiumgesetz) und seinen Ausführungsbestimmungen, Berlin, 1931 (zitiert: *Anselmino/Hamburger* § OpG S.)

Anastasopoulou, Ioanna: Deliktsypen zum Schutz kollektiver Rechtsgüter, München, 2005 (zitiert: *Anastasopoulou* S.)

Appel, Ivo: Verfassung und Strafe, Berlin, 1998 (zitiert: *Appel* S.)

Arzt, Gunther; **Weber**, Ulrich; **Heinrich**, Bernd; **Hilgendorf**, Eric: Strafrecht, Besonderer Teil, 4. Auflage, Bielefeld, 2021 (zitiert: Arzt/Weber/Heinrich/ *Hilgendorf* § Rn.)

Baumann, Jürgen; **Weber**, Ulrich (Begr.); **Mitsch**, Wolfgang; **Eisele**, Jörg: Strafrecht, Allgemeiner Teil, Lehrbuch, 13. Auflage, Bielefeld, 2021 (zitiert: Baumann/Weber/*Mitsch/Eisele* AT § Rn.)

Beisheim, Carsten E.: Eigennutz als Deliktsmerkmal im Strafrecht, Frankfurt a. M. u. a., 1994 (zitiert: *Beisheim* S.)

Beulke, Werner: Strafbarkeit gem. § 142 StGB bei vorsatzlosem Sich-Entfernen vom Unfallort NJW 1979, S. 400–405

Beulke, Werner; **Schröder**, Svenja: Anmerkung zu BGH, Beschluss vom 25.09.1991, NStZ 1991, S. 393–395

Bloy, René: Grenzen der Täterschaft bei fremdhändiger Tatausführung, GA 1996, S. 424–442

Bloy, René: Die Bedeutung des Irrtums über die Täterrolle, ZStW 117 (2005) S. 3–36

Bock, Dennis: Beteiligungssystem und Einheitstätersystem, Jura 2005, S. 673–680

Bock, Dennis: Wiederholungs- und Vertiefungskurs Strafrecht, Besonderer Teil – Vermögensdelikte, 2. Auflage, Heidelberg, 2016 (zitiert: *Bock* WuV BT, S.)

Bock, Dennis: Strafrecht Allgemeiner Teil, 2. Auflage, Berlin, 2021 (zitiert: *Bock* AT S.)

Böhm, Klaus Michael: Aktuelle Entwicklungen im Auslieferungsrecht, NStZ 2017, S. 77–84

Böllinger, Lorenz: Strafrecht, Drogenpolitik und Verfassung, KJ 1991, S. 393–408

Böllinger, Lorenz: Grenzenloses symbolisches Strafrecht, KJ 1994, S. 405–420

Böllinger, Lorenz: Strafrechtsprofessoren fordern Reform des Drogenstrafrechts, In: akzept e. V. Bundesverband; Deutsche AIDS-Hilfe; JES Bundesverband (Hrsg.)Alternativer Sucht- und Drogenbericht 2014 (zitiert: *Böllinger* ADS 2014, S.)

Böse, Martin (Hrsg.): Europäisches Strafrecht mit polizeilicher Zusammenarbeit, In: Hatje, Armin; Müller-Graff, Peter-Christian (Hrsg.) Enzyklopädie Europa (EnzEuR), Band 9, Baden-Baden, 2013 (zitiert: Böse/*Bearbeiter* Europäisches Strafrecht, S.)

Bohnen, Wolfgang; **Schmidt**, Detlev (Hrsg.): Beck'scher Online-Kommentar, BtMG, Bearbeitet von Barrot, Wolfgang; Becker, Pit u. a., 17. Edition (Stand: 15.12.2022) München, 2022 (zitiert: BeckOK-BtMG/*Bearbeiter* § Rn.)

Bottke, Wilfried: Strafrechtliche Probleme von AIDS und der AIDS-Bekämpfung, In: Schünemann, Bernd; Pfeiffer, Gerd (Hrsg.) Die Rechtsprobleme von AIDS Baden-Baden, 1988, S. 171–247

Bottke, Wilfried: Assoziationsprävention, Zur heutigen Diskussion der Strafzwecke, Berlin, 1995 (zitiert: *Bottke* Assoziationsprävention, S.)

Brodowski, Dominik: Strafrechtsrelevante Entwicklungen in der Europäischen Union – ein Überblick, ZIS 2010, S. 376–386

Bruns, Hans-Jürgen: Leitfaden des Strafzumessungsrechts, Köln, u. a., 1980 (zitiert: *Bruns* Leitfaden, S.)

Bruns, Hans-Jürgen: Das Recht der Strafzumessung, 2. Auflage, Köln u. a., 1985 (zitiert: *Bruns* S.)

Bruns, Hans-Jürgen; **Güntge**, Georg-Friedrich: Das Recht der Strafzumessung, 3. Auflage, Köln, 2019 (zitiert: *Bruns/Güntge* S.)

Buchholz, Momme; **Hölken**, Helge; **Kuhne**, Elisa: Die geschäftsmäßige Förderung der Selbsttötung, JSE 2017, S. 222–228

Bülte, Jens; **Hagemeier**, Andrea: Vergabe unwirtschaftlicher Aufträge als strafbare Teilnahme? NStZ 2015, S. 317–322

Calliess, Christian; **Ruffert**, Matthias (Hrsg.): EUV/EGV, Kommentar, Bearbeitet von Blanke, Hermann-Josef; Brechmann, Winfried u. a., 3. Auflage, München, 2007 (zitiert: Callies/Ruffert/*Bearbeiter* 3. A. Art. Rn.)

Calliess, Christian; **Ruffert**, Matthias (Hrsg.): EUV/AEUV, Das Verfassungsrecht der Europäischen Union mit Europäischer Grundrechtechart, Bearbeitet von

Blanke, Hermann-Josef; Brechmann, Winfried u. a., 5. Auflage, München, 2016 (zitiert: Callies/Ruffert/*Bearbeiter* 5. A. Art. Rn.)

Cirener, Gabriele; **Radtke**, Hennig; **Rissing-van Saan**, Ruth; **Rönnau**, Thomas; **Schluckebier**, Wilhelm (Hrsg.): Strafgesetzbuch, Leipziger Kommentar, 1. Band, §§ 1–18, Bearbeitet von Weigend, Thomas; Dannecker, Gerhard u. a., 13. Auflage, Berlin u. a., 2020 (zitiert: LK-StGB/*Bearbeiter* 13. A. § Rn.)

Cornelius, Kai: Die Verbotsirrtumslösung zur Bewältigung unklarer Rechtslagen, GA 2015, S. 101–124

Cramer, Peter: Der Vollrauschtatbestand als abstraktes Gefährdungsdelikt, Tübingen, 1962 (zitiert: *Cramer* S.)

Demko, Daniela: Zur „Relativität" der Rechtsbegriffe in strafrechtlichen Tatbeständen, Berlin, 2002 (zitiert: *Demko* S.)

Dreier, Horst (Hrsg.): Grundgesetz, Kommentar, Band III, Art. 83–146, Bearbeitet von Bauer, Hartmut; Brosius-Gersdorf, Frauke u. a., 3. Auflage, Tübingen, 2018 (zitiert: Dreier/*Bearbeiter* Art. GG, Rn.)

Drosdowski, Günther: Meyers Enzyklopädisches Lexikon, Band 32, Bearbeitet von Köster, Rudolf; Müller, Wolfgang u. a., Mannheim, 1981 (zitiert: *Drosdowski* Meyers Enzyklopädisches Lexikon, S.)

Dürig, Günter (Begr.); **Herzog**, Roman; **Scholz**, Rupert (Hrsg.): Grundgesetz Kommentar, Bearbeitet von Badura, Peter; Butzer, Hermann u. a., 99. Lieferung (Stand: 09.2022) München, 2022 (zitiert: Dürig/Herzog/Scholz/*Bearbeiter* Art. GG (Teil) Rn.)

Duttge, Gunnar: Die „geschäftsmäßige Suizidassistenz" (§ 217 StGB): Paradebeispiel für illegitimen Paternalismus! ZStW 129 (2017), S. 448–466

Duttge, Gunnar; **Steuer**, Melanie: Legalisierung von Cannabis: Verkommt Deutschland zu einer berauschten Gesellschaft, ZRP 2014, S. 181–184

Ebert, Christoph: Das Handeltreiben mit Betäubungsmitteln im Sinne von § 29 I 1 Nr. 1 BtMG, Die Auslegung des Begriffes „Handeltreiben" mit Betäubungsmitteln, dargestellt an der Strafbarkeit des Versuches Aachen, 1997 (zitiert: *Ebert* Handeltreiben, S.)

Eberth, Alexander; **Müller**, Eckhart: Betäubungsmittelrecht, München, 1982 (zitiert: *Eberth/Müller* § Rn.)

Eberth, Alexander; **Müller**, Eckhart: Verteidigung in Betäubungsmittelsachen, 2. Auflage, Heidelberg u. a., 1993 (zitiert: *Eberth/Müller* 2. A. Rn.)

Eberth, Alexander; **Müller**, Eckhart; **Schütrumpf**, Matthias: Verteidigung in Betäubungsmittelsachen, 6. Auflage, Heidelberg u. a., 2013 (zitiert: *Eberth/Müller/Schütrumpf* Verteidigung S.)

El-Ghazi, Mohamad: Anmerkung zu BGH Großer Senat für Strafsachen, Beschluss vom 10.07.2017 – GSSt 4/17, Juris PR-StrafR 20/2018 Anm. 1 (zitiert: *El-Ghazi* jurisPR-StrafR 20/2018, Anm. 1)

Endriß, Reiner: Betäubungsmittelstrafrecht, München, 1986 (zitiert: *Endriß/ Malek* Rn.)

Endriß, Reiner: Keine vollendete Hehlerei bei Lieferung an V-Mann, Anmerkung zu BGH, Urteil vom 17.06.1997, NStZ 1998, S. 463–464

Endriß, Reiner; **Kinzig**, Jörg: Neuralgische Punkte des Betäubungsmittelstrafrechts, NJW 2001. S. 3217–3222

Engländer, Armin: Revitalisierung der materiellen Rechtsgutslehre? ZStW 127 (2015) S. 616–634

Epping, Volker; **Hillgruber**, Christian (Hrsg.): Beck'scher Online-Kommentar, Grundgesetz, Bearbeitet von Axer, Peter; Barczak, Tristan u. a., 54. Edition (Stand: 15.02.2023) München, 2023 (zitiert: BeckOk-GG/*Bearbeiter* Art. Rn.)

Erb, Volker; **Schäfer**, Jürgen (Hrsg.): Münchener Kommentar zum Strafgesetzbuch, Band 1 §§ 1–37, Bearbeitet von Ambos, Kai; Duttge, Gunnar u. a., 4. Auflage, München, 2020 (zitiert: MüKo-StGB/*Bearbeiter* § Rn.)

Erb, Volker; **Schäfer**, Jürgen (Hrsg.): Münchener Kommentar zum Strafgesetzbuch, Band 4, §§ 185–262, Bearbeitet von Altenhain, Karsten; Brunhöber, Beatrice u. a., 4. Auflage, München 2021 (zitiert: MüKo-StGB/*Bearbeiter* § Rn.)

Erb, Volker; **Schäfer**, Jürgen (Hrsg.): Münchener Kommentar zum Strafgesetzbuch, Band 6, JGG (Auszug), Nebenstrafrecht I, Strafvorschriften aus: AMG, AntiDopG, BtMG, BtMVV, GÜG, NpSG, TPG, TFG, GenTG, TierSchG, BNatSchG, VereinsG, VersammlG, Bearbeitet von Alt, Ralph; Freund, Georg u. a., 3. Auflage, München, 2018 (zitiert: MüKo-StGB/*Bearbeiter* § Rn.)

Erb, Volker; **Schäfer**, Jürgen (Hrsg.): Münchener Kommentar zum Strafgesetzbuch, Band 7, JGG (Auszug), Nebenstrafrecht I, Strafvorschriften aus: AMG, AntiDopG, BtMG, GÜG, NpSG, TPG, TFG, GenTG, TierSchG, BNatSchG, VereinsG, VersammlG, Bearbeitet von Alt, Ralph; Freund, Georg u. a., 4. Auflage, München, 2022 (zitiert: MüKo-StGB/*Bearbeiter* § Rn.)

Erb, Volker; **Schäfer**, Jürgen (Hrsg.): Münchener Kommentar zum Strafgesetzbuch, Band 9, Nebenstrafrecht III, Strafvorschriften aus: AufenthG, FreizügG/ EU, AsylG, StAG, WaffG, KrWaffG, SprengG, WStG, EGWStG, Völkerstrafgesetzbuch, Bearbeitet von Ambos, Kai; Dau, Klaus u. a., 4. Auflage, München, 2022 (zitiert: MüKo-StGB/*Bearbeiter* § Rn.)

European Criminal Policy Initiative: Manifest zur Europäischen Kriminalpolitik, Bearbeitet von Asp, Petter; Bitzilekis, Nikolaos u. a., ZIS 2009, S. 699–706

European Monitoring Centre for Drugs and Drug Addiction (Hrsg.): Characteristics of frequent and high-risk cannabis users, Lissabon, 2015 (zitiert: EMCDDA Characteristics of frequent and high-risk cannabis users (2015) S.)

Fetzer, Thomas; **Groß**, Thomas: Die Pupino-Entscheidung des EuGH – Abkehr vom intergouvernementalen Charakter der EU? – Erwiderung auf Herrmann, EuZW 2005, 436, EuZW 2005, S. 550–551

Fischer, Thomas: Das Verhältnis der Bekenntnisbeschimpfung (§ 166 StGB) zur Volksverhetzung (§ 130 StGB) GA 1989, S. 445–468

Fischer, Thomas: Strafgesetzbuch, mit Nebengesetzen, 70. Auflage, München, 2023 (zitiert: *Fischer* § StGB, Rn.)

Franke, Ulrich; **Wienroeder**, Karl: Betäubungsmittelgesetz (BtMG) Kommentar,3. Auflage, Heidelberg, 2008 (zitiert: *Franke/Wienroeder* 3. A. § BtMG, Rn.)

Freund, Georg; **Rostalski**, Frauke: Strafrecht Allgemeinser Teil, 3. Auflage, Berlin, 2019 (zitiert: *Freund* AT § Rn.)

Frisch, Wolfgang: Wesentliche Strafbarkeitsvoraussetzungen einer modernen Strafgesetzgebungm, In: Eser, Albin; Kaiser, Günther; Weigend, Ewa (Hrsg.) Von totalitärem zu rechtsstaatlichen Strafrecht, Freiburg im Breisgau, 1993, S. 201–253

Frisch, Wolfgang: Gegenwärtiger Stand und Zukunftsperspektiven der Strafzumessungsdogmatik, ZStW 99 (1987) S. 349–388

Frisch, Wolfgang: An den Grenzen des Strafrechts, In: Küper, Wilfried; Welp, Jürgen (Hrsg.) Beiträge zur Rechtswissenschaft, Festschrift für Walter Stree und Johannes Wessels, Heidelberg, 1993, S. 69–106

Frisch, Wolfgang: Rechtsgut, Recht, Deliktsstruktur und Zurechnung im Rahmen der Legitimation staatlichen Strafen, In: Hefendehl, Roland; von Hirsch, Andrew; Wohlers, Wolfgang (Hrsg.) Die Rechtsgutstheorie, Baden-Baden, 2003, S. 215–238

Frister, Helmut: Strafrecht, Allgemeiner Teil, 9. Auflage, München, 2020 (zitiert: *Frister* AT Kap./Rn.)

Gaede, Karsten: Anmerkung zu BGH, Beschluss vom 10.07.2003 – 3 StR 61/02, 3 StR 243/02, StraFo 2003, S. 392–396

Gaede, Karsten: Gesetzesorientierte Auslegung des Handeltreibens oder Verzicht auf staatliche Strafansprüche nach richterlichem Ermessen? HRRS 2004, S. 165–171

Gaede, Karsten: Vollendung und Versuch beim Handeltreiben – Zur „kleinen Vorlage“ des dritten Strafsenats, HRRS 2005, S. 250–253

Gärditz, Klaus Ferdinand; **Gusy**, Christoph: Zur Wirkung europäischer Rahmenbeschlüsse im innerstaatlichem Recht, Zugleich Besprechung von EuGH, Urteil vom 16.06.2005, GA 2005, S. 225–237

Grabitz, Eberhard; **Hilf**, Meinhard; **Nettesheim**, Martin (Hrsg.): Das Recht der Europäischen Union, Bearbeitet von Aicher, Josef; Bandilla, Rüdiger u. a., 40. Ergänzungslieferung, München, 2009 (zitiert: Grabitz/Hilf/*Bearbeiter* 40. EL, Art. Rn.)

Grabitz, Eberhard; **Hilf**, Meinhar; **Nettesheim**, Martin (Hrsg.): Das Recht der Europäischen Union, Bearbeitet von Bandilla, Rüdiger; Bast, Jürgen u. a., 78. Ergänzungslieferung (Stand: 01.2023) München, 2023 (zitiert: Grabitz/Hilf/*Bearbeiter* 78. EL, Art. Rn.)

Gragert, Jörg: Strafrechtliche Aspekte des Organhandels, Hamburg, 1997 (zitiert: *Gragert* S.)

von der Groeben, Hans; **Schwarze**, Jürgen; **Hatje**, Armin (Hrsg.): Europäisches Unionsrecht, 7. Auflage, Baden-Baden, 2015 (zitiert: von der Groeben/Schwarze/Hatje/*Bearbeiter* Art. Rn.)

Gropp, Walter; **Sinn**, Arndt: Strafrecht Allgemeiner Teil, 5. Auflage, Berlin, 2020 (zitiert: *Gropp/Sinn* AT § Rn.)

Grüneberg, Christian: Bürgerliches Gesetzbuch mit Nebengesetzen, Bearbeitet von Ellenberger, Jürgen; Grüneberg, Christian u. a., 81. Auflage, München, 2022 (zitiert: Grüneberg/*Berabeiter* § Rn.)

Grüske, Karl-Dieter; **Schneider**, Friedrich: Wörterbuch der Wirtschaft, 12. Auflage, Stuttgart, 1995 (zitiert: *Grüske/Schneider* Wörterbuch S.)

Haberl, Gunther: Die Strafbarkeit des Umgangs mit „nicht geringen Mengen" im Betäubungsmittelgesetz, Sinzheim, 1998 (zitiert: *Haberl* S.)

Häberle, Peter (Hrsg.): Strafrechtliche Nebengesetze, Begründet von Erbs, Georg und Kohlhaas, Max, 244. Ergänzungslieferung (Stand: 12.2022), München, 2022 (zitiert: Erbs/Kohlhaas/*Bearbeiter* § Rn.)

Hardtung, Bernhard: Anmerkung zu BGH, Urteil vom 11.04.2000 – 1 StR 638/99, NStZ 2001, S. 206–208

Hassemer, Winfried: Tatbestand und Typus, Untersuchungen zur strafrechtlichen Hermeneutik, Köln u. a., 1968 (zitiert: *Hassemer* Tatbestand und Typus, S.)

Hassemer, Winfried: Theorie und Soziologie des Verbrechens, Frankfurt am Main, 1973 (zitiert: *Hassemer* Theorie, S.)

Hassemer, Winfried: Anmerkung zu BGH, Beschluss vom 02.08.1983 – 5 StR 503/83, JZ 1983, S. 697–968

Hassemer, Winfried: Prävention im Strafrecht, JuS 1987, S. 257–266

Hassemer, Winfried: Symbolisches Strafrecht und Rechtsgüterschutz, NStZ 1989, S. 553–558

Hassemer, Winfried: Das Merkmal „Handeltreiben“ im Betäubungsmittelstrafrecht, NJW 1991, S. 352–353

Hassemer, Winfried: Rauschgiftbekämpfung durch Rauschgift? - BGH, NJW 1991, 2359, JuS 1992, S. 110–114

Hassemer, Winfried: Welche Zukunft hat das Strafrecht? Duttge, Gunnar; Geilen, Gerd u. a. (Hrsg.) Gedächtnisschrift für Ellen Schlüchter, Köln u. a., 2002, S. 133–160

Hassemer, Winfried: Darf es Straftaten geben, die ein strafrechtliches Rechtsgut nicht in Mitleidenschaft ziehen? In: Hefendehl, Roland; von Hirsch, Andrew; Wohlers, Wolfgang (Hrsg.) Die Rechtsgutstheorie, Baden-Baden, 2003, S. 57–60

Harzer, Regina: Der provozierende Helfer und die Beihilfe am untauglichen Versuch, Zugleich eine Besprechung von BGH StV 1995, 524, StV 1996, S. 336–343

Hecker, Bernd: Tatbestand des „Mitsichführens“ einer Schusswaffe, Anmerkung zu BGH, Beschluss vom 25.06.1999 - 3 StR 372/98, NStZ 2000, S. 208–210

Hecker, Bernd: Europäisches Strafrecht, 6. Auflage, Berlin, 2021 (zitiert: Hecker/ *Bearbeiter* Europäisches Strafrecht, S.)

Hecker, Bernd: Die Bekämpfung der transnationalen organisierten Kriminalität in der EU, In: Rotsch, Thomas (Hrsg.) Zehn Jahre ZIS - Zeitschrift für Internationale Strafrechtsdogmatik Baden-Baden, 2018, S. 1057–1084

Hefendehl, Roland: Kollektive Rechtsgüter im Strafrecht, Dresden, 2002 (zitiert: *Hefendehl*, S.)

Hefendehl, Roland: Die Materialisierung von Rechtsgut und Deliktsstruktur, GA 2002, S. 21–28

Hefendehl, Roland: Organisierte Kriminalität als Begründung für ein Feind- oder Täterstrafrecht, StV 2005, S. 156–161

Hefendehl, Roland: Mit langem Atem: Der Begriff des Rechtsguts, Oder: Was seit dem Erscheinen des Sammelbandes über die Rechtsgutstheorie geschah, GA 2007, S. 1–14

Heger, Martin: Perspektiven des Europäischen Strafrechts nach dem Vertrag von Lissabon, ZIS 2009, S. 406–415

Heinrich, Bernd: Strafrecht, Allgemeiner Teil, 7. Auflage, Stuttgart, 2022 (zitiert: *B. Heinrich* AT Rn.)

Heinrich, Bernd: Zu den Anforderungen an eine strafbare Beihilfe zu, Massentötungen durch KZ-Aufseher, Jura 2017, S. 1367–1379

Heinrich, Manfred: Rechtsgutszugriff und Entscheidungsträgerschaft, München, 2002 (zitiert: *M. Heinrich* Entscheidungsträgerschaft, S.)

Heinrich, Manfred: Strafrecht als Rechtsgüterschutz – ein Auslaufmodell? In: Heinrich, Manfred; Jäger, Christian u. a. (Hrsg.) Festschrift für Claus Roxin, Berlin u. a., 2011, S. 131–154

von Heintschel-Heinegg, Bernd (Hrsg.): Beck'scher Online-Kommentar, Strafrecht, Bearbeitet von Bange, Markus; Beukelmann, Stephan u. a., 56. Edition (Stand: 01.02.2023) München, 2023 (zitiert: BeckOK-StGB/*Bearbeiter* § Rn.)

Herdegen, Matthias: Europarecht, 24. Auflage, München, 2023 (zitiert: *Herdegen* Europarecht, S.)

Hermann, Ursula: Knaurs großes Wörterbuch der deutschen Sprache, Der große Störing, Bearbeitet von Hermann, Ursula; Leisering, Horst u. a., München, 1985 (zitiert: *Hermann* Knaurs großes Wörterbuch S.)

Herzog, Felix: Gesellschaftliche Unsicherheit und strafrechtliche Daseinsvorsorge, Heidelberg, 1991 (zitiert: *Herzog* S.)

Hesel, Gerd Johannes: Untersuchungen zur Dogmatik und den Erscheinungsformen „Modernen" Strafrechts, Marburg, 2003 (zitiert: *Hesel* S.)

Herzberg, Rolf D.: Kritik der teleologischen Gesetzesauslegung, NJW 1990, S. 2525–2530

Hillgruber, Christian: Anmerkung zu EuGH, Urteil v. 16.06.2005 Rs. C-105/03 Maria Pupino, JZ 2005, S. 841–844

von Hirsch, Andreas: Direkter Paternalismus im Strafrecht, In: von Hirsch, Andreas; Neumann, Ulfrid; Seelmann, Kurt (Hrsg.) Paternalismus im Strafrecht, Baden-Baden, 2010, S. 57–322

Hirsch, Hans Joachim: Zur Lehre von der objektiven Zurechnung In: Eser, Albin; Schittenhelm, Ulrike; Schumann, Heribert (Hrsg.) Festschrift für Theodor Lenckner, München, 1998, S. 119–142

Hoch, Eva; **Friemel**, Chris Maria; **Schneider**, Miriam (Hrsg.): Cannabis: Potenzial und Risiko, Eine wissenschaftliche Bestandsaufnahme, Heidelberg, 2019 (zitiert: *Hoch/Friemel/Schneider* S.)

Holthausen, Dieter: Zum Tatbestand des Förderns in den neuen Strafvorschriften des Kriegswaffenkonkrollgesetzes (§§ 16–21 KWKG) NJW 1991, S. 203–207

Hohmann, Ralf; **Matt**, Holger: Ist die Strafbarkeit der Selbstschädigung verfassungswidrig? – BGH, NJW 1992, 2975, JuS 1992, S. 370–374

Horn, Eckhard: Konkrete Gefährdungsdelikte, Köln, 1973 (zitiert: *Horn* S.)

Hoven, Elisa: Für eine freie Entscheidung über den eigenen Tod, ZIS 2016, S. 1–9

Hoyer, Andreas: Die Eignungsdelikte, Berlin, 1987 (zitiert: *Hoyer* Eignungsdelikte, S.)

Hoyer, Andreas: Zum Begriff der „abstrakten Gefahr", JA 1990, S. 183–188

Hoyer, Andreas: Anmerkung zu BGH, Urteil vom 01.07.1992 – 2 StR 191/92, StV 1993, S. 128–129

Hoyer, Andreas: Zur Strafbarkeit der Zueignung von Betäubungsmitteln als Eigentumsdelikt, In: Barton, Stephan; Eschelbach, Ralf u. a. (Hrsg.), Festschrift für Thomas Fischer, München, 2018, S. 361–370

Hügel, Herbert; **Junge**, Wilfried; **Landner**, Carola; **Winkler**, Karl-Rudolf (Hrsg.): Deutsches Betäubungsmittelrecht, Kommentar, Recht des Verkehrs mit Suchtstoffen und psychotropen Stoffen, Bearbeitet von Rohr, Annette und Winkler, Karl-Rudolf, Stuttgart, 2009 (zitiert: *Hügel/Junge/Landner/Winkler* § Rn.)

Hugger, Heiner: Zur strafbarkeitserweiternden richtlinienkonformen Auslegung deutscher Strafvorschriften, NStZ 1993, S. 421–424

Igl, Gerhard; **Welti**, Felix (Hrsg.): Gesundheitsrecht, 4. Auflage, München, 2022 (zitiert: Igl/Welti/*Hoyer* Gesundheitsrecht § Rn.)

Isensee, Josef; **Kirchhof**, Paul (Hrsg.): Handbuch des Staatsrechts der Bundesrepublik Deutschland, Band XI, Bearbeitet von Becker, Florian; von Bogdandy, Armin u. a., 3. Auflage, Heidelberg, 2013 (zitiert: Isensee/Kirchhof/*Bearbeiter* Bd. § Rn.)

Jähnke, Burkhard; **Schramm**, Edward: Europäisches Strafrecht, Berlin u. a., 2017 (zitiert: *Jähnke/Schramm* S.)

Jähnke, Burkhard; **Laufhütte**, Heinrich Wilhelm; **Odersky**, Walter (Hrsg.): Strafgesetzbuch, Leipziger Kommentar, 1. Band, Bearbeitet von Jescheck, Hans-Heinrich; Gribbholm, Günter u. a., 11. Auflage, Berlin u. a. 2003 (zitiert: LK-StGB/*Bearbeiter* 11. A. § Rn.)

Jakobs, Günther: Kriminalisierung im Vorfeld einer Rechtsgutsverletzung, ZStW 97 (1985) S. 751–785

Jakobs, Günther: Strafrecht, Allgemeiner Teil, 2. Auflage, Berlin u. a., 1991 (zitiert: *Jakobs* AT Abschn./Rn.)

Jakobs, Günther: Bürgerstrafrecht und Feindstrafrecht, HRRS 2004, S. 88–95

Jarass, Hans D.: Charta der Grundrechte der Europäischen Union, Kommentar, 4. Auflage, München, 2021 (zitiert: *Jarass* Art. Rn.)

Jarass, Hans D.; **Pieroth**, Bodo: Grundgesetz für die Bundesrepublik Deutschland, Kommentar, 17. Auflage, München, 2022 (zitiert: Jarass/*Pieroth* Art. Rn.)

Jescheck, Hans-Heinrich; **Weigend**, Thomas: Lehrbuch des Strafrechts, Allgemeiner Teil, 5. Auflage, Berlin, 1996 (zitiert: *Jescheck/Weigend* AT, S.)

Joachimski, Jupp: Betäubungsmittelgesetz – BtMG – 6. Auflage, Stuttgart u. a., 1996 (zitiert: *Joachimski/Haumer* § Rn.)

Joecks, Wolfgang; **Miebach**, Klaus (Hrsg.): Münchener Kommentar zum Strafgesetzbuch, Band 5, JGG (Auszug), Nebenstrafrecht I, Strafvorschriften aus: AMG, BtMG, GÜG, TPG, TFG, GenTG, TierSchG, BNatSchG, VereinsG, VersammlG, WaffG, KrWaffG, SprengG, Bearbeitet von Alt, Ralph; Altenhain, Karsten u. a., 1. Auflage, München, 2007 (zitiert: MüKo-StGB/*Bearbeiter* 1. A. § Rn.)

Johannsen, Sven Leif Erik: Die Entwicklung der Teilnahmelehre in der Rechtsprechung, Berlin, 2009 (zitiert: *Johannsen* S.)

Kargl, Walter: Gesetz, Dogmatik und Reform des Mordes (§ 211 StGB) StraFo 2001, S. 365–375

Kerner, Stefan R.: Rauschgiftkriminalität, Kriminalistik 1993, S. 19–27

Kindhäuser, Urs; **Neumann**, Ulfrid; **Paeffgen**, Hans-Ullrich (Hrsg.): Strafgesetzbuch - Kommentar, Band 1, Bearbeitet von Albrecht, Hans-Jörg; Altenhain, Karsten u. a., 5. Auflage, Baden-Baden, 2017 (zitiert: NK-StGB/*Bearbeiter* § Rn.)

Kinzig, Jörg: Die rechtliche Bewältigung von Erscheinungsformen organisierter Kriminalität, Berlin, 2004 (zitiert: *Kinzig* S.)

Klip, André: Strafrecht in der Europäischen Union, ZStW 117 (2005) S. 899–911

Kniesel, Michael: Nach der Entscheidung des BVerfG zur Strafbarkeit weicher Drogen: Anfang vom Ende der Drogenpolitik durch Strafrecht, ZRP 1994, S. 352–358

Köhler, Michael: Freiheitliches Rechtsprinzip und Betäubungsmittelstrafrecht, ZStW 104 (1992) S. 3–64

Köhler, Michael: Rechtsgut, Tatbestandsstruktur und Rechtswidrigkeitszusammenhang, MDR 1992, S. 739–741

Köhler, Michael: Strafrecht Allgemeiner Teil, Berlin u. a., 1997 (zitiert: *Köhler* AT, S.)

König, Peter: Strafbarer Organhandel, Frankfurt am Main u. a., 1999 (zitiert: *König* S.)

Körner, Harald Hans: Anmerkung zu BGH, Urteil vom 14.04.1999 - 3 StR 22/99, NStZ 2000, S. 95

Körner, Harald Hans: Neuordnung des Betäubungsmittelrechts, NJW 1979, S. 673–676

Körner, Harald Hans: Neuordnung des Betäubungsmittelrechts, NJW 1982, S. 673–677

Körner, Harald Hans; **Scherp**, Dirk: Betäubungsmittelgesetz, Arzneimittelgesetz, 5. Auflage, München, 2001 (zitiert: *Körner* 5. A. § Rn.)

Körner, Harald Hans (Begr.); **Patzak**, Jörn; **Volkmer**, Mathias: Betäubungsmittelgesetz, Arzneimittelgesetz, Grundstoffüberwachungsgesetz, 8. Auflage, München, 2016 (zitiert: Körner/*Bearbeiter* 8. A. § BtMG, Teil Rn.)

Körner, Harald Hans (Begr.); **Patzak**, Jörn; **Volkmer**, Mathias; **Fabricius**, Jochen: Betäubungsmittelgesetz, Betäubungsmittel-Verschreibungsverordnung, Arzneimittelgesetz, Neue-psychoaktive-Stoffe-Gesetz, Anti-Doping-Gesetz, Grundstoffüberwachungsgesetz, 9. Auflage, Münche, 2019 (zitiert: Körner/*Bearbeiter* § BtMG, Teil Rn.)

Körner, Harald Hans (Begr.); **Patzak**, Jörn; **Volkmer**, Mathias; **Fabricius**, Jochen: Betäubungsmittelgesetz, Betäubungsmittel-Verschreibungsverordnung, Arzneimittelgesetz, Neue-psychoaktive-Stoffe-Gesetz, Anti-Doping-Gesetz, Grundstoffüberwachungsgesetz, 10. Auflage, München, 2022 (zitiert: Körner/*Bearbeiter* § BtMG, Rn.)

Koppernock, Martin: Das Grundrecht auf bioethische Selbstbestimmung, Baden-Baden, 1997 (zitiert: *Koppernock* S.)

Krack, Ralf: Handeltreiben mit Betäubungsmitteln nach deren Sicherstellung – BGH, NJW 1994, 2162, JuS 1995, S. 585–589

Krack, Ralf: Anmerkung zu BGH, Urteil vom 17.06.1997 – 1 StR 119/97, NStZ 1998, S. 462–463

Krack, Ralf: Anmerkung zu BGH, Urteil vom 07.02.2008 – 5 StR 242/07, JR 2008, S. 342–344

Krahl, Matthias: Die Rechtsprechung des Bundesverfassungsgerichts und des Bundesgerichtshofs zum Bestimmtheitsgrundsatz im Strafrecht (Art. 103 Abs. 2 GG) Frankfurt am Main, 1986 (zitiert: *Krahl* S.)

Kreuzer, Arthur: Reform des Drogenstrafrechts, ZRP 1975, S. 206–209

Kreuzer, Arthur: Die Haschisch-Entscheidung des BverfG, NJW 1994, S. 2400–2402

Kreuzer, Arthur: Betäubungsmittelstrafrecht – Gedanken, Befunde, Kritik, In: Kreuzer, Arthur (Hrsg.) Festschrift für Koichi Miyazawa, Baden-Baden, 1995, S. 177–198

Kreuzer, Arthur (Hrsg.): Handbuch des Betäubungsmittelstrafrecht, Bearbeitet von Albrecht, Hans-Jörg; Bühringer, Gerhard u. a., München, 1998 (zitiert: Kreuzer/*Bearbeiter* § Rn.)

Krey, Volker: Keine Strafe ohne Gesetz, Einführung in die Dogmengeschichte des Satzes „nullum crimen, nulla poena sine lege“ Berlin, 1983 (zitiert: *Krey* Keine Strafe ohne Gesetz, S.)

Krey, Volker (Begr.); **Hellmann**, Uwe; **Heinrich**, Manfred (Hrsg.): Strafrecht Besonderer Teil, Band 2 Vermögensdelikte, 18. Auflage, Stuttgart, 2021 (zitiert: Krey/Hellmann/*M. Heinrich* Rn.)

Krumdiek, Nicole: Unerlaubtes Handeltreiben – Anforderungen an die Strafbarkeit wegen Beihilfe zum Handeltreiben mit Betäubungsmitteln, HRRS 2008, S. 288–292

Krumdiek, Nicole: Unerlaubtes Handeltreiben mit Betäubungsmitteln – Abgrenzung der vollendeten zur versuchten (straflosen) Beihilfe, StV 2009, S. 385–388

Krumdiek, Nicole, **Wesemann**, Horst: Anmerkung zu BGH, Beschluss vom 26.10.2005 – GSSt 1/05, StV 2006, S. 634–639

Krüger, Wolfgang; **Rauscher**, Thomas (Hrsg.): Münchener Kommentar zur Zivilprozessordnung mit Gerichtsverfassungsgesetz und Nebengesetzen, Band 3 §§ 946–1120, Bearbeitet von Adolphsen, Jens; Gottwald, Peter u. a. 6. Auflage, München, 2022 (zitiert: MüKo-ZPO/*Bearbeiter* § Rn.)

Kuhlen, Lothar: Die verfassungskonforme Auslegung von Strafgesetzen, Heidelberg u. a., 2006 (zitiert: *Kuhlen* S.)

Kuhlen, Lothar: Gesetzlichkeitsprinzip und Untreue, JR 2011, S. 246–253

Kühl, Kristian: Strafrecht, Allgemeiner Teil, 8. Auflage, München, 2017 (zitiert: *Kühl* AT § Rn.)

Kunkel-Razum, Kathrin: Duden, Das Bedeutungswörterbuch, Bearbeitet von Eickhoff, Birgit; Haller-Wolf, Angelika u. a., 10. Band, 3. Auflage, Mannheim u. a., 2002 (zitiert: *Kunkel-Razum* Duden, Das Bedeutungswörterbuch, S.)

Lackner, Karl; **Kühl**, Kristian; **Heger**, Martin: Strafgesetzbuch – Kommentar, 30. Auflage, München, 2023 (zitiert: Lackner/*Kühl/Heger* § StGB, Rn.)

Lagodny, Otto: Strafrecht vor den Schranken der Grundrechte, Tübingen, 1996 (zitiert: *Lagodny* S.)

Lampe, Ernst-Joachim: Tätersysteme: Spuren und Systeme, ZStW 119 (2007) S. 471–518

Lang, Wolfgang J. M.: Betäubungsmittelstrafrecht – dogmatische Inkonsistenzen und Verfassungsfriktionen, Hamburg, 2011 (zitiert: *Lang* S.)

Larenz, Karl: Methodenlehre der Rechtswissenschaft, 6. Auflage, Berlin u. a., 1991 (zitiert: *Larenz* S.)

Laufhütte, Heinrich Wilhelm; **Rissing-van Saan**, Ruth; **Tiedemann**, Klaus: Strafgesetzbuch, Leipziger Kommentar, Bearbeitet von Weigend, Thomas; Dannecker, Gerhard u. a., 1. Band, §§ 1–31, 12. Auflage, Berlin u. a., 2007 (zitiert: LK-StGB/*Bearbeiter* 12. A. § Rn.)

Laufhütte, Heinrich Wilhelm; **Rissing-van Saan**, Ruth; **Tiedemann**, Klaus: Strafgesetzbuch, Leipziger Kommentar, Bearbeitet von Krause, Juliane; Schmidt, Wilhelm u. a., 8. Band, §§ 242–262, 12. Auflage, Berlin u. a., 2010 (zitiert: LK-StGB/*Bearbeiter* 12. A. § Rn.)

Leipold, Klaus; **Beukelmann**, Stephan: Alter schützt vor Torheit nicht: Opa reüssiert als Cannabisbauer, Anmerkung zu BGH, Beschluss vom 28.11.2013 – 5 StR 576/13, NJW-Spezial 2014, S. 312

Lenckner, Theodor: Tatbestand des „Mitsichführens" einer Schußwaffe, NStZ 1998, S. 257–258

Liemersdorf, Thilo; **Miebach**, Klaus: Beihilfe zum „Handeltreiben" nach § 11 Abs. 1 des Betäubungsmittelgesetzes, MDR 1979, S. 981–985

Loos, Fritz: Anmerkung zu BGH, Urteil vom 28.04.1981, JR 1982, S. 342–343

Lorenzmeier, Stefan: Der Rahmenbeschluss als Handlungsform der Europäischen Union und seine Rechtswirkungen, ZIS 2006, S. 576–582

Lucke, Ole-Steffen: Die Suche nach einem Legitimationsmaßstab für Pönalisierungsentscheidungen in der mehrkulturellen Gesellschaft der Bundesrepublik Deutschland, Berlin, 2017 (zitiert: *Lucke* S.)

Lüderssen, Klaus: Das Recht über sich selbst – Freigabe von Drogen im Rahmen des Arzneimittelrechts, StV 1994, S. 508–514

Maiwald, Manfred: Der Zueignungsbegriff im System der Eigentumsdelikte, Heidelberg, 1970 (zitiert: *Maiwald* S.)

Malek, Klaus: Betäubungsmittelstrafrecht, 4. Auflage, München, 2015 (zitiert: *Malek* Betäubungsmittelstrafrecht, S.)

Martens, Sebastian A. E.: Methodenlehre des Unionsrecht, Tübingen, 2013 (zitiert: *Martens* S.)

Marx, Michael: Zur Definition des Begriffs „Rechtsgut": Prolegomena einer materialen Verbrechenslehre, Köln u. a., 1972 (zitiert: *Marx* S.)

Matt, Holger; **Renzikowski**, Joachim (Hrsg.): Strafgesetzbuch, Kommentar, Bearbeitet von Altenhain, Karsten; Basak, Denis u. a., München, 2013 (zitiert: Matt/Renzikowski/*Bearbeiter* § StGB, Rn.)

Maurach, Reinhart (Begr.): Strafrecht, Allgemeiner Teil, Teilband 1, 8. Auflage, Heidelberg, 1992 (zitiert: *Maurach/Zipf* AT I § Rn.)

Maurach, Reinhart (Begr.): Straftrecht, Allgemeiner Teil, Teilband 2, 8. Auflage, Heidelberg, 2014 (zitiert: Maurach/Gössel/*Zipf/Bearbeiter* AT II § Rn.)

Maurach, Reinhart; **Schroeder**, Friedrich-Christian; **Maiwald**, Manfred; **Hoyer**, Andreas; **Momsen**, Carsten: Strafrecht, Besonderer Teil, Teilband 1, Straftaten gegen Persönlichkeits- und Vermögenswerte, 11. Auflage, Heidelberg, 2019 (zitiert: Maurach/Schroeder/Maiwald/*Hoyer*/Momsen § Rn.)

Meier, Patrick; **Jocham**, Felix: Rechtsfortbildung – Methodischer Balanceakt zwischen Gewaltenteilung und materieller Gerechtigkeit, JuS 2016, S. 392–398

Meier, Patrick: Was ist eigentlich … obiter dictum?, JuS 2020, S. 636–637

Meyer, Andreas H.: Die Gefährlichkeitsdelikte, Münster u. a., 1992 (zitiert: *Meyer* S.)

Meyer-Goßner, Lutz; **Schmitt**, Betram: Strafprozessordnung, Gerichtsverfassungsgesetz, Nebengesetze und ergänzende Bestimmungen, Bearbeitet von Schmitt, Betram; Köhler, Marcus, 65. Auflage, München, 2022 (zitiert: Meyer-Goßner/Schmitt/*Bearbeiter* § Rn.)

Morozinis, Ioannis: Dogmatik der Organisationsdelikte, Eine kritische Darstellung der täterschaftlichen Zurechnungslehre in legalen und illegalen Organisationsstrukturen aus strafrechtsdogmatischer und rechtstheoretischer Sicht sowie ein Betrag zur Lehre vom Tatbestand, Berlin, 2010 (zitiert: *Morozinis* S.)

Möller, Yannick: Die Prohibitionspolitik als Element sozialer Kontrolle, Münster, 2018 (zitert: *Möller* S.)

Müller-Hagedorn, Lothar: Der Handel, Stuttgart u. a., 1997 (zitiert: *Müller-Hagedorn* Handel S.)

Müssig, Bernd J. A.: Schutz abstrakter Rechtsgüter und abstrakter Rechtsgüterschutz, Frankfurt am Main u. a., 1994 (zitiert: *Müssig* S.)

Nelles, Ursula; **Velten**, Petra: Einstellungsvorschriften als Korrektiv für unverhältnismäßige Strafgesetze? Anmerkung zum Cannabis-Beschluss des BVerfG, NJW 1994, 1577, NStZ 1994, S. 366–370

Nestler-Tremel, Cornelius: Anmerkung zu BGH, Beschluss vom 25.09.1990 – 4 StR 359/90, StV 1992, S. 273–278

Nestler-Tremel, Cornelius: Rechtsgüterschutz und Strafbarkeit des Besitzes von Schusswaffen und Betäubungsmittel, In: Institut für Kriminalwissenschaften Frankfurt a. M. (Hrsg.) Vom unmöglichen Zustand des Strafrechts, Frankfurt a. M. u. a. 1995, S. 65–77 (zitiert: *Nestler-Tremel* Rechtsgüterschutz, S.)

Nestler, Cornelius: (Mit-)Täterschaft beim bewaffneten Betäubungsmittelhandel, StV 2002, S. 504–510

Nestler, Cornelius: „Das Verbot weicher Drogen", ZStW 129 (2017), S. 467–472

Neuhaus, Ralf: Handeltreiben mit Betäubungsmittel, NStZ 2001, S. 39–42

Neuner, Jörg: Allgemeiner Teil des Bürgerlichen Rechts, 12. Auflage, München, 2020, (zitiert: *Neuner* AT § Rn.)

Niehaus, Holger: Der Begriff des Handeltreibens mit Betäubungsmitteln, JR 2005, S. 192–197

Oğlakcıoğlu, Mustafa Temmuz: Drogen in der strafrechtlichen Klausurbearbeitung, ZIS 2010, S. 340–346

Oğlakcıoğlu, Mustafa Temmuz: Aus aktuellem Anlass: Zum strafbaren Handeltreiben mit Organen gem. §§ 17, 18 TPG, HRRS 2012, S. 381–388

Oğlakcıoğlu, Mustafa Temmuz: Anmerkung zu BGH, Urteil vom 21.09.2011 – 2 StR 286/11, StV 2012, S. 411–413

Oğlakcıoğlu, Mustafa Temmuz: Der Allgemeine Teil des Betäubungsmittelstrafrechts, Zugleich eine Analyse der höchstrichterlichen Rechtsprechung zum Betäubungsmittelstrafrecht seit 1982, Berlin, 2013 (zitiert: *Oğlakcıoğlu* AT-BtMG, S.)

Oğlakcıoğlu, Mustafa Temmuz: Keine Macht dem Handeltreiben – zu den dogmatischen Unzulänglichkeiten des Betäubungsmittelstrafrechts, JZ 2015, S. 981–989

Ostendorf, Heribert: Wieviel Strafe braucht die Gesellschaft? Baden-Baden, 2000 (zitiert: *Ostendorf* S.)

Otto, Harro: Selbstgefährdung und Fremdverantwortung – BGH NJW 1984, 1469 – Jura 1984, S. 536–541

Otto, Harro: Grundkurs Strafrecht, 7. Auflage, Berlin, 2005 (zitiert: *Otto* AT § Rn.)

Patzak, Jörn: Betäubungsmittel-Strafrecht und der Bundesgerichtshof, In: Roxin, Claus; Widmaier, Gunter (Hrsg.) 50 Jahre Bundesgerichtshof, Festgabe aus der Wissenschaft, Band IV Strafrecht, Strafprozeßrecht, München, 2000, S. 695–735

Patzak, Jörn; **Bohnen**, Wolfgang: Anmerkung zu BGH, Urteil vom 15.03.2012 – 5 StR 559/11, NStZ 2012, S. 515–516

Patzak, Jörn; **Marcus**, Alexander; **Goldhausen**, Sabine: Betäubungsmittelrecht, 4. Auflage, München, 2019 (zitiert: *Patzak/Bohnen* S.) Cannabis – wirklich eine harmlose Droge? NStZ 2006, S. 259–266

Patzak, Jörn; **Volkmer**, Mathias: „Legal-High"-Produkte – wirklich legal? Kräutermischungen, Badezusätze und Lufterfrischer aus betäubungs- und arzneimittelrechtlicher Sicht, NStZ 2011, S. 498–503

Paul, Carsten: Der Begriff des „Handeltreiben" nach dem Betäubungsmittelgesetz – Zu fragwürdigen Tendenzen strafrechtlicher Entgrenzungen in Gesetzgebung und Rechtsprechung – StV 1998, S. 623–630

Paul, Carsten: Zur Rechtsfolge des § 30a II Nr. 2 BtMG – Zugleich Anmerkung zu BGH, NStZ 1997, 344 ff. – NStZ 1998, S. 222–224

Paulus, David: Stellvertretung und unternehmensbezogenes Geschäft, JuS 2017, S. 301–305

Pechstein, Matthias; **Nowak**, Carsten; **Häde**, Ulrich (Hrsg.): Frankfurter Kommentar zu EUV, GRC und AEUV, 1. Auflage Tübingen, 2017 (zitiert: Frankfurter Kommentar/*Bearbeiter* Art. Rn.)

Pekrun, Richard: Das deutsche Wort, 10. Auflage, Stuttgart u. a., 1966 (zitiert: *Pekrun* Das deutsche Wort, S.)

Puppe, Ingeborg: Der objektive Tatbestand der Anstiftung, GA 1984, S. 101–123

Puppe, Ingeborg: Was ist Anstiftung? Zugleich eine Besprechung von BGH, Urteil vom 11.10.2005 – 1 StR 250/05, NStZ 2006, S. 424–426

Puppe, Ingeborg: Anmerkung zu BGH, Urteil vom 28.02.2007 – 2 StR 516/06, JR 2007, S. 299–300

Puppe, Ingeborg: Anmerkung zu BGH, Beschluss vom 11.01.2011 – 5 StR 491/10, JZ 2011, S. 911–912

Puppe, Ingeborg: Kleine Schule des juristischen Denkens, 3. Auflage, Göttingen, 2014 (zitiert: Puppe Kleine Schule des juristischen Denkens, S.)

Puppe, Ingeborg: Die Architektur der Beteiligungsformen, GA 2013, S. 514–536

Rahlf, Joachim: Der strafrechtliche Begriff des Handeltreiben, In: Beulke, Werner; Müller, Eckhart (Hrsg.) Festschrift zu Ehren des Strafrechtsausschusses der Bundesrechtsanwaltskammer, Neuwied, 2006, S. 243–260

Rengier, Rudolf: Strafrecht, Allgemeiner Teil, 14. Auflage, München, 2022 (Rengier AT § Rn.)

Rengier, Rudolf: Strafrecht, Besonderer Teil I, 23. Auflage, München, 2021 (zitiert: *Rengier* BT I § Rn.)

Riesenhuber; Karl **(Hrsg.)**: Europäische Methodenlehre, 3. Auflage, Berlin u. a., 2015 (zitiert: Riesenhuber/*Bearbeiter* S.)

Röcker, Isabel: Die Pflicht zur rahmenbeschlusskonformen Auslegung nationalen Rechts, Heidelberg, 2013 (zitiert: *Röcker* S.)

Rönnau, Thomas; **Wegner**, Kilian: Grund und Grenzen der Einwirkung des europäischen Rechts auf das nationale Strafrecht, GA 2013, S. 561–589

Rommeney, Gerhard: Internationale Kontrolle des Opiumhandels und gesetzliche Beschränkung des Betäubungsmittelverkehrs in Deutschland, In: Lüttger, Hans in Verbindung mit Blei, Herrmann / Hanau, Peter (Hrsg.) Festschrift für Ernst Heinitz zum 70. Geburtstag, Berlin, 1972, S. 609–623,

Rosenau, Henning: Keine vollendete Hehlerei bei Lieferung an V-Mann, NStZ 1999, S. 352–353

Rotsch, Thomas: „Einheitstäterschaft" statt Tatherrschaft, Tübingen, 2009 (zitiert: *Rotsch* S.)

Roxin, Claus: Sinn und Grenzen staatlicher Strafe, JuS 1966, S. 377–387

Roxin, Claus: Anmerkung zu BGH, Urteil vom 14.02.1984 – 1 StR 808/83, NStZ 1984, S. 411–412

Roxin, Claus: Anmerkung zu BGH, Urteil vom 15.01.1992 – 2 StR 267/91, StV 1992, S. 517–520

Roxin, Claus: Die Abgrenzung von Täterschaft und Teilnahme in der höchstrichterlichen Rechtsprechung, In: Roxin, Claus; Widmaier, Gunter (Hrsg.) 50 Jahre Bundesgerichtshof, Festgabe aus der Wissenschaft, Band IV Strafrecht, Strafprozeßrecht, München, 2000, S. 695–735

Roxin, Claus: Anmerkung zu BGH, Anfragebeschluss vom 10.07.2003 – 3 StR 61/02, StV 2003, S. 619–622

Roxin, Claus: Das strafrechtliche Unrecht im Spannungsfeld von Rechtsgüterschutz und individueller Freiheit, ZStW 116 (2004) S. 929–944

Roxin, Claus; **Greco**, Luís: Strafrecht, Allgemeiner Teil, Band II, München, 2003 (zitiert: *Roxin* AT II § Rn.)

Roxin, Claus: Täterschaft und Tatherrschaft, 11. Auflage, Berlin u. a., 2022 (zitiert: *Roxin* S.)

Roxin, Claus; **Greco**, Luís: Strafrecht, Allgemeiner Teil, Band I, 5. Auflage, München, 2020 (zitiert: *Roxin/Greco* AT I § Rn.)

Roxin, Claus: Der gesetzgebungskritische Rechtsgutbegriff auf dem Prüfstand, GA 2013, S. 433–453

Rudolphi, Hans-Joachim: Die verschiedenen Aspekte des Rechtsgutsbegriffs, In: Juristische Fakultät der Georg-August-Universität Göttingen (Hrsg.) Festschrift für Richard M. Honig, Göttingen, 1970, S. 151–167

Rudolphi, Hans-Joachim: Anmerkung zu BGH, Beschluss vom 25.09.1990 – 4 StR 359/90, JZ 1991, S. 571–574

Ruppert, Felix: Gefahrverursachung, Gefahrenquellen und Garanten – Rauschmittelkonsum zwischen Eigenverantwortung und strafbarem Unterlassen Dritter, HRRS 2020, S. 250–255

Rüthers, Bernd; **Fischer**, Christian; **Birk**, Axel: Rechtstheorie, 12. Auflage, München, 2022 (zitiert: *Rüthers/Fischer/Birk* Rechtstheorie § Rn.)

Sachs, Michael (Hrsg.): Grundgesetz Kommentar. Bearbeitet von Battis, Ulrich; Bethge, Herbert u. a., 9. Auflage, München, 2021 (zitiert: Sachs/*Bearbeiter* Art. Rn.)

Säcker, Jürgen; **Rixecker**, Roland; **Oetker**, Hartmut; **Limperg**, Bettina (Hrsg.): Münchener Kommentar zum Bürgerlichen Gesetzbuch, Band 1, Allgemeiner Teil, Bearbeitet von Armbrüster, Christian; Bayreuther, Frank u. a., 9. Auflage, München, 2021 (zitiert: MüKo-BGB/*Bearbeiter* § Rn.)

Säcker, Jürgen; **Rixecker**, Roland; **Oetker**, Hartmut; **Limperg**, Bettina (Hrsg.): Münchener Kommentar zum Bürgerlichen Gesetzbuch, Band 8,

Sachenrecht, Bearbeitet von Baldus, Christian; Brückner, Bettina u. a.; 9. Auflage, München, 2023 (zitiert: MüKo-BGB/*Bearbeiter* § Rn.)

Satzger, Helmut: Der Mangel an Europäischer Kriminalpolitik, ZIS 2009, S. 691–694

Satzger, Helmut: Internationales und Europäisches Strafrecht, 10. Auflage, Baden-Baden, 2022 (zitiert: *Satzger* Internationales und Europäisches Strafrecht, S.)

Satzger, Helmut; **Schluckebier**, Wilhelm (Hrsg.): Strafgesetzbuch, Kommentar, Bearbeitet von Bosch, Nikolaus; Claus, Susanne u. a., Köln, 2019 (zitiert: SSW/*Bearbeiter* § StGB Rn.)

Schaffstein, Friedrich: Der Täter hinter dem Täter bei vermeidbarem Verbotsirrtum und verminderter Schuldfähigkeit des Tatmittlers – Zugleich eine Besprechung von BGH – 4 StR 352/88 – NStZ 1989, S. 153–158

Schäfer, Gerhard; **Sander**, Günther M.; **Gemmeren**, Gerhard: Praxis der Strafzumessung, 6. Auflage, München, 2017 (zitiert: *Schäfer/Sander/van Gemmeren* Rn.)

Schenke, Ralf P.: Auslegung und Rechtsfortbildung, Überlegungen zu Grundfragen der rechtsmethodischen Systembildung am Beispiel der „Auslegung gegen den Wortlaut" DStR-Beih 2011, S. 54–59

Schlage, Britta: Grenzziehung zwischen Mittäterschaft und Beihilfe beim unerlaubten Handeltreiben mit Betäubungsmitteln, Ad Legendum 2012, S. 257–262

Schmidhäuser, Eberhard: Strafrecht, Allgemeiner Teil, 2. Auflage, Tübingen, 1975 (zitiert: *Schmidthäuser* AT, S.)

Schmidt, Detlev: Die Entwicklung des Betäubungsmittelstrafrechts bis Mitte 2007, NJW 2007, S. 3252–3258

Schmidt, Detlev: Die Entwicklung des Betäubungsmittelstrafrechts bis Mitte 2007, NJW 2012, S. 3072–3077

Schmidt, Hans Wolfgang: Die Entwicklung des Betäubungsmittelstrafrechts bis Mitte 2007, NJW 2014, S. 2995–3000

Schmidt, Hans Wolfgang: Fehler in Urteilen zum Betäubungsmittelgesetz, MDR 1978, S. 5–8

Schmidt, Hans Wolfgang: Fragen des Betäubungsmittelstrafrechts, MDR 1982, S. 881–886

Schmidt, Hans Wolfgang: Hinweise zum Betäubungsmittelgesetz, MDR 1980, S. 969–972

Schmidt-Bleibtreu, Bruno (Begr.); **Hofmann**, Hans; **Henneke**, Hans-Günter (Hrsg.): GG, Kommentar zum Grundgesetz, Bearbeitet von Birkenmaier,

Philipp; Butzer, Hermann u. a., 15. Auflage, Köln, 2018 (Schmidt-Bleibtreu/Hofmann/Henneke/*Bearbeiter* Art. Rn.)

Schneider, Hartmut: Haschisch im sanktionsfreien Raum – das Konsumverhalten im Lichte der Entscheidung des Bundesverfassungsgerichts, StV 1994, S. 390–393

Schnürer, Benjamin: Das Gesamtgeschäft beim Handeltreiben mit Betäubungsmittel, Analyse, Bewertung und Weiterentwicklung der deliktsspezifischen Rechtsprechung des Bundesgerichtshofs zur Täterschaft und Teilnahme, Berlin, 2015 (zitiert: *Schnürer* Gesamtgeschäft, S.)

Scholze-Stubenrecht, Werner; **Pescheck**, Ilka: Duden, Deutsches Universalwörterbuch, 8. Auflage, Bearbeitet von Hoberg, Rudolf; Hoberg, Ursula u. a., Berlin, 2015 (zitiert: *Scholze-Stubenrecht/Pescheck* Duden, 8. A., S.)

Schoreit, Armin: Vergehen gegen das Betäubungsmittelgesetz – Rechtsprechungsübersicht 1981 – NStZ 1982, S. 63–66

Schönke, Adolf; **Schröder**, Horst (Begr.); **Eser**, Albin (Hrsg.): Strafgesetzbuch – Kommentar, Bearbeitet von Eisele, Jörg; Eser, Albin u. a., 30. Auflage, München, 2019 (zitiert: Sch/Sch/*Bearbeiter* § Rn.)

Schrader, Henning: Der Begriff „Vertrieb von Betäubungsmitteln" und das Bestimmtheitsgebot, NJW 1986, S. 2874–2876

Schroth, Ulrich; **König**, Peter; **Gutmann**, Thomas; **Oduncu**, Fuat: Transplantationsgesetz, Kommentar, München, 2005 (zitiert: Schroth/König/Gutmann/Oduncu/*Bearbeiter* § TPG, Rn.)

Schröder, Friedrich-Christian: Die Anstiftung zum Erfolgsdelikt, GA 2016, S. 65–72

Schröder, Horst: Die Gefährdungsdelikte im Strafrecht, ZStW 81 (1969) S. 7–28

Schröder, Thomas: Zum Begriff der Gesetzesumgehung im materiellen Strafrecht und seiner Bedeutung für die praktische Anwendung des Rechts, Berlin, 2013 (zitiert: *T. Schröder* S.)

Schulz, Lorenz: Funktionen des obiter dictum, ZIS 2018, S. 403–407

Schünemann, Bernd: Moderne Tendenzen in der Dogmatik der Fahrlässigkeits- und Gefährdungsdelikte, JA 1975, S. 787–798

Schünemann, Bernd: Kritische Anmerkung zur geistigen Situation der deutschen Strafrechtswissenschaft, GA 1995, S. 201–229

Schünemann, Bernd: Fahrlässige Tötung durch Abgabe von Rauschmitteln? – Besprechung des Urteils BGH, NStZ 1981, 350 – NStZ 1984, S. 60–63

Schünemann, Bernd: Über die objektive Zurechnung, GA 1999, S. 207–229

Schünemann, Bernd: Das Rechtsgüterschutzprinzip als Fluchtpunkt der verfassungsrechtlichen Grenzen der Straftatbestände und ihrer Interpretation

In: Hefendehl, Roland; von Hirsch, Andrew; Wohlers, Wolfgang (Hrsg.) Die Rechtsgutstheorie, Baden-Baden, 2003, S. 133–154

Schwarze, Jürgen (Hrsg.): EU-Kommentar, Bearbeitet von Augsberg, Steffen; Bär-Bouyssière, Berthold u. a., 4. Auflage, Baden-Baden, 2019 (zitiert: *Schwarze* Art. Rn.)

Schwarzburg, Paul: Tatbestandsmäßigkeit und Rechtswidrigkeit der polizeilichen Tatprovokation, München, 1991 (zitiert: *Schwarzburg* S.)

Schwitters, Jan Hendrik: Die Vorverlagerung der Strafbarkeit beim unerlaubten Handeltreiben im Betäubungsmittelstrafrecht, Konstanz, 1998 (zitiert: *Schwitters* S.)

Seher, Gerhard: Prinzipiengestützte Strafnormlegitimation und der Rechtsgutsbegriff, In: Hefendehl, Roland; von Hirsch, Andrew; Wohlers, Wolfgang (Hrsg.) Die Rechtsgutstheorie, Baden-Baden, 2003, S. 39–56

Sickor, Jens Andreas: Zu den Gefahren einer rein teleologischen Auslegung – dargestellt am Begriff des „gefährlichen Werkzeugs“ im Besonderen Teil des Strafgesetzbuches, ZStW 125 (2013) S. 788–818

Sieber, Ulrich; **Satzger**, Helmut; von Heintschel-Heinegg, Bernd (Hrsg.): Europäisches Strafrecht, 2. Auflage, Baden-Baden, 2014 (zitiert: Sieber/Satzger/v. Heintschel-Heinegg/*Bearbeiter* § Rn.)

Simon, Eric: Gesetzesauslegung im Strafrecht, Eine Analyse der höchstrichterlichen Rechtsprechung, Berlin, 2005 (zitiert: *Simon* Gesetzesauslegung, S.)

Simon, Eric: Anmerkung zu BVerfG, Beschluss vom 19. März 2007 – 2 BvR 2273/06, NJW 2007, S. 1668–1669

Slotty, Martin: Das Betäubungsmittelgesetz 1982, Kurzbericht für die Strafrechtspraxis, NStZ 1981, S. 321–327

Slotty, Martin: Neuer Anlauf zur Neuordnung des Betäubungsmittelrechts, ZRP 1981, S. 60–65

Sowada, Christian: Das „unechte Unternehmensdelikt“ – eine überflüssige Rechtsfigur, GA 1988, S. 195–214

Sowada, Sabine: Die Lehre vom Rechtsgut und ihre Alternativen, ZStW 122 (2010), S. 24–50

Springer Fachmedien GmbH (Hrsg.): Gabler Wirtschaftslexikon, F–J, 19. Auflage, Wiesbaden, 2019 (zitiert: *Gabler* Wirtschaftlexikon S.)

von Staudinger, Julius: Kommentar zum Bürgerlichen Gesetzbuch mit Einführungsgesetzen und Nebengesetzen, Buch 1 §§ 164–240, Bearbeitet von Jacoby, Florian; Klumpp, Steffen u. a., München, 2019 (zitiert: Staudinger/*Bearbeiter* § BGB, Rn.)

Steindorf, Joachim: Waffenrecht, Waffengesetz mit Durchführungsverordnungen, Kriegswaffenkontrollgesetz und Nebenbestimmungen, 7. Auflage, München, 1999 (zitiert: *Steindorf* 7. A. § Rn.)

Steindorf, Joachim (Begr.); **Gerlemann**, Jörg-Henning; **Heinrich**, Bernd; **Heinrich**, Niels; **Papsthart**, Christian: Waffenrecht, Waffengesetz, Beschussgesetz, Kriegswaffenkontrollgesetz einschließlich untergesetzlichem Regelwerk und Nebenbestimmungen, Bearbeitet von Gerlemann, Jörg; Heinrich, Bernd u. a., 10. Auflage, München, 2015 (zitiert: *Steindorf* 10. A. § Rn.)

Stern, Klaus; **Becker**, Florian (Hrsg.): Grundrechte-Kommentar, 3. Auflage, Bearbeitet von Becker, Florian; Blanke, Hermann-Josef u. a., Köln, 2019 (zitiert: Stern/Becker/*Bearbeiter* Art. Rn.)

Sternberg-Lieben, Detlev: Rechtsgut, Verhältnismäßigkeit und die Freiheit des Strafgesetzgebers, In: Hefendehl, Roland; von Hirsch, Andrew; Wohlers, Wolfgang (Hrsg.) Die Rechtsgutstheorie, Baden-Baden, 2003, S. 65–82

Strate, Gerhard: Mit Taktik zur Wahrheitsfindung, Probleme der Verteidigung in Betäubungsmittelverfahren, ZRP 1987, S. 314–318

Stratenwerth, Günter: Zum Begriff des „Rechtsgutes" In: Eser, Albin; Schittenhelm, Ulrike; Schumann, Heribert (Hrsg.) Festschrift für Theodor Lenckner, München, 1998, S. 377–391

Stratenwerth, Günter; **Kuhlen**, Lothar: Strafrecht, Allgemeiner Teil, 6. Auflage, München, 2011 (zitiert: *Stratenwerth/Kuhlen* AT § Rn.)

Stree, Walter: Beteiligung an vorsätzlicher Selbstgefährdung - BGHSt 32, 262 und BGH NStZ 1984, 452, JuS 1985, S. 179–184

Streinz, Rudolf (Hrsg.): EUV/AEUV, 3. Auflage, München, 2018 (zitiert: Streinz/*Bearbeiter* Art. Rn.)

Stürner, Rolf (Hrsg.): Jauernig, Bürgerliches Gesetzbuch, Bearbeitet von Berger, Christian; Budzikiewicz, Christine u. a., 18. Auflage, München, 2021 (zitiert: Jauernig/*Bearbeiter* § Rn.)

Suhr, Christian: Zur Bestimmung von Rechtsgut und Tatobjekt im Strafrecht, JA 1990, S. 303–308

Topf, Peter: Anmerkung zu BGH, Urteil vom 01.07.1954 - 3 StR 657/53, NJW 1954, S. 1898

Vogel, Joachim: Strafrechtsgüter und Rechtsgüterschutz durch Strafrecht im Spiegel der Rechtsprechung des Bundesverfassungsgerichts, StV 1996, S. 110–115

Wahrig, Gerhard (Begr.): Wahrig-Burfeind, Renate: Brockhaus, Wahrig Deutsches Wörterbuch, 9. Auflage, Gütersloh u. a., 2011 (zitiert: Brockhaus/*Wahrig-Burfeind* 9. A., S.)

Weber, Klaus: Betäubungsmittelgesetz, Verordnungen zum BtMG, Kommentar, 2. Auflage, München 2003 (zitiert: *Weber* 2. A. § Rn.)

Weber, Klaus; **Kornprobst**, Hans; **Maier**, Stefan: Betäubungsmittelgesetz, Arzneimittelgesetz, Anti-Doping-Gesetz, Neue-psychoaktive-Stoffe-Gesetz, Kommentar, 6. Auflage, München 2021 (zitiert: *Weber* § Rn.)

Weber, Klaus: Was lässt der Beschluss des 3. Strafsenats des BGH vom 10.07.2003 vom Handeltreiben übrig? NStZ 2004, S. 66–72

Weber, Klaus: Nichts Neues vom Handeltreiben?, JR 2006, S. 139–146

Weber, Klaus: Anmerkung zu BGH, Urteil vom 07.02.2008 – 5 StR 242/07, NStZ 2008, S. 467–470

Weber, Klaus: Der Begriff des Handeltreibens, Oberaudorf, 2008 (zitiert: *Weber* Handeltreiben, S.)

Wehnert, Anne: Rahmenbeschlusskonforme Auslegung deutschen Strafrechts, NJW 2005, S. 3760–3762

Weigend, Thomas: Der Entwurf einer Europäischen Verfassung und das Strafrecht, ZStW 116 (2004), S. 275–331

Wessels, Johannes; **Beulke**, Werner; **Satzger**, Helmut: Strafrecht, Allgemeiner Teil, 51. Auflage, Heidelberg, 2021 (zitiert: *Wessels/Beulke/Satzger* Rn.)

Wessels, Johannes; **Hillenkamp**, Thomas; **Schuhr**, Jan C.: Strafrecht, Besonderer Teil , 45. Auflage, Heidelberg, 2022 (zitiert: *Wessel/Hillenkamp/Schuhr* BT 2 Rn.)

Widmaier, Gunter (Begr.); **Müller**, Eckhart, **Knauer**, Christoph; **Schlothauer**, Reinhold; **Schütrumpf**, Matthias (Hrsg.): Münchener Anwaltshandbuch Strafverteidigung, 3. Auflage, München, 2022 (zitiert: MAH Strafverteidigung/*Bearbeiter* § Rn.)

Winkler, Walter: Verbrechen und Vergehen nach dem Betäubungsmittelgesetz, NStZ 2000, S. 247–250

Winkler, Walter: Verbrechen und Vergehen nach dem Betäubungsmittelgesetz, NStZ 2006, S. 328–331

Winkler, Walter: Verbrechen und Vergehen nach dem Betäubungsmittelgesetz, NStZ 2012, S. 257–262

Wittgenstein, Ludwig (Verf.); **Schulte**, Joachim (Hrsg.): Untersuchungen, 10. Auflage Frankfurt am Main, 2020 (zitiert *Wittgenstein* Philosophische Untersuchungen §)

Wohlers, Wolfgang: Deliktstypen des Präventionsstrafrechts – zur Dogmatik „moderner" Gefährdungsdelikte, Berlin, 2000 (zitiert: *Wohlers* S.)

Wohlers, Wolfgang: Rechtsgutstheorie und Deliktstruktur: Eine Annäherung von drei Seiten, GA 2002, S. 2–14

Wohlers, Wolfgang: Die Tagung aus der Perspektive eines Rechtsgutskritikers, In: Hefendehl, Roland; von Hirsch, Andrew; Wohlers, Wolfgang (Hrsg.) Die Rechtsgutstheorie, Baden-Baden, 2003, S. 281–290

Wohlers, Wolfgang; **Went**, Floriaan: Die pseudo-paternalistische Legitimation strafrechtlicher Normen, In: von Hirsch, Andreas; Neumann, Ulfrid; Seelmann, Kurt (Hrsg.) Paternalismus im Strafrecht, Baden-Baden, 2010, S. 289–322

Wolter, Jürgen (Hrsg.): SK-StGB, Systematischer Kommentar zum Strafgesetzbuch, Band I (§§ 1–37 StGB) Bearbeitet von Deiters, Mark; Hoyer, Andreas u. a., 9. Auflage, Köln, 2017 (zitiert: SK-StGB/*Bearbeiter* § Rn.)

Wolter, Jürgen (Hrsg.): SK-StGB, Systematischer Kommentar zum Strafgesetzbuch, Band II (§§ 38–79b StGB) Bearbeitet von Hoyer, Andreas; Jäger, Christian u. a., 9. Auflage, Köln, 2016 (zitiert: SK-StGB/*Bearbeiter* § Rn.)

Wolter, Jürgen (Hrsg.): SK-StGB, Systematischer Kommentar zum Strafgesetzbuch Band V (§§ 242–302 StGB) Bearbeitet von Hoyer, Andreas; Jäger, Christian u. a., 9. Auflage, Köln, 2019 (zitiert: SK-StGB/Bearbeiter § Rn.)

World Health Organization (Hrsg.): Cannabis, The health and social effects of nonmedical cannabis use, Genf, 2016 (zitiert: WHO The health and social effects of nonmedical cannabis (2016) S.)

World Health Organization (Hrsg.): WHO Expert Committee on Drug Dependence, Critical Review Cannabis and cannabis resin, Genf, 2018 (zitiert: *WHO* Expert Committee on Drug Dependence Sec. S.)

Wriedt, Jan: Von den Anfängen der Drogengesetzgebung bis zum Betäubungsmittelgesetz vom 01.01.1972, Frankfurt a. Main (u. a.), 2006 (zitiert: *Wriedt* Drogengesetzgebung, S.)

Zaczyk, Rainer: Anmerkung zu BGH, Urteil vom 21.03.1991 - 1 StR 19/91, StV 1992, S. 377–379

Zaczyk, Rainer: Strafrechtliches Unrecht und die Selbstverantwortung des Verletzten, Heidelberg, 1993 (zitiert: *Zaczyk* S.)

Zaczyk, Rainer: Anmerkung zu BGH, Urteil vom 28.02.1997, JR 1998, S. 256–259

Zeder, Fritz: Auf dem Weg zu einem Strafrecht der EU? Juridicum 2001, S. 47–51

Zeder, Fritz: Europastrafrecht, Vertrag von Lissabon und Stockholmer Programm: Mehr Grundrechtsschutz?, EuR 2012, S. 34–60,

Zieschang, Frank: Die Gefährdungsdelikte, Berlin, 1998 (zitiert: *Zieschang* S.)

Zimmermann, Frank: Tendenzen der Strafrechtsangleichung in der EU – dargestellt anhand der Bestrebungen von Terrorismus, Rassismus und illegaler Beschäftigung, ZIS 2009, S. 1–10

Zöller, Mark A.: Anmerkung zu BGH, Urteil vom 03.12.2009 - 3 StR 277/09, JZ 2010, S. 908–912

Zwahr, Annette: Brockhaus Enzyklopädie, Band 11, 21. Auflage, Mannheim, 2006 (zitiert: *Zwahr* Brockhaus Enzyklopödie S.)

1. Teil Einleitung

A. Von der „nebensächlichen“ Bedeutung des Betäubungsmittelstrafrechts

Die grundlegende Funktion von Adverb-Nomen-Komposita besteht regelmäßig darin, das Nomen näher und im Ergebnis präziser zu beschreiben. Jedoch verleitet[1] die Bezeichnung des Betäubungsmittelstrafrechts als „Nebenstrafrecht“ – bzw. des Betäubungsmittelgesetzes[2] als „nebenstrafrechtliches Gesetz“ – zu der (trügerischen) Schlussfolgerung, diesem scheinbar „nebensächlichen Annex“ zum sogenannten „Kernstrafrecht“ des StGB eine nur untergeordnete Bedeutung beizumessen.

Verglichen mit der an den Universitäten vermittelten juristischen Ausbildungsmaterie könnte diese erste Einschätzung sogar zutreffen: Vertiefte Kenntnisse zu den Strafvorschriften, welche den unerlaubten Umgang mit Betäubungsmitteln betreffen, gehören nicht zum strafrechtlichen Pflichtkanon der juristischen Ausbildung; Betäubungsmittel kommen daher im Examen allenfalls mittelbar im Rahmen der Delikte gegen Leib, Leben, Eigentum und Vermögen als seltene Ausnahme vor[3]. Die raren universitären Angebote zu diesem Rechtsgebiet beschränken sich auf die Vermittlung von rudimentären Kenntnissen im Rahmen des Schwerpunktstudiums (beispielsweise im Schwerpunktbereich der Kriminalwissenschaften oder dem Gesundheitsrecht)[4]. Soweit das überobligatorische Lehrangebot der einzelnen Fakultäten überblickt werden konnte, werden vertiefte Kenntnisse zum Drogenstrafrecht lediglich in einem Kolloquium an der Goethe-Universität Frankfurt am Main[5] vermittelt. Auch gehört das Betäubungsmittelstrafrecht nicht zum Pflichtstoff des zweiten

---

1 I. d. S. auch *Paeffgen* FG-BGH 695; *Krack* JuS 1995, 585 (587); *Kreuzer* ZRP 1975, 206 (207); *Kreuzer* FS-Miyazawa 177 (178).

2 I. F. BtMG.

3 Zu Drogen in der strafrechtlichen Klausurbearbeitung: *Oğlakcıoğlu* ZIS 2010, 340 ff.

4 In der Prüfungsordnung der Universität Leipzig vom 13.07.2007 wird das BtMG als wahlobligatorisches (Neben-)Fach immerhin genannt.

5 Zum Inhalt der regelmäßigen Lehrveranstaltung von Prof. Dr. Jens Dallmeyer vgl. https://www.jura.uni-frankfurt.de/59055118/Veranstaltungen__Archiv, abgerufen am 28.05.2023.

juristischen Staatsexamens.[6] Referendar*Innen[7] müssen folglich Eigeninitiative im Rahmen der Anwalts- und Wahlstation ergreifen, um in diesem Bereich entsprechend ausgebildet zu werden.

Dass diese intrinsische Motivation, sich mit dem Betäubungsmittelstrafrecht vertieft zu befassen, durchaus lohnend sein kann, zeigt ein Blick in die justizielle Praxis: Zwar machen die Rauschgiftdelikte – das unerlaubte Handeltreiben mit Betäubungsmitteln inbegriffen – nach der polizeilichen Kriminalstatistik gerade einmal 6,6 % der insgesamt erfassten Straftaten aus[8]. Setzt man diesen Wert jedoch mit den Verurteilungszahlen der Strafverfolgungsstatistik des Statistischen Bundesamtes ins Verhältnis, tritt die Schimäre von der untergeordneten Bedeutung des Betäubungsmittelstrafrechts als solche offen zutage:

Von den im Jahr 2019 nach allgemeinem Strafrecht zu einer Freiheitsstrafe (102.539 Erwachsene) Verurteilten wurden mehr als 14 % aufgrund eines Verstoßes gegen das BtMG verurteilt (14.798 Personen).[9] Betrachtet man darüber hinaus die sogenannten „langstrafigen Gefangenen" (Freiheitsstrafe über drei Jahren) wird diese Quote sogar erheblich gesteigert: Mehr als ein Viertel dieser Freiheitsstrafen werden wegen eines Betäubungsmitteldeliktes verhängt.[10] Bereits vor diesem empirischen Hintergrund ist die (voreilige) Schlussfolgerung zur Bedeutung des Betäubungsmittelstrafrechts nicht mehr haltbar. Die Strafvorschriften des BtMG (und das wird jeder Praktiker vollumfänglich bestätigen) spielen vielmehr in der alltäglichen Justizpraxis eine ganz erhebliche Rolle. Sofern der von den jeweiligen Justizprüfungsämtern bestimmte Pflichtstoff der juristischen Examina tatsächlich an die Anforderungen der (Justiz-)Praxis ausgerichtet sein soll, ist diese Lücke in der juristischen Ausbildung durchaus bedenklich und verlangt nach entscheidenden Nachbesserungen, da die überwiegende Mehrzahl der Berufsanfänger (ob nun in der Justiz oder in der Anwaltschaft) mehr oder weniger unvorbereitet in dieses höchst praxisrelevante (Straf-) Rechtsgebiet hineingleitet.

Wie dem Titel der Arbeit unmissverständlich zu entnehmen ist, soll mit dieser Untersuchung nicht das Betäubungsmittelstrafrecht insgesamt lehrbuchartig

---

6 In Bayern wird der Prüfungsstoff der Zweiten Juristischen Staatsprüfung zumindest für diejenigen Bewerber, die das Berufsfeld „Justiz" gewählt haben, auf die „Grundzüge" des Betäubungsmittelstrafrechts erweitert (vgl. § 58 Abs. 3 Nr. 1 c) JAPO-Bayern).

7 Lediglich um einer verbesserten Lesbarkeit willen wird im Folgenden auf gendergerechte Formulierungen verzichtet und ausschließlich die männliche Form verwandt.

8 PKS Grundtabelle V 1.0 Schlüsselzahl 730.000 (Stand: 27.01.2020).

9 Strafverfolgungsstatistik Fachserie 10 Reihe 3 Bl. 178 (Stand: 28.12.2020).

10 Strafverfolgungsstatistik Fachserie 10 Reihe 3 Bl. 179 (Stand: 28.12.2020).

aufgearbeitet werden. Der Untersuchungsgegenstand ist vielmehr lediglich auf eine der 32 strafbewehrten Begehungsformen des § 29 Abs. 1 S. 1 BtMG beschränkt. Auf den ersten Blick könnte man meinen, dass diese inhaltliche Fokussierung auf das unerlaubte Handeltreibens mit Betäubungsmitteln den Bedeutungsgehalt dieser Arbeit noch stärker schmälern könnte. Etwas anderes dürfte nur dann gelten, wenn dem unerlaubten Handeltreiben im tatbestandlichen System des Betäubungsmittelstrafrechts eine derart herausgehobene Stellung und Anwendungsbreite zukommen sollte, dass eine isolierte Betrachtung nicht nur gerechtfertigt, sondern gar indiziert ist.

Zu dieser Frage können die empirischen Erhebungen jedoch keinen Beitrag leisten, da sie nicht zwischen den unterschiedlichen Begehungsformen der § 29 Abs. 1 S. 1 BtMG differenzieren.[11] Bereits ein kursorischer Blick in § 29 Abs. 1 S. 1 Nr. 1 BtMG legt die normativ herausgehobene Position des unerlaubten Handeltreibens im tatbestandlichen Konzept des BtMG jedoch nahe; nicht ohne Grund wurde der unerlaubte Handel mit Betäubungsmitteln nach dem Anbau und der Herstellung prominent an dritter Stelle in § 29 Abs. 1 S. 1 Nr. 1 BtMG genannt.

Blickt man über den Grundtatbestand hinaus, wird die maßgebende Stellung des unerlaubten Handeltreibens mit Betäubungsmitteln im Normsystem des BtMG weiterhin bestätigt. Die überwiegende Mehrzahl der Qualifikationstatbestände des BtMG (§§ 29a Abs. 1 Nr. 2, 30 Abs. Nr. 1 und 2, 30a Abs. 1, Abs. 2 Nr. 1 und 2 BtMG) verknüpft das gesteigerte Unrecht (Mindestfreiheitsstrafe von einem, zwei oder gar fünf Jahren) mit der Begehungsform des Handeltreibens. Der unerlaubte Handel mit Rauschgiften ist immerhin eine von „nur“ insgesamt 14 qualifizierten Begehungsformen der §§ 29a ff. BtMG. Die besondere Bedeutung des unerlaubten Handeltreibens wird besonders eindrücklich bei den schwersten Delikten offenbar, die das BtMG bereithält: Jeder der in § 30a BtMG normierten (Qualifikations-)Tatbestände (Freiheitsstrafe nicht unter fünf Jahren) knüpft direkt oder mittelbar[12] an die Begehungsform des unerlaubten Betäubungsmittelhandels an. Nur die Begehungsformen der Ein- und Ausfuhr von Betäubungsmitteln weisen neben dem Handeltreiben im Rahmen des § 30a BtMG eine identische Bandbreite auf. Lediglich am Rande sei erwähnt, dass der Strafrahmen des § 30a StGB dem des Totschlages entspricht

11 Nach MüKo-StGB/*Oğlakcıoğlu* § 29 BtMG, Rn. 330 soll sich der Anteil des Handeltreibens an der Gesamtbetäubungsmittelkriminalität auf ein Drittel belaufen.

12 Durch § 30a Abs. 2 Nr. 1 BtMG wird das Bestimmen einer Person unter 18 Jahren zum unerlaubten Handeltreiben mit Betäubungsmitteln unter Strafe gestellt.

und das Handeltreiben folglich mit einer Freiheitsstrafe bis zu 15 Jahren geahndet werden kann. Dass dieser Strafrahmen von den Instanzgerichten durchaus ausgeschöpft wird[13], wurde mir erst jüngst im Rahmen meiner Tätigkeit als Strafverteidiger eindrücklich vor Augen geführt. So bewertete der Vorsitzende der ersten Strafkammer des Landgerichts Flensburg bei der Urteilsverkündung den (Schluss-)Antrag der Staatsanwaltschaft auf Verhängung einer Freiheitsstrafe von 11 Jahren für den bandenmäßigen Handel mit der „weichen" Droge Cannabis in 54 Fällen (312 kg Marihuana) als „gerechtfertigt und angemessen". Das Gericht verurteilte den Angeklagten letztlich sogar unter Anwendung der Strafmilderungsmöglichkeit des § 31 BtMG zu einer Gesamtfreiheitsstrafe von „nur" neun Jahren.[14]

Aufgrund der aufgezeigten Degression der für die erheblich gesteigerten strafrechtlichen Sanktionsformen in Betracht kommenden Begehungsweisen kann die Bedeutung des unerlaubten Handeltreibens für das BtMG insgesamt und im Besonderen für die „langstrafigen Freiheitsstrafen" nicht überschätzt werden.[15] Vollkommen zu Recht (soviel sei bereits vorweggenommen) wird das unerlaubte Handeltreiben vom Schrifttum als der „zentrale Tatbestand"[16] bzw. „die zentrale Norm"[17] des BtMG bezeichnet; andere Stimmen heben die „überragende Relevanz"[18] dieses „Schlüsselbegriffes"[19] bzw. „Oberbegriffes"[20] hervor, welcher den „Kern des Betäubungsmittelstrafrechts"[21] bilde. Mit der für das Drogenstrafrecht

---

13 Bspw. LG Mannheim (Freiheitsstrafe v. 9 J.) aufgeh. d. BGH BeckRS 2007, 10120; LG Dortmund (Freiheitsstrafe v. 12 J.) aufgeh. d. BGH NJW 2007, 2056; LG Augsburg 1 Kls 105 Js 126549/04 (Freitheitsstrafe v. 9 J. 6.M.) zit. n. MüKo-StGB/*Oğlakcıoğlu 3. A. § 30a BtMG, Rn. 37; ebenda eine* umfangreiche Strafmaßübersicht zu § 30a BtMG.

14 LG Flensburg, Urt. v. 03.02.2021 – I Kls 19/18.

15 Zust. MüKo-StGB/*Rahlf* 1. A. § 29 BtMG, Rn. 236; *Weber* Handeltreiben S. 37.

16 Kreuzer/*Nestler* § 11 Rn. 357; i. d. S. *Ebert* Handeltreiben, S. 1; *Weber* JR 2006, 139; MüKo-StGB/*Oğlakcıoğlu* § 29 BtMG, Rn. 186; *ders.* AT-BtMG S. 430.

17 MüKo-StGB/*Rahlf* 1. A. § 29 BtMG, Rn. 236.

18 *Oğlakcıoğlu* AT-BtMG S. 430.

19 *Endriss/Kinzig* NJW 2001, 3217 (3218); *Niehaus* JR 2005, 192; i. d. S. auch *Strate* ZRP 1987, 314 (315); *Malek* Betäubungsmittelstrafrecht, S. 36 f.; MüKo-StGB/*Oğlakcıoğlu* § 29 BtMG, Rn. 186; *Weber* § 3 BtMG, Rn. 28; *ders.* Handeltreiben S. 37; BeckOK/BtMG/*Becker* § 29 Rn. 53; *Morozinis* S. 557; in diese Richtung auch *Schäfer/Sander/van Gemmeren* Rn. 1758.

20 BRegE. BT-Drs. 8/3551, S. 27, 36; BT-Drs. 8/3551, S. 53; i. d. S. auch Stn. des BR. BT-Drs. 8/3551, S. 45; zust. *Slotty* ZRP 1981, 60 (62); *Hügel/Junge/Lander/Winkler* § 29, Rn. 4.1.1; *Weber* § 3 BtMG, Rn. 28; MüKo-StGB/*Rahlf* 1. A. § 29 BtMG, Rn. 236 ff.

21 *Niehaus* JR 2005, 192.

insgesamt typischen (zu kritisierenden) sprachlichen Hinwendung zum Martialischen bzw. Kriegerischen wird der Straftatbestand des unerlaubten Handeltreibens teilweise auch als „die bedeutsamste strafrechtliche Waffe, um den ausufernden illegalen Drogenmarkt zu bekämpfen“[22] bzw. als „Allzweckwaffe“[23] zur Bekämpfung des Betäubungsmittelmissbrauchs charakterisiert.

Damit geht einher, dass grundrechtsintensive strafprozessuale (Eingriffs-) Maßnahmen – wie z. B. die TKÜ-Überwachung (§ 100a Abs. 1 StPO), die akustische Wohnraumüberwachung (§ 100c Abs. 1 StPO) oder die längerfristige Observation (§ 163f Abs. 1 StPO) – in der überwiegenden Zahl der Fälle aufgrund eines Verdachts des unerlaubten Betäubungsmittelshandels (z. B. §§ 29 Abs. 3 S. 2 Nr. 1; 29a; 30 Abs. 1 Nr. 1, 2 und 4; 30a und 30b BtMG) angeordnet werden.[24]

Doch nicht nur die herausragende Stellung des unerlaubten Handeltreibens in der Rechtspraxis rechtfertigt eine intensive Beschäftigung mit dieser Thematik des Nebenstrafrechts.

B. Das unerlaubte Handeltreiben, eine „dogmatikfreie“ Zone?

Genau genommen ist der Untersuchungsgegenstand dieser Studie sogar noch enger gefasst. So soll sich in rechtsdogmatischer Hinsicht dem unerlaubten Handeltreiben ausschließlich vom Standpunkt eines extensiven Begriffsverständnisses aus genähert werden. Seit der Entscheidung des Großen Senats für Strafsachen[25] (und den sich daran anschließenden Entscheidungen der einzelnen Strafsenate des BGH) bzw. den Entscheidungen des BVerfG[26] steht

22 Körner/*Patzak* § 29 BtMG, Rn. 206; in diese Richtung auch MüKo-StGB/*Rahlf* 1. A. § 29 BtMG, Rn. 236; krit. MAH Strafverteidigung/*Teuter/Diebel* § 46 Rn. 5, 29 ff.; i. d. R. BRegE. BT-Drs. 8/3551, S. 37; auch BVerfG NJW 2007, 1193 m. V. w. auf BRatE. BT-Drs. 12/989, S. 29 ff.; so auch *Duttge/Steuer* ZRP 2014, 181 (184).

23 MüKo-StGB/*Oğlakcıoğlu* § 29 BtMG, Rn. 186.

24 BT-Drs. 13/11354, S. 3 f.; BT-Drs. 14/4055, S. 15; zust. *Niehaus* JR 2005, 192 (193).

25 BGHSt 50, 252 ff.; mit zust. Anm. *Weber* JR 2006, 139 ff.; *Schmidt* NJW 2007, 3253 ff.; ähnl. auch *Rahlf* FS-Strauda 243 (257 f.); abl. Anm. jedoch *Krumdiek/Wesemann* StV 2006, 634 ff.; vgl. hierzu 2. Teil, B. II. 6.

26 BVerfG, Nichtannahmebeschl. v. 25.02.1993 – 2 BvR 2229/92, Rn. 1 ff. (juris); BVerfG, Nichtannahmebeschl. v. 24.10.1999 – 2 BvR 1906/99, Rn. 1 ff. (juris); BVerfG NJW 2007, 1193 f.; zust. *Weber* § 29 BtMG, Rn. 202 ff., 226; Körner/*Patzak* § 29 BtMG, Teil 4 Rn. 210; krit. MüKo-StGB/*Oğlakcıoğlu* § 29 BtMG, Rn. 189 ff.; ebenso BGH NStZ 2004, 105 (108); BGH NJW 2005, 1589; vgl. hierzu 2. Teil, B. III.

zumindest für die Rechtsprechung anscheinend unumstößlich fest, den Begriff des unerlaubten Handeltreibens weit auszulegen[27]. Unter dem Handeltreiben wird demnach „jede eigennützige, auf den Umsatz von Betäubungsmitteln gerichtete Tätigkeit“[28] definiert. Selbst einem nicht im Betäubungsmittelstrafrecht ausgebildeten Studierenden, der zumindest kursorisch die Vorlesungen zum Allgemeinen Teil des Strafrechts gehört hat, dürfte diese Definition sauer aufstoßen:

Wenn jede Tätigkeit – das Telefonieren, Transportieren oder Anmieten einer Wohnung – bei einem entsprechenden Vorsatz zu einem unerlaubten Handeltreiben mutieren kann, verflüchtigt sich nicht nur die definitorische Kraft des Begriffes, vielmehr wird der Tatbestand gefährlich nah an ein dem liberalen Strafrecht widersprechendes Gesinnungsstrafrecht herangeführt. Nicht ohne Grund resümierte *Strate* bereits vor 34 Jahren, dass es sich beim Betäubungsmittelstrafrecht um „ein Strafrecht [handele], das um jede Regung [des Täters], die eine Tendenz zum „Stoff“ erkennen läßt, die Schlinge legt“[29]. Treffend halten auch *Endriß* und *Kinzig* fest, dass aus dem beabsichtigten Füllen einer (Strafbarkeits-)Lücke eine Grube geworden sei, in die unterschiedslos alle fallen könnten, ohne Rücksicht darauf, wie sehr sie in Betäubungsmittelgeschäfte verstrickt seien.[30] Um die scheinbar „uferlose Ausdehnung“[31] des Tatbestands zu unterbinden, erscheint eine intensive dogmatische Untersuchung damals wie heute dringend vonnöten.

Umso erstaunlicher ist es, dass sich das wissenschaftliche Schrifttum mit der Dogmatik dieser „missglückte[n] Strafvorschrift“[32] vergleichsweise

---

27 St. Rspr. RG DJZ 1932, S. 808; BGHSt 6, 246 (247); 25, 290 (291); 28, 308 (309); 29, 239 (240); 30, 28 (31); 30 277 (278); 30, 359 (360 f.); 34, 124 (125); 43, 158 (161); 50, 252 (262); 51, 219 (221); BGH StV 1997, 589; BGH StV 1999, 427 ff.; BGH StV 2005, 666 (668); BGH NStZ 2016; 414; zu den teilw. abw. Entsch.: 2. Teil, B. II. 2., 3., 5.

28 Vgl. RGSt 51, 379 (380); 54, 94; BGHSt 6, 246 (247); 50, 252 (258); BGH StV 1992, 517; BGH StV 1999, 427; BGH StV 2005, 666 (668); BGH NStZ 2013, 546 (547 f.); BVerfG NJW 2007, 1193 f.; zust. u. a. Körner/*Patzak* § 29 BtMG, Rn. 225; *Weber* § 29 BtMG, Rn. 169; *ders.* JR 2006, 139 (141); BeckOK-BtMG/*Becker* § 29 Rn. 56. *Schäfer/Sander/van Gemmeren* Rn. 1758; *Hügel/Junge/Lander/Winkler* § 29 BtMG, Rn. 4.1.1; *Patzak/Bohnen* S. 51; *Franke/Wienroeder* § 29 BtMG, Rn. 22; *El-Ghazi* jurisPR-StrafR 20/2018, Anm. 1.

29 *Strate* ZRP 1987, 314.

30 *Endriß/Kinzig* NJW 2001, 3217 (3218 f.).

31 *Roxin* StV 1992 517 (519); *Nestler* StV 2002, 504 (506).

32 I. d. S. BVerfG NJW 2007, 1193; i. d. S. *Oğlakcıoğlu* AT-BtMG, S. 430; *Anastasopoulou* S. 270.

wenig[33] auseinandergesetzt hat.[34] Ganz verwunderlich ist diese teilweise „Kapitulation" der Vertreter des Schrifttums jedoch nicht, waren doch die das Betäubungsmittelstrafrecht betreffenden Gesetzesverfahren regelmäßig von einer besonderen Dringlichkeit zur raschen Lösung sozialer Problemlagen geprägt. Insofern erscheint es sogar verständlich, dass der überwiegende Teil des wissenschaftlichen Schrifttums davon abgesehen hat, Gesetzestexten, welche mit „heißer Nadel" im beschleunigten Verfahren gestrickt wurden und darauf ausgerichtet waren, jede Strafbarkeitslücke im Keim zu ersticken, mit einer dogmatischen Argumentation zu Leibe zu rücken.[35] Hinzu kommt, dass sich, seitdem vor über 15 Jahren die höchstrichterliche Rechtsprechung[36] die extensive Begriffsauslegung des unerlaubten Handeltreibens vollumfänglich bestätigt hat, offenbar eine gewisse Resignation in der wissenschaftlichen Debatte eingestellt hat.

Die Mahnung, dass das Instrumentarium tradierter strafrechtlicher Dogmatik nicht vor den Toren des Betäubungsmittelstrafrechts haltmachen darf[37], ist aufgrund des überaus „offenen" Tatbestands des unerlaubten Handeltreibens berechtigt. Um die Vorhersehbarkeit der Anwendung eines mit erheblichen Sanktionen verknüpften Tatbestands nicht zu gefährden, können unüberbrückbare dogmatische Dissonanzen mit den Grundsätzen des Allgemeinen Teils des Strafrechts für das unerlaubte Handeltreiben in keinem Fall akzeptiert werden. Vor dem Hintergrund eines liberalen Strafrechtsverständnisses wird man diesem allgemeinen Dogma nicht widersprechen können. Es stellt sich jedoch die Frage, welche allgemeine Methode im Rahmen dieser Untersuchung gewählt werden sollte, um die dogmatische Konsistenz des Tatbestands zu analysieren und dementsprechend bewerten zu können.

---

33 Mit Ausnahme der monografischen Arbeiten u. a. von *Büttner* (1997); *Ebert* (1997); *Schwitters* (1998); *Weber* (2008); *Lang* (2011); *Schnürer* (2013) und *Oğlakcıoğlu* (2013).

34 *Kreuzer* FS-Miyazawa 177; *Ebert* Handeltreiben S. 1.

35 *Böllinger* KJ 1991, 393 (405); *Kreuzer* FS-Miyazawa 177 (179, 190); *ders.* ZRP 1975, 206 (207 f.).

36 BGHSt 50, 252 ff.; BVerfG, Nichtannahmebeschl. v. 25.02.1993 – 2 BvR 2229/92, Rn. 1 ff. (juris); BVerfG, Nichtannahmebeschl. v. 24.10.1999 – 2 BvR 1906/99, Rn. 1 ff. (juris); BVerfG NJW 2007, 1193 f.; zust. *Weber* § 29 BtMG, Rn. 202 ff., 226; Körner/*Patzak* § 29 BtMG, Rn. 210; *Schmidt* NJW 2007, 3253 ff.; ähnl. auch *Rahlf* FS-Strauda 243 (257 f.); krit. MüKo-StGB/*Oğlakcıoğlu* § 29 BtMG, Rn. 189 ff.; vgl. hierzu 2. Teil, B. III.

37 *Anastasopoulou* S. 270.

C. Von den drei Grundprämissen dieser Untersuchung

Zweifellos mag es seinen (wissenschaftlichen) Reiz haben, zu einer beständigen Rechtsprechung (oder gar zu den gesetzgeberischen Leitlinien) eine diametral entgegengesetzte Position einzunehmen. Auch hat ein vorrangig an den Gesetzgeber gerichteter (Untersuchungs-)Ansatz de lege ferenda selbstverständlich seine (wissenschaftliche) Berechtigung. Da jedoch derzeit – auch aufgrund der Einhelligkeit der Begriffsauslegung – eine grundsätzliche Abkehr von der extensiven (kriminalpolitisch orientierten) Konzeption des BtMG vom Gesetzgeber sehr wahrscheinlich nicht zu erwarten ist, soll dieser Untersuchung ein abweichender Ansatz zugrunde gelegt werden.

Eine extensive Begriffsauslegung soll nicht voreilig als Grund aller dogmatischen Bedenken verbannt werden, sondern dieser Untersuchung als primärer Ausgangspunkt einer dogmatischen Debatte dienen. Im Rahmen dieser ersten basalen Prämisse ist zunächst zu klären, was der Gesetzgeber[38] bzw. die Rechtsprechung[39] überhaupt unter dem extensiven Begriff des unerlaubten Handeltreibens konkret verstehen. Anhand der juristischen Auslegungsmethoden ist das so gewonnene begriffliche Substrat auf seine dogmatisch-methodische Konsistenz und seine begriffliche Leistungsfähigkeit zu überprüfen.[40] Hierbei soll insbesondere untersucht werden, wie die extensive Begriffsauslegung des unerlaubten Handeltreibens mit dem vom Tatbestand geschützten Rechtsgut in Einklang gebracht werden kann bzw. ob unter Zugrundelegung dieser Auslegung sowohl die Deliktsverwirklichungsstufen als auch die Beteiligungsformen hinreichend voneinander abgegrenzt werden können.

Der im geltenden Recht fußende bzw. an der ständigen Rechtsprechung sich orientierende Ausgangspunkt einer extensiven Begriffsauslegung birgt jedoch auch nicht unerhebliche Gefahren für eine unvoreingenommene wissenschaftliche Analyse. So dürfen die offenbar vorhandenen Bedürfnisse der (Gerichts-) Praxis nicht dazu verleiten, trotz argumentativer bzw. dogmatischer Schwächen die extensive Begriffsauslegung um jeden Preis zu halten. Vielmehr soll stets sichergestellt sein, dass diese Untersuchung nicht lediglich zu einer pseudodogmatischen Akklamation der herrschenden Rechtsprechung verkommt, wie

38 Vgl. hierzu 2. Teil, A.
39 Vgl. hierzu 2. Teil, B.
40 Vgl. hierzu 2. Teil, E.

sie in den sogenannten (Praktiker-)Kommentaren[41] studiert werden kann. Um dieser Betrachtung tatsächlich einen wissenschaftlichen Mehrwert angedeihen zu lassen, ist der vom selbst gewählten Ausgangspunkt aus beschrittene Weg an jeder Abzweigung und bei jedem zu überwindenden Hindernis auf die dogmatische Stimmigkeit zu überprüfen. Hierbei muss sich die uneingeschränkte wissenschaftliche Freiheit ausbedungen werden, an geeigneter Stelle (bei unüberbrückbaren Widersprüchen bzw. Friktionen mit den allgemeinen Grundsätzen) vom vorher abgesteckten Pfad abzuweichen und neue – möglicherweise beschwerlichere – Wege zu beschreiten. Mit der Forderung nach einer weitgehenden wissenschaftlichen Autonomie und der damit einhergehenden unbeschränkten Möglichkeit, von der Begriffsauslegung der herrschenden Meinung abzuweichen, soll sichergestellt werden, dass das (mitunter exzessiv-)extensive Begriffskonzept, welches dieser Untersuchung als zu überprüfende Hypothese zugrundegelegt wurde, sich nicht als (nur scheinbar wissenschaftliches) gedankliches Gefängnis entpuppt.

In einer Frage muss dieser ergebnisoffene Ansatz jedoch eindeutig eingeschränkt werden: Es gibt wenige strafrechtliche Rechtsgebiete, die einer derart langjährigen und teilweise vehement geführten Fundamentalkritik[42] ausgesetzt sind, wie das des Betäubungsmittelstrafrechts. Diese weitgehend kriminalpolitisch geführte Argumentation mag teilweise durchaus berechtigt sein. Im Rahmen dieser Untersuchung wird – das sei bereits zu diesem frühen Zeitpunkt unmissverständlich versichert – die grundlegende Strafwürdigkeit des Handeltreibens mit Betäubungsmitteln nicht infrage gestellt. Demnach soll mit dieser Studie nicht einer metapositiven Gerechtigkeit nachgespürt werden, die keine Stütze im geltenden Recht für sich beanspruchen kann. Das unerlaubte Handeltreiben ist strafbar und wird auch im Ergebnis dieser Studie ein mit Strafe belegtes Verhalten bleiben.

---

41 Exempl. Körner/*Patzak* § 29 BtMG, Rn. 225 ff.; *Weber* § 29 BtMG, § 29 BtMG, Rn. 163 ff.; BeckOK-BtMG/*Becker* § 29 Rn. 56; anders hingegen MüKo-StGB/*Oğlakcıoğlu § 29 BtMG, Rn. 186 ff.*

42 Vgl. exemplarisch hierzu *Hassemer* NStZ 1989, 553 (557); *ders.* JuS 1991, 110 (112); *Nestler-Tremel* StV 1992, 273 (275 ff.); *Hohmann/Matt* JuS 1993, 370 (372 ff.); *Köhler* ZStW 104 (1992) 3 ff.; *Lüdersen* StV 1994, 508 ff.; *Schneider* StV 1994, 390 f.; *Böllinger* KJ 1994, 405 ff.; *ders.* ADS 2014, 112 ff.; *Kreuzer* FS-Miyazawa 177 (186); *Schünemann* in: *Hefendehl/von Hirsch/Wohlers* 133 (146, 152 f.); *Roxin/Greco* AT I § 2 Rn. 10, 46; *Anastasopoulou* S. 263; *Nestler* ZStW 2017; ausführl. hierzu *Lang* S. 58 ff.; *Wohlers* 178 ff.; *Ebert* Handeltreiben, S. 69 ff.; *Oğlakcıoğlu* BtMG-AT, S. 76 ff.; *Schwitters* S. 59; aus der Rspr. vgl. nur LG Lübeck NJW 1992, 1571 ff.

Um diese Prämisse zu veranschaulichen, soll die soeben aufgeworfene Metapher der gedanklichen (wissenschaftlichen) Wanderung aufgegriffen und anhand einer Bergtour versinnbildlicht werden:

Entschließt sich z. B. jemand, allein ein Gebirge per pedes zu erkunden, werden die konkrete Route der zu bewältigenden Tour bzw. das konkrete Ziel des Gipfelaspiranten und der Einsatz der dafür erforderlichen Hilfsmittel (Seil, Steigeisen, Abseilgerät, Erste-Hilfe-Set) möglicherweise noch nicht ganz klar sein. Unumstößliche Sicherheit besteht lediglich darin, dass er bei der Tourenplanung ein bestimmtes Gebirge als Destination seiner Tour ausgewählt hat. Insofern hat sich der Wanderer auch ganz bewusst in die Tiefe dieses Gebirges begeben und sich somit den alpinen Hindernissen und Gefahren freiwillig ausgesetzt. So wie das Gebirge für den Bergsteiger Grund und Maßstab seines Handelns auf der Tour darstellt, soll sich der Untersuchungsgegenstand dieser Arbeit auf das geltende Recht beziehen. Es ergibt für den Bergsteiger zur Bewältigung des im Vorfeld geplanten Weges wenig Sinn, darüber nachzudenken, mit welchen Problemen bzw. Widrigkeiten er sich auf einer Wanderung in der norddeutschen Tiefebene zu beschäftigen hätte. Ebenso verhält es sich mit der Beschränkung des Untersuchungsgegenstands auf das positive Recht: Die fundamentale (Legitimations-)Kritik mag zwar einen wissenschaftlichen Wert haben, kann jedoch – aufgrund des negatorischen Ansatzpunktes – keinen Beitrag zur Dogmatisierung dieses strafrechtlichen Nebengebietes leisten und ist darüber hinaus für die aktuelle gerichtliche Praxis nur bedingt zu gebrauchen.

Wie bereits erörtert, ist es das grundsätzliche Bestreben dieser Untersuchung, die Auslegung des unerlaubten Handeltreibens dogmatisch (auch unter Inkaufnahme einer Beschränkung des extensiven Begriffsverständnisses) zu optimieren, um es einerseits systematisch in das System des BtMG zu (re-)integrieren und andererseits mit den Grundsätzen des Allgemeinen Teils (§§ 1 bis 79a StGB) wieder in Einklang zu bringen[43]. Für den Fall, dass ein alternatives Begriffskonzept dem unerlaubten Handeltreiben zugrunde zu legen ist, soll dieses – so die dritte Prämisse dieser Untersuchung – zumindest tendenziell, soweit es irgend möglich ist, an der (extensiven) Ausrichtung des Gesetzes (bzw. des Gesetzgebers und somit auch der Rechtsprechung) orientiert werden, um einerseits eine Anwendung der zu erzielenden Untersuchungsergebnisse de lege lata zu ermöglichen und andererseits die Besonderheiten des illegalen Betäubungsmittelhandels tatbestandlich abbilden zu können.

---

43 Für das BtMG insgesamt vgl. die überaus umfangreiche Monografie von *Oğlakcıoğlu* AT-BtMG (2013).

Ob vor dem Hintergrund dieser drei Grundprämissen diese wissenschaftliche Entdeckungsreise – argumentativ gestärkt – zum ursprünglichen Ausgangspunkt zurückfindet oder vielmehr über Höhen und Tiefen zu gänzlich neuen Gipfeln vorstößt, sodass sich im Ergebnis ein (teilweise) abweichendes Begriffsverständnis des unerlaubten Handeltreibens herauskristallisieren könnte, wird sich im Laufe der Untersuchung ergeben. So wie im Vorfeld jeder verantwortungsvollen Unternehmung im Gebirge mithilfe von aktuellem Kartenmaterial, Erfahrungsberichten bzw. der entsprechenden Bergführerliteratur die Unternehmung geplant wird, soll diese Untersuchung damit begonnen werden, sich zunächst ein konkretes Bild von der extensiven Begriffsauslegung des unerlaubten Handeltreibens zu verschaffen.

2. Teil Bestandsaufnahme zum Begriff des unerlaubten Handeltreibens

Das unerlaubte Handeltreiben wird weder in den Begriffsbestimmungen der §§ 1, 2 BtMG genannt noch anderweitig durch das BtMG legaldefiniert, sodass der Gesetzgeber diesen Begriff anscheinend als bekannt voraussetzte[44] bzw. die nähere Begriffsbestimmung weitestgehend der Rechtsprechung überantwortete[45].

Zunächst soll streng historisch die Begriffsexegese des Gesetzgebers dargestellt werden, um sodann zu untersuchen, inwieweit die umfangreiche Kasuistik des Reichsgerichts, des Bundesgerichtshofes bzw. des Bundesverfassungsgerichts das Verständnis des unerlaubten Handeltreibens geprägt hat. Abschließend soll das Augenmerk auf die abweichenden Auffassungen im Schrifttum gelegt werden.

A. Die Begriffsbildung durch den Gesetzgeber

Obwohl der nationale Gesetzgeber zunehmend weniger von der Möglichkeit Gebrauch macht, die von ihm mit dem jeweiligen Gesetz anvisierte konkrete Auslegung eines juristischen Terminus in den Gesetzgebungsmaterialien für den Normadressaten wie für den -anwender verbindlich festzuschreiben, darf in einem demokratisch legitimierten Recht bzw. Rechtssystem die Bedeutung der historischen Auslegungsmethode nicht zu niedrig eingeschätzt werden. Immerhin besitzt allein der Gesetzgeber und nicht die Rechtsprechung oder gar die Rechtswissenschaft das demokratisch legitimierte Mandat zur Rechtssetzung. Aufgrund dessen erscheint ein Rückblick in die nationale Begriffsgeschichte unumgänglich, um zu prüfen, unter welchen Umständen und in welcher konkreten Ausgestaltung vorherige gesetzliche Regelungen das unerlaubte Handeltreiben pönalisierten und ob eine entsprechende Intention des Gesetzgebers zum Begriffsverständnis in den Gesetzgebungsmaterialien bereits angelegt ist. Da die nationale Gesetzgebung zunehmend durch das Völker- und Europarecht überwölbt wird, soll auf diesen mittelbar begriffsbestimmenden Faktor gesondert eingegangen werden.

---

44 *Franke/Wienroeder* § 2 BtMG, Rn. 1; MüKo-StGB/*Rahlf* 1 A. § 29 BtMG, Rn. 242.

45 *Malek* Betäubungsmittelstrafrecht, S. 36.

I. Erste gesetzgeberische Impulse zum Begriff des unerlaubten Handeltreibens

Im Grunde geht die Einführung des Begriffes des Handelteibens mit Betäubungsmitteln auf die „Verordnung über den Verkehr mit Opium vom 15. Dezember 1918“[46] des Rates der Volksbeauftragten zurück. In der Chronologie zur Normgebung wurde zwar bereits während des ersten Weltkrieges eine „Verordnung, betreffend den Handel mit Opium und anderen Betäubungsmitteln. Vom 22. März 1917.“[47] erlassen. Diese pönalisierte entgegen dem anders lautenden Verordnungstitel jedoch nicht den Handel, sondern lediglich die Abgabe von Betäubungsmitteln.

Erst mit § 2 Abs. 1 der Verordnung vom 15. Dezember 1918 unterlag auch der Handel – wie der Erwerb und die Veräußerung – von Opiaten einer Erlaubnispflicht; ein Verstoß gegen diese Pflicht konnte nach § 6 Abs. 1 S. 1 mit Geld- oder Gefängnisstrafe bis zu sechs Monaten geahndet werden. Mit diesen Vorschriften war neben dem Schutz der Bevölkerung[48] vom Verordnungsgeber vor allem beabsichtigt, die Versorgungssicherheit von Opiaten für den notwendigen Inlandsbedarf sicherzustellen.[49] Dabei bildete der vom Gesetzgeber geschaffene Terminus des Handeltreibens nicht einen zusammenfassenden Oberbegriff, welcher den Erwerb bzw. das Veräußern von Opiaten inkludiert. Die vom Gesetzgeber gewählten unterschiedlichen Begriffe sollte vielmehr strafrechtlich auch eine gewisse Eigenständigkeit erhalten.

Diese autonome Wortbedeutung trat u. a. im ersten deutschen Betäubungsmittelgesetz, dem „Gesetz zur Ausführung des internationalen Opiumabkommens vom 23. Januar 1912 vom 30. Dezember 1920“[50] offen zutage. Dieses Gesetz machte zwar ebenfalls in § 2 OpiumG (1920) den Handel mit bestimmten Betäubungsmitteln von der vorherigen Erlaubnis abhängig, der unerlaubte Handel stand jedoch, soweit er nicht im Erwerb, in der Veräußerung oder im sonstigen Inverkehrbringen mündete, durch § 8 Abs. 1 Nr. 1 OpiumG (1920) nicht länger

---

46 RGBl. (1918), S. 1447 ff.; durch VO vom 20. Juli 1920 (RGBl. (1920), S. 1464) wurden auch andere Betäubungsmittel (u. a. Kokain) dem Anwendungsbereich des Strafrechts unterstellt.

47 RGBl. 1917, S. 256.

48 Dagegen *Ebert* Handeltreiben, S. 4; *Schnürer* Gesamtgeschäft, S. 23.

49 *Anselmino/Hamburger* Einl. S. 8; m. w. N. *Wriedt* Drogengesetzgebung, S. 62 ff.; *Rommeney* FS-Heinitz 609 (616).

50 RGBl. (1921), S. 2 ff.; i. F.: OpiumG (1920); zum Opiumabkommen v. 23.01.1912 vgl. 2. Teil, A. III. 1.

unter Strafe. Durch den anscheinend bewussten Verzicht auf eine strafrechtliche Ahndung des erlaubnispflichtigen Handeltreibens geht die begriffliche Eigenständigkeit des Handeltreibens (vom Erwerb und der Veräußerung) in systematischer Hinsicht aus der Norm selbst hervor. Dass das Handeltreiben begrifflich über den Erwerbs- bzw. Veräußerungstatbestand hinausging, spiegelte sich u. a. auch in der damaligen Rechtsprechung wider, denn mit dem OpiumG (1920) war das bloße Vermitteln von Geschäften – welches bereits als eine Form des Handeltreibens von der Rechtsprechung anerkannt war[51] – nicht mehr strafbar.[52] Das Reichsgericht sah sich aufgrund der eindeutigen gesetzgeberischen Wertenscheidung nicht in der Lage, für die Tathandlung des Vermittelns von Betäubungsmitteln eine Strafbarkeit mittels einer Analogie zu begründen.[53] Unter Bezugnahme auf den obigen Schutzzweck der Regelung führte es aus, dass durch den Abschluss eines schuldrechtlichen Vertrags die Volksgesundheit nicht gefährdet werde, dies werde vielmehr erst durch das nachgelagerte Inverkehrbringen herbeigeführt.[54] Um diese Strafbarkeitslücke zu schließen[55] und gleichfalls die durch die Ratifizierung[56] des Genfer Opiumabkommens vom 19. Februar 1925 übernommenen internationalen Verpflichtungen umzusetzen, erließ der Gesetzgeber das „Gesetz über den Verkehr mit Betäubungsmitteln (Opiumgesetz) vom 10. Dezember 1929“[57].[58] Dessen § 10 Abs. 1 Nr. 1 OpiumG

---

51 Den Straftatbestand des Kettenhandels betreffend: RGSt 51, 379 (380); 54, 94 (94 f.).

52 *Weber* Handeltreiben, S. 137.

53 RGSt 63, 161 (163 f.).

54 RGSt 63, 161 (161 f.); zum v. d. h. M. geschützten Rechtsgut vgl. 3. Teil, D. VI. 2.; eingeh. zum Begriff der „Volksgesundheit“: *Haberl* S. 55, 56; abl. *Roxin/Greco* AT I § 2 Rn. 46, 79; *Frisch*, in: Eser/Kaiser/Weigend 201 (216); *Frisch* FS-Stree/Wessels S. 94 f.; *Schünemann* in: Hefendehl/von Hirsch/Wohlers 133 (152 f.); *Hassemer* JuS 1987, 257 ff.; *Hassemer* JuS 1992, 110 (113); *Böllinger* KJ 1991, 393 (405 f.); *Köhler* MDR 1992, 739 ff.; *ders.* ZStW 104 (1992) 3 (27 f.); *Zaczyck* StV 1992, 377 (378); *Paeffgen* FG-BGH 695 (705); *Haberl* S. 76; *Wohlers* S. 191; *Anastasopoulou* S. 270; *Puppe* JZ 2011, 911 f.; NK-StGB/*Puppe* Vor. § 13 Rn. 174.

55 RT-Drs. IV/1386, S. 10; *Anselmino/Hamburger* § 10 OpG S. 300; so auch *Niehaus* JR 2005, 192 (196); *Oğlakcıoğlu* AT-BtMG, S. 434; krit. hingegen *Roxin* StV 2003, 619 (621).

56 Durch das „Gesetz über das internationale Opiumabkommen vom 19. Februar 1925. Vom 26. Juni 1929“ (RGBl. II, S. 407 ff.); eingeh. dazu *Wriedt* Drogengesetzgebung, S. 91 f.; 2. Teil, A. III. 1.

57 Inkraftgetreten am 1. Januar 1930 (RGBl. I (1929) S. 215 ff.) i. F.: OpiumG (1929).

58 *Liemersdorf/Miebach* MDR 1979, 981 (983); *Ebert* Handeltreiben, S. 5 f.; MüKo-StGB/*Rahlf* 1. A. § 29 BtMG, Rn. 247; Kreuzer/*Nestler* § 11 Rn. 358; *Weber* Handeltreiben, S. 140.

(1929) sah auch für denjenigen eine Geld- bzw. Freiheitsstrafe bis zu drei Jahren vor, der ohne die vorgeschriebene Erlaubnis mit Betäubungsmitteln Handel trieb. Bis auf die Tatsache, dass das besitzlose Vermitteln von Betäubungsmittelgeschäften ausdrücklich dem Handeltreiben unterfallen sollte[59], konnte aus den Gesetzesmaterialien kein näher konkretisierter gesetzgeberischer Wille entnommen werden, wie der Reichsgesetzgeber den Terminus des Handeltreibens verstanden wissen wollte. Durch dieses gesetzgeberische Unterlassen wurde die konkrete Ausformung des Begriffs weitgehend der Rechtsprechung bzw. der Rechtslehre überlassen.

II. Die Gesetzgebungsentwicklung des Handeltreibens durch den Bundesgesetzgeber

1. Das Betäubungsmittelgesetz (1972)

Nach Inkrafttreten des Grundgesetzes galt das OpiumG (1929) als vorkonstitutionelles Recht im Sinne von Art. 125, 123 Abs. 1, 74 Nr. 19 GG fort.[60] Durch die rasche Zunahme des Rauschgiftkonsums Mitte der sechziger Jahre[61] sah sich der Bundesgesetzgeber zur Schaffung eines „neuen" Betäubungsmittelgesetzes[62] gezwungen, um einer weiteren Ausbreitung der „Rauschgiftwelle"[63] vor allem auf Jugendliche und Heranwachsende entgegenzuwirken. Einerseits wurde mit diesem Gesetz der Zweck verfolgt, das Individuum vor gesundheitlichen Schäden und den damit einhergehenden Zerstörungen der Persönlichkeit, Freiheit und seiner Existenz zu bewahren. Andererseits war mit dem BtMG (1972) auch beabsichtigt, die Gesellschaft vor den (nicht unerheblichen) Folgekosten einer Betäubungsmittelabhängigkeit zu bewahren, sodass durch dieses Gesetz die Funktionsfähigkeit der Gesellschaft insgesamt geschützt werden sollte.[64]

---

59 RT-Drs. IV/1386, S. 10.

60 Körner/*Patzak* § 29 BtMG, Rn. 232; *Wriedt* Drogengesetzgebung, S. 127, 145; *Schwitters* S. 21.

61 Vgl. *Rommeney* FS-Heinitz, 609 (621); *Wriedt* Drogengesetzgebung, S. 158 ff.; *Joachimski/Haumer* Einl. Rn. 3 ff.

62 Vgl. „Gesetz zur Änderung des Gesetzes über den Verkehr mit Betäubungsmitteln (Opiumgesetz). Vom 22. Dezember 1971" (BGBl. I, S. 2092 ff.), bekannt gemacht am 10. Januar 1972 als „Gesetz über den Verkehr mit Betäubungsmitteln (Betäubungsmittelgesetz)" (BGBl. I, S. 2 ff.), i. F.: BtMG (1972).

63 So der Entwurf der BReg. BT-Drs. VI/1877, S. 5.

64 BRegE. BT-Drs. VI/1877, S. 5; *Weber* Handeltreiben, S. 141.

Mit § 11 BtMG (1972) wurde die zentrale Strafvorschrift geschaffen, die auch das unerlaubte Handeltreiben gemäß § 11 Abs. 1 Nr. 1 bzw. Nr. 6a BtMG (1972) tatbestandlich erfasste. Diesbezüglich stellte der Gesetzgeber fest, dass die Nr. 1 „weitgehend dem bisherigen § 10 Abs. 1 Nr. 1 OpiumG“[65] (1929) entspreche. Von diesem Generalverweis abgesehen, äußerte er sich zum konkreten Begriffsverständnis des unerlaubten Handeltreibens nicht eingehender. Der Interpretationsspielraum bietende Begriff des Handeltreibens wurde durch diese gesetzgeberische Tätigkeit somit nicht näher präzisiert, obwohl andererseits die Strafvorschriften bezüglich des unerlaubten Rauschgifthandels fühlbar verschärft wurden.[66]

Der Strafrahmen bezüglich des Grundtatbestands des § 11 Abs. 1 BtMG (1972) – Geldstrafe bzw. Freiheitsstrafe bis zu drei Jahren – war zwar noch mit dem des OpiumG (1929) identisch, jedoch wurde der Strafrahmen der in § 11 Abs. 4 BtMG (1972) aufgeführten besonders schweren Fälle (in Übereinstimmung mit der soeben geschilderten gesetzlichen Zielstellung) signifikant auf eine Freiheitsstrafe von einem bis zu zehn Jahren erhöht. Die Regelbeispiele sollten vorrangig den illegalen Rauschgifthandel betreffen.[67] Sofern durch das unerlaubte Handeltreiben die Gesundheit mehrerer Menschen gefährdet (§ 11 Abs. 4 S. 2 Nr. 1 BtMG (1972)), ein anderer in die Gefahr des Todes gebracht (§ 11 Abs. 4 S. 2 Nr. 2 BtMG (1972)) oder der Handel gewerbsmäßig oder bandenmäßig betrieben wurde (§ 11 Abs. 4 S. 2 Nr. 4 BtMG), sollte regelmäßig ein besonders schwerer Fall gegeben sein und somit der nicht unerheblich erhöhte Strafrahmen angewendet werden.

Dieser gesetzgeberischen Tendenz entsprechend, wurde durch dieses Gesetz auch der Kreis der tatbestandlichen Handlungen erweitert. So wurde beispielsweise durch § 11 Abs. 1 Nr. 4 BtMG (1972) der Besitz von Betäubungsmitteln pönalisiert. Nach § 11 Abs. 1 Nr. 8 BtMG (1972) wurden einerseits das öffentliche oder eigennützige Mitteilen einer Gelegenheit zum unbefugten Genuss, Erwerb oder zur Abgabe von Betäubungsmitteln, andererseits das Verschaffen oder Gewähren einer solchen Gelegenheit unter Strafe gestellt.[68] Dadurch beabsichtigte der Gesetzgeber (anscheinend), jene zum Teil im Vorfeld des unerlaubten Handeltreibens angesiedelten Tathandlungen mittels eines eigenständigen

---

65 BRegE. BT-Drs. VI/1877, S. 8; so auch *Liemersdorf/Miebach* MDR 1979, 981 (983 f.); *Schwitters* S. 21.

66 BT-Drs. IV/1877, S. 15; krit. hierzu bereits *Kreuzer* ZRP 1975, 206 (207 ff.).

67 BRegE. BT-Drs. VI/1877, S. 9; BT-Drs. VI/1040, S. 4 f.

68 Vgl. BRegE. BT-Drs. VI/1877, S. 8 f.

Straftatbestands zu erfassen, da derjenige, der Gelegenheiten zum unerlaubten Betäubungsmittelverkehr verschaffe oder gewähre, die gleiche Strafe verdiene wie derjenige, der selbst illegalen Handel betreibt.[69]

Zusammenfassend kann zum BtMG (1972) festgehalten werden, dass die vom Gesetzgeber angestrebte „Neuordnung“ des Betäubungsmittelstrafrechts keine definitorische Konkretisierung für das unerlaubte Handeltreiben mit sich gebracht hatte. Obwohl in den Gesetzgebungsmaterialien das unerlaubte Handeltreiben zwar erwähnt wurde und der Gesetzgeber daran strafschärfende besonders schwere Fälle knüpfte, äußerte er sich zum konkreten Begriffsverständnis nicht. Ebenso wenig wie aus der schlichten Überschneidung der unterschiedlichen Begehungsformen des in § 11 Abs. 1 BtMG (1972) geschaffenen Katalogs der gesetzgeberische Wille entnommen werden kann, dass das unerlaubte Handeltreiben nunmehr eingeschränkt auszulegen sei, kann dem Gesetzgeber die Absicht unterstellt werden, dass er mit dieser Vorschrift – den fragmentarischen Charakter des Strafrechts[70] an sich gänzlich negierend – „einen möglichst umfassenden Katalog zur Erfassung des Rauschgiftmißbrauchs [habe] schaffen wollen“[71]. Diesbezüglich fehlen in den Gesetzgebungsmaterialien zum BtMG (1972) die erforderlichen Anhaltspunkte auf einen derart konkretisierten Willen des Gesetzgebers.

2. *Das Betäubungsmittelgesetz (1982)*

Jedoch konnte auch das BtMG (1972) den scheinbar unaufhaltsamen Anstieg der Betäubungsmittelkriminalität nicht ansatzweise eindämmen[72], sodass der Gesetzgeber, um den im Vordringen befindlichen Betäubungsmittelmissbrauch nachhaltiger zu unterbinden und somit die Gesundheit der Bürger besser zu schützen[73], das Betäubungsmittelgesetz durch das „Gesetz zur Neuordnung des Betäubungsmittelrechts vom 18. Juli 1981“[74] erneut novellierte. Dem BtMG

---

69 BRegE. BT-Drs. VI/1877, S. 9; zust. BGHSt 50, 252 (259); a. A. *Krumdiek/Wesemann* StV 2006, 634 (636).

70 *Roxin/Greco* AT I § 2 Rn. 97; Baumann/Weber/Mitsch/*Eisele* AT § 3 Rn. 10; *Ostendorf* S. 9, 20; einschränkend *Jakobs* AT 2/26 ff.

71 BGH NJW 1979, 1259; i. d. S. bereits BGHSt 25, 290 f.; zust. *Weber* Vor. §§ 29 ff., Rn. 593.

72 Vgl. m. w. N. *Hügel/Junge/Lander/Winkler* Vor. § 29 BtMG, Rn. 1.2; *Kreuzer* ZRP 1975, 206.

73 Vgl. BRegE. BT-Drs. 8/3551, S. 23; ebenfalls *Körner* NJW 1982, 673 ff.

74 Durch das „Gesetz zur Neuordnung des Betäubungsmittelrechts vom 18. Juni 1981“ (BGBl. I (1981) S. 681), in Kraft getreten am 01.01.1982 i. F.: BtMG (1982).

(1982) ging ein Regierungsentwurf voraus, welchem zufolge die verschärften Strafvorschriften vor allem den „aus Gewinnstreben handelnden Großtäter“[75] treffen sollten. Dieser ursprüngliche Gesetzentwurf, welcher die gesetzgeberische Zielrichtung (vage) umriss, scheiterte jedoch an der fehlenden Zustimmung des Bundesrats.[76] Die Normierungsvorschläge des Regierungsentwurfs wurden jedoch von dem sich anschließenden Fraktionsentwurf[77] wortlautgetreu übernommen. Insofern bildeten der ursprüngliche Regierungsentwurf und die in diesem formulierten gesetzgeberischen Motive die Beratungsgrundlage des BtMG (1982)[78], sodass sie im Rahmen der historischen Auslegung zur Begriffsbestimmung herangezogen werden können. Die Begründung des Fraktionsentwurfs bezieht sich nämlich lediglich rudimentär auf den illegalen Betäubungsmittelhandel[79]; insbesondere wird ein Bezug zu der Notwendigkeit der strafrechtlichen Verfolgung der „Großhändler“ vom Fraktionsentwurf nicht mehr hergestellt. Dass die Neuordnung des BtMG jedoch auch die „Großhändler“ treffen sollte, wird einerseits durch die schließlich zum Gesetz gewordenen §§ 29 Abs. 3 Nr. 1, 4; 30 Abs. 1 Nr. 1, 4 StGB deutlich, andererseits war sich die gesetzgebende Körperschaft über die deutliche Strafschärfung für „nicht süchtige Großhändler“[80] von Anfang an einig.[81] Im Übrigen sei angemerkt, dass unter den Fraktionen wesentlich weniger Übereinstimmung in der Frage bestand, ob und inwieweit durch mildere Strafandrohungen oder auch durch Absehen von Strafe (§ 11 Abs. 6 BtMG (1972)) gegenüber Abhängigen deren therapeutische Rehabilitation und -sozialisation gesetzlich ermöglicht werden könnte.[82]

a) Der Grundtatbestand

In Bezug auf den Begriff des unerlaubten Handeltreibens hatte diese Gesetzesnovellierung neben redaktionellen Veränderungen – die Strafbarkeit des unerlaubten Handeltreibens wurde nunmehr in § 29 Abs. 1 Nr. 1 BtMG (1982) gesetzlich

---

75 BRegE. BT-Drs. 8/3551, S. 35; i. d. S. auch Stn. BR. BT-Drs. 8/3551, S. 39, 45; ebenso Gegenäußerung d. BReg. BT-Drs. 8/3551, S. 51; BT-Sten. Ber. Bd. 117, S. 303, 306, 309.

76 BR-Drs. 387/80, S. 17; BR-Plenarprot. 491, S. 383; BT-Sten. Ber. Bd. 117, S. 302, 305, 309; zur Entstehungsgeschichte *Slotty* NStZ 1981, 321 f.

77 GesetzesE. der Fraktionen SPD und FDP, BT-Drs. 9/27, S. 1 ff.

78 *Weber* Handeltreiben, S. 142.

79 GesetzesE. der Fraktionen SPD und FDP, BT-Drs. 9/27, S. 27.

80 BT-Sten. Ber. Bd. 117, S. 303.

81 BT-Sten. Ber. Bd. 117, S. 303, 307, 309; BT-Sten. Ber. Bd. 118, S. 2011, 2017, 2019 f., 2021 f.; insoweit unzutreffend *Weber* Handeltreiben, S. 142, Fn. 101.

82 BRegE. BT-Drs. 8/3551, S. 1, 24, 35; BT-Sten. Ber. Bd. 117, S. 302 ff.

geregelt – zur Folge, dass der Gesetzgeber in den Gesetzesmaterialien zumindest zur begrifflichen Struktur des unerlaubten Handeltreibens Stellung bezog. Zu der Frage, ob es notwendig sei, das Vermitteln von Betäubungsmittelgeschäften in § 3 Abs. 1 Nr. 1 BtMG (1982) – wie den Handel mit Betäubungsmitteln – einer Erlaubnispflicht zu unterwerfen, wurde im ursprünglichen Regierungsentwurf ausgeführt, dass dies nicht erforderlich sei und explizit auf die reichsgerichtliche Rechtsprechung[83] bzw. die BGH-Rechtsprechung[84] zum Handeltreiben verwiesen. Durch das Vermitteln werde der Umsatz von Betäubungsmitteln ermöglicht bzw. gefördert, wodurch diese Handlung bereits dem Oberbegriff des Handeltreibens unterfalle, sodass der Täter mit dem Vermitteln schon Handel mit Betäubungsmitteln treibe.[85]

Ferner äußerte sich die Bundesregierung dahingehend, dass dieses Verständnis vom Handeltreiben unter Verweis auf die frühere Rechtsprechung des BGH[86] ebenso für die Strafvorschrift des § 29 Abs. 1 Nr. 1 BtMG (1982) Geltung beanspruchen könne.[87] Diese im Entwurf der Bundesregierung eindeutige Bezugnahme auf die bisherige Rechtsprechung[88], welche das unerlaubte Handeltreiben als jede eigennützige, auf den Umsatz von Betäubungsmittel gerichtete Tätigkeit definierte, hat im weiteren Gesetzgebungsverfahren keine Kritik erfahren. Dadurch wird einerseits deutlich, dass der Gesetzgeber den Vorschriften der §§ 29 ff. BtMG (1982) das extensive Begriffsverständnis der Rechtsprechung zugrunde gelegt hat[89], und andererseits, dass die das Handeltreiben betreffenden Strafnormen in jedem Fall die Großhändler treffen sollten, die kleinen Täter aber, sofern ihr „Handeln nicht eigennützig auf Umsatz gerichtet ist“[90], vom Tatbestand nicht erfasst werden sollten.

Das einheitliche weite Begriffsverständnis vom unerlaubten Handeltreiben schlägt sich auch im geänderten Wortlaut des § 29 Abs. 1 BtMG (1982) nieder, denn im Gegensatz zur vorherigen Regelung verdeutlicht das Gesetz durch die Wendung „mit ihnen Handel treibt, sie, ohne Handel zu treiben, einführt,

---

83 RG DJZ 1932, 808.

84 BGHSt 25, 290 f.

85 BRegE. BT-Drs. 8/3551, S. 27; BT-Drs. 8/3551, S. 53; i. d. S. auch Stn. d. BR. BT-Drs. 8/3551, S. 45.

86 BGHSt 25, 290 f.

87 Gegenäußerung der BReg. Drs. 8/3551, S. 53.

88 Ausdrückl. RG DJZ 32, 808; BGH 4 StR 343/73; BGHSt 25, 290 f.

89 *Weber* Handeltreiben, S. 142; *Franke/Wienroeder* § 29 BtMG, Rn. 24; *Ebert* Handeltreiben, 41.

90 Gegenäußerung der BReg. Drs. 8/3551, S. 53.

ausführt, veräußert, abgibt, sonst in den Verkehr bringt, erwirbt oder sich in sonstiger Weise verschafft", dass die einzelnen Begehungsformen neben dem Handeltreiben eine eigenständige Bedeutung haben können, sofern das Handeltreiben nicht gegeben oder nicht nachweisbar ist. Ist der Tatbestand des unerlaubten Handeltreibens hingegen erfüllt, gehen jene Tätigkeiten im übergeordneten Handeltreiben auf.[91]

In Übereinstimmung mit dem Ziel des Gesetzes wurde auch der Strafrahmen des Grundtatbestands (§ 29 Abs. 1 BtMG (1982)) von drei auf vier Jahre Freiheitsstrafe angehoben[92], die alternative Sanktionsmöglichkeit der Geldstrafe hingegen unverändert beibehalten. Daneben stellte der Gesetzgeber dem Handeltreiben weitere pönalisierte Tathandlungen zur Seite. Demnach wurden u. a. der Anbau sowie das Sich-Verschaffen von Betäubungsmitteln in sonstiger Weise (§ 29 Abs. 1 Nr. 1 BtMG (1982)) als auch die Bereitstellung von Geldmitteln oder anderen Vermögenswerten für einen anderen zum unerlaubten Handeltreiben mit Betäubungsmitteln (§ 29 Abs. 1 Nr. 4 BtMG (1982)) als weitere Begehungsformen neben dem unerlaubten Handeltreiben mit Strafe bedroht. Aus den Gesetzgebungsmaterialien wird offenkundig, dass der Gesetzgeber erhoffte, dass durch diese Ergänzungen nun der „unrechtmäßige Betäubungsmittelverkehr möglichst differenziert, aber auch vollständig durch die Vorschrift"[93] abgedeckt sei.

Dass der Gesetzgeber in § 29 Abs. 1 Nr. 4 BtMG (1982) das Bereitstellen von Geldern oder anderen Vermögenswerten zum unerlaubten Handeltreiben eines anderen als eine eigenständige Begehungsform normierte, spricht aus Gründen der Gesetzessystematik nicht grundsätzlich gegen das weite Verständnis des unerlaubten Handeltreibens. Sofern die beabsichtigte Einkaufsmenge der Betäubungsmittel beim Bereitstellen von Geldmitteln hinreichend konkretisiert ist, könnte die Tathandlung des Bereitstellens von Geldern oder anderweitigem Vermögen gleichfalls ein Bemühen zur Ermöglichung bzw. Förderung des Betäubungsmittelumsatzes darstellen[94], sodass das Bereitstellen nach dem

91 So ausdrückl. BRegE. BT-Drs. 8/3551, S. 28, 36; BGH NStZ 2004, 105 (108); ebenfalls *Slotty* ZRP 1981, 60 (62) *Weber* § 29 BtMG, Rn. 182; zur früheren Rechtslage vgl. *Schmidt* MDR, 1978, 5; *ders.* MDR 1980, 969; a. A. *Liemersdorf/Miebach* MDR 1979, 981 (984).

92 Der Vorschlag des Bundesrats sah sogar eine Freiheitsstrafe bis zu fünf Jahren vor (BT-Drs. 8/3551, S. 43).

93 S. Bericht des Ausschusses für Jugend, Familie und Gesundheit BT-Drs. 9/500 (neu), S. 2.

94 BGH NJW 1991, 305.

weiten Begriffsverständnis ohnehin vom vollendeten Handeltreiben erfasst wäre. Jedoch geht aus den Gesetzgebungsmaterialien eindeutig hervor, dass der Regelungsgrund des § 29 Abs. 1 Nr. 4 BtMG (1982) nicht darin bestand, die Definition des Handeltreibens einzuschränken. Durch diese Normierung sollte einerseits die obligatorische Strafmilderung einer Beihilfe zum Handeltreiben gemäß § 27 Abs. 2 S. 2 StGB i. V. m. § 49 Abs. 1 StGB für das Bereitstellen nicht mehr in Frage kommen, sowie andererseits die Strafbarkeit für jene Fälle vorverlagert werden, in denen die Haupttat – das unerlaubte Handeltreiben – nicht begangen und nicht einmal versucht wurde.[95] Da in der Vergangenheit offenbar das Bereitstellen von Geldern und anderen Vermögenswerten im Regelfall lediglich eine Beihilfe darstellte, hielt es der Gesetzgeber anscheinend für erforderlich, den erhöhten Unrechtsgehalt der Finanzierung des unerlaubten Handels durch einen selbstständigen (Auffang-)Tatbestand zu erfassen und somit zugleich seine Verpflichtung aus Art. 36 Abs. 2 (a) ii) des Einheits-Übereinkommens von 1961[96] bzw. aus Art. 3 Abs. 1 a) (v) Suchtstoffübereinkommen (1988)[97] zu erfüllen. Durch diese Normierung wurde im Ergebnis die Strafbarkeit signifikant vorverlagert und weiterhin der Anwendungsbereich der Beihilfe zugunsten der Täterschaft verringert.

b) Die besonders schweren Fälle und Qualifikationen

Da die Bundesrepublik derweil immer mehr zum „Dreh- und Angelpunkt [des] international organisierten Rauschgifthandels“[98] avancierte, sollten durch die Novelle vor allem die Strafrahmen für die schwere Betäubungsmittelkriminalität durch die Schaffung von Regelbeispielen und Qualifikationen angehoben werden, um so das „Schutzgut der Volksgesundheit“[99] besser gegen „besonders gefährliche und verabscheuenswürdige Angriffe“[100] abzuschirmen. Demnach wurde das unerlaubte Handeltreiben mit nicht geringen Mengen – eine vor

95 BRegE. BT-Drs. 8/3551 S. 36; BGH StV 1995, 25 f.; *Slotty* NStZ 1981, 321 (323); abl. Kreuzer/*Nestler* § 11 Rn. 375 ff.

96 Bekanntmachung am 4. Februar 1977 (BGBl. II S. 111); s. 2. Teil, A. III. 1. a).

97 Vgl. BRegE. BT-Drs. 12/3533, S. 17 f.

98 *Hügel/Junge/Lander/Winkler* Vor. § 29 BtMG, Rn. 1.2 m. w. N.

99 BRegE. BT-Drs. 8/3551, S. 37; abl. *Roxin/Greco* AT I § 2 Rn. 46, 79; *Frisch*, in: Eser/Kaiser/Weigend 201 (216); *Frisch* FS-Stree/Wessels S. 94 f.; *Schünemann* in: Hefendehl/von Hirsch/Wohlers 133 (152 f.); *Köhler* MDR 1992, 739 ff.; *ders.* ZStW 104 (1992) 3 (27 f.); *Paeffgen* FG-BGH 695 (705); *Haberl* S. 76; *Wohlers* S. 191; *Anastasopoulou* S. 270; *Puppe* JZ 2011, 911 f.; NK-StGB/*Puppe* Vor. § 13 Rn. 174.

100 BRegE. BT-Drs. 8/3551, S. 37.

allem für die Praxis höchst relevante Fallgruppe – in den Kanon der Regelbeispiele (§ 29 Abs. 3 S. 2 Nr. 4 BtMG (1982) aufgenommen und sollte in der Regel mit einer Freiheitsstrafe nicht unter einem Jahr bestraft werden.[101] Wiederum in Übereinstimmung mit der gesetzgeberischen Zielstellung – die präventive und repressive Wirkung des Strafrechts gegenüber dem „Großtäter"[102] zu verstärken – wurde für die Regelbeispiele des § 29 Abs. 3 S. 1 BtMG (1982) insgesamt das Strafhöchstmaß von zehn Jahren auf 15 Jahre Freiheitsstrafe angehoben.

Um sicherzugehen, dass das bandenmäßige Handeltreiben in jedem Fall härter bestraft werde, wurde mit § 30 Abs. 1 Nr. 1 BtMG (1982) anstatt des früheren Regelbeispiels (§ 29 Abs. 4 Nr. 4 BtMG (1972)) eine echte Qualifikation in Form eines Verbrechenstatbestands geschaffen, welcher eine Mindestfreiheitsstrafe von zwei Jahren für das Handeltreiben als Mitglied einer Bande vorsah.[103] Mangels praktischer Relevanz des Regelbeispiels aus § 11 Abs. 4 Nr. 2 BtMG (1972)[104], welches voraussetzte, dass u. a. durch das unerlaubte Handeltreiben ein anderer in die Gefahr des Todes gebracht werden musste, entschied sich der Gesetzgeber entgegen der allgemeinen strafschärfenden Tendenz in Bezug auf das Handeltreiben zur Streichung dieses Regelbeispiels. Dafür wurde mit § 30 Abs. 1 Nr. 3 BtMG (1982) ein neuer Strafschärfungsgrund – diesmal als Erfolgsqualifikation gemäß § 18 StGB – geschaffen, welcher sich nun mit einer (wenn auch leichtfertigen) Verursachung des Todes begnügte. Der Tod musste jedoch im Gegensatz zur vorherigen Regelung gerade durch Abgabe, Verabreichen oder Überlassen von Betäubungsmitteln und nicht bereits durch ein Handeltreiben verursacht worden sein. Gegen diese Privilegierung des unerlaubten Handeltreibens wurde vom Bundesrat im Gesetzgebungsverfahren u. a. eingewandt, es sei sachlich nicht gerechtfertigt, dass „die Hintermänner und Vorbesitzer, insbesondere Hersteller und Händler, nach dieser [gesetzlichen] Bestimmung nicht belangt werden könnten"[105]. Durch diese Stellungnahme des Bundesrates wird besonders deutlich, dass die Stoßrichtung des „neuen" Betäubungsmittelgesetzes,

101 So Stn. d. BR. BT-Drs. 8/3551, S. 45.

102 Vgl. BRegE. BT-Drs. 8/3551, S. 35, 37; so auch *Slotty* ZRP 1981, 60 (64).

103 I. d. S. Stn. BR. BT-Drs. 8/3551, S. 46, welche jedoch für die Qualifikation eine Mindeststrafe von drei Jahren vorsah; vgl. allg. *Kinzig* S. 179 ff.

104 BRegE. BT-Drs. 8/3551 S. 36.

105 Vgl. Stn d. BR. BT-Drs. 8/3551, S. 46; allg. zu diesem kriminalpolit. Belang: BRegE. BT-Drs. 8/3551, S. 35; ebenso Gegenäußerung d. BReg. BT-Drs. 8/3551, S. 51; BT-Sten. Ber. Bd. 117, S. 303, 306, 309; BRatE. BT-Drs. 12/989, S. 1, 30; BRegE. BT-Drs. 12/3533, S. 18; BGH NJW 1979, 1259; BGHSt 50, 252 (261 f.); zust. *Slotty* ZRP 1981, 60 (64); *Körner* NStZ 2000, 95; *Weber* JR 2006, 139 (141); *Weber* § 29 BtMG, Rn. 190 ff.

welche primär auf die im Hintergrund agierenden Hintermänner und Händler abzielt, vom Bundesrat nicht nur mitgetragen, sondern sogar intensiviert wurde.

3. Das Betäubungsmittelgesetz (1992)

Die grundlegende Zielrichtung des BtMG (1982) – die sogenannten „Großtäter" der organisierten Kriminalität durch höhere Strafandrohung generalpräventiv abzuschrecken und härter bestrafen zu können[106] – wurde mit dem Gesetz zur Bekämpfung des illegalen Rauschgifthandels und anderer Erscheinungsformen der Organisierten Kriminalität (OrgKG) vom 15. Juli 1992[107] weiterverfolgt. Der Entwurf des Bundesrats postuliert eindeutig, dass die „Triebfeder für die Organisierte Kriminalität [...] das Gewinnstreben"[108] sei. Ferner eruiert der Entwurf die Folgen des lukrativen Drogenhandels: „Mit den riesigen Gewinnen können die Drahtzieher kriminelle Organisationen aufbauen [und] Helfershelfer bezahlen"[109]. Die gesetzliche Stoßrichtung ist bereits frühzeitig im Gesetzgebungsverfahren auf die organisierten Rauschgifthändler – welche nicht notwendig eigenhändig im Vordergrund agieren – konkretisiert worden. Ferner musste der Gesetzgeber im Ergebnis konstatieren, dass „die Strafen nach dem Betäubungsmittelgesetz, insbesondere gegen den Rauschgifthandel [...], keine hinreichend abschreckende Wirkung"[110] entfalteten. Die Intensivierung der negativen Generalprävention ist dem Bundesrat zufolge aber erforderlich, da kriminelle Organisationen Chancen und Risiken krimineller Geschäfte professionell kalkulierten und somit Regionen, in denen der Betäubungsmittelhandel härter bestraft werde, meiden würden.[111] Um die gesetzgeberische Zielsetzung nachhaltig umzusetzen und somit der schweren Betäubungsmittelkriminalität präventiv vorzubeugen, wurden bereits vorhandene Regelbeispiele (§ 29 Abs. 3 Nr. 3 und 4 BtMG (1982)) durch dieses Gesetz gestrichen und durch die Einführung des § 29a BtMG (1992) als echtem Qualifikationstatbestand von einem Vergehen zu einem Verbrechen aufgewertet.[112] Von dieser „Heraufstufung"[113] war das unerlaubte Handeltreiben insofern betroffen, als nun der Handel mit nicht

106 BRatE. BT-Drs. 12/989, S. 1, 30; *Körner* NStZ 2000, 95.
107 BGBl. I, S. 1302; i. F. BtMG (1992); vgl. hierzu allg. *Kinzig* S. 184 ff.
108 BRatE. BT-Drs. 12/989, S. 1.
109 BRatE. BT-Drs. 12/989, S. 20.
110 BRatE. BT-Drs. 12/989, S. 21.
111 BRatE. BT-Drs. 12/989, S. 30.
112 BRatE. BT-Drs. 12/989, S. 2.
113 BRatE. BT-Drs. 12/989, S. 30.

geringen Mengen (§ 29a Abs. 1 Nr. 2 BtMG (1992)) sowie das Bestimmen von Personen unter 18 Jahren zum Handeltreiben durch eine über 21-jährige Person (§ 29a Abs. 1 Nr. 1 b) BtMG (1992)) mit Freiheitsstrafe zwischen einem und bis zu 15 Jahren (§ 38 Abs. 1 S. 2 StGB) geahndet werden konnten. Mit dieser Strafvorschrift sollte sichergestellt werden, dass Kinder oder Jugendliche nicht von Erwachsenen zum Rauschgifthandel instrumentalisiert werden.[114]

Die Begrifflichkeiten des Grundtatbestands wurden in den Gesetzgebungsmaterialien hingegen nicht thematisiert.[115] Auf Initiative der Bundesregierung wurde die Strafschärfungstendenz jedoch auch auf den Grundtatbestand erstreckt, sodass die obere Grenze des Strafrahmens des § 29 Abs. 1 BtMG insgesamt von vier auf fünf Jahre angehoben wurde. Darüber hinaus unterließ es der Gesetzgeber abermals, den Begriff des unerlaubten Handeltreibens näher zu erläutern.[116] Durch diesen Bezug zum damals vor allem durch die Rechtsprechung entwickelten Begriffsverständnis[117] kann ebenfalls davon ausgegangen werden, dass der Gesetzgeber sich dessen extensive Tendenz zu eigen machen wollte.

Unabhängig davon hat der Normgeber in Kenntnis einer durchaus stabilen Rechtsprechung ohne nähere Erklärung einen bereits normierten Terminus aufgegriffen und die Strafbarkeit (sogar mittels eines echten Qualifikationstatbestands) erheblich verschärft. Hätte der Gesetzgeber den Begriff enger oder gänzlich anders als die Rechtsprechung ausgestaltet wissen wollen, hätte er nicht auf eine bereits bestehende Auslegung der Norm verweisen dürfen, darüber hinaus wären detailliertere Erläuterungen in den Gesetzgebungsmaterialien erforderlich gewesen, da sich beide Tatbestände auf denselben Begriff des unerlaubten Handeltreibens beziehen.[118] Im Übrigen hatte sich der Gesetzgeber, wie bereits ausgeführt, im Regierungsentwurf zum BtMG (1982) dem Begriffsverständnis der Rechtsprechung bereits angeschlossen, sodass die Normierungen des BtMG (1992) ebenfalls an die bisherige weite Auslegung des Handeltreibens anknüpften.

---

114 BRatE. BT-Drs. 12/989, S. 54 f.; so auch GesE. der CDU/CSU und der FDP BT-Drs. 12/6853, S. 41; Körner/*Patzak* § 30a BtMG, Rn. 26 f.

115 Im BRatE. BT-Drs. 12/989, S. 30 wird lediglich für das Herstellen auf die bisherige Auslegung verwiesen.

116 S. insb. BRatE. BT-Drs. 12/989, S. 20, 29 ff., 54 f.; Beschlussempfehlung u. Bericht des Rechtsausschusses BT-Drs. 12/2720, S. 45; BT-Sten. Ber. Bd. 158, S. 3500 bis 3535; BT-Sten. Ber. Bd. 162, S. 7815 bis 7843.

117 Ausführl. 2. Teil, B.

118 So auch *Franke/Wienroeder* § 29 BtMG, Rn. 24.

In Übereinstimmung mit der gesetzgeberischen Zielrichtung wurde durch das BtMG (1992) die Qualifikation des bandenmäßigen Handeltreibens von Betäubungsmitteln in nicht geringer Menge ebenfalls erheblich verschärft. Da die bandenmäßige Betäubungsmittelkriminalität „besonders gefährlich, sozialschädlich und strafwürdig"[119] sei und das Strafmaß, welches diesbezüglich mindestens eine Freiheitsstrafe von zwei Jahren für den bandenmäßigen Betäubungsmittelhandel (§ 30 Abs. 1 Nr. 1 BtMG (1982)) vorsah, dem Gesetzgeber offenbar im Einzelfall als nicht genügend erschien[120], wurde durch das BtMG (1992) mit § 30a Abs. 1 BtMG (1992) die Qualifikation des bandenmäßigen Betäubungsmittelhandels in nicht geringen Mengen neu eingeführt, welche eine Freiheitsstrafe nicht unter fünf Jahren vorsah.[121]

4. *Das Betäubungsmittelgesetz (1994)*

Kurz nach dem BtMG (1992) verschärfte der Gesetzgeber durch das Verbrechensbekämpfungsgesetz vom 28. Oktober 1994[122] u. a. die erst durch das BtMG (1992) eingeführten Qualifikationstatbestände abermals. Durch die bis heute aktuelle Neufassung des § 30a Abs. 2 BtMG wurden nun das Bestimmen von Minderjährigen zum Handel mit Betäubungsmitteln (§ 30a Abs. 2 Nr. 1 BtMG, ehemals § 29a Abs. 1 Nr. 1b BtMG (1992)) und das bewaffnete Handeltreiben (§ 30a Abs. 2 Nr. 2 BtMG) auf eine Stufe mit dem bandenmäßigen Handeltreiben gestellt, sodass auch für diese Tathandlungen grundsätzlich eine Freiheitsstrafe nicht unter fünf Jahren angeordnet wurde.[123] Somit wurde erneut eine bereits pönalisierte Tathandlung in den Rechtsfolgen erheblich verschärft[124], wobei der Gesetzgeber gemäß der Gesetzesbegründung eindeutig auf die

---

119 BT-Drs. 12/989, S. 30.

120 BT-Drs. 12/989, 29.

121 Krit. zu § 30a BtMG insg.: *Lenckner* NStZ 1998, 257; *Paul* NStZ 1998, 222 ff.; *Paeffgen* FG-BGH 695 (725 f.); *Hecker* NStZ 2000, 208; *Nestler* StV 2002, 504 (506); *Leipold/Beukelmann* NJW-Spezial 2014, 312; MüKo-StGB/*Oğlakcıoğlu* § 30a BtMG, Rn. 108 f.; eine teleolog. Redukt. ebenso befürw. BGH BeckRS 1999, 30054474; BGH NStZ 2002, 600; BGH StV 2019, 341 (342 f.); dagegen m. w. N. ausdrückl. BGHSt 64, 266 (271).

122 Vollständiger Titel: „Gesetz zur Änderung des Strafgesetzbuches, der Strafprozeßordnung und anderer Gesetze (Verbrechensbekämpfungsgesetz)", i. F. BtMG (1994), in Kraft getreten am 01.12.1994; BGBl. I, S. 3186.

123 BGBl. I, S. 3193.

124 Krit. *Kreuzer* FS-Miyazawa 177 (191 f.).

bisherige Auslegung des Tatbestands zurückgreifen wollte.[125] Zwar enthalten die Gesetzgebungsmaterialien zu der konkreten Begriffsauslegung des unerlaubten Handeltreibens keine detaillierten Ausführungen, diese wären jedoch bei Verschärfung eines Tatbestandes erforderlich gewesen, sofern der Gesetzgeber von einem restriktiveren Begriff des Handeltreibens ausgegangen wäre.[126]

5. *Die Übernahme des Begriffs in andere nebenstrafrechtliche Bereiche*

Nicht nur das BtMG knüpft eine Strafbarkeit an das Merkmal des Handeltreibens, sondern der Gesetzgeber verwandte den Begriff ebenso in anderen nebenstrafrechtlichen Regelungsregimen. Diesbezüglich wären insbesondere § 19 Abs. 1 Nr. 1 GÜG, § 95 Abs. 1 Nr. 4 AMG, § 18 Abs. 1 TPG, § 51 Abs. 1 WaffG i. V. m. Abschn. 1 Nr. 9 Anlage 1 zum WaffG, § 19 Abs. 1 Nr. 1 KrWaffKontrG, § 4 Abs. 1 Nr. 1 AntiDopG bzw. § 4 Abs. 1 Nr. 1 NpSG zu nennen. Es würde jedoch den Rahmen dieser Untersuchung übersteigen, den Begriff des Handeltreibens in den verschiedenen gesetzgeberischen Ausprägungen im Einzelnen detailliert zu erörtern.[127]

Da die Auslegung rechtlicher Begriffe kontextrelativ zu erfolgen hat[128] – d. h. lediglich unter Berücksichtigung des konkreten rechtlichen Bezugsrahmens –, folgt aus der Verwendung eines identischen Begriffs durch den Gesetzgeber nicht notwendig, dass diesem im jeweiligen Gesetzeszusammenhang auch eine identische Bedeutung zukommt.[129] Gleichwohl kann die Verwendung derselben Redeweise vom Handeltreiben in anderen strafrechtlichen Kontexten dazu beitragen, den gesetzgeberischen Willen zur extensiven Auslegung des Handeltreibens erkennbar werden zu lassen und somit argumentativ zu unterfüttern, dass der Gesetzgeber auch bei den betäubungsmittelfernen Gesetzgebungsvorhaben konkret auf den durch die Rechtsprechung entwickelten weiten Begriff des unerlaubten Handeltreibens Bezug nehmen und somit dieses Verständnis bewusst rezipieren wollte. Dass diese Übertragung letztlich nicht in jedem Fall vollständig – ohne Verwerfungen bzw. Kritik der Rechtsprechung bzw.

---

125 GesE der CDU und FDP BT-Drs. 12/6853, BT-Drs. 12/6853, S. 41; BVerfG NJW 2007, 1193; krit. *Oğlakcıoğlu* StV 2012, 411 (412).

126 So schon 1. Teil, A. II. 2.; ebenfalls *Weber* Handeltreiben, S. 146 f.

127 Vgl. diesbzgl. *Weber* Handeltreiben S. 148 ff.

128 Instruktiv zur Kontextrelativität *Demko*, S. 64 ff., 117 ff., 321 ff.

129 Für das unerlaubte Handeltreiben: MüKo-StGB/*Oğlakcıoğlu* § 29 BtMG, Rn. 209; *Gaede* HRRS 2004 165 (170); a. A. *Rahlf* FS-Strauda 243 (258).

des Schrifttums – gelungen ist, ist für die lediglich nachzuweisende mittelbare Bestätigung des gesetzgeberischen Willens durch die Rezeption im Ergebnis unschädlich.[130]

a) Das Handeltreiben nach dem Grundstoffüberwachungsgesetz

Nicht nur in inhaltlicher Hinsicht, sondern auch nach der Gesetzgebungshistorie weist die Begriffsauslegung des Handeltreibens im Grundstoffüberwachungsgesetz die unmittelbarste Verwandtschaft zum Handeltreiben mit Betäubungsmitteln auf. Unter anderem durch das Gesetz zur Ausführung des Übereinkommens der Vereinten Nationen vom 29. Dezember 1988 vom 2. August 1993[131] kam der Gesetzgeber seiner internationalen Verpflichtung nach, neben den Betäubungsmitteln selbst auch den Verkehr mit Ausgangsstoffen für Betäubungsmittel zu pönalisieren. Neben dem in § 18a BtMG (a. F.) normierten Verbot des Handels mit Stoffen, die zur Herstellung von Betäubungsmitteln verwendet werden sollen, wurde der unerlaubte Handel mit Grundstoffen (§ 29 Abs. 1 Nr. 11 BtMG a. F.) zunächst in den Katalog der Grundtatbestände des BtMG aufgenommen und mit Geldstrafe bzw. Freiheitsstrafe bis zu fünf Jahren bestraft. Die Inkorporierung der Grundstoffe in das Betäubungsmittelgesetz wurde jedoch bereits mit Einführung eines eigenständigen Grundstoffüberwachungsgesetzes am 7. Oktober 1994[132] wieder beendet. In der ursprünglichen Fassung wurde der Tatbestand des unerlaubten Handels von Grundstoffen in § 29 Abs. 1 Nr. 1 GÜG (in der aktuellen Fassung in § 19 Abs. 1 Nr. 1 GÜG) unter Strafe gestellt. Die gesetzeshistorische Verflechtung beider Straftatbestände sollte durch die autonome Neuregelung nicht aufgehoben werden, sodass nach dem gesetzgeberischen Willen der Begriff des Handeltreibens im GÜG keine selbstständige Bedeutung erlangen sollte. Aus den Gesetzgebungsmaterialien zum GÜG geht darüber hinaus hervor, dass der Gesetzgeber bezüglich des Handeltreibens ausdrücklich auf die Auslegung des Handeltreibens mit Betäubungsmitteln hinwies und diese auf das GÜG übertragen wollte, da mit diesem Begriff „möglichst lückenlos alle Begehungsformen erfasst werden sollten, die geeignet sind, Grundstoffe unkontrolliert in den Verkehr gelangen zu lassen".[133] Demnach sollten vom Handeltreiben nach dem GÜG ebenfalls alle eigennützigen Bemühungen erfasst werden, die

---

130 *Weber* § 29 BtMG, Rn. 181; a. A. *Krumdiek/Wesemann* StV 2006, 634 (636 f.).

131 BGBl. I, S. 1407.

132 BGBl. I, S. 2835; i. F. GÜG.

133 So BRegE. BT-Drs. 16/7414, S. 15; ebenfalls *Hügel/Junge/Lander/Winkler* § 19 GÜG, Rn. 3.1; Körner/*Volkmer/Patzak* § 19 GÜG, Rn. 18.

darauf gerichtet sind, den Umsatz von Grundstoffen, welche dem GÜG unterliegen, zu ermöglichen oder zu fördern.[134]

b) Das Handeltreiben im Transplantationsgesetz

Mit dem Gesetz über die Spende, Entnahme und Übertragung von Organen (Transplantationsgesetz – TPG) vom 5. November 1997, folglich mit keinem deutlichen zeitlichen Abstand zu den gesetzlichen Änderungen des BtMG (1994) durch das Verbrechensbekämpfungsgesetz[135], hat der Gesetzgeber – nun in einem medizinrechtlichen Zusammenhang – das Handeltreiben mit einer weiteren Strafvorschrift verknüpft. Nach § 18 Abs. 1 TPG kann nämlich derjenige mit Freiheitsstrafe bis zu fünf Jahren oder Geldstrafe bestraft werden, der verbotenerweise (vgl. § 17 Abs. 1 S. 1 TPG) mit Organen oder Geweben Handel treibt. Zur Auslegung des Begriffs verwies der Gesetzentwurf explizit auf die umfangreiche Rechtsprechung des RG und des BGH zum BtMG[136], welche sich der Gesetzgeber im Betäubungsmittelrecht zu eigen gemacht habe.[137] Das Handeltreiben sei demnach auch im TPG als jede eigennützige, auf Güterumsatz gerichtete Tätigkeit zu verstehen, selbst wenn es sich nur um eine gelegentliche, einmalige oder vermittelnde Tätigkeit handele, die zu keinem Erfolg geführt habe.[138] Aufgrund dieses weiten Begriffsverständnisses unterfallen „Verhandlungen vor Vertragsabschluss, Verkaufsangebote, selbst ernsthafte, wenngleich misslungene Ankaufsbemühungen in Weiterveräußerungsabsicht“[139] grundsätzlich dem vollendeten Handeltreiben nach dem TPG, sofern sie auf den Umsatz von Organen bzw. Gewebe gerichtet sind. Das Schrifttum zum TPG billigte weitestgehend diese begriffliche „Entlehnung“[140] und folgerte daraus, dass der dortige Begriff des Handeltreibens dem des Betäubungsmittelgesetzes

---

134 LG Kleve NStZ-RR 1997, 211; Körner/*Volkmer/Patzak* § 19 GÜG, Rn. 18; *Weber* Handeltreiben, S. 150; Erbs/Kohlhaas/Wußler § 19 GÜG, Rn. 2.

135 Vgl. 2. Teil, A. II. 4.

136 Ausdrückl. auf RGSt 53, 310 (313); 51, 379 (380); 52, 169 (170); BGHSt 6, 246 (247); 25, 290 (291); 28, 308 (309); 29, 239 (240).

137 GesE d. Frak. d. CDU/CSU, SPD u. FDP BT-Drs. 13/4355, S. 29 ff.; ebenso bereits BRegE. BT-Drs. 13/587, S. 5 f.; *Gragert* S. 80 ff.

138 GesE d. Frak. d. CDU/CSU, SPD u. FDP BT-Drs. 13/4355, S. 29 ff.; ebenso bereits BRegE. BT-Drs. 13/587, S. 5 f.; zust. BSG JZ 2004, 465; MüKo-StGB/*Tag* § 18 TPG, Rn. 15; Igl/Welti/*Hoyer* Gesundheitsrecht § 55 Rn. 5.

139 GesE d. Frak. d. CDU/CSU, SPD u. FDP BT-Drs. 13/4355, S. 30.

140 BSG NZS 2004, 531 (533).

entspreche.[141] Der Gesetzgeber war sich hingegen bewusst, dass die vollumfängliche Übernahme der betäubungsmittelrechtlichen Auslegung des Handeltreibens (vor allem in Bezug auf die Eigennützigkeit) nicht nur zu kriminalpolitisch unsachgemäßen Ergebnissen führen, sondern auch den Schutzzweck des TPG – der Vorbeugung einer Ausbeutung von potentiellen Organempfängern[142] – verfehlen würde, sodass er u. a. in § 17 Abs. 1 S. 2 Nr. 1 TPG klarstellte, dass derjenige nicht eigennützig handelt, der für den Organhandel ein angemessenes Entgelt für seine Heilbehandlung gewährt oder annimmt.[143]

Insofern wurde die Auslegung des BtMG in Bezug auf das TPG zwar nicht vollumfänglich rezipiert, jedoch ist im Rahmen dieser Untersuchung vor allem von Relevanz, dass der Gesetzgeber eine vollständige Rezeption für möglich hielt und seinen gesetzgeberischen Willen, welcher sich aus den Gesetzgebungsmaterialien ergibt, eindeutig auf die Übernahme der spezifischen Rechtsprechung zum BtMG zur Auslegung des Handeltreibens konkretisierte. Folglich kann zu Recht konstatiert werden, dass der Gesetzgeber von einem gefestigten extensiven Verständnis des Handeltreibens im BtMG ausging, welches er in das TPG übertragen wollte.[144]

c) Das Handeltreiben im Arzneimittelgesetz

Nach § 95 Abs. 1 Nr. 4 AMG i. V. m. § 43 Abs. 1 S. 2 AMG macht sich derjenige strafbar, der verbotenerweise außerhalb von Apotheken mit Arzneimitteln Handel treibt. Die Einführung des Handeltreibens als Tatbestandsmerkmal geht auf das achte Gesetz zur Änderung des Arzneimittelgesetzes vom 7. September 1998[145] zurück. Die vorherige Regelung[146] knüpfte die Strafbarkeit lediglich daran, dass der Täter im Einzelhandel außerhalb einer Apotheke ein verschreibungspflichtiges Arzneimittel in Verkehr bringt (§ 96 Nr. 11 AMG a. F. i. V. m.

---

141 MüKo-StGB/*Tag* § 18 TPG, Rn. 15 f.; Schroth/König/Gutmann/Oduncu/*König* § 18 TPG, Rn. 16 ff.; *Weber* Handeltreiben S. 164 f.; *ders.* JR 2006, 139 (142); m. w. N. BGHSt 50, 252 (260 f.); a. A. *König* S. 151 ff., 257 ff.; *Oğlakcıoğlu* HRRS 2012, 381 (384 ff.), z. T. krit. aus der Rspr. BSG JZ 2004, 465 (466 f.).

142 BSG JZ 2004, 465 (466); ausführl. hierzu Igl/Welti/*Hoyer* Gesundheitsrecht § 55 Rn. 7 ff.

143 GesE d. Frak. d. CDU/CSU, SPD u. FDP BT-Drs. 13/4355, S. 30.

144 BGHSt 50, 252 (259 ff.); zust. *Weber* Handeltreiben S. 165; *Weber* § 29 BtMG, Rn. 181; a. A. *Krumdiek/Wesemann* StV 2006, 634 (636 f.); krit. LSG NRW, Urt. v. 31.01.2001 – L 10 VS 28/00, Rn. 84 (juris).

145 BGBl. I, S. 2649; zur Gesetzeshistorie *Weber* Handeltreiben S. 152 ff.

146 BGBl. I (1976), S. 2475; vgl. ebenfalls OLG Köln NStZ 1988, 444.

§ 43 Abs. 1 a. F.). Zum Motiv, die Strafbarkeit nun nicht mehr an den „Einzelhandel", sondern an den wesentlich weiteren Begriff des Handeltreibens zu knüpfen, geht aus den Gesetzgebungsmaterialien eindeutig hervor, dass „andere Personen als die am Arzneimittelverkehr beteiligten apothekenpflichtige Arzneimittel auch dann nicht entgeltlich abgeben dürfen, wenn es nicht berufs- oder gewerbsmäßig geschieht"[147]. Dadurch sollten insbesondere auch Einzelfälle der Abgabe von sogenannten „Ersatzdrogen" durch das „umfassendere Verbot des Handeltreibens"[148] unter Strafe gestellt werden. Zwar kommt es zur Verwirklichung des Tatbestandes – wie im BtMG – auf ein berufs- oder gewerbsmäßiges Handeln des Täters nicht an, ein konkreter begrifflicher Bezug zum BtMG wird durch den Gesetzgeber in den Gesetzgebungsmaterialien zum AMG jedoch nicht hergestellt.

Sowohl die Rechtsprechung[149] als auch weite Teile des Schrifttums[150] gehen jedoch davon aus, dass der Begriff des Handeltreibens im AMG deckungsgleich mit dem BtMG zu verstehen sei, da es bei ersterem auf eine Entgeltlichkeit des Handelns ebenfalls nicht ankommen könne, sondern lediglich darauf, dass der Täter eigennützig gehandelt habe[151]. Diese Auffassung steht jedoch im Widerspruch zum gesetzgeberischen Willen, der offenbar das unerlaubte Handeltreiben nach dem AMG nicht an eine Eigennützigkeit, sondern an eine Entgeltlichkeit knüpfen wollte. Insofern würde eine vollständige Übernahme des extensiven Begriffsverständnisses des Handeltreibens in das AMG den soeben dargestellten gesetzgeberischen Zweck ungerechtfertigterweise zu stark einengen, sodass die Auslegung des AMG gerade nicht mit der des BtMG identisch ist[152], zumal der Gesetzgeber im Gegensatz zum TPG auch nicht explizit in den Gesetzgebungsmaterialien auf den betäubungsmittelrechtlichen Begriff Bezug genommen hat.

d) Das Handeltreiben im KrWaffKontrG

Trotz der wesentlich weiteren inhaltlichen Entfernung des Regelungsgegenstandes wurde mit dem Gesetz zur Verbesserung der Überwachung des

147 BT-Drs. 13/9996, S. 15.
148 BT-Drs. 13/9996, S. 17.
149 BGH NStZ 2004, 457 (458); BGHSt 50, 252 (260).
150 Körner/*Volkmer/Fabricius* § 95 AMG, Rn. 201 ff.; *Weber* § 43 AMG, Rn. 38 ff.; dagegen *ders.* JR 2006, 139 (142); krit. ebenso MüKo-StGB/*Freund* § 95 AMG, Rn. 47.
151 BGH NStZ 2004, 457 (458).
152 *Weber* JR 2006, 139 (142); a. A. BGH NStZ 2004, 457 (458).

Außenwirtschaftsverkehrs und zum Verbot von Atomwaffen, biologischen und chemischen Waffen vom 5. November 1990[153] das Handeltreiben als ein neuer Grundtatbestand in § 19 Abs. 1 Nr. 1 bzw. § 20 Abs. 1 Nr. 1 KrWaffKontrG mit Freiheitsstrafe von einem bis fünf Jahren bzw. nicht unter zwei Jahren pönalisiert, wobei der Gesetzentwurf der Bundesregierung sich zur konkreten Auslegung des Tatbestandsmerkmals des Handeltreibens nicht äußerte, sondern schlicht auf „§ 29 Abs. 1 Nr. 1 BtMG"[154] verwies. Obwohl das Handeltreiben im KrWaffKontrG gegenüber dem BtMG normsystematisch in einem anderen Zusammenhang steht und die unbeschränkte Übernahme des Begriffs nicht frei von Spannungen ist, wird im Schrifttum[155] allgemein angenommen, dass sich das Tatbestandsmerkmal des Handeltreibens an dem weiten betäubungsmittelrechtlichen Verständnis, welches durch die Rechtsprechung entwickelt und fortgebildet wurde, orientiere.[156]

Tatsächlich unterließ es der Gesetzgeber jedoch, die von der Rechtsprechung entwickelte Definition in den Gesetzgebungsmaterialien ausdrücklich zugrunde zu legen. Ferner ist das Handeltreiben im KrWaffKontrG mangels des Klammerzusatzes „ohne Handel zu treiben, [...]" und einer sich daran anschließenden Aufzählung der grundsätzlich zurücktretenden Tathandlungen vom BtMG deutlich verschieden, da es in § 19 Abs. 1 Nr. 1 KrWaffKontrG (bzw. § 20 Abs. 1 Nr. 1 KrWaffKontrG) nicht als ein „Oberbegriff" für weitere Verhaltensweisen konzipiert ist.[157] Dem gesetzgeberischen Willen zufolge ist dies konsequent, da die Einführung des Handeltreibens in das KrWaffKontrG die inlandsbezogenen Tathandlungen des Ein- und des Ausführens lediglich ergänzen[158], nicht jedoch verdrängen sollte. Ferner wollte der Gesetzgeber die typischerweise von dem weiten Begriff des Handeltreibens umfassten Tathandlungen des Beförderns, der Vermittlung bzw. des Nachweises oder des Abschlusses eines Vertrages über verbotene Kriegswaffen, welche in einer früheren Fassung KrWaffKontrG in eigenständigen Tatbeständen pönalisiert wurden[159], gerade nicht mit dem neu

---

153 BGBl. I S. 2428, Kriegswaffenkontrollgesetz, i. F.: KrWaffKontrG.

154 BRegE. BT-Drs. 11/4609 S. 9.

155 Steindorf/*B. Heinrich* 10. A. § 19 KrWaffKontrG, Rn. 3; MüKo-StGB/*B. Heinrich* § 19 KrWaffKontrG, Rn. 9; *Holthausen* NJW 1991, 203 (204); m. w. N. *Weber* Handeltreiben S. 175, 205; a. A. *Krumdiek/Wesemann* StV 2006, 634 (637).

156 BGHSt 50, 252 (259 f.).

157 *Krumdiek/Wesemann* StV 2006, 634 (637); ebenfalls *Weber* Handeltreiben S. 282.

158 BRegE. BT-Drs. 11/4609 S. 9.

159 Vgl. § 16 Abs. 1 Nr. 3, 5, 7 des Gesetzes zur Kontrolle von Kriegswaffen, vgl. BGBl. I (1978), S. 644.

eingeführten Tatbestandsmerkmal des Handeltreibens erfassen. Diese Tätigkeiten sollten von den ebenfalls neu geschaffenen Tatbeständen des Förderns einer nach § 19 Abs. 1 Nr. 1 KrWaffKontrG (bzw. § 20 Abs. 1 Nr. 1 KrWaffKontrG) strafbaren Handlung (§§ 19 Abs. 1 Nr. 2 KrWaffKontrG bzw. 20 Abs. 1 Nr. 2 KrWaffKontrG) bzw. unter den Auffangtatbestand des sonstigen Ausübens der tatsächlichen Gewalt über verbotene Waffen pönalisiert werden.[160] Insofern ging der Gesetzgeber offenbar davon aus, dass das Befördern, die Vermittlung bzw. der Nachweis oder der Abschluss eines Vertrages über verbotene Kriegswaffen im Rahmen des KrWaffKontrG nicht dem Handeltreiben unterfalle, sodass für diese das Handeltreiben unterstützenden Handlungen ein eigenständiger Förder-Straftatbestand geschaffen werden musste. Folglich kann die weite Definition im Sinne von § 29 Abs. 1 S. 1 Nr. 1 BtMG nicht uneingeschränkt[161] auf das KrWaffKontrG übertragen werden, sodass diese Rezeption nur scheinbarer Natur und somit nicht geeignet ist, die betäubungsmittelrechtliche Definition argumentativ zu untermauern. Im Übrigen sei angemerkt, dass die Einführung des Förder-Tatbestands ebenfalls zur Folge hat, eine Beihilfe zum Handeltreiben mit den nach dem KrWaffKontrG verbotenen Kriegswaffen abzuschaffen, sodass man für das Handeltreiben im KrWaffKontrG durchaus von einer Einheitstäterschaft[162] sprechen könnte.[163]

Aus den soeben dargestellten Friktionen, welche durch eine vollständige Rezeption der betäubungsmittelrechtlichen Auslegung des unerlaubten Handeltreibens entstehen würden, ist zu schließen, dass dem Gesetzgeber die konkreten Folgen der Begriffsanleihe offenbar nicht vollständig bewusst waren, sodass jene unvollständige Begriffsanleihe nicht dazu beitragen kann, das betäubungsmittelrechtliche Verständnis argumentativ zu untermauern.[164]

---

160 BRegE. BT-Drs. 11/4609 S. 9.

161 Ebenfalls *Krumdiek/Wesemann* StV 2006, 634 (636); a. A. BGHSt 50, 252 (259); Steindorf/*B. Heinrich* 10. A. § 19 KrWaffKontrG, Rn. 3; MüKo-StGB/*B. Heinrich* § 19 KrWaffKontrG, Rn. 9; *Holthausen* NJW 1991, 203 (204); m. w. N. *Weber* Handeltreiben S. 175, 205; *Weber* NStZ 2004, 66.

162 Dagegen *Paul* StV 1998, 623 (625); *Weber* § 29 BtMG, Rn. 586; *ders.* Handeltreiben, S. 536 ff.; *Lang* S. 204; auch BGHSt 51, 219 (221); die Einheitstäterschaft allg. abl. *Roxin* S. 503 f.; LK-StGB/*Schünemann* 12. A. Vor. § 25, Rn. 5 ff.; Sch/Sch/*Heine/Weißer* Vor. §§ 25 ff. StGB, Rn. 7 f.; *Bock* Jura 2005, 673 (679 f.); für die Einheitstäterschaft in einem normativ-funktionalen Straftatverständnis jedoch *Rotsch* S. 481 ff.

163 So auch *Weber* Handeltreiben S. 287 f.

164 So *Krumdiek/Wesemann* StV 2006, 634 (637).

Dem ist jedoch entgegenzuhalten, dass es für eine Bestätigung der betäubungsmittelrechtlichen Auslegung vorrangig darauf ankommt, dass der Gesetzgeber den bereits entwickelten Begriff bewusst in ein anderes Gesetz implantieren wollte, nicht jedoch darauf, ob der so ausgelegte Begriff sich in das dadurch ergänzte Regelungssystem auch konsistent einfügt. Dass eine Begriffsrezeption dogmatisch teilweise nicht oder nur mit Einschränkungen in ein anderes Rechtsgebiet überführt werden kann, ist für die Bestätigung der Definition des Handeltreibens im BtMG nicht von Relevanz, da der Gesetzgeber sich nur dazu geäußert hat, dass sich das Handeltreiben am BtMG zu orientieren habe, keinesfalls jedoch, die mit der Rezeption einhergehenden Probleme dadurch aufgelöst wissen wollte, dass sich der betäubungsmittelrechtliche Begriff an das KrWaffKontrG anpasse.

e) Das Handeltreiben im WaffG

Das Handeltreiben ist ebenfalls in §§ 51, 52 WaffG mit Strafe bedroht. Explizit wird der Waffenhandel in Abschn. 1 Nr. 9 Anlage 1 (zu § 1 Abs. 4 WaffG) legaldefiniert. Das WaffG bezieht sich somit nicht allgemein auf das unerlaubte Handeltreiben, sondern einschränkend nur auf die in der Anlage 1 genannte Definition des Waffenhandels. Bereits dieser sprachliche Unterschied verdeutlicht, dass der Begriff des Handeltreibens mit Waffen nicht mit dem des Handeltreibens im BtMG identisch ist.[165] Der waffenrechtliche Begriff des Handeltreibens hat sich folglich ohne Einwirkung durch das BtMG eigenständig entwickelt, sodass die Verwendung des Handeltreibens in dieser Norm nicht geeignet ist, die betäubungsmittelrechtliche Auslegung argumentativ zu unterstützen.[166]

f) Das Handeltreiben im Anti-Doping-Gesetz

Im Gegensatz zum WaffG wird das extensive Begriffsverständnis des unerlaubten Handeltreibens hingegen vom Gesetzgeber im Rahmen des Anti-Doping-Gesetzes[167] mittelbar bestätigt. In § 2 Abs. 1 Nr. 2 AntiDopG bzw. § 4 Abs. 1 Nr. 1 AntiDopG wird der Handel mit Dopingmitteln einem generellen Verbot unterworfen und an diese Tathandlung eine Strafbarkeit explizit geknüpft. Zu der Frage, was vom Handeltreiben im Sinne des AntiDopG begrifflich umfasst sein

---

165 Steindorf/*B. Heinrich* 10. A. § 51 WaffG, Rn. 10; a. A. *Schwitters* S. 159 ff.; ebenso für eine Anlehnung an den Begriff des WaffG de lege ferenda BGH NStZ 2004, 105 (108 f.).

166 *Weber* Handeltreiben S. 278; *Weber* JR 2006, 139 (141).

167 Anti-Doping-Gesetz vom 10.12.2015; vgl. BGBl. I, S. 2110; i. F. AntiDopG.

sollte, stellt der Gesetzgeber eindeutig klar, dass die Formulierung im AntiDopG an die Begriffsauslegung des BtMG angelehnt wurde.[168] Das Handeltreiben wurde in das AntiDopG aufgenommen, „da dieser eigennützigen, auf Umsatz gerichteten Tätigkeit eine große praktische Bedeutung zukommt"[169] und von der Rechtsprechung im Rahmen des BtMG hinreichend ausdifferenziert wurde. Ferner hielt der Gesetzgeber im Kontext des AntiDopG ausdrücklich fest, dass Handeltreiben unabhängig vom Nachweis eines Besitzes von Dopingmitteln vorliegen kann. Besonders erwähnt wurde auch, dass im Bereich des Dopingmittelhandels zum Teil beträchtliche Gewinne (bis zu 1.000 %) erzielt werden können und dass die Möglichkeit der Gewinnerzielung die treibende Motivation zum Handel darstellt. Dem solle mit dem strafbewehrten Verbot des Handeltreibens entgegengewirkt werden.[170]

g) Das Handeltreiben im NpSG

Das Bestreben des Gesetzgebers zur vollumfänglichen Rezeption des extensiven Begriffsverständnisses des unerlaubten Handeltreibens in andere nebenstrafrechtliche Regelungsmaterien wird durch das NpSG unverändert fortgesetzt. Da das BtMG allgemein die Strafbarkeit an den Umgang mit bestimmten explizit in den Anlagen I bis III (vgl. § 1 Abs. 1 BtMG) genannten Stoffen (Positivliste) knüpft, ist gerade für chemisch synthetisierte Betäubungsmittel(-derivate)[171] eine Umgehung der Regelungen des BtMG vorprogrammiert, da durch lediglich geringfügige Abweichungen der chemischen Zusammensetzung der gleichwohl eine nahezu identische (Rausch-)Wirkung hervorrufende Stoff nicht mehr von den Straftatbeständen des BtMG erfasst werden konnte. Diese Möglichkeit sollte mit dem am 26. November 2016 in Kraft getretenen Neue-psychoaktive-Stoffe-Gesetz[172] grundsätzlich unterbunden werden.[173] Nach § 2 Abs. 1 Nr. 1 i. V. m. Anlage I NpSG wurde nämlich nicht mehr jeder einzelne Stoff in seiner konkreten chemischen Verbindung zum Anknüpfungspunkt der gesetzlichen Regelung

---

168 BRegE. BT-Drs. 18/4898, 23; zust. Körner/*Volkmer/Fabricius* § 4 AntiDopG, Rn. 29; so auch MüKo-StGB/*Freund* § 1–4a AntiDopG, Rn. 49.

169 BRegE. BT-Drs. 18/4898, 24; zust. Weber/*Kornprobst* § 2 AntiDopG, Rn. 36.

170 BRegE. BT-Drs. 18/4898, S. 24.

171 Zur Gefährlichkeit sog. „Legal Highs" *Patzak/Volkmer* NStZ 2011, 498 ff.

172 BGBl. I S. 2615; i. F. NpSG.

173 Vgl. hierzu Körner/*Volkmer/Patzak* Vor. NpSG, Rn. 1 ff.; Weber/*Kornprobst* Einl. NpSG Rn. 1 ff.; MüKo-StGB/*Oğlakcıoğlu* Vor. § 1 NpSG Rn. 7 ff.

gemacht, sondern es wurden bestimmte in der Anlage aufgeführte Stoffgruppendefinitionen einer Strafbarkeit unterworfen.

Wie zu erwarten, wurde durch § 4 Abs. 1 Nr. 1 NpSG auch das Handeltreiben als tatbestandsmäßige Begehungsform erfasst. In den Gesetzgebungsmaterialien stellte der Gesetzgeber klar, dass der „Begriff des Handeltreibens [...] in Anlehnung an die von der Rechtsprechung vorgenommene Auslegung des gleichlautenden Begriffs im BtMG alle eigennützigen, auf den Umsatz von NPS abzielenden Handlungen erfassen [soll].“[174] Der Begriff des Handeltreibens sei demnach – wie im BtMG – extensiv auszulegen, um zu ermöglichen, frühzeitig und umfassend gegen illegale NPS-Händler vorzugehen (insbesondere auch gegen Formen der organisierten Kriminalität) und somit insgesamt den Besonderheiten des Handels mit solchen Substanzen Rechnung zu tragen.[175] Folglich hat der Gesetzgeber mittelbar durch das NpSG jüngst das extensive Verständnis des unerlaubten Handeltreibens im BtMG vollumfänglich bestätigt.

III. Völker- und europarechtliche Einflüsse auf die Auslegung des Handeltreibens

Die Betäubungsmittelkriminalität, vor allem der Rauschgifthandel, ist seit jeher durch einen besonderen grenzüberschreitenden Charakter[176] geprägt. Dies liegt vor allem darin begründet, dass der inländische Betäubungsmittelmarkt sowohl bezüglich biogener, pflanzlicher als auch bezüglich synthetischer Drogen in der Praxis überaus stark auf den transnationalen Drogenhandel angewiesen ist. Da zur Unterbindung eines derart organisierten Handels nationale gesetzgeberische Maßnahmen allein nur (relativ) wenig Erfolg versprechend erschienen, gingen die Gesetzgebungsinitiativen maßgeblich auf völkerrechtliche, später auf europarechtliche Verträge zurück, welche der nationale Gesetzgeber umzusetzen hatte.

1. Völkerrechtliche Übereinkommen zum unerlaubten Handeltreiben

Der erste Anstoß zur Pönalisierung des nicht erlaubten Umgangs mit Betäubungsmitteln ging auf einen völkerrechtlichen Vertrag zurück. Nach Ende des Ersten Weltkrieges wurde das Deutsche Reich durch Art. 295 des Versailler

174 BRegE. BT-Drs. 18/8579, S. 19; Körner/*Volkmer/Patzak* § 4 NpSG, Rn. 21 ff.; Weber/*Kornprobst* § 4 NpSG, Rn. 42; grds. abl. MüKo-StGB/*Oğlakcıoğlu* § 4 NpSG Rn. 16 f.

175 BT-Drs. 18/8579, S. 20.

176 Bereits im ersten vorchristlichen Jahrhundert soll mit Opium ein reger Export im ägyptischen Handel betrieben worden sein, vgl. *Rommeney* FS-Heinitz 609.

Vertrags von 1919[177] verpflichtet, das bisher nicht ratifizierte Haager Opiumabkommen vom 23. Januar 1912[178], welches u. a. die allmähliche und wirksame „Unterdrückung der Herstellung, des Vertriebs im Inland und der Verwendung von zubereitetem Opium"[179] sowie die Überwachung der im Opiumhandel tätigen Personen vorschrieb, in Kraft zu setzen und die nötigen Gesetze zu erlassen. Daraufhin wurde vom Gesetzgeber das OpiumG (1920)[180] erlassen, welches, wie bereits erörtert[181], jedoch nur die Erlaubnispflicht des Handels mit Betäubungsmitteln regelte, nicht jedoch das Handeltreiben selbst unter Strafe stellte. Eine darüber hinausgehende konkrete Begriffsbestimmung bzw. eine Pönalisierung des Handeltreibens wurde völkerrechtlich auch nicht mit dem Internationalen Opiumabkommen vom 19. Februar 1925[182] völkerrechtlich geregelt.

a) Das Einheits-Übereinkommen (1961)

Das Internationale Opiumabkommen von 1925 wurde wiederum durch das sogenannte Einheits-Übereinkommen vom 30. März 1961[183] ersetzt. Nach Art. 30 Abs. 1 Einheits-Übereinkommen (1961) wurde die Genehmigungspflicht für den Suchtstoffhandel sowie die Kontrolle aller Personen bzw. Unternehmen festgeschrieben, welche in einen solchen involviert waren. Allerdings wurde das Handeltreiben mit Suchtstoffen durch dieses Übereinkommen weder begrifflich definiert, noch eine Strafbarkeit an den unerlaubten Handel geknüpft. Nach Art. 36 Abs. 1 a) Einheits-Übereinkommens (1961) wurden lediglich die unter Strafe zu stellenden Handlungen, etwa das Anbauen, Herstellen, Besitzen, aber auch typische dem Handeltreiben unterfallende Tätigkeiten – wie das Anbieten, Feilhalten, Kaufen, Verkaufen, Liefern, Vermitteln, Versenden, Befördern sowie

---

177 RGBl. 1919, S. 687 ff.

178 RGBl. 1921, S. 6, s. a. *Anselmino/Hamburger* S. 351; ausführl. zur Historie: *Wriedt* Drogengesetzgebung S. 55 ff.; *Rommeney* FS-Heinitz, 609 (614 f.).

179 RGBl. 1921 I, S. 18; zum „Vertrieb" *Schrader* NJW 1986, 2874 ff.

180 RGBl. I (1921), S. 2 ff.

181 Vgl. 2. Teil, A. I.

182 Das „Gesetz über das internationale Opiumabkommen vom 19. Februar 1925. Vom 26. Juni 1929" (RGBl. II, S. 407 ff.); *Anselmino/Hamburger* S. 364; eingeh. dazu *Wriedt* Drogengesetzgebung, S. 103 f.

183 Veröffentliche Fassung des „Einheits-Übereinkommen über Suchtstoffe" BGBl. II (1973), S. 1354, i. F.: Einheits-Übereinkommen (1961); ratifiziert durch das „Gesetz zu dem Einheits-Übereinkommen vom 30.03.1961 vom 04.09.1973", BGBl. II, S. 1353, zuletzt bekannt gemachte Fassung des Einheits-Übereinkommens v. 04.02.1977, BGBl. II (1977), S. 111.

die Ein- und Ausfuhr – enumerativ aufgezählt. Insofern wurde auf den allgemeineren und weniger bestimmten Begriff des Vertriebs – im Gegensatz zu den völkerrechtlichen Vorgängerregelungen – verzichtet.

Ferner hatte nach Art. 36 Abs. 2 a) ii) Einheits-Übereinkommen (1961) jeder der Vertragsschließenden einerseits zu gewährleisten, dass die „vorsätzliche Teilnahme, die Verabredung und der Versuch [der im Abkommen genannten Verstöße] mit Strafe im Sinne des Absatzes 1 bedroht werden", sowie andererseits, dass Vorbereitungs- und Finanzhandlungen ebenfalls eine Strafe zur Folge haben sollten. Insofern wurde durch das Einheits-Übereinkommen (1961) verdeutlicht, dass nur für die katalogisierten Begehungsformen – nicht jedoch für das unerlaubte Handeltreiben als solches – Versuchshandlungen bzw. Teilnahmehandlungen einer Strafbarkeit unterworfen werden sollten.

b) Übereinkommen über psychotrope Stoffe (1971)

War die Pönalisierung des Handeltreibens durch das Einheits-Übereinkommen (1961) aufgrund der rechtstechnischen Fassung dieses völkerrechtlichen Vertrages lediglich mittelbarer Natur, wurde mit dem Übereinkommen über psychotrope Stoffe vom 21. Februar 1971[184] ein davon abweichender Ansatz gewählt. Nach Art. 7 b) Übereinkommen psychotrope Stoffe (1971) war für den Handel mit bestimmten psychotropen Stoffen, welche sich aus der Anlage 1 ergaben (z. B. LSD, THC oder Mescalin), grundsätzlich eine besondere Genehmigung erforderlich. Im Gegensatz zu den vorherigen Abkommen hatte nach Art. 22 Abs. 1 a) dieses Übereinkommens jede Vertragspartei sicherzustellen, dass ein Verstoß gegen eine im Übereinkommen normierte Verpflichtung – somit auch bezüglich des genehmigungslosen Handels – eine Strafbarkeit zur Folge habe. Was unter dem nun pönalisierten unerlaubten Handeltreiben zu verstehen sei, wurde von diesem völkerrechtlichen Vertrag jedoch nicht näher bestimmt. In der historischen Beziehung zum vorherigen Einheits-Übereinkommen (1961) ist jedoch davon auszugehen, dass die Strafbarkeit des Umgangs mit psychotropen Stoffen sich begrifflich am Einheits-Übereinkommen (1961) orientieren sollte, sodass vom Oberbegriff des unerlaubten Handeltreibens die in Art. 36 Abs. 1 a) Einheits-Übereinkommen (1961) unter Strafe zu stellenden Handlungen mitumfasst werden sollten. Es sind keine überzeugenden Gründe ersichtlich, warum der Umgang mit psychotropen Stoffen gänzlich anders sanktioniert

184 Zur veröffentlichten Fassung vgl. BGBl. II (1976), S. 1477, i. F.: Übereinkommen über psychotrope Stoffe (1971).

werden sollte als der Umgang mit den vom Einheits-Übereinkommen (1961) erfassten Suchtstoffen, wie beispielsweise Heroin, Kokain und Cannabis.

c) Das Suchtstoffübereinkommen (1988)

Mit dem Übereinkommen der Vereinten Nationen gegen den unerlaubten Verkehr mit Suchtstoffen und psychotropen Stoffen vom 20. Dezember 1988[185] in Art. 3 Abs. 1 a) i), iii) wurden diese Ansätze zur Bildung eines Oberbegriffes wieder aufgehoben und die strafbewehrten Handlungen bezüglich (psychotroper) Suchtmittel einzeln aufgezählt (u. a. das Herstellen, Anbauen, Anbieten, Feilhalten, Verkaufen, Kaufen, Besitzen, Liefern, Vermitteln, Versenden, Befördern sowie die Ein- und Ausfuhr von Suchtstoffen bzw. psychotropen Stoffen). Da das Handeltreiben wiederum nicht genannt wurde, waren die nationalen Gesetzgeber durch diesen völkerrechtlichen Vertrag auch nicht verpflichtet, das Handeltreiben selbstständig zu pönalisieren. Darüber hinaus wurden die Vertragsstaaten durch das Suchtstoffübereinkommen (1988) verpflichtet, originäre Beihilfehandlungen wie das Herstellen, Befördern und Verteilen bzw. den Besitz von Geräten zur Betäubungsmittelherstellung (Art. 3 Abs. 1 a) iv); c) ii)) bzw. der Geldwäsche dienende Handlungen (Art. 3 Abs. 1 b), c)) unter Strafe zu stellen.

Neuartig war hingegen, dass die Vertragsparteien nach Art. 3 Abs. 1 a) v) Suchtstoffübereinkommen (1988) sicherstellen sollten, dass auch das Organisieren, Leiten und Finanzieren einer strafbaren Handlung unter Strafe gestellt werden sollte. Dies nahm der bundesrepublikanische Gesetzgeber in seiner Gesetzesbegründung zur Umsetzung des Suchstoffübereinkommens (1988)[186] in das nationale Recht zum Anlass, klarzustellen, dass diese Vorschrift des Übereinkommens den Zweck verfolge, „Drahtzieher und Finanziers des illegalen Betäubungsmittelhandels“[187], welche regelmäßig nicht selbst aktiv in Erscheinung treten, als Täter zu bestrafen. Ferner machte der Gesetzgeber deutlich, dass die Begehungsformen des Organisierens und Leitens bereits unter den Begriff des Handeltreibens fallen, da nach ständiger Rechtsprechung unter dem

185 I. F. Suchtstoffübereinkommen (1988); zum übersetzten Vertragstext vgl. BGBl. II (1993), S. 1136 ff.

186 Gesetz zu dem Übereinkommen der Vereinten Nationen vom 20. Dezember 1988 gegen den unerlaubten Verkehr mit Suchtstoffen und psychotropen Stoffen (Vertragsgesetz Suchtstoffüberkommen 1988), BGBl. II (1993), S. 1136 ff.

187 BRegE. BT-Drs. 12/3533, S. 18.

Handeltreiben „jede eigennützige, auf Umsatz gerichtete Tätigkeit, auch die nur gelegentliche, einmalige oder bloß vermittelnde Tätigkeit“[188] zu verstehen sei.

Weiterhin bestimmte Art. 3 Abs. 1 c) iv) Suchtstoffübereinkommen (1988) u. a. auch, dass die Teilnahme, die Verabredung sowie der Versuch einer unter Strafe zu stellenden Handlung ebenfalls eine Straftat darstellen soll. Da diese weitreichende Bestimmung auch das zu pönalisierende Organisieren und Leiten betraf, stellte der Gesetzgeber in den Gesetzgebungsmaterialien zum Vertragsgesetz zum Suchtstoffübereinkommen (1988) diesbezüglich fest, dass es nicht erforderlich sei, spezifische Anstiftungs- oder Beihilfehandlungen wie das Leiten bzw. Organisieren (gesondert) einer Strafbarkeit zu unterwerfen, da diese Handlungen nach dem geltenden Recht bereits bestraft werden könnten.[189] Nachfolgend verwies er ferner darauf, dass das Leiten einer strafbaren Handlung „in aller Regel als unmittelbare oder mittelbare Täterschaft“[190] beim unerlaubten Handeltreiben qualifiziert werden könne, sodass eine Teilnahme daran nach §§ 26, 27 StGB strafbar sei. Für das Organisieren führte der Gesetzgeber aus, dass durchaus Sachverhaltskonstellationen denkbar seien, wonach sich diese Begehungsweise lediglich als Teilnahmehandlung darstelle. Insofern bedürfe es jedoch ebenfalls keines eigenen Straftatbestandes der Kettenteilnahme am unerlaubten Handeltreiben, da eine Anstiftung zur Anstiftung als mittelbare Anstiftung bestraft werden könne und eine Beihilfe zur Beihilfe als Beihilfe zur Haupttat strafbar sei.[191]

Daneben wurden durch Art. 3 Abs. 2 des Abkommens die Vertragsstaaten – vorbehaltlich ihrer Verfassungsgrundsätze und der Grundzüge ihrer Rechtsordnung – dazu verpflichtet, den Besitz, Kauf bzw. den Anbau von Suchtstoffen und psychotropen Stoffen vollumfänglich, also unabhängig von einem Eigenkosum, zu pönalisieren.

2. Der Rahmenbeschluss 2004/757/JI des Rates der Europäischen Union vom 25. Oktober 2004

Die Verhütung und Bekämpfung des illegalen Drogenhandels war gemäß Art. 29 Abs. 2 EUV a. F.[192] selbst erklärtes Ziel der Europäischen Union. Um dieses

188 BRegE. BT-Drs. 12/3533, S. 18; ebenfalls *Weber* § 29 BtMG, Rn. 177 ff.; *ders.* JR 2006, 139 (141).

189 BRegE. BT-Drs. 12/3533, S. 18.

190 BRegE. BT-Drs. 12/3533, S. 18.

191 BRegE. BT-Drs. 12/3533, S. 18.

192 Zur aktuellen Fassung s. Art. 83 Abs. 2 AEUV.

Ziel zu erreichen, wurde eine Angleichung bzw. Harmonisierung der einzelnen nationalen Rechtsvorschriften für erforderlich erachtet.[193] Nach Art. 31 Abs. 1 e)[194] i. V. m. Art. 34 Abs. 2 b)[195] des damaligen Vertrages über die Europäische Union stand dem Rat der Europäischen Union die Kompetenz zu, mittels Rahmenbeschlüssen die Mindestvorschriften über die strafbaren Handlungen und die Strafen im Bereich des illegalen Drogenhandels festzulegen. Ein Rahmenbeschluss ist zwar nicht unmittelbar wirksam, hinsichtlich des zu erreichenden Ziels jedoch verbindlich (vgl. Art. 34 Abs. 2 b)). Den Mitgliedstaaten obliegt es lediglich, die Form und die Mittel zur Umsetzung des obigen Ziels zu wählen. So können sie grundsätzlich über die EU-Mindestvorschriften überobligatorisch – mittels einer weiter reichenden Strafnorm – hinausgehen und vom Rahmenbeschluss nicht erfasste Tathandlungen gleichfalls mit Strafe belegen.[196]

a) Mindestvorschriften über die Tatbestandsmerkmale strafbarer Handlungen

Mit dem Rahmenbeschluss 2004/757/JI des Rates der Europäischen Union vom 25. Oktober 2004 zur Festlegung von Mindestvorschriften über die Tatbestandsmerkmale strafbarer Handlungen und die Strafen im Bereich des illegalen Drogenhandels[197] hat der europäische Gesetzgeber von dieser Kompetenz Gebrauch gemacht. Bereits der Titel des Rahmenbeschlusses beschreibt dessen

193 Vgl. m. w. N. Callies/Ruffert/*Suhr* 3. A. Art. 29 Rn. 34 ff.; s. auch Gemeinsame Maßnahme 96/750/JI v. 17.12.1996, ABl. L 342/7 v. 31.12.1996; Entschließung des Rates 97/C/10/02 v. 20.12.1996, ABl. C 10/3 f. v. 11.01.1997.

194 Art. 31 Abs. 1 EUV in der Fassung bis vom 01.02.2003 bis zum 30.11.2009: „Das gemeinsame Vorgehen im Bereich der justiziellen Zusammenarbeit in Strafsachen schließt ein: […] e) die schrittweise Annahme von Maßnahmen zur Festlegung von Mindestvorschriften über die Tatbestandsmerkmale strafbarer Handlungen und die Strafen in den Bereichen organisierte Kriminalität, Terrorismus und illegaler Drogenhandel.“.

195 Art. 34 Abs. 2 EUV in der Fassung bis zum 31.10.2004 „Der Rat ergreift Maßnahmen und fördert in der geeigneten Form und nach den geeigneten Verfahren, die in diesem Titel festgelegt sind, eine Zusammenarbeit, die den Zielen der Union dient. Hierzu kann er auf Initiative eines Mitgliedstaats oder der Kommission einstimmig […] b) Rahmenbeschlüsse zur Angleichung der Rechts- und Verwaltungsvorschriften der Mitgliedstaaten annehmen. Rahmenbeschlüsse sind für die Mitgliedstaaten hinsichtlich des zu erreichenden Ziels verbindlich, überlassen jedoch den innerstaatlichen Stellen die Wahl der Form und der Mittel. Sie sind nicht unmittelbar wirksam.“.

196 *Weber* § 29 BtMG, Rn. 183 ff.; so auch *Hecker* FS-ZIS (2018) 1057 (1071 f.).

197 ABl. L 335/8 ff. v. 11.11.2004, i. F.: EU-Rahmenbeschluss.

Anwendungsbereich nur relativ vage. So wurde der (offenbar nur scheinbar) zentrale Begriff – das unerlaubte Handeltreiben mit Betäubungsmitteln – im Gegensatz zu anderen im Beschluss gebrauchten Termini durch diesen nicht eigens legaldefiniert. Wie die völkerrechtlichen Regelungen des Suchtstoffübereinkommens von 1961 bzw. 1988 zuvor, begnügte sich der EU-Rahmenbeschluss damit begnügt, nunmehr unter der amtlichen Überschrift „Straftaten in Verbindung mit illegalem Handel mit Drogen und Grundstoffen" die verschiedenen tatbestandlichen Handlungen, welche mit dem illegalen Drogenhandel in Zusammenhang stehen, enumerativ aufzuzählen.[198]

Jeder Mitgliedstaat sollte nach Art. 2 Abs. 1 S. 1 EU-Rahmenbeschluss daher bestimmte vorsätzliche Handlungen unter Strafe stellen, sofern sie ohne Berechtigung vorgenommen werden. Demnach sollten gemäß Art. 2 Abs. 1 a) EU-Rahmenbeschluss die Mitgliedstaaten „das Gewinnen, Herstellen, Ausziehen, Zubereiten, Anbieten, Feilhalten, Verteilen, Verkaufen, Liefern – gleichviel zu welchen Bedingungen –, Vermitteln, Versenden – auch im Transit –, Befördern, Einführen oder Ausführen von Drogen" pönalisieren. Daneben sollte nach Art. 2 Abs. 1 b) EU-Rahmenbeschluss das Anbauen des Opiummohns, des Kokastrauchs oder der Cannabispflanze sowie nach Art. 2 Abs. 1 c) EU-Rahmenbeschluss das Besitzen oder Kaufen von Drogen mit dem Ziel, eine der unter Buchstabe a) aufgeführten Handlungen vorzunehmen, mit Strafe belegt werden. Nach Art. 2 Abs. 1 d) EU-Rahmenbeschluss sollte das Herstellen, Befördern und Verteilen von Grundstoffen unter Strafe gestellt werden, sofern diese Handlungen wissentlich zur Drogenherstellung getätigt wurden. Besonders auffällig ist die weitgehende[199] Kongruenz des konkreten Wortlauts von Art. 2 EU-Rahmenbeschluss und von Art. 3 Suchtstoffübereinkommen (1988) bezüglich der zu pönalisierenden Handlungen. Demnach waren die völker- wie auch unionsrechtlichen Vorgaben bezüglich der Bestimmung der zu pönalisierenden Handlungen nahezu gleichgerichtet.

Im Übrigen ging diesem Rahmenbeschluss ein Vorschlag der Kommission vom 27. Juni 2001[200] voraus, in dem die Kommission noch präferiert hatte, auch den Begriff des illegalen Drogenhandels ausdrücklich in einer gemeinsamen Definition verbindlich festzulegen. Dieser Vorschlag beruhte auf einer von der

---

198 Bericht der Kommission über die Umsetzung des Rahmenbeschlusses 2004/757/JI, KOM (2009), 669 endgültig, S. 3; ebenso *Weber* § 29 BtMG, Rn. 181 ff.

199 U. a. wurde eine Verpflichtung zur Pönalisierung des „Leitens" und „Organisierens" von Art. 2 EU-Rahmenbeschluss im Gegensatz gerade bestimmt.

200 ABl. C 304 E/172 ff. v. 30.10.2001.

Kommission im Vorfeld durchgeführten Studie, welche ergab, dass keine verbindliche Definition des illegalen Drogenhandels als bestimmtes Delikt in den jeweiligen nationalen Rechtsvorschriften existierte, jedoch bestimmte auf den Handel bezogene Tätigkeiten übereinstimmend mit Strafe belegt wurden, wobei jedoch in der praktischen Anwendung der jeweiligen einzelstaatlichen Normen erhebliche Unterschiede festgestellt werden konnten.[201] Da der Kommission zufolge die Rechtsprechung der einzelnen Mitgliedstaaten offenbar denjenigen Konsumenten, der Drogen zum persönlichen Gebrauch illegal produziert, erwirbt oder besitzt, und denjenigen Verkäufer, der ohne Gewinnerzielungsabsicht handelt, nicht wegen Handeltreibens bestraft, schlug die Kommission vor, die Gewinnerzielungsabsicht zu einer Voraussetzung des Handeltreibens zu erheben (Art. 1 Nr. 1 des Vorschlags der Kommission).[202]

Sowohl der Versuch, den Begriff des Handeltreibens verbindlich festzulegen, als auch derjenige, diese von einer Gewinnerzielung abhängig zu machen, hat sich auf europäischer Ebene im Ergebnis nicht durchsetzen können. Der EU-Rahmenbeschluss berücksichtigte diese Erwägung immerhin in Art. 2 Abs. 2 insofern, als dass dieser Rahmenbeschluss nicht anwendbar ist, wenn Täter die in Abs. 1 genannte Handlung „ausschließlich für ihren persönlichen Konsum im Sinne des nationalen Rechts begangen haben".

Aus dem Umstand, dass das unerlaubte Handeltreiben im Ergebnis nicht mit der Gewinnerzielungsabsicht begrifflich verknüpft wurde, wird von *Krumdiek* und *Wesemann* geschlussfolgert, dass „auf europäischer Ebene ein Konsens dahingehend erzielt [wurde], dass eine Gewinnerzielungsabsicht für die Annahme eines vollendeten Handeltreibens gerade nicht als ausreichend betrachtet werden kann"[203]. Sie sind vielmehr der Ansicht, eine europarechtliche Vorprägung dieses Begriffs erkannt zu haben, die darauf hindeute, ihn deutlich stärker als nur durch eine solche subjektive Komponente einzuschränken.

Richtigerweise kann aus der Ablehnung des Kommissionsvorschlages[204] lediglich Folgendes abgeleitet werden:

---

201 Vgl. Vorschlag für einen Rahmenbeschluss des Rates zur Festlegung von Mindestvorschriften über die Tatbestandsmerkmale strafbarer Handlungen und die Strafen im Bereich des illegalen Drogenhandels, KOM (2001), 259 endgültig v. 23.05.2001, S. 5 ff.

202 ABl. C 304 E/173 v. 30.10.2001.

203 *Krumdiek/Wesemann* StV 2006, 634 (635).

204 ABl. C 304 E/173 v. 30.10.2001.

Da der EU-Rahmenbeschluss gerade nicht den Begriff des unerlaubten Handeltreibens definierte, waren die Mitgliedstaaten nach den europarechtlichen Vorgaben auch nicht verpflichtet, ihren nationalen Rechtsordnungen diesen allgemeinen Begriff zugrunde zu legen. Insofern wurden sie erst recht nicht dazu verpflichtet, den Begriff des unerlaubten Handeltreibens über eine Gewinnerzielungsabsicht hinaus zu beschränken. Aus der Existenz von Art. 2 Abs. 2 EU-Rahmenbeschluss ergibt sich vielmehr, dass es den Mitgliedstaaten weiterhin freigestellt ist, ob bzw. wie strafbare Handlungen, die nicht in Verbindung mit dem illegalen Drogenhandel im Sinne von Art. 2 Abs. 1 stehen – also ohne Gewinnerzielungsabsicht getätigt wurden und (bzw. oder) zum persönlichen Konsum erfolgten – unter Strafe gestellt werden sollen. Demnach verpflichtet der EU-Rahmenbeschluss die Mitgliedstaaten gerade nicht, den Anbau, die Herstellung, den Besitz bzw. den Erwerb von Betäubungsmitteln zum Eigenkonsum unter Strafe zu stellen.

Mit Art. 3 Abs. 1 EU-Rahmenbeschluss wird ferner geregelt, dass die Mitgliedstaaten die erforderlichen Maßnahmen zu treffen haben, um die Anstiftung, die Beihilfe und den Versuch der in Art. 2 EU-Rahmenbeschluss genannten Straftaten unter Strafe zu stellen. Da mit dieser Vorgabe nicht gemeint ist, das Rechtsinstitut des Versuchs bzw. der Teilnahme in den nationalen Rechtsordnungen zu etablieren, sondern lediglich sichergestellt werden soll, dass Versuchs- bzw. Teilnahmehandlungen von den Vertragsstaaten mit einer Strafbarkeit bedacht werden, kam die EU-Kommission zutreffenderweise zu dem Schluss, dass § 29 Abs. 1 und 2 BtMG, folglich auch das herrschende extensive Begriffsverständnis des unerlaubten Handeltreibens mit Art. 3 EU-Rahmenbeschluss im Einklang steht.[205]

b) *Mindestvorschriften über die Strafen*

Neben der (Mindest-)Beschreibung des strafbaren Verhaltens positioniert sich der EU-Rahmenbeschluss zudem bezüglich der von den Mitgliedstaaten zu verhängenden Strafen. Nach Art. 4 Abs. 1 S. 2 EU-Rahmenbeschluss müssen die Mitgliedstaaten sicherstellen, dass „die in Art. 2 genannten Straftaten mit Freiheitsstrafen im Höchstmaß von mindestens einem bis drei Jahren[206] bedroht sind". Die herrschende Auffassung deutet diese Formulierung dahingehend,

205 Vgl. Bericht der Kommission über die Umsetzung des Rahmenbeschlusses 2004/757/JI, KOM (2009), 669 endg. S. 4; BGHSt 50, 252 (256); *Weber* § 29 BtMG, Rn. 181 ff.; *ders.* JR 2006, 139 (142); a. A. *Krumdiek/Wesemann* StV 2006, 634 (635).

206 Entspricht dem Strafniveau 1, vgl. Ratsdok. 9141/02 v. 27.05.2002, S. 4.

dass der Regelungszweck des EU-Rahmenbeschlusses lediglich darin bestehe, Mindesthöchststrafen für Straftaten im Zusammenhang mit dem illegalen Drogenhandel festzulegen.[207] In Anlehnung an die Beratungsergebnisse des Rates vom 27. Mai 2002 wurden die Mindesthöchststrafen sowohl nach oben als auch nach unten begrenzt und somit verschiedene (Mindest-)Strafniveaus gebildet.[208] Nach der Regelungsfunktion der Mindesthöchststrafe soll es den Mitgliedstaaten weiterhin grundsätzlich freistehen, das absolute Strafhöchstmaß ihrer Strafvorschriften über diesen unionsrechtlichen (Mindest-)Strafrahmen hinaus festzusetzen.[209]

Auch bezüglich unrechtserschwerender Umstände macht der EU-Rahmenbeschluss in Art. 4 Abs. 2 und 4 Mindesthöchststrafen zur Grundlage der EU-Strafrechtsangleichung. Nach Art. 4 Abs. 2 und 4 EU-Rahmenbeschluss hat jeder Mitgliedstaat sicherzustellen, dass die in Art. 2 Abs. 1 genannten Straftaten „mit Freiheitsstrafen im Höchstmaß von mindestens fünf bis zehn Jahren[210] bedroht sind, wenn die Straftat große Mengen oder besonders gesundheitsschädliche Drogen betrifft oder bei mehreren Personen zu schweren gesundheitlichen Schäden geführt hat bzw. im Fall einer vorsätzlichen Handlung nach Art. 2 Abs. 1 d) von einer kriminellen Vereinigung[211] begangen wurde.

Dagegen sieht Art. 4 Abs. 3 EU-Rahmenbeschluss als Mindesthöchststrafe „mit Freiheitsstrafe im Höchstmaß von mindestens zehn Jahren" vor, sofern eine Tat nach Art. 2 Abs. 1 a) bis c) EU-Rahmenbeschluss durch eine kriminelle Vereinigung[212] begangen wurde. Die Regelung verzichtet im Gegensatz zu Art. 4

207 *Brodowski* ZIS 2018, 493 (500); so auch *Hecker* Europäisches Strafrecht, S. 282 f.; allg. zur Rechtsetzungskompetenz der Union bzgl. der Strafen: Böse/*Heger* Europäisches Strafrecht, S. 274; Schwarze/*Böse* Art. 83 AEUV Rn. 17; Callies/Ruffert/*Suhr* 5. A. Art. 81 Rn. 8; Frankfurter Kommentar/*Hochmayr* Art. 83 AEUV Rn. 38, 45; Streinz/*Satzger* Art. 83 AEUV, Rn. 2; *Satzger* Internationales und Europäisches Strafrecht, S. 162; *Heger* ZIS 2009, 406 (412); zur verfassungsrechtlich eingeschränkten Rechtsetzungskompetenz der Union vgl. das „Lissabon-Urteil", BVerfGE 123, 267 (408 ff.).

208 Zu den Strafniveaus der vereinheitlichen Mindesthöchststrafen, vgl. Ratsdok. 9141/02 v. 27.05.2002, S. 4; ebenfalls Ratsdok. 16542/09, S. 6, 9.

209 Ratsdok. 9141/02 v. 27.05.2002, S. 4; so die h. M. vgl. Frankfurter Kommentar/*Hochmayr* Art. 83 AEUV Rn. 38, 45; Callies/Ruffert/*Suhr* 5. A. Art. 81 Rn. 8.

210 Entspricht dem Strafniveau 3, vgl. Ratsdok. 9141/02 v. 27.05.2002, S. 4.

211 Im Sinne der Gemeinsamen Maßnahme 98/733/JI v. 21.12.1998.

212 Art. 4 Abs. 3 EU-Rahmenbeschluss: „[...] wenn die Straftat im Rahmen einer kriminellen Vereinigung im Sinne der Gemeinsamen Maßnahme 98/733/JI vom 21. Dezember 1998 [...] begangen wurde"; vgl. ferner ABl. L 351 v. 29.12.1998,

Abs. 1, 2 und 4 rechtsetzungstechnisch folglich vollständig auf die Festlegung des oberen Mindesthöchstmaßes. Einzig die Regelungskonzeption von Art. 4 Abs. 3 EU-Rahmenbeschluss wird der Bezeichnung als „Mindesthöchststrafe" vollständig gerecht, da aufgrund des Fehlens der „oberen" Mindesthöchststrafe die Mitgliedstaaten gänzlich frei die jeweiligen oberen Strafrahmengrenzen ihrer nationalen Strafvorschriften bestimmen können.

Erstaunlicherweise thematisiert die EU-Kommission in ihrem Bericht zur Umsetzung des Rahmenbeschlusses 2004/757/JI ausgerechnet das eigentlich funktionslose – da nicht verpflichtende – Obermaß der vom EU-Rahmenbeschluss bestimmten Mindesthöchststrafe. Hierzu wird Folgendes festgestellt: „Das untere Strafmaß von einem Jahr wird zwar stets eingehalten, doch ist das obere Strafmaß in Wirklichkeit sehr viel höher. So haben zwölf Mitgliedstaaten [...] Strafen, die über dem Zweifachen des im Rahmenbeschluss vorgegebenen Strafrahmens liegen [...]. An den unterschiedlichen Rechtsvorschriften der Mitgliedstaaten scheint sich also nichts geändert zu haben."[213] Offenbar nahm die EU-Kommission durch diese Formulierung („im Rahmenbeschluss vorgegebenen Strafrahmens") doch eine irgendwie geartete Bindungswirkung des Obermaßes der Mindesthöchststrafe an, da andernfalls die Ausführungen hierzu gänzlich überflüssig wären. Indem die Kommission ferner an das Obermaß der Mindesthöchststrafe anknüpfte, interpretierte sie die vom EU-Rahmenbeschluss geregelten Mindesthöchststrafen offenbar entgegen den Beratungsergebnissen des Rates[214] als tatsächlich auch das absolute Strafhöchstmaß beschränkend. Als Rechtfertigung der mitgliedstaatlichen Überschreitung dieser Grenze führte die Kommission weiterhin aus, dass die „vorgesehenen Höchststrafen [...] allerdings erst dann ihre volle Wirkung [entfalten], wenn die Strafverfolgung tatsächlich eingeleitet wird und der Richter die Strafen tatsächlich verhängt"[215]. Auch bezüglich der qualifizierten Strafrahmen konstatierte die Kommission, dass von „den 21 Mitgliedstaaten, die geantwortet haben, [...] 20 das in Art. 4 Abs. 2 geforderte Strafmaß" vorsehen, um sodann einzuräumen, dass tatsächlich nur zehn Mitgliedstaaten die vorgeschriebene Höchststrafe von

S. 1 ff.: „der auf längere Dauer angelegte organisierte Zusammenschluss von mehr als zwei Personen [...]".

213 Vgl. Bericht der Kommission über die Umsetzung des Rahmenbeschlusses 2004/757/JI, KOM (2009), 669 endgültig, S. 5.

214 Vgl. Ratsdok. 9141/02 v. 27.05.2002, S. 4.

215 Bericht der Kommission über die Umsetzung des Rahmenbeschlusses 2004/757/JI, KOM (2009), 669 endgültig, S. 5.

zehn Jahren in ihren Strafvorschriften eingehalten hätten[216]; zum Teil lägen die möglichen Höchststrafen sogar über 15 Jahren Freiheitsstrafe[217].

Trotzdem wurde von der Kommission die „formelle Konformität“, also die legislative Übereinstimmung der nationalen Strafrahmen mit den Mindestvorschriften über die Strafen festgestellt.[218] Auf den (scheinbaren) Widerspruch zwischen der „formellen Konformität“ der nationalen Strafvorschriften und der gleichzeitigen Überschreitung der oberen Grenze der unionsrechtlichen Mindesthöchststrafe wird im Rahmen dieser Untersuchung noch gesondert[219] eingegangen werden.

c) *Keine formelle Umsetzung des EU-Rahmenbeschlusses*

Der EU-Rahmenbeschluss war nach Art. 9 bis zum 12. Mai 2006 umzusetzen. Obwohl nach dem Verständnis des deutschen Gesetzgebers – auch aufgrund der extensiven Auslegung des unerlaubten Handeltreibens – offenbar kein Anlass bestand, die im EU-Rahmenbeschluss genannten Maßnahmen förmlich umzusetzen[220], ist er der Verpflichtung nach Art. 9 Abs. 2 EU-Rahmenbeschluss nachgekommen und hat der Kommission – zur Prüfung der Umsetzung der unionsrechtlichen Vorgaben – die seinerzeit geltenden Vorschriften des BtMG mitgeteilt.[221] Auch ergibt sich aus dem Drogenaktionsplan der EU (2017–2020)[222] explizit, dass die Regelungen des EU-Rahmenbeschlusses 2004/757/JI zur Angleichung der Tatbestandsmerkmale und der Strafen im Bereich des illegalen Drogenhandels nicht nur weiterhin gelten, sondern darüber hinaus zügig zu einer Angleichung der nationalen Vorschriften beitragen sollen. Durch die EU-Richtlinie 2017/2103 vom 15. November 2017[223] wurde

216 Bericht der Kommission über die Umsetzung des Rahmenbeschlusses 2004/757/JI, KOM (2009), 669 endgültig, S. 5.

217 So in Dänemark, Frankreich, Ungarn, Irland, Luxemburg, Rumänien und Schweden.

218 Bericht der Kommission über die Umsetzung des Rahmenbeschlusses 2004/757/JI, KOM (2009), 669 endgültig, S. 5.

219 Vgl. hierzu 5. Teil.

220 *Weber* Handeltreiben, S. 183; *ders.* § 29 BtMG, Rn. 185.

221 Bericht der Kommission über die Umsetzung des Rahmenbeschlusses 2004/757/JI, KOM (2009), 669 endgültig, S. 2 ff.

222 ABl. C 215/33 v. 05.07.2017.

223 Richtlinie (EU) 2017/2103 des Europäischen Parlaments und des Rates v. 15.11.2017 zur Änderung des Rahmenbeschlusses 2004/757/JI des Rates zur Aufnahme neuer psychoaktiver Substanzen in die Drogendefinition und zur Aufhebung des Beschlusses 2005/387/JI des Rates, ABl. L 305/12 v. 21.11.2017; vgl. ferner den Vorschlag der Kommission v. 17.09.2013, 2013/0304 (COD), S. 3.

der EU-Rahmenbeschluss geändert und somit der Regelungsgehalt des EU-Rahmenbeschlusses in eine EU-Richtlinie überführt, sodass die materiellrechtlichen Regelungen weiterhin, nur in Form eines anderen Rechtsaktcharakters[224], uneingeschränkte Geltung beanspruchen können.

B. Die Begriffsauslegung des Handeltreibens durch die Rechtsprechung

Wie bereits angedeutet, ist die Begriffsgenese des unerlaubten Handeltreibens mit Betäubungsmitteln keineswegs ausschließlich auf die gesetzgeberische Tätigkeit zurückzuführen. Bereits im Rahmen der Gesetzgebungshistorie konnten zahlreiche Schnittstellen bzw. konkrete Verweise der gesetzgeberischen Tätigkeit auf die Entscheidungen der obergerichtlichen Rechtsprechung festgestellt werden. Folglich soll im folgenden Abschnitt die Rechtsprechung als der (maßgebliche) Motor der (Begriffs-)Entwicklung im Einzelnen nachvollzogen werden.

I. Das Handeltreiben in der reichsgerichtlichen Rechtsprechung

Die Rechtsprechung zum Handeltreiben geht im Grunde auf das Kriegswirtschaftsstrafrecht, konkret: auf den mittels verschiedener Notverordnungen aus dem Jahr 1916 pönalisierten Kettenhandel[225] zurück. Der dem Kettenhandel immanente Begriff des Handels war für das Reichsgericht „im weitesten Sinne“[226] zu verstehen; folglich wurde dieser Begriff als „jede eigennützige, auf den Güterumsatz gerichtete Tätigkeit, gleichviel in welcher Form und unter welchem Namen sie im einzelnen Fall ausgeübt wird“[227], verstanden. Demnach war nicht nur der Kauf zum Weiterverkauf, sondern auch die Vermittlung eines solchen Kaufes[228] sowie die lediglich gelegentliche Handelstätigkeit[229] tatbestandsmäßig.[230] Hinter diesen einen tatbestandlichen Erfolg entbehrenden Strafnormen – da grundsätzlich jede Tätigkeit tatbestandsmäßig sein konnte[231] – stand vor

224 S. hierzu IV. 1.

225 Vgl. § 9 VO über den Handel mit Lebens- und Futtermitteln und der Bekämpfung des Kettenhandels v. 24.06.1916 (RGBl. 1916 S. 581 ff.); § 8 Abs. 1 Nr. 2 VO über Wein vom 31.08.1917 (RGBl. 1917, S. 751 f.); s. *Gragert* S. 80.

226 RGSt 51, 379 (380); 54, 94; *Anselmino/Hamburger* § 3 OpG S. 74.

227 RGSt 54, 94; sinngemäß RGSt 51, 380; 52 169 (170); 53, 310 (316).

228 RGSt 51, 379 (380); 52, 169 (170); 53, 310 (316); 54, 94.

229 RGSt 51, 379 (380); 52, 58 (61).

230 RGSt 51, 379 (380); 54, 94.

231 RGSt 53, 310 (316).

allem der Verordnungszweck, die Gefahr von ungebührlichen Preissteigerungen während der Kriegszeit zu verhüten und „das Durchhalten des ganzen Volkes"[232] zu ermöglichen.[233]

Nach der unveränderten Wiederaufnahme des unerlaubten Handeltreibens als Straftatbestand durch § 10 Abs. 1 Nr. 1 OpiumG (1929)[234] knüpfte das Reichsgericht nahtlos an die zuvor obsolet gewordenen, vom Gericht selbst entwickelten Grundsätzen zum unerlaubten Handeltreiben an. Wie bereits dargelegt, hatte der Gesetzgeber anlässlich dieses Gesetzgebungsverfahrens ausdrücklich klargestellt, dass zukünftig das Vermitteln dem strafbaren Handeltreiben unterfallen sollte. Auch sprach der Wortlaut, der gleichermaßen wie die Kettenhandelsverordnungen auf den Begriff des Handels abstellte, für eine uneingeschränkte Übernahme der bereits entwickelten Begriffsauslegung in das Betäubungsmittelstrafrecht. Die unterschiedlichen Schutzrichtungen des OpiumG (1929) einerseits und der Verordnungen zum Kettenhandel andererseits hätten jedoch zu einer eingeschränkten Auslegung des Handeltreibens Anlass geboten.[235] Das OpiumG (1929) sollte nämlich die Volksgesundheit vor dem Missbrauch von Betäubungsmitteln schützen[236] – die den Kettenhandel betreffenden Verordnungen[237] bezweckten den privaten Umsatz auf das kriegswirtschaftlich gebotene Maß einzuschränken und somit die Volkswirtschaft (allen Schwierigkeiten zum Trotz) insgesamt aufrechtzuerhalten.[238] Obwohl das Reichsgericht die andersartige Schutzrichtung des OpiumG (1929)[239] erkannte, wurde die bereits entwickelte Definition des Handeltreibens vom Reichsgericht vollständig und ohne nähere Begründung sowie Hinweis auf den veränderten Gesetzeszweck in das Betäubungsmittelstrafrecht transferiert.[240] Demzufolge legte die Rechtsprechung des Reichsgerichts in seiner ersten Entscheidung[241] zum unerlaubten Handeltreiben mit Betäubungsmitteln dieses Tatbestandsmerkmal „weitest"

---

232 RGSt 50, 261 (272).

233 I. d. S. ebenfalls RGSt 51, 379 (380); 54, 94; so auch *Gragert* S. 80.

234 Hierzu bereits 2. Teil, A. I.

235 So auch *Ebert* Handeltreiben, S. 11.

236 RT-Drs. IV/1386, S. 6 ff.

237 Vgl. § 9 VO über den Handel mit Lebens- und Futtermitteln und der Bekämpfung des Kettenhandels v. 24.06.1916 (RGBl. 1916 S. 581 ff.); § 8 Abs. 1 Nr. 2 VO über Wein vom 31.08.1917 (RGBl. 1917, S. 751 f.).

238 *Weber* Handeltreiben, S. 139; *Ebert* Handeltreiben, S. 11.

239 RGSt 63, 161 (164).

240 RG DJZ 1932, S. 808.

241 So *Schwitters* S. 20; *Ebert* Handeltreiben, S. 11; *Weber* Handeltreiben, S. 138.

aus, sodass, wie im Kriegswirtschaftsstrafrecht, das unerlaubte Handeltreiben als jede eigennützige, auf Betäubungsmittelumsatz gerichtete Tätigkeit verstanden wurde.[242]

II. Das Handeltreiben in der Rechtsprechung des Bundesgerichtshofs

1. Das extensive Begriffsverständnis zum unerlaubten Handeltreiben

Der BGH hat in seiner ersten Entscheidung[243] zum Handeltreiben ungebrochen die soeben dargestellte Rechtsprechung des RG fortgesetzt und sogar ausdrücklich auf die Entscheidungen zum Kettenhandel[244] Bezug genommen, sodass das grundsätzliche Verständnis zum Begriff des Handeltreibens tatsächlich seit der Zeit des Reichsgerichts im Grundsatz unverändert blieb.[245] Nach nunmehr ständiger Rechtsprechung[246], welche die herrschende Auffassung im Schrifttum[247] ebenfalls befürwortet, ist der Begriff des Handeltreibens weit auszulegen. Zum Teil wurde unter diesem Terminus allgemein jede eigennützige, auf den Umsatz von Betäubungsmitteln gerichtete Tätigkeit gefasst.[248] Im Ergebnis identisch, jedoch in sprachlicher Hinsicht konkreter wurden vom BGH die auf Betäubungsmittelumsatz abzielenden Tätigkeiten differenzierter abgebildet, sodass das unerlaubte Handeltreiben als jedes eigennützige Bemühen, das auf die Ermöglichung bzw. Förderung eines Betäubungsmittelumsatzes gerichtet ist,

---

242 RG DJZ 1932, S. 808; daran anknüpfend RG JW 1933, S. 2772; zust. *Anselmino/Hamburger* § 3 OpG S. 74.

243 BGHSt 6, 246 (247).

244 RGSt 53, 310 (316); 54, 94; 58, 157.

245 BGHSt 50, 252 (258); ebenso *Ebert* Handeltreiben S. 13; *Schnürer* Gesamtgeschäft S. 18.

246 BGHSt 34, 124 (125); 50, 252 (262); 51, 219 (221); 64, 266 (271); BGH NJW 1979, 1259; BGH NStZ 1988, 507; BGH StV 1993, 474; BGH StV 1999, 427 ff.; BGH NStZ-RR 2001, 148; BGH NStZ 2013, 546 (547); zu den abw. Entsch. s. 2. Teil, B. II. 2. 3. 5.

247 U. a. *Weber* § 29 BtMG, Rn. 168 f.; *ders.* JR 2006, 139 (141); *Schäfer/Sander/van Gemmeren* Rn. 1758; Körner/*Patzak* § 29 BtMG, Rn. 225; BeckOK-BtMG/*Becker* § 29 Rn. 56; *Hügel/Junge/Lander/Winkler* § 29 BtMG, Rn. 4.1.1; *Patzak/Bohnen* S. 51. *Franke/Wienroeder* § 29 BtMG, Rn. 22; *El-Ghazi* jurisPR-StrafR 20/2018, Anm. 1.

248 BGHSt 6, 246 (247); 25, 290 (291); 28, 308 (309); 29, 239 (240); 30, 28 (31); 30 277 (278); 30, 359 (360 f.); 34, 124 (125); 43, 158 (161); 50, 252 (258); BGH StV 1992, 517; BGH StV 1999, 427; BGH StV 2005, 666 (668); BGH NStZ 2013, 546 (547 f.); BVerfG NJW 2007, 1193 f.

definiert wurde.[249] In materieller Hinsicht blieb diese Präzisierung jedoch ohne Folgen, sodass weiterhin jede einmalige[250], gelegentliche[251], vermittelnde[252] oder bloß unterstützende[253] Tätigkeit dem Handeltreiben unterfiel.

Wie bereits ausgeführt, geht aus den Gesetzgebungsmaterialien bis zum BtMG (1982) als gesetzgeberischer Wille zum Verständnis des Handeltreibens nur hervor, dass die Vermittlung von Betäubungsmittelgeschäften vom unerlaubten Handeltreiben erfasst sein sollte.[254] Da sich der Gesetzgeber zum konkreten Begriffsverständnis des unerlaubten Handeltreibens im Gesetzgebungsverfahren zum BtMG (1972) nicht näher äußerte, versuchte die Rechtsprechung, den legislativen Willen mittels Auslegung näher zu ergründen. Da die historische Auslegung diesbezüglich unergiebig erschien, wurde in systematischer Hinsicht aus der schlichten Existenz des vom Gesetzgeber geschaffenen Katalogs in § 11 Abs. 1 Nr. 1 BtMG (1972) der gesetzgeberische Wille hergeleitet, den Rauschgiftmissbrauch möglichst vollständig zu pönalisieren.[255] Aufgrund dessen unterstellte der BGH dem Gesetzgeber, dass dieser die Übernahme des von der Rechtsprechung entwickelten weiten Begriffsverständnisses beabsichtigt habe. Dieser Prämisse zufolge sollte an der weiten Begriffsauslegung des Handeltreibens festgehalten werden. Die mit einer solchen umfassenden Auslegung notwendigerweise einhergehenden Überschneidungen und Überlappungen mit anderen im Katalog aufgeführten Begehungsformen waren nach Ansicht des BGH vom Gesetzgeber bewusst in Kauf genommen worden[256] und standen folglich dem weiten Begriffsverständnis nicht im Wege.

Auch wenn man dem Gesetzgeber den von der Rechtsprechung in das BtMG (1972) hineininterpretierten gesetzgeberischen Willen bereits zu diesem Zeitpunkt unterstellt würde, ist diese Schlussfolgerung argumentativ nicht zwingend. Aus der Tatsache, dass der Gesetzgeber einen vollständigen Katalog der

249 BGHSt 43, 158 (161 ff.); BGH NStZ 1992, 87 (88); BGH NStZ 1994, 398; BGH NStZ-RR 1997, 85; BGH StV 1997, 589; BGH NStZ 2000, 207 (208); BGH StV 2005, 666 (668).

250 BGHSt 6, 246 (247); 28, 277 (278); 34, 124 (125); BGH StV 1989, 201; BGH StV 1993, 474; BGH StV 1999, 427.

251 BGHSt 6, 246 (247); 28, 277 (278); 34, 124 (125); BGH StV 1989, 201.

252 BGHSt 6, 246 (247); 34, 124 (125); BGH StV 1989, 201; BGH NStZ 1992, 87 (88).

253 BGH StV 1993, 474; BGH StV 1999, 427.

254 S. bereits 2. Teil, A. II. 1.

255 BGHSt 25, 290 f.; BGH NJW 1979, 1259; BGH, Urt. v. 18.09.1979 – 1 StR 384/79, Rn. 5 (juris); zust. *Weber* NStZ 2004, 66 (68).

256 BGHSt 25, 290 f.; BGH NJW 1979, 1259.

Tathandlungen habe aufstellen wollen, kann nämlich ebenso gefolgert werden, dass die einzelnen Tathandlungen gleichberechtigt nebeneinander, sich einen eigenständigen Bedeutungsgehalt bewahrend, zur Anwendung kommen und eben nicht in der Mehrzahl der Fälle im Handeltreiben aufgehen sollten. Dem Wortlaut des § 11 Abs. 1 Nr. 1 BtMG (1972) ist eine derartige subordinative Struktur der anderen Tathandlungen gegenüber dem Handeltreiben keineswegs zu entnehmen. Aus der Normsystematik ist weder ersichtlich, dass dem Handeltreiben ein Vorrang vor den übrigen Tathandlungen eingeräumt werden soll, noch, dass es als Auffangtatbestand fungieren solle[257], sofern die anderen Tathandlungen nicht einschlägig sein sollten.

In einer Entscheidung vom 18. September 1979 ergänzte der BGH seine Begründung für das weite Begriffsverständnis um ein teleologisches Argument. Dem BGH zufolge ist der Begriff des Handeltreibens weit auszulegen, um den „Besonderheiten des Rauschgifthandels, der durch Arbeitsteilung, Delegation und Tarnung gekennzeichnet ist, gerecht zu werden“[258].[259] Dieser Gesetzeszweck ergab sich derzeit jedoch weder aus der Norm selbst noch aus dem BtMG (1972) in seiner Gesamtheit noch aus dem in den Gesetzgebungsmaterialien niedergelegten gesetzgeberischen Willen.[260] Vor allem die durch das BtMG (1972) eingeführten – vorrangig den Rauschgifthandel betreffenden – strafschärfenden Regelbeispiele lassen nicht einen derartig präzise formulierten, hinter der Norm stehenden Normzweck erkennen, sodass der BGH und die ihm folgende Literatur diesbezüglich rechtsfortbildend tätig wurden.

Diese Rechtsfortbildung – praeter legem – durch die Rechtsprechung griff jedoch der Gesetzgeber mit dem BtMG (1982) auf[261], indem er in den Gesetzgebungsmaterialien niederlegte, dass es ihm u. a. auf die Kriminalisierung der „Großhändler“ ankomme[262], und flankierend dazu die norminterne Systematik

---

257 So jedoch *Liemersdorf/Miebach* MDR 1979, S. 982; dagegen *Oğlakcıoğlu* AT-BtMG, S. 496.

258 BGH, Urt. v. 18.09.1979 – 1 StR 384/79, Rn. 5 (juris), m. V. a. den unveröffentlichten BGH-Beschluss v. 06.06.1975 – 2 StR 167/75.

259 I. d. S. ebenfalls BGH NJW 1979, 1259; zust. *Schmidt* MDR 1980, 969.

260 Zust. *Krumdiek/Wesemann* StV 2006, 634 (637).

261 BGHSt 50, 252 (261).

262 BRegE. BT-Drs. 8/3551, S. 35; i. d. S. auch Stn. BR. BT-Drs. 8/3551, S. 39, 45; ebenso Gegenäußerung d. BReg. BT-Drs. 8/3551, S. 51; BT-Sten. Ber. Bd. 117, S. 303, 306, 309; BT-Sten. Ber. Bd. 118, S. 2011, 2017, 2019 f., 2021 f.; insoweit unzutreffend BGHSt 50, 252 (261); StV 2006, 19 (22); *Weber* § 29 BtMG, Rn. 189; *Weber* NStZ 2004, 66 (68); krit. MüKo-StGB/*Oğlakcıoğlu* § 29 BtMG, Rn. 213 f.

dahingehend änderte, dass das unerlaubte Handeltreiben nun als ein Oberbegriff fungieren und somit dessen Anwendungsbereich deutlich ausgeweitet werden sollte.[263]

2. *Erste Ansätze für eine einschränkende Auslegung in der Rechtsprechung*

Trotz dieser extensiven ständigen Rechtsprechung zum unerlaubten Handeltreibens sah sich der BGH gezwungen, in unterschiedlichen Verfahren Ausnahmen vom weiten Begriffsverständnis kasuistisch zu judizieren, auf welche lediglich kursorisch eingegangen werden soll, um ein begriffliches Problembewusstsein bezüglich der von der Rechtsprechung entwickelten Definition zu verdeutlichen.

a) Tatbestandsausschluss bei einer ganz untergeordneten Tätigkeit

Nach einem unveröffentlichten Beschluss des 4. Strafsenats des BGH sollte ein Täter dann keinen Handel mit Rauschgiften treiben, wenn er lediglich bei der Weitergabe der Ware ganz untergeordnet tätig wird.[264] Demnach soll diese Tätigkeit aufgrund ihrer subordinativen Stellung im Gesamtgefüge nicht tatbestandsmäßig sein, auch wenn sie grundsätzlich darauf gerichtet war, den Umsatz von Betäubungsmitteln zu ermöglichen oder zu fördern. Dass diese Entscheidung nicht den Weg zu einer Veröffentlichung gefunden hat, kann als ein offensichtlicher Indikator für die ihr zugemessene Bedeutung in der Rechtsprechung verstanden werden. Dessen ungeachtet ist jene Entscheidung für diese Untersuchung interessant, weil sie die Problematik der Abgrenzung von Täterschaft und Teilnahme einer weiten Auslegung des unerlaubten Handeltreibens beinhaltete. Deshalb verwundert es nicht, dass jenes einschränkende Korrektiv der „ganz untergeordneten“ Tätigkeit in späteren Entscheidungen des BGH (zwar nicht für einen Tatbestandsausschluss, jedoch) als ein Kriterium zur Abgrenzung von Täterschaft und Teilnahme wiederbelebt wurde.[265]

---

263 Vgl. 2. Teil, A. II. 2.

264 Zit. n. BGH NJW 1980, 2204 mit Verweis auf die unveröffentlichte Entscheidung BGH, Beschl. v. 13.10.1977 – 4 StR 408//77; zust. *Strate* ZRP 1987, 314 (316); *Schwitters* S. 33 ff.; *Hügel/Junge/Lander/Winkler* § 29 BtMG, Rn. 4.1.1.

265 St. Rspr. BGHSt 34, 124 (125); BGHSt 29, 239 (240); 50, 252 (265 f.); 51, 219 (221); BGH NJW 1979, 1259; BGH NStZ 1984, 413; BGH NStZ 1988, 507; BGH NStZ-RR 1999, 24; BGH NStZ-RR 2000, 278 (279); BGH NStZ 2005, 228; BGH NStZ 2006, 578 (579); BGH NStZ-RR 2011, 57; BGH NStZ 2012, 40 (41); BGH NStZ-RR 2012, 121 (122); BGH StV 2019, 317 (318); zust. *Schoreit* NStZ 1982, 63 (64); *Winkler* NStZ

b) Tatbestandsausschluss bei einer Wegnahme von Betäubungsmitteln

In einer ebenfalls singulär gebliebenen Entscheidung vom 4. Dezember 1981 wich der 3. Strafsenat des BGH jedoch insofern von der ständigen Rechtsprechung ab, als die Erlangung von Betäubungsmitteln durch Diebstahl[266] in der Absicht, sie gewinnbringend zu veräußern, nicht unter den Begriff des Handeltreibens fallen sollte.[267] Zwar wurde auch von diesem Senat das Handeltreiben als jede eigennützige, auf Umsatz von Betäubungsmitteln gerichtete Tätigkeit verstanden, gleichwohl sollte dies nach seinem Wortsinn dann nicht vorliegen, wenn das Verhalten nicht dem Tätigkeitsbereich eines Händlers zugerechnet werden kann.[268] Dieser sollte nur Tätigkeiten erfassen, die „bei natürlicher Betrachtung solche eines Händlers sind“[269]. Zwar konnte auch nach der Auffassung des Senats mit gestohlenen Betäubungsmitteln durchaus Handel getrieben werden. Die schlichte Gewahrsamsbegründung durch Diebstahl sollte jedoch auch dann kein Handeltreiben darstellen, wenn sie in der Absicht erfolgte, die so erlangten Betäubungsmittel später gewinnbringend zu verkaufen.[270] Zum Handeltreiben müsste der Täter stattdessen eine über den Diebstahl hinausgehende Tätigkeit entfalten.

Der 2. Strafsenat trat diesem Urteil bereits kurz nach der Verkündung mit dem Argument entgegen, dass nach dieser Ansicht der Dieb ungerechtfertigt bessergestellt werden würde als der „ehrliche“ Erwerber, sodass die Auffassung des 3. Senats nicht überzeugen könne.[271] Mithin treibt nach dem 2. Strafsenat der Dieb von Betäubungsmitteln bereits durch die Begründung des neuen Gewahrsams Handel mit diesen, wenn die Betäubungsmittel in der Absicht entwendet werden, sie später zu verwerten. Trotz dieser offenkundigen Divergenz bedurfte es nach Ansicht des 2. Strafsenates im Ergebnis nicht der Anrufung des Großen Senats für Strafsachen, da dem Senat zufolge auch bei Zugrundelegung der Auffassung des von der ständigen Rechtsprechung abweichenden 3. Strafsenats

---

2005, 315; *ders.* NStZ 2006, 328; *Weber* § 29 BtMG, Rn. 642 ff.; dagegen *Niehaus* JR 2005, 192 (194); vgl. 4. Teil, A. II.

266 Zur Straflosigkeit der Zueignung des Betäubungsmittelbesitzes ausführl. *Hoyer* FS-Fischer 361 (365 ff.).

267 BGHSt 30, 277 (278 f.); zust. *Paeffgen* FG-BGH 695 (720); vom 3. Strafsenat sodann ausdrückl. aufgegeben vgl. BGH NStZ 1993, 44 (45).

268 BGHSt 30, 277 (278 f.).

269 BGHSt 30, 277 (278 f.).

270 BGHSt 30, 277 (278 f.).

271 BGHSt 30, 359 (361 f.); so auch BGH NStZ 1981, 263; BGH NStZ 1993, 44 (45); BGH NStZ-RR 2015, 280 (281); zust. *Weber* § 29 BtMG, Rn. 218, 524 f.

für den zu entscheidenden Sachverhalt ein Handeltreiben angenommen werden müsste, als die gestohlenen Betäubungsmittel vom Täter zum Weiterverkauf in ein Lager genommen wurden.[272] Die Lagerung von Betäubungsmitteln kann nämlich als über den schlichten Diebstahl hinausgehende Handlung angesehen werden, folglich beruhte das Urteil des 2. Strafsenats nicht auf Rechtsansichten, die gegenüber denen eines anderen Strafsenats divergierten.

c) Kein Handeltreiben bei polizeilichem Ankauf von Betäubungsmitteln

Wiederum der 2. Strafsenat des BGH beschäftigte sich mit Sachverhaltskonstellationen, in denen Vertrauensleute der Polizei als Rauschgiftkäufer agierten.[273] In dieser Sachverhaltskonstellation nahm der 2. Strafsenat in seiner Entscheidung vom 3. Juni 1981 im Ergebnis den Gehilfenvorsatz zum Handeltreiben nicht an. In einem Nebensatz machte das Gericht Ausführungen zu dem erforderlichen Bezugspunkt des Gehilfenvorsatzes, dem für die Vollendung erforderlichen Erfolg der Haupttat; denn wegen Beihilfe kann nur bestraft werden, wer den zur Vollendung der Haupttat erforderlichen Erfolg – die Verletzung des durch den Tatbestand geschützten Rechtsgutes – wollte oder mit diesem bedingt vorsätzlich rechnete und die Unterstützungshandlung auch für diesen Fall vorgenommen hat.[274] Dem Senat zufolge sei „missbilligter Erfolg im Sinne des Straftatbestands des Handeltreibens mit Betäubungsmitteln [...] aber nur ein solcher Vorgang, der das Rauschgift auf dem Weg zum Konsumenten weiterbringt, nicht dagegen ein Umsatz, durch den es der Polizei in die Hände gespielt und damit aus dem Verkehr gezogen wird“[275]. Demnach war die lediglich auf den Betäubungsmittelumsatz gerichtete Tätigkeit zur Vollendung nicht genügend. Darüber hinaus müsse die strafbewehrte Handlung auch das durch diese Strafvorschrift geschützte Rechtsgut beeinträchtigen, was im Falle des polizeilichen Betäubungsmittelaufkäufers nicht gegeben war.[276] Dieser neuartige begriffliche

---

272 BGHSt 30, 359 (361 f.).

273 BGH StV 1981, 549; ebenso der 3. Strafsenat: BGH NStZ 2008, 41.

274 BGH StV 1981, 549 m. w. N.

275 BGH StV 1981, 549; zust. *Roxin* StV 2003, 619 (620); *Harzer* StV 1996, 336 (337); *Paul* StV 1998, 623 (625); Kreuzer/*Nestler* § 11 Rn. 365; *Schwitters* S. 146; a. A. st. Rspr. BGHSt 30, 277 (278); 30, 359 (361); 50, 252 (264); BGH NStZ 1992, 38 (39); BGH NStZ-RR 1997, 85; BVerfG, Nichtannahmebeschl. v. 24.10.1999 – 2 BvR 1906/99, Rn. 2 (juris); Körner/*Patzak* § 29 BtMG, Rn. 209; *Hügel/Junge/Lander/Winkler* § 29 BtMG, Rn. 4.1.1; *Endriß* NStZ 1998; 463 f.

276 BGH StV 1981, 549; i. d. S. auch OLG Oldenburg NJW 1999, 2751 f.; zust. *Roxin* StV 2003, 619 (620); *Endriß* NStZ 1998, 463 f.; *Schwitters* S. 146; ebenso für den

Bezug zum von der Norm geschützten Rechtsgut hat zunächst keinen besonderen Nachhall in der Rechtsprechung gefunden, da sich die übrigen Senate des BGH offenbar nicht genötigt sahen, aufgrund dieser allenfalls „unglückliche[n] Formulierung“[277] des 2. Strafsenats die extensive Begriffsauslegung ernsthaft in Zweifel zu ziehen.[278]

d) Kein Handeltreiben bei Verlust der Verfügungsgewalt über die Betäubungsmittel

Es war ebenfalls der 2. Strafsenat, der sich in einer Entscheidung vom 18. Juni 1986 mit einer im Zeitpunkt der auf Umsatz gerichteten Tätigkeit bereits von der Polizei sichergestellten Rauschgiftlieferung zu befassen hatte.[279] Im Ergebnis wurde auch in diesem Fall eine Vollendung des unerlaubten Handeltreibens verneint. Zwar folgte der Senat vordergründig dem extensiven Begriffsverständnis der herrschenden Rechtsprechung, dass es für ein vollendetes Handeltreiben unerheblich sei, ob der erstrebte Rauschgiftumsatz tatsächlich gefördert werde.[280] „Diese [auf den Umsatz von Betäubungsmitteln gerichteten] Tätigkeiten sind hier jedoch nicht als tatbestandsmäßige Ausführungshandlungen des Handeltreibens i. S. v. § 29 I Nr. 1 BtMG zu bewerten“[281], sodass sie allenfalls einen Versuch des unerlaubten Handeltreibens verwirklichen würden. Im Wesentlichen wird sodann ausgeführt, dass die Verfügungsgewalt[282] der Hintermänner über das Rauschgift nicht mehr bestanden habe und dass der nun eingesetzte Kurier, welcher das vermeintlich zum Handel zur Verfügung stehende Rauschgift an sich nehmen und zu den Hintermännern bringen sollte, Bemühungen entfaltet habe, welche auf die Wiedererlangung des Besitzes an den Betäubungsmitteln und somit auch auf deren Umsatz gerichtet waren. An dem Verlust der Verfügungsgewalt über die Betäubungsmittel vermochten diese Bemühungen jedoch

---

polizeilichen Ankäufer von Diebesgut BGH NStZ 1997, 493 mit zust. Anm. *Krack* NStZ 1998, 462 f.; *Rosenau* NStZ 1999, 352.

277 *Oğlakcıoğlu* AT-BtMG S. 486.

278 Anders jedoch *Roxin* StV 1992, 517 ff.; *Harzer* StV 1996, 336 ff.; eingehender vgl. 2. Teil, C, I.

279 BGH NJW 1987, 720.

280 BGHSt 30; 277 (278); 30, 359 (361); BGH NJW 1987, 720; BGH NStZ 1992, 38 (39); BGH NStZ 1994, 441; BGH NStZ 2004, 105 (108); BGH NStZ 2007, 531 (532); ebenfalls BVerfG, Nichtannahmebeschl. v. 24.10.1999 – 2 BvR 1906/99, Rn. 2 (juris); BVerfG NJW 2007, 1193.

281 BGH NJW 1987, 720; BGH NJW 1991, 305; i. E. zust. *Krack* JuS 1995, 585 (587).

282 Die Verfügungsgewalt ebenfalls betonend BVerfG NJW 2007, 1193 f.

nichts zu ändern, solange der Kurier noch nicht wieder den Besitz der Betäubungsmittel innehatte.[283]

Insofern forderte der 2. Strafsenat – entgegen der herrschenden Rechtsprechung[284] – nicht ausschließlich, dass der Täter in der Absicht gehandelt haben müsse, Rauschgiftumsatz zu fördern, sondern dass zu dieser Absicht als objektives Moment hinzutreten müsse, dass die Förderung des Umsatzes überhaupt noch möglich war. Obwohl der 2. Strafsenat das Augenmerk nicht direkt auf diesen entscheidenden Aspekt legte und ihn abstrahierend in den Begriff des Handeltreibens an sich integrierte, sondern sich entscheidungstragend auf den Teilakt der Kuriertätigkeit beschränkte, wird die Abneigung des Senats deutlich, Sachverhalte einer Vollendungsstrafbarkeit zu unterwerfen, die intuitiv eher dem Versuchsunrecht entsprechen.

Diese Entscheidung blieb nicht gänzlich folgenlos, da vom 1. Strafsenat offen gelassen wurde, ob er sich der vom 2. Strafsenat geäußerten Rechtsmeinung anschließen könne, da dadurch einer „vorherigen Sicherstellung des Betäubungsmittels – und damit der tatsächlichen Verfügungsgewalt über das Betäubungsmittel – eine Bedeutung beigemessen werde, die ihr in Fällen, in denen es nicht um die Strafbarkeit von Kurieren geht, nach der Rechtsprechung nicht zukommt."[285] Sodann wurde apodiktisch festgestellt, dass ein Täter Handel treibe, sofern er Rauschgift verkaufen wolle und entsprechende Verkaufsbemühungen entfalte, auch wenn der erstrebte Umsatz nicht erreicht werden könne, da das Rauschgift erst noch beschafft werden müsse, und dies aus objektiven Gründen nicht gelingen könne, weil auf Käuferseite lediglich verdeckte Polizeibeamte auftraten.[286] Interessanterweise sah sich der 1. Strafsenat nicht verpflichtet, die Streitfrage abschließend zu entscheiden oder dem Großen Senat vorzulegen, da den Urteilen nach seiner Auffassung unterschiedliche Sachverhalte zugrunde lägen.[287]

Bei näherer Betrachtung sind jedoch augenfällige Übereinstimmungen zwischen den Urteilen festzustellen. Das Rauschgift war in beiden Fällen zum Zeitpunkt der Vornahme der Tätigkeit bereits von der Polizei sichergestellt worden.

283 BGH NJW 1987, 720; dagegen BGH NStZ 1994, 441.

284 BGHSt 6, 246 (247); 29, 239 (240); eingeh. 2. Teil, B. II 1.

285 BGH NStZ 1992, 38 (39).

286 BGH NStZ 1992, 38 (39) m. Verw. auf BGHSt 30, 277 (278); BVerfG, Nichtannahmebeschl. v. 24.10.1999 – 2 BvR 1906/99, Rn. 2 (juris); a. A. *Roxin* StV 2003, 619 (620); *Endriß* NStZ 1998, 463 (464); *Schwitters* S. 146.

287 BGH NStZ 1992, 38 (39); ebenfalls derselbe Strafsenat: BGH NStZ 1994, 441.

Gemeinsam ist ebenfalls, dass dem Täter bei Vornahme seiner Handlungen bekannt war, dass es sich bei der abzuholenden Ware um jeweils ein bestimmtes Rauschgift und somit auch um ein konkretisiertes Rauschgiftgeschäft handelte. Entgegen dem BGH vermag die Tatsache, dass im letztgenannten Fall die Tathandlung sich nicht nur in einer Kuriertätigkeit erschöpfte, sondern auch darin bestand, das für den Ankauf der Betäubungsmittel erforderliche Bargeld selbst einzutreiben, keine unterschiedliche rechtliche Beurteilung zu rechtfertigen, da bereits im Zeitpunkt des Eintreibens des Bargelds die Verfügungsgewalt an den hinreichend bestimmten Betäubungsmitteln nicht mehr bestand. Da der Tatbestand des unerlaubten Handeltreibens den Kurier grundsätzlich nicht anders behandelt als den Geldeintreiber, hätte die von der herrschenden Auffassung abweichende Entscheidung nicht als spezielle Ausprägung der Kurierrechtsprechung, sondern als grundlegendes Problem des zu weiten Tatbestands aufgefasst und dem Großen Senat für Strafsachen zur Entscheidung vorgelegt werden müssen.

e) Zwischenergebnis

Zumindest wird durch die dargestellte Kasuistik zur Einschränkung des Tatbestandes aufgezeigt, dass die herrschende Rechtsprechung tatsächlich nicht ganz so einmütig judizierte, wie es retrospektiv zum Teil dargestellt wird.[288] Dass die oben genannten Entscheidungen keinen bleibenden Nachhall in der Rechtsprechung fanden und Anstoß zu einer umfassenden Kritik an der bisherigen Definition des Handeltreibens gaben, lag – bezüglich der drei erstgenannten Fallgruppen – mutmaßlich darin begründet, dass der Gesetzgeber mit dem BtMG (1982) das bisherige weite Begriffsverständnis des unerlaubten Handeltreibens umfassend bestätigte. Mit Neufassung dieses Gesetzes trat die rechtsfortbildende Tätigkeit der Rechtsprechung wieder in den Hintergrund, da der Gesetzgeber das BtMG an die begriffliche Vorarbeit des BGH anpasste und somit die argumentativen Schwächen der Rechtsprechung entsprechend nivellierte. Wie bereits dargelegt[289], verwies der Gesetzgeber in einem der Entwürfe zum BtMG (1982) ausdrücklich auf die ständige Rechtsprechung zum Begriff des Handeltreibens, sodass das unerlaubte Handeltreiben nach § 29 Abs. 1 Nr. 1

288 Nach BGHSt 50, 252 (258): „eine über sieben Jahrzehnten von der Rechtsprechung kontinuierlich praktizierte Auslegung des Tatbestandsmerkmals Handeltreiben"; dem zust. *Weber* NStZ 2004, 66; *ders.* JR 2006, 139 (141).

289 S. 2. Teil, A. II. 2.

BtMG (1982) in dem Sinne zu verstehen sei, wie es die Rechtsprechung bereits auslegte.

Da gleichfalls durch die neue Formulierung des § 29 Abs. 1 Nr. 1 BtMG (1982) – „sie, ohne Handel zu treiben, einführt, ausführt, veräußert, abgibt, sonst in den Verkehr bringt, erwirbt oder sich in sonstiger Weise verschafft" – das Vorrangverhältnis des Handeltreibens zu diesen Tathandlungen hinreichend zum Ausdruck gebracht wurde, bewegte sich der Gesetzgeber ebenfalls vollends auf der Linie der Rechtsprechung. Für das Begriffsverständnis des unerlaubten Handeltreibens hatte dies nämlich zur Folge, dass der Gesetzgeber anscheinend damit klarstellen wollte, dass die oben aufgezählten anderen Tathandlungen unter gewissen Voraussetzungen dem Handeltreiben unterfallen können; nur sofern sie nicht das Handeltreiben verwirklichen, sollte ihnen eine eigenständige Bedeutung zukommen. Mithin wird durch diese Normierung die von der Rechtsprechung bereits zuvor entwickelte Gesetzessystematik, dass das Handeltreiben gegenüber seinen Teilakten die Funktion eines Oberbegriffs zukommen sollte und dass die Teilakte grundsätzlich in diesem aufgehen sollten[290], in das Gesetz eingefügt. Durch die geänderte norminterne Systematik verdeutlichte der Gesetzgeber, dass er sich das extensive Begriffsverständnis der Rechtsprechung zu eigen machen wollte. Verschärft formuliert, bestätigte der Gesetzgeber einen Willen, den die Rechtsprechung ihm zuvor ohne zureichende Anhaltspunkte unterstellt hatte. Dies zeigt eindeutig, dass die entscheidenden Impulse zur Begriffsbildung nicht vom Gesetzgeber, sondern von der Rechtsprechung ausgingen.

3. *Der Anfragebeschluss des 3. Strafsenats des BGH vom 10. Juli 2003*

Innerhalb der Rechtsprechung wurde die Kontroverse zum Begriff des Handeltreibens durch den Anfragebeschluss des 3. Strafsenats des BGH vom 10. Juli 2003[291] erneut angefacht. In diesem Beschluss wurde das bisherige Begriffsverständnis erstmals vom BGH selbst grundlegend infrage gestellt. Der 3. Strafsenat war der Ansicht, dass ernsthafte Verhandlungen über den Erwerb von zum gewinnbringenden Weiterverkauf bestimmten Betäubungsmitteln kein vollendetes Handeltreiben darstellen könnten, solange über den Ankauf keine Einigung mit dem Lieferanten erzielt wurde. Auch wenn sich der Anfragesatz offenbar lediglich auf die Abgrenzung zwischen Versuch und Vollendung

290 BGHSt 25, 290 f.; BGH NJW 1979, 1259; m. w. N. *Hügel/Junge/Lander/Winkler* § 29, Rn. 4.1.1.

291 BGH NStZ 2004, 105 ff. m. Anm. *Roxin* StV 2003, 619 ff.; *Gaede* StraFo 2003, 392 ff.

bezog, ergibt sich die vollständige Tragweite der vom 3. Strafsenat beabsichtigten Anfrage erst aus der Begründung des Beschlusses.

Der Senat beabsichtigte nämlich, sowohl von der eigenen[292] als auch von der entgegenstehenden Rechtsprechung der übrigen Strafsenate[293] abzuweichen, womit die Voraussetzungen der Divergenzvorlage[294] gemäß § 132 Abs. 2 GVG gegeben waren. Wie der 3. Strafsenat in seinem Anfragebeschluss zutreffend feststellte, hat die extensive Begriffsauslegung des Handeltreibens zu einer Rechtsprechung geführt, die dem vollendeten Handeltreiben auch Handlungen unterwarf, welche weit im Vorfeld der eigentlichen Umsatzgeschäfte angesiedelt waren, ihnen im Rahmen des Geldflusses nachfolgten oder lediglich schlichte Hilfstätigkeiten darstellten.[295] Um den Tatbestand des unerlaubten Handeltreibens diesbezüglich entsprechend zu begrenzen, schlug dieser Strafsenat – unter genereller Anerkennung des kriminalpolitischen Bedürfnisses einer weitgehenden Pönalisierung der den Betäubungsmittelhandel betreffenden Tätigkeiten – in Anlehnung an das Handeltreiben im WaffG die Schaffung eines Katalogs der handelstypischen Tätigkeiten vor.[296] Diese einengende Auslegung des unerlaubten Handeltreibens begründete der 3. Strafsenat folgendermaßen:

a) *Zu den dogmatischen Schwächen der herrschenden Auffassung*

Zutreffend führt der 3. Strafsenat aus, dass die weite Auslegung und die damit zwingend einhergehende Vorverlagerung der Tatvollendung den Anwendungsbereich der gesetzlich angeordneten Versuchsstrafbarkeit gemäß § 29 Abs. 2 BtMG praktisch ins Leere laufen ließe.[297] Da in objektiver Hinsicht für ein Handeltreiben grundsätzlich jede Tätigkeit zur Vollendung genügend sein könne, würden somit Vorfeldhandlungen unterschiedslos der Vollendungsstrafbarkeit

---

292 BGH BeckRS 1995, 31079883.

293 BGH, Urteil v. 12.08.1986 – 1 StR 360/86 (= NJW 1986, 2896); BGH, Urteil v. 13.03.1995 – 2 StR 15/95 (= NStZ-RR 1996, 48 f.); BGH, Beschl. v. 22.11.1994 – 4 StR 516/94 (= NJW 1995, 470); BGH, Urteil v. 15.04.1980 – 5 StR 135/80 (= BGHSt 29, 239 ff.).

294 Eingeh. dazu MüKo-ZPO/*Pabst* § 132 GVG, Rn. 3 ff.

295 BGH NStZ 2004, 105 (107).

296 BGH NStZ 2004, 105 (108); abl. BGH NStZ-RR 2004, 183 (184); ebenso *Roxin* StV 2003, 619 (620 f.); *Gaede* StraFo 2003, 392 (395); *Gaede* HRRS 2004 165 (168); *Niehaus* JR 2005, 192 (195 f.); diff. *Weber* NStZ 2004, 66 (72).

297 BGH NStZ 2004, 105 (107); so bereits *Liemersdorf/Miebach* MDR 1979, 981 (982); auch *Eberth/Müller* § 29 BtMG, Rn. 17; *Weber* 2. A. § 29 BtMG, Rn. 295; *Schwitters* S. 51 f.; *Oğlakcıoğlu* AT-BtMG S. 404, 467 ff.); *Eberth/Müller/Schütrumpf* Verteidigung S. 39.

unterworfen. Nach Ansicht des Gerichts ging mit der Beschneidung des Anwendungsbereichs der Versuchsregeln einher, dass die mit dem Versuch verknüpfte fakultative Strafmilderung nach § 23 Abs. 2 StGB sowie die Möglichkeit für den Täter, strafbefreiend nach § 24 StGB von der Tat zurückzutreten, nahezu vereitelt würde, was ebenfalls für eine einengende Auslegung des Tatbestandsmerkmals „Handeltreiben" spreche.[298] Nach dem weiten Begriffsverständnis würden somit die eigentlichen Versuchskonstellationen des unerlaubten Handeltreibens in praktischer Hinsicht der Vollendungsstrafbarkeit unterworfen und allenfalls auf der Ebene der Strafzumessung als minder schwer gewürdigt werden können. Diesbezüglich sollte in summarischer Prüfung festgestellt werden, ob der konkrete Sachverhalt materiell dem ursprünglichen Bild eines Versuchs zumindest nahekam, sodass dieser Umstand dann strafmildernd berücksichtigt werden konnte.[299]

Des Weiteren wurde vom Gericht angeführt, dass die bisherige Auslegung des Begriffs „Handeltreiben" dem in Art. 103 Abs. 2 GG und § 1 StGB normierten strafrechtlichen Bestimmtheitsgrundsatz nur unzureichend gerecht werde.[300] Die „uferlose Ausdehnung des Tatbestands"[301] und die dadurch erforderliche, vielfältige Kasuistik zur Begrenzung der Norm im Einzelfall erschwere die Kalkulierbarkeit der Normanwendung aus Sicht der Normadressaten erheblich, sodass diese nicht mehr vorhersehen könnten, welches Verhalten verboten und welches mit Strafe bedroht sei.

b) Schaffung eines Katalogs der handelstypischen Tätigkeiten

Obwohl sich nach Ansicht des 3. Strafsenats die extensive Definition des Handeltreibens durchaus auf den Wortlaut der Strafvorschrift des § 29 Abs. 1 S. 1

---

298 BGH NStZ 2004, 105 (107); ebenso *Roxin* StV 1992, 517 (518); *ders.* StV 2003, 619 (620 f.); *Harzer* StV 1996, 336 (337); *Paul* StV 1998, 623 (625); *Schwitters* S. 29 f., 89 f.; *Gaede* StraFo 2003, 392 (394); *ders.* HRRS 2004, 165 (169); *Gaede* HRRS 2005, 250 (251); *Niehaus* JR 2005, 192 (194, 196); a. A. BGHSt 50, 252 (263); s. ebenfalls BGH StV 2006, 136; m. w. N. Körner/*Patzak* § 29 BtMG, Rn. 379; *Weber* § 29 BtMG, Rn. 195 ff., 609 ff.

299 *Weber* § 29 BtMG, Rn. 598; LG Frankfurt/M StV 1992, 18.

300 BGH NStZ 2004, 105 (107 f.); zust. *Roxin* StV 2003, 619 (620); *Harzer* StV 1996, 336 (337); *Paul* StV 1998, 623 (624 f.); *Krack* JuS 1995, 585 (586); eingeh. zum strafrechtl. Bestimmtheitsgebot s. u. 2. Teil, B. III. 1.

301 BGH NStZ 2004, 105 (108); zust. ebenfalls *Roxin* StV 1992, 517 (519); *Strate* ZRP 1987, 314 (316); *Nestler* StV 2002, 504 (506).

Nr. 1 BtMG zurückführen ließe[302], merkte das Gericht an, dass ein einengendes, nicht jegliche, sondern lediglich handelsspezifische Tätigkeiten erfassendes Verständnis der Norm dem Wortsinn des Begriffs „Handeltreiben" besser gerecht werde.[303] Im Ergebnis lässt sich diese intuitive Argumentation auf die bereits dargestellte vereinzelt gebliebene Entscheidung des 3. Senats[304] zurückführen. Um die soeben dargestellten dogmatischen Mängel des bisherigen Begriffsverständnisses zu heilen sowie gleichzeitig die kriminalpolitischen Ziele der Norm – die Bestrafung der Drahtzieher und Hintermänner des (internationalen) Drogenhandels – mit einer einschränkenden Auslegung des Handeltreibens gleichwohl erfüllen zu können, schlug der 3. Strafsenat vor, den Begriff des unerlaubten Handeltreibens in Anlehnung an den Begriff des Waffenhandels ebenfalls durch einen tatbestandlichen Katalog der „handelstypischen" Tätigkeiten neu zu bestimmen.[305] Dieser Ansatz geht im Grunde auf einen Vorschlag von *Schwitters*[306] zurück, welcher den legaldefinierten Begriff des Waffenhandels (§ 7 Abs. 1 Nr. 2 WaffG [a. F.][307]) zur Auslegung des unerlaubten Handeltreibens mit Betäubungsmitteln fruchtbar machen wollte.

Demnach sollte mit Betäubungsmitteln Handel treiben, „wer diese eigennützig und in der Absicht, ihren Umsatz zu ermöglichen oder zu fördern, ankauft, erwirbt, sich in sonstiger Weise verschafft, einführt, ausführt, feilhält, Bestellungen entgegennimmt oder aufsucht, veräußert, anderen überlässt, sonst in den Verkehr bringt oder den Erwerb, den Vertrieb oder das Überlassen vermittelt"[308]. Mittels dieser Definition des unerlaubten Handeltreibens würden nach Ansicht des Senats Vorfeldhandlungen, schlichte Hilfstätigkeiten und dem eigentlichen Handeltreiben nachfolgende Aktivitäten, da sie nicht den im Katalog genannten Handlungen unterfielen, nicht vom vollendeten, täterschaftlichen Handeltreiben erfasst werden. Gleichfalls wäre durch diese Neubestimmung des Begriffs die Problematik die Abgrenzung zwischen Versuch und Vollendung bei erfolglosen

---

302 A. A. *Ebert* Handeltreiben, S. 37 f.; *Schwitters* S. 46 ff.; *Endriß/Kinzig* NJW 2001, 3217 (3218 f.).

303 BGH NStZ 2004, 105 (107).

304 BGHSt 30, 277 (278); vgl. 2. Teil, B. II. 2. b).

305 BGH NStZ 2004, 105 (108); dagegen *Roxin* StV 2003, 619 (620 f.); *Gaede* StraFo 2003, 392 (395); *Niehaus* JR 2005, 192 (195 f.); krit. *Weber* NStZ 2004, 66 (72).

306 Vgl. *Schwitters* S. 160 ff.

307 WaffG in der Fassung der Bekanntmachung v. 08.03.1976 (BGBl. I, S. 432 ff.); der Waffenhandel ist in der heutigen Fassung in Anlage 1 (zu § 1 Abs. 4 WaffG) Abschnitt 2 Nr. 9 definiert.

308 BGH NStZ 2004, 105 (108); abl. *Gaede* StraFo 2003, 392 (395).

Ankaufbemühungen dahingehend gelöst, dass diese kein vollendetes, sondern lediglich ein versuchtes Handeltreiben verwirklichen würden.[309]

Ergänzend erwähnt der BGH in der Entscheidung, dass typische Hilfstätigkeiten von dem Katalog und somit dem Handeltreiben nicht mehr umfasst wären. Dadurch wären jene Hilfstätigkeiten, die nicht unter die im Katalog enumerativ aufgezählten „handelstypischen" Tätigkeiten gefasst werden können, im Regelfall lediglich als Beihilfe zum unerlaubten Handeltreiben eines anderen strafrechtlich zu ahnden. Sofern jedoch ein Tatbeitrag desjenigen, der eine Handlung des Katalogs erfüllt, dem anderen nach § 25 Abs. 2 StGB zugerechnet werden könne, solle jedoch eine Mittäterschaft weiterhin möglich sein.[310] Exemplarisch verdeutlicht der BGH an den „Kurierfällen" in dieser Entscheidung, dass auch unter der Geltung des Katalogs eine Abgrenzung von Täterschaft und Teilnahme, welche sich nach den allgemeinen Grundsätzen zu richten habe, weiterhin erforderlich sein werde und dass eine eigenhändige Verwirklichung einer Katalogtat nicht sogleich zu einer Mittäterschaft führen müsse.[311] Dagegen stellte der 3. Strafsenat mit Verweis auf die Rechtsprechung[312] zur Abgrenzung von Täterschaft und Teilnahme beim unerlaubten Handeltreiben mit Betäubungsmitteln fest, dass nicht jede vom Täter unternommene „handelstypische" Tätigkeit zu einer Täterschaft führen müsse, da dieser im Einzelfall beim Rauschgiftumsatz lediglich ein untergeordnetes Gewicht zukommen könne, sodass sie sich trotz eigenhändiger Verwirklichung des Teilaktes insgesamt lediglich als Gehilfenbeitrag zum unerlaubten Handeltreiben eines anderen darstelle.

4. *Die Reaktion der übrigen Strafsenate des BGH*

Im Gegensatz zum Schrifttum, welche die Kritik des 3. Strafsenats an der hergebrachten Rechtsprechung teilweise enthusiastisch als „bahnbrechende Entscheidung von wissenschaftlichem Rang"[313] rezipierte, schlossen sich die übrigen Strafsenate dieser Auffassung mehrheitlich nicht an. So wollten der 1., 2. und 5. Strafsenat des BGH weiterhin am weiten Begriffsverständnis des Handeltreibens festhalten.[314]

---

309 Zutreffend krit. *Gaede* StraFo 2003, 392 (395).

310 BGH NStZ 2004, 105 (109).

311 BGH NStZ 2004, 105 (109), krit. dazu *Weber* NStZ 2004, 66 (72).

312 Vgl. BGH NStZ 1999, 451; BGH NStZ-RR 1999, 186 (187); BGH NStZ-RR 2000, 278 (279); BGH NStZ 2000, 482; BGH StV 2002, 255.

313 *Roxin* StV 2003, 619; zurückhaltender *Weber* NStZ 2004, 66; a. A. *Schlage* Ad Legendum 2012, 257 (262).

314 So wiedergegeben in BGH NJW 2005, 1589; BGHSt 50, 252 (255).

Die veröffentlichte Antwort des 2. Strafsenats bezieht sich im Wesentlichen darauf, dass eine eingrenzende Auslegung des Begriffs in verfassungsrechtlicher Hinsicht nicht zwingend geboten sei.[315] Dabei berief sich der 2. Senat vorrangig auf den Kammerbeschluss des BVerfG[316], der das unerlaubte Handeltreiben einer Auslegung für zugänglich erachtete, welche nicht über den Wortsinn hinausging und keinen Verstoß gegen den Bestimmtheitsgrundsatz darstellte.[317] Ungeachtet dessen musste der 2. Strafsenat einräumen, dass das extensive Begriffsverständnis – vor allem in der Abgrenzung der Täterschaft von der Teilnahme und des Versuchs von der Vollendung – den verschiedenen Begehungsweisen nicht immer gerecht werde.[318] Damit typische Vorbereitungs- und Versuchshandlungen nicht als vollendetes Handeltreiben erfasst werden, sollte der Begriff in Grenzfällen restriktiv angewandt werden. Da u. a. auch diesbezüglich von der Rechtsprechung konkrete Abgrenzungskriterien entwickelt worden seien, hielt der 2. Strafsenat eine begriffliche Neubestimmung insgesamt – erst recht mittels einer Kataloglösung – nicht für geboten.[319]

Der 5. Strafsenat hingegen zog maßgeblich die kriminalpolitische Zielvorstellung heran, welche den Gesetzgeber dazu bewog, das unerlaubte Handeltreiben derart weit zu fassen, um so auch die auf höheren Handlungsebenen agierenden Täter durch die Vorschrift erfassen zu können.[320] Darüber hinaus erwähnte der 5. Senat in seiner Antwort ergänzend, dass in der wohl größten Zahl der relevanten Fälle das Problem nicht in der Bestimmung der Untergrenze des Handeltreibens, sondern in der Unterscheidung von täterschaftlichem Handeltreiben und Beihilfe zum Handeltreiben liege.[321] Im Übrigen könne, soweit nicht lediglich der Grundtatbestand (§ 29 Abs. 1 S. 1 Nr. 1 BtMG) betroffen ist, das verwirklichte Unrecht einen minder schweren Fall darstellen, sodass auch

---

315 BGH NStZ-RR 2004, 183 (183 f.).

316 BVerfG, Nichtannahmebeschl. v. 24.10.1999 – 2 BvR 1906/99, Rn. 2 (juris).

317 BGH NStZ-RR 2004, 183 f.; so auch *Niehaus* JR 2005, 192 (193); a. A. *Roxin* StV 2003, 619 (620); *Harzer* StV 1996, 336 (337); *Paul* StV 1998, 623 (624 f.); *Krack* JuS 1995, 585 (586).

318 BGH NStZ-RR 2004, 183 (184).); ebenfalls *Ebert* Handeltreiben, S. 163 f.; *Schwitters* S. 46 ff.; *Endriß/Kinzig* NJW 2001, 3217 (3218 f.); *Gaede* StraFo 2003, 392 (393); *Krumdiek/Wesemann* StV 2006, 634 (636).

319 BGH NStZ-RR 2004, 183 (184).

320 BGH, Beschl. v. 22.01.2004 – 5 Ars 46/03, Rn. 6 (juris); so bereits BGH NJW 1979, 1259; zust. *Weber* § 29 BtMG, Rn. 189 ff.; Körner/*Patzak* § 29 BtMG, Rn. 232; dagegen grds. *Harzer* StV 1996, 336; *Gaede* HRRS 2004, 165 (169); *Neuhaus* NStZ 2001, 39 (41).

321 BGH, Beschl. v. 22.01.2004 – 5 Ars 46/03, Rn. 9 (juris).

Begehungsformen, welche im unteren Bereich des Handeltreibens angesiedelt sind, durchaus schuldadäquat abgeurteilt werden können, ohne dass ein Verstoß gegen den verfassungsrechtlichen Schuldgrundsatz[322] zu besorgen sei.[323] Am Rande sei bemerkt, dass die Entscheidung im 5. Strafsenat keinesfalls einmütig ergangen sein dürfte, da zumindest Teile des Senats – dem anfragenden 3. Senat folgend – durchaus eine Ausweitung der Versuchsstrafbarkeit zulasten eines vollendeten Handeltreibens für vorzugswürdig erachteten, demzufolge die Kritik an der weiten Begriffsauslegung teilten.[324]

Die vom 3. Strafsenat präferierte Kataloglösung wurde auch vom 4. Strafsenat abgelehnt, in der Divergenzfrage stimmte dieser jedoch dem 3. Strafsenat zu. Um die erfolglosen Ankaufsbemühungen vom Begriff des unerlaubten Handeltreibens auszuschließen, schlug der 4. Strafsenat im Gegensatz zur Anfrage eine andere Definition des Handeltreibens vor, welche eine Einigung über die Lieferung von Betäubungsmitteln zur Voraussetzung erhob.[325]

5. *Der Vorlagebeschluss des 3. Strafsenats des BGH vom 13. Januar 2005*

Nachdem der 3. Strafsenat erkannt hatte, dass sich eine Mehrheit für dessen Kataloglösung im Großen Senat des BGH nicht finden lassen würde[326], beschränkte er den Vorlagebeschluss vom 13. Januar 2005 schlussendlich auf die Rechtsfrage, ob es für die Annahme vollendeten Handeltreibens ausreiche, wenn der Täter bei einem beabsichtigten Ankauf von zum gewinnbringenden Weiterverkauf bestimmten Betäubungsmitteln in ernsthafte Verhandlungen eintritt, aber keine Einigung mit dem Lieferanten erzielt wurde.[327] Mit dieser Beschränkung behielt der 3. Strafsenat die bereits geäußerte Kritik am weiten Begriffsverständnis zwar grundsätzlich bei, beschränkte sie jedoch auf die Abgrenzung von Vorbereitung, Versuch und Vollendung. Eine Neubestimmung des Begriffs wurde vom Senat nicht mehr mit der Vorlagefrage verknüpft. In der Begründung rekurrierte der 3. Strafsenat im Wesentlichen auf die bereits im Anfragebeschluss dargelegten Argumente, handhabbare Kriterien zur Bestimmung des Versuchsbereichs zu

322 S. u. 2. Teil, B. III. 2.

323 BGH, Beschl. v. 22.01.2004 – 5 Ars 46/03, Rn. 10 (juris).

324 BGH, Beschl. v. 22.01.2004 – 5 Ars 46/03, Rn. 17 (juris).

325 So wiedergegeben in BGH NJW 2005, 1589; ebenfalls BGHSt 50, 252 (254 f.); daran anknüpfend *Niehaus* JR 2005, 192 ff.; ausführl. hierzu IV.

326 BGH NJW 2005, 1589; so auch *Schnürer* Gesamtgeschäft, S. 64.

327 BGH NJW 2005, 1589 f.

generieren, wobei er die bisher uneinheitliche Rechtsprechung einer vertieften Kritik unterzog und die Einigung zwischen Händler und Lieferant „als das entscheidende Kriterium" herausarbeitete.[328] Ergänzend zum Anfragebeschluss hob der 3. Strafsenat in seinem Vorlagebeschluss besonders hervor, dass die weite Auslegung des Handeltreibens auch gegen den verfassungsrechtlichen Schuldgrundsatz[329] verstoße, da unterschiedlich hohes Unrecht nicht unterschiedlich sanktioniert werden könne. So werde dem Täter insbesondere die fakultative Strafmilderung beim Versuch (§ 23 Abs. 2 StGB) als auch die Möglichkeit des Rücktritts (§ 24 StGB) genommen.[330]

6. *Die Entscheidung des Großen Senats für Strafsachen vom 26. Oktober 2005*

Der Große Senat für Strafsachen beantwortete in seinem Beschluss vom 26. Oktober 2005[331] die an ihn herangetragene Rechtsfrage dergestalt, dass es für die Annahme vollendeten Handeltreibens ausreiche, dass der Täter bei einem beabsichtigten Ankauf von zum gewinnbringenden Weiterverkauf bestimmten Betäubungsmitteln in ernsthafte Verhandlungen mit dem potentiellen Verkäufer eintrete. Die „kaum zu überschätzende praktische Bedeutung"[332] dieser Entscheidung für den Begriff des unerlaubten Handeltreibens ergibt sich nicht aus der schlichten Beantwortung der Vorlagefrage, sondern wird erst aus der Beschlussbegründung vollends ersichtlich.

a) Vollumfängliche Bestätigung des weiten Begriffsverständnisses

In dieser bestätigte der Große Senat für Strafsachen nämlich die von der bisherigen Rechtsprechung entwickelte Begriffsauslegung des Handeltreibens als jede eigennützige, auf den Umsatz von Betäubungsmitteln gerichtete Tätigkeit vollumfänglich[333], obwohl die konkrete Vorlagefrage dies nicht zwingend erforderlich machte.[334] Dabei berief sich der Große Senat ausdrücklich auf die „über

---

328 M. w. N. BGH NJW 2005, 1589 (1591).

329 S. u. 2. Teil, B. III. 2.

330 BGH NJW 2005, 1589 (1590); zust. *Roxin* StV 1992, 517 (518), *Roxin* StV 2003, 619 (621); *Gaede* HRRS 2005, 250 (251); *Krumdiek/Wesemann* StV 2006, 634 (638).

331 BGHSt 50, 252 ff.; mit zust. Anm. *Weber* JR 2006, 139 ff.; *Schmidt* NJW 2007, 3253 ff.; ähnl. auch *Rahlf* FS-Strauda 243 (257 f.); abl. Anm. jedoch *Krumdiek/Wesemann* StV 2006, 634 ff.

332 *Weber* JR 2006, 139.

333 BGHSt 50, 252 (256).

334 *Weber* JR 2006, 139 (140).

sieben Jahrzehnte von der Rechtsprechung kontinuierlich[335] praktizierte“[336] Auslegungstradition, welche „alle Kommentatoren des Betäubungsmittelgesetzes“[337] ebenfalls teilen würden. Ergänzend wurde zur Begründung des weiten Begriffsverständnis angeführt, dass dieses im Einklang mit dem Rahmenbeschluss 2004/757/JI des Rates der Europäischen Union vom 25. Oktober 2004[338] stehe.

Weit größeren argumentativen Raum widmete der Große Senat der Herleitung der gesetzgeberischen Intention, das Handeltreiben im Sinne der Rechtsprechung verstanden wissen zu wollen. Demnach spreche die Tatsache, dass der Gesetzgeber in Kenntnis der tradierten Rechtsprechung zum Handeltreiben mehrere Gesetzgebungsakte zum BtMG bisher nicht zum Anlass genommen hat, sich zu einem engeren Begriffsverständnis zu bekennen, dafür, dass er den Begriff in selbiger Art und Weise wie die Rechtsprechung ausgelegt habe.[339]

Ergänzend führte das Gericht aus, dass der Gesetzgeber mit § 11 Abs. 1 Nr. 8 BtMG (1972)[340] (§ 29 Abs. 1 S. 1 Nr. 10 BtMG n. F.) sogar einen eigenständigen Straftatbestand geschaffen habe, der bestimmte Tätigkeiten im Vorfeld des unerlaubten Handeltreibens pönalisiere. Nach dieser Vorschrift ist u. a. das Verschaffen und Gewähren von Gelegenheiten zum Erwerb von Betäubungsmitteln sowie das eigennützige Mitteilen solcher Gelegenheiten mit Strafe bedroht worden, da „ein solcher Täter die gleiche Strafe verdiene wie derjenige, der selbst illegalen Handel betreibt“[341]. Aus der vom BGH angenommenen Gleichwertigkeit dieser Vorfeldtätigkeiten zum unerlaubten Handeltreiben folgerte der Große Senat, dass eine „Einengung dieses Begriffs den Absichten des Gesetzgebers deutlich zuwider“[342] liefe.[343]

Ferner zog der BGH zur Begründung des weiten Begriffsverständnisses den Umstand heran, dass der Gesetzgeber den Begriff des unerlaubten

---

335 Dagegen jedoch 2. Teil, B. II. 2.

336 BGHSt 50, 252 (258); BGH, Beschl. v. 22.01.2004 – 5 Ars 46/03, Rn. 4 (juris); zust. *Weber* JR 2006, 139 (141).

337 U. a. m. V. a. *Körner* 5. A. § 29 BtMG, Rn. 199; *Weber* 2. A. § 29 BtMG, Rn. 142 ff.; *Hügel/Junge/Lander/Winkler* § 29, Rn. 4.1.1.

338 ABl. L 335/8 vom 11. November 2004; s. o. 2. Teil, A. III. 2.

339 BGHSt 50, 252 (259); vgl. 2. Teil, A. II., III., IV.; ebenso *Weber* NStZ 2004, 66 (67).

340 Vgl. hierzu o. 2. Teil, A. II. 1.

341 BGHSt 50, 252 (259) m. V. a. BRegE. BT-Drs. VI/1877, S. 9.

342 BGHSt 50, 252 (259); i. d. S. auch der unveröffentl. Anwortbeschluss des 1. Strafsenats v. 25.03.2004 – 1 Ars 21/03 (zit. n. *Weber* JR 2006, 139 (141)).

343 Zust. Körner/*Patzak* § 29 BtMG, Rn. 233; *Weber* JR 2006, 139 (141); abl. *Krumdiek/Wesemann* StV 2006, 634 (636).

Handeltreibens in der zum BtMG geprägten Auslegung in andere Materien des Nebenstrafrechts – wie das Transplantationsgesetz (TPG), das Arzneimittelgesetz (AMG) und das Kriegswaffenkontrollgesetz (KrWaffKontrG) – transferierte.[344] Dazu merkte der Große Senat an, dass bereits durch diese „Begriffsanleihe" der Gesetzgeber deutlich gemacht habe, dass er „das seit langem dem Betäubungsmittelstrafrecht eigene und vom Bundesgerichtshof kontinuierlich ausgelegte Tatbestandsmerkmal Handeltreiben"[345] auch in dieser Art und Weise den neuen nebenstrafrechtlichen Vorschriften zugrunde gelegt habe.[346]

Anhand des KrWaffKontrG konnte dieser eindeutige gesetzgeberische Bezug zum Begriff des Handeltreibens vom BGH jedoch nicht vollends hergestellt werden, da der Gesetzgeber in den Gesetzgebungsmaterialien bezüglich der §§ 19 Abs. 1 Nr. 1, 20 Abs. 1 Nr. 1 KrWaffKontrG nicht direkt auf die betäubungsmittelrechtliche Definition des unerlaubten Handeltreibens rekurrierte, sondern lediglich allgemein – ohne auf das konkrete Begriffsverständnis Bezug zu nehmen – auf die begriffliche Parallele zu § 29 Abs. 1 S. 1 Nr. 1 BtMG verwies[347].[348] Aufgrund der mangelnden gesetzgeberischen (Verweisungs-)Präzision kam der BGH nicht umhin, das Argument der vollständigen Rezeption des Begriffsverständnisses darauf zu stützen, dass immerhin das Schrifttum[349] annahm, dass sich auch das unerlaubte Handeltreiben nach dem KrWaffKontrG an das weite betäubungsmittelrechtliche Begriffsverständnis der Rechtsprechung anlehne.

Auch bezüglich des Handeltreibens im AMG blieb der BGH entgegen der obigen Ankündigung den konkreten Nachweis schuldig, dass der Gesetzgeber das „kontinuierlich ausgelegte Tatbestandsmerkmal" des unerlaubten Handeltreibens mit Betäubungsmitteln auch tatsächlich im selben Sinne dem AMG zugrunde gelegt habe. Im Rahmen von § 95 Abs. 1 Nr. 4 AMG begnügte sich der Große Senat wiederum damit, eine deckungsgleiche Rezeption der Auslegung des unerlaubten Handeltreibens mit Betäubungsmitteln durch das AMG apodiktisch zu behaupten, wobei er sich auf die Rechtsprechung[350] und das

---

344 Zur teilw. unvollständigen Begriffsrezeption s. o. 2. Teil, A. II. 5.

345 BGHSt 50, 252 (259 f.).

346 Zust. *Weber* Handeltreiben, S. 37 f., 165; *ders.* § 29 BtMG, Rn. 173 *Gragert* S. 80; a. A. *Krumdiek/Wesemann* StV 2006, 634 (636 f.); krit. LSG NRW, Urt. v. 31.01.2001 – L 10 VS 28/00, Rn. 84 (juris).

347 BRegE. BT-Drs. 11/4609, S. 9; vgl. o. 2. Teil, A. II. 4. d).

348 BGHSt 50, 252 (260).

349 In BGHSt 50, 252 (260) wird u. a. auf *Steindorf* 5. A. § 19 KrWaffKontrG Rn. 3; *Holthausen* NJW 2001, 203 (204) bzw. *Weber* NStZ 2004, 66 Bezug genommen.

350 BGH NStZ 2004, 457 (458).

Schrifttum[351] berief, welche von einer kongruenten Bedeutung ausgehen würden[352]. Mit dieser Argumentation entfernte sich der Große Senat weitgehend von der Ergründung des historischen gesetzgeberischen Willens und versuchte, die weite Auslegung des Handeltreibens schlicht damit zu begründen, dass andere bei ihrer Begriffsauslegung zum selben Ergebnis gelangten.

Lediglich für das TPG konnte der BGH den historischen Willen des Gesetzgebers zur vollständigen Rezeption des weiten Begriffsverständnisses des unerlaubten Handeltreibens heranziehen, da der Gesetzgeber in den Gesetzgebungsmaterialien zum TPG (durch Verweise auf die begriffskonstitutive betäubungsmittelstrafrechtliche Rechtsprechung) eindeutig zum Ausdruck gebracht hatte, dass das Tatbestandsmerkmal des Handeltreibens in § 18 Abs. 1 TPG tatsächlich dem des § 29 Abs. 1 S. 1 Nr. 1 BtMG entsprechen sollte.[353]

Neben diesen Erwägungen machte der Große Senat recht freimütig deutlich, dass für das weite Begriffsverständnis „gewichtige kriminalpolitische Gesichtspunkte“[354] streiten würden.[355] Der Kriminalitätsbereich des gewinnbringenden Umgangs mit Betäubungsmitteln sei nämlich vorrangig durch „Konspiration, Tarnung und ein organisiertes hierarchisches System [geprägt], das das Risiko der Entdeckung des einzelnen Täters gezielt vom kompetenten Täter höherer Ebene auf die zunehmend schwächeren Täter der unteren Ebenen verlagert“[356].[357] Aufgrund dieser Besonderheiten der Betäubungsmittelkriminalität könnten häufig nur Teilakte eines Gesamtgeschehens festgestellt werden. Um auch die auf der höheren Hierarchieebene agierenden Täter strafrechtlich erfassen zu können, habe dem Großen Senat zufolge der Gesetzgeber in Anlehnung an die Rechtsprechung den Tatbestand des unerlaubten Handeltreibens geschaffen, welcher

351 U. a. wird auf *Körner* 5. A. Vor. AMG Rn. 97 verwiesen.

352 BGHSt 50, 252 (260).

353 BGHSt 50, 252 (260); zust. vgl. o. 2. Teil, A. II. 4. b); abl. *Krumdiek/Wesemann* StV 2006, 634 (637); *Neuhaus* NStZ 2001, 39 (41).

354 BGHSt 50, 252 (261).

355 Zust. *Weber* § 29 BtMG, Rn. 189 ff.; Körner/*Patzak* § 29 BtMG, Rn. 233; abl. *Roxin* StV 1992, 517 (519); *ders.* StV 2003, 623 (625); *Schwitters* S. 58; *Paul* NStZ 1998, 222 (223); *ders.* StV 1998, 623 (625); *Neuhaus* NStZ 2001, 39 (41); *Krumdiek/Wesemann* StV 2006, 634 (637).

356 BGHSt 50, 252 (261).

357 Ebenso bereits BGH NJW 1979, 1259; BGH, Beschl. v. 22.01.2004 – 5 Ars 46/03, Rn. 6 (juris), zust. *Weber* § 29 BtMG, Rn. 189 ff.; *ders.* JR 2006, 139 (143) m. w. N.; Körner/*Patzak* § 29 BtMG, Rn. 232.

schon beim Vorliegen relativ geringer Voraussetzungen erfüllt sei.[358] Damit einhergehend sollen dem BGH zufolge durch die überaus frühzeitig angesetzte Vollendungsschwelle – um für den Versuch bzw. den Rücktritt offenbar möglichst wenig Raum zu lassen – ebenfalls etwaige Beweisschwierigkeiten[359] präventiv unterbunden werden.[360]

b) Keine Tatbestandsbegrenzung durch die Existenz von § 29 Abs. 2 BtMG

Das dogmatische Kernargument des anfragenden 3. Strafsenats betreffend, dass dadurch der praktische Anwendungsbereich des Versuchs und somit auch des Rücktritts zu stark verkürzt werde, spricht für den Großen Senat nicht grundsätzlich gegen das weite Begriffsverständnis des Handeltreibens. § 29 Abs. 2 BtMG sei lediglich eine gesetzestechnische Regelung, um den Versuch bei einem Vergehen überhaupt pönalisieren zu können (vgl. § 23 Abs. 1 StGB). Aus der Existenz des Versuchs könne demnach nicht geschlussfolgert werden, dass für diesen auch ein eigener Anwendungsbereich von gewisser Weite verbleiben müsse und erst recht nicht, dass der Regelung des Versuchs eine begrenzende Funktion für ein Tatbestandsmerkmal zukommen könne.[361] Vom Großen Senat wird unter Berufung auf *Körner* die Strafandrohung für den Versuch sogar als „Auffangtatbestand"[362] charakterisiert.

Ferner merkt der Große Senat an, dass von den Kritikern des weiten Begriffsverständnisses außer Acht gelassen werde, dass das Handeltreiben lediglich eine von 14 Handlungsformen darstelle, für welche die Versuchsstrafbarkeit nach § 29 Abs. 2 BtMG vom Gesetzgeber angeordnet wurde. Für die Übrigen ebenfalls als Vergehen ausgestalteten Begehungsformen (u. a. den Anbau, die Herstellung, die Einfuhr, Aus- und Durchfuhr, die Veräußerung, die Abgabe, das In-Verkehr-Bringen, den Erwerb sowie das Sich-Verschaffen von Betäubungsmitteln) sei ein praktisches Anwendungsfeld des Versuchs jedoch durchaus gegeben.[363]

---

358 BGHSt 50, 252 (261 f.); abl. u. a. *Neuhaus* NStZ 2001, 39 (41) *Gaede* HRRS 2004, 165 (169 f.); *Krumdiek/Wesemann* StV 2006, 634 (637).

359 Dagegen *Harzer* StV 1996, 336; *Gaede* HRRS 2004, 165 (169); *Neuhaus* NStZ 2001, 39 (41); grds. krit. gegen diese Arg. mit Beweisschwierigkeiten *Simon* Gesetzesauslegung S. 538 ff.

360 BGHSt 50, 252 (261 f.); ebenso bereits BGH NJW 1979, 1259; BGH, Beschl. v. 22.01.2004 – 5 Ars 46/03, Rn. 6 (juris).

361 BGHSt 50, 252 (262).

362 BGH St 50, 252 (262), m. V. a. *Körner* 5. A. § 29 BtMG, Rn. 319; derzeit weiterhin Körner/*Patzak* § 29 BtMG, Rn. 379.

363 BGHSt 50, 252 (263); vgl. auch *Weber* § 29 BtMG, Rn. 197.

Darüber hinaus bleibt dem Großen Senat zufolge der Versuch des unerlaubten Handeltreibens mit Betäubungsmitteln auch nach der extensiven Definition des unerlaubten Handeltreibens immerhin möglich, sodass § 29 Abs. 2 BtMG für das unerlaubte Handeltreiben nicht gänzlich obsolet werde, sondern lediglich stark eingeschränkt zur Anwendung kommen könne.[364] Im Wesentlichen beschränkte der Große Senat seine Ausführungen zum Anwendungsbereich des Versuchs darauf, einzelne Entscheidungen anderer Senate des BGH[365] zu zitieren. Jedoch konnte der Große Senat für Strafsachen lediglich auf eine BGH-Entscheidung verweisen, in der im konkreten Fall für fehlgeschlagene Bemühungen, als Rauschgiftkurier zu agieren, tatsächlich ein versuchtes unerlaubtes Handeltreiben mit Betäubungsmitteln angenommen wurde[366]. Für die zweite vom Großen Senat angenommene Sachverhaltskonstellation des Versuchs – die Geldübergabe zur Durchführung eines letztlich gescheiterten Rauschgiftgeschäfts – wurde ein Versuch zwar in der ursprünglichen Entscheidung im konkreten Fall vom BGH grundsätzlich für möglich erachtet, dieser jedoch „mangels jeder Konkretisierung der in Aussicht genommenen Tat“[367] nicht angenommen.[368] Im Ergebnis stellte der Große Senat mithin fest, dass die Anordnung der Strafbarkeit des Versuchs aus systematischen Erwägungen nicht dazu zwinge, die weite Begriffsauslegung des Handeltreibens einzuschränken.

c) Die Übereinstimmung der extensiven Begriffsauslegung mit dem GG

Nach Auffassung des Großen Senats steht das extensive Begriffsverständnis mit der Verfassung im Einklang. Bezüglich eines möglichen Verstoßes gegen den Bestimmtheitsgrundsatz nach Art. 103 Abs. 2 GG verwies der Senat im Wesentlichen auf die zuvor ergangenen Beschlüsse des BVerfG[369], welche den einer

---

364 BGHSt 50, 252 (263); daran anschließend BGH StV 2006, 136; m. w. N. Körner/*Patzak* § 29 BtMG, Rn. 379; *Weber* § 29 BtMG, Rn. 195 ff., 609 ff.; *ders.* JR 2007, 400 (402 ff.); *Winkler* NStZ 2006, 328; *Rahlf* FS-Strauda 243 (258 f.).; a. A. BGH NStZ 2004, 105 (107); *Roxin* StV 1992, 517 (518); *ders.* StV 2003, 619 (620 f.); *Harzer* StV 1996, 336 (337); *Paul* StV 1998, 623 (625); *Schwitters* S. 29 f., 89 f.; *Gaede* StraFo 2003, 392 (394); *ders.* HRRS 2004, 165 (169); *Gaede* HRRS 2005, 250 (251); *Niehaus* JR 2005, 192 (194, 196).

365 BGHSt 50, 252 (263).

366 BGH NJW 1987, 720 f.; offen gelassen v. BGH NStZ-RR 1996, 374.

367 BGH NJW 1991, 305.

368 Ebenso BGH NJW 1987, 720 f.; BGH NStZ-RR 1996, 374.

369 BVerfG Beschl. v. 25.02.1993 – 2 BvR 2229/92; BVerfG Beschl. v. 24.10.1999 – 2 BvR 1906/99; s. 2. Teil, B. III.

Auslegung generell zugänglichen und somit hinreichend bestimmten[370] Begriff des unerlaubten Handeltreibens in der durch die herrschende Rechtsprechung entwickelten Definition umfassend bestätigten.[371]

In Bezug auf einen möglichen Verstoß gegen den aus dem Rechtsstaatsprinzip i. V. m. Art. 1 Abs. 1 GG hergeleiteten Schuldgrundsatz[372] bestand für das Gericht ebenfalls kein Anlass, das Begriffsverständnis des Handeltreibens einzugrenzen. Unter abermaliger Berufung auf eine Entscheidung des BVerfG[373] führte der Große Senat aus, dass das Regelungssystem der §§ 29 bis 30a BtMG eine sachgerechte Abstimmung von Tatbestand und Rechtsfolge gewährleiste, sodass der Schuldgrundsatz gemessen an der Idee der Gerechtigkeit nicht verletzt sei.[374] Es ist im Ergebnis für den Großen Senat somit nicht entscheidend, ob eine Abstufung des verwirklichten Unrechts bereits tatbestandlich durch die jeweilige Strafnorm differenziert abgebildet wird, sondern lediglich, dass die gesetzliche Regelung insgesamt eine adäquate Rechtsfolge ermöglicht, welche den Betroffenen nicht übermäßig belastet.[375] Da der untere Strafrahmen des § 29 Abs. 1 S. 1 BtMG lediglich eine Geldstrafe vorsieht, könne die praktisch fehlende Versuchsstrafbarkeit und die somit ebenfalls nicht vorgesehene fakultative Strafmilderungsmöglichkeit nach § 23 Abs. 2 StGB durch Strafen im untersten Bereich der Geldstrafe – mindestens fünf Tagessätze (§ 40 Abs. 1 S. 2 StGB) – ersetzt

---

370 Allg. zum strafrechtlichen Bestimmtheitsgebot: BVerfGE 11, 234 (237); 28, 175 (183).

371 BGHSt 50, 252 (264); so auch BVerfG, Nichtannahmebeschl. v. 25.02.1993 – 2 BvR 2229/92, Rn. 2 f. (juris); BVerfG, Nichtannahmebeschl. v. 24.10.1999 – 2 BvR 1906/99, Rn. 2 (juris); BVerfG NJW 2007, 1193; Körner/*Patzak* § 29 BtMG, Rn. 210 m. w. N.; *Winkler* NStZ 2000, 247 (248), m. V. a. unveröff. Beschl. d. BGH v. 15.06.1999 – 1 StR 56/99; BGH NStZ-RR 2004, 183 f.; zust. *Niehaus* JR 2005, 192 (193); krit. BGH NStZ 2004, 105 (107 f.); BGH NJW 2005, 1589; ebenso MüKo-StGB/*Oğlakcıoğlu* § 29 BtMG, Rn. 189 ff.; a. A. *Krack* JuS 1995, 585 (586 f.); *Harzer* StV 1996, 336 (337); *Paul* StV 1998, 623 (624 f.); *Ebert* Handeltreiben, S. 163 f.; *Schwitters* S. 46 ff.; *Gaede* StraFo 2003, 392 (393 f.); *Gaede* HRRS 2004, 165 (168 f.); *Roxin* StV 2003, 619 (620); *Krumdiek/Wesemann* StV 2006, 634 (636).

372 Zur verfassungsrechtlichen Verankerung vgl. BVerfGE 20, 323 (332 ff.); 25, 269 (285); 41, 121 (125); 45, 187 (228); 50, 205 (214); BVerfGE 80, 244 (255); BVerfG NJW-RR 2017, 957 (959); zust. Dürig/Herzog/Scholz/*Mehde* Art. 104 GG, Rn. 162.

373 BVerfG NJW 1979, 1039 (1040).

374 BGHSt 50, 252 (264); zust. *Weber* § 29 BtMG, Rn. 203; a. A. *Roxin* StV 2003, 619 ff.; *Gaede* StraFo 2003, 392 (393 f.); *ders.* HRRS 2004, 165 (168 ff.); *Krumdiek/Wesenmann* StV 2006, 634 (638).

375 Zust. *Weber* § 29 BtMG, Rn. 202.

werden.[376] Dies gelte auch deshalb, weil bei einem vollendeten Handeltreiben mit noch relativ entfernt bevorstehendem Betäubungsmittelumsatz ein besonders schwerer Fall nach § 29 Abs. 3 BtMG (Freiheitsstrafe nicht unter einem Jahr) meist nicht gegeben sei. Vielmehr wies der Große Senat bezüglich der an das Handeltreiben anknüpfenden Qualifikationen des § 29a Abs. 1 Nr. 2 sowie § 30 Abs. 1 Nr. 1, § 30a Abs. 1 und 2 BtMG darauf hin, dass trotz des Verbrechenscharakters dieser Qualifikationen durch die Annahme von gesetzlich geregelten minder schweren Fällen die zu verhängende Strafe auf drei (§§ 29a Abs. 2, 30 Abs. 2 BtMG) bzw. sechs Monate (§ 30a Abs. 3 BtMG) reduziert werden könne, sodass auch in diesen Fällen die praktisch fehlende Versuchsstrafbarkeit adäquat auf der Ebene der Strafzumessung berücksichtigt werden könne.[377]

d) Alternative Möglichkeiten einer Restriktion

Gänzlich außerhalb jedes zwingenden Begründungszusammenhangs weist der Große Senat in seiner Entscheidung bezüglich der Reichweite des Handeltreibens auf zwei Aspekte hin, welche nach Auffassung des Gerichts bei konsequenter Beachtung vor allem für die gerichtliche Praxis geeignet sein sollen, den überaus weiten Anwendungsbereich dieses Tatbestands im Einzelfall abzumildern:

Zum einen wird angemerkt, dass – entgegen dem 3. Strafsenat – nicht die Grenzlinie von Versuch und Vollendung beim Handeltreiben neu bestimmt werden müsse, sondern vielmehr Vorbereitungshandlungen, welche weit im Vorfeld des geplanten Güterumsatzes stattfinden, konsequent sowohl vom versuchten als auch vom vollendeten Handeltreiben ausgeschieden werden müssten.[378] Zwar sei diese Abgrenzung in der früheren Rechtsprechung häufig kasuistisch erfolgt, das in diesen Fällen maßgebliche, gemeinsame Merkmal sei jedoch die Konkretisierung der beabsichtigten Tat.[379] Indem der Große Senat zur Abgrenzung zwischen der Vorbereitungs- und der Versuchsphase dezidiert auf den „weit im Vorfeld beabsichtigten Güterumsatz“[380] abstellte, führte er die bereits vorhandene Rechtsprechung des BGH zwar fort, versuchte sie jedoch insoweit

376 BGHSt 50, 252 (265).

377 BGHSt 50, 252 (265); i. d. R. auch BGHSt 64, 266 (272 f.); zust. *Weber* JR 2006, 139 (144).

378 BGHSt 50, 252 (265 f.); m. w. N. Körner/*Patzak* § 29 BtMG, Rn. 375 ff.; *Weber* § 29 BtMG, Rn. 576 ff.

379 Vgl. insb. BGH NJW 1991, 305 f.; BGH NStZ 2001, 323 f.; BGHR BtMG § 29 Abs. 1 Nr. 1 Handeltreiben 7, 22, 37, 43; BGH NStZ 1996, 507 (508); ebenfalls Körner/*Patzak* § 29 BtMG, Rn. 247; *Weber* § 29 BtMG, Rn. 578 ff.

380 BGHSt 50, 252 (265).

zu präzisieren, dass sich die „in Aussicht genommene Tat" offenbar nicht in dem vom Täter konkret ausgeführten Teilakt erschöpfen kann[381], sondern auf das vom Großen Senat nicht näher erörterte Betäubungsmittelumsatzgeschäft bezogen ist.[382] Diese wertende Betrachtung verlagert das Augenmerk zur Abgrenzung der Deliktsverwirklichungsstufen deutlich auf die über dem einzelnen Teilakt angesiedelten höheren Ebenen der Betäubungsmittelkriminalität. Ob der BGH mit der Wendung („in Aussicht genommene Tat") tatsächlich das konkrete Betäubungsmittelumsatzgeschäft oder das wie auch immer ausgeprägte Betäubungsmittelgesamtgeschäft[383] anvisierte, verbleibt im spekulativen Bereich. Die Abkehr des BGH vom Teilakt und somit auch vom meist „kleineren Fisch" der Betäubungsmittelkriminalität und Hinwendung zu den über dem einzelnen Teilakt liegenden Geschäftsebenen und somit zugleich zu den hinter den unmittelbaren Tätern stehenden „Großtätern" ist im Beschluss des Großen Senats vom 26. Oktober 2005 bereits angelegt und sollte in der Folgezeit auch für die Abgrenzung der Täterschaft von der Teilnahme im Bereich der Kuriertätigkeiten von der Rechtsprechung fruchtbar gemacht werden.[384]

Neben dem Ausscheiden von sogenannten Vorbereitungshandlungen aus dem Bereich der strafbaren Handlungen wurde vom Großen Senat für Strafsachen am Schluss der Entscheidung – ebenfalls als obiter dictum[385] – darauf hingewiesen, dass die Rechtsfolgen des sehr weiten Tatbestands des unerlaubten Handeltreibens mit Betäubungsmitteln auch durch die Anwendung der Regelungen über die Beihilfe abgeschwächt werden können. Immerhin hat die Annahme einer Beihilfehandlung zur Folge, dass die Strafe gemäß § 27 Abs. 2 S. 2 StGB i. V. m. § 49 Abs. 1 StGB obligatorisch zu mildern ist. Insofern verwies der Große Senat auf mehrere Entscheidungen des BGH[386], in denen er „(mit-)täterschaftliches Handeltreiben verneint und auf Beihilfe zum Handeltreiben erkannt oder hingewiesen hat"[387]. Bis auf diesen schlichten Verweis und

---

381 So jedoch *Weber* NStZ 2004, 66 (67); *ders.* JR 2007 400 (401); *ders.* § 29 BtMG, Rn. 576 ff.; abl. MüKo-StGB/*Rahlf* 1. A. § 29 BtMG, Rn. 453.

382 BGHSt 50 252 (265 f.), zust. *Rahlf* FS-Strauda 243 (258 f.); ebenso Körner/Patzak § 29 BtMG, Teil 4 Rn. 375 ff. m. w. N.

383 So wohl *Winkler* NStZ 2007, 317 (318).

384 Zur daran anknüpfenden Gesamtgeschäftslehre vgl. 4. Teil, A. II. 2.

385 Zum obiter dictum: vgl. *Schulz* ZIS 2018, 403; *Meier* JuS 2020, 636 f.

386 BGHSt 50, 252 (266 f.) m. V. a. BGHR BtMG § 29 Abs. 1 Nr. 1 Handeltreiben 6, 9, 14, 21, 24, 29, 36, 39, 42, 56, 57, 58, 59; BGH StV 1985, 14; BGH, Beschl. v. 15.07.2005 – 2 StR 226/05; BGH, Urt. v. 03.08.2005 – 2 StR 360/04.

387 BGHSt 50, 252 (266).

die damit einhergehende Bestätigung der bisherigen obergerichtlichen Rechtsprechung nahm der Große Senat den (Grundsatz-)Beschluss zum unerlaubten Handeltreiben vom 26. Oktober 2005 nicht zum Anlass, die maßgeblichen Kriterien zur Abgrenzung der Täterschaft von der Teilnahme eingehender zu bestimmen. Die Entscheidung ist somit vorrangig als ein Fingerzeig zu deuten, den Instanzgerichten trotz der tatbestandlichen Weite des unerlaubten Handeltreibens Möglichkeiten[388] aufzuzeigen, unangemessene Urteile im Einzelfall zu vermeiden.

III. Das Handeltreiben in der Rechtsprechung des Bundesverfassungsgerichts

Die Rechtsprechung des BGH wurde vom BVerfG mit drei (grundlegenden) Beschlüssen zur Auslegung des Begriffs des unerlaubten Handeltreibens im Betäubungsmittelgesetz auf ganzer Linie bestätigt.[389] Das weite Begriffsverständnis des Handeltreibens wurde durch das BVerfG einerseits auf einen möglichen Verstoß gegen das strafrechtliche Bestimmtheitsgebot gemäß Art. 103 Abs. 2 GG[390] sowie andererseits bezüglich eines Verstoßes gegen das ebenfalls in der Verfassung verankerte[391] Schuldprinzip überprüft.

1. Der strafrechtliche Bestimmtheitsgrundsatz

Das BVerfG stellte fest, dass die von der Rechtsprechung entwickelte Begriffsinterpretation des Handeltreibens als jede eigennützige, auf Umsatz von

---

388 Vgl. 4. Teil, A. II. 2.

389 BVerfG, Nichtannahmebeschl. v. 25.02.1993 – 2 BvR 2229/92, Rn. 1 ff. (juris); BVerfG, Nichtannahmebeschl. v. 24.10.1999 – 2 BvR 1906/99, Rn. 1 ff. (juris); BVerfG NJW 2007, 1193 f.; zust. *Weber* § 29 BtMG, Rn. 202 ff., 226; Körner/*Patzak* § 29 BtMG, Rn. 210; krit. MüKo-StGB/*Oğlakcıoğlu* § 29 BtMG, Rn. 189 ff.; ebenso BGH NStZ 2004, 105 (108); BGH NJW 2005, 1589; a. A. *Liemersdorf/Miebach* MDR 1979, 981 (983); *Ebert* Handeltreiben, S. 163 ff.; *Paul* StV 1998, 623 (624); *Roxin* StV 2003, 619 f.; *Gaede* StraFo 2003, 392 (393 f.); *Gaede* HRRS 2004, 165 (168 f.); *Krumdiek/Wesemann* StV 2006, 634 (638).

390 Allg. zum strafrechtl. Bestimmtheitsgebot BVerfGE 92, 1 (11 ff.); BVerfG NJW 2007, 1666 mit zust. Anm. *Simon* NJW 2007, 1668 f.; BGHSt, 26, 167 (172); *Jarass/Pieroth* Art. 103 GG, Rn. 61 ff.; Dreier/*Schulze-Fielitz* Art. 103 II GG, Rn. 10 ff.; ausführl. MüKo-StGB/*Schmitz* § 1 StGB, Rn. 1 ff.; SK-StGB/*Jäger* § 1 Rn. 26 ff.

391 BVerfGE 20, 323 (331); 50, 205 (214 f.); 140, 317 (343); zur teilw. abw. verfassungsrechtl. Verankerung s. *Roxin/Greco* AT I § 3 Rn. 51 ff.

Betäubungsmitteln gerichtete Tätigkeit zwar äußerst weit sei[392], da sie sich jedoch noch innerhalb des möglichen Wortsinns des Begriffes bewege[393], verletze diese extensive Auslegung noch nicht das strafrechtliche Bestimmtheitsgebot des Art. 103 Abs. 2 GG.[394] Durch dieses – auch als Bestimmtheitsgrundsatz bezeichnete – verfassungsrechtliche Gebot wird der Gesetzgeber verpflichtet, die Voraussetzungen der Strafbarkeit hinreichend genau zu beschreiben, sodass die Normadressaten die Tragweite und den Anwendungsbereich (der Strafvorschrift) aus dem Gesetz selbst erkennen bzw. durch Auslegung ermitteln können.[395] Im Regelfall sollte der Normadressat anhand des Wortlauts der Strafvorschrift in der Lage sein zu erkennen, ob ein Verhalten strafbar ist oder eben nicht.[396] Dies bedeutet nach dem BVerfG nicht, dass der Gesetzgeber dazu gezwungen ist, auf wertausfüllungsbedürftige Rechtsbegriffe gänzlich zu verzichten.[397] Die Verwendung wertausfüllungsbedürftiger Begriffe sei jedenfalls dann zulässig, wenn gewährleistet werde, dass sich mithilfe der üblichen Auslegungsmethoden, insbesondere durch Berücksichtigung des Normzusammenhangs oder aufgrund einer gefestigten Rechtsprechung, eine zuverlässige Grundlage für die Auslegung und Anwendung der Norm gewinnen lässt, sodass der Normanwender

---

392 BVerfG NJW 2007, 1193; BVerfG NStZ 2008, 39.

393 Vgl. hierzu I. 3.

394 BVerfG, Nichtannahmebeschl. v. 25.02.1993 – 2 BvR 2229/92, Rn. 2 f. (juris); BVerfG, Nichtannahmebeschl. v. 24.10.1999 – 2 BvR 1906/99, Rn. 2 (juris); BVErfG NJW 2007, 1193; *Winkler* NStZ 2000, 247 (248), m. V. a. unveröff. Beschl. d. BGH v. 15.06.1999 – 1 StR 56/99; so auch BGH NStZ-RR 2004, 183 f.; zust. *Niehaus* JR 2005, 192 (193); krit. BGH NStZ 2004, 105 (107 f.); BGH NJW 2005, 1589; ebenso MüKo-StGB/*Oğlakcıoğlu* § 29 BtMG, Rn. 189 ff.; a. A. *Krack* JuS 1995, 585 (586 f.); *Paul* StV 1998, 623 (624 f.); *Ebert* Handeltreiben, S. 163 f.; *Schwitters* S. 46 ff.; *Gaede* StraFo 2003, 392 (393 f.); *Gaede* HRRS 2004, 165 (168 f.); *Roxin* StV 2003, 619 (620); *Krumdiek/Wesemann* StV 2006, 634 (636).

395 St. Rspr. BVerfG NJW 1986, 1671; BVerfG NJW 2002, 1779; BVerfG NJW 2003, 1030; BVerfG NJW 2007, 1193; 1666; BVerfG NJW 2018, 3648 (3649); zust. Lackner/Kühl/*Heger* § 1 StGB Rn. 2; *T. Schröder* S. 376; krit. bzgl. der teleologischen Auslegung: *Sicker* ZStW 125 (2013), 788 (810 ff.).

396 BVerfG NJW 2007, 1666; NJW 2018, 3648 (3649 f.); MüKo-StGB/*Schmitz* § 1 StGB Rn. 46.

397 BVerfG, Beschl. v. 15.04.1970 – 2 BvR 396/69, Rn. 27 (juris); BVerfG NJW 1977, 1815; BVerfG, Nichtannahmebeschl. v. 25.02.1993 – 2 BvR 2229/92, Rn. 2 (juris); BVerfG NJW 2007, 1666; BVerfG NJW 2018, 3648 (3650); *Jarass/Pieroth* Art. 103 GG, Rn. 72; *Niehaus* JR 2005, 192 (193); SK-StGB/*Jäger* § 1 Rn. 34; für eine „bestmögliche Präzision“ MüKo-StGB/*Schmitz* § 1 StGB, Rn. 53.

das durch die Strafnorm verbalisierte Verbot bestimmter (strafbarer) Verhaltensweisen und die sich daran anschließende staatliche Reaktion vorhersehen kann.[398] Da jeder Auslegungsprozess mit gewissen Randunschärfen behaftet ist, soll es nach der neueren Rechtsprechung des BVerfG aus verfassungsrechtlicher Sicht ausreichend sein, wenn aus der Strafvorschrift immerhin das Risiko einer Bestrafung erkennbar wird.[399]

Auf die Begriffsauslegung des unerlaubten Handeltreibens bezogen stellte das BVerfG fest, dass dieser Begriff auf eine beständige Rechtsprechungstradition zurückgreifen könne.[400] Das unerlaubte Handeltreiben wurde auch vom BVerfG als „jede eigennützige Bemühung, die darauf gerichtet ist, den Umsatz mit Betäubungsmitteln zu ermöglichen oder zu fördern"[401], definiert. Insofern bestätigte das BVerfG, dass es zur Verwirklichung des Tatbestands nicht darauf ankomme, ob die Beteiligten auf eine gesicherte Lieferquelle des Rauschgifts zurückgreifen können, ob der Täter zumindest die Verfügungsgewalt über die Betäubungsmittel inne hatte oder ob es zu einer Vertragsanbahnung, einem Vertragsschluss[402] bzw. zur Erfüllung des vertraglich Vereinbarten gekommen ist.[403] Zu Letztgenanntem bekräftigte das Gericht ausdrücklich, dass es auf eine Vertragserfüllung – also auf eine Bewirkung des Betäubungsmittelumsatzes – nicht ankommen könne, da das Handeltreiben schließlich kein Erfolgsdelikt sei.[404]

---

398 BVerfG NJW 1977, 1815; BVerfG, Nichtannahmebeschl. v. 25.02.1993 – 2 BvR 2229/92, Rn. 2 (juris); BVerfG NJW 2007, 1666; BVerfG NJW 2018, 3648 (3650); SK-StGB/*Jäger* § 1 Rn. 33 m. w. N.

399 BVerfGE 87, 206 (224); 92 1 (12); BVerfG NJW 2007, 1666; BVerfG NJW 2008, 3627; BVerfG NJW 2010, 3209 (3211); a. A. jedoch BVerfG NStZ 1995, 275 (276); krit. u. a. MüKo-StGB/*Schmitz* § 1 StGB, Rn. 49.

400 BVerfG, Nichtannahmebeschl. v. 24.10.1999 – 2 BvR 1906/99, Rn. 2 (juris); krit. BGH NStZ 2004, 105 (107 f.); abl. *Krumdiek/Wesemann* StV 2006, 634 (635); zur teilw. abw. Rspr. vgl. 2. Teil, B. II. 2., 3. und 5.

401 BVerfG, Nichtannahmebeschl. v. 24.10.1999 – 2 BvR 1906/99, Rn. 2 (juris); BVerfG NJW 2007, 1193 m. V. a. BGHSt 50, 252 ff.; i. d. S. bereits: BVerfG, Nichtannahmebeschl. v. 25.02.1993 – 2 BvR 2229/92, Rn. 3 (juris); BVerfG NJW 1996, 116 (117); BGH NStZ 2016, 414.

402 A. A. unveröffentlichte Antwort des 4. Strafsenats des BGH wiedergegeben in BGH NJW 2005, 1589; ebenfalls in BGHSt 50, 252 (254 f.); so auch *Niehaus* JR 2005, 192 (196).

403 BVerfG, Nichtannahmebeschl. v. 25.02.1993 – 2 BvR 2229/92, Rn. 2 (juris); BVerfG, Nichtannahmebeschl. v. 24.10.1999 – 2 BvR 1906/99, Rn. 2 (juris); BVerfG NJW 2007, 1193.

404 BVerfG, Nichtannahmebeschl. v. 25.02.1993 – 2 BvR 2229/92, Rn. 3 (juris); BVerfG, Nichtannahmebeschl. v. 24.10.1999 – 2 BvR 1906/99, Rn. 2 (juris); a. A. *Roxin* StV

Der Argumentation des BVerfG, dass eine beständige Rechtsprechung geeignet sein könne, eine „unbestimmte" Strafrechtsnorm hinreichend bestimmt werden zu lassen[405], wurde vor allem von Teilen des Schrifttums[406] berechtigterweise widersprochen. Die nachträgliche „Heilungsmöglichkeit"[407] einer zunächst unbestimmten Strafnorm ist sowohl lebensfremd als auch rechtstaatlich bedenklich, da von einem juristischen Laien nicht abverlangt werden kann, sich über die ständige Rechtsprechung eines Tatbestandsmerkmals stets und ständig im Bilde zu halten. Diese Aufgabe hat der Gesetzgeber den Bürgern als seine originäre Pflicht abzunehmen. Insofern ist es zu begrüßen, dass das BVerfG in einer jüngeren Entscheidung den Fokus wieder verstärkt darauf legte, den möglichen Wortsinn[408] des unerlaubten Handeltreibens als einzigen Anknüpfungspunkt des verfassungsmäßigen Bestimmtheitsgrundsatzes heranzuziehen. Der mögliche Wortsinn bildet schließlich die „äußerste Grenze zulässiger richterlicher Interpretation"[409], sodass auch eine noch so gefestigte Rechtsprechung es nicht verhindern kann, dass die betreffende (vom Wortlaut unbestimmte) Strafvorschrift weiterhin gegen Art. 103 Abs. 2 GG verstößt. Ist hingegen der Wortsinn durch die von der Rechtsprechung entwickelte Auslegung noch gewahrt, so wird auch der strafrechtliche Bestimmtheitsgrundsatz durch diese Strafvorschrift noch nicht verletzt.[410]

Nach dem BVerfG ist die weite – und darüber hinaus überaus subjektiv ausgerichtete – Definition des unerlaubten Handeltreibens (im Sinne der ständigen Rechtsprechung) mit dem strafrechtlichen Bestimmtheitsgrundsatz vereinbar.

1992, 517 (519); *ders.* StV 2003, 619 (620); *Harzer* StV 1996, 336 (337); *Paul* StV 1998, 623 (625).

405 BVerfG NJW 1969 1759; BVerfGE 28, 175 (183 ff.); BVerfG NJW 1977, 1815; BVerfG, Nichtannahmebeschl. v. 25.02.1993 – 2 BvR 2229/92, Rn. 3 (juris); BVerfG NJW 1995, 3303 (3304); BVerfG NJW 1997, 1910 (1911); BVerfG NJW 2005, 349 ff.; zust. *Krey* Keine Strafe ohne Gesetz, S. 127; *ders.* JR 2011, 246 (249); *Cornelius* GA 2015, 101 (117 ff.).

406 So u. a. *Krahl*, S. 258 ff., 406 f.; MüKo-StGB/*Schmitz* § 1 Rn. 53; *T. Schröder* S. 374; aus der Rspr. BVerfG NStZ 1995, 275 (276).

407 MüKo-StGB/*Schmitz* § 1 Rn. 53.

408 Ausführl. zur Bestimmung des Wortsinns des Handeltreibens: *Ebert* Handeltreiben, S. 28 ff.; *Schwitters* S. 46 ff.; allg. zum Wortsinn *Fischer* § 1 StGB, Rn. 21.

409 BVerfGE 105, 135 (157); 110, 226 (248); zust. MüKo-StGB/*Schmitz* § 1, Rn. 80; NK-StGB/*Hassemer/Kargl* § 1 Rn. 78 ff.; SK-StGB/*Jäger* § 1 Rn. 66; Matt/Renzikowski/*Basak* § 1 StGB, Rn. 21; *Roxin/Greco* AT I § 5 Rn. 28; *Cornelius* GA 2015.

410 BVerfG NJW 1978, 933 (934); BVerfG NStZ 1995, 275 (278).

Vom „Wortsinn („Treiben“ als auf Handel gerichtetes Tun) sei nämlich durchaus umfasst, dass ein Täter nur subjektiv das Ziel verfolgt, solche Geschäfte abzuschließen, und dazu Handlungen vornimmt, in denen dieser Wille seinen Niederschlag findet“[411]. Folglich ist nach dem BVerfG das stark subjektivierende Verständnis des unerlaubten Handeltreibens[412] im hinter der Strafvorschrift stehenden Wortsinn selbst angelegt und nicht nur die Frucht einer diesen überschreitenden Auslegung. Die auch vom BVerfG sehr wohl erkannten Friktionen einer solchen Strafvorschrift mit den Vorschriften des Allgemeinen Teils des StGB (sowohl die Abgrenzungsprobleme zwischen Versuch und Vollendung als auch zwischen Täterschaft und Teilnahme) seien nach dem BVerfG ebenfalls „kein Problem der Normbestimmtheit, sondern Ergebnis der Norminterpretation“[413].[414] Das strafrechtliche Bestimmtheitsgebot schütze den Normadressaten nämlich gerade nicht vor dem Inhalt bzw. Regelungsgehalt einer „sachlich missglückten Strafbestimmung“, sondern solle lediglich sicherstellen, dass die Voraussetzungen des strafbaren Verhaltens hinreichend deutlich umschrieben würden.[415] Ferner wies das BVerfG gesondert darauf hin, dass diese Strafvorschrift im Zusammenhang mit einer Gesetzgebung stehe, welche auf eine möglichst umfassende „Bekämpfung der Drogenkriminalität“ gerichtet sei.[416]

2. *Der strafrechtliche Schuldgrundsatz*

Auch bezüglich des zweiten gegen das unerlaubte Handeltreiben vorgebrachten verfassungsrechtlichen Problemfeldes stellte das BVerfG zu Recht fest, dass das weite Begriffsverständnis der Rechtsprechung nicht gegen den aus Art. 1 Abs. 1,

---

411 BVerfG NJW 2007, 1193; BGH NStZ 2004, 105 (107); zust. *Weber* § 29 BtMG, Rn. 214; *Ebert* Handeltreiben, S. 34 ff.; a. A. *Harzer* StV 1996, 336 (337); *Schwitters* S. 46 ff.; *Endriß/Kinzig* NJW 2001, 3217 (3218 f.); *Gaede* StrafFo 2003, 392 (393); *ders.* HRRS 2004, 165 (168).

412 Zust. BGH NStZ 1998, 251 (252); BGH NStZ 2004, 105 (107); *Ebert* Handeltreiben, S. 37.; *Neuhaus* NStZ 2001, 39 (41).

413 BVerfG NJW 2007, 1193; a. A. BGH NStZ 2004, 105 (107 f.).

414 Zust. *Weber* § 29 BtMG, Rn. 208; a. A. BGH NStZ 2004, 105 (107 f.); *Roxin* StV 2003, 619 (620); *Gaede* StraFo 2003, 392 (394); *Krumdiek/Wesemann* StV 2006, 634 (638); MüKo-StGB/*Oğlakcıoğlu* § 29 BtMG, Rn. 222 f.

415 BVerfG NJW 1978, 933; BVerfG NJW 2006, 2684 (2685); Jarass/*Pieroth* Art. 103 GG Rn. 72; Stern/Becker/*Brüning* Art. 103 Rn. 67; für das unerlaubte Handeltreiben: a. A. BGH NStZ 2004, 105 (108); *Paul* StV 1998, 623 (624); *Roxin* StV 2003, 619 f.

416 BVerfG NJW 2007, 1193 m. V. w. auf BRatE. BT-Drs. 12/989, S. 29 ff.; vgl. 2. Teil, A. II. 3.

Art. 2 Abs. 1 GG sowie aus dem Rechtsstaatsprinzip folgenden Schuldgrundsatz[417] verstoße.[418] Nach diesem Grundsatz müssen Tatbestand und Rechtsfolge im strafrechtlichen Bereich – gemessen an der Idee der Gerechtigkeit – sachgerecht aufeinander abgestimmt sein.[419] Sofern die Tat verschiedene Gradmaßstäbe des Verschuldens und der Schwere aufweise, müsse dem Richter grundsätzlich die Möglichkeit gelassen werden, die Strafe dementsprechend anzupassen.[420] Da gemäß § 29 Abs. 1 S. 1 Nr. 1 BtMG als eine mögliche Sanktion für das Handeltreiben auch eine Geldstrafe – mit im Mindestmaß (nur) fünf Tagessätzen (§ 40 Abs. 1 S. 2 StGB) – verhängt werden könne, könnte das jeweils verwirklichte Unrecht problemlos im Rahmen der Strafzumessung abgestuft werden, sodass eine schuldadäquate Bestrafung durch die Norm – auch ohne etwaige Milderungsmöglichkeiten gemäß § 23 Abs. 2 StGB oder § 27 Abs. 2 S. 2 StGB – grundsätzlich gewährleistet werde.

Dieser verfassungsrechtliche Grundsatz gilt auch für die an das Handeltreiben anknüpfenden Regelbeispiele (§ 29 Abs. 3 BtMG) und Qualifikationen (§§ 29a Abs. 1; 30 Abs. 1; 30a Abs. 1 und 2 BtMG). In diesen Fällen kommt (regelmäßig) lediglich eine Freiheitsstrafe als mögliche Sanktion in Betracht. Daher sind diese besonders anfällig, mit dem Schuldgrundsatz in Konflikt zu geraten. Diesbezüglich stellte das BVerfG fest, dass eine tatbestandliche Eingrenzung eines weiten Tatbestandes dann nicht verfassungsrechtlich indiziert sei, wenn die Strafnorm insgesamt – sei es auch auf der Ebene der Strafzumessung – eine schuldadäquate Strafe ermögliche.[421] Letzteres sei für die an ein unerlaubtes Handeltreiben mit

417 Hierzu grundlegend BVerfG NJW 1979, 1039 (1040); ebenso BVerfG, Nichtannahmebeschl. v. 25.02.1993 – 2 BvR 2229/92, Rn. 2 f.; BVerfGE 20, 323 (331); 25, 269 (285 f.); 140, 317 (343 ff.).

418 BVerfG NJW 2007, 1193 (1194); BVerfG, Nichtannahmebeschl. v. 25.02.1993 – 2 BvR 2229/92, Rn. 5 (juris); zust. *Weber* § 29 BtMG; Rn. 200; krit. *Hassemer* NJW 1991, 352; a. A. BGH NStZ 2004, 105 (107) BGH NJW 2005, 1589 (1590); *Krack* JuS 1995, 585 (587); *Roxin* StV 2003, 619 (620); *Gaede* StraFo 2003, 392 (394).

419 BVerfGE 6, 389 (439); 20, 323 (331); 25, 269 (285 f.); 50, 205 (214 f.); 140, 317 (344); BVerfG NJW 1980, 1943; BVerfG NJW 2007, 1193 (1194).

420 BVerfG NJW 1977, 1525 (1532); BVerfG NJW 1980, 1943; BVerfG, Nichtannahmebeschl. v. 25.02.1993 – 2 BvR 2229/92, Rn. 5 (juris); BVerfG NJW 2007, 1193 (1194).

421 BVerfG NJW 1979, 1039 (1040); BVerfG, Nichtannahmebeschl. v. 25.02.1993 – 2 BvR 2229/92, Rn. 5 (juris); BVerfG NJW 2007, 1193 (1194); BGHSt 50, 252 (264 f.); zust. *Weber* § 29 BtMG, Rn. 200 ff.; dagegen BGH NStZ 2004, 105 (107); BGH NJW 2005, 1589 (1590); *Roxin* StV 2003, 619 (620); *Gaede* StraFo 2003, 392 (394); *Krumdiek/Wesemann* StV 2006, 634 (638).

Betäubungsmitteln anknüpfenden Qualifikationen und Regelbeispiele gegeben, da auch sie immerhin einen konkreten Strafrahmen eröffneten.[422] Im Übrigen sei auch zu berücksichtigen, dass das Gesetz die Möglichkeit gewährt, durch die Annahme eines minder schweren Falles (vgl. §§ 29a Abs. 2, 30 Abs. 2, 30a Abs. 3 BtMG) von dem durch die Qualifikation erhöhten Strafrahmen im Einzelfall zugunsten des Beteiligten (deutlich) abzurücken (Freiheitsstrafe im Mindestmaß von drei bzw. sechs Monaten), sodass die Qualifikationstatbestände des unerlaubten Handeltreibens den verfassungsrechtlich verankerten Schuldgrundsatz im Ergebnis nicht verletzen würden.[423]

Insofern kann festgehalten werden, dass die gesetzlichen Strukturen des Tatbestands des unerlaubten Handeltreibens (und der daran anknüpfenden Regelbeispiele und Qualifikationen) dem Schuldgrundsatz (noch) gerecht werden.[424] Angesichts der (relativ) harten Strafen im Betäubungsmittelstrafrecht ist dieser formale Bezugspunkt zu kritisieren. Jedoch vermag der rechtspraktische Umstand, dass die Gerichte den von den Strafvorschriften eingeräumten Strafzumessungsspielraum nur selten bis an die untere Grenze ausschöpfen, an der grundsätzlichen Verfassungskonformität der §§ 29 ff. BtMG nichts zu ändern.

C. Zwischenergebnis

Zusammenfassend kann resümiert werden, dass die extensive Auslegung des unerlaubten Handeltreibens in ihrem Kern tatsächlich auf die reichsgerichtliche Rechtsprechung zurückgeht und vom BGH bis auf einzelne Ausnahmen[425] in ständiger Rechtsprechung übernommen wurde. Unerlaubtes Handeltreiben wird – bis auf nicht maßgebliche sprachliche Differenzen[426] – als „jede eigennützige, auf den Umsatz von Betäubungsmitteln gerichtete Tätigkeit“[427] definiert.

---

422 BVerfG, Nichtannahmebeschl. v. 25.02.1993 – 2 BvR 2229/92, Rn. 5 (juris).

423 I. E. BVerfG NJW 2007, 1193 (1194); so bereits BGHSt 50, 252 (265); zust. *Weber* JR 2006, 139 (144); abl. jedoch auf den strafr. Bestimmtheitsgrundsatz bezogen: *Gaede* HRRS 2004, (165) 168 f.); *Krumdiek/Wesemann* StV 2006, 634 (638).

424 A. A. jedoch *Gaede* StraFo 203, 392 (393).

425 Zu den vereinzelt gebliebenen abw. Entsch. s. 2. Teil, B. II. 2., 3., 5.

426 Vgl. im Einzelnen: 2. Teil, B. II. 1.

427 Vgl. RGSt 51, 379 (380); 54, 94; BGHSt 6, 246 (247); 50, 252 (258); BGH StV 1992, 517; BGH StV 1999, 427; BGH StV 2005, 666 (668); BGH NStZ 2013, 546 (547 f.); BVerfG NJW 2007, 1193 f.; zust. u. a. Körner/*Patzak* § 29 BtMG, Rn. 225; *Weber* § 29 BtMG, Rn. 169; *ders.* JR 2006, 139 (141); BeckOK-BtMG/*Becker* § 29 Rn. 56. *Schäfer/Sander/van Gemmeren* Rn. 1758; *Hügel/Junge/Lander/Winkler* § 29 BtMG, Rn. 4.1.1;

An diese begrifflich-konstitutive Vorarbeit der Rechtsprechung knüpfte der Gesetzgeber in verschiedenen Gesetzgebungsverfahren mehr oder minder explizit an.

Durch diese gesetzgeberische Bestätigung der bisherigen Auslegungspraxis bestand für die Rechtsprechung (bis auf vereinzelt gebliebene Entscheidungen) keine Notwendigkeit, von der selbst entwickelten Begriffsauslegung abzuweichen. Erst das vom 3. Strafsenat des BGH angestrengte Anfrageverfahren entfachte die juristische Kontroverse auch zwischen den einzelnen Strafsenaten des BGH nachhaltig, an deren Ende der Große Senat für Strafsachen mit seinem Beschluss vom 26. Oktober 2005 jedoch die tradierte Auffassung der Rechtsprechung im Ergebnis vollumfänglich bestätigte und einer umfangreichen Begründung zuführte.[428]

Als vorläufiger Schlusspunkt der Begriffsgenese zum unerlaubten Handeltreiben kann der Beschluss des BVerfG vom 18. September 2006 verstanden werden, welcher nicht nur die Entscheidung des Großen Senats ausdrücklich bestätigte, sondern darüber hinaus klarstellte, dass die Verfassung nicht gebiete, die weite Definition des unerlaubten Handeltreibens einzuschränken.[429] Dem BVerfG zufolge führt die weite Auslegung zwar zu Dissonanzen mit den Grundsätzen des Allgemeinen Teils des StGB. Es verdeutlicht jedoch, dass „selbst sachlich missglückte Strafbestimmungen – gemessen an Art. 103 Abs. 2 GG – verfassungsgemäß sind, wenn sie die Voraussetzungen strafbaren Tuns oder Unterlassens hinreichend deutlich umschreiben“[430]. Im Ergebnis muss nach der Untersuchung der begrifflichen Entwicklung in der Rechtsprechung festgehalten werden, dass die Auslegung des unerlaubten Handeltreibens sowohl in der Rechtsprechung des BGH als auch des BVerfG derart gesichert erscheint, dass eine diametrale Abkehr von diesem überaus subjektivierten – also weiten – Verständnis der geltenden Gesetzeslage auf absehbare Zeit von der Rechtsprechung nicht zu erwarten sein wird.[431]

Patzak/Bohnen S. 51; *Franke/Wienroeder* § 29 BtMG, Rn. 22; *El-Ghazi* jurisPR-StrafR 20/2018, Anm. 1.

428 BGHSt 50, 252 (258 ff.), zust. *Weber* JR 2006, 139.

429 Krit. MüKo-StGB/*Oğlakcıoğlu* § 29 BtMG, Rn. 189 ff.

430 M. w. N. BVerfG NJW 2007, 1193 (1194).

431 Spez. in verfassungsrechtl. Hinsicht krit. MüKo-StGB/*Oğlakcıoğlu* § 29 BtMG, Rn. 189 ff.

D. Die Kritik des Schrifttums an der extensiven Begriffsauslegung

Obwohl die weite Auslegung des unerlaubten Handeltreibens auch im Schrifttum ihre Anhänger[432] findet, wurde sie vor allem von einzelnen Autoren in der Literatur[433] – noch weit vor dem Vorlagebeschluss des 3. Strafsenats des BGH – grundlegend kritisiert und über alternative Möglichkeiten zur begrifflichen Neubestimmung diskutiert. So fasste *Strate* die Kritik an dem (extrem subjektiv ausgerichteten) weiten Begriffsverständnis der Rechtsprechung prägnant zusammen: „Diese Rechtsprechung läßt im objektiven Bereich dem Betäubungsmitteltäter keinen Spielraum mehr. Hat er über Betäubungsmittel geredet, dann gilt es nur noch, den Ernst seiner Rede zu konstatieren, um ihn als Händler einzustufen."[434] Daher verfolgten die inhaltlich verschiedenen Lösungsmodelle des Schrifttums das gemeinsame Ziel, für das unerlaubte Handeltreiben einen (unterschiedlich ausgeprägten) objektiven Gehalt des unerlaubten Handeltreibens bestimmbar zu machen, um so dieses Merkmal und damit den Tatbestand insgesamt auf ein verträgliches Maß begrenzen zu können.[435]

Zwar konnten sich die verschiedenen Ansätze im Schrifttum allesamt in der gerichtlichen Praxis nicht durchsetzen[436], jedoch soll die (teilweise fundamentale) Kritik an dieser Praxis hier nicht unterschlagen werden, da sie in aller Deutlichkeit die „Grundursache allen dogmatischen Übels" – den weiten Begriff des unerlaubten Handeltreibens – nicht nur schlicht benennt, sondern darüber hinaus versucht, mit alternativen begrifflichen Konzepten Abhilfe zu schaffen.

I. Handeltreiben als Auffangtatbestand

Die erste grundlegende Kritik am Begriff des unerlaubten Handeltreibens wurde 1979 von *Liemersdorf* und *Miebach* geäußert. Diese Autoren bezeichneten erstmals die extensive Auslegung des Handeltreibens als die Ursache für die von

---

432 *Weber* § 29 BtMG, Rn. 168 f.; *ders.* JR 2006, 139 (142 f.); *ders.* JR 2007, 317 (318); Körner/*Patzak* § 29 BtMG, Rn. 225; *Schäfer/Sander/van Gemmeren* Rn. 1758; *Hügel/Junge/Lander/Winkler* § 29 BtMG, Rn. 4.1.1; *Patzak/Bohnen* S. 51; *Franke/Wienroeder* § 29 BtMG, Rn. 22; *Rahlf* FS-Strauda 243 (257); *Winkler* NStZ 2007, 317 (318); *El-Ghazi* jurisPR-StrafR 20/2018, Anm. 1.

433 Vgl. hierzu bereits *Topf* NJW 1954, 1898; *Liemersdorf/Miebach* MDR 1979, 981 ff.

434 *Strate* ZRP 1987, 314 (316); zust. *Gaede* StraFo 2003, 392 (393).

435 MüKo-StGB/*Oğlakcıoğlu* § 29 BtMG, Rn. 321; *Ebert* Handeltreiben S. 161; Kreuzer/*Nestler* § 11 Rn. 365.

436 *Weber* Handeltreiben, S. 466; *Endriß/Kinzig* NJW 2001, 3217 (3219).

ihnen in mehreren Entscheidungen des BGH aufgezeigten Abgrenzungsschwierigkeiten zwischen der Täterschaft und der Teilnahme. Ihrer Ansicht nach ufert der ohnehin unbestimmte Rechtsbegriff des unerlaubten Handeltreiben derart aus, dass für eine Beihilfehandlung kaum noch Raum bleibe, was wiederum zur Folge habe, dass typisches förderndes und unterstützendes Tätigwerden als täterschaftlich begangenes Unrecht abgeurteilt werde.[437] Um dies zu vermeiden, vertraten sie – entgegen der auch heute herrschenden Rechtsprechung[438] – die Auffassung, dass nicht die übrigen Tatmodalitäten im unerlaubten Handeltreiben aufgehen sollen, sondern umgekehrt dem Handeltreiben ein lückenfüllender Charakter zukomme, sofern die Tathandlung von keiner der übrigen Tatmodalitäten erfasst werde.[439] Zur Begründung des als „Auffangtatbestand"[440] fungierenden Handeltreibens wurden die Gesetzessystematik und die Gesetzgebungsgeschichte angeführt. Zum einen ergebe sich aus dem damals geltenden § 11 Abs. 1 Nr. 1 BtMG grundsätzlich kein Anhaltspunkt, dass die anderen Begehungsformen im Handeltreiben aufgehen sollten, vielmehr lege die damalige Gesetzeslage eine Gleichwertigkeit und -gewichtigkeit der verschiedenen Begehungsformen nahe.[441] Dass nun umgekehrt das unerlaubte Handeltreiben lediglich dann zur Anwendung kommen solle, wenn sich eine Strafbarkeit nach den spezielleren Tathandlungen nicht nachweisen lasse, begründeten *Liemersdorf* und *Miebach* vorrangig mit der Gesetzesentstehung, denn das Handeltreiben wurde vom Gesetzgeber explizit zur Lückenschließung in das OpiumG eingeführt, da die reine Vermittlung von Betäubungsmitteln zuvor tatbestandlich nicht erfasst werden konnte.[442]

Da von *Liemersdorf* und *Miebach* nicht der Begriff des unerlaubten Handeltreibens an sich, sondern lediglich dessen Anwendungsbereich eingeschränkt wurde, blieben die Abgrenzungsschwierigkeiten zwischen Täterschaft und Teilnahme zunächst unverändert. Um diese zu vermeiden, unternahmen sie einen

---

437 *Liemersdorf/Miebach* MDR 1979, 983; krit. zum Handeltreiben als unbestimmten Rechtsbegriff *Paul* StV 1998, 623 (624).

438 Zur Bewertungseinheit: BGHSt 25, 290 f.; BGH NJW 1979, 1259; BGH NJW 1981, 1325 (1326); BGH NStZ 2012, 517; BGH BeckRS 2018, 177069; ausführl. *Weber* Vor. § 29 ff. BtMG, Rn. 594 ff.; Körner/*Patzak* § 29 BtMG, Rn. 455 ff.

439 Vgl. nur *Liemersdorf/Miebach* MDR 1979, 981 (984).

440 *Liemersdorf/Miebach* MDR 1979, 981 (984).

441 *Liemersdorf/Miebach* MDR 1979, 981 (984); zur damaligen a. A. BGHSt 25, 290 f.; BGH NJW 1979, 1259.

442 *Liemersdorf/Miebach* MDR 1979, 981 (983 f.); vgl. RT-Drs. IV/1386, S. 10; *Anselmino/Hamburger* § 10 OpG S. 300; hierzu bereits 2. Teil, A. I.

ersten Versuch, auch die Scheidung der Beteiligungsformen zu präzisieren. Zwar folgten sie im Grunde der sogenannten normativen Kombinationstheorie der Rechtsprechung[443], welche zur Abgrenzung u. a. den „Grad des eigenen Interesses“ für maßgeblich erachtete, verdeutlichten jedoch, dass zwischen Primär- und Sekundärinteresse eines Beteiligten am Handeltreiben unterschieden werden müsse.[444] Bei Letzterem sei die Haupttat nur Mittel zum Zweck eines anderen Interesses, sodass lediglich eine Teilnahme vorliege. Als Indiz für ein gegen die Täterschaft sprechendes Sekundärinteresse wäre den Autoren zufolge beispielsweise der Umstand anzusehen, dass dem Beteiligten ein „verkehrsübliches“ Entgelt für die auf den Umsatz von Betäubungsmitteln gerichtete Tätigkeit gezahlt wurde, sodass er zwar eigennützig, nicht jedoch mit eigenem Primärinteresse am Handeltreiben handelte.[445]

Dieser letztgenannte, von *Liemersdorf* und *Miebach* nur skizzenhaft dargestellte, jedoch grundsätzlich in die zutreffende Richtung weisende Aspekt fand in der wissenschaftlichen Kontroverse offenbar keine Beachtung.[446] Dies könnte u. a damit erklärt werden, dass die Lehre vom Handeltreiben als Auffangtatbestand seit dem BtMG (1982) mit der jeweils geltenden Gesetzesfassung insgesamt nicht mehr in Einklang zu bringen ist. Wie bereits dargelegt[447], hat der Gesetzgeber, indem er in § 29 Abs. 1 Nr. 1 BtMG (1982) dem Handeltreiben weitere tatbestandliche Ausführungshandlungen – verbunden mit der Formulierung „ohne Handeltreiben“ – zur Seite stellte, hinreichend deutlich zum Ausdruck gebracht, dass die einzelnen Begehungsformen zwar eine eigenständige Bedeutung haben können. Sofern jedoch eine Handlung unter den Oberbegriff des Handeltreibens subsumiert werden könne, sollten die übrigen Tathandlungen im übergeordneten unerlaubten Handeltreiben aufgehen[448].

Neben diesem aus der norminternen Gesetzessystematik herrührenden Argument[449] spricht ebenfalls gegen die Auffassung von *Liemersdorf* und *Miebach*, dass der Gesetzgeber vor allem an das unerlaubte Handeltreiben – als für die Praxis wichtigster Form des illegalen Rauschgiftumgangs – verschiedene

443 BGHSt 8, 393 (396); 16, 12 (13); BGH NStZ 1984, 413; BGH NStZ-RR 2000, 278 (279); BGH NStZ 2006, 578 (579); BGH NStZ-RR 2011, 57; vgl. hierzu 4. Teil, A. II.

444 *Liemersdorf/Miebach* MDR 1979, 981 (985).

445 *Liemersdorf/Miebach* MDR 1979, 981 (985); restriktiver hingegen 4. Teil, B. II. 2.

446 Vgl. *Roxin* StV 1992, 517 (518).

447 S. hierzu bereits 2. Teil, B. II. 2.

448 Vgl. BRegE. BT-Drs. 8/3551, S. 27, 36; BT-Drs. 8/3551, S. 53; zust. *Slotty* ZRP 1981, 60 (62); zur früheren Rechtslage vgl. *Schmidt* MDR, 1978, 5; *ders.* MDR 1980, 969.

449 Ebenfalls *Schnürer* Gesamtgeschäft, S. 67; *Weber* Handeltreiben, S. 142 f.; *Lang* S. 219.

Qualifikationstatbestände (§§ 29a Abs. 1 Nr. 2, 30 Abs. 1 Nr. 1 und 30a Abs. 1 und 2 BtMG) mit erheblich verschärften Strafrahmen knüpfte. Durch diese gesetzgeberische Wertentscheidung wird das unerlaubte Handeltreiben insgesamt in eine zentrale Position des gesamten Betäubungsmittelstrafrechts gerückt, welche mit einer von den Autoren vertretenen „Subsidiarität" nicht mehr vereinbar ist. Demnach kann die Auffassung von *Liemersdorf* und *Miebach* nicht mehr auf die aktuelle Gesetzeslage zurückgeführt werden, sodass ihr im Ergebnis nicht mehr gefolgt werden kann.

II. Der Umsatz als Erfolg des Handeltreibens

Im Gegensatz zu *Liemersdorf* und *Miebach*, welche den extensiven Begriff des Handeltreibens unangetastet ließen und den Tatbestand lediglich auf Konkurrenzebene einschränkten, versuchten die Vertreter der Umsatztheorien, den objektiven Tatbestand und somit auch den Begriff des unerlaubten Handeltreibens zu begrenzen, indem für dieses ein gewisser, unterschiedlich ausgeprägter Taterfolg zur Bedingung gemacht wurde. Dieser Ansatz wurde zuerst von *Roxin*[450] vertreten, später von *Harzer*[451] und *Paul*[452] weiterentwickelt. Das Handeltreiben werde, so ihre Kritik, sofern man als einzige tatbestandliche Voraussetzung die auf den Umsatz von Betäubungsmitteln gerichtete Tätigkeit ansehe, zu „einem allumfassenden Tatbestand, der nicht nur sämtliche Beteiligungsformen, sondern auch alle Phasen der Deliktsverwirklichung in sich aufnehmen würde"[453].

1. *Die Auffassung von* Roxin

Um dies zu vermeiden, stellte *Roxin* zunächst allgemein fest, dass jedem Delikt, selbst einem Tätigkeitsdelikt, ein Erfolg anhafte.[454] Im Gegensatz zu den Erfolgsdelikten, falle der Erfolg eines Tätigkeitsdelikts jedoch mit dem letzten Handlungsakt zusammen, sodass er sich in der Handlung selbst erschöpfe.[455] Beim

---

450 *Roxin* StV 1992, 517 ff.; *Roxin* StV 2003, 619 ff.; zust. Kreuzer/*Nestler* § 11 Rn. 365; *Hecker* NStZ 2000, 208 (210).

451 *Harzer* StV 1996, 336 ff.

452 *Paul* StV 1998, 623 ff.; *Paul* NStZ 1998, 222 ff.; zust. *Hecker* NStZ 2000, 208 (210).

453 *Roxin* StV 1992, 517 (519); zust. *Harzer* StV 1996, 336; *Paul* StV 1998, 623 (625); *Kreuzer* FS-Miyazawa 177 (189).

454 *Roxin/Greco* AT I § 10 Rn. 88, 102 ff.; LK-StGB/*Walter* 13. A. Vor. § 13 Rn. 63; so wohl auch *Jescheck/Weigend* AT, S. 263; *Gaede* StraFo 2003, 392 (395); a. A. Baumann/Weber/*Mitsch*/Eisele AT § 6 Rn. 48.

455 *Roxin* StV 1992, 517 (519); *Roxin* StV 2003, 619 (621); zust. *Paul* StV 1998, 623 (625).

Erfolgsdelikt hingegen trete neben der Tathandlung ein zeitlich und räumlich getrennter Verletzungs- bzw. Gefährdungserfolg ein.[456] Unter dem Umsatz versteht *Roxin* die Übertragung von Betäubungsmitteln von einer auf eine andere Person.[457] Demnach habe der Täter mit Betäubungsmitteln Handel getrieben, wenn er „das Rauschgift auf dem Weg zum Konsumenten weiterbringt"[458]. Im Gegensatz zur herrschenden Rechtsprechung[459] und Teilen des Schrifttums[460] solle der Umsatz von Betäubungsmitteln den Erfolg des Handeltreibens darstellen.[461] Dadurch werde das Handeltreiben nach *Roxin* jedoch keineswegs zu einem Erfolgsdelikt[462], denn mit Umsatz ist nicht der Erlös aus dem Betäubungsmittelgeschäft gemeint, sondern lediglich die übertragende Handlung selbst.[463] Mit einem von der Tathandlung räum- sowie zeitlich abgetrennnten Erfolg sei das unerlaubte Handeltreiben somit nicht verknüpft. Die Konsequenz dieses Vorschlags wäre, dass Handlungen, die einer Übertragung von Betäubungsmitteln unmittelbar vorgelagert sind[464], unter Umständen zwar einen Versuch des unerlaubten Handeltreibens verwirklichen, nicht jedoch schon dessen Vollendung bedeuten.[465] Den Umsatz lediglich vorbereitende Handlungen, wie das Einsammeln von Geld oder die der Abholung dienende Fahrt zum Rauschgiftlieferanten, schließen die Übertragung von Betäubungsmitteln gerade noch nicht in sich ein, sodass solche Vorbereitungshandlungen *Roxin* zufolge noch straflos

456 *Roxin/Greco* AT I § 10 Rn. 88, 102 ff.

457 *Roxin* StV 1992, 517 (519); *Roxin* StV 2003, 619 (621); zust. *Paul* StV 1998, 623 (625).

458 *Roxin* StV 1992, 517 (519) m. V. a. BGH StV 1981, 549; *Roxin* StV 2003, 619 (620).

459 BGH StV 1981, 602; BGHSt 30, 359 (361 f.); BGH NStZ 1992, 38 (39); BGH NStZ 1994, 441; BGH NStZ 2004, 105 (108); BGH NStZ 2007, 531 (532); ebenfalls BVerfG, Nichtannahmebeschl. v. 24.10.1999 – 2 BvR 1906/99, Rn. 2 (juris); BVerfG NJW 2007, 1193; 30 359 (361); BGH NStZ-RR 1997, 85; BVerfG NJW 2007, 1193.

460 Körner/*Patzak* § 29 BtMG, Rn. 209; *Hügel/Junge/Lander/Winkler* § 29 BtMG, Rn. 4.1.1; *Endriß* NStZ 1998, 463; *Schäfer/Sander/van Gemmeren* Rn. 1758.

461 *Roxin* StV 1992, 517 (519); *Roxin* StV 2003, 619 (620); zust. *Harzer* StV 1996, 336 (337); *Paul* StV 1998, 623 (625); Kreuzer/*Nestler* § 11 Rn. 365; vgl. BGH StV 1981, 549; ebenf. auf d. „materiellen Unrechtserfolg" abstellend BGH NStZ-RR 2003, 185.

462 Dies wird *Roxin* u. a. von *Schnürer* Gesamtgeschäft S. 68; *Malek* Betäubungsmittelstrafrecht, S. 37, Fn. 199 entgegengehalten.

463 *Roxin* StV 1992, 517 (519); *Roxin* StV 2003, 619 (621), dies verkennend: BGHSt 30, 277 (278); 359 (361 f.); BGH StV 1992, 516; BGH NStZ 2004, 105 (107).

464 Allg. zum unmittelbaren Ansetzen vgl. SK-StGB/*Jäger* § 22 Rn. 11 ff.; Baumann/Weber/*Mitsch*/Eisele AT § 22 Rn. 57 ff.; *Jescheck/Weigend* AT, S. 518 ff.

465 *Roxin* StV 1992, 517 (519); so auch *Harzer* StV 1996, 336 (337).

seien.[466] Eine weitere unmittelbare Schlussfolgerung dieses Lösungsansatzes wäre, dass, solange keine Betäubungsmittel umgesetzt worden sind, eine Vollendung ebenfalls nicht in Betracht komme. Somit verwirkliche ein Täter im Fall des polizeilichen agent provocateurs[467], der („Handels"-)Tätigkeit mit bereits sichergestelltem Rauschgift[468], des Handels mit unerkannten Betäubungsmittelimitaten[469] bzw. der Geschäfte mit V-Männern[470] nach *Roxin*s Auffassung allenfalls einen untauglichen Versuch des unerlaubten Handeltreibens.

Roxin war sich (wohl) durchaus bewusst, dass seine Auffassung einer gefestigten Rechtsprechung widerspricht[471], jedoch konnte er sich immerhin auf eine Entscheidung des 2. Strafsenats des BGH berufen, welche zur Erfolgsbezogenheit des Handeltreibens, wie bereits erörtert[472], Folgendes ausführte: „Missbilligter Erfolg im Sinne des Straftatbestands des Handeltreibens mit Betäubungsmitteln ist aber nur ein solcher Vorgang, der das Rauschgift auf dem Weg zum Konsumenten weiterbringt, nicht dagegen ein Umsatz, durch den es der Polizei in die Hände gespielt wird und aus dem Verkehr gezogen wird."[473] Dadurch, dass

---

466 *Roxin* StV 1992, 517 (519).

467 Vgl. *Roxin* AT II § 26 Rn. 155.

468 Ebenso *Roxin* StV 1992, 517 (519); *Paeffgen* FG-BGH 695 (719); *Schwitters* S. 146; i. E. zust. BGH NJW 1987, 720; a. A. BGH NStZ 1992, 38 (39); ebenfalls Kreuzer/*Nestler* § 11 Rn. 371; *Oğlakcıoğlu* AT-BtMG S. 501 Fn. 1973.

469 Zust. *Krack* JuS 1995, 585 (587); *ders.* NStZ 1998, 462 f.; *Paeffgen* FG-BGH 695 (719); a. A. BGHSt 6, 246 (247); BGH NStZ 1992, 191; BGH NJW 1999, 2683 (2684); so auch Körner/*Patzak* § 29 BtMG, Rn. 221; *Weber* § 29 BtMG, Rn. 213; *Oğlakcıoğlu* AT-BtMG S. 501; Fn. 1973; zum Handeltreiben mit als echte Betäubungsmittel ausgegebenen Imitaten: vgl. hingegen § 29 Abs. 6 BtMG.

470 *Roxin* StV 1992, 517 (520); *Harzer* StV 1996, 336 (337); *Paul* StV 1998, 623 (625); *Endriß* NStZ 1998; 463 f.; Kreuzer/*Nestler* § 11 Rn. 365; *Schwitters* S. 146; a. A. BGHSt 30, 277 (278); 30, 359 (361); BGH NStZ 1992, 38 (39); BGH NStZ-RR 1997, 85; BGH NStZ 2004, BVerfG, Nichtannahmebeschl. v. 24.10.1999 – 2 BvR 1906/99, Rn. 2 (juris); Körner/*Patzak* § 29 BtMG, Rn. 209; *Hügel/Junge/Lander/Winkler* § 29 BtMG, Rn. 4.1.1.

471 Vgl. diesbzgl. RGSt 53, 310 (316); BGH StV 1981, 602; BGHSt 30, 277 (278 f.); 30, 359 (361 f.); aktuell: BGH NStZ 2007, 531 (532); BGHSt 50, 252 (257 f.); gegen *Roxin* u. a. auch: *Weber* § 29 BtMG, Rn. 173; Körner/*Patzak* § 29 BtMG, Rn. 209; *Hügel/Junge/Lander/Winkler* § 29 BtMG, Rn. 4.1.1; *Endriß* NStZ 1998, 463; *Schäfer/Sander/van Gemmeren* Rn. 1758.

472 Vgl. 2. Teil, B. II. 2. c).

473 BGH StV 1981, 549; zust. *Roxin* StV 1992, 517 (519); *Roxin* StV 2003, 619 (620); *Endriß* NStZ 1998, 463 f.; a. A. BGHSt 30, 277 (278); 30, 359 (361); BGH NStZ 1992, 38 (39); BGH NStZ-RR 1997, 85; BVerfG, Nichtannahmebeschl. v. 24.10.1999 – 2 BvR 1906/

lediglich Handlungen, die das Rauschgift tatsächlich näher an den Verbraucher herantragen, zu einer Vollendung des Tatbestands führen, werde notgedrungen der Anwendungsbereich des Versuchs ausgedehnt, sodass die in § 29 Abs. 2 BtMG angeordnete Versuchsstrafbarkeit nicht länger ein (nahezu obsoletes Anhängsel) bilde, sondern die für eine rechtsstaatliche Strafrechtsdogmatik erforderliche Differenzierung zwischen dem Versuch und der Vollendung auch in der Praxis ermöglicht werde.[474]

Die Existenz der Versuchsstrafbarkeit ist für die Vertreter der Umsatztheorien das zentrale Argument – entgegen der herrschenden Auffassung[475] – das Handeltreiben gerade nicht den (unechten) Unternehmensdelikten zuzuordnen.[476] Das Unternehmen einer Tat umfasst nach § 11 Abs. 1 Nr. 6 StGB sowohl den Versuch als auch die Vollendung; begrifflich ist somit der Versuch eines Unternehmensdeliktes nicht möglich.[477] Diese zutreffende Erkenntnis wird dadurch bestätigt, dass bisher kein weiteres unechtes Unternehmensdelikt anerkannt ist, welches gleichfalls die Strafbarkeit eines Versuchs desselben normiert.[478] Da der Gesetzgeber für das Handeltreiben die in § 29 Abs. 2 BtMG angeordnete Versuchsstrafbarkeit normiert habe und für diese Regelung ein Anwendungsbereich verbleiben müsse, ist es dogmatisch für die Vertreter der Umsatztheorien nicht begründbar, das Handeltreiben als unechtes Unternehmensdelikt aufzufassen.[479]

99, Rn. 2 (juris); Körner/*Patzak* § 29 BtMG, Rn. 209; *Hügel/Junge/Lander/Winkler* § 29 BtMG, Rn. 4.1.1.

474 *Roxin* StV 1992, 517 (518); *Roxin* StV 2003, 619 (620 f.); *Paul* StV 1998, 623 (625); *Harzer* StV 1996, 336 (337).

475 So BGHSt 50, 252 (262); BGH NStZ 2007, 531 (532); BGH NStZ 2016, 414; OLG Köln StV 1999, 156 (157); zust. *Endriß* NStZ 1998, 463 f.; *Hügel/Junge/Lander/Winkler* § 29 BtMG, Rn. 4.1.1; *Malek* Betäubungsmittelstrafrecht, S. 39; Körner/*Patzak* § 29 BtMG, Rn. 209; *Körner* NStZ 2000, 95; *Krack* JuS 1995, 585 (587); krit. jedoch BGH NStZ 2004, 105 (108).

476 So i. E. auch *Neuhaus* NStZ 2001, 39 (41).

477 Vgl. u. a. *Wessels/Beulke/Satzger* Rn. 58; *B. Heinrich* AT Rn. 711.

478 *Schwitters* S. 89.

479 Vgl. *Roxin* StV 2003, 619; *Harzer* StV 1996, 336 (337); *Paul* StV 1998, 623 (624); *Ebert* Handeltreiben S. 182; *Neuhaus* NStZ 2001, 39 (41); Kreuzer/*Nestler* § 11 Rn. 365 Fn. 903; krit. jedoch BGH NStZ 2004, 105 (108); a. A. jedoch BGH NJW 2005, 1589 (1590); BGHSt 50, 252 (262); BGH NStZ 2007, 531 (533); BGH NStZ 2016, 414; OLG Köln StV 1999, 156 (157); m. w. N. vgl. Körner/*Patzak* § 29 BtMG, Rn. 209; *Körner* NStZ 2000, 95 *Hügel/Junge/Lander/Winkler* § 29 BtMG, Rn. 4.1.1; *Krack* JuS 1995, 585 (587); *Endriß* NStZ 1998, 463; das unechten Unternehmensdelikt abl. *Sowada* GA 1988, 195 (213 f.).

Dem kriminalpolitischen Einwand gegen seine Auffassung[480], dass der Tatbestand des unerlaubten Handeltreibens so früh wie möglich dem in Rauschgiftgeschäfte verwickelten Täter mit einer empfindlichen Strafe drohen müsse, begegnete *Roxin* dahingehend, dass es auch im Interesse der Kriminalpolitik sein müsse, dass dem hinsichtlich eines Betäubungsmittelumsatzes noch schwankenden Täter eine straflose Vorbereitungszone, zumindest aber eine strafbefreiende Rücktrittsmöglichkeit belassen werde, sodass es einem Täter gerade nicht gleichgültig sein könne, ob ein tatsächlicher Umsatz von Betäubungsmitteln als weiterer Schritt zum Inverkehrbringen des Rauschgifts noch verhindert würde.[481]

Der Autor stellte zur Gesetzgebungsgeschichte weiterhin fest, dass das Handeltreiben vom Gesetzgeber unter Strafe gestellt wurde, um das Vermitteln von Betäubungsmittelgeschäften bestrafen zu können.[482] Obwohl eine Vermittlung nicht zwingend zu einem Umsatz von Betäubungsmitteln führen müsse, spreche dieses historische Argument nach *Roxin* nicht gegen seine Lösung[483], da sich der heute herrschende weite Begriff des Handeltreibens keineswegs auf eine Vermittlertätigkeit beschränke, sondern sich davon längst abgelöst habe.[484] Andererseits wies der Autor darauf hin, dass auch wenn die Vermittlung das Rauschgift nicht näher an den Konsumenten herangerückt hat, die gesetzgeberische Intention – die Pönalisierung des Vermittelns – unbenommen erfüllt werden könne, nur eben nicht als vollendetes Handeltreiben, sondern als dessen strafbarer Versuch.[485]

2. *Die Auffassung von* Harzer

Deutlich schärfer als *Roxin* kritisiert *Harzer* das extensive Begriffsverständnis der Rechtsprechung. Dieses verdeutliche, „wie weit sich die Rechtsprechung von einer vernünftigen Dogmatik entfernt hat und wie man kriminalpolitische

---

480 *Ebert* Handeltreiben S. 170; Kreuzer/*Nestler* § 11 Rn. 368 f.; *Oğlakcıoğlu* AT-BtMG S. 487.

481 *Roxin* StV 1992, 517 (518), *Roxin* StV 2003, 619 (621); ebenfalls *Gaede* HRRS 2005, 250 (251).

482 *Roxin* StV 1992, 517 (518); ebenso RT-Drs. IV/1386, S. 10; *Anselmino/Hamburger* § 10 OpG S. 300; *Liemersdorf/Miebach* MDR 1979, 981 (983 f.); hierzu bereits 2. Teil, A. I.

483 So jedoch BGH NStZ 2004, 105 (108); *Weber* Handeltreiben, S. 460; *Ebert* Handeltreiben S. 162 f.; anders jedoch *Gaede* StraFo 2003, 392 (394).

484 *Roxin* StV 2003, 619 (621).

485 *Roxin* StV 2003, 619 (621); in Bezug auf das unmittelbare Ansetzen zutreffend kritisch *Oğlakcıoğlu* AT-BtMG S. 487; abl. *Ebert* Handeltreiben S. 163.

Zwecke erreichen kann […], denn diese Definition entspricht […] nicht den Anforderungen des Gesetzes, der Verfassung und auch nicht den allgemeinen Auslegungsregeln, nach denen Wissenschaft und sonst die Rechtsprechung verfahren."[486] Da das weite Begriffsverständnis im Prinzip jede Tätigkeit tatbestandsmäßig werden ließe, sodass sie den objektiven Tatbestand quasi obsolet mache, bedürfe es übereinstimmend mit *Roxin* einer konkretisierenden Bestimmung im objektiven Bereich des unerlaubten Handeltreibens. Nach *Harzer* bedeute Handeltreiben bei einer unbefangenen Betrachtung zunächst, anderen Personen gegen Entgelt Sachen oder Rechte zu veräußern, folglich müsse der Täter, um vollendeten Handel zu treiben, durch ein auf Entäußerung gerichtetes Tun die Sache dem Erwerber näherbringen.[487] Vordergründig scheinen sich die Auffassungen von *Roxin* und *Harzer* wesentlich zu überschneiden. Bei genauerer Betrachtung wird jedoch deutlich, dass die Begriffsbestimmung von *Harzer* – im Gegensatz zu *Roxin* – bereits sprachlich ein subjektives Element beinhaltet, welches das Näherbringen der Betäubungsmittel zum Erwerber mit einer Finalität verknüpft.[488]

Auch wird von *Harzer* das Näherbringen der Betäubungsmittel anscheinend enger verstanden, da nicht bereits jede örtliche Annäherung des Rauschgifts an den Erwerber zur Vollendung führen solle. Dies ergibt sich aus der von ihr kommentierten Entscheidung des BGH[489]. Dieser lag der Sachverhalt zugrunde, dass der Täter Betäubungsmittel von Thailand nach Deutschland verschicken wollte, um mit ihnen dort Handel zu treiben. Es liegt auf der Hand, dass dadurch das Rauschgift an den in Deutschland lebenden Konsumenten erheblich näher herangebracht wird.[490] *Harzer* hingegen geht in diesem Fall von einem versuchten Handeltreiben aus.[491] Ob lediglich der durchgeführte Übertragungsakt an den Erwerber ein vollendetes Handeltreiben verwirkliche und wann für *Harzer* ein Täter zum versuchten Handeltreiben unmittelbar ansetze, wird von der Autorin jedoch nicht näher erörtert.

486 *Harzer* StV 1996, 336.

487 *Harzer* StV 1996, 336 (337); dagegen u. a. BGH NStZ 2004, 105 (107); *Schwitters* S. 150 f.; *Ebert* Handeltreiben, S. 170.

488 Diesen Unterschied nicht beachtend *Roxin* StV 2003, 619 (620).

489 Vgl. BGH NStZ 1994, 441.

490 Daher für ein vollendetes Handeltreiben eintretend *Krack* JuS 1995, 585 (587).

491 *Harzer* StV 1996, 336 (337).

3. *Die Auffassung von* Paul

Auch wenn *Paul* dem Begriff des Handeltreibens einer umfassenden Kritik unterzieht, überschreitet die weite Definition der Rechtsprechung seiner Ansicht nach die Wortlautgrenze des Handeltreibens noch nicht.[492] Der weite Wortlaut lasse jedoch eine sachgerechte Abgrenzung sowohl von Vorbereitung, Versuch und Vollendung als auch von Täterschaft und Teilnahme nicht mehr zu.[493] Ohne diese Differenzierung des verwirklichten Unrechts sei jedoch eine „strafwürdigkeitsangemessene, hinreichend differenzierte Strafrahmenbildung nicht zu erreichen", sodass diese Entgrenzung weder mit dem verfassungsrechtlichen Bestimmtheitserfordernis des Art. 103 Abs. 2 GG noch mit dem verfassungsrechtlichen Schuldgrundsatz[494] in Einklang gebracht werden könne.[495] Für ein eingrenzendes Verständnis des unerlaubten Handeltreibens spricht nach *Paul* auch die mit einer Mindeststrafe von fünf Jahren Freiheitsstrafe bedrohte Qualifikation des bewaffneten Handeltreibens (§ 30a Abs. 2 Nr. 2 BtMG), da die Vorverlagerung des extensiven Begriffsverständnisses des Handeltreibens dazu führe, dass der Anwendungsbereich des Qualifikationstatbestands auch auf die weit im Vorfeld des Umsatzes angesiedelten Handlungen des Täters, wie z. B. das Verwahren, die Portionierung und die Verpackung von Betäubungsmitteln, ausgeweitet werden würde.[496] Da ein Kontakt zwischen den am Betäubungsmittelgeschäft beteiligten Personen durch diese Auslegung des Handeltreibens nicht zwingend erforderlich sei, wird die vom Gesetzgeber durch die Norm zu

---

492 *Paul* StV 1998, 623 (624 f.); ebenso BVerfG, Nichtannahmebeschl. v. 25.02.1993 – 2 BvR 2229/92, Rn. 2 f. (juris); BVerfG, Nichtannahmebeschl. v. 24.10.1999 – 2 BvR 1906/99, Rn. 2 (juris); BGH, Beschl. v. 22.01.2004 – 5 Ars 46/03, Rn. 7 (juris); BVerfG NJW 2007, 1193; unveröff. Beschl. d. BGH v. 15.06.1999 – 1 StR 56/99 zit. n. *Winkler* NStZ 2000, 247 (248); BGHSt 50, 252 (264); *Ebert* Handeltreiben S. 36; *Gaede* StraFo 2003, 392 (393); *Weber* § 29 BtMG, Rn. 211 ff.; a. A. *Krack* JuS 1995, 585 (586); *Harzer* StV 1996, 336 (337); *Schwitters* S. 46 ff.; *Endriß/Kinzig* NJW 2001, 3217 (3218 f.); *Roxin* StV 2003, 619 (620 f.) *Krumdiek/Wesemann* StV 2006, 634 (636); LK-StGB/*Schünemann* 13. A. Vor. § 25 Rn. 16.

493 Zust. *Strate* ZRP 1987, 314 (316).

494 BVerfGE 6, 389 (439); 20, 323 (331); 25, 269 (285 f.); 50, 205 (214 f.); 140, 317 (344); BVerfG NJW 1980, 1943; BVerfG NJW 2007, 1193 (1194).

495 *Paul* StV 1998, 623 (624 f.); so auch *Roxin* StV 2003, 619 (620); *Gaede* StraFo 2003, 392 (394); BGH NStZ 2004, 105 (107); BGH NJW 2005, 1589 (1590); a. A. BVerfG NJW 2007, 1193 (1194); BVerfG, Nichtannahmebeschl. v. 25.02.1993 – 2 BvR 2229/92, Rn. 5 (juris); zust. *Weber* § 29 BtMG; Rn. 200.

496 *Paul* NStZ 1998, 222 (224 f.), ebenso *Hecker* NStZ 2000, 208 (209 f.).

verhütende Gefahr, dass der Täter rücksichtslos seine Interessen beim unerlaubten Umgang mit Betäubungsmitteln gegenüber einer anderen Person durchsetze und hierzu die Schusswaffe verwenden könne[497], durch die extensive Interpretation des Handeltreibens von der Tathandlung weitgehend entkoppelt.[498] Insofern würden (relativ) ungefährliche (Handels-)Tätigkeiten – wie das Telefonieren mit Kunden, das Autofahren zum Kunden bzw. die schlichte Lagerung von Betäubungsmitteln in der eigenen Wohnung – den Qualifikationstatbestand des § 30a Abs. 2 Nr. 2 BtMG verwirklichen, obwohl der jeweilige Kunde sich (noch) nicht in der Reichweite der Schusswaffe befinde. Dies sei jedoch für eine Qualifikation mit einer derart hohen Sanktionssteigerung (Freiheitsstrafe nicht unter fünf Jahren) ein nicht hinzunehmender Zustand.

Obwohl *Paul* der Umsatztheorie *Roxins* in Gänze zustimmt, führte er sie insoweit fort, dass er, vom Rauschgiftumsatz ausgehend, auch eine Abgrenzung der Täterschaft von der Teilnahme vornimmt. Je nach Nähe zum tatsächlichen Betäubungsmittelumsatz solle nach *Paul* die Bewertung erfolgen, ob ein Verhalten täterschaftliches Unrecht begründe oder vielmehr eine Teilnahme an einem solchen darstelle.[499] Der Autor stellte dabei skizzenhaft fest, dass es auf den tatsächlichen Umsatz von Betäubungsmitteln ankomme, sodass die ausschließlich Geldmittel betreffende Kurierfahrt in keinem Falle alleintäterschaftliches Handeln begründen könne. Sofern nicht die Voraussetzungen der Mittäterschaft vorlägen, käme in diesem Fall lediglich eine Beihilfe in Betracht.[500] Anhand des Beispiels der Vermittlung von fremden Umsatzgeschäften stellt *Paul* weiterhin prägnant fest, dass sich in diesen Fällen eine Alleintäterschaft ebenfalls nicht begründen ließe, da kein eigener Rauschgiftumsatz getätigt wurde. Ob im konkreten Fall eine Mittäterschaft oder eine Teilnahme vorliege, solle sich nach den allgemeinen Regeln ergeben.[501]

Inwiefern das subjektive Abgrenzungskriterium – Fremd- bzw. Eigenumsatz[502] – für andere Fallgruppen des Handeltreibens verallgemeinert werden könnte, wird wie die Frage, was der Autor konkret unter der allgemeinen Regel zur Abgrenzung von Täterschaft und Teilnahme versteht, von *Paul*

497 GesE der CDU und FDP, BT-Drs. 12/6853, BT-Drs. 12/6853, S. 41; BVerfG NJW 2007, 1193; krit. *Oğlakcıoğlu* StV 2012, 411 (412).

498 *Paul* NStZ 1998, 222 (224 f.).

499 *Paul* StV 1998, 623 (625).

500 *Paul* StV 1998, 623 (625).

501 *Paul* StV 1998, 623 (625).

502 *Paeffgen* FG-BGH 695 (719), Fn. 116.

unbeantwortet gelassen. Ebenso wurde von ihm nicht erörtert, ob für die Fälle des eigenhändig bewirkten Umsatzes zwingend eine Täterschaft die Konsequenz sein müsse oder ob neben dem Kriterium der Tatherrschaft auch in subjektiver Hinsicht eine Abgrenzung zwischen dem angestrebten Fremd- bzw. Eigenumsatz erfolgen solle.

4. *Stellungnahme*

Unzweifelhaft würden durch die Umsatztheorie (in ihren verschiedenen Spielarten) die „systematischen Friktionen“[503] bezüglich der Abgrenzung von Versuch und Vollendung sowie von Täterschaft und Teilnahme weitestgehend vermieden werden, sodass die Scheidung der Deliktsverwirklichungsstufen bzw. der Beteiligungsformen nach den allgemeinen Regeln des Strafrechts erfolgen könnte. Auch kann die Einschränkung des Begriffs auf das Bewirken eines Umsatzes – wenn auch in sprachlicher Hinsicht nicht vollständig überzeugend[504] – noch auf den alltagssprachlichen Wortsinn der Formulierung „mit etwas Handel treiben“ zurückgeführt werden.[505] Doch kann den Umsatztheorien im Ergebnis aus folgenden Gründen nicht zugestimmt werden:

Roxin ist grundsätzlich beizupflichten, dass sich der mit der Pönalisierung des unerlaubten Handeltreibens verfolgte gesetzgeberische Zweck von der ursprünglich beabsichtigten Schließung einer Strafbarkeitslücke gelöst hat[506]. Dies erscheint selbstverständlich: Wollte der Gesetzgeber nur das Vermitteln von Rauschgiftgeschäften bestrafen, hätte er nicht den wesentlich offeneren Begriff des unerlaubten Handeltreibens bemühen müssen, sondern sich eindeutig auf die Vermittlung beschränken können. Insofern hat der Gesetzgeber bereits bei der Einführung des (lückenschließenden) Tatbestands offenbar ein weiteres Anwendungsfeld vor Augen gehabt.[507] Diese Annahme wird dadurch untermauert, dass der Gesetzgeber sich zwar weitaus später, jedoch eindeutig zum extensiven Begriffsverständnis der Rechtsprechung bekannt hat, indem er zu den Gesetzesmaterialien zum Ausführungsgesetz des Suchtstoffübereinkommens (1988) das Handeltreiben als „jede eigennützige, auf Umsatz gerichtete Tätigkeit, auch die nur gelegentliche, einmalige oder bloß vermittelnde

503 *Oğlakcıoğlu* AT-BtMG S. 487
504 So auch BGH NStZ 2004, 105 (107).
505 Vgl. hierzu I. 3.
506 *Roxin* StV 2003, 619 (621).
507 BGH NStZ 2004, 105 (107); *Gaede* StraFo 2003, 392 (396); *Weber* Handeltreiben, S. 463; *Oğlakcıoğlu* AT-BtMG, S. 487.

Tätigkeit"[508], charakterisierte. Insofern wird die gesetzgeberische Entscheidung deutlich, nicht an den objektiv bewirkten Umsatz tatbestandlich anzuknüpfen, sondern es für ein unerlaubtes Handeltreiben ausreichen zu lassen, dass der Umsatz vom Täter in subjektiver Hinsicht lediglich angestrebt werde. Aufgrund dessen entsprechen die Umsatztheorien nicht dem gesetzgeberischen Willen.

Wie auch schon gegen die Lösung von *Liemersdorf* und *Miebach* eingewandt, ist durch den Wortlaut des § 29 Abs. Nr. 1 BtMG („oder ohne Handel zu treiben") eine Systematik impliziert, dass die dieser Wendung nachfolgenden Tätigkeiten im Handeltreiben grundsätzlich aufgehen sollen[509]; erst wenn ein Handeltreiben nicht gegeben ist, erlangen sie eine eigenständige Bedeutung. Unter diesen, dem Handeltreiben untergeordneten Tätigkeiten werden vom Gesetz auch vom eigentlichen Betäubungsmittelumsatz weit entfernte Handlungen wie die Ein- und Ausfuhr sowie das Sich-Verschaffen erfasst. So geht aus dem Gesetz selbst hervor, dass diese Handlungen, sofern sie eigennützig für einen Betäubungsmittelumsatz vollzogen werden, ein vollendetes Handeltreiben verwirklichen sollen. Indem die Anhänger der Umsatztheorien nun jedoch weit vor dem Umsatz befindliche Tätigkeiten von der Vollendungsstrafbarkeit ausnehmen wollen, geraten sie in einen unauflöslichen Widerspruch mit der durch den sogenannten Klammerzusatz implementierten Gesetzessystematik[510], da zumindest die soeben genannten Tätigkeiten im Regelfall keine Besitzübertragung – somit noch nicht den Umsatz des Rauschgiftes – beinhalten.

Gegen die verschiedenen Spielarten der Umsatztheorien kann im Detail ebenfalls eingewandt werden, dass sie nicht erörtern, was konkret unter der Übertragung von Betäubungsmitteln verstanden werden soll bzw. welche Tätigkeiten konkret dem Übertragungsakt unterfallen sollen.[511] Insofern wird von *Roxin* immerhin klargestellt, dass ein Handeltreiben nur bei einem Vorgang anzunehmen sei, „der das Rauschgift auf dem Weg zum Konsumenten weiterbringt"[512]. Dessen ungeachtet knüpft er jedoch nicht ausschließlich an den tatsächlichen Übergabeakt der Betäubungsmittel von einer auf eine andere Person an, sondern

---

508 BRegE. BT-Drs. 12/3533, S. 18; zust. *Weber* Handeltreiben, S. 149; *ders.* § 29 BtMG, Rn. 168 f.; *Weber* JR 2006, 139 (141); *Schäfer/Sander/van Gemmeren* Rn. 1758; Körner/*Patzak* § 29 BtMG, Rn. 225; *Hügel/Junge/Lander/Winkler* § 29 BtMG, Rn. 4.1.1; *Patzak/Bohnen* S. 51; *Franke/Wienroeder* § 29 BtMG, Rn. 22; *El-Ghazi* jurisPR-StrafR 20/2018, Anm. 1.

509 Vgl. hierzu ausführl. II. 1.

510 So ebenfalls *Weber* Handeltreiben, S. 462.

511 *Schwitters* S. 150.

512 M. V. a. BGH StV 1981, 549; *Roxin* StV 2003, 619 (620).

lässt ebenfalls Handlungen, die im Vorfeld dessen liegen, zur Vollendung genügen, sofern sie bereits einen Bestandteil des noch durchzuführenden Übertragungsaktes bilden.[513] Nach *Roxin* ist demzufolge der auf die Übertragung abzielende Transport der Betäubungsmittel zum Abnehmer bereits Bestandteil der Übertragung, sodass dieser das unerlaubte Handeltreiben vollende.[514]

Indem die Vertreter der Umsatztheorien den Begriff des unerlaubten Handeltreibens auf den Umsatz von Betäubungsmitteln – als die Übertragung von einer auf eine andere Person – reduzieren, ist ebenfalls nicht mehr sichergestellt, dass alle in Art. 2 EU-Rahmenbeschluss bzw. in Art. 3 Abs. 1 a) i), iii) Suchtstoffübereinkommen (1988) genannten strafbaren Handlungen weiterhin von § 29 Abs. 1 S. 1 Nr. 1, Abs. 2 BtMG erfasst werden können.[515] Insbesondere ist nach dieser Auffassung eine Vollendungsstrafbarkeit für das Anbieten, Feilhalten, Vermitteln und den Ankauf von Betäubungsmitteln nicht mehr gewährleistet, da durch diese Handlungen kein Umsatz von Betäubungsmitteln bewirkt wird. Zwar können diese Handlungen auch unter Geltung der Auffassung vom Umsatz als Erfolg für das Handeltreiben unter Umständen einen Versuch des unerlaubten Handeltreibens darstellen[516] – sodass im Ergebnis auch diese Handlungen grundsätzlich strafbar blieben[517] – jedoch entspricht die Versuchsstrafbarkeit nicht dem durch den EU-Rahmenbeschluss bzw. durch das Suchtstoffübereinkommen (1988) gesetzten strafrechtlichen Schutzstandard. Die in Art. 2 Abs. 1 EU-Rahmenbeschluss bzw. Art. 3 Abs. 1 a) i) iii) Suchtstoffübereinkommen (1988) genannten Tätigkeiten sollen nämlich nicht lediglich mit einer Versuchs-, sondern mit einer Vollendungsstrafbarkeit geahndet werden. Darüber hinaus pönalisiert Art. 3 Abs. 1 EU-Rahmenbeschluss bzw. Art. 3 Abs. 1 c) iv) Suchtstoffübereinkommen (1988) sogar den Versuch des Anbietens, Feilhaltens, Lieferns, Vermittelns, Versendens, Beförderns und des Kaufes von Betäubungsmitteln. Nach der Auffassung von *Roxin*, *Harzer* und *Paul* könnten die diesen Handlungen vorgelagerten Tätigkeiten nicht in jedem Fall, sondern lediglich dann als strafbarer Versuch gewertet werden, sofern der Täter damit auch dazu unmittelbar angesetzt hätte, die Betäubungsmittel auf dem Weg zum Konsumenten weiterzubringen. Folglich entsprechen alle Versuche, das unerlaubte Handeltreiben begrifflich auf den Übertragungsakt der Betäubungsmittel zu reduzieren,

513 *Roxin* StV 1992, 517 (519).
514 *Roxin* StV 1992, 517 (519).
515 Vgl. ausführl. 2. Teil, E. IV. 3.
516 *Roxin* StV 1992, 517 (519); so auch *Harzer* StV 1996, 336 (337).
517 *Roxin* StV 1992, 517 (519); so auch *Harzer* StV 1996, 336 (337).

nicht dem Unions- bzw. Völkerrecht, sodass auch vor diesem Hintergrund dieser Auffassung nicht gefolgt werden kann.

III. Theorie der objektiven Manifestation des Umsatzwillens

Obwohl *Ebert* im Grunde die dogmatische Ausrichtung des unerlaubten Handeltreibens als abstraktes Gefährdungsdelikt uneingeschränkt teilte[518], war für ihn deswegen gleichfalls eine objektive Umgrenzung des Tatbestandes erforderlich, da mit einem abstrakten Gefährdungsdelikt nur ein Verhalten pönalisiert werden dürfe, welches die Gefährdung des Rechtsguts bereits in sich trage.[519] Um die Tathandlung des Handeltreibens zu objektivieren, müsse diese eine eindeutige Beziehung zum Umsatz aufweisen; vom äußeren Erscheinungsbild der tatbestandlichen Handlung müsse mithin auf den Umsatz geschlossen werden können.[520] In Übereinstimmung mit *Roxin* ist auch für *Ebert* Umsatz jede (einverständliche) Übertragung des Betäubungsmittels von einer Person auf eine andere.[521] Lediglich die Tathandlung muss nach *Ebert* im Ergebnis einen Umsatzbezug aufweisen. Im Gegensatz zu den Vertretern der Umsatztheorien müsse es zur Vollendung des Tatbestands jedoch nicht zu einer Übertragung der Betäubungsmittel gekommen sein.

1. Das unerlaubte Handeltreiben als objektiv umsatzbezogene Tätigkeit

Nach *Ebert* kann Handeltreiben als jede eigennützige objektiv-umsatzbezogene Handlung bezeichnet werden.[522] Demnach sei es zur Verwirklichung des Tatbestands ausreichend, dass der Täter seinen Umsatzwillen nach außen kenntlich mache, sich dieser folglich in der Umsatzhandlung manifestiere.[523] Die Übernahme dieser von der Unterschlagung (§ 246 StGB) bekannten Formel zur Eingrenzung der Tathandlung steht nach *Ebert* der Wortlaut des § 29 Abs. 1 S. 1

518 *Ebert* Handeltreiben, S. 110 f.; ebenso *Weber* § 29 BtMG, Rn. 261; Körner/*Patzak* § 29 BtMG, Rn. 209; *Niehaus* JR 2005, 192 (196).

519 *Ebert* Handeltreiben, S. 161; a. A. BVerfGE 90, 145 (184).

520 *Ebert* Handeltreiben, S. 172 f.; a. A. BGH NStZ 1981, 263; BGHSt 30, 359 (361 f.); BGH StV 1993, 570; *Weber* § 29 BtMG, Rn. 208, 284.

521 *Ebert* Handeltreiben, S. 179; so auch *Roxin* StV 1992, 517 (519); *Roxin* StV 2003, 619 (621); zust. *Paul* StV 1998, 623 (625).

522 *Ebert* Handeltreiben, S. 173.

523 *Ebert* Handeltreiben, S. 173; im Ansatz bereits *Schwitters* S. 47 f.; auch BVerfG NJW 2007, 1193; dagegen BGHSt 30, 359 (361 f.); *Oğlakcıoğlu* AT-BtMG S. 478.

Nr. 1 BtMG nicht entgegen, da dem Begriff des unerlaubten Handeltreibens, wie dem der Zueignung in § 246 Abs. 1 StGB, ebenfalls ein finales Element immanent sei, sodass auf die bereits entwickelten Maßstäbe, wie die geforderte Manifestation beschaffen sein müsse, zurückgegriffen werden könne. Diesbezüglich legt *Ebert* die enge Manifestationstheorie des Schrifttums[524] zugrunde, wonach ein vollendetes Handeltreiben dann verwirklicht sei, wenn ein alle Umstände des Falles kennender, objektiver Beobachter auch ohne Berücksichtigung eines möglicherweise bestehenden Umsatzwillens aus dem Täterverhalten eindeutig auf den Willen zur Übertragung von Betäubungsmitteln von einer auf eine andere Person schließen könne.[525] Diesbezüglich sei der soziale Bedeutungsgehalt des Geschehens vom Entscheider in seinem Gesamtsinn wertend zu erfassen, wobei neben der Handlung selbst die Gesamtumstände und das Erscheinungsbild der Tat in die Betrachtung gleichermaßen eingestellt werden sollten.[526]

Eine objektive Manifestation des Umsatzwillens beim Handeltreiben wäre jedenfalls dann gegeben, wenn der Täter nach Außen zweifelfrei erkennbar seinen Umsatzwillen zum Ausdruck bringt. Dies könne nach *Ebert* beispielsweise dadurch erfolgen, dass er Betäubungsmittel dem Erwerber übergebe bzw. indem er Erklärungen abgebe, die „verbindliche" Verkaufsangebote oder Liefervereinbarungen für Betäubungsmittel beinhalten.[527] Demnach könne sich der Umsatzwille einerseits in einer tatsächlichen Handlung – der Übergabe – manifestieren, ohne eine Erklärung abzugeben. Andererseits lasse sich dies ebenfalls durch eine „verbindliche" Erklärung des Täters realisieren, ohne dass dieser eine Verfügungsgewalt über das Rauschgift innehat. Im ersteren Fall sei das Handeltreiben als Erfolgsdelikt ausgestaltet, im letzteren als Erklärungsdelikt, wobei die Strafbarkeit dadurch entsprechend vorverlagert werde.[528] Die Tathandlung erfülle der Täter somit unabhängig davon, ob er Angebote abgibt oder entgegennimmt, nur als erklärender Zwischenhändler ohne tatsächlichen Rauschgiftbesitz tätig wird oder ob er überhaupt auf eine gesicherte Lieferquelle zurückgreifen kann, der

524 Lackner/Kühl/*Heger* § 246 StGB, Rn. 4; Sch/Sch/*Eser/Bosch* § 246 Rn. 11; a. A. Maiwald S. 192 ff.; SK-StGB/*Hoyer* § 246, Rn. 18 ff.; zum Meinungsstand: MüKo-StGB/*Hohmann* § 246 StGB, Rn. 18 ff.

525 *Ebert* Handeltreiben, S. 174 f.; a. A. offenbar BVerfG NJW 2007, 1193

526 *Ebert* Handeltreiben, S. 179; 183.

527 *Ebert* Handeltreiben, S. 186.

528 *Ebert* Handeltreiben, S. 188.

Kunde tatsächlich kaufwillig ist bzw. das Geschäft aus anderen Gründen nicht zum Abschluss gebracht werden kann.[529]

Aufgrund seines alternativen Ansatzpunktes gelangt *Ebert* jedoch auch zu von der herrschenden Rechtsprechung abweichenden Ergebnissen. Demnach würden nämlich Handlungen, welche aus objektiver Sicht mehrdeutig oder gar umsatzneutral erscheinen, trotz des unzweifelhaften Umsatzwillens das unerlaubte Handeltreiben nicht verwirklichen; eventuelle Strafbarkeitslücken sollen dem Autor zufolge durch die in § 29 Abs. 2 BtMG angeordnete Versuchsstrafbarkeit geschlossen werden. Als mehrdeutige oder neutrale Handlungen ohne objektiv manifestierten Umsatzwillen nennt *Ebert* beispielsweise die ernsthaften Ankaufsbemühungen, das schlichte Innehaben bzw. die Inbesitznahme von Betäubungsmitteln oder die bloße Kontaktaufnahme mit potentiellen Kunden, da aus diesem Verhalten nicht zweifelsfrei auf den Willen zur späteren Übertragung der Betäubungsmittel geschlossen werden könne, sodass in diesen Fällen lediglich von einem versuchten Handeltreiben auszugehen wäre.[530]

2. *Stellungnahme*

Insofern ist nicht von der Hand zu weisen, dass durch ein derartiges Verständnis des Handeltreibens eine Differenzierung der verschiedenen Deliktsphasen (straflose Vorbereitung, strafbarer Versuch bzw. Vollendung) (wieder) ermöglicht wird, da dadurch sowohl für die Vollendung (die Übergabe der Betäubungsmittel bzw. die Abgabe eines „verbindlichen" Verkaufsangebotes) als auch für das unmittelbare Ansetzen zum Versuch (z. B. die Kontaktaufnahme mit dem Abnehmer bzw. Käufer) hinreichend konkrete Anhaltspunkte bestimmtbar werden würden[531], sodass mit der Auffassung von *Ebert* – im Gegensatz zum derzeit herrschenden weiten Begriffsverständnis der Rechtsprechung – die Tathandlung des unerlaubten Handeltreibens dogmatisch und begrifflich eindeutiger bestimmt werden könnte. Zutreffend wird von dieser Lehre auch der vom unerlaubten Handeltreiben zu gewährleistende dualistische Schutzumfang[532] des unerlaubten Handeltreibens – die Unterteilung in umsatzbezogene und erklärungsbezogene Handlungen – in Ansätzen herausgearbeitet.

---

529 *Ebert* Handeltreiben, S. 186 f.; *Niehaus* JR 2005, 192 (196); a. A. *Gaede* StraFo 2003, 393 (396).

530 *Ebert* Handeltreiben, S. 184 ff.

531 *Ebert* Handeltreiben, S. 188.

532 Vgl. hierzu ausführl. 3. Teil, B. II. 3.

Jedoch kann die Argumentation von *Ebert* gerade in Bezug auf die Herleitung des Handeltreibens als Erklärungsdelikt nicht vollumfänglich nachvollzogen werden. An diesem Punkt wirkt es sich aus, dass der für die Unterschlagung entwickelte Ansatz nicht vollumfänglich auf das unerlaubte Handeltreiben übertragen werden kann. Zutreffend eignet sich jemand eine Sache im Sinne des § 246 StGB objektiv zu, indem er durch eine rechtsgeschäftliche Erklärung ein Verkaufsangebot abgibt und somit seine (angemaßte) Eigentümerstellung objektiv manifestiert. Es erscheint jedoch zweifelhaft, ob der Betäubungsmittelumsatzbezug nur durch eine rechtsgeschäftliche Erklärung in Sinne einer objektiven Manifestation hergestellt werden kann, zumal der Täter bei Abgabe der Erklärung möglicherweise noch überhaupt keine Zugriffsmöglichkeit auf irgendwelche Betäubungsmittel haben bzw. die Erklärung zur Veräußerung keine näheren Angaben zum anvisierten Umsatz in örtlicher und zeitlicher Hinsicht enthalten muss. Im Übrigen dürfte die Annahme, dass bereits die Erklärung den Geschäftspartner zur Bewirkung des Umsatzes verpflichte, gerade im Bereich der Betäubungsmittelkriminalität tatsächlich nicht zutreffen, da aufgrund der zivilrechtlich nichtigen Erklärung in rechtlicher Hinsicht keine Verbindlichkeit zur Übertragung der Betäubungsmittel besteht, sodass darauf schwerlich die objektive Manifestation des Umsatzwillens gestützt werden kann.

Unabhängig von dieser theorieimmanenten Schwäche kann die Lehre von der objektiven Manifestation des Umsatzes auch deshalb nicht überzeugen, weil sie nicht imstande ist, alle im Klammerzusatz des § 29 Abs. 1 S. 1 Nr. 1 BtMG aufgeführten Handlungen unter das unerlaubte Handeltreiben zu subsumieren. Diesbezüglich ist anzumerken, dass der spätere Umsatz der Betäubungsmittel durch die Ein- und Ausfuhr bzw. deren Erwerb gerade noch nicht im Sinne dieser Lehre objektiv manifestiert worden ist.

Darüber hinaus ist *Ebert*s Ansatz auch nicht in der Lage, die Vorgaben des EU-Rahmenbeschlusses bzw. des Suchtstoffübereinkommens (1988) vollumfänglich umzusetzen[533], da nicht für alle gemäß Art. 2 Abs. 1 EU-Rahmenbeschluss bzw. Art. 3 Abs. 1 a) i), iii) Suchtstoffübereinkommen (1988) unter Strafe zu stellenden Handlungen nach der Theorie der objektiven Manifestation des Umsatzwillens eine Vollendungsstrafbarkeit in Betracht kommt. Sofern nicht weitere umsatzbezogene Handlungen zum schlichten Ankauf, der Beförderung oder dem Versenden von Betäubungsmitteln hinzutreten, wird sich in diesen Tätigkeiten allein (noch) kein eindeutiger Umsatzwille objektiv manifestieren. Insofern würde man nach dieser Theorie allenfalls zu einem Versuch des unerlaubten

533 Vgl. ausführl. 2. Teil, E. IV. 3.

Handeltreibens gelangen. Wie bereits bei den Umsatztheorien dargestellt, ist dies mit dem europäischen Schutzstandard nicht vereinbar. Folglich verstößt die von *Ebert* vorgeschlagene Beschränkung der Auslegung des unerlaubten Handeltreibens gegen geltendes Unions- bzw. Völkerrecht[534], sodass dieser Auffassung im Ergebnis nicht gefolgt werden kann.

IV. Die erweiterte Einigungslösung von *Niehaus*

Mit dem Ansatz von *Niehaus* soll die zu weite Auslegung des Handeltreibens anhand des Gesetzeszwecks eingeschränkt werden. Nach § 29 Abs. 1 S. 1 Nr. 1 BtMG werde nämlich jemand deswegen bestraft, weil er durch sein Handeltreiben „Gefahren schafft, [da] er den Wirtschaftskreislauf mit gesundheitsgefährdenden Stoffen in Gang setzt und hält, indem er Angebot oder Nachfrage schafft bzw. befriedigt“[535]. Damit beschreibt *Niehaus* in Übereinstimmung mit der zutreffenden herrschenden Auffassung[536] das unerlaubte Handeltreiben als ein abstraktes Gefährdungsdelikt. Ab welchem Zeitpunkt eine abstrakte Gefährdung eintritt, werde weder durch den Wortlaut des Gesetzes noch ergänzend dazu durch den Gesetzgeber näher bestimmt. Mithin hat Niehaus zufolge eine Auslegung des Begriffs diese Präzisierung zu leisten.[537]

1. *Der dualistische Schutzumfang des unerlaubten Handeltreibens*

In Übereinstimmung mit *Ebert* wird der Schutzumfang des unerlaubten Handeltreibens auch von *Niehaus* zu Recht dualistisch[538] bestimmt. Dass der Gesetzgeber durch die Pönalisierung des Handeltreibens den Warenumsatz von Betäubungsmitteln verhindern wollte, ist auch für *Niehaus* selbstverständlich,

---

534 So zutreffend *Weber* JR 2006, 139 (146).

535 *Niehaus* JR 2005, 192 (196).

536 *Schröder* ZStW 81 (1969) 7 (15 f.); *Weber* § 29 BtMG, Rn. 261; Körner/*Patzak* § 29 BtMG, Rn. 209; *Ebert* Handeltreiben S. 161; BVerfG 90, 145 (184); *Endriß* NStZ 1998, 463.

537 *Niehaus* JR 2005, 192 (196); anders *Böllinger* KJ 1991, 393 (399).

538 Für eine strenge Vertragslösung offenbar BGH, Beschl. v. 27.01.2004 – 4 Ars 23/03 (unveröffentlicht, jedoch wiedergegeben in BGH NJW 2005, 1589; a. A. BGH NStZ 2004, 105 (108); BVerfG, Nichtannahmebeschl. v. 24.10.1999 – 2 BvR 1906/99, Rn. 2 (juris); BVerfG, Nichtannahmebeschl. v. 18.09.1999 – 2 BvR 2126/05, Rn. 8; *Weber* NStZ 2004 66 (68); ebenfalls *Roxin* StV 2003, 619 (621).

sodass das Bewirken des Umsatzes den Tatbestand des unerlaubten Handeltreibens zwingend erfüllen müsse.[539]

Zutreffend wird von ihm – ohne dafür eine scheinbare Manifestation des Umsatzwillens bemühen zu müssen – erkannt, dass auch schon durch den (zivilrechtlich unwirksamen) Vertragsschluss über ein Betäubungsmittelgeschäft der Marktkreislauf in Gang gebracht und somit die Nachfrage nach Rauschgiften gesteigert werde. Dadurch werde eine abstrakte Gefahr für das vom Handeltreiben geschützte Rechtsgut begründet, was (wie das Bewirken des Warenumsatzes) zu einer Vollendung des Tatbestands führen müsse.[540] Demnach soll im Gegensatz zur Vertragslösung „in Reinform“[541] nach *Niehaus* auch die erfolgreiche eigennützige Vermittlung eines Vertragsschlusses bezüglich eines Betäubungsmittelgeschäfts eine Vollendung des Tatbestands bewirken, denn auch historisch sei das Handeltreiben schließlich, um die Vermittlung zu erfassen, als strafbares Unrecht in das OpiumG (1929)[542] aufgenommen worden. Somit entspreche seine Auffassung der gesetzgeberischen Intention.[543]

Durch die Vollendungsstrafbarkeit des besitzlosen Vermittelns von Betäubungsmitteln solle ebenfalls der aktuelle Gesetzeszweck, die Hintermänner und Drahtzieher der eigentlichen Rauschgiftgeschäfte bestrafen zu können, erfüllt werden, da jene mit Betäubungsmitteln häufig nicht mehr direkt in Berührung kommen und sich ihre Tätigkeit (regelmäßig) in der Vermittlung erschöpft.[544]

539 *Niehaus* JR 2005, 192 (196); einschränkend BGH, Beschl. v. 27.01.2004 – 4 Ars 23/03 (unveröffentlicht, jedoch wiedergegeben in BGH NJW 2005, 1589; ebenfalls in BGHSt 50, 252 (254 f.)).

540 *Niehaus* JR 2005, 192 (196); ebenso *Weber* Handeltreiben S. 458 f.; *Oğlakcıoğlu* AT-BtMG S. 496 ff.; a. A. *Roxin* StV 2003, 619 (621); *Gaede* StraFo 2003, 392 (396).

541 Dafür offenbar BGH, Beschl. v. 27.01.2004 – 4 Ars 23/03 (unveröffentlicht, jedoch wiedergegeben in BGH NJW 2005, 1589); a. A. BGH NStZ 2004, 105 (108); BVerfG, Nichtannahmebeschl. v. 24.10.1999 – 2 BvR 1906/99, Rn. 2 (juris); BVerfG, Nichtannahmebeschl. v. 18.09.1999 – 2 BvR 2126/05, Rn. 8; *Weber* NStZ 2004 66 (68); ebenfalls *Roxin* StV 2003, 619 (621); zum Begriff der Vertragslösung *Oğlakcıoğlu* AT-BtMG S. 492; diesbzgl. diff. hingegen *Weber* Handeltreiben S. 453.

542 RT-Drs. IV/1386, S. 10; *Anselmino/Hamburger* § 10 OpG S. 300; *Liemersdorf/Miebach* MDR 1979, 981 (983 f.); *Roxin* StV 1992, 517 (518); hierzu bereits 2. Teil, A. I.

543 *Niehaus* JR 2005, 192 (196); *Oğlakcıoğlu* AT-BtMG, S. 434; krit. zur derzeitigen Arg. hingegen *Roxin* StV 2003, 619 (621).

544 BRegE. BT-Drs. 8/3551, S. 35; i. d. S. auch Stn. BR. BT-Drs. 8/3551, S. 39, 45; ebenso Gegenäußerung d. BReg. BT-Drs. 8/3551, S. 51; BT-Sten. Ber. Bd. 117, S. 303, 306, 309; BRatE. BT-Drs. 12/989, S. 1, 30; BRegE. BT-Drs. 12/3533, S. 18; BGH NJW 1979, 1259; BGH NStZ 2004, 105 (109); BGHSt 50, 252 (261 f.); zust. *Slotty* ZRP 1981, 60 (64);

Entgegen der herrschenden Auffassung[545] wird von *Niehaus* aus der Tatsache, dass die Vermittlung von Betäubungsmittelgeschäften das Handeltreiben vollenden müsse, nicht gefolgert, dass der Gesetzgeber beabsichtigte, jede Strafbarkeitslücke für Vorfeldtätigkeiten des Handeltreibens zu schließen. Die Konsequenz dieser Auffassung wäre, dass alle Tätigkeiten, die nicht den Warenumsatz von Betäubungsmitteln bzw. einen Vertragsschluss über Rauschgift herbeiführen oder diesen vermitteln, dem Versuchs- bzw. dem Vorbereitungsstadium zuzuordnen sind. Sofern der Vertragsschluss unterbleibe, weil das Angebot zum Kauf oder Verkauf nicht angenommen wurde oder die feilgehaltenen Betäubungsmittel dem Täter nicht abgekauft wurden, solle lediglich ein Versuch vorliegen.[546] Im Gegensatz dazu würden Tätigkeiten wie das Ein- und Ausführen sowie das Sich-Verschaffen von Betäubungsmitteln in sonstiger Weise als Vorbereitungshandlungen nicht strafbar gestellt, da durch sie der Täter sowohl in Bezug auf den anvisierten Betäubungsmittelumsatz als auch auf den angestrebten Vertragsschluss noch nicht zur Verwirklichung der Tat unmittelbar angesetzt hätte.[547]

Durch die vollständige Herauslösung der obigen Tätigkeiten sollen sich nach *Niehaus* eindeutige Kriterien für die Abgrenzung von Täterschaft und Teilnahme ergeben – vor allem in den häufig problematischen Kurierfällen. Im Ergebnis soll für den Kurier lediglich eine Beihilfe zum Handeltreiben in Betracht kommen.[548] Ob dies allgemeingültig für alle Kurierfälle zu gelten hat, muss jedoch bezweifelt werden, da *Niehaus* den Begriff des Handeltreibens nicht ausschließlich aus dem Vertragsschluss heraus entfaltet, sondern daneben das Bewirken des (Betäubungsmittel-)Warenumsatzes zur Verwirklichung des Tatbestands bereits genügen lässt. Betäubungsmittelkuriere zeichnen sich jedoch häufig dadurch aus, dass sie anstelle des Vertragsschließenden den Umsatz im Sinne einer eigenhändigen Übertragung der Verfügungsgewalt auf den Erwerber bewirken. Die von *Niehaus* aufgezeigte „Vorzeichenumkehr“ zugunsten der Teilnahme ist zwar grundsätzlich zu begrüßen, um theorieimmanente Widersprüche zu vermeiden,

---

Körner NStZ 2000, 95; *Weber* § 29 BtMG, Rn. 190 ff.; *ders.* JR 2006, 139 (141); *ders.* § 29 BtMG, Rn. 189 ff.; für eine ausschließliche Ausrichtung auf die Organisatoren hingegen *Schnürer* Gesamtgeschäft, S. 159; *Morozinis* Organisationsdelikte, S. 583.

545 BGHSt 25, 290 f.; BGH NJW 1979, 1259; BGHSt 50, 252 (261); *Weber* § 29 BtMG, Rn. 171; Körner/*Patzak* § 29 BtMG, Rn. 232.

546 *Niehaus* JR 2005, 192 (197); diff. BGH NStZ 2004, 105 (108); a. A. *Roxin* StV 2003, 619 (621); *Oğlakcıoğlu* AT-BtMG S. 496.

547 *Niehaus* JR 2005, 192 (197); anders *Oğlakcıoğlu* AT-BtMG S. 495 ff.

548 *Niehaus* JR 2005, 192 (197).

dürfte jedoch eine Täterschaft für den Betäubungsmittelkurier nicht von vornherein ausgeschlossen werden.

2. *Stellungnahme*

Zutreffend werden von *Niehaus* sowohl das geschützte Rechtsgut des unerlaubten Handeltreibens als auch das dualistische Schutzkonzept des unerlaubten Handeltreibens ansatzweise herausgearbeitet, sodass an diese Vorarbeit im Rahmen dieser Untersuchung noch angeknüpft werden soll[549]. Jedoch ist gegen die Lösung von *Niehaus* anzuführen, dass sie den Tatbestand des unerlaubten Handeltreibens zu stark beschränkt. Dieses Bestreben ist zwar aus kriminalpolitischer Hinsicht grundsätzlich zu begrüßen, sofern damit jedoch gegen die norminterne Systematik bzw. gegen europarechtliche Vorgaben verstoßen wird, kann dieser Auffassung im Ergebnis nicht mehr gefolgt werden.

Dies vorausgeschickt, ist gegen die erweiterte Einigungslösung anzuführen, dass sie sich nur teilweise in die bereits erörterte Systematik des § 29 Abs. 1 S. 1 Nr. 1 BtMG einfügt, da durch die vorgeschlagene Beschränkung auf die Umsatzhandlung bzw. den Vertragsschluss (und Vermittlung eines solchen) die vom Tatbestand genannten, im Vorfeld angesiedelten Handlungen, wie die Ein- und Ausfuhr, das sonstige Inverkehrbringen bzw. Verschaffen von Betäubungsmitteln, nicht mehr den Tatbestand des unerlaubten Handeltreibens verwirklichten.

Auch ist diese Auffassung mit den europa- und völkerrechtlichen Vorgaben[550] nicht gänzlich in Einklang zu bringen, da nach der erweiterten Einigungslösung neben der einen Betäubungsmittelumsatz bewirkenden Handlung lediglich der geschlossene Vertrag über den Betäubungsmittelumsatz bzw. die Vermittlung eines solchen Geschäfts zur Vollendung des unerlaubten Handeltreibens führen sollen. Demgegenüber sollen die nach Art. 2 Abs. 1 EU-Rahmenbeschluss bzw. Art. 3 Abs. 1 a) i), iii) Suchtstoffübereinkommen (1988) unter Strafe zu stellenden Handlungen des Anbietens und Feilhaltens nach *Niehaus* noch nicht das unerlaubte Handeltreiben vollenden. Auch die Tathandlung des Beförderns von Betäubungsmitteln wäre nach dieser Auffassung nur dann von einer Vollendungsstrafbarkeit erfasst, wenn sie tatsächlich einen Betäubungsmittelumsatz bewirkt; sofern sie diesen lediglich vorbereitet, würde das schlichte Befördern nach der erweiterten Einigungstheorie ebenfalls nicht zu einer Vollendungsstrafbarkeit führen, sondern allenfalls eine Strafbarkeit wegen Versuchs zur

549 Vgl. hierzu 3. Teil, A. und B.

550 Vgl. ausführl. 2. Teil, E. IV. 3. und V).

Folge haben. Sofern im Einzelfall der Täter durch die Beförderung noch nicht zur Übertragung der Betäubungsmittel unmittelbar angesetzt hätte, wäre die Handlung als Vorfeldhandlung überhaupt nicht strafbar. Insofern bleibt festzuhalten, dass auch die erweiterte Einigungslösung nicht vollständig mit dem EU-Rahmenbeschluss bzw. mit dem Suchtstoffübereinkommen (1988) vereinbar ist, sodass sie insgesamt nicht überzeugen kann.

V. Erklärungslösung von *Oğlakcıoğlu*

Um den Prozess der Entgrenzung des Tatbestands durch eine einschränkende Auslegung des unerlaubten Handeltreibens wieder rückgängig zu machen und so die durch den extensiven Begriff bedingten, dogmatisch nicht sonst behebbaren Friktionen mit den Rechtsinstituten des Allgemeinen Teils (vor allem in Bezug auf die Abgrenzung von Versuch und Vollendung sowie von Täterschaft und Teilnahme) aufzulösen, wurde von *Oğlakcıoğlu* die sogenannte Erklärungslösung entwickelt. Nach ihm sei das unerlaubte Handeltreiben ausschließlich als Erklärungsdelikt aufzufassen.[551] Der rechtsgeschäftliche Charakter dieser Begehungsform ist nicht neuartig[552], da auch nach der herrschenden Auffassung die Abgabe eines ernsthaften Verkaufsangebots bzw. dessen Annahme eine auf Umsatz gerichtete Tätigkeit darstellt, sodass dem Handeltreiben begrifflich durchaus ein Erklärungselement beinhaltet. Im Gegensatz zu jenen Autoren, die diese Tatsache lediglich deskriptiv feststellten und das Handeltreiben (auch) als Erklärungsdelikt betitelten[553], geht *Oğlakcıoğlu* ersichtlich darüber hinaus, indem er das Handeltreiben ausschließlich und eben nicht nur alternativ als Erklärungsdelikt beschreibt.[554]

---

551 *Oğlakcıoğlu* AT-BtMG S. 495 ff.

552 Vgl. bereits BGHSt 43, 8 (11): „Handeltreiben ist dagegen begrifflich auf den geschäftsmäßigen Kontakt mit anderen Personen hin angelegt."; s. 2. Teil, A. II. 3. vgl. ebenf. *Zaczyk* JR 1998, 256 (259), der auf einen schlichten Kontakt mit anderen Personen abstellt.

553 *Eberth/Müller* 2. A. Rn. 38; *Ebert* Handeltreiben, S. 186; *Körner* NStZ 2000, 95; ebenfalls LG München I NJW 2002, 2655; a. A. BGH, Urt. v. 25.10.1989 – 3 StR 313/89, Rn. 4 (juris).

554 *Oğlakcıoğlu* AT-BtMG S. 495 f.

1. Die rechtsgeschäftliche Erklärung als Kernbestandteil des Handeltreibens

In Übereinstimmung mit der Theorie der objektiven Manifestation des Umsatzwillens[555] komme es auf einen Erfolg des Handeltreibens nicht an, sondern auf die nach außen erkennbare Tätigkeit des Täters am Betäubungsmittelmarkt. Darüber hinausgehend solle jedoch nicht jede nach außen erkennbare Tätigkeit genügen. Nach *Oğlakcıoğlu* muss das Handeltreiben auf die Tätigkeiten reduziert werden, die in direkter Beziehung zu dem anvisierten Vertrag stehen, wie die Abgabe eines Angebots bzw. die Annahme desselben sowie die Vermittlung eines solchen Rechtsgeschäfts.[556] Handeltreiben sei demnach „jede (ausdrückliche oder konkludente) Erklärung mit Umsatzwillen, die ernsthaft auf den Abschluss eines Rechtsgeschäfts mit Betäubungsmitteln gerichtet ist oder dieses tatsächlich herbeiführt.“[557]

Durch den direkten Erklärungsbezug könnten Handlungen, die weit vor dem synallagmatischen Rechtsgeschäft vollzogen worden sind – wie der Anbau, die Herstellung, die Lagerung, der Transport bzw. der Besitz von Betäubungsmitteln – von vornherein den Tatbestand des Handeltreibens nicht erfüllen.[558] Für das Anbauen und Herstellen folge dies bereits daraus, dass das Gesetz in §§ 29 Abs. 1 S. 1 Nr. 1; 30 Abs. 1 Nr. 1; 30a Abs. 1 BtMG diese Tätigkeiten dem Handeltreiben offenbar gleichstelle. Diese gesetzliche Differenzierung müsse sich nach *Oğlakcıoğlu* auch im Begriff des Handeltreibens widerspiegeln, sodass der Anbau und die Herstellung von Betäubungsmitteln entgegen der Rechtsprechung nicht als Teilakte des Handeltreibens angesehen werden könnten. Zutreffend gelte dies gleichermaßen für den schlichten Besitz von Betäubungsmitteln, da dieser im Wortlaut der Vorschrift des § 29 Abs. 1 S. 1 Nr. 1 BtMG nach dem Handeltreiben nicht enumerativ aufgeführt, sondern vielmehr als eigene Tathandlung in § 29 Abs. 1 S. 1 Nr. 3 BtMG vom Gesetz pönalisiert werde. Diese gesetzliche Spezifik rechtfertige es, auch den Besitz nicht als Teilakt des Handeltreibens zu werten.[559] Die der Erklärung nachfolgenden Handlungen zur Geschäftsabwicklung seien zwar ein prägender Teil des bereits geschlossenen Vertrags, werden jedoch nach *Oğlakcıoğlu* von der Abgabe der auf den Vertrag gerichteten Erklärung konsumiert, sodass diese „Abwicklungshandlungen“[560] das Handeltreiben

555 *Ebert* Handeltreiben, S. 175.
556 *Oğlakcıoğlu* AT-BtMG S. 496 f.
557 *Oğlakcıoğlu* AT-BtMG S. 496.
558 *Oğlakcıoğlu* AT-BtMG S. 497; *Niehaus* JR 2005, 193 (197).
559 *Oğlakcıoğlu* AT-BtMG S. 499.
560 *Oğlakcıoğlu* AT-BtMG S. 500.

nicht selbstständig verwirklichen könnten. Bedeutung solle diesen nachvertraglichen Tätigkeiten jedoch insofern zukommen, dass sie als wesentliche Tatbeiträge die mittäterschaftliche Zurechnung (§ 25 Abs. 2 StGB) begründen bzw. Anknüpfungspunkt für eine Beihilfehandlung zum Handeltreiben eines anderen darstellen könnten.

Mit der Ausgestaltung des Handeltreibens als Erklärungsdelikt werde vom Autor ein neuartiges tatbestandliches Zurechnungskriterium geschaffen, dessen Bedeutung sich auch auf die Abgrenzung von Täterschaft und Teilnahme auswirke. Nach *Oğlakcıoğlu* soll es nämlich nicht darauf ankommen, wer die Erklärung zum Rauschgiftgeschäft letztlich abgegeben hat, sondern wem sie stattdessen zugerechnet werden kann. Ob die Zurechnung nach strafrechtlichen Kriterien oder nach den anerkannten Regeln des Zivilrechts erfolgen soll, wird vom Autor nicht näher ausgeführt. Dessen ungeachtet ist die Erklärungslösung in der Lage, eine „Besserstellung" der Hintermänner und Großdealer zulasten der „kleinen Fische", die meist ausschließlich erkennbar am Markt tätig werden, zu vermeiden.[561] Sofern jedoch eine Zurechnung der Erklärung zum Täter nicht vorgenommen werden könne, entfalle auch eine Strafbarkeit wegen täterschaftlichen Handeltreibens. Durch den Aspekt der Zurechnung werde – entgegen der herrschenden Rechtsprechung – nicht jede auf dem Betäubungsmittelmarkt rechtsgeschäftlich handelnde Person (welche zwar eigennützig, jedoch mit Fremdumsatzwillen agiert) zwingend als Täter eingestuft.[562].

Nicht nur bezüglich der Differenzierung der Beteiligungsformen, sondern auch zur Abgrenzung der Deliktsverwirklichungsstufen kann die Erklärungslösung einen (dogmatischen) Zugewinn erbringen. Ein Versuch des unerlaubten Handeltreibens liegt nach *Oğlakcıoğlu* insbesondere vor, wenn der Täter an einem Drogenumschlagplatz Betäubungsmittel feilhalte oder für diese werbe, da er – sofern diese Handlungen auf potentielle Geschäftspartner gerichtet sind – jederzeit mit der Abgabe bindender Erklärungen rechne und insoweit keine weiteren wesentlichen Zwischenakte zur Tatbestandsverwirklichung mehr erforderlich seien, sodass er dadurch das Vorbereitungsstadium hinter sich gelassen und unmittelbar zur Tat angesetzt habe.[563] Weiterhin sei in den Fällen eines missglückten Zugangs der Erklärung an den „Geschäftspartner" lediglich ein Versuch gegeben.[564] Mit dem erfolgreichen Zugang der Willenserklärung trete

561 *Oğlakcıoğlu* AT-BtMG S. 501 f.
562 *Oğlakcıoğlu* AT-BtMG S. 501.
563 *Oğlakcıoğlu* AT-BtMG S. 498; für ein vollendetes Handeltreiben hingegen u. a. *Gaede* StraFo 2003, 392 (396).
564 *Oğlakcıoğlu* AT-BtMG S. 502.

grundsätzlich die Vollendung ein. Ein Versuch des Handeltreibens solle jedoch auch nach dem Zugang der Erklärung noch möglich sein, sofern die Erklärung nicht mit der hinreichenden Ernsthaftigkeit abgegeben wurde.[565] Hierzu ist anzumerken, dass nach *Oğlakcıoğlu* die Ernsthaftigkeit der Erklärung nicht subjektiv zu beurteilen sei, sondern vielmehr anhand von objektiven Kriterien, wie die Verfügbarkeit der Drogen, festgestellt werden solle.[566]

In Übereinstimmung mit der herrschenden Meinung[567] wird für *Oğlakcıoğlu* das unerlaubte Handeltreiben nicht nur versucht, sondern vollendet, wenn der Täter unwissentlich rechtsgeschäftliche Erklärungen über Betäubungsmittelimitate abgibt bzw. die Erklärung sich auf bereits sichergestellte Betäubungsmittel bezieht.[568] Dies ist nur konsequent, da der Täter aus seiner Sicht wissentlich und willentlich eine „verbindliche" Erklärung, die auf den An- bzw. Verkauf von echten Betäubungsmitteln gerichtet ist, abgibt. Für die Tatbestandsverwirklichung ist es nach *Oğlakcıoğlu* nämlich nicht etwa von Belang, ob die zu handelnden Betäubungsmittel real existieren.

2. *Stellungnahme*

Zutreffend wird von *Oğlakcıoğlu* – im Gegensatz zu der (erweiterten) Einigungslösung – der Fokus nicht mehr auf den bewirkten Vertragsschluss gelegt, sondern bereits auf die einzelne, auf ein Betäubungsmittelgeschäft abzielende rechtsgeschäftliche Erklärung. Dies überzeugt, da bereits durch die Erklärung der illegale Markt mit Betäubungsmitteln geschaffen bzw. stabilisiert wird, was durch den Tatbestand verhindert werden soll. Gegen die Lösung, das Handeltreiben ausschließlich als Erklärungsdelikt zu begreifen, ist jedoch einzuwenden, dass dadurch der Tatbestand zu einseitig in einem synallagmatischen Sinn interpretiert wird. Insofern wird außer Acht gelassen, dass gerade von tatsächlichen Handlungen ohne einen vertraglichen Bezug – wie die Abgabe oder der Ein- und Ausfuhr von Betäubungsmitteln – erhebliche abstrakte Gefahren für das vom Handeltreiben geschützte Rechtsgut geschaffen werden. Diese Handlungen

565 Für die Vollendung hingegen *Niehaus* JR 2005, 192 (196).

566 *Oğlakcıoğlu* AT-BtMG S. 502.

567 BGHSt 6, 246 (247); BGH NStZ 1992, 191; BGH NJW 1999, 2683 (2684); so auch Körner/*Patzak* § 29 BtMG, Rn. 221; *Weber* § 29 BtMG, Rn. 213; a. A. *Roxin* StV 1992, 517 (519); *Krack* JuS 1995, 585 (587 f.); *Paeffgen* FG-BGH 695 (719); *Schwitters* S. 146.

568 *Oğlakcıoğlu* AT-BtMG S. 501 Fn. 1973; zust. BGHSt 6, 246 (247); BGH NStZ 1992, 191; BGH NJW 1999, 2683 (2684); Körner/*Patzak* § 29 BtMG Rn. 221; *Weber* § 29 BtMG, Rn. 213; a. A. *Krack* JuS 1995, 585 (587); *Paeffgen* FG-BGH 695 (719).

vom Schutzumfang des unerlaubten Handeltreibens grundsätzlich auszunehmen, kann weder mit dem gesetzgeberischen Willen noch mit der Normsystematik[569] in Einklang gebracht werden.

Da nach *Oğlakcıoğlus* Erklärungslösung der Tatbestand des unerlaubten Handeltreibens nur durch Erklärungen, die auf den Abschluss eines Vertrags über Betäubungsmittel gerichtet sind (Abgabe und Annahme eines Angebots bzw. die Vermittlung eines Betäubungsmittelgeschäfts) verwirklicht würde, können die durch den EU-Rahmenbeschluss bzw. durch das Suchtstoffübereinkommen (1988) zu pönalisierenden Handlungen des Lieferns, Versendens oder Beförderns – entgegen den unions- bzw. völkerrechtlichen Vorgaben – nicht mit einer Vollendungsstrafbarkeit geahndet werden. Folglich ist auch diese Auffassung mit dem EU-Rahmenbeschluss bzw. dem Suchtstoffübereinkommen (1988) nur teilweise vereinbar, sodass ihr insgesamt nicht gefolgt werden kann.

VI. Das Handeltreiben als konkretes Gefährdungsdelikt

An die Umsatztheoretiker anknüpfend, entwickelte *Gaede* eine Auslegung des unerlaubten Handeltreibens, welche ebenfalls auf einen tatbestandlichen Erfolg abzielte, zugleich jedoch das Handeltreiben nicht zu einem Erfolgsdelikt werden ließ, sondern die Funktion erfüllen sollte, den objektiven Gehalt der Tathandlung qualitativ näher zu bestimmen.[570] Im Grundsatz teilt er damit auch die Kritik der Umsatztheoretiker am weiten Begriff des unerlaubten Handeltreibens, der jegliche Abstufung der verschiedenen Deliktsstufen vermissen ließ. Zutreffend stellt er fest, dass die Trennung von Versuch und Vollendung beim unerlaubten Handeltreiben nicht am unmittelbaren Ansetzen vollzogen werden könne, da nach der Rechtsprechung bereits jede Tätigkeit tatbestandsmäßig sei, sodass ein unmittelbares Ansetzen im Sinne von § 22 StGB stets gegeben wäre, folglich seine abgrenzende Funktion vollends eingebüßt hätte.[571] Um dies zu vermeiden, solle nach *Gaede* für das Handeltreiben ein Begriffsverständnis gewonnen werden, welches die verfassungsrechtlich zwingende Abstufung der Deliktsverwirklichungsstadien gewährleiste und somit in der Lage sei, das vom Täter verwirklichte Unrecht adäquat abzuschichten. Zwar würde ein umsatzbezogenes Verständnis des Handeltreibens die vom Autor geforderte Abstufung des Versuchs von der Vollendung grundsätzlich sicherstellen, jedoch kritisiert

569 Vgl. hierzu 2. Teil, D. II. 1.

570 *Gaede* StraFo 2003, 392 (395).

571 *Gaede* HRRS 2005, 250 (251); so auch *Kreuzer* FS-Miyazawa 177 (189); *Roxin* StV 1992, 517 (518); *Endriss/Kinzig* NJW 2001, 3217.

er *Roxin* dahingehend, dass seine Forderung nach einem tatsächlich bewirkten Betäubungsmittelumsatz, um eine Vollendungsstrafbarkeit herbeizuführen, den vom Gesetzgeber bezweckten Rechtsgüterschutz unangemessen weit zurücknehmen würde. Darüber hinaus ist nach *Gaede*s Auffassung die Differenzierung der Versuchs- von der Vollendungstrafbarkeit nicht notwendigerweise am Umsatz der Betäubungsmittel auszurichten.[572]

1. Die Umsatzgefahr als materieller Unrechtserfolg

Im Gegensatz zu *Roxin* wird von *Gaede* der „materielle Unrechtserfolg"[573] des Handeltreibens nicht an einem tatsächlich erfolgten Umsatz festgemacht, sondern lediglich an einem objektiven Gefährdungserfolg für einen solchen.[574] Das unerlaubte Handeltreiben mit Betäubungsmitteln wird von ihm mithin als konkretes Gefährdungsdelikt bestimmt.[575] Der Gefährdungsgedanke wurde ansatzweise bereits vom 3. Strafsenat des BGH in seinem Anfragebeschluss vom 10. Juli 2003 entwickelt und im Vorlagebeschluss vom 13. Januar 2005 erneut vertreten.[576] Für *Gaede* liegt der vom BtMG bezweckte Rechtsgüterschutz darin, unerlaubte Betäubungsmittelumsätze zu verhindern.[577] An diesem Zweck müsse auch die Tathandlung des unerlaubten Handeltreibens ausgerichtet werden. Ein vollendetes Handeltreiben sei demnach bei jeder eigennützigen, auf Umsatz gerichteten Tätigkeit verwirklicht, welche die Gefahr eines nach den Umständen erwartbaren konkreten Betäubungsmittelumsatzes herbeiführe.[578] Dem eigentlichen Betäubungsmittelumsatz weit vorgelagerte Handlungen, wie Anbau, Produktion und Einfuhr, lassen den konkreten Gefahrerfolg noch nicht eintreten. Ein konkreter Betäubungsmittelumsatz ist nach *Gaede* vielmehr erst dann erwartbar, wenn ein bestimmter Umsatzvorgang angebahnt sei. Die Anbahnung des Umsatzes sei nicht rein temporär – als besondere zeitliche Nähe

---

572 *Gaede* StraFo 2003, 392 (396); so im Ergebnis auch *Oğlakcıoğlu* AT-BtMG S. 487; *Niehaus* JR 2005, 192 (196).

573 *Gaede* StraFo 2003, 392 (396); so bereits BGH NStZ-RR 2003, 185; ebenfalls OLG Oldenburg NJW 1999, 2751.

574 Im Ansatz bereits schon *Strate* ZRP 1987, 314 (316); ebenfalls *Schwarzburg* S. 59.

575 Krit. jedoch i. E. zust. *Oğlakcıoğlu* AT-BtMG S. 489 f.; abl. *Ebert* Handeltreiben S. 160; *Schwitters* S. 144 f.; zu den konkreten Gefährdungsdelikten allg. *Roxin/Greco* AT I § 11 Rn. 147 ff.; eingeh. *Horn* S. 11 ff.

576 Vgl. BGH NStZ 2004, 105 (107) bzw. BGH NJW 2005, 1589 (1590).

577 *Gaede* HRRS 2005, 250 (253).

578 *Gaede* StraFo 2003, 392 (396); *ders.* HRRS 2004, 165 (171); *ders.* HRRS 2005, 250 (253).

der Täterhandlung zum Umsatz – zu verstehen. Es sei vielmehr zu differenzieren: Sofern es am Ende eines schlichten Verkaufsgesprächs zu einer Einigung der Handelspartner über ein Betäubungsmittelgeschäft gekommen sei, habe sich auch die Erwartung eines späteren Umsatzes realisiert. Halte hingegen der Verkäufer Betäubungsmittel in seinem Besitz vorrätig oder könne er sie problemlos beim Lieferanten abrufen, werde die konkrete Gefahr eines Umsatzes nach *Gaede* schon mit dem Angebot geschaffen, sodass es auf eine tatsächliche Einigung der Handelspartner für die Tatbestandsverwirklichung nicht mehr ankomme.[579]

Inwieweit der Täter, der keine konkrete Umsatzgefahr schafft, sondern lediglich einen Umsatz von Betäubungsmitteln durch seine Handlung abstrakt ermöglich, zum Versuch des Handeltreibens unmittelbar ansetzt, wird von *Gaede* nicht vertieft erörtert. Ein unmittelbares Ansetzen soll ihm zufolge jedoch dann vorliegen, wenn ernsthaft – aber im Ergebnis folgenlos – über ein (nicht prompt zu bewirkendes) Betäubungsmittelgeschäft verhandelt werde, da dadurch immerhin die abstrakte Gefahr eines Rauschgiftumsatzes begründet werde und der Täter somit die Schwelle zum Versuch überschreite. Ein untauglicher Versuch soll ihm zufolge auch für den Fall gegeben sein, dass mit einem agent provocateur über Betäubungsmittel (erfolglos) verhandelt werde, da durch diese Verhandlungen ebenfalls eine abstrakte Gefahr für das von § 29 Abs. 1 S. 1 Nr. 1 BtMG geschützte Rechtsgut geschaffen werde.[580]

Zutreffend deutet *Gaede* den gesetzgeberischen Willen dahingehend, dass der Begriff des Handeltreibens unter anderem in der Lage sein müsse, die Vermittlung von Betäubungsmitteln unter Strafe zu stellen, um so die sogenannten „Hintermänner" der Rauschgiftgeschäfte wegen vollendeten Handeltreibens bestrafen zu können. Dies kann nach seinem Lösungsansatz zumindest insoweit gewährleistet werden, wie durch die betreffende Handlung des Vermittlers bzw. des Hintermanns ein Umsatzgeschäft angebahnt werde. Dafür ist es *Gaede* zufolge nicht zwingend erforderlich, dass der Vermittler bzw. der Hintermann Betäubungsmittel unmittelbar besitze[581], sofern durch sein Verhalten immerhin

579 *Gaede* StraFo 2003, 392 (396); a. A. *Ebert* Handeltreiben, S. 186; *Oğlakcıoğlu* AT-BtMG S. 496 ff.

580 *Gaede* StraFo 2003, 392 (396); *ders.* HRRS 2005, 250 (253); ebenfalls bereits *Schwarzburg* S. 59 für die Hehlerei ebenfalls zust. BGH NStZ 1997, 493. mit zust. Anm. *Krack* NStZ 1998, 462 f.; *Rosenau* NStZ 1999, 352; a. A. BGH StV 1981, 276; BGHSt 30, 277 (278); BGH NStZ 1992, 38 (39); allg. zur unzulässigen staatlichen Tatprovokation *Endriß/Kinzig* NJW 2001, 3217 (3221 f.)

581 *Gaede* StraFo 2003, 392 (396).

eine faktisch verbindliche Einigung über ein Betäubungsmittelgeschäft bzw. die Vermittlung eines solchen zustande gekommen sei.[582]

2. Stellungnahme

Es ist *Gaedes* Ansatz zugutezuhalten, dass er bestrebt ist, das Begriffsverständnis des unerlaubten Handeltreibens mit Betäubungsmitteln mit den Grundsätzen der Strafrechtsdogmatik in Einklang zu bringen und zugleich dem kriminalpolitischen Bedürfnis nach umfangreicher und frühzeitiger Bestrafung der Rauschgifthändler unrechtsadäquat Rechnung zu tragen.[583]

Gaedes Auffassung widerspricht jedoch der Normsystematik, da sie nicht in der Lage ist, alle im Klammerzusatz von § 29 Abs. 1 S. 1 Nr. 1 BtMG[584] aufgeführten tatbestandsmäßigen Handlungen der Vollendungsstrafbarkeit des unerlaubten Handeltreibens zu unterwerfen. So wird durch dem Umsatz weit vorgelagerte Tätigkeiten – wie der Einfuhr, dem Erwerb oder dem Sich-Verschaffen von Betäubungsmitteln in sonstiger Weise – regelmäßig keine konkrete Umsatzgefahr im Sinne von *Gaede* verursacht, sodass sie den Tatbestand des unerlaubten Handeltreibens entgegen der mit dem Klammerzusatz ausgedrückten gesetzlichen Intention noch nicht verwirklichen würden.

Ferner verstößt *Gaede*s Ansatz zum Teil gegen den EU-Rahmenbeschluss und das Suchtstoffübereinkommen (1988), da nicht alle dieser supranationalen Pönalisierungsverpflichtungen durch einen derart eingeschränkt verstandenen Tatbestand des unerlaubten Handeltreibens erfüllt werden können. So verwirklicht das Feilhalten von Betäubungsmitteln[585], da für dieses gerade kein „verbindliches" Angebot erforderlich ist, nach *Gaede* allenfalls ein versuchtes unerlaubtes Handeltreiben.[586] Daran anknüpfend, erfüllt das Anbieten von Betäubungsmitteln nur dann ein vollendetes Handeltreiben, wenn die angebotenen Drogen dem Täter im Zeitpunkt des Angebots unmittelbar zur Verfügung stehen, sodass der Umsatz prompt erfolgen könnte. Da jedoch sowohl das Anbieten als auch das Feilhalten gemäß Art. 2 Abs. 1 EU-Rahmenbeschluss bzw. Art. 3 Abs. 1 a) i) Suchtstoffübereinkommen (1988) ohne Einschränkungen

---

582 *Gaede* HRRS 2005, 250 (253).

583 *Oğlakcıoğlu* AT-BtMG S. 489 f.; a. A. *Weber* Handeltreiben, S. 464.

584 Vgl. hierzu ausführl. 2. Teil, D. II. 1.

585 M. w. N. *Weber* § 29 BtMG, Rn. 513: Feilhalten ist „das äußerlich als solches erkennbare Bereitstellen körperlich vorhandener [...] Waren zum Zweck des Verkaufs an das Publikum".

586 *Gaede* StraFo 2003, 392 (396); a. A. *Oğlakcıoğlu* AT-BtMG S. 496 ff.

mit einer Vollendungsstrafe geahndet werden sollen, ist auch die Auffassung, das unerlaubte Handeltreiben als konkretes Gefährdungsdelikt zu qualifizieren, nicht geeignet, die europa- bzw. völkerrechtlichen Vorgaben vollumfänglich umzusetzen, sodass ihr im Ergebnis nicht gefolgt werden kann.

VII. Das Handeltreiben als potentielles Gefährdungsdelikt

Weniger dogmatisch wird gegen *Gaedes* Auffassung von *Schwitters* allgemein eingewandt, dass ein solches Deliktsverständnis das Handeltreiben zu nah an die Verletzungsdelikte heranführe, was dem kriminalpolitischen Bedürfnis nicht gerecht werde.[587] Der Gefährdungsgedanke sollte von *Schwitters* jedoch keineswegs verworfen, sondern vielmehr dergestalt abgewandelt werden, dass es lediglich auf die potentielle Gefährdung bzw. auf die Eignung[588] zur Gefährdung des von der Norm geschützten Rechtsguts ankomme.[589] Demnach sei weder der Eintritt einer konkreten Umsatzgefahr zur Verwirklichung des Tatbestandes maßgebend, noch sei das Handeltreiben ausschließlich als ein abstraktes Gefährdungsdelikt aufzufassen.[590] Die abstrakt-konkreten Gefährdungsdelikte[591] zeichnen sich nach *Schwitters* dadurch aus, dass der Normwortlaut, anders als bei abstrakten Gefährdungsdelikten, die generelle Gefahr nicht festlegt, sodass es der richterlichen Beurteilung im Einzelfall obliegt, ob die Handlungen des Täters allgemein geeignet sind, die Beeinträchtigung des von der Norm geschützten Rechtsgutes hervorzurufen.[592]

1. *Die katalogisierten Tathandlungen des WaffG als Bezugspunkt*

Diese allgemeine Eignung zur Rechtsgutsverletzung sei nach dem Autor jedenfalls dann nicht gegeben, wenn es sich bei dem zu handelnden Rauschgift

---

587 *Schwitters* S. 144.

588 Eingeh. zu den Eignungsdelikten *Hoyer* Eignungsdelikte, S. 15 ff.; zust. *Fischer* GA 1989, 444 (454 f.).

589 *Schwitters* S. 144 f.

590 Dagegen jedoch *Schröder* ZStW 81 (1969) 7 (15 f.); *Weber* § 29 BtMG, Rn. 261; Körner/*Patzak* § 29 BtMG, Rn. 209; *Ebert* Handeltreiben S. 161; BVerfG 90, 145 (184); *Endriß* NStZ 1998, 463; *Niehaus* JR 2005, 192 (196).

591 Zu den hierzu vertretenen Auffassungen vgl. *Zieschang* S. 162 ff.; gegen die Terminologie Sch/Sch/*Heine/Bosch* Vor. §§ 306 ff. Rn. 4.

592 BGHSt 39, 371 (372); 46, 212 (218); BGH NJW 1999, 2129; BGH NStZ 2018, 478 (479); *Fischer* Vor. § 13 StGB, Rn. 19; *Schwitters* S. 145; *Schröder* ZStW 81 (1969) 7 (22); anders *Hoyer* Eignungsdelikte S. 23 f.

tatsächlich um kein echtes Betäubungsmittel handele oder dieses durch die Polizei bereits sichergestellt worden sei.[593] Diese tatbestandliche Einschränkung sei dem Autor zufolge aber noch nicht ausreichend, um den – aufgrund der zu starken Betonung kriminalpolitischer Aspekte – zu weit geratenen Wortlauts des Handeltreibens wieder auf ein rechtsstaatliches Maß zu begrenzen. Als Anhaltspunkt, bei welchen Handlungen des Täters eine potentielle Gefahr für das von § 29 Abs. 1 S. 1 Nr. 1 BtMG geschützten Rechtsguts vorliege, wurde von *Schwitters* erstmals in Erwägung gezogen, den bereits legaldefinierten Waffenhandel für die Auslegung des Handeltreibens in § 29 Abs. 1 S. 1 Nr. 1 BtMG fruchtbar zu machen.[594] Dies sollte jedoch keineswegs mittels einer uneingeschränkten Übertragung der Legaldefinition des § 7 Abs. 1 Nr. 2 WaffG a. F.[595] auf den unerlaubten Betäubungsmittelhandel erfolgen. Die pönalisierten Tathandlungen müssten vielmehr betäubungsmittelspezifisch ausgelegt werden.[596] Worin diese Spezifik konkret bestehen soll, bleibt jedoch offen. Dem Autor kommt es offenbar vor allem darauf an, den objektiven Tatbestand des Handeltreibens anhand einer an das WaffG angelehnten Definition zu konkretisieren, um dem Entscheider ein Leitbild zu verschaffen, welche Handlungen eine potentielle Gefahr für das von der Norm geschützte Rechtsgut verursachen. Unter dem Betäubungsmittelhandel sei nach *Schwitters* folgendes zu verstehen: „Mit Betäubungsmitteln treibt Handel, wer sie ankauft, vertreibt (feilhält, Bestellungen aufsucht oder entgegennimmt), anderen überläßt oder den Erwerb, den Vertrieb oder das Überlassen vermittelt."[597]

2. *Stellungnahme*

Zwar könnte gegen *Schwitters* Auffassung eingewandt werden, dass sich, anders als sonst bei potentiellen Gefährdungs- bzw. Eignungsdelikten üblich, aus dem Wortlaut des § 29 Abs. 1 S. 1 Nr. 1 BtMG die Eignung zur Gefährdung nicht entnehmen lässt. Zutreffend wird von *Schwitters* jedoch entgegnet, dass neben

593 *Schwitters* S. 146; a. A. BGHSt 30, 277 (278); 30, 359 (361); BVerfG, Nichtannahmebeschl. v. 24.10.1999 – 2 BvR 1906/99, Rn. 2 (juris).

594 *Schwitters* S. 159 ff.; zust. BGH NStZ 2004, 105 (108); dagegen BGH NStZ-RR 2004, 183 (184).

595 WaffG in der Fassung der Bekanntmachung v. 08.03.1976 (BGBl. I, S. 432 ff.; BGB. II 7133-3); der Waffenhandel ist in der heutigen Fassung in Anlage 1 (zu § 1 Abs. 4 WaffG) Abschnitt 2 Nr. 9 definiert.

596 *Schwitters* S. 162.

597 *Schwitters* S. 163; ergänzt mit subj. Komponente: BGH NStZ 2004, 105 (108).

den formellen auch materielle Eignungsdelikte anerkannt sind[598], deren Wortlaut – im Gegensatz zu ersteren – gerade nicht explizit auf die Geeignetheit rekurrieren.[599]

Das vom Autor präferierte Begriffsverständnis kann sich jedoch nur unvollständig in die bestehende Systematik des § 29 Abs. 1 S. 1 Nr. 1 BtMG einfügen, da es nur teilweise mit den übrigen im Klammerzusatz von § 29 Abs. 1 S. 1 Nr. 1 BtMG bezeichneten Tathandlungen korrespondiert. Wie der Autor zutreffend feststellt, fungiert das unerlaubte Handeltreiben in der derzeitigen Normfassung systematisch als Oberbegriff bezüglich der in § 29 Abs. 1 S. 1 Nr. 1 BtMG aufgezählten Tathandlungen, sofern sie auf dasselbe Betäubungsmittelumsatzgeschäft gerichtet sind.[600] Demnach muss das in der Norm zum Ausdruck kommende subordinative Verhältnis der Teilakte zum unerlaubten Handeltreiben von der Begriffsauslegung antizipiert werden, sodass alle in der Norm aufgezählten Tathandlungen grundsätzlich vom Begriff des unerlaubten Handeltreibens zu erfassen sind. Legt man nach *Schwitters* die Legaldefinition des Waffenrechts dem Handeltreiben zugrunde, wird offenbar, dass von diesem Begriff zumindest die Tathandlungen der Einfuhr, der Ausfuhr und des Sich-Verschaffens in sonstiger Weise von Betäubungsmitteln nicht erfasst werden, da sie unter keine der vom Autor in der obigen Definition aufgezählten Varianten fallen. Da das übergeordnete Verhältnis des Handeltreibens durch den Normwortlaut eindeutig zum Ausdruck gebracht wird und von dieser Auffassung nur teilweise umgesetzt werden kann, liegt es nahe, dass der Gesetzgeber bei Schaffung des derzeitigen Wortlauts der Norm nicht das Begriffsverständnis des WaffG übernommen wissen wollte.

Dieser ablehnende Standpunkt wird auch dadurch untermauert, dass für die Auffassung von *Schwitters* in den Gesetzgebungsmaterialen kein Anhaltspunkt erkennbar ist.[601] Der Gesetzgeber hat es zugunsten der von der Rechtsprechung entwickelten Auslegung des Betäubungsmittelhandels bewusst unterlassen[602], den Begriff mithilfe katalogisierter Tathandlungen einzugrenzen. Dieses legislatorische Unterlassen über den Deliktstypus des potentiellen Gefährdungs- bzw.

598 So auch *Hoyer* Eignungsdelikte S. 197 ff.; dagegen *Weber* § 29 BtMG, Rn. 272.

599 *Schwitters* S. 145.

600 *Schwitters* S. 173; zur Bewertungseinheit: BGHSt 25, 290 f.; BGH NJW 1979, 1259; BGH NJW 1981, 1325 (1326); BGH NStZ 2012, 517; BGH BeckRS 2018, 177069; ausführl. *Weber* Vor. § 29 ff. BtMG, Rn. 594 ff.; Körner/*Patzak* § 29 BtMG, Rn. 455 ff.

601 Ebenfalls *Weber* Handeltreiben, S. 466; *ders.* § 29 BtMG, Rn. 262.

602 Vgl. 2. Teil, A. III.

Eignungsdeliktes umgehen zu wollen, kann nicht überzeugen.[603] Im Übrigen ist gegen die Auffassung anzuführen, dass mit ihrer Hilfe mitnichten eine feste Definition des Handeltreibens geschaffen würde, da die Feststellung der Geeignetheit zur Gefahrverursachung schlussendlich doch kasuistisch in einer Einzelfallbetrachtung durch den Richter erfolgen soll, sodass mit dieser Auffassung in dogmatischer Hinsicht im Ergebnis nicht viel gewonnen wäre.

Weiterhin entspricht diese Auffassung nicht dem EU-Rahmenbeschluss, da zumindest die nach Art. 2 Abs. 1 EU-Rahmenbeschluss genannten strafbaren Handlungen der Ein- und Ausfuhr sowie des Beförderns nach *Schwitters* allenfalls einen Versuch des Handeltreibens darstellen, sodass sie gerade nicht zwingend den Tatbestand verwirklichen. Folglich kann aus den genannten Gründen der Auffassung von *Schwitters* nicht gefolgt werden.

VIII. Das Handeltreiben als Organisationsdelikt

Als einstweiligen Schlusspunkt in der Diskussion des Schrifttums um ein alternatives Begriffsverständnis vom Handeltreiben hat *Schnürer* vorgeschlagen, diese Begehungsform ausschließlich als Organisationsdelikt zu verstehen. In Anlehnung an die Arbeiten von *Schünemann* und *Morozinis*[604] soll durch diesen Deliktstypus lediglich das spezifische Unrecht des Organisationshandels strafrechtlich adäquat erfasst werden, sodass die Täter, welche die betrieblichen Abläufe der Organisation beherrschen, bestraft werden können. Insofern wird das von der Rechtsprechung entwickelte Verständnis des unerlaubten Handeltreibens (um die unterschiedlichen Ausprägungen der Organisationsherrschaft) in objektiver Hinsicht ergänzt und der Tatbestand insgesamt gleichfalls eingeschränkt.

1. *Die verschiedenen Ausprägungen von Organisationsmacht nach* Schnürer, Schünemann und Morozinis

Nach *Schnürer* ist das Handeltreiben mit Betäubungsmitteln „jede eigennützige, auf den Betäubungsmittelumsatz gerichtete Tätigkeit, in welcher Organisationsmacht im Hinblick auf das Gesamtgeschäft zum Ausdruck kommt“[605].

---

603 Ebenfalls *Oğlakcıoğlu* AT-BtMG S. 490 f.; *Weber* Handeltreiben, S. 466.

604 Vgl. LK-StGB/*Schünemann* 12. A. Vor. § 25 Rn. 16; *Morozinis* Organisationsdelikte, S. 558 ff.

605 *Schnürer* Gesamtgeschäft, S. 167.

Unter dem definitorischem (Zentral-)Begriff der Organisationsmacht in Bezug auf das Gesamtgeschäft versteht *Schnürer* nicht, dass eine Person mehrere Teilakte des Gesamtgeschäfts (wie den An- oder Verkauf von Betäubungsmitteln) selbst vorgenommen habe.[606] Organisationsmacht soll vielmehr erst dann vorliegen, wenn der Täter eine Verbindungsleistung bezüglich der einzelnen Teilakte des Gesamtgeschäftes erbringe. Die Ausführung des einzelnen Teilaktes sei für das Gesamtgeschäft nur von untergeordneter Bedeutung, da die übertragenen Aufgaben „leicht" auszuführen und die Handelnden zumeist austauschbar seien. „Charakteristisch für das Handeltreiben ist deshalb die Mittlerfunktion, welche durch den Organisationsakt zumindest zwei Teilakte zusammenführt; der Handeltreibende fungiert als Bindeglied zwischen den Einzelakten im Rahmen von Drogengeschäften."[607]

Für *Schünemann* hingegen kommt es auf eine Mittlerfunktion des Handeltreibenden nicht an; allein die Verrichtung einer betrieblichen Tätigkeit sei ausreichend, sofern diese mit einer gewissen organisatorischen Leitungs- und Entscheidungsmacht ausgeübt werde.[608] Weder wird von *Schünemann* konkret beschrieben, wie Leitungs- und Entscheidungsmacht in Art und Maß ausgestaltet sein muss[609], noch warum diese beim Kleindealer als „Einmannunternehmer" selbstverständlich gegeben sein soll[610].

Morozinis versuchte, den Ansatz von *Schünemann* fortzuentwickeln und näher zu konkretisieren. Nach ihm kann eine taugliche Tathandlung des Handeltreibens nur eine solche sein, die regelhafte Abläufe nach sich ziehe, aufgrund derer es zu konkreten Veräußerungsakten in Bezug auf Betäubungsmittel komme.[611] Zutreffenderweise geht *Morozinis* davon aus, dass eine tatsächliche Leitungsmacht lediglich dann denkbar sei, wenn auch mindestens ein Untergebener vorhanden sei, der eine Anweisung auszuführen habe. Folglich würde nach *Morozinis* der auf eigene Rechnung handelnde („Klein"-)Dealer nicht mit Betäubungsmitteln Handeltreiben können, selbst wenn er den Verkauf bzw. Umsatz von Rauschgift eigenhändig vornehme.

---

606 *Schnürer* Gesamtgeschäft, S. 159; dagegen h. M. BGHSt 51, 219 (223); BGH NStZ 2008, 285; BGH NStZ-RR 2012, 375; MüKo-StGB/*Oğlakcıoğlu* § 29 BtMG, Rn. 337.

607 *Schnürer* Gesamtgeschäft, S. 160; a. A. LK-StGB/*Schünemann* 13. A. § 14 Rn. 31, welcher auch für den Einmannunternehmer Handeltreiben annehmen würde.

608 LK-*Schnünemann* 13. A. § 14, Rn. 30; LK-StGB/*ders.* 12. A. Vor. § 25 Rn. 16.

609 *Morozinis* Organisationsdelikte, S. 581; *Schnürer* Gesamtgeschäft, S. 156.

610 LK-StGB/*Schünemann* 13. A. § 14 Rn. 31; a. A. *Schnürer* Gesamtgeschäft, S. 165 f.

611 *Morozinis* Organisationsdelikte, S. 583.

2. Stellungnahme

Zutreffend wird von den Vertretern des Handeltreibens als Organisationsdelikt erkannt, dass der aus Gewinnstreben handelnde Großtäter vom Handeltreiben erfasst werden muss. Verkannt wird jedoch, dass diese begriffliche Zielrichtung nur teilweise dem gesetzgeberischen Willen[612] entspricht. Es trifft nicht zu, dass sich „der Gesetzgeber [...] zu keinem Zeitpunkt ausdrücklich zum Inhalt des Begriffs geäußert“[613] hat. Wie bereits ausgeführt[614], stellte der Gesetzgeber gerade in Bezug auf die Begehungsformen des Organisierens und Leitens fest, dass diese unter den Begriff des Handeltreibens fallen, da nach ständiger Rechtsprechung unter dem Handeltreiben „jede eigennützige, auf Umsatz gerichtete Tätigkeit, auch die nur gelegentliche, einmalige oder bloß vermittelnde Tätigkeit“[615], zu verstehen sei. Da der Gesetzgeber durch diesen Bezug zum extensiven Begriffsverständnis sich selbiges explizit zu eigen gemacht hat, würde die geforderte objektive Einschränkung des Tatbestands ausschließlich auf das Organisieren und Leiten dem gesetzgeberischen Willen eindeutig zuwiderlaufen.

Die Kritik an der Lehre vom Handeltreiben als Organisationsdelikt erschöpft sich aber nicht nur in diesem historischen Argument, sondern sie ist auch in sprachlicher Hinsicht nicht vollends überzeugend. Zwar kann die Fügung „mit etwas Handel treiben“ linguistisch vertretbar ausschließlich in einem wirtschaftlichen Kontext erklärt werden. Dadurch kann das Handeltreiben durchaus auf „eine den Wirtschaftsprozess beschreibende Gesamttätigkeit [...] zur Verbindung von Produktion und Absatz“[616] reduziert werden. Dieser funktionale Ansatz ist in linguistischer Hinsicht vertretbar und hält sich somit auch innerhalb der möglichen Wortsinngrenze. Jedoch kann diese eingeschränkte Wortbedeutung der Fügung in sprachlicher Hinsicht im Ergebnis nicht überzeugen.

---

612 BRegE. BT-Drs. 8/3551, S. 35; i. d. S. auch Stn. BR. BT-Drs. 8/3551, S. 39, 45; ebenso Gegenäußerung d. BReg. BT-Drs. 8/3551, S. 51; BT-Sten. Ber. Bd. 117, S. 303, 306, 309; BRatE. BT-Drs. 12/989, S. 1, 30; *Slotty* ZRP 1981, 60 (64); *Körner* NStZ 2000, 95.

613 *Schnürer* Gesamtgeschäft, S. 195.

614 S. BRegE. BT-Drs. 12/3533, S. 18; zusf. 2. Teil, A. III.

615 BRegE. BT-Drs. 12/3533, S. 18; BGHSt 50, 252 (259); *Weber* § 29 BtMG, Rn. 169; *ders.* JR 2006, 139 (141); Körner/*Patzak* § 29 BtMG, Rn. 225; *Hügel/Junge/Lander/Winkler* § 29 BtMG, Rn. 4.1.1; *Franke/Wienroeder* § 29 BtMG, Rn. 22; *Patzak/Bohnen* S. 51; *Malek* Betäubungsmittelstrafrecht, S. 36; *Schäfer/Sander/van Gemmeren* Rn. 1758.

616 *Schnürer* Gesamtgeschäft, S. 188; zum Handel im funktionellen Sinne vgl. *Gabler* Wirtschaftslexikon, S. 1553; *Grüske/Schneider* Wörterbuch der Wirtschaft, S. 257; ausführl. hierzu *Müller-Hagedorn* Der Handel, S. 16 ff.; s. auch 2. Teil, E. I. 1.

Dies soll mit einem Vergleich zur Alltagssprache beispielhaft vor Augen geführt werden: Man wird allgemeinsprachlich schwerlich bestreiten können, dass eine Person, die an ihrem Wochenmarktstand Waren zum Kauf anbietet, verkauft und übereignet, ergo Handel mit eben diesen Waren betreibt. *Schünemann* und *Morozinis* würden diese Person jedoch dann nicht als Handeltreibenden ansehen, wenn sie absolut weisungsgebunden – innerhalb der vom Arbeitgeber getroffenen Entscheidungen – tätig wird[617]. Da man üblicherweise keinen Einblick in das arbeitsrechtliche Innenverhältnis der am Geschäftsleben Beteiligten hat und sich dieses häufig auch nicht aus den Umständen des Geschäfts ergibt, könnte in der Mehrzahl der Fälle in sprachlicher Hinsicht keine eindeutige Aussage dazu getroffen werden, ob eine Person mit einer Ware tatsächlich Handel treibt oder nicht. Richtig ist, dass die Person, die Leitungs- und Entscheidungsmacht über Waren bzw. ausführende Personen ausübt, auch sprachlich „mit etwas Handel treibt"; nur darf eben nicht die Begriffsauslegung des unerlaubten Handeltreibens auf diese anweisenden Handlungen reduziert werden, um nicht an der Sprachwirklichkeit vorbeizugehen. Die Begriffsauslegung muss vielmehr umgekehrt um diese organisativen Handlungen erweitert werden, um die Alltagssprache vollständig abbilden zu können. Insofern ist auch in linguistischer Hinsicht *Schnürers* Ansatz[618] in dessen Absolutheit zu kritisieren: Niemand würde auf den Gedanken kommen, einen Gewerbetreibenden, der seine selbstangebauten Produkte auf einem Wochenmarkt direkt vermarktet, nicht als Handeltreibenden respektive die von ihm verrichteten Tätigkeiten nicht als Handeltreiben zu bezeichnen. Genau diese allgemeinsprachlich unhaltbare Konsequenz muss *Schnürer* jedoch ziehen, da der „Einmannunternehmer", der vom Anbau bis Abverkauf alles eigenverantwortlich erledigt – somit überhaupt keine Verbindungsleistung erbringt –, nach seiner Lehre keinen Handel betreiben würde[619].

Auch in systematischer Hinsicht verbleibt diese Lehre im Unvollständigen. *Schnürer* stellt selbst fest, dass zwar nach der extensiven Definition des Handeltreibens „dieser Tatbestand die anderen Tatmodalitäten des § 29 Abs. 1 BtMG weitgehend" einschließe, diese aber dann zur Anwendung kämen, wenn die für das unerlaubte Handeltreiben erforderliche subjektive Zielrichtung nicht gegeben sei.[620] Demnach besteht zweifellos ein eigener tatbestandlicher

---

617 LK-StGB/*Schünemann* 13. A. § 14 Rn. 31, Vor. § 25 Rn. 16; *Morozinis* Organisationsdelikte, S. 583.

618 *Schnürer* Gesamtgeschäft, S. 186 ff.

619 *Schnürer* Gesamtgeschäft, S. 165 f.

620 *Schnürer* Gesamtgeschäft, S. 190.

Anwendungsbereich der übrigen Begehungsformen neben dem unerlaubten Handeltreiben. Somit ist es in systematischer Hinsicht – entgegen Schnürer – nicht indiziert, den Grundsatz der Redundanz – eine Norm darf nicht so weit ausgelegt werden, dass sie den Anwendungsbereich einer anderen völlig einschließt[621] – zu bemühen, um den Tatbestand des unerlaubten Handeltreibens zwingend restriktiver auszulegen. Im Übrigen ist die Lehre vom Handeltreiben als Organisationsdelikt nicht in der Lage, alle im Klammerzusatz von § 29 Abs. 1 S. Nr. 1 BtMG genannten Begehungsformen tatbestandlich zu erfassen, was der norminternen Systematik widerspricht.

Betrachtet man die weiteren Strafvorschriften des BtMG, wird ein weiterer Grund offenbar, das unerlaubte Handeltreiben nicht als Organisationsdelikt aufzufassen. Sofern man den Kern des Grundtatbestands des Handeltreibens bereits im Organisieren und Leiten erblickt und den Tatbestand kriminologisch auf die Strukturen der organisierten Kriminalität ausrichtet, bricht man das gesetzgeberische Leitbild[622] der Qualifikationen des bandenmäßigen Handeltreibens (§§ 30 Abs. 1 Nr. 1, § 30a Abs. 1 BtMG) zum Grundtatbestand herunter. Diese faktische Nähe zwischen Organisationsdelikt und Bandentat widerspricht nicht nur der gesetzgeberischen Diktion, sondern bringt die Vertreter dieser Lehre auch in Erklärungsnöte bezüglich der verschiedenen Unrechtsgehalte bzw. Strafrahmen von Grundtatbestand und Qualifikation. Da zumindest nach *Schünemann* und *Morozinis* bereits der Grundtatbestand – im Mindestmaß Geldstrafe in Höhe von fünf Tagessätzen (§ 40 Abs. 1 S. 2 StGB) – auf vertikale Entscheidungsstrukturen in einer Organisation und eine gewisse Austauschbarkeit der Ausführenden ausgelegt ist[623], kann schwerlich erklärt werden, worin konkret die deutliche Unrechtssteigerung der Qualifikation des bandenmäßigen Handeltreibens nach §§ 30 Abs. 1 Nr. 1, 30a Abs. 1 BtMG (Freiheitsstrafe nicht unter zwei bzw. fünf Jahren) erblickt werden soll.

Im Übrigen ist diese Auffassung nicht mehr mit den völker- und europarechtlichen Vorgaben vereinbar. Wie bereits ausgeführt[624] hat der nationale Gesetzgeber im Hinblick auf den weiten Begriff des Handeltreibens darauf verzichtet, alle durch das Suchtstoffübereinkommen (1988) bzw. durch den EU-Rahmenbeschluss pönalisierten Handlungen in das BtMG aufzunehmen.

---

621 *Puppe* Kleine Schule des juristischen Denkens, S. 129.

622 Vgl. insb. BT-Drs. 12/1989, S. 20, 30.

623 LK-StGB/*Schünemann* 13. A. § 14 Rn. 31, Vor. § 25 Rn. 16; *Morozinis* Organisationsdelikte, S. 583.

624 Vgl. 2. Teil, A. III.

Durch eine tatbestandliche Einschränkung des unerlaubten Handeltreibens als Organisationsdelikt würden das Anbieten, Feilhalten, Liefern, Versenden und Befördern nur unter ganz bestimmten Umständen strafbar sein. Nach *Schünemann* und *Morozinis* würden diese Tätigkeiten nur dann den Tatbestand erfüllen, wenn sie mit einer Leitungs- bzw. Entscheidungsmacht einhergehen.[625] Legt man *Schnürers* Auffassung zugrunde, würden diese Tätigkeiten nicht strafbar sein, sofern sie keine Verbindungsleistung beinhalten. Da nach Art. 3 Abs. 1 a) i), iii) Suchtstoffübereinkommen (1988) völkerrechtlich und nach Art. 2 Abs. 1 a), c) EU-Rahmenbeschluss unionsrechtlich diese Handlungen jedoch vollumfänglich unter Strafe zu stellen sind, verstoßen alle Spielarten des unerlaubten Handeltreibens als Organisationsdelikt gegen geltendes Völker- bzw. Europarecht. Folglich ist das unerlaubte Handeltreiben unter den derzeitigen normativen Rahmenbedingungen nicht als Organisationsdelikt aufzufassen.

E. Der Begriff des unerlaubten Handeltreibens auf dem Prüfstand der Auslegungsmethodik

Vor allem die Rechtsprechung beschränkte sich im Wesentlichen darauf, die von ihr selbst entwickelte Begriffsdefinition unter Bezugnahme auf frühere Entscheidungen bzw. die herrschende Kommentarliteratur[626] zu bestätigen, ohne sie methodisch vollumfänglich zu begründen.[627] Daher soll im folgenden Abschnitt der Begriff des unerlaubten Handeltreibens mit Betäubungsmitteln den anerkannten Auslegungskanones[628] zugeführt werden, um zu ergründen, ob es sich bei der von der Rechtsprechung postulierten Definition um eine Auslegung contra legem handelt oder ob sie auch dogmatisch überzeugend begründet werden kann.

---

625 LK-*Schnünemann* § 14, Rn. 30; LK-StGB/*Schünemann* 13. A. Vor. § 25 Rn. 16; *Morozinis* Organisationsdelikte, S. 581.

626 Methodisch zutreffend krit. *Krumdiek/Wesemann* StV 2006, 634 (636).

627 BGH NJW 1979, 1259; BGH NStZ 1988, 507; BGH StV 1993, 474; BGH StV 1999, 427 ff.; BGH NStZ-RR 2001, 148; BGH NStZ 2013, 546 (547); anders BGHSt 50, 252 (256).

628 Vgl. SK-StGB/*Jäger* § 1 Rn. 63 ff.; MüKo-StGB/Schmitz § 1, Rn. 79 ff.

I. Die grammatikalische Auslegung

„Alle Auslegung fängt beim Worte an."[629] In Rechtsordnungen des geschriebenen Rechts sind für die Auslegung somit gerade nicht ein oder mehrere vorher ergangene obergerichtliche Entscheidungen, sondern vielmehr die Worte des Gesetzes maßgebend[630]. Mit der grammatikalischen Auslegung soll der hinter dem gesetzlichen Wortlaut stehende Wortsinn ermittelt werden[631], welcher in verfassungsrechtlicher Hinsicht die äußerste Grenze der möglichen Interpretation einer Strafvorschrift bildet.[632] Da der Begriff des unerlaubten Handeltreibens im BtMG nicht legaldefiniert ist und ein anderer (übertragbarer[633]) juristischer Fachsprachgebrauch nicht existiert, kann die Streitfrage[634], welcher Sprachgebrauch zur Ermittlung des Wortsinnes heranzuziehen ist, dahingestellt bleiben. Mangels anderer Alternativen zum Erkenntnisgewinn ist vielmehr darauf abzustellen, was in der Alltagssprache aus Sicht des Normadressaten unter dem Handeltreiben allgemein verstanden wird. Da nach *Wittgenstein* die Bedeutung eines Wortes sein Gebrauch in der Sprache ist[635], liegt es in der Natur der Sache begründet, dass bestimmte Wörter in der Alltagssprache nur äußerst selten in einer ausschließlichen Art und Weise gebraucht werden, sondern dass ihnen in den meisten Fällen mehrere, teils verschiedene Bedeutungen

---

629 BGHSt 3, 262; zust. BGHSt 29, 204 (206); SK-StGB/*Jäger* § 1 Rn. 63; LK-StGB/*Dannecker* 13. A. § 1 Rn. 298; zust. *Maurach/Zipf* AT I § 9 Rn. 18.

630 BVerfG NJW 1990, 1593; BVerfG NJW 2011, 836 (838); *Larenz* S. 320 ff., 366; *Meier/Jocham* JuS 2016, 392 (393); *Schenke* DStR-Beih 2011, 54 (55).

631 MüKo-StGB/*Schmitz* § 1 StGB, Rn. 81; SK-StGB/*Jäger* § 1 Rn. 63; krit. u. a. *Hassemer* Tatbestand und Typus, S. 96 ff., 124 f.

632 So bereits RGSt 12, 371 f.; ferner BGHSt 4, 144 (148); 10, 157 (159 f.); BVerfGE 47, 109 (121); 87, 209 (224); 105, 135 (157); 110, 226 (248); zust. MüKo-StGB/*Schmitz* § 1, Rn. 80; NK-StGB/*Hassemer/Kargl* § 1 Rn. 78 ff.; SK-StGB/*Jäger* § 1 Rn. 66; Matt/Renzikowski/*Basak* § 1 StGB, Rn. 21; *Roxin/Greco* AT I § 5 Rn. 28; *Cornelius* GA 2015, 101 (118); a. A. BGHSt 6, 394 (396); 10, 375 f.; *Stratenwerth/Kuhlen* § 3 Rn. 34; vgl. hierzu bereits 2. Teil, B. III. 1.

633 Vgl. bereits zum sprachlichen Unterschied der Legaldefinitionen des „Handelsgewerbes" i. S. d. § 1 Abs. 2 HGB bzw. des „Waffenhandels" i. S. d. Abschn. 1 Nr. 9 Anlage 1 (zu § 1 Abs. 4 WaffG); zust. *Schlage* Ad Legendum 2012, 257 (258); a. A. offenbar *Niehaus* JR 2005, 192 (195).

634 M. w. N. SK-StGB/*Jäger* § 1 Rn. 63; Lackner/Kühl/*Heger* § 1 StGB, Rn. 6; NK-StGB/*Hassemer/Kargl* § 1, Rn. 106 a; MüKo-StGB/*Schmitz* § 1 Rn. 81; LK-StGB/*Dannecker* 13. A. § 1 Rn. 302 f.; *Jescheck/Weigend* AT, S. 155; *Larenz* S. 320 ff.

635 *Wittgenstein* Philosophische Untersuchungen § 43.

beigemessen werden. Dessen ungeachtet soll, um die grammatikalische Auslegung nicht gänzlich in das jeweilige subjektive „Sprachempfinden" des einzelnen Normadressaten abgleiten zu lassen und gleichfalls der damit einhergehenden Beliebigkeit dieser Auslegungsmethode entgegenzutreten, im Rahmen dieser Untersuchung mittels der gängigen Wörterbücher der Gebrauch des Wortes Handeltreiben ergründet und somit dessen Bedeutung bzw. dessen Wortsinn bestimmt werden.

1. *Die isolierte Einzelbetrachung der Wortbedeutungen von „Handel" und „treiben"*

Aus dem Grundtatbestand des § 29 Abs. 1 S. 1 Nr. 1 BtMG ergibt sich bereits auf den ersten Blick eine duale Struktur des unerlaubten Handeltreibens. Der Wortlaut des Gesetzes stellt gerade nicht auf eine Substantivierung „Handeltreiben", sondern vielmehr auf die Fügung „mit etwas Handel treiben" ab. Insofern liegt es nahe, zunächst die einzelnen Wortbedeutungen des Nomens „Handel" und des Verbes „treiben" näher zu untersuchen.

a) Die Wortbedeutung des Nomens „Handel"

Das Wort „Handel" wurde bereits im Jahr 1877 in dem von den Gebrüdern *Jacob* und *Wilhelm Grimm* begründeten Deutschen Wörterbuch beschrieben. Demnach sei (im allgemeinsten Sinn) unter Handel jede Arbeit oder Verrichtung zu verstehen, die mit den Händen betrieben und ausgerichtet werde, sofern sie auf eine gewisse Dauerhaftigkeit bzw. Wiederholung angelegt sei.[636] Spuren dieses allumfassenden Begriffes mögen zwar in seltenen Ausnahmefällen (zu nennen wäre der Rauf-, Streit- oder Liebeshandel) im allgemeinen Sprachverständnis noch rudimentär vorhanden sein, überwiegend wird jedoch der „Handel" in einen ökonomischen Kontext gesetzt.

So wird die Wortbedeutung des „Handels" zum Teil als „Kaufen und Verkaufen"[637] von Waren und Wirtschaftsgütern beschrieben. Nach anderer Auffassung bedeutet „Handel" im funktionellen Sinn[638], dass sich Marktteilnehmer Güter, die sie in der Regel nicht selbst wesentlich be- oder verarbeiten, von

---

636 *Grimm/Grimm* Deutsches Wörterbuch Bd. 10 Sp. 379, zur digitalisierte Fassung vgl. https://www.woerterbuchnetz.de/DWB, abgerufen am 28.05.2023.

637 *Hermann* Knaurs Großes Wörterbuch, S. 461.

638 *Gabler* Wirtschaftslexikon, S. 1553; *Grüske/Schneider* Wörterbuch der Wirtschaft, S. 257; ausführl. hierzu *Müller-Hagedorn* Der Handel, S. 16 ff.

anderen Marktteilnehmern beschaffen und diese an Dritte absetzen.[639] Folglich wird von dieser Auffassung der Fokus vom Verpflichtungsgeschäft auf das Verfügungsgeschäft – den Umsatz von Handelswaren – verlagert.[640] Andere verstehen wiederum den Handel weitaus globaler, indem sie darunter auch schlicht ein Geschäft[641], „Geschäfte machen [bzw.] ein Geschäft betreiben"[642], welches auf einen Warenumsatz, also auf die Vermittlung zwischen Erzeugung und Verbrauch von Gütern, gerichtet ist[643]. Demnach wird unter dem Begriff des Handels im weiteren funktionellen Sinne jede Mitwirkung am Austausch (nicht Schenkung) von Wirtschaftsgütern zwischen Wirtschaftssubjekten verstanden.[644]

Gegen die erstgenannte Auffassung ist anzuführen, dass nach dem allgemeinen Sprachgebrauch vom Handel (wohl) auch Tauschgeschäfte umfasst sind, sodass diese ausschließlich auf den Kaufvertrag zugeschnittene Wortbedeutung das allgemeine Sprachverständnis nur unzureichend abbilden dürfte.[645] Gegen die streng auf die Handelsware bzw. auf die Bewirkung eines Handelswarenumsatzes bezogene Wortbedeutung spricht, dass teilweise allgemeinsprachlich von Handel gesprochen wird, ohne dass tatsächlich Waren direkt beschafft bzw. um- oder abgesetzt werden[646] (z. B. Vermittlung von Handelsgeschäften beim Zwischen- oder Transithandel).

Demgegenüber erscheint lediglich das letztgenannte globale Begriffsverständnis vom Handel (im weiteren funktionellen Sinn) im Ergebnis überzeugend, um den allgemeinen Sprachgebrauch realitätsgetreu und umfassend abzubilden, da in dieser allgemeinen Fassung sowohl die unterschiedlichen Handelsgeschäfte als auch die überaus verschiedenen Handelstätigkeiten (An- und Verkauf, Vermittlung bzw. den Handel unterstützende bzw. vorbereitende Tätigkeiten) vor dem Begriff erfasst werden können.

---

639 Vgl. *Zwahr* Brockhaus Enzyklopödie S. 799; *Gabler* Wirtschaftslexikon, S. 1553; *Schnürer* Gesamtgeschäft, S. 187 f.

640 Darauf offenbar rekurrierend *Roxin* StV 1992, 517 (519); *ders.* StV 2003, 619 (620); *Harzer* StV 1996, 335 (336); *Paul* StV 1998, 623 (625); weitergeh. *Schnürer* Gesamtgeschäft, S. 188.

641 Brockhaus/*Wahrig-Burfeind* 9. A. S. 670.

642 *Kunkel-Razum* Duden, Das Bedeutungswörterbuch, S. 455; *Scholze-Stubenrecht/Pescheck* Duden, 8. A. S. 789; auch *Zwahr* Brockhaus Enzyklopädie S. 799 *Müller-Hagedorn* Der Handel, S. 15 ff. *Grüske/Schneider* Wörterbuch der Wirtschaft, S. 257.

643 *Grüske/Schneider* Lexikon der Wirtschaft, S. 257.

644 Hierzu *Müller-Hagedorn* Der Handel, S. 16 ff.

645 Ebenso *Ebert* Handeltreiben, S. 33.

646 Vgl. auch BGH NStZ 2004, 105 (107).

b) Die Wortbedeutung von „treiben"

Das Verb „treiben" soll demgegenüber schlicht „etwas tun, sich mit etwas beschäftigen"[647] bzw. „etwas machen, tätigen, verrichten"[648] bedeuten. Zum Teil wird dieser Wortbedeutung der Zusatz beigefügt, dass das Beschäftigen zum Zwecke des Erwerbs erfolgen müsse.[649] Der „Erwerb" wird offenbar jedoch nicht ausschließlich als tatsächlicher (Handels-)Warenerwerb verstanden, da als Beispiele für die Bedeutung dieser Fügung auch „Sport, Mathematik bzw. Unzucht treiben" in den Wortbedeutungsbüchern aufgeführt werden.[650] Obwohl die Zweckrichtung nicht direkt auf den (Handels-)Warenerwerb gerichtet sein muss, wird durch das Verb „treiben" immerhin eine gewisse Finalität intendiert, welche sich dahingehend auswirkt, dass lediglich eine zielgerichtete Beschäftigung bzw. Verrichtung den Wortsinn des Verbes „treiben" charakterisiert.[651]

Fügt man diese soeben dargestellten Einzelwortbedeutungen zusammen, kann festgehalten werden, dass der Wortsinn der Fügung „mit etwas Handel treiben" darin besteht, dass jemand sich mit dem Geschäftemachen bzw. mit dem Betrieb eines Geschäftes zielgerichtet beschäftigt. Insofern wären von der Fügung her neben dem An- und Verkauf durchaus auch vor- oder nachbereitende Handlungen wie Werbung, Akquisition, Lagerung, An- und Auslieferung sowie die Buchhaltung der Geschäftsvorgänge erfasst.

2. Die Wortbedeutung der Fügung „mit etwas Handel treiben"

Da die Sprache nicht vollständig logisch-mathematisch erklärbar ist, kann die Bedeutung einer Fügung nicht allein aus der Summe ihrer Teile hergeleitet werden. Dessen ungeachtet ist diese Methode geeignet, sich in sprachlicher Hinsicht zumindest der Thematik anzunähern. Sofern jedoch aus den Wörterbüchern mehr oder weniger „feste" Bedeutungen zu entnehmen sind, sind diese als

---

647 *Scholze-Stubenrecht/Pescheck* Duden, 8. A. S. 1785; *Kunkel-Razum* Duden, Das Bedeutungswörterbuch, S. 898; *Hermann* Knaurs Großes Wörterbuch, S. 966; zust. BVerfG NJW 2007, 1193; Schnürer Gesamtgeschäft, S. 187.

648 *Kunkel-Razum* Duden, Das Bedeutungswörterbuch, S. 898.

649 *Kunkel-Razum* Duden, Das Bedeutungswörterbuch, S. 898; *Drosdowski* Meyers Enzyklopädisches Lexikon, S. 2622.

650 *Kunkel-Razum* Duden, Das Bedeutungswörterbuch, S. 898; anders *Drosdowski* Meyers Enzyklopädisches Lexikon, S. 2622.

651 *Ebert* Handeltreiben, S. 32 ff.; zust. *Schnürer* Gesamtgeschäft, S. 187; dazu ausdrückl. BVerfG NJW 2007, 1193: „Vom Wortsinn („Treiben" als auf Handel gerichtetes Tun)"; zust. *Weber* § 29 BtMG, Rn. 214.

vorrangiger semantischer Maßstab heranzuziehen. Daneben kann die isolierte Einzelbetrachtung als ein Korrektiv zur Überprüfung der in den Wörterbüchern niedergelegten (Gesamt-)Wortbedeutung fungieren.

Teilweise wird die Fügung „mit etwas Handel treiben“ synonym mit dem Verb „(mit etwas) handeln“ verwendet.[652] Dies hat zur Folge, dass die Begriffsbedeutung darauf reduziert wird, dass bestimmte Waren gewerblich verkauft bzw. zum Kauf angeboten werden.[653] Dass der gewerbliche Verkauf ein wesentliches Kriterium des Handeltreibens darstellen mag, soll nicht bestritten werden. Zweifelhaft erscheint jedoch, dass die Bedeutung des Handeltreibens ausschließlich auf den gewerblichen Verkauf beschränkt sein soll, da diese Wortbedeutung allgemeinsprachlich lediglich einen kleinen Ausschnitt der typischen Tätigkeit eines Handeltreibenden abbildet. So würde beispielsweise der in den meisten Fällen jedem Verkauf vorausgehende Erwerb einer entsprechenden Ware von dem Begriff nicht erfasst, was schwerlich zu erklären wäre und somit dem allgemeinen Sprachgebrauch zuwiderlaufen dürfte. Insofern kann dieses enge Begriffsverständnis nur als ein Beispiel unter vielen möglichen Wortbedeutungen angesehen werden, welches jedoch nicht geeignet erscheint, die konkrete Wortbedeutung („mit etwas Handel treiben“) abschließend zu beschreiben.

Auch der Versuch, die Wortbedeutung des „Handeltreibens“ vom Ver- auf den Ankauf auszudehnen[654], verbleibt im Unvollständigen. Um dies zu veranschaulichen, genügt bereits der Blick eines objektiven Beobachters auf das gewöhnliche Treiben auf einem Wochenmarkt:

Man wird umgangssprachlich schwerlich bestreiten können, dass eine Person, die ihre Waren zu einem Wochenmarkt transportiert, auf diesem einen Marktstand aufbaut, seine Güter gegenüber potentiellen Kunden lautstark bewirbt, Verträge schließt und am Ende des Tages das Übriggebliebene wieder in sein Lager schafft, bei all diesen – vom eigentlichen An- und Verkauf (mehr oder weniger weit) entfernten – Tätigkeiten als ein Handeltreibender zu bezeichnen ist, sodass folglich die einzelnen Tätigkeiten durchaus als „mit etwas Handel treiben“ semantisch erfasst werden können. Da die soeben aufgeführten Tätigkeiten eines Handeltreibenden beliebig für die verschiedenen Geschäftsmodelle

---

652 *Hermann* Knaurs Großes Wörterbuch, S. 461; *Kunkel-Razum* Duden, Das Bedeutungswörterbuch, S. 455; zust. *Schwitters* S. 46 f.; *Schnürer* Gesamtgeschäft, S. 187; a. A. BGH, Beschl. v. 22.01.2004 – 5 Ars 46/03, Rn. 7 (juris).

653 Vgl. Brockhaus/Wahrig-Burfeind 9. A. S. 790; *Hermann* Knaurs Großes Wörterbuch, S. 461; a. A. *Schnürer* Gesamtgeschäft, 188.

654 *Hermann* Knaurs Großes Wörterbuch, S. 461; zust. wohl *Schwitters* S. 47 f.

erweitert werden könnten, ist es umgangssprachlich konsequent, der Fügung „mit etwas Handel treiben" eine ebenso geartete sprachliche Flexibilität beizumessen, welche über den schlichten An- und Verkauf deutlich hinausgeht.

Nach anderer Auffassung wird die Bedeutung der Fügung „mit etwas Handel treiben" hingegen in jedem kaufmännischen Geschäftemachen[655] erblickt. Dadurch wird die Begriffsbedeutung einerseits in Bezug auf die Tätigkeit – wie im Rahmen der Betrachtung der Einzelwortbedeutungen bereits dargelegt – erweitert, da nur noch ein Geschäftsbezug, nicht jedoch eine Beziehung zum An- und Verkauf bzw. zum Warenumsatz erforderlich ist. Andererseits wirkt diese Wortbedeutung gleichfalls einschränkend, da dadurch der Bezug zum Kaufmann prominent in den Vordergrund gerückt wird, sodass nur berufsmäßige Kaufleute imstande wären, mit etwas Handel zu treiben.[656] Durch diese Einschränkung ist die Wortbedeutung für die Untersuchung des Handeltreibens mit Betäubungsmitteln jedoch wenig förderlich, auch wenn der Bezug zur Berufsmäßigkeit und somit zur Kaufmannseigenschaft in anderen – legalen – Zusammenhängen durchaus zutreffen mag. Im konkreten semantischen Bezug zu Betäubungsmittelgeschäften ist diese Beschreibung jedoch ungeeignet[657], da der allgemeine Sprachgebrauch den mit Betäubungsmitteln Handeltreibenden nicht als einen Kaufmann titulieren würde.

Nach anderer Ansicht wird die Fügung „mit jemandem Handel treiben" deutlich weniger einschränkend dahingehend verstanden, dass eine Person mit einer anderen immerhin in Geschäftsverkehr stehen müsse.[658] Gegen diesen verstärkt auf den Handelspartner und die daraus resultierende Geschäftsverbindung ausgerichteten Erklärungsversuch kann jedoch angeführt werden, dass nicht recht einleuchtet, weshalb eine Geschäftsverbindung für das Handeltreiben zwingend sein solle, sodass der (noch) erfolglose „Händler" ohne eine Geschäftsbeziehung begrifflich noch keinen Handel treibt. Zur Veranschaulichung dieser Dissonanz kann wiederum das Beispiel vom Wochenmarktstandbetreiber herangezogen werden. Es wird sprachlich schwerlich angezweifelt werden können, dass ein Beobachter der oben geschilderten Tätigkeiten des Wochenmarktstandbetreibers

---

655 *Pekrun* Das Deutsche Wort; S. 305; zum Teil auch *Kunkel-Razum* Duden, Das Bedeutungswörterbuch, S. 455; in diese Richtung bereits BGHSt 30, 277 (278): „ein Verhalten […], das dem Tätigkeitsbereich eines Händlers zugerechnet werden kann".

656 BGHSt 30, 277 (278 f.): „Erforderlich sind aber Tätigkeiten, die bei natürlicher Betrachtung solche eines Händlers sind."; explizit a. A. BGHSt 30, 359 (361 f.); BGH NStZ 1993, 44 (45); *Weber* NStZ 2004, 66 (68); Körner/*Patzak* § 29 BtMG, Rn. 230.

657 Zust. Körner/*Patzak* § 29 BtMG, Rn. 230.

658 *Drosdowski* Meyers Enzyklopädisches Lexikon, S. 1141.

diesen als einen Händler und die von ihm ausgeführten Tätigkeiten als „Handeltreiben" bezeichnen würde, obwohl seine Anwerbeversuche von den Kunden überhaupt nicht beachtet wurden und er somit alle seine ausgelegten Waren wieder ins Lager zurückbringen muss. Ohne Zweifel sind die Tätigkeiten, die sich aus bestehenden Geschäftsverbindungen ergeben, für den Begriff des Handeltreibens wesentlich. Dieses Merkmal zum alleinigen sprachlichen Abgrenzungskriterium zu erheben, erscheint jedoch deutlich zu eingeschränkt, sodass auch diese Ansicht die Wortbedeutung der Fügung „mit etwas Handel treiben" nur unvollständig abbildet.

Insofern kann zusammengefasst werden, dass in sprachlicher Hinsicht für die Fügung „mit etwas Handel treiben" den entsprechenden Nachschlagewerken keine eindeutige Wortbedeutung entnommen werden kann, die in der Lage ist, die verschiedenen, umgangssprachlich unter dem Handeltreiben verstandenen Tätigkeiten zu erfassen. Da folglich auf keine eindeutige (Gesamt-) Wortbedeutung zurückgegriffen werden kann, verbleibt lediglich, das anhand der isolierten Einzelbetrachtung ermittelte Ergebnis heranzuziehen. Demzufolge wurde der Wortsinn der Fügung „mit etwas Handel treiben" dahingehend bestimmt, sie bedeute allgemein, dass jemand sich mit dem Geschäftemachen bezüglich bestimmter Wirtschaftsgüter bzw. mit dem Betrieb eines Geschäftes zielgerichtet beschäftigt. Im Gegensatz zu den semantisch unvollständigen Erklärungsansätzen ist diese extensive Wortbedeutung in der Lage, die vollständige begriffliche Bandbreite der Fügung „mit etwas Handel treiben" sprachlich adäquat abzubilden. Konsequenz des extensiven semantischen Gehalts ist, dass auch Handlungen, die sich nicht ausschließlich in dem An- und Verkauf bzw. dem Warenumsatz erschöpfen, sondern diesem vorausgehen bzw. nachfolgen, in semantischer Hinsicht ein „Handeltreiben" bedeuten können.

3. *Keine Überschreitung des Wortsinnes durch das herrschende extensive Begriffsverständnis*

Mittels der grammatikalischen Auslegungsmethode wurde die offene Bedeutung der Fügung „mit etwas Handel treiben" herausgeschält, welche in rechtlicher Hinsicht ein extensives Begriffsverständnis intendiert.[659] Die durch die Rechtsprechung entwickelte Auslegung des „Handeltreibens" als „jede eigennützige,

659 BGH NStZ 1998, 251 (252); BGH, Beschl. v. 22.01.2004 – 5 Ars 46/03, Rn. 7 (juris); BVerfG NJW 2007, 1193.

auf den Umsatz von Betäubungsmitteln gerichtete Tätigkeit“[660] ist zwar stark subjektiv ausgerichtet, jedoch ebenfalls deutlich auf die ausgeübte Tätigkeit und somit im Ergebnis auf den Umsatz fokussiert, sodass allein die Vornahme einer bestimmt gearteten Verrichtung für ein Handeltreiben genügt. Dieser finale Aktivitätsbezug der Fügung „mit etwas Handel treiben“ wird von *Ebert* darüber hinaus anhand der folgenden Beispielsätze anschaulich verdeutlicht: „Er handelt mit Computern.“ bzw. „Er treibt mit Computern Handel.“. Der durch dieses Beispiel pointierte sprachliche Unterschied ist zutreffend darin zu erblicken, dass mit dem ersten Satz vorrangig die Handelsware bzw. das Handelsobjekt betont wird, letzterer hingegen den Fokus verstärkt auf die ausgeführte Tätigkeit an sich legt.[661] Dieser Unterschied tritt aus den Strafvorschriften der §§ 29 ff. BtMG dadurch in sprachlicher Hinsicht zutage, dass gerade nicht das „mit Betäubungsmitteln handeln“, sondern das „mit Betäubungsmitteln Handel treiben“ zur Grundlage der gesetzlichen Regelung gemacht wurde.[662] Insofern hält sich das extensive Begriffsverständnis der Rechtsprechung immerhin noch in den Grenzen der weitestmöglichen sprachlichen Bedeutung der Fügung „mit etwas Handel treiben“, sodass deren möglicher Wortsinn des Begriffs durch das extensive Begriffsverständnis der Rechtsprechung nicht überschritten wurde.[663]

Demgegenüber wurde, wie bereits ausgeführt, vor allem aus dem Schrifttum[664] teilweise überaus vehement vertreten, dass das extensive Begriffsverständnis

---

660 Vgl. RGSt 51, 379 (380); 54, 94; BGHSt 6, 246 (247); 50, 252 (258); BGH StV 1992, 517; BGH StV 1999, 427; BGH StV 2005, 666 (668); BGH NStZ 2013, 546 (547 f.); BVerfG NJW 2007, 1193 f.; Körner/*Patzak* § 29 BtMG, Rn. 225; *Weber* § 29 BtMG, Rn. 169.

661 *Ebert* Handeltreiben, S. 31 ff.

662 So auch BVerfG NJW 2007, 1193; zust. *Weber* § 29 BtMG, Rn. 214.

663 BVerfG, Nichtannahmebeschl. v. 25.02.1993 – 2 BvR 2229/92, Rn. 2 f. (juris); BVerfG, Nichtannahmebeschl. v. 24.10.1999 – 2 BvR 1906/99, Rn. 2 (juris); BGH, Beschl. v. 22.01.2004 – 5 Ars 46/03, Rn. 7 (juris); BVerfG NJW 2007, 1193; unveröff. Beschl. d. BGH v. 15.06.1999 – 1 StR 56/99 zit. n. *Winkler* NStZ 2000, 247 (248); BGHSt 50, 252 (262); zust. *Ebert* Handeltreiben S. 36; *Paul* StV 1998, 623 (624 f.); *Gaede* StraFo 2003, 392 (393); *Weber* § 29 BtMG, Rn. 211 ff.; diff. *Niehaus* JR 2005, 192 (193 f.); a. A. *Krack* JuS 1995, 585 (586); *Harzer* StV 1996, 336 (337); *Schwitters* S. 46 ff.; *Endriß/Kinzig* NJW 2001, 3217 (3218 f.); *Roxin* StV 2003, 619 (620 f.) *Krumdiek/Wesemann* StV 2006, 634 (636); LK-StGB/*Schünemann* 13. A. Vor. § 25 Rn. 16.

664 So *Krack* JuS 1995, 585 (586 f.); *Harzer* StV 1996, 336 (337); *Schwitters* S. 46 ff.; *Gaede* StraFo 2003, 392 (393 f.); *Gaede* HRRS 2004, 165 (168 f.); *Roxin* StV 2003, 619 (620 f.); *Krumdiek/Wesemann* StV 2006, 634 (636), krit. BGH NStZ 2004, 105 (107); teilweise auch *Schnürer* Gesamtgeschäft, S. 189.

der Rechtsprechung die Grenze des möglichen Wortsinns des „Handeltreibens“ überschreite, sodass bereits der objektive Tatbestand einer Einschränkung bedürfe. Vor allem die von *Roxin* und *Harzer* vorgeschlagene tatbestandliche Restriktion[665] über einen tatsächlich vom Täter bewirkten Betäubungsmittelumsatz – als Übertragung von Betäubungsmitteln von einer auf eine andere Person – ist in sprachlicher Hinsicht zwar vertretbar[666], aber nicht zwingend und kann aus den bereits genannten Gründen im Ergebnis nicht überzeugen.

Teilweise wird gegen das weite Begriffsverständnis auch angeführt, dass es insofern den möglichen Wortsinn überschreite, als es auch den Diebstahl und den Raub von Betäubungsmitteln[667] als Formen des Handeltreibens erfasst.[668] Diese Kritik ist in sprachlicher Hinsicht teilweise berechtigt, da man allgemeinsprachlich schwerlich behaupten könne, dass der Gewahrsamsbruch eine typische Tätigkeit von Wochenmarktstandbetreibern – um bei diesem Beispiel zu bleiben – darstelle. Jedoch missachtet diese Auffassung, dass das im Gesetzeswortlaut von § 29 Abs. 1 S. 1 Nr. 1 BtMG festgelegte Handelsobjekt – Betäubungsmittel – den vom Handeltreiben erfassten Tätigkeiten auch sprachlich ein anderes Gepräge zuerkennt. Da sich für den „Betäubungsmittelgenusskonsum“ das gesamte Geschehen außerhalb der erlaubten Handelstätigkeit (§ 3 ff. BtMG) in der Illegalität bewegt und ein abgeleiteter – rechtmäßiger – Betäubungsmittelerwerb zum Genusskonsum zivilrechtlich (derzeit) nicht möglich ist, ist der Vergleich mit den von einem „ehrbaren“ Kaufmann typischerweise verrichteten Tätigkeiten nicht zielführend.[669] Vielmehr hat das illegale Handelsobjekt auch Auswirkungen auf die vom illegalen Händler ausgeübten Handlungen und ist somit in der Lage, den möglichen Wortsinn der Fügung „mit etwas Handel treiben“ insgesamt zu erweitern. Man wird nicht bestreiten können, dass die gelebten Geschäftsgepflogenheiten und -praktiken bezüglich

---

665 *Roxin* StV 1992, 517 (519); *ders.* StV 2003, 619 (620); *Harzer* StV 1996, 335 (336); zust. *Paul* StV 1998, 623 (625); Kreuzer/*Nestler* § 11 Rn. 365; *Hecker* NStZ 2000, 208 (210).

666 So *Zwahr* Brockhaus Enzyklopödie S. 799; zust. *Roxin* StV 1992, 517 (519); *ders.* StV 2003, 619 (620); *Harzer* StV 1996, 335 (336); *Paul* StV 1998, 623 (625); weitergeh. *Schnürer* Gesamtgeschäft, S. 188; dagegen u. a. BGH NStZ 2004, 105 (107).

667 Vgl. hierzu 1. Teil, B. II. 2. b); zur Straflosigkeit der Zueignung des Betäubungsmittelbesitzes ausführl. *Hoyer* FS-Fischer 361 (365 ff.).

668 *Ebert* Handeltreiben, S. 147 ff.; zust. *Schnürer* Gesamtgeschäft, S. 189; a. A. BGH NStZ 1981, 263; BGHSt 30, 359 (361 f.); BGH NStZ 1993, 44 (45); BGH NStZ-RR 2015, 280 (281); zust. *Weber* § 29 BtMG, Rn. 218, 524 f.

669 Körner/*Patzak* § 29 BtMG, Rn. 230; a. A. *Ebert* Handeltreiben, S. 149 f.; *Schnürer* Gesamtgeschäft, S. 189.

bestimmter Wirtschaftsgüter sich deutlich voneinander unterscheiden können. Insofern macht es einen allgemeinsprachlichen Unterschied, ob jemand mit Diebesgut, Waffen bzw. Betäubungsmitteln oder eben mit Stangenspargel Handel treibt. Demnach kann der Wortsinn der Fügung „mit etwas Handel treiben" nicht ohne das betreffende Handelsobjekt zutreffend erfasst werden. Ferner entsprechen die üblichen („Geschäfts-")Tätigkeiten eines Schmugglers (das Verstecken der Waren in Fahrzeugen, am oder im Körper bzw. das Bestechen von Zöllnern usw.) gewiss nicht dem Bild eines üblichen Kaufmannes und doch wird alltagsprachlich der Schmuggel bzw. anderer Schwarzhandel mit dem Wort „Handel" konnotiert. Wenn man nun einmal bei der Erfassung der Wortbedeutung das „Bild des [ehrbaren] Händlers"[670] verworfen hat, wird offenbar, dass es auch sprachlich für die Annahme eines Handeltreibens bei der Gewahrsamsbegründung an den Betäubungsmitteln keinen (großen) Unterschied machen kann, ob das Rauschgift durch einen Gewahrsamsbruch oder mehr oder weniger „einverständlich" durch das Inaussichtstellen von (Todes-)Drohungen den Gewahrsamsinhaber wechselt. Wie ausgeführt, sind die dem Handeltreiben unterfallenden Tätigkeiten in sprachlicher Hinsicht äußerst vielgestaltig und erschöpfen sich gerade nicht in einem konsensualen An- und Verkauf, sondern gehen über diesen deutlich hinaus. Folglich kann es in semantischer Hinsicht nicht überzeugen, die Annahme des Handeltreibens davon abhängig zu machen, dass die Beschaffung der Handelsware – noch dazu wenn es sich um Betäubungsmittel handelt – konsensual erfolgen müsse.[671] Wie soeben erörtert, wird durch den Teil der Fügung „Treiben" als finale Beschäftigung der Fokus von der objektiv ausgeführten Tätigkeit entfernt und auf die hinter dieser Tätigkeit stehende Intention gerichtet. Zweifellos beschäftigt sich ein Dieb überaus gezielt mit dem von ihm ins Auge gefassten späteren (Betäubungsmittel-)Umsatzgeschäft, wenn beispielsweise die Betäubungsmittel in Art und Menge bei ihm im Vorfeld geordert wurden und damit der noch zu tätigende Betäubungsmittelumsatz hinreichend konkretisiert wurde. In dieser (subjektiven) Hinsicht ist zudem ein „konsensuales Element"[672] auch sprachlich eingeschlossen, denn der „Handeltreibende" muss mit der ausgeführten Tätigkeit – sei es auch dem Diebstahl von Betäubungsmitteln – immerhin einen einverständlich konkretisierten Umsatz der Drogen bezwecken. Darüber Hinausgehendes wird in semantischer

---

670 *Ebert* Handeltreiben, S. 149; i. E. auch BGHSt 30, 277 (278 f.).

671 *Weber* § 29 BtMG, Rn. 218; a. A. *Ebert* Handeltreiben, S. 149; *Schnürer* Gesamtgeschäft, S. 189; *Niehaus* JR 2005, 192 (194).

672 *Weber* § 29 BtMG, Rn. 218.

Hinsicht von dem Begriff nicht verlangt. Demzufolge kann auch die Gewahrsamsbegründung mittels Diebstahls eine taugliche Tätigkeit des Handeltreibens darstellen, mithin ist dieses – auf die Überschreitung des möglichen Wortsinnes zielende – Argument im Ergebnis nicht überzeugend.[673]

II. Systematische Auslegung

Wie gezeigt, ist die grammatikalische Auslegung nicht imstande, den Wortsinn einer Norm bzw. eines Begriffes eindeutig zu bestimmen. Da auch für den Begriff des Handeltreibens sprachlich verschiedene Wortbedeutungen vertretbar sind, soll nachfolgend mittels der systematischen Auslegung[674] der normative Sinnzusammenhang des unerlaubten Handeltreibens bestimmt werden, zumal dieser Aspekt in der wissenschaftlichen Diskussion bisher nur spärlich beleuchtet wurde[675]. Zunächst soll auf den Gesamtzusammenhang innerhalb des Normgefüges des § 29 Abs. 1 S. 1 Nr. 1 BtMG (1. und 2.) eingegangen werden, um sodann das problematische Verhältnis zur Anordnung der Versuchsstrafbarkeit in den Blick zu nehmen (3.).

1. Der Klammerzusatz des unerlaubten Handeltreibens in § 29 Abs. 1 S. 1 Nr. 1 BtMG

Wie bereits ausgeführt, ist § 29 Abs. 1 S. 1 Nr. 1 BtMG seit dem BtMG (1982) gesetzestechnisch unorthodox aufgebaut.[676] Systematisch eindeutig stehen der Anbau, die Herstellung und das unerlaubte Handeltreiben von Betäubungsmitteln normintern auf derselben Stufe. Im Gegensatz zu den beiden vorgenannten Tathandlungen ist das unerlaubte Handeltreiben jedoch mit einem Klammerzusatz („mit ihnen Handel treibt, sie, ohne Handel zu treiben, einführt, ausführt, veräußert, abgibt, sonst in Verkehr bringt, erwirbt oder sich in sonstiger Weise verschafft") verknüpft. Vor dem BtMG (1982) lautete § 11 Abs. 1 Nr. 1 BtMG (1972) hingegen folgendermaßen: Mit Freiheitsstrafe bis zu drei Jahren oder mit Geldstrafe wird bestraft, wer „Betäubungsmittel ohne die nach § 3 erforderliche Erlaubnis einführt, ausführt, gewinnt, herstellt, verarbeitet, mit ihnen Handel treibt, sie erwirbt, abgibt, veräußert oder sonst in den Verkehr bringt".

---

673 So auch BGH NStZ 1993, 44 (45); BGH NStZ-RR 2015, 280 (281); zust. *Weber* § 29 BtMG, Rn. 218; *ders.* NStZ 2004, 66 (68).

674 Vgl. SK-StGB/*Jäger* § 1 Rn. 67; LK-StGB/*Danneker* 13. A. § 1 Rn. 310 ff.

675 Vgl. jedoch *Weber* Handeltreiben, S. 256 ff.

676 Im StGB findet sich bspw. keine vergleichbare Normfassung.

Zutreffend wird aus der schlichten Existenz des Klammerzusatzes „ohne Handel zu treiben, [...]" und der damit geänderten norminternen Systematik geschlussfolgert, dass das unerlaubte Handeltreiben in Beziehung zu den nachfolgend aufgezählten Tathandlungen die umfassendere Begehungsform darstellt und sich mit ihnen grundsätzlich auch überschneiden kann.[677] Von diesem Verständnis ausgehend, sollen die enumerativ aufgezählten Teilakte des Handeltreibens als Auffangtatbestände fungieren und nur dann selbstständig einer Strafbarkeit unterfallen, wenn ein unerlaubtes Handeltreiben nicht verwirklicht wurde bzw. nicht nachgewiesen werden konnte.[678] Insofern wird der Begriff des unerlaubten Handeltreibens durch den Klammerzusatz systematisch mit Inhalt gefüllt, da seine Auslegung es gewährleisten muss, dass alle im Klammerzusatz des § 29 Abs. 1 S. 1 Nr. 1 BtMG aufgezählten Teilakte von der Tathandlung des unerlaubten Handeltreibens grundsätzlich umfasst sind. So wird die Begriffsbedeutung mittelbar ins Vorfeld des eigentlichen Rauschgiftumsatzes ausgedehnt, da die Ein- und Ausfuhr sowie der Erwerb von Betäubungsmitteln vom Klammerzusatz umfasst sind und nicht notwendig einen objektiven Betäubungsmittelumsatzbezug voraussetzen.

Die mittelbar-definierende Funktion des Klammerzusatzes hält *Oğlakcıoğlu* für eine Fehlinterpretation. Nach ihm „regelt der Klammerzusatz [als gesetzliche Konkurrenzregel] nur die „Überschneidung" von Tatmodalitäten im § 29 I Nr. 1 BtMG; der darauffolgende Katalog habe aber nicht den Zweck, das Handeltreiben exemplarisch näher zu definieren, sondern vielmehr durch die Auflistung grundsätzlich eigenständiger Handlungsformen den Umgang mit Betäubungsmitteln umfassend zu pönalisieren."[679] Der Klammerzusatz regelt nach ihm „erst einmal nur, dass die Einfuhr eigenständige Bedeutung erlangen kann, wenn der Täter keinen Handel treibt."[680]

677 BRegE, BT-Drs. 8/3551, S. 36; BGH NStZ 2004, 105 (108); so bereits schon die frühe Rspr. BGHSt 25, 290 f.; BGH NJW 1979, 1259, welche sich noch nicht auf den Klammerzusatz stützen konnte; ebenso zust. Kreuzer/*Nestler* § 11 Rn. 357, 367; *Weber* Handeltreiben, S. 259; *ders.* § 29 BtMG, Rn. 181; a. A. *Liemersdorf/Miebach* MDR 1979, 981 (984), vgl. 2. Teil, E. I.

678 So ausdrückl. BRegE. BT-Drs. 8/3551, S. 28, 36; BGH NStZ 2004, 105 (108); ebenfalls *Slotty* ZRP 1981, 60 (62) *Weber* § 29, Rn. 182; zur früheren Rechtslage vgl. *Schmidt* MDR, 1978, 5; *ders.* MDR 1980, 969; BGH NStZ 2004, 105 (108); a. A. *Liemersdorf/Miebach* MDR 1979, 981 (984); *Oğlakcıoğlu* AT-BtMG, S. 502.

679 *Oğlakcıoğlu* AT-BtMG, S. 496, 502 f.; vgl. auch MüKo-StGB/*ders.* § 29 BtMG, Rn. 327.

680 *Oğlakcıoğlu* AT-BtMG, S. 502 f.

Diese Interpretation des Klammerzusatzes ist zu einseitig, da das Bestehen eines von *Oğlakcıoğlu* postulierten Konkurrenzverhältnisses voraussetzt, dass sich das Handeltreiben und die im Klammerzusatz genannten (hinter jenem zurücktretenden) Tätigkeiten grundsätzlich überschneiden können. Damit die gesetzliche Konkurrenzregel einen Sinn ergibt, ist das unerlaubte Handeltreiben folglich so weit zu verstehen, dass es alle im Klammerzusatz aufgezählten Begehungsformen begrifflich in sich einschließen kann.

Ferner wird der historische Zusammenhang der Entstehung des Klammerzusatzes von Oğlakcıoğlu nicht hinreichend beachtet. Wie bereits erwähnt, waren noch im BtMG (1972) die Tathandlungen, die später mit dem Handeltreiben verklammert werden sollten, eigenständig pönalisiert, also waren diese Handlungen – unabhängig von der Verwirklichung des Handeltreibens – stets strafbar. Wäre der Gesetzgeber von deutlich voneinander abgrenzbaren Begriffen ausgegangen, hätte er sich durch Einführung des Klammerzusatzes mit dem BtMG (1982) im Vergleich zur Vorgängerregelung selbst eine erhebliche Strafbarkeitslücke in die Norm integriert, was im Hinblick auf die Tendenz zur immer umfassenderen Pönalisierung des unerlaubten Umgangs mit Betäubungsmitteln[681] nicht anzunehmen ist.

Der Klammerzusatz ist richtigerweise keine Konkurrenzregel im eigentlichen Sinne, sondern lediglich die normierte Folge eines bereits bestehenden Subordinationsverhältnisses zwischen dem unerlaubten Handeltreiben und den im Klammerzusatz genannten Teilakten[682]. Versteht man das unerlaubte Handeltreiben extensiv – dass also alle Begehungsformen des Klammerzusatzes von ihm aufgenommen werden – ist die selbstständige Anordnung der Strafbarkeit[683] jener Begehungsformen überflüssig, da sie vom unerlaubten Handeltreiben bereits umfasst sind. Daher ist der Gesetzgeber mit dem BtMG (1982) davon abgerückt, in § 29 Abs. 1 Nr. 1 BtMG alle Tathandlungen gleichrangig nacheinander aufzuzählen. Demzufolge verdeutlichte der Gesetzgeber durch die Einführung des Klammerzusatzes seine Absicht, die eigenständige Strafbarkeit der übrigen Begehungsformen lediglich für den Fall anzuordnen, dass ein

---

681 Vgl. Bericht des Ausschusses für Jugend, Familie und Gesundheit (BT-Drs. 9/500 (neu), S. 2); zusf. 2. Teil, A. II. 2.; zust. Körner/*Patzak* § 29 BtMG, Rn. 454.

682 Zur Bewertungseinheit: BGHSt 30, 28 (31); BGH NStZ-RR 2015, 16; *Weber* Vor. § 29 ff. BtMG, Rn. 593 ff.; Körner/*Patzak* § 29 BtMG, Rn. 455 ff.; MüKo-StGB/*Oğlakcıoğlu* § 29 BtMG, Rn. 445 ff.

683 Vgl. § 11 Abs. 1 Nr. 1 BtMG (1972).

unerlaubtes Handeltreiben nicht gegeben oder nicht nachweisbar ist.[684] Folglich kann in der Existenz des Klammerzusatzes ein Argument gesehen werden, dass der Gesetzgeber den weiten Begriff des unerlaubten Handeltreibens bei Schaffung des BtMG (1982) bereits antizipiert hatte.

In systematischer Hinsicht sind aus der Existenz des Klammerzusatzes zunächst zwei Schlussfolgerungen zu ziehen:

Einerseits muss der Begriff des Handeltreibens grundsätzlich in der Lage sein, alle im Klammerzusatz aufgeführten Begehungsformen abzudecken. Andererseits kann sich das unerlaubte Handeltreiben auch nicht gänzlich in diesen Begehungsformen erschöpfen, sondern muss begrifflich über diese hinausgehen, denn sonst hätte der Gesetzgeber lediglich diese Begehungsformen und nicht den offeneren Begriff des unerlaubten Handeltreibens zum Oberbegriff der Norm erhoben. Im Gegensatz zu den abweichenden Auffassungen des Schrifttums, welche nicht in der Lage sind, alle im Klammerzusatz des § 29 Abs. 1 S. 1 Nr. 1 BtMG genannten Begehungsformen begrifflich zu integrieren[685], kann das extensive Begriffsverständnis zum unerlaubten Handeltreiben ohne Weiteres beide sich aus dem Klammerzusatz ergebenden systematischen Implikationen erfüllen.

2. *Das systematische Verhältnis zum Anbau und zur Herstellung von Betäubungsmitteln*

Genau genommen, kann aus der Existenz und der Ausgestaltung des Klammerzusatzes noch eine dritte systematische Schlussfolgerung abgeleitet werden: Abweichend zum Vorgenannten wirkt in diesem Zusammenhang der Klammerzusatz nicht (mittelbar) definierend, sondern erfüllt eine negativ-abgrenzende Funktion, indem er bestimmt, welche Begehungsweisen vom unerlaubten Handeltreiben gerade nicht erfasst sein sollen. Der Klammerzusatz ist nach der gesetzlichen Konzeption lediglich mit dem unerlaubten Handeltreiben verknüpft, nicht jedoch mit dem neben dem Handeltreiben auf gleicher Stufe stehenden Anbau und der Herstellung von Betäubungsmitteln.

---

684 So ausdrückl. BRegE. BT-Drs. 8/3551, S. 28, 36; BGH NStZ 2004, 105 (108); ebenfalls *Slotty* ZRP 1981, 60 (62) *Weber* § 29 BtmG, Rn. 182.

685 Vgl. hierzu im Einzelnen 2. Teil, E.

a) Das Verhältnis innerhalb des Grundtatbestandes des § 29 Abs. 1 S. 1 Nr. 1 BtMG

Wie bereits ausgeführt, werden der Anbau und die Herstellung scheinbar selbstständig und formal gleichrangig neben dem unerlaubten Handeltreiben von § 29 Abs. 1 S. 1 Nr. 1 BtMG einer Strafbarkeit unterworfen und sind demzufolge auch nicht im Klammerzusatz aufgeführt. In systematischer Hinsicht wird dadurch eine autonome – vom Handeltreiben gänzlich unabhängige – Strafbarkeit vom Gesetz suggeriert, sodass es im Ergebnis nicht von Belang sein dürfte, ob der Anbau bzw. die Herstellung von Betäubungsmitteln für den Eigenkonsum erfolgte oder gerade deshalb unternommen wurde, um die so gewonnenen Betäubungsmittel später (vollständig) gewinnbringend weiterzuverkaufen. Insofern spricht die im Gesetz niedergelegte Normsystematik dafür, die dem Handeltreiben vorgelagerten Begehungsweisen des Anbaus und der Herstellung begrifflich nicht dem unerlaubten Handeltreiben zuzurechnen.[686]

Diese Konsequenz will die herrschende Auffassung jedoch nicht ziehen. Nach dem von ihr vertretenen extensiven Begriffsverständnis des Handeltreibens verwirklichen sowohl der Anbau als auch die Herstellung von Betäubungsmitteln in Verkaufsabsicht – als Handlungen, die auf einen Betäubungsmittelumsatz gerichtet sind, – unproblematisch das unerlaubte Handeltreiben und treten sogar in konkurrenzrechtlicher Hinsicht hinter das Handeltreiben vollständig zurück.[687]

Diese Auffassung ist jedoch mit der Systematik der § 29 ff. BtMG nicht mehr in Einklang zu bringen. Im Ergebnis werden der Anbau und die Herstellung durch einen derart weit ausgelegte Begriff des unerlaubten Handeltreibens auf eine Stufe mit den im Klammerzusatz aufgeführten Begehungsformen gesetzt und zu unselbstständigen Teilakten des Handeltreibens degradiert, sodass sie im Ergebnis nur dann zur Anwendung kommen sollen, wenn das Handeltreiben nicht vorliegt oder nicht nachweisbar ist.[688] Dann stellt sich jedoch die Frage,

---

686 Zust. *Niehaus* JR 2005; 192 (195), *Lang* S. 222; *Oğlakcıoğlu* AT-BtMG, S. 497 f. a. A. BGH NStZ 1993, 391; BGH NStZ 2011, 459; *Weber* NStZ 2004, 66 (68).

687 BGH NStZ 2006, 578; BGH NJW 2011, 1461 f.; BGH BeckRS 2011, 4357; BGH NStZ 2012, 43; BGH NJW 2013, 1318; BVerfG NJW 2007, 1193 (1194); Körner/*Patzak* § 29 BtMG, Rn. 106; *Weber* § 29 BtMG, Rn. 122, 156; *Weber* NStZ 2004, 66 (69); *Franke/Wienroeder* § 29 BtMG, Rn. 67; a. A. *Krumdiek/Wesemann* StV 2006, 634 (635); MüKo-StGB/*Oğlakcıoğlu* § 29 BtMG, Rn. 230 ff.; *Niehaus* JR 2005, 192 (195).

688 BGH NStZ 1993, 391 m. V. a. BGHSt 25, 290 f.; BGH StraFo 2009, 81; zust. Körner/*Patzak* § 29 BtMG, Rn. 106, Rn. 202; *Weber* § 29 BtMG, Rn. 122, 157; MüKo-StGB/*Oğlakcıoğlu* § 29 BtMG, Rn. 79.

wieso das Gesetz nicht sogleich auch den Anbau und die Herstellung in den Klammerzusatz aufgenommen, sondern diese Tathandlungen in § 29 Abs. 1 S. 1 Nr. 1 BtMG sogar prominent in den Vordergrund gerückt hat. Die Antwort liegt auf der Hand: Durch den Regelungszusammenhang insgesamt verdeutlicht das Gesetz, dass die Urproduktion von Betäubungsmitteln und der Handel mit diesen ohne Überschneidungen begrifflich trennscharf abgegrenzt werden können und auch sollen.

Darüber hinaus ist sogar in zeitlicher Hinsicht eine gesetzliche Chronologie in § 29 Abs. 1 S. 1 Nr. 1 BtMG intendiert. Die Tathandlungen des Anbaus und der Herstellung von Betäubungsmitteln wurden nämlich nicht ohne Grund dem unerlaubten Handeltreiben vorangestellt. Diese prominente Stellung korrespondiert damit, dass ein Handeltreiben im Regelfall ein Handelsobjekt voraussetzt, welches zunächst angebaut oder hergestellt worden sein muss. Dieser Prozess der Urproduktion bildet einen einheitlichen Vorgang und dessen Abschluss eine zeitliche Zäsur.[689] Das Handeltreiben schließt sich regelmäßig an die Tätigkeiten der Urproduktion – wie den Anbau bzw. die Herstellung einer Ware – unmittelbar an. Indem die herrschende Meinung Tätigkeiten der Urproduktion über die Verkaufsabsicht in das unerlaubte Handeltreiben inkorporiert, verwischt sie die im Gesetz zum Ausdruck gebrachte Chronologie der Tathandlungen, mit welcher eine gewisse Autonomie einhergeht. Tätigkeiten der Urproduktion von Betäubungsmitteln weisen einen vom Handeltreiben unterschiedlichen Unrechtskern auf[690], da mit dem Anbau und der Herstellung in Verkaufsabsicht (noch) keine Tätigkeit am Betäubungsmittelmarkt einhergehen muss. Jedoch darf nicht verkannt bzw. unterschlagen werden, dass trotz der begrifflichen Abgrenzbarkeit in tatsächlicher Hinsicht das Handeltreiben den Tätigkeiten der Urproduktion vorausgehen bzw. daneben ablaufen kann. Für diesen Fall ist jedoch der Anknüpfungspunkt des unerlaubten Handeltreibens nicht der jeweilige Anbau- oder Herstellungsakt, sondern eben die diese flankierende rechtsgeschäftliche Handlung (z. B. das „verbindliche" Verpflichtungsgeschäft über die Lieferung einer noch herzustellenden Rauschgiftmenge bzw. das ernsthafte Angebot zu diesem Verpflichtungsgeschäft).

Diese hier vertretene Auffassung korrespondiert ebenfalls damit, dass das Gesetz zumindest den Anwendungsbereich für das Herstellen mittels einer Legaldefinition[691] in § 2 Abs. 1 Nr. 4 BtMG hinreichend abgesteckt hat und in

---

689 *Oğlakcıoğlu* AT-BtMG, S. 497 f.

690 *Oğlakcıoğlu* AT-BtMG, S. 497 f.

691 Herstellen: das Gewinnen, Anfertigen, Zubereiten, Be- oder Verarbeiten, Reinigen, Umwandeln.

dieser Definition das Herstellen gerade nicht auf die Fälle beschränkt hat, in denen die Herstellung ohne die Absicht erfolgte, das so generierte Rauschgift später gewinnbringend zu verkaufen. Folglich spricht die deklaratorische Funktion dieser Legaldefinition in systematischer Hinsicht gegen die herrschende Auffassung.

b) Die Bestätigung der These von der systematischen Unabhängigkeit im Hinblick auf die Qualifikationstatbestände

Stellt man darüber hinaus einen normexternen systematischen Zusammenhang zu den Qualifikationstatbeständen her, wird die These der begrifflich-systematischen Unabhängigkeit des Anbaus bzw. der Herstellung vom unerlaubten Handeltreiben ebenfalls bestätigt, denn auch in den einzelnen Qualifikationstatbeständen differenziert das Gesetz zwischen dem Handeltreiben, dem Anbau sowie der Herstellung und knüpft daran zum Teil unterschiedliche Rechtsfolgen. Wie in § 29 Abs. 1 S. 1 Nr. 1 BtMG werden der Anbau und die Herstellung durch §§ 30 Abs. 1 Nr. 1, 30a Abs. 1 BtMG systematisch gleichberechtigt neben dem unerlaubten Handeltreiben geregelt, wodurch ebenfalls ein vom unerlaubten Handeltreiben autonomer Begriffsinhalt suggeriert wird. Diese systematische Struktur wird durch § 30a Abs. 2 Nr. 1 und 2 BtMG jedoch aufgebrochen. In diesen Qualifikationstatbeständen wird auf eine autonome Normierung des unerlaubten Anbaus sowie der unerlaubten Herstellung verzichtet und die qualifizierte Strafbarkeit einzig an das unerlaubte Handeltreiben bzw. an die mit diesem verbundenen Tathandlungen des Klammerzusatzes geknüpft. Der Umkehrschluss, dass der Anbau und die Herstellung von § 30a Abs. 2 Nr. 1 und 2 BtMG gerade nicht erfasst werden, drängt sich in systematischer Hinsicht auf, da das Gesetz über den Klammerzusatz eine abschließende Regelung intendierte, weswegen die Tätigkeiten der Urproduktion (offensichtlich bewusst) keine Aufnahme erfahren haben.[692]

Ähnlich verhält es sich mit dem Qualifikationstatbestand des § 29a Abs. 1 Nr. 2 BtMG. Mit dieser durch das BtMG (1992)[693] eingeführten Vorschrift, – welche auf einen Klammerzusatz gänzlich verzichtet – wird u. a. das unerlaubte Handeltreiben mit nicht geringen Betäubungsmittelmengen und die Herstellung nicht geringer Mengen einer qualifizierten Strafe („Freiheitsstrafe nicht unter

692 A. A. *Weber* Handeltreiben, S. 260

693 Vgl. hierzu: Gesetz zur Bekämpfung des illegalen Rauschgifthandels und anderer Erscheinungsformen der Organisierten Kriminalität (OrgKG) vom 15. Juli 1992, BGBl. I, S. 1302; ausführl. 2. Teil, A. 3.

einem Jahr") unterworfen. Dazu führt der Gesetzgeber aus: „Das Herstellen von Betäubungsmitteln in größerem Umfang enthält ein derartiges Gefährdungspotential, daß die Einbeziehung in den neuen Tatbestand gerechtfertigt ist."[694] Allein diese umfangreichere Betäubungsmittelmenge legt im Regelfall eine Verkaufsabsicht nahe. Die damit einhergehende erhöhte Gefahr ist der maßgebliche Grund für die Heraufstufung des Herstellens zur Qualifikation. Ginge das Gesetz tatsächlich davon aus, dass die Herstellung in Verkaufsabsicht bereits vom unerlaubten Handeltreiben erfasst wäre, käme einer gesonderten, selbstständigen Regelung des Herstellens in § 29a Abs. 1 Nr. 2 BtMG lediglich eine deklaratorische Funktion zu. Da ein lediglich deklaratorischer Regelungszweck mit dem systematischen Grundprinzip der Redundanz nur schwerlich vereinbar ist und darüber hinaus (deklaratorische) Dissonanzen zum von der Norm nicht erfassten unerlaubten Anbau hervorrufen würde, deutet die eigenständige Normierung des unerlaubten Herstellens von Betäubungsmitteln in nicht geringer Menge (§ 29a Abs. 1 Nr. 2 BtMG) daraufhin, dass das Gesetz selbst offenbar davon ausgeht, dass die Herstellung mit Verkaufsabsicht vom Handeltreiben nicht umfasst ist.

Wie bereits erwähnt, wird im Gegensatz zur Herstellung der Anbau in der Vorschrift nicht genannt, folglich sollte dieser Begehungsform offenbar kein Verbrechenscharakter beigelegt werden. Nun ist nicht von der Hand zu weisen, dass häufig auch der Anbau von Pflanzen darauf abzielt, Betäubungsmittel in nicht geringer Menge herzustellen. „Im Gegensatz zum Handel oder zur Abgabe bezieht sich der Anbau indessen nicht auf konsumfertiges Rauschgift und bringt dieses im Gegensatz zum Herstellen nicht unmittelbar hervor. Hier sind regelmäßig noch weitere Schritte erforderlich, um entsprechende Betäubungsmittel zu gewinnen."[695] Durch die beim schlichten Anbau von Betäubungsmitteln noch nicht akute Weitergabegefahr[696] wird der Unrechtsgehalt des Anbaus im Vergleich zum Handeltreiben und zur Herstellung gemindert. Diese im Gesetz zum Ausdruck kommende Differenzierung des verwirklichten Unrechts wird mit der herrschenden Auffassung unterlaufen, indem auch schlichte Anbautätigkeiten über das unerlaubte Handeltreiben von § 29a Abs. 1 Nr. 2 BtMG erfasst werden sollen.

Ferner begibt sich das Gesetz bei den klar gegenüber dem unerlaubten Handeltreiben abgrenzbaren Tatbeständen des Anbaus und der Herstellung bezüglich

694 BRatE. BT-Drs. 12/989, S. 30.
695 OLG Düsseldorf NStZ 1999, 88 (89); ebenso BGH NStZ 2012, 514.
696 Ausführl. hierzu 3. Teil, B. II. 3. a).

des Vorsatzes nicht unnötigerweise in den spekulativen Bereich. Man müsste dem selbst anbauenden Händler nämlich unterstellen, dass er bereits zum Zeitpunkt des Einbringens der Samen bzw. der Setzlinge in die Anbaufläche eine konkrete Vorstellung vom später zu erntenden bzw. letztlich umzusetzenden Betäubungsmittelertrag seiner Pflanzen und der darin enthaltenen (nicht mehr geringen) Wirkstoffmenge[697] hatte. Sofern nicht besondere Umstände vorliegen – anhand derer auf den vom Täter anvisierten Ertrag geschlossen werden kann (frühere Ernten, konkrete Bestellungen bzw. Einschätzungen zur voraussichtlichen Erntemenge) – behilft sich die Praxis damit, die erforderlichen Feststellungen zum anvisierten Ertrag notgedrungen durch hypothetische Schätzungen zu ermitteln[698] und flankiert durch die Gewährung von Sicherheitszuschlägen dem Täter im Ergebnis einen Eventualvorsatz zu unterstellen. Im Regelfall wird sich der Täter erst konkrete Gedanken zum sich abzeichnenden Ertrag und somit zum später umzusetzenden Produkt machen, nachdem er die betäubungsmittelhaltigen Pflanzen geerntet und getrocknet bzw. anderweitig hergestellt hat. Sofern nicht die bereits genannten besonderen Umstände vorliegen, wird man belastbare Schlussfolgerungen zum Vorsatz bezüglich der Überschreitung der nicht geringen Menge regelmäßig erst nach Abschluss des Herstellungsprozesses machen können. Zu diesem Zeitpunkt sind jedoch sowohl der Anbau- als auch der Herstellungsprozess bereits vollendet[699].[700] Um diese fehleranfälligen Spekulationen im subjektiven Bereich von Beginn an zu minimieren, ist es überzeugend, die Tätigkeiten der Urproduktion – entgegen der herrschenden Meinung – sogleich von den Bemühungen des unerlaubten Handeltreibens auszuscheiden, gerade im Hinblick auf die Mindestfreiheitsstrafe des § 29a Abs. 1 Nr. 2 BtMG (Freiheitsstrafe nicht unter einem Jahr). Für § 29a Abs. 1 Nr. 1 BtMG bedeutet dies, dass die Norm als abschließende Regelung aufzufassen ist, sodass der unerlaubte Anbau nicht geringer Mengen in Verkaufsabsicht auch nicht über das unerlaubte Handeltreiben von der Norm erfasst werden kann.

Insofern kann entgegen der herrschenden Auffassung festgehalten werden, dass sich aus dem Gesetz selbst ergibt, dass dem Anbau, der Herstellung und dem Handeltreiben eigenständige, sich gegenseitig ausschließende Regelungs- und

697 BGH NJW 2013, 1318 (1319 f.); KG Berlin BeckRS 2017, 118639; zust. Körner/*Patzak* § 29a BtMG, Rn. 63 ff.

698 Ausführl. zu Cannabis: Körner/*Patzak* § 29a BtMG, Rn. 64 f.

699 Ist der Herstellungsprozess zu Ende geführt (Strecken, Verpacken), tritt Beendigung ein.

700 *Weber* § 29 BtMG, Rn. 140.

Anwendungsbereiche zukommen müssen. Begriffliche Überschneidungen der Handlungen der Urproduktion mit dem Handeltreiben über eine etwaige Verkaufsabsicht sind im Gesetz nicht intendiert. Vielmehr ist gerade für das sehr weit gefasste Begriffsverständnis der herrschenden Auffassung eine konsistente Systematik einzufordern, um dem unerlaubten Handeltreiben eine gewisse normative Grundstruktur zu geben und somit vor allem in Bezug auf die erheblich verschärfte Strafbarkeit durch §§ 29a Abs. 1 Nr. 2, 30a Abs. 2 BtMG klare begriffliche Abgrenzungen zu ermöglichen, damit der Normappell auch tatsächlich zum Normadressaten durchdringen kann. Folglich darf die durchaus in der Norm angelegte Systematik nicht mittels des zu extensiv ausgelegten Handeltreibens durch die herrschende Auffassung derart verwässert werden, dass den Tatbeständen des Anbaus und der Herstellung entgegen ihrer in der Norm zum Ausdruck kommenden prominenten Stellung rechtspraktisch im Vergleich zum unerlaubten Handeltreiben nur noch ein sehr eingeschränkter Anwendungsbereich verbleibt.

3. *Die Anordnung der Versuchsstrafbarkeit für das unerlaubte Handeltreiben nach § 29 Abs. 2 BtMG*

§ 29 Abs. 2 BtMG ordnet in den Fällen des § 29 Abs. 1 S. 1 Nr. 1, 2, 5 und 6 b) BtMG die Strafbarkeit des Versuches an, sodass auch das unerlaubte Handeltreiben vollumfänglich einer Versuchsstrafbarkeit durch das Gesetz unterworfen wurde. Nach § 22 StGB beginnt der Versuch einer Straftat dann, wenn der Täter nach seiner Vorstellung von der Tat zur Verwirklichung des Tatbestandes unmittelbar ansetzt[701].

Da nach der extensiven Auslegung jedes eigennützige Bemühen, welches auf einen Betäubungsmittelumsatz gerichtet ist, zur Verwirklichung des Tatbestandes grundsätzlich ausreichend ist, wird der Vollendungszeitpunkt des Handeltreibens im Ergebnis auf die erste betäubungsmittelumsatzbezogene Handlung vorverlagert. Da der Tatbestand durch diese Auslegung in objektiver Hinsicht nicht im Ansatz begrenzt und teilweise vom eigentlichen Umsatz weit entfernt ist, wird das mit dem Handeltreiben verwirklichte Unrecht ausschließlich subjektiv („eigennützig" und „auf Umsatz gerichtet") konturiert.[702] Völlig zutreffend stellt daher *Strate* fest, dass diese Rechtsprechung dem Betäubungsmitteltäter im

701 Zum unmittelbaren Ansetzen: vgl. u. a. SK-StGB/*Jäger* § 22 Rn. 16 ff.; Sch/Sch/*Eser/Bosch* § 22 StGB, Rn. 24 ff.; Lackner/Kühl/*Heger* § 22 StGB, Rn. 4; NK-StGB/*Zaczyk* § 22 Rn. 22 ff.

702 BGH NJW 2005, 1589 (1590).

objektiven Bereich keinen Spielraum mehr belasse: Hat „er über Betäubungsmittel geredet, dann gilt es nur noch, den Ernst seiner Rede zu konstatieren, um ihn als Händler einzustufen.“[703] Indem auch die Vollendung an die erste Handlung mit Betäubungsmittelumsatzbezug geknüpft wird, fällt der Zeitpunkt des unmittelbaren Ansetzens mit der Ausführung der ersten zum Betäubungsmittelumsatz bestimmten Handlung zusammen, sodass mögliche Versuchskonstellationen im Grunde durch die vorverlagerte Vollendung des Tatbestands zwingend verdrängt werden müssten.[704] Zutreffend verbleibt für den Versuch des unerlaubten Handeltreibens nach der herrschenden Auffassung faktisch kein Anwendungsbereich mehr. Um diesen Zusammenhang zu veranschaulichen, kann folgendes Beispiel dienen:

Der Kopf eines Rauschgiftringes lässt seinen untergebenen Kurier zu sich kommen und weist ihn an, mit seinem Auto eine bestimmte Menge Rauschgift aus einem Betäubungsmittelversteck abzuholen und zu ihm zu bringen, damit es später gewinnbringend verkauft werden kann. Sofern der Kurier die Erledigung des Auftrages verspricht[705], ist der Tatbestand nach der extensiven Begriffsauslegung bereits vollendet, unabhängig davon, ob sein Auto in der Nähe ist oder er die Drogen später am Versteck tatsächlich findet und zum Anweisenden bringt. Hat der Kurier die Anweisung lediglich zur Kenntnis genommen und ist sich noch nicht schlüssig, ob oder wann er sie ausführen möchte (strafloses Vorbereitungsstadium), führt dies ebenfalls nicht zu einem Auseinanderfallen von Versuch und Vollendung. In diesen Fällen wird der Vollendungszeitpunkt auf die erste mit Betäubungsmittelumsatzbezug vorgenommene Handlung nach hinten verschoben (z. B. das Starten des Wagens in der Absicht, zum Versteck zu fahren), sodass im Ergebnis der (mitverwirklichte) Versuch durch die bereits eingetretene Vollendung verdrängt wird.

Da vor dem Hintergrund einer konsistenten Systematik jeder Norm ein Anwendungsbereich verbleiben muss, wird vom Schrifttum die Anordnung der Versuchsstrafbarkeit als zentrales Argument gegen die weite Begriffsauslegung des unerlaubten Handeltreibens in Stellung gebracht.[706] Um die extensive

---

703 *Strate* ZRP 1987, 314 (316).

704 MüKo-StGB/*Oğlakcıoğlu* § 29 BtMG, Rn. 417; dagegen *Weber* NStZ 2004, 66 (68).

705 Zur Transportzusage: BGH, Urt. v. 23.08.1989 – 3 StR 120/89, Rn. 5 (juris); zust. *Weber* § 29 BtMG, Rn. 555 ff.

706 BGH NStZ 2004, 105 (107); so bereits *Liemersdorf/Miebach* MDR 1979, 981 (982); auch *Eberth/Müller* § 29 BtMG, Rn. 17; *Strate* ZRP 1987, 314 (316); *Roxin* StV 1992, 517 (518); *ders.* StV 2003, 619 (620 f.); *Paul* StV 1998, 623 (625); *Harzer* StV 1996, 336 (337); *Schwitters* S. 51 f.; Kreuzer/*Nestler* § 11 Rdnrn. 357 ff.; *Paeffgen* FG-BGH 695 (722 ff.); *Endriß/Kinzig* NJW 2001, 3217 (3218); *Gaede* HRRS 2005, 250 (251);

Auslegung nicht aufgrund dieser systematischen Friktion gänzlich aufgeben bzw. einschränken zu müssen, wurden von der Rechtsprechung sowie von der Kommentarliteratur[707] vereinzelte Versuche unternommen, das „äußerst enge Anwendungsfeld"[708] des versuchten unerlaubten Handeltreibens durch Fallgruppen zu beschreiben bzw. dieses von der Vollendung kasuistisch abzugrenzen.

a) Fehlgeschlagene Bemühungen des Rauschgiftkuriers

Der Große Senat hat in seiner Grundsatzentscheidung zum unerlaubten Handeltreiben vom 26. Oktober 2005[709] bestätigt, dass für die Versuchsstrafbarkeit im Grunde nur ein sehr beschränkter praktischer Anwendungsbereich verbleibe.[710] So konnten aus den überaus zahlreichen Entscheidungen zum unerlaubten Handeltreiben lediglich zwei Fallkonstellationen benannt werden, in denen der Versuch des unerlaubten Handeltreibens vom BGH angenommen bzw. immerhin für möglich erachtet wurde:

Die vom Großen Senat zunächst genannte „Versuchskonstellation" bezog sich auf fehlgeschlagene Bemühungen, als Rauschgiftkurier zu agieren[711]. Der vom Großen Strafsenat angeführten BGH-Entscheidung vom 18. Juni 1986 lag zugrunde, dass ein Kurier eine bestimmte Rauschgiftlieferung übernehmen sollte und diesbezüglich seinen Flug umbuchte, sich zum vereinbarten Treffpunkt begab, dort übernachtete und versuchte, seinen Kontaktmann zu erreichen.[712] Da es sich bei dem vermeintlichen Kontakt um eine Vertrauensperson der Polizei handelte und die Rauschgiftlieferung von den Beamten zuvor sichergestellt wurde, scheiterte im Ergebnis die Kontaktierung und somit die vom Täter ins Auge gefasste Übergabe des Rauschgiftes. Ein vollendetes Handeltreiben lehnte der BGH mit dem Argument ab, dass es dem Täter

Niehaus JR 2005, 192 (194); *Oğlakcıoğlu* AT BtMG S. 404, 467 ff.; *Eberth/Müller/Schütrumpf* Verteidigung S. 39; a. A. *Weber* § 29 BtMG, Rn. 573; Körner/*Patzak* § 29 BtMG, Rn. 379; diff. *Krack* JuS 1995, 585 (589); *Ebert* Handeltreiben S. 98; welche zumindest den untauglichen Versuch für möglich erachten.

707 Allen voran *Weber* NStZ 2004, 66 (68); *ders.* § 29 BtMG, Rn. 576 ff.; auch Körner/*Patzak* § 29 BtMG, Rn. 379 ff.

708 BGHSt 50, 252 (263).

709 Vgl. bereits 2. Teil, B. II. 6.

710 BGHSt 50, 252 (262 ff.); zust. *Weber* § 29 BtMG, Rn. 610; MüKo-StGB/*Oğlakcıoğlu* § 29 BtMG, Rn. 425; *Hügel/Junge/Lander/Winkler* § 29 BtMG, Rn. 4.3.1.

711 BGH NJW 1987, 720 f.; BGH NStZ-RR 1996, 374; vgl. ebenfalls BGH StV 1985, 14; BGH NJW 1991, 305.

712 Vgl. BGH NJW 1987, 720 f.

lediglich darauf ankam, den Betäubungsmittelumsatz durch eine Kurierleistung zu fördern, die vom Täter bereits tatsächlich erbrachten Bemühungen „jedoch nicht als tatbestandliche Ausführungshandlungen des Handeltreibens i. S. von § 29 I Nr. 1 BtMG zu bewerten“[713] seien. Hierbei war für das Gericht offenbar auch der Umstand ausschlaggebend, dass der Kurier in dem Bewusstsein handelte, die Verfügungsmacht über die Betäubungsmittel sei den am Rauschgiftgeschäft beteiligten Personen entglitten, sodass der Übertragungsakt neu in Gang gesetzt werden musste.[714] Insofern habe der Täter jedoch immerhin mit den telefonischen Kontaktversuchen unmittelbar zu einer tatbestandsmäßgigen Ausführungshandlung – der Inbesitznahme des Rauschgiftes zum Zwecke des Weitertransportes – unmittelbar angesetzt, sodass der Täter insofern in das Versuchsstadium des unerlaubten Handeltreibens eingetreten sei.[715]

Dagegen nahm in einer ähnlich gelagerten Sachverhaltskonstellation der 1. Strafsenat des BGH noch nicht einmal einen Versuch an. In diesem Fall ist der zukünftige Kurier von Frankfurt nach München gefahren, um dort das bereits eingeschmuggelte Heroingemisch zu übernehmen. Auch führte er dabei den für den Schmuggler bestimmten Geldbetrag mit sich. Doch wurde durch das polizeiliche Eingreifen in München bereits ein Kontakt des Kuriers mit dem Schmuggler unterbunden. Dem Senat zufolge habe „der Angeklagte eine Kuriertätigkeit weder entfaltet, noch […] dazu unmittelbar angesetzt“[716].

Obwohl sich die beiden Strafsenate nicht ausdrücklich dazu bekannten, beabsichtigten sie offenbar, die extensive Auslegung des unerlaubten Handeltreibens in objektiver Hinsicht kasuistisch einzuschränken[717] und für eine Vollendung lediglich typisierte Teilakte des Handeltreibens ausreichen zu lassen[718]. Dieser Ansatz wurde vom BGH in einer jüngeren Entscheidung fortgebildet. Dieser lag ebenfalls zugrunde, dass der ins Auge gefasste Transport durch die beauftragten Kuriere nicht zustande kam, da abermals das Rauschgift zuvor von der

713 BGH NJW 1987, 720; BGH NJW 1991, 305; i. E. zust. *Krack* JuS 1995, 585 (587).; offen gelassen von BGH StV 1985, 14; BGH NStZ-RR 1996, 374.

714 BGH NJW 1987, 720 f.; dies verkennend: BGH NJW 2007, 2269 (2274).

715 BGH NJW 1987, 720 f.; zust. *Weber* § 29 BtMG, Rn. 614; lediglich i. E. zust. *Ebert* Handeltreiben, S. 135 f.

716 BGH StV 1985, 14; zust. *Weber* § 29 BtMG, Rn. 593; offen gelassen von BGH NStZ-RR 1996, 374.

717 Vgl. bereits 2. Teil, B. II. 2. d)

718 So auch ausdrückl. *Weber* § 29 BtMG, Rn. 578 (Zwei-Stufen-Verfahren); dagegen zutreffend MüKo-StGB/*Oğlakcıoğlu* § 29 BtMG, Rn. 418.

Polizei sichergestellt wurde.[719] Der 5. Strafsenat des BGH zitierte – scheinbar entscheidungstragend – die Entscheidung des Großen Senates vom 26. Oktober 2005, welche auf die soeben dargestellte BGH-Entscheidung vom 18. Juni 1986 verwies, und wertete den Sachverhalt im Ergebnis als einen untauglichen Versuch, da „das zu transportierende Rauschgift durch polizeilichen Aufgriff bereits aus der Bunkerwohnung entfernt und dadurch der Verfügungsmacht des Auftraggebers […] entglitten war“[720]. Zwar ist ein tatbestandlicher Bezug zur Verfügungsmacht des Täters grundsätzlich zu begrüßen[721], jedoch verkennt der 5. Strafsenat in tatsächlicher Hinsicht, dass – im Gegensatz zu dem der Entscheidung von 1986 zugrundeliegenden Sachverhalt – der Täter gerade nicht wusste, dass der Hintermann derzeit keine Verfügungsmacht mehr über die Betäubungsmittel inne hatte. Insofern handelte er gerade nicht in dem Bewusstsein, dass zur Ausführung der Tat zumindest noch ein Übertragungsakt zur Wiedererlangung des Betäubungsmittelbesitzes erforderlich war, auf den er nur bedingt Einfluss hatte. Im Übrigen entfernte sich der 5. Strafsenat in normativer Hinsicht durch diese Interpretation des versuchten Handeltreibens noch weiter von der extensiven Begriffsauslegung, da er der tatsächlich ausgeübten Verfügungsmacht über Betäubungsmittel eine Bedeutung beimaß, die mit dem extensiven (und maßgeblich subjektivierten) Verständnis des Begriffs nicht mehr in Einklang gebracht werden kann. So wiesen der Große Senat sowie das BVerfG ausdrücklich darauf hin, dass eine „gesicherte Lieferquelle […] ebenso wenig Voraussetzung für die Vollendung des Tatbestands [ist,] wie die Verfügungsgewalt des Täters über die Betäubungsmittel“[722].

Im Ergebnis ist festzuhalten, dass die extensive Auslegung des unerlaubten Handeltreibens nicht imstande ist, die genannten Entscheidungen einer konsistenten Versuchsdogmatik zuzuführen. Wenn es für eine Vollendung nicht von Relevanz sei, dass die Bemühungen typische Tätigkeiten eines Händlers darstellen bzw. der Täter bereits die Verfügungsmacht über Betäubungsmittel

719 BGH NJW 2007, 2269 (2273 f.); daran anschließend BGH NStZ 2016, 612 f.

720 BGH NJW 2007, 2269 (2274); ebenso BGH NStZ 2016, 612 f.; nur im Erg. zust. *Weber* § 29 BtMG, Rn. 615.

721 Ausführl. hierzu 3. Teil, B. II. 3. a) (1).

722 BVerfG, Nichtannahmebeschl. v. 24.10.1999 – 2 BvR 1906/99, Rn. 2; BGHSt 50, 252 (264); daran anknüpfend: BGH NJW 2008, 2276; BGH NStZ 2010, 522; zust. *Weber* § 29 BtMG, Rn. 286, 623; Körner/*Patzak* § 29 BtMG, Rn. 277; a. A. *Roxin* StV 1992, 517 (519); *Krack* JuS 1995, 585 (586 f.); *Hecker* NStZ 2000, 208 (209); offen gelassen BGH NJW 2008, 1460 (1461).

ausübe[723], dann kann für den Versuch bzw. für das unmittelbare Ansetzen nichts anderes gelten. Folglich hat der Täter in den angesprochenen Fällen zwar keine Kurierdienstleistung getätigt, jedoch in jedem Falle Bemühungen entfaltet, die auf eine nach Art und Menge konkretisierte Betäubungsmittelmenge[724] gerichtet waren, sodass er formell das Versuchsstadium der Tat bereits verlassen hat und man ihn auf Grundlage des herrschenden extensiven Begriffsverständnisses wegen vollendeten Handeltreibens hätte verurteilen müssen.[725]

Die soeben zitierten Entscheidungen des BGH hängen folglich dogmatisch „in der Luft", da sie von der weiten Begriffsauslegung abweichen und den Anwendungsbereich des Versuchs lediglich intuitiv bestimmen. Zum einen leuchtet es – auf der Grundlage der extensiven Begriffsauslegung – nicht ein, warum das unmittelbare Ansetzen nicht an die vom Täter bereits entfalteten (objektiv feststellbaren) Bemühungen geknüpft werden sollte, sondern an einen daran anknüpfenden „typisierten" Teilakt des Handeltreibens (z. B. Kuriertätigkeit). Zum anderen ist gerade die Typisierung das Einfallstor für eine – fern jeglicher systematischer Grundsätze – unbestimmte Normanwendung, da beliebig viele unterschiedliche Teilakte vom jeweiligen Rechtsanwender als typisch für das unerlaubte Handeltreiben bewertet werden könnten, sodass nicht nur – wie gezeigt – eine nicht mehr zu überschauende Versuchs-Kasuistik entstehen, sondern auch die verfassungsrechtlich garantierte strafrechtliche Normbestimmtheit (Art. 103 Abs. 2 GG) insgesamt darunter leiden dürfte. Aufgrund dieser dogmatischen Dissonanz kann aus den Fällen der fehlgeschlagenen Bemühungen, als Rauschgiftkurier zu agieren, entgegen dem Großen Senat für Strafsachen keine allgemeine Fallgruppe des Versuchs abstrahiert werden. Insoweit ist das extensive Begriffsverständnis weiterhin nicht mit der in § 29 Abs. 2 BtMG angeordneten Versuchsstrafbarkeit vereinbar.

---

723 BGH NStZ 1984, 413; BGH NJW 1986, 2584; BGH NStZ-RR 2004, 183 (184); zust. *Weber* § 29 BtMG, Rn. 255; a. A. BGH NJW 1980, 2204; BGH NJW 1991, 305; *Strate* ZRP 1987, 314 (316); *Schwitters* S. 33 ff.; *Hügel/Junge/Lander/Winkler* § 29 BtMG, Rn. 4.1.1.

724 Zur diesbzgl. erforderlichen Konkretisierung vgl. BGHSt 50, 252 (265 f.); mit weiteren Bsp. Körner/*Patzak* § 29 BtMG, Rn. 375.

725 *Ebert* Handeltreiben S. 135; a. A. MüKo-StGB/*Oğlakcıoğlu* § 29 BtMG, Rn. 421.

b) *Die Geldübergabe zur Durchführung eines gescheiterten Rauschgiftgeschäfts*

Der zweiten vom Großen Senat angeführten (scheinbaren) Versuchskonstellation lag folgender Sachverhalt zugrunde: Der Täter übergab einem anderen einen Darlehensbetrag, mit welchem dieser Rauschgiftgeschäfte tätigen sollte. Der Täter sollte durch dieses „Investment" später den doppelten Geldbetrag zurückerhalten. In tatsächlicher Hinsicht konnte die Vorinstanz jedoch nicht feststellen, ob der andere überhaupt die Absicht hatte, jemals ein Rauschgiftgeschäft durchzuführen oder ob er vielmehr den als Darlehen gewährten Betrag mittels Täuschung erlangen wollte.[726] Im Gegensatz zur Vorinstanz verneinte der BGH zutreffend ein vollendetes Handeltreiben durch die „Darlehensgewährung", da in der Hingabe des Geldes zum Zweck des Handeltreibens „mangels jeder Konkretisierung der in Aussicht genommenen Tat"[727] kein selbstständiges Handeltreiben erblickt werden könne, vielmehr werde das Unrecht von dem separaten Tatbestand der Bereitstellung von Geldern nach § 29 Abs. 1 S. 1 Nr. 13 BtMG erfasst. Der 2. Strafsenat erörterte ferner die (überaus entfernte) Möglichkeit, dass sich der Täter wegen versuchten Handeltreibens als Mittäter schuldig gemacht haben könnte. Dies wurde jedoch im Ergebnis verneint, da der Täter sich nicht einmal ansatzweise vorgestellt habe, tatherrschaftlich an dem von ihm finanzierten Rauschgiftgeschäft beteiligt zu sein.[728] Auch wenn beim Täter eine gewisse Vorstellung für eine gemeinschaftliche Tat bestanden hätte, wäre es für ein versuchtes mittäterschaftliches Delikt immerhin erforderlich, dass der mittäterschaftlich handelnde Vordermann gemäß § 22 StGB unmittelbar zur Verwirklichung des Tatbestands ansetzt.[729] Da durch die Vorinstanz keine Feststellungen zu den sich an das Darlehen anschließenden Rauschgiftgeschäften getroffen werden konnten, kann auch keine Aussage dazu getroffen werden, unter welchen Umständen ein Täter zum unerlaubten Handeltreiben unmittelbar angesetzt hätte. Folglich kann auch dieser Entscheidung, in der die Existenz eines versuchten Handeltreibens ohne Begründung lediglich behauptet wird, dogmatisch kein vertiefter Bedeutungsgehalt beigemessen werden. Erst recht kann daraus keine allgemeine Fallgruppe des Versuchs des unerlaubten Handeltreibens hergeleitet werden.

---

726 BGH NJW 1991, 305.

727 BGH NJW 1991, 305; zust. MüKo-StGB/*Oğlakcıoğlu* § 29 BtMG, Rn. 424.

728 BGH NJW 1993, 305.

729 SK-StGB/*Hoyer* § 25 Rn. 146 m. w. N. zum Streitstand der Gesamt- bzw. Einzellösung.

c) Ernsthafte, jedoch erfolglose An- und Verkaufsbemühungen

Nun könnte man meinen, mit dem Bekenntnis des Großen Senats zur objektiv uneingeschränkt weiten Begriffsauslegung wurde der davon abweichenden (Versuchs-)Kasuistik zumindest für die erfolglosen An- bzw. Verkaufsbemühungen ein Ende gesetzt. Das Gegenteil ist jedoch der Fall, denn der 3. Strafsenat nahm in direktem Zusammenhang mit der vom Großen Senat getroffenen Grundsatzentscheidung zum Handeltreiben gleichwohl ein versuchtes Handeltreiben an. Wie bereits ausgeführt[730], hat der Große Senat die Vorlagefrage des anfragenden 3. Strafsenats eindeutig beantwortet, sodass das Handeltreiben auch in den Fällen vollendet wurde, in denen der Täter in ernsthafte Verhandlungen mit potenziellen Verkäufern eintrat. Dem 3. Strafsenat des BGH kam nun die Aufgabe zu, das die Vorlagefrage betreffende Diktum des Großen Senats auf den zu entscheidenden Fall zu übertragen. Im Ergebnis nahm der 3. Strafsenat in zwei Fällen, in denen nach seiner Auffassung keine ernsthaften Ankaufsbemühungen entfaltet wurden, jeweils einen Versuch des unerlaubten Handeltreibens an.[731] In beiden wollte der Täter unbedingt in den Niederlanden 50 g Kokain kaufen, um es teilweise in Deutschland wieder zu verkaufen. Diesbezüglich rief er zunächst einen Betäubungsmitteldealer in den Niederlanden an, der ihm jedoch keine Betäubungsmittel verkaufen wollte. Am gleichen Tag suchte der Täter einen anderen Drogenhändler persönlich auf, konnte von diesem aber ebenfalls kein Rauschgift bekommen. Seine Entscheidung begründete der 3. Strafsenat folgendermaßen: „Aus diesen Feststellungen ergibt sich nicht, dass der Angeklagte bereits in ernsthafte Verkaufsverhandlungen eingetreten war, sondern an Dealer geraten ist, die ihm nichts verkaufen wollten oder konnten. Damit war nach dem 3. Strafsenat auf der Grundlage der Entscheidung des Großen Senats das Vollendungsstadium noch nicht erreicht. Andererseits hatte der Angeklagte bei seinem „verzweifelten Bemühen", 50 g Kokain zu bekommen, durch die telefonische und persönliche Kontaktierung von Dealern mit einer konkreten und ernsthaften Kaufabsicht das als bloße Vorbereitung zu wertende Stadium weit im Vorfeld des beabsichtigten Güterumsatzes liegender Handlungen bereits verlassen."[732] Vielmehr solle nach dem 3. Strafsenat ein Versuch des Handeltreibens vorliegen, „da der Angeklagte zu ernsthaften Ankaufsverhandlungen unmittelbar angesetzt hatte."[733]

---

730 Vgl. 2. Teil, B. II. 6.

731 BGH StV 2006, 136.

732 BGH StV 2006, 136.

733 BGH StV 2006. 136; zust. Körner/*Patzak* § 29 BtMG, Rn. 382.

Diese Entscheidung kann methodisch nicht (mehr) auf die extensive Begriffsauslegung der herrschenden Meinung zurückgeführt werden. Zunächst wird die Entscheidung des Großen Strafsenats durch den 3. Strafsenat inhaltlich stark verkürzt – im Ergebnis lediglich auf die Vorlagefrage beschränkt – dargestellt, als ob das unerlaubte Handeltreiben nur auf das Führen von ernsthaften Verkaufsverhandlungen begrenzt wäre. Folglich wird der Kern der Entscheidung des Großen Senats vom Kopf auf die Füße gestellt, da der Große Senat für Strafsachen unzweifelhaft festgestellt hat, dass grundsätzlich jede auf Betäubungsmittelumsatz gerichtete Tätigkeit das unerlaubte Handeltreiben erfüllen könne.[734] Im zu entscheidenden Fall hat der Täter in der gefestigten Absicht, eine bestimmte Menge Rauschgift zu erwerben, nicht nur die Dealer kontaktiert und teilweise aufgesucht, sondern hinreichend deutlich gemacht, dass er eine bestimmte Betäubungsmittelmenge erwerben will. Aus den vom Tatgericht getroffenen Feststellungen geht zwar nicht hervor, ob konkret vom Täter ein Angebot unterbreitet wurde oder der Täter dem niederländischen Drogenhändler lediglich seine generelle Kaufsbereitschaft kundgetan hat.[735] Unabhängig davon hat der er jedoch Bemühungen entfaltet, die auf einen Betäubungsmittelumsatz gerichtet waren, sodass nach der extensiven Begriffsauslegung kein Grund ersichtlich ist, warum die vom Täter entfalteten Bemühungen nicht den objektiven Tatbestand des unerlaubten Handeltreibens verwirklichen sollten, zumal das Umsatzgeschäft den Feststellungen zufolge vom Täter hinreichend konkretisiert wurde. Dies gilt umso mehr, als es zur Verwirklichung des objektiven Tatbestands auf einen möglichen Erfolg der Tätigkeit bzw. auf eine tatsächliche Verkaufsbereitschaft nicht ankommen soll.[736] Die Entscheidung des 3. Strafsenats zeigt nicht nur, dass die extensive Begriffsauslegung des unerlaubten Handeltreibens in objektiver Hinsicht zu ausufernd erscheint. Sie verdeutlicht auch, dass die Fallgruppe des „Führens von ernsthaften, jedoch erfolglosen Verkaufshandlungen“ im Ergebnis nicht hinreichend bestimmt genug ist, um die Deliktsverwirklichungsstufen trennscharf voneinander abzugrenzen, da der Große Senat es versäumt hat, zu spezifizieren, wann konkret ein Täter ernsthaft mit einem anderen verhandelt.

---

734 BGHSt 50, 252 (256).

735 Dies wäre jedoch nach der hier vertretenen Auffassung zur Abgrenzung von Versuch und Vollendung entscheidend, vgl. 3. Teil, C. II. 3. b).

736 Ebenso *Weber* § 29 BtMG, Rn. 409; *Winkler* NStZ 2006, 328; *Schmidt* NJW 2007, 3252 (3253).

Ein versuchtes unerlaubten Handeltreiben nahm auch das OLG München in dem Fall an, dass eine JVA-Bedienstete einem Gefangenen im Detail angeboten hat, Betäubungsmittel in die Haftanstalt zu verbringen, welches der Häftling in der Anstalt zu überhöhten Preisen weiterverkaufen sollte. Nach dem OLG München ist lediglich ein Versuch des unerlaubten Handeltreibens gegeben, da eine „Umsatzförderung von Rauschgift und damit Tatvollendung […] jedoch noch nicht eingetreten ist"[737]. Vielmehr habe der Täter dem OLG zufolge zum unerlaubten Handeltreiben unmittelbar angesetzt, da die Durchführung des Tatplans nach der Vorstellung des Täters nur noch von der Zustimmung des Gefangenen abhing, welche jedoch im Ergebnis nicht mehr erfolgt ist.

Auch diese Entscheidung bezeugt eindrucksvoll, wie durch die kasuistische Verengung der Voraussetzungen des unerlaubten Handeltreibens Versuchskonstellationen geschaffen werden, die sich nicht mehr an der tatbestandlichen Handlung (die auf einen Betäubungsmittelumsatz gerichtete Tätigkeit) orientieren. Obwohl es der herrschenden Auffassung entspricht, dass das unerlaubte Handeltreiben auch ohne eine tatsächliche Förderung des Betäubungsmittelumsatzes vollendet werden kann[738], wird dieser Umstand vom OLG München unzutreffend dafür herangezogen, im konkreten Fall auf einen Versuch zu erkennen. Das Anbieten der Verbringung der Betäubungsmittel in die Haftanstalt stellt bereits eine auf Betäubungsmittelumsatz gerichtete Bemühung dar, folglich tritt allein dadurch in objektiver Hinsicht die Vollendung des Tatbestands ein; für einen Versuch wäre somit kein Raum. Demnach wird auch durch die Entscheidung des OLG München das versuchte unerlaubte Handeltreiben nicht aus der extensiven Begriffsdefinition abgeleitet. Ein Versuch wird vielmehr vom Gericht intuitiv angenommen, da der zu entscheidende Sachverhalt dem Unrecht eines (untauglichen) Versuchs offenbar nahekam.

Im Übrigen werden im Zusammenhang mit erfolglosen An- und Verkaufsbemühungen als versuchtes unerlaubtes Handeltreiben auch die Fälle erfasst, in denen das Ankaufsangebot der in Aussicht genommenen Person nicht zugegangen ist.[739] Diese Annahme wird zum Teil auch auf eine Entscheidung des LG München I zur Vorschrift des § 18 Abs. 1 TPG gestützt. Hierbei wird von der

---

737 OLG München NStZ 2011, 464 f.

738 BGHSt 50, 252 (264); BVerfG, Nichtannahmebeschl. v. 25.02.1993 – 2 BvR 2229/92, Rn. 3 (juris); BVerfG, Nichtannahmebeschl. v. 24.10.1999 – 2 BvR 1906/99, Rn. 2 (juris); a. A. *Roxin* StV 1992, 517 (519); *ders.* StV 2003, 619 (620); *Harzer* StV 1996, 336 (337); *Paul* StV 1998, 623 (625).

739 *Weber* § 29 BtMG, Rn. 611; Körner/*Patzak* § 29 BtMG, Rn. 380.

Kammer explizit der extensive Begriff des Handeltreibens aus dem BtMG[740] dem Urteil zugrunde gelegt.[741] Obwohl das Erklären bzw. Versenden des Angebotes im Grunde eine Bemühung darstellt, welche auf einen Betäubungsmittelumsatz gerichtet ist, wird dieses Bekenntnis zur weiten Begriffsauslegung sogleich wieder eingeschränkt: Da es sich nämlich beim unerlaubten Handeltreiben „um ein Erklärungsdelikt handelt, muss das Verkaufsangebot dem Adressaten auch tatsächlich zugehen, um ein vollendetes Delikt des Handeltreibens annehmen zu können"[742]. Die Begründung der begrifflichen Einschränkung über das Konstrukt des „Erklärungsdelikts" ist in der extensiven Begriffsdefinition nicht angelegt, sondern intendiert eine unbegründete unterschiedliche Behandlung der vom Täter unternommenen Bemühungen. So hängt nach ständiger Rechtsprechung eine Vollendung des unerlaubten Handeltreibens auch nicht davon ab, dass der Täter die zum Verkauf ins Lager genommenen Betäubungsmittel jemanden gezeigt hat oder darüber erzählt hat; erst recht ist nicht von Belang, dass der andere die gelagerten Betäubungsmittel tatsächlich erblickt oder das Gesagte verstanden hat. Vielmehr verwirklicht der Täter allein durch die (unbeobachtete bzw. stillschweigende) Lagerung in Verkaufsabsicht ein vollendetes Handeltreiben.[743] Demzufolge wird die Ausnahmekasuistik im Bereich von Versuch und Vollendung des unerlaubten Handeltreibens durch die Einführung des Erfordernisses eines Zugangs von An- und Verkaufsangeboten ungerechtfertigt erweitert, um dem Versuch des unerlaubten Handeltreibens einen Anwendungsbereich zu verschaffen.

d) *Versuchskonstellationen bezüglich Anbau und Herstellung von zum Weiterverkauf bestimmten Betäubungsmitteln*

Da die herrschende Auffassung entgegen der hier vertretenen Ansicht nicht von eigenständigen, sich gegenseitig ausschließenden Tatbeständen des Anbaus, der Herstellung und des unerlaubten Handeltreibens ausgeht, sondern auch den Anbau und die Herstellung in Weiterverkaufsabsicht unter das vollendete unerlaubte Handeltreiben subsumiert, wird der Versuchsbereich des Handeltreibens

---

740 Vgl. hierzu 2. Teil, A. II. 5. b).

741 LG München I NJW 2002, 2655, m. V. a. BGH NJW 1999, 2683 (2684 f.); BGH NStZ 2000, 207 f.; zust. *Weber* § 29 BtMG, Rn. 611.

742 LG München I NJW 2002, 2655; dagegen BGH, Urt. v. 25.10.1989 – 3 StR 313/89, Rn. 4 (juris).

743 St. Rspr. BGHSt 30, 277 (279); 30, 359 (360 f.); BGH NStZ 1992, 546; BGH, StV 1994, 658; BGH NStZ- RR 2004, 146 (148); m. w. N. *Weber* § 29 BtMG, Rn. 499.

auch auf Handlungen ausgedehnt, die im Vorfeld des unerlaubten Anbaus bzw. der Herstellung von Betäubungsmitteln angesiedelt sind.

Immerhin stellte der 2. Strafsenat fest, dass der Tatbestand des unerlaubten Anbaus von Betäubungsmitteln insoweit eine Begrenzungsfunktion für den Tatbestand des unerlaubten Handeltreibens ausübe, als der Versuchsbeginn für den Anbau das unmittelbare Ansetzen beim unerlaubten Handeltreiben konkretisiere. Demnach setze der Täter zum unerlaubten Handeltreiben unmittelbar an, wenn er (zum beabsichtigten Weiterverkauf) mit der Aussaat bzw. mit dem Anpflanzen beginnt.[744] Der Zeitpunkt – und somit ein versuchtes Handeltreiben – soll nach dieser Auffassung regelmäßig schon beim Transport des Saatgutes bzw. der Stecklinge an die Anbaufläche gegeben sein[745], nicht jedoch bei davor liegenden (Vorbereitungs-)Handlungen (z. B. dem Ankauf von Pflanzen oder Pflanzmaterialien bzw. der Anmietung einer Lagerhalle). Sofern der Täter den Anbau zum Weiterverkauf nicht selbst vorgenommen hat und somit zum Versuch des unerlaubten Handeltreibens noch nicht angesetzt hat, tritt der Täter im Rahmen der Betäubungsmittelherstellung dann ins Versuchsstadium des unerlaubten Handeltreibens ein, wenn beispielsweise mit der Ernte begonnen wird (z. B. Beschneiden der Cannabis-Blüten bzw. Anschneiden der Schlafmohnkapseln) oder mit den Grundstoffen, welche zu Betäubungsmitteln synthetisiert werden sollen, gearbeitet wird[746].

Hinter dieser Feststellung steht der Gedanke, dass der Versuch des unerlaubten Handeltreibens dann vorliege, wenn der Täter zumindest zu einem in § 29 Abs. 1 S. 1 Nr. 1 BtMG normierten Teilakt (z. B. Anbau, Herstellung, Einfuhr, Erwerb) des unerlaubten Handeltreibens unmittelbar angesetzt hat. Der Vorteil liegt auf der Hand, da für diese Teilakte die pönalisierte Handlung objektiv hinreichend abgegrenzt ist, sodass der Zeitpunkt des unmittelbaren Ansetzens nach den allgemeinen Regeln[747] bestimmt werden kann.

Weber erweitert diesen Ansatz sogar auf Teilakte des unerlaubten Handeltreibens, die in § 29 Abs. 1 S. 1 Nr. 1 BtMG nicht ausdrücklich normiert wurden. Wie in anderen Versuchskonstellationen auch, soll nach ihm in einem zweistufigen Verfahren zunächst ermittelt werden, mit welchem konkreten Teilakt

744 BGH NStZ 2012, 43; BGH NStZ 2012, 514 f.; MüKo-StGB/*Oğlakcıoğlu* § 29 BtMG, Rn. 423; teilw. abl. *Weber* § 29 BtMG, Rn. 597.

745 BGH NJW 2011, 1461 f.; Körner/*Patzak* § 29 BtMG, Rn. 85; für eine Vollendung *Weber* § 29 BtMG, Rn. 599.

746 Körner/*Patzak* § 29 BtMG, Rn. 161, 164 m. w. N.; *Weber* § 29 BtMG, Rn. 138.

747 Vertiefend hierzu SK-StGB/*Jäger* § 22 Rn. 11 ff.; Sch/Sch/*Eser/Bosch* § 22, Rn. 36 ff.

(z. B. Anbauen, Transportieren, Ankaufen, Verkaufen) der jeweilige Beteiligte den Tatbestand des Handeltreibens vollenden wollte. Für *Weber* ist der maßgebliche Bezugspunkt der in Aussicht genommenen Tat der vom Täter ins Auge gefasste Teilakt des unerlaubten Handeltreibens. Sodann solle nach den allgemeinen Grundsätzen geprüft werden, ob der Täter nach seiner Vorstellung von der Tat mit der ausgeführten Handlung zu diesem ins Auge gefassten Teilakt unmittelbar angesetzt habe.[748] Jedoch gelingt es auch mithilfe der Auffassung von *Weber* nicht, die (Versuchs-)Kasuistik der Rechtsprechung in eine dogmatisch stimmige Form zu gießen:

Sein Erklärungsansatz ist nämlich – wie die zuvor dargestellten Versuchskonstellationen des BGH – nicht mit der extensiven Begriffsauslegung vereinbar, da nach ihr jedes Bemühen, welches auf einen Betäubungsmittelumsatz gerichtet ist, zu einer Vollendung des Tatbestands führen müsste. So entfaltet der Täter bei den Handlungen, mit denen er nach *Weber* zum unerlaubten Handeltreiben unmittelbar ansetzt, ebenfalls Bemühungen, welche auf einen Betäubungsmittelumsatz gerichtet sind. Im Ergebnis führt diese Abgrenzung nur zu einer weitergehenden Kasuistik, was als tauglicher Teilakt des unerlaubten Handeltreibens angesehen werden kann. Ferner ist auch nach diesem Ansatz nicht erklärbar, warum zwei Bemühungen, die in subjektiver Hinsicht auf einen Betäubungsmittelumsatz gerichtet sind, strafrechtlich unterschiedlich bewertet werden sollten: einerseits als Vollendung, andererseits lediglich als Versuch.

Darüber hinaus werden die von *Weber* aufgestellten Grundsätze zum Versuchsbeginn des unerlaubten Handeltreibens nicht konsequent angewendet. Nach ihm soll es nämlich dann nicht auf den Beginn unerlaubten Anbaus ankommen, wenn sich die (Anbau-)Handlung unmittelbar auf Betäubungsmittel beinhaltende Pflanzen (etwa auf Setzlinge oder Samen von Cannabis) bezieht. Durch den direkten Betäubungsmittelbezug werde seiner Ansicht zufolge das unerlaubte Handeltreiben durch einen Ankauf der Samen oder Pflanzen bzw. den Transport zur Anbaufläche bereits vollendet.[749] Dagegen wird zutreffend vom 5. Strafsenat entschieden, dass die Setzlinge bzw. die Cannabissamen gerade

748 *Weber* NStZ 2004, 66 (67); *ders.* JR 2007, 400 (401); *ders.* § 29 BtMG, Rn. 576 ff.; krit. BGH NJW 1993, 2389 (2390); a. A. BGH NStZ 2001, 323 (324); ebefalls dagegen *Rahlf* FS-Strauda 243 (258); MüKo-StGB/*Oğlakcıoğlu* § 29 BtMG, Rn. 418 f.

749 *Weber* § 29 BtMG, Rn. 599; ebenso *Patzak* NStZ 2012, 515; offen gelassen von BGH NJW 2011, 1461.

nicht verkauft und somit gehandelt werden sollen, folglich auch nicht Gegenstand des Handeltreibens sein können.[750]

Diese Streitfrage betrifft die eigentliche Schwierigkeit dieser Fallgruppe, denn sofern man ein versuchtes unerlaubtes Handeltreiben bei Handlungen, die sich allein in der Urproduktion von Betäubungsmitteln erschöpfen, für möglich erachtet, drängt sich die Frage auf, wie bestimmt der später vom Täter ins Auge gefasste Betäubungsmittelumsatz ausgeprägt sein muss. *Weber* und *Patzak* begnügen sich damit, dass die Cannabis-Setzlinge, obwohl sie nur einen geringen THC-Gehalt haben, unzweifelhaft Betäubungsmittel (§§ 1 Abs. 1 i. V. m. in Anlage I BtMG) darstellen, sodass sich die Bemühungen des Täters zumindest auf den Handel von Cannabis bezogen haben.[751]

Zutreffend ist, dass die Pflanze an sich und somit auch die Setzlinge Betäubungsmittel darstellen. Setzlinge zeichnen sich dadurch aus, dass sie noch keine Blütenstände entwickelt haben und dass im Stengel und in ihren Blättern nur sehr wenig THC enthalten ist. Die Blüten jedoch sind die eigentlichen Träger des Wirkstoffes THC. Vorrangig sind die Bemühungen beim Anbau in Verkaufsabsicht auf die Ausbildung potenter Blütenstände gerichtet, teilweise wird das „unwirtschaftliche" Blatt- und Stengelmaterial noch am Plantagenstandort vernichtet.[752] Die These von *Weber* und *Patzak* ist somit allenfalls in den Fällen haltbar, in denen festgestellt werden konnte, dass entweder die Setzlinge selbst auf eine andere Person übertragen werden sollten oder dass das Stengel- und Blattmaterial beispielsweise direkt zur Haschisch- oder Cannabisölherstellung verwendet, welches sodann verkauft werden sollte. In diesen Fällen richteten sich die vom Täter entfalteten Tätigkeiten im weitesten Sinne auf einen tatsächlichen Betäubungsmittelumsatz und nicht auf eine Anbauhandlung, deren Ertrag später gewinnbringend verkauft werden sollte.

Da die extensive Begriffsauslegung in objektiver Hinsicht nahezu grenzenlos erscheint, muss zumindest dem subjektiven Tatbestand eine eingrenzende Funktion zukommen. Der Täter muss nämlich mit seiner Handlung auf ein bestimmtes Umsatzgeschäft mit Betäubungsmitteln[753]

---

750 BGH NStZ 2012, 514; mit abl. Anm. *Patzak* NStZ 2012, 515; a. A. *Weber* § 29 BtMG, Rn. 600; offen gelassen von BGH, Urt. v. 29.09.2016 – 2 StR 591/15, Rn. 17 (juris).

751 *Patzak* NStZ 2012, 515; *Weber* § 29 BtMG, Rn. 600 f.

752 Körner/*Patzak* Stoffe Teil 1 Rn. 9 f.

753 BGH NStZ 2001, 323 (324); BGH NJW 2002, 452; BGHSt 50, 252 (266); BGH NStZ 2012, 514; zust. Körner/*Patzak* § 29 BtMG, Teil 4 Rn. 244.

abzielen.[754] Dies bedeutet, dass immerhin die Art, die Menge und die Qualität der Betäubungsmittel vom Tatentschluss des Täters (im Ansatz) umfasst und somit konkretisiert sein müssen, um ein versuchtes Handeltreiben zu verwirklichen. Da der Anbauprozess immer mit anbautypischen Risiken behaftet ist, kann der Täter nur grob abschätzen, welche Menge an verkaufsfertigen Betäubungsmitteln seine gezogenen Pflanzen tatsächlich erbringen werden. Die mit dem Anbau bzw. der Herstellung einhergehenden Risiken sind breitgefächert, so können Einbußen im Wirkstoffgehalt oder sogar vollständige Ernte- bzw. Produktionsausfälle eintreten. Insofern wird der Täter im Regelfall zum Zeitpunkt des unmittelbaren Ansetzens im Rahmen des Tatentschlusses keine tragfähige Vorstellung zur Qualität und Menge der später umzusetzenden Betäubungsmittel bilden können, sodass es auf die Problematik des unmittelbaren Ansetzens bei Handlungen der Betäubungsmittelurproduktion im Grunde nicht ankommt.

Um das unerlaubte Handeltreiben von diesen anbau- und herstellungsspezifischen Unsicherheiten freizuhalten, ist es erforderlich, die in § 29 Abs. 1 S. 1 Nr. 1 BtMG angelegte Systematik[755] auch begrifflich konsequent umzusetzen, sodass die Handlungen der Urproduktion (Anbau- und Herstellung von Betäubungsmitteln) das unerlaubten Handeltreiben allein noch nicht verwirklichen, auch wenn sie in Verkaufsabsicht vorgenommen wurden. Anzumerken ist bereits an diesem Punkt, dass ein Täter vor oder neben den Tätigkeiten der Urproduktion sich zur Lieferung einer noch anzubauenden oder herzustellenden Menge Betäubungsmittel gegenüber einem anderen verpflichten kann bzw. diese einer anderen Person ernsthaft zum Kauf anbieten kann[756]. In diesen Fällen wird das unerlaubte Handeltreiben nicht durch die Anbau- bzw. Herstellungshandlung selbst, sondern durch dieses auf einen bestimmten Betäubungsmittelumsatz gerichtete (rechtsgeschäftliche) Bemühen des Täters vollendet.[757]

e) *Zwischenergebnis*

Die Untersuchung der einzelnen Entscheidungen der Rechtsprechung verdeutlicht, dass eine dogmatisch überzeugende Herleitung eines Anwendungsbereichs

754 BayObLG NStZ-RR 1999, 59; zust. MüKo-StGB/*Oğlakcıoğlu* § 29 BtMG, Rn. 341 f.; a. A. Menge und Wirkstoff sollen erst im Rahmen der Schuld zum Tragen kommen: BGH StV 2006, 184; so auch Körner/*Patzak* § 29 BtMG, Rn. 336; *Weber* § 29 BtMG, Rn. 830.

755 Vgl. hierzu bereits 2. Teil, E. II. 1. und 2.

756 Zur Rückausnahme bei fehlenden Geldmitteln s. BGH NStZ 2007, 100.

757 Vgl. hierzu 3. Teil, B. II. 3. b).

des Versuchs mit der weiten Begriffsauslegung des unerlaubten Handeltreibens nicht vereinbar ist.[758] So musste in den wenigen Entscheidungen, in denen ein Versuch für möglich erachtet wurde, die extensive Auslegung (dogmatisch nicht nachvollziehbar) objektiv verengt werden. Diese beschriebene Kasuistik führt im Ergebnis dazu, dass unklar ist, welche Tätigkeit als eine tatsächliche Ausführungshandlung des unerlaubten Handeltreibens angesehen werden kann. Die damit einhergehende Rechtsunsicherheit gilt es, im Hinblick auf die Herstellung einer widerspruchsfreien Systematik zu verhindern. Wird einem die definitorische Unvereinbarkeit der beiden Antipoden – die extrem ins Vorfeld verlagerte extensive Auslegung des unerlaubten Handeltreibens einerseits und die diesbezüglich durch § 29 Abs. 2 BtMG angeordnete Versuchsstrafbarkeit andererseits – bewusst gemacht, ist lediglich fraglich, welchem der beiden Normbefehle der Vorrang eingeräumt werden sollte. Der Große Senat und das BVerfG haben – ohne dies ausdrücklich auszusprechen – im Ergebnis offenbar dafür votiert, diese Entscheidung zugunsten der extensiven Auslegung zu treffen.[759] Konsequenterweise müsste vor dem Hintergrund einer friktionsfreien Dogmatik § 29 Abs. 2 BtMG restriktiv ausgelegt werden, sodass für das unerlaubte Handeltreiben ein Versuch grundsätzlich nicht mehr in Frage kommt. Dies gilt erst recht, wenn Grund zu der Annahme besteht, dass dem Gesetzgeber die Konsequenzen und die Reichweite der „technischen Regelung“[760] des § 29 Abs. 2 BtMG nicht bewusst gewesen sein könnten. Indem die Rechtsprechung eine einschränkende Auslegung von § 29 Abs. 2 BtMG im Ergebnis unterlässt, wird einerseits die dogmatische Sollbruchstelle der extensiven Auslegung normativ konserviert und andererseits werden die Instanzgerichte zu einer unheilvollen Kasuistik verleitet, um das „äußerst enge Anwendungsfeld“[761] des versuchten Handeltreibens im jeweiligen Einzelfall zu begründen und somit der (fehlerhaften) Gesetzesfassung Sinn abzugewinnen. Es bleibt festzuhalten, dass es auch der herrschenden Auffassung nicht gelingt, das problematische (Konkurrenz-)Verhältnis von § 29

---

758 Zust. *Liemersdorf/Miebach* MDR 1979, 981 (982); auch *Eberth/Müller* § 29 BtMG, Rn. 17; *Weber* 2. A. § 29 BtMG, Rn. 295; *Schwitters* S. 51 f.; *Oğlakcıoğlu* AT-BtMG S. 404, 467 ff.; *Eberth/Müller/Schütrumpf* Verteidigung S. 39; *Lang*, S. 199; i. Erg. auch BGH NStZ 2004, 105 (107); BGH NJW 2005, 1589 (1590).

759 BGHSt 520, 252 (262 f.); BVerfG, Nichtannahmebeschl. v. 25.02.1993 – 2 BvR 2229/92, Rn. 1 ff. (juris); BVerfG NJW 2007, 1193 f.; zust. *Weber* § 29 BtMG, Rn. 203 ff., 226; Körner/*Patzak* § 29 BtMG, Rn. 210.

760 Eingeh. hierzu *Weber* § 29 BtMG, Rn. 195.

761 BGHSt 50, 252 (263); zust. Körner/*Patzak* § 29 BtMG, Rn. 379; MüKo-StGB/*Oğlakcıoğlu* § 29 BtMG, Rn. 417; anders *Weber* § 29 BtMG, Rn. 573 ff.

Abs. 1 BtMG und § 29 Abs. 2 BtMG dogmatisch einer überzeugenden Lösung zuzuführen. In diesem Zusammenhang ist folglich Nachbesserungsbedarf anzumelden, worauf im Rahmen dieser Untersuchung noch gesondert eingegangen werden wird.[762]

III. Historische Auslegung

Die grammatikalische und die systematische Auslegung werden durch die historische Auslegung ergänzt. Durch diese Auslegungsmethode fließen die Regelungsabsichten, die Zwecke und Normvorstellungen des historischen Gesetzgebers, wie sie sich aus den Gesetzgebungsmaterialien und der jeweiligen Entstehungsgeschichte ergeben, in die methodische Sinnermittlung ein, um zu ergründen, welches Ziel der (historische) Gesetzgeber mit dieser Regelung verfolgte.[763]

Zunächst ist festzuhalten, dass der Gesetzgeber bisher mehrere Möglichkeiten, um sein Verständnis des unerlaubten Handeltreibens in einer Legaldefinition eindeutig festzuschreiben, anlässlich mehrerer Gesetzgebungsverfahren ungenutzt verstreichen ließ.[764] Trotz der fehlenden Legaldefinition hat der Gesetzgeber während einer 90-jährigen Verwendung der Formulierung des unerlaubten Handeltreibens, anfangs zwar zögerlich und fragmentarisch, später jedoch dann immer deutlicher sein Begriffsverständnis des unerlaubten Handeltreibens in den Gesetzgebungsmaterialien zum Ausdruck gebracht.[765]

So führte der Gesetzgeber mit dem OpiumG (1929) den ursprünglich aus dem Kriegswirtschaftsstrafrecht bekannten extensiven Begriff des unerlaubten Handeltreibens ein, um das besitzlose Vermitteln unter Strafe zu stellen.[766] Neben dieser bestimmten gesetzgeberischen Intention unterließ der Gesetzgeber jedoch – obwohl er mit dem BtMG (1972) die an das Handeltreiben anknüpfenden Sanktionen verschärfte – darüber hinausgehende, zu einer begrifflichen Konkretisierung beitragende Angaben.[767]

---

762 Vgl. 3. Teil, C. II. 3.

763 SK-StGB/*Jäger* § 1 Rn. 68 f.; MüKo-StGB/*Schmitz* § 1 Rn. 85 ff.; *Larenz* S. 328 f.; *Rüthers/Fischer/Birk* Rechtstheorie § 22, Rn. 778 ff.; *Satzger* Europäisierung S. 521.

764 So auch MüKo-StGB/*Oğlakcıoğlu* § 29 BtMG, Rn. 189 ff.

765 Jüngst im Rahmen des NpSG, vgl. BRegE. BT-Drs. 18/8579, S. 19; dagegen allg. *Ebert* Handeltreiben, S. 45 f.; *Schnürer* Gesamtgeschäft, S. 195 f.

766 RT-Drs. IV/1386, S. 10; *Anselmino/Hamburger* § 10 OpG S. 300; eingeh. 2. Teil, A. I.

767 BRegE. BT-Drs. IV/1877, S. 15; *Liemersdorf/Miebach* MDR 1979, 981 (983 f.); *Schwitters* S. 21.

Dies änderte sich erst im Gesetzgebungsverfahren zum BtMG (1982). Diesem ging ein Regierungsentwurf voraus, in welchem die gesetzgeberische Zweckrichtung von der begrifflichen Leistungsfähigkeit der Begriffsauslegung des unerlaubten Handeltreibens eindeutig niedergeschrieben wurde. Demnach sollten mit diesem Gesetz die hinter dem einzelnen Betäubungsmittelgeschäft aus Gewinnstreben handelnden „Großtäter“[768] durch deutlich verschärfte Strafvorschriften getroffen werden. Neben dieser groben gesetzgeberischen Umschreibung des Gesetzeszweckes verwies der historische Gesetzgeber im Regierungsentwurf[769] auf die vom Reichsgericht und vom BGH entwickelte weite Auslegung des unerlaubten Handeltreibens[770], wonach jede Tätigkeit, welche auf die Ermöglichung bzw. Förderung von Betäubungsmittelumsatz gerichtet ist, dem Handeltreiben unterfallen sollte. Dieser Entwurf bildete die Beratungsgrundlage des Fraktionsentwurfs[771], welcher schlussendlich zum BtMG (1982) führte. Im Übrigen hat diese Begriffsauslegung im weiteren Verlauf des Gesetzgebungsverfahrens keine Kritik erfahren[772], sodass durchaus davon ausgegangen werden kann, dass der historische Gesetzgeber bezweckte, den Vorschriften der §§ 29 ff. BtMG (1982) insgesamt ein weites Begriffsverständnis des Handeltreibens zugrunde zu legen.[773] Aufgrund dieses (vermittelt über den Regierungsentwurf) nachweisbaren gesetzgeberischen Willens bleibt die historische Begriffsbestimmung mitnichten ergebnislos[774].

Die Auffassung, dass sich der historische Gesetzgeber bereits bei Schaffung des BtMG (1982) jenes weite Begriffsverständnis der Rechtsprechung zu eigen gemacht hatte, wird auch durch die Tatsache untermauert, dass mit diesem Gesetz zugleich die norminterne Systematik des § 29 Abs. 1 Nr. 1 BtMG durch Einführung des Klammerzusatzes erheblich umgestaltet wurde, sodass seitdem

---

768 BRegE. BT-Drs. 8/3551, S. 35; i. d. S. auch Stn. BR. BT-Drs. 8/3551, S. 39, 45; ebenso Gegenäußerung d. BReg. BT-Drs. 8/3551, S. 51; BT-Sten. Ber. Bd. 117, S. 303, 306, 309.

769 BRegE. BT-Drs. 8/3551, S. 27; BT-Drs. 8/3551, S. 53; i. d. S. auch Stn. BR. BT-Drs. 8/3551, S. 45.

770 Ausdrückl. auf RG DJZ 1932, 808; BGHSt 25, 290 f.; ausführl. zum Begriffsverständnis der Rspr. s. 2. Teil, B. I. II.

771 Zutr. *Weber* Handeltreiben, S. 142; dies verkennend MüKo-StGB/*Oğlakcıoğlu* § 29 BtMG, Rn. 198.

772 Zum methodischen Zusammehang vgl. *Larenz* S. 329.

773 BGHSt 50, 252 (259); vgl. ebenfalls *Weber* Handeltreiben, S. 142; *Franke/Wienroeder* § 29 BtMG, Rn. 24.

774 Vgl. BGH NStZ-RR 2004, 183 f.; BGHSt 50, 252 (259); anders hingegen *Schnürer* Gesamtgeschäft, S. 195.

das weit interpretierte unerlaubte Handeltreiben auch systematisch als Oberbegriff für die im Klammerzusatz aufgeführten Begehungsformen fungiert.[775] Aus diesem Umstand wird deutlich, dass die im Regierungsentwurf zum BtMG (1982) zum Ausdruck kommende explizite Orientierung an der damaligen Rechtsprechung zur extensiven Auslegung des unerlaubten Handeltreibens tatsächlich die Grundlage des BtMG (1982) bilden sollte[776].

Der gesetzgeberische Wille zur weiten Begriffsauslegung geht zudem eindeutig aus den Gesetzesmaterialien zum Ausführungsgesetz des Suchtstoffübereinkommens (1988) hervor. Wie bereits erörtert[777], beschrieb der deutsche Gesetzgeber den allgemeinen Gesetzeszweck des BtMG u. a. dahingehend, die „Drahtzieher und Finanziers des illegalen Betäubungsmittelhandels, welche nicht selbst aktiv in Erscheinung treten, als Täter bestrafen zu können.[778] Daran anknüpfend, stellte er unmissverständlich fest, dass dieser gesetzgeberische Zweck durch das weit interpretierte Handeltreiben – als „jede eigennützige, auf Umsatz gerichtete Tätigkeit“[779] – bereits erfüllt werde, sodass eine gesonderte Umsetzung der völkerrechtlichen Verpflichtung zur Pönalisierung der Begehungsformen des Organisierens und Leitens (vgl. Art. 3 Abs. 1 a) v) Suchtstoffübereinkommen (1988)) nicht erforderlich sei, da sie bereits unter den Begriff des Handeltreibens fielen. Folglich hat sich der Gesetzgeber, wenn auch im Hinblick auf den internationalen Bezug, eindeutig zur gesetzgeberischen Übernahme der von der Rechtsprechung entwickelten extensiven Auslegung des unerlaubten Handeltreibens bekannt.[780]

Anschaulich für die weitere gesetzgeberische Tätigkeit zeigte sich am BtMG (1992)[781], dass der Gesetzgeber – vor allem im Hinblick auf die Erfassung des organisierten Rauschgifthändlers, welcher nicht notwendig eigenhändig agiert – annahm, das Begriffsverständnis zum unerlaubten Handeltreiben durch das BtMG (1982) hinreichend klargestellt zu haben, da er sich – trotz der aus dem

---

775 BT-Drs. 8/3551, S. 36, *Weber* Handeltreiben, S. 142; *Schnürer* Gesamtgeschäft, S. 195; vgl. soeben 2. Teil, E. II. 1.

776 So auch *Weber* Handeltreiben, S. 142 f. *ders.* § 29 BtMG, Rn. 180; a. A. *Ebert* Handeltreiben S. 46.

777 Vgl. 2. Teil, A. III. 1. c).

778 BRegE. BT-Drs. 12/3533, S. 18.

779 BRegE. BT-Drs. 12/3533, S. 18; ebenfalls *Weber* § 29 BtMG, Rn. 181; *ders.* JR 2006, 139 (141); dies negierend *Krumdiek/Wesemann* StV 2006, 634 (636).

780 *Weber* Handeltreiben, S. 145 f.; *ders.* JR 2006, 139 (141); a. A. *Krumdiek/Wesemann* StV 2006, 634 (636); *Schnürer* Gesamtgeschäft, S. 195.

781 BGBl. I, S. 1302; i. F. BtMG (1992).

Gesetzestitel ersichtlichen prominenten Stellung des unerlaubten Handeltreibens – in den Gesetzesmaterialien zum Begriffsverständnis des Handeltreibens nicht äußerte, obwohl diese Frage den eigentlichen Zweck des Gesetzes betraf. Ferner spricht der Umstand, dass der Gesetzgeber mit diesem Gesetzgebungsverfahren ohne nähere Erläuterung an das unerlaubte Handeltreiben echte Qualifikationstatbestände knüpfte, mit denen das verwirklichte Unrecht des unerlaubten Handeltreibens und die damit verbundene Sanktion erheblich verschärft wurde, eindeutig dafür, dass der Gesetzgeber das Begriffsverständnis des unerlaubten Handeltreibens für hinreichend geklärt erachtete.

Nicht nur innerhalb des BtMG war eine expansive Bezugnahme auf den Begriff des unerlaubten Handeltreibens zu verzeichnen, der Gesetzgeber versuchte vielmehr auch in anderen nebenstrafrechtlichen Regelungsregimen dessen weites Verständnis zu rezipieren. Es konnte mittels dieser Untersuchung weder eine betäubungsmittelrechtliche Hegemonialstellung zur Begriffsauslegung des Handeltreibens nachgewiesen werden, noch war es möglich, überhaupt ein einheitliches, alle Bereiche des Nebenstrafrechts umfassendes Begriffsverständnis zu ermitteln[782]. Aus den jeweiligen Gesetzgebungsmaterialien ergibt sich allerdings ohne Zweifel, dass der Gesetzgeber im Rahmen einzelner Verfahren zur Rechtssetzung – z. B. bezüglich des GÜG, TPG, KrWaffKontrG, AntiDopG bzw. NpSG – explizit auf die im BtMG durch die Rechtsprechung entwickelte Terminologie zurückgreifen wollte. Somit sollte dem Begriffsverständnis des unerlaubten Handeltreibens mit Betäubungsmitteln eine gewisse leitbildgebende Funktion der Vorfeldkriminalisierung auch für die betäubungsmittelfernen Bereiche des Nebenstrafrechts zukommen. Am deutlichsten tritt die begriffliche Konkretisierung aus den Gesetzentwürfen zum TPG, AntiDopG und NpSG hervor, wobei explizit auf die betäubungsmittelrechtliche Rechtsprechung zum extensiven Begriff des Handeltreibens Bezug genommen bzw. teilweise sogar umfangreich auf frühere Entscheidungen verwiesen wurde.[783] Weit weniger präzise begnügte sich der Gesetzgeber in den Gesetzgebungsmaterialen zum GÜG sowie zum KrWaffKontrG mit einem schlichten Verweis auf die betäubungsmittelrechtliche Begriffsauslegung.[784] Ungeachtet des unvollkommenen

---

782 *Weber* Handeltreiben, S. 194, 290 f., 553 f.

783 GesE d. Frak. d. CDU/CSU, SPD u. FDP BT-Drs. 13/4355, S. 29 ff.; so bereits BRegE. BT-Drs. 13/587, S. 5 f.; jeweils m. ausdrückl. Verweis auf: RGSt 53, 310 (313); 51, 379 (380); 52, 169 (170); BGHSt 6, 246 (247); 25, 290 (291); 28, 308 (309); 29, 239 (240); i. d. S. auch BRegE. BT-Drs. 18/4898, 24; BRegE. BT-Drs. 18/8579, S. 19; vgl. 2. Teil, A. II. 5. b) e) und f).

784 Vgl. 2. Teil, A. II. 5. a) und d) (1).

begrifflichen Verweises hatte der Gesetzgeber bei Schaffung des GÜG sowie des KrWaffKontrG die durch die Rechtsprechung im BtMG entwickelte und fortgeprägte Auslegung vor Augen, an die er unmittelbar anknüpfen wollte. Mithin ist dem BGH[785] und Teilen des Schrifttums[786] für die obigen nebenstrafrechtlichen Materien zuzustimmen, dass durch diese „Begriffsanleihe" des Handeltreibens mittelbar die extensive Auslegung des BtMG gestützt wird. Unabhängig von der kontextrelativen Geltung[787] (identischer) strafrechtlicher Begriffe wurde durch die Rezeption mittelbar bestätigt, dass der Gesetzgeber die für das BtMG entwickelte Definition des Handeltreibens für hinreichend konkretisiert erachtete, sodass eine Übertragung auf rauschgiftferne Regelungsbereiche ebenfalls erfolgen konnte.

Insofern konnte anhand der historischen Auslegungsmethode nachgewiesen werden, dass der Gesetzgeber sich im Rahmen seiner Gesetzgebungstätigkeit nicht nur überaus stark an dem von der Rechtsprechung entwickelten Begriffsverständnis zum unerlaubten Handeltreiben orientiert hat. Vielmehr ist seit dem BtMG (1982) zu konstatieren, dass der Gesetzgeber sich die extensive Auslegung des unerlaubten Handeltreibens zu eigen machte und im Bewusstsein von deren Weite direkt (teilweise ausdrücklich) auf die Rechtsprechung verwies.[788]

IV. Unionsrechtskonforme Auslegung des unerlaubten Handeltreibens

Obwohl auch das nationale Strafrecht immer stärker vom Unionsrecht geprägt und überwölbt wird[789], wurde die Problematik der unionsrechtlichen Beeinflussung der nationalen Definition des unerlaubten Handeltreibens in der

---

785 BGHSt 50, 252 (260).

786 *Weber* § 29 BtMG, Rn. 181; *ders.* Handeltreiben, S. 192 f., 553 f.; a. A. *Krumdiek/Wesemann* StV 2006, 634 (636).

787 Allg. hierzu: *Demko*, S. 64 ff., 117 ff., 321 ff.; für das unerlaubte Handeltreiben: MüKo-StGB/*Oğlakcıoğlu* § 29 BtMG, Rn. 209; *Weber* Handeltreiben, S. 192; *Gaede* HRRS 2004 165 (170); a. A. *Rahlf* FS-Strauda 243 (258).

788 Im Ansatz auch: BGH NStZ-RR 2004, 183 f.; BGHSt 50, 252 (259); zust. Körner/*Patzak* § 29 BtMG, Rn. 225; 232; *Weber* § 29 BtMG, Rn. 177; zust. *Schlage* Ad Legendum 2012, 257 (259); krit. *Schnürer* Handeltreiben S. 195; abl. *Ebert* Handeltreiben S. 46.

789 Instruktiv *Satzger* ZIS 2009, 691 ff.; *Weigend* ZStW 116 (2004) 275 (283); krit. *Klip* ZStW 117 (2005) 898 (905); zum Überblick über die bisherigen Rechtsakte der Union vgl. *Satzger* Internationales und Europäisches Strafrecht, S. 154 ff.; *Hecker* Europäisches Strafrecht S. 267 ff.

Rechtsprechung[790] und vor allem im rechtswissenschaftlichen Schrifttum[791] bisher nicht vertieft erörtert. Dieses (scheinbare) wissenschaftliche Desinteresse hatte jedenfalls zur Folge, dass die durch unionsrechtlich verbindliche Rechtssetzungsakte beschriebenen Mindestanforderungen an die Auslegung des unerlaubten Handeltreibens weitgehend keine Beachtung fanden. Daher soll nachfolgend die europa- bzw. unionsrechtskonforme Auslegung[792] des unerlaubten Handeltreibens einer eingehenden Untersuchung unterzogen werden.

Diese Auslegungsmethode kann aus dem Grundsatz der loyalen Zusammenarbeit (Art. 4 Abs. 3 EUV) abgeleitet werden.[793] Die nationalen Gerichte als Träger öffentlicher Gewalt haben demnach das nationale Recht „im Lichte des Unionsrechts" auszulegen.[794] Diese Pflicht gilt nach der grundlegenden „Pupino"-Entscheidung des EuGH[795] grundsätzlich auch für die rechtlichen Vorgaben aus EU-Rahmenbeschlüssen, so weit sich deren zwingender Charakter erstreckt, da die nationalen Organe nur diesbezüglich zur Rechtsbefolgung verpflichtet sind.[796] Mit diesem Grundsatzurteil wurde der Rahmenbeschluss faktisch mit der damaligen EG-Richtlinie gleichgesetzt[797], sodass sowohl die in Art. 34 Abs. 2 b) EUV a. F. ausdrücklich ausgeschlossene, unmittelbare Wirkung des Rahmenbeschlusses als auch der von der Richtlinie abweichende völkerrechtliche bzw. intergouvernementale Charakter des Rahmenbeschlusses teilweise negiert wurden. Die europarechtliche Streitfrage, ob und unter welchen Voraussetzungen eine rahmenbeschlusskonforme Auslegung[798] geboten ist,

---

790 In BGHSt 50, 252 (256) wird der EU-Rahmenbeschluss immerhin erwähnt.

791 Eine Ausnahme bildet *Weber* § 29 BtMG, Rn. 183 ff.; *ders.* Handeltreiben, S. 177 ff.; z. T. auch *Hecker* Europäisches Strafrecht S. 282 ff.; *Krumdiek/Wesemann* StV 2006, 634 (635).

792 Vertiefend Böse/*Weißer* Europäisches Strafrecht, S. 172 ff.; *Hecker* Europäisches Strafrecht, S. 349 ff.; *ders.* JuS 2014, 385 ff.; *Rönnau/Wegner* GA 2013, 561 f.

793 SK-StGB/*Jäger* § 1 Rn. 79 m. w. N.

794 Böse/*Heger* Europäisches Strafrecht, S. 215.

795 EuGH EuZW 2005, 433 ff.; vgl. ausführl. *Lorenzmeier* ZIS 2006, 576 (578).

796 EuGH EuZW 2005, 433 (435); *Hecker* Europäisches Strafrecht, S. 382 f.; Böse/*Heger* Europäisches Strafrecht, S. 217 f.; *Lorenzmeier* ZIS 2006, 576 (578); diff. *Röcker* S. 208 ff.; abl. BVerfG NJW 2005, 2289 (2291 f.); *Fetzer/Groß* EuZW 2005, 550; *Hillgruber* JZ 2005, 841.

797 Zusf. Callies/Ruffert/*Suhr* 3. A. Art. 34 EUV, Rn. 15; *Ambos* Internationales Strafrecht, S. 603; abl. *Hillgruber* JZ 2005, 841.

798 Vgl. hierzu insb. EuGH NJW 2013, 141 (143) EuGH BeckRS 2017, 114684, Rn. 31; *Satzger* Internationales und Europäisches Strafrecht, S. 201 f.; diff. *Röcker* S. 165 ff.; abl. BVerfG NJW 2005, 2289 (2291 f.).

muss im Rahmen dieser Untersuchung nicht ausführlicher erörtert bzw. entschieden werden, da zwischenzeitlich der Rahmenbeschluss 2004/757/JI durch eine EU-Richtlinie 2017/2103 ersetzt wurde, sodass die Regelungsmaterie des EU-Rahmenbeschlusses nunmehr ebenfalls richtlinienkonform ausgelegt werden muss.

1. Der geänderte rechtliche Charakter des EU-Rahmenbeschlusses

Die noch unter Geltung von Art. 34 Abs. 2 lit. b EUV a. F. zustande gekommenen Rahmenbeschlüsse behalten als Rechtsakte der Union aufgrund von Art. 9 des Protokolls Nr. 36 zum Vertrag von Lissabon[799] so lange Rechtswirkung, bis sie in Anwendung der Verträge aufgehoben, für nichtig erklärt oder geändert werden.[800] Nach dem Inkrafttreten des Vertrags von Lissabon wurde jedoch der EU-Rahmenbeschluss 2004/757/JI durch die EU-Richtlinie 2017/2103 vom 15. November 2017[801] geändert. Die mit Art. 1 dieser Richtlinie einhergehenden Änderungen des EU-Rahmenbeschlusses betrafen im Wesentlichen die Begriffsbezeichnungen der vom Rahmenbeschluss erfassten Drogen und Substanzen (Art. 1 EU-Rahmenbeschluss). Daran anknüpfend, wurden durch die Richtlinie weitere Artikel in den EU-Rahmenbeschluss aufgenommen, durch welche das Verfahren (Art. 1a EU-Rahmenbeschluss n. F.), die Kontrolle (Art. 1b EU-Rahmenbeschluss n. F.) der illegitimen Substanzen insgesamt bzw. die Ausübung der neu entstandenen Befugnisse (Art. 8a EU-Rahmenbeschluss n. F.) abweichend geregelt wurden. Ferner bestimmte diese Richtlinie in Art. 2, dass die Mitgliedstaaten die Rechts- und Verwaltungsvorschriften in Kraft setzen, „die erforderlich sind, um dieser Richtlinie bis zum 23. November 2018 nachzukommen.“[802]

---

799 Vgl. ABl. C 115/1 v. 09.05.2008; ABl. C 326/1 v. 26.10.2012.

800 Böse/*Heger* Europäisches Strafrecht, S. 223 f.; *Hecker* Europäisches Strafrecht, S. 383 f.; *Satzger* Internationales und Europäisches Strafrecht, S. 201 f. Sieber/Satzger/v. Heintschel-Heinegg/*Satzger* § 9 Rn. 65; *Röcker* S. 333.

801 Richtlinie (EU) 2017/2103 des Europäischen Parlaments und des Rates v. 15.11.2017 zur Änderung des Rahmenbeschlusses 2004/757/JI des Rates zur Aufnahme neuer psychoaktiver Substanzen in die Drogendefinition und zur Aufhebung des Beschlusses 2005/387/JI des Rates, ABl. L 305/12 v. 21.11.2017; vgl. Vorschlag der Kommission v. 17.09.2013, 2013/0304 (COD).

802 Richtlinie (EU) 2017/2103 des Europäischen Parlaments und des Rates v. 15.11.2017 zur Änderung des Rahmenbeschlusses 2004/757/JI des Rates zur Aufnahme neuer psychoaktiver Substanzen in die Drogendefinition und zur Aufhebung des Beschlusses 2005/387/JI des Rates, ABl. L 305/12 v. 21.11.2017.

Nach Art. 9 des Protokolls Nr. 36 zum Lissabon-Vertrag berührt jede Änderung die Wirksamkeit des Rechtsaktes.[803] Wendet man die Übergangsvorschrift wortlautgetreu an, wäre der Regelungsgehalt des EU-Rahmenbeschlusses in Gänze nicht mehr wirksam. Gleichzeitig ergäbe die EU-Richtlinie 2017/2103 ohne den EU-Rahmenbeschluss, insbesondere ohne dessen Art. 2 und 4, keinen Sinn, da die EU-Richtlinie keine Aussagen zu den strafbaren Handlungen bzw. zu den zu verhängenden Strafen enthält. Die isolierte Wirksamkeit der EU-Richtlinie würde im Ergebnis dazu führen, dass die Regelungsmaterie insgesamt um jeden materiellrechtlichen Gehalt gebracht werden würde.

Satzger will diese Problematik des geänderten Rahmenbeschlusses dergestalt lösen, dass er diesen als „Rechtsakt gemischter Art"[804] anerkennt. Dieser (vermittelnden) Auffassung kann jedoch nicht beigepflichtet werden, da sie einerseits die Teilbarkeit eines Rechtsaktes voraussetzt und andererseits gegen den Wortlaut von Art. 9 des Protokolls Nr. 36 zum Vertrag von Lissabon – der die Wirksamkeit eines Rechtsaktes insgesamt regelt – verstößt. Darüber hinaus hätte ein „Rechtsakt gemischter Art" eine methodische (Rechts-)Zersplitterung zur Folge, da auf eine nationale Norm neben den nationalen Auslegungsmethoden unterschiedliche unionsrechtliche Auslegungsstandards (rahmenbeschluss- oder richtlinienkonforme Auslegung) angewandt werden müssten.

Vielmehr wurde mit der Änderung des EU-Rahmenbeschlusses dessen Rechtscharakter insgesamt geändert, sodass der nicht von den Änderungen der EU-Richtlinie 2017/2103 betroffene Regelungsgehalt des EU-Rahmenbeschlusses vollständig in das derzeit geltende EU-Vertragsregime überführt wurde.[805] Der EU-Rahmenbeschluss 2004/757/JI wurde somit in Gänze durch die EU-Richtlinie 2017/2103 ersetzt und ist insgesamt als EU-Richtlinie zu behandeln. Folglich gilt auch für Art. 2 und 4 EU-Rahmenbeschluss in methodischer Hinsicht der einheitliche Maßstab der richtlinienkonformen (bzw. unionsrechtskonformen) Auslegung. Demnach kommt es im Ergebnis nicht darauf an, ob bzw. wie weit der EU-Rahmenbeschluss unionsrechtskonform auszulegen ist.

---

803 Grabitz/Hilf/Nettesheim/*Röben* 78. EL, Art. 67 AEUV, Rn. 157; a. A. „Rechtsakt gemischter Art": *Satzger* Internationales und Europäisches Strafrecht, S. 201 f.

804 *Satzger* Internationales und Europäisches Strafrecht, S. 201 f.

805 *Jähnke/Schramm* S. 153; ebenso *Röcker* S. 334.

2. *Die unionsrechtliche Auslegung ohne vorangegangene Umsetzungsgesetzgebung*

In der Rechtssache „Kolpinghus Nijmegen" hat sich der EuGH[806] deutlich zur unionsrechtlichen Auslegung im Strafrecht positioniert: Demnach sind die Mitgliedstaaten als Adressaten einer Richtlinie dazu verpflichtet, das vorgesehene Ziel der Richtlinie zu erreichen. Diese Pflicht beschränkt sich jedoch nicht allein auf die gesetzgeberische Umsetzung einer Richtlinie, sondern bindet alle Träger öffentlicher Gewalt, also auch die Gerichte. Daraus folgt, dass die nationalen Gerichte das nationale Recht auch „im Lichte des Wortlauts und des Zwecks der Richtlinie auszulegen"[807] haben. Zwar kann der Regelungsinhalt einer EU-Richtlinie nicht isoliert die strafrechtliche Verantwortlichkeit des Einzelnen begründen oder verschärfen, im Rahmen der Normauslegung von Strafvorschriften sind jedoch der Wortlaut und der Zweck einer EU-Richtlinie, soweit sie hinreichend bestimmt abgefasst ist, im Rahmen der richtlinienkonformen Auslegung zu berücksichtigen.[808] Der konkrete Zeitpunkt einer Pflicht zur richtlinienkonformen Auslegung ist zwar im Einzelnen umstritten[809], jedoch wird übereinstimmend davon ausgegangen, dass die Gerichte hierzu spätestens mit Ablauf der Umsetzungsfrist der EU-Richtlinie verpflichtet sind.[810] Folglich waren die deutschen Gerichte ab dem 23. November 2018 verpflichtet, die Strafvorschriften des BtMG richtlinienkonform auszulegen.

---

806 EuGH, Urt. v. 08.10.1987 – 80/86 („Kolpinghus Nijmegen"), BeckRS 2004, 73753; *Satzger* Europäisierung, S. 476 f.

807 EuGH BeckRS 2004, 73753, Rn. 11 ff. m. V. a. EuGH, Urt. v. 10.04.1984 – C 14/83 („Colson und Karmann"), BeckRS 2004, 71617; ebenso EuGH NJW 1994, 921 f. („Marleasing"); EuGH NJW 2004, 3547 (3549); zust. BVerfG NJW 2012, 669 (671); *Gärditz/Gusy* GA 2005, 225 (232).

808 EuGH BeckRS 2004, 73753, Rn. 11 ff.; BGH NStZ 2004, 285 f.; *Hecker* Europäisches Strafrecht, S. 366 ff.; Böse/*Heger* Europäisches Strafrecht, S. 216; *Jähnke/Schramm* S. 191 ff.; *Hugger* NStZ 1993, 421 (423), *Ambos* Internationales Strafrecht, S. 601 ff. m. w. N.

809 Zum Streitstand: vgl. auch *Rönnau/Wegner* GA 2013, 561 (563); Böse/*Heger* Europäisches Strafrecht, S. 219 f.; *Hecker* Europäisches Strafrecht, S. 362 f. m. w. N.

810 U. a. EuGH NJW 2004, 3547; EuGH, Urt. v. 04.07.2006 – C-212/04 („Adeneler"), NJW 2006, 2465 (2468); BVerfG NJW 2012, 669 (671); BGH NStZ 2004, 285; zust. *Hecker* Europäisches Strafrecht, S. 362 ff. m.w.N; vgl. auch *Rönnau/Wegner* GA 2013, 561 (563); Böse/*Heger* Europäisches Strafrecht, S. 219 f.; a. A. EuGH BeckRS 2004, 73753, Rn. 11 ff.

Damit der Regelungsinhalt einer EU-Richtlinie (un-)mittelbare Wirksamkeit erlangen kann (Art. 288 AEUV), bedarf es jedoch prinzipiell einer Umsetzung in das nationale Recht durch einen gesetzgeberischen Umsetzungsakt. Der in eine EU-Richtlinie gewandelte Regelungsgehalt des EU-Rahmenbeschlusses wurde förmlich noch nicht umgesetzt.[811] Jedoch ist anerkannt, dass eine Umsetzung einer Richtlinie jedenfalls dann entbehrlich ist, wenn die nationalen Strafvorschriften entsprechende Regelungsinstrumentarien beinhalten, welche das Ziel der Richtlinie bereits erfüllen. In diesem Zusammenhang kommt der unionskonformen Auslegung die Funktion zu, eine schon vor Inkrafttreten der Richtlinie existierende nationale Norm in den unionsrechtlichen Kontext zu setzen und im Rahmen der Auslegung gegebenenfalls so zu interpretieren, dass weiterhin sichergestellt ist, dass diese Norm nicht gegen geltendes Unionsrecht verstößt.[812]

Allgemein gilt für Rahmenbeschlüsse sowie für EU-Richtlinien gleichermaßen, dass sie lediglich hinsichtlich des von ihnen verfolgten Ziels verbindlich sind; bezüglich der Form und der infrage kommenden Mittel wird den innerstaatlichen Stellen eine Auswahlhoheit belassen. Demnach hat sich das nationale Gericht im Rahmen der richtlinienkonformen Auslegung so weit wie möglich an Wortlaut und Zweck des ursprünglichen Rahmenbeschlusses auszurichten[813], um das von ihm verfolgte Ziel zunächst zu bestimmen und sodann durch eine entsprechende Auslegung der nationalen Normen richtlinienkonform umzusetzen.

3. *Die Konservierung der extensiven Auslegung durch die unionsrechtskonforme Auslegung*

Mit dem EU-Rahmenbeschluss wurde das in Art. 34 Abs. 2 b) EUV a. F.[814] normierte Ziel verfolgt, Mindestvorschriften zur Festlegung von Straftaten im Bereich des illegalen Drogenhandels festzusetzen. Zutreffend wird sowohl nach der alten als auch nach der neuen europäischen Rechtslage aus dem Terminus „Mindestvorschriften" gefolgert, dass das jeweilige europäische Organ der Rechtssetzung dazu ermächtigt ist, die nationalen Gesetzgeber dazu zu verpflichten, ein bislang strafloses Verhalten zu pönalisieren.[815] Den Mitgliedstaaten steht es frei, über die

---

811 *Weber* § 29 BtMG, Rn. 186.

812 *Hecker* Europäisches Strafrecht, S. 354 ff.; *Rönnau/Wegner* GA 2013, 561 (564).

813 EuGH EuZW 2005, 433 (435).

814 In der Fassung bis zum 31.10.2004; zur heutigen Fassung vgl. Art. 83 AEUV.

815 *Ambos* Internationales Strafrecht, S. 572; *Hecker* Europäisches Strafrecht, S. 266 ff.; *Satzger* Internationales und Europäisches Strafrecht, S. 162 f.; Grabitz/Hilf/*Röben*, 40. EL, Art. 31 EUV Rn. 13; Callies/Ruffert/*Suhr* 3. A. Art. 31 Rn. 23.

unionsrechtlich definierten, strafbaren Handlungen hinauszugehen, ihnen ist es jedoch verwehrt, den europäischen Schutzstandard zu unterschreiten.[816]

Wie bereits ausgeführt, wird der Begriff des Handeltreibens im EU-Rahmenbeschluss nicht legaldefiniert[817], Art. 2 EU-Rahmenbeschluss beschränkt sich vielmehr darauf, die strafbaren Handlungen in Verbindung zu illegalem Handel mit Drogen und Grundstoffen enumerativ aufzuzählen. Bereits die amtliche Überschrift des Art. 2 EU-Rahmenbeschluss verdeutlicht, dass die genannten Begehungsformen begrifflich nur in Verbindung zum Handel mit Drogen stehen und den Begriff des Handels mit Drogen nicht vollumfänglich und erschöpfend beschreiben sollen. Da das unerlaubte Handeltreiben bereits in semantischer Hinsicht mehreren Deutungsmöglichkeiten zugänglich ist, ist dieser Begriff generell (und somit auch richtlinienkonform) auslegbar. Ziel des EU-Rahmenbeschlusses ist demnach, dass alle in Art. 2 Abs. 1 a) EU-Rahmenbeschluss genannten strafbaren Handlungen durch die nationalen Strafvorschriften unter Strafe gestellt werden.

Da die von der deutschen Rechtsprechung entwickelte extensive Auslegung des unerlaubten Handeltreibens grundsätzlich jede Tätigkeit, welche auf den Umsatz von Betäubungsmitteln gerichtet ist, umfassen kann, erfüllt diese Definition die Anforderungen des EU-Rahmenbeschlusses vollumfänglich.[818] Da der EU-Rahmenbeschluss in objektiver Hinsicht lediglich festlegt, welche vorsätzlichen Handlungen durch die nationalen Gesetzgeber unter Strafe zu stellen sind, ist die obige Definition der Rechtsprechung somit richtlinienkonform.[819] Folglich kann aus dem Unionsrecht und der damit einhergehenden unionsrechtskonformen Interpretation ein Argument für die weite Auslegung des unerlaubten Handeltreibens generiert werden, da diese jedenfalls gewährleistet, dass alle vom EU-Rahmenbeschluss genannten strafbaren Handlungen weiterhin von § 29 Abs. 1 BtMG erfasst werden, sodass die nationale Strafnorm

816 *Hecker* Europäisches Strafrecht, S. 266; *Satzger* Internationales und Europäisches Strafrecht, S. 162 f.; Grabitz/Hilf/*Röben*, 40. EL, Art. 31 EUV Rn. 13; Callies/Ruffert/*Suhr* 3. A. Art. 31 Rn. 23; *Ambos* Internationales Strafrecht, S. 572 m. w. N.

817 Vgl. 2. Teil, A. III. 2. a.

818 Bericht der Kommission über die Umsetzung des Rahmenbeschlusses 2004/757/JI, KOM (2009), 669 endgültig, S. 3; ebenso BGHSt 50, 252 (256); *Weber* § 29 BtMG, Rn. 185; *Weber* JR 2006, 139 (142); *Hecker* Europäisches Strafrecht, S. 282; *Brodowski* ZIS 2010, 379 (381); Böse/*Weißer* Europäisches Strafrecht, S. 356; a. A. *Krumdiek/Wesemann* StV 2006, 634 (635).

819 BGHSt 50, 252 (256); zust. *Weber* JR 2006, 139 (142); *Hecker* Europäisches Strafrecht, S. 282 ff.

nicht hinter dem europäischen Standard zurückbleibt.[820] Selbstverständlich wird durch die unionsrechtskonforme Auslegung nicht ausschließlich die (herrschende) extensive Begriffskonzeption mittelbar-begrifflich konserviert. Sofern es einem abweichenden Begriffsverständnis gleichfalls gelingen sollte, alle Tathandlungen des EU-Rahmenbeschlusses einer Strafbarkeit zuzuführen, wäre diese Definition ebenfalls mit der unionsrechtskonformen Auslegung vereinbar.

Die unterschiedlichen Restriktionsansätze des Schrifttums zur Auslegung des unerlaubten Handeltreibens können jedenfalls – wie bereits dargelegt – den durch den EU-Rahmenbeschluss gesetzten Standard nur teilweise gewährleisten.[821] Da der deutsche Gesetzgeber die Verpflichtungen nach Art. 2 EU-Rahmenbeschluss vorrangig über den Begriff des unerlaubten Handeltreibens sichergestellt hat, führt dessen Beschränkung zwangsläufig dazu, dass je nach Art und Umfang der begrifflichen Restriktion mehrere nach dem EU-Rahmenbeschluss zu pönalisierende Handlungen nicht mehr von § 29 Abs. 1 BtMG erfasst werden würden. Insofern hätte eine Restriktion zunächst zwingend einen unionsrechtswidrigen Zustand zur Folge, dem der Gesetzgeber durch eine Änderung bzw. vollständige legislatorische Umgestaltung von § 29 Abs. 1 S. 1 Nr. 1 BtMG abhelfen müsste. Diese Konsequenz ist jedoch gerade im Hinblick auf das Gebot der unionsrechtskonformen Auslegung nicht hinzunehmen.[822] Folglich können diese alternativen Begriffskonzeptionen des Schrifttums vor den europarechtlichen Vorgaben keinen Bestand haben, sodass ihnen im Ergebnis nicht gefolgt werden kann.

4. *Die unionsrechtskonforme Auslegung und die Restriktion von § 29 Abs. 2 BtMG*

Nach der hier vertretenen Auffassung ist die Auslegung des unerlaubten Handeltreibens nicht mit der Anordnung der Versuchsstrafbarkeit (§ 29 Abs. 2 BtMG) vereinbar, da bei konsequenter Anwendung der extensiven Interpretation für eine Versuchsstrafbarkeit kein Anwendungsbereich verbleibt. Die aus der nationalen Normsystematik hergeleitete Konsequenz, dass es für das unerlaubten Handeltreiben – entgegen der herrschenden Auffassung – keinen Versuch geben kann[823], wäre vor dem unionsrechtlichen Hintergrund dahingehend zu prüfen, ob sie gegen Art. 3 Abs. 1 EU-Rahmenbeschluss verstoßen könnte.

---

820 *Weber* § 29 BtMG, Rn. 185; *ders.* Handeltreiben, S. 185; *ders.* NStZ 2008, 467.

821 Vgl. im Einzelnen 2. Teil, E.

822 *Weber* Handeltreiben, S. 185; *Rönnau/Wegner* GA 2013, 561 (564); *Hecker* Europäisches Strafrecht, S. 354 ff.

823 Vgl. 2. Teil, E. II. 3.; ebenso 3. Teil, C. II. 3.

Nach dieser Vorschrift hat jeder Mitgliedstaat die erforderlichen Maßnahmen zu ergreifen, um den Versuch einer in Art. 2 EU-Rahmenbeschluss genannten Handlung als strafbares Verhalten zu ahnden. Der Regelungszweck dieser Norm ist jedoch nicht dahingehend zu verstehen, dass mit ihr sichergestellt werden soll, dass das Rechtsinstitut des Versuchs für jede strafbare Handlung ausdrücklich gesetzlich verankert werden muss, sondern vielmehr, dass Handlungen, mit denen (materiell-rechtlich) die Schwelle des Versuchsstadiums überschritten wurde, ebenfalls einer Strafbarkeit unterworfen werden. Da nach der extensiven Auslegung des Handeltreibens der Versuchsbereich vollständig von der Vollendungsstrafbarkeit überdeckt wird, erfüllt der Gesetzgeber, sofern ein unerlaubtes Handeltreiben gegeben ist, (sogar überobligatorisch) die Vorgabe von Art. 3 Abs. 1 EU-Rahmenbeschluss, denn er bestraft diese Handlungen nicht nur als Versuch, sondern bereits als Vollendung ohne eine fakultative Strafmilderung.

Entsprechendes gilt für die gemäß Art. 3 EU-Rahmenbeschluss bestehende Verpflichtung zur Pönalisierung der Anstiftung und Beihilfe. Auch damit soll lediglich sichergestellt werden, dass anstiftende und helfende Tätigkeiten bestraft werden können, nicht jedoch, dass das Rechtsinstitut der Anstiftung bzw. der Beihilfe dogmatisch eigenständig von den Mitgliedstaaten geregelt werden muss. Da die extensive Auslegung des unerlaubten Handeltreibens sogar unterstützende Tätigkeiten umfasst und darüber hinaus die allgemeinen Regelungen zur Anstiftung und Beihilfe (§§ 26 ff. StGB) auch im Betäubungsmittelstrafrecht gelten, erfüllt das nationale Recht die unionsrechtlichen Vorgaben, sodass eine unionsrechtskonforme Korrektur unterbleiben kann.

Folglich kann im Ergebnis festgehalten werden, dass unter den bisher dargestellten, unterschiedlichen Auslegungsvarianten des unerlaubten Handeltreibens nur das extensive Begriffsverständnis der Rechtsprechung mit den Vorgaben des EU-Rahmenbeschlusses vollumfänglich in Einklang gebracht werden konnte.[824]

V. Völkerrechtskonforme Auslegung

Auf ähnlichen Erwägungen wie die verfassungskonforme Auslegung beruht auch die völkerrechtskonforme bzw. völkerrechtsfreundliche[825] Auslegung, wobei hierbei nicht die Verfassung, sondern das Völkerrecht den nationalen Auslegungsprozess beeinflusst. Innerhalb der deutschen Rechtsordnung stehen völkerrechtliche Verträge, welche die Bundesrepublik Deutschland ratifiziert

824 Ebenso *Weber* § 29 BtMG, Rn. 185; a. A. *Krumdiek/Wesemann* StV 2006, 634 (635).
825 Vgl. SSW/*Satzger* § 1 StGB, Rn. 45.

und umgesetzt hat, im Range eines (einfachen) Bundesgesetzes (Art. 59 Abs. 2 GG).[826] Aufgrund dieser Rangzuweisung haben die Gerichte in nationales Recht transformiertes Völkervertragsrecht wie anderes Gesetzesrecht bei der Auslegung zu beachten und anzuwenden (Art. 20 Abs. 3 GG). Als Ausdruck der „völkerrechtsfreundlichen Grundhaltung des Grundgesetzes“[827] ist das einfache Recht, soweit ein Auslegungsspielraum überhaupt bestehen sollte, zudem dergestalt zu interpretieren, dass die Auslegungsvariante gewählt werden muss, die gleichzeitig den Anforderungen des Völkerrechts gerecht wird.[828] Dem liegt die zutreffende Annahme zugrunde, dass die einfachen Gesetze „im Einklang mit den völkerrechtlichen Verpflichtungen der Bundesrepublik Deutschland auszulegen und anzuwenden [sind]; denn es ist nicht anzunehmen, dass der Gesetzgeber, sofern er dies nicht klar bekundet hat, von völkerrechtlichen Verpflichtungen der Bundesrepublik Deutschland abweichen oder die Verletzung solcher Verpflichtungen ermöglichen will“[829]. Dieser faktische Vorrang des transformierten Völkervertragsrechts soll auch gegenüber zeitlich später ergangenem – entgegenstehendem – nationalen Recht gelten.[830]

Das derzeit „aktuellste“ völkervertragliche Übereinkommen – das Suchtstoffübereinkommen (1988) – wurde durch das Vertragsgesetz[831] zu diesem Übereinkommen in nationales Recht transformiert. Durch das Suchtstoffübereinkommen bzw. das Vertragsgesetz wurden – wie beim EU-Rahmenbeschluss – die zu pönalisierenden strafbaren Handlungen lediglich enumerativ aufzählt, das unerlaubte Handeltreiben dabei nicht ausdrücklich in den Kanon der zu pönalisierenden Begehungsformen aufgenommen. Insofern hat der Gesetzgeber seine völkerrechtliche Verpflichtung überobligatorisch durch den bereits existierenden, extensiven (Ober-)Begriff des Handeltreibens erfüllt. Folglich ist die weite Definition des unerlaubten Handeltreibens unproblematisch mit dem

826 BVerfGE 74, 358 (370); 82, 106 (120); 111, 307 (317).

827 BVerfGE 18, 112, (121); BVerfG NJW 2007, 499 (501); verfassungrechtl. hergeleitet aus der Präambel, Art. 9 Abs. 2, 23, 24 Abs. 3, 25, 59 Abs. 2, 100 Abs. 2 GG; vgl. hierzu *Jarass/Pieroth* Art. 25 GG, Rn. 5; Stern/Becker/*Enders* Art. 1 GG, Rn. 107.

828 St. Rspr. BVerfGE 111, 307 (328); BVerfG NJW 2007, 499 (501); zust. Isensee/Kirchhof/*Tomuschat* Bd. XI § 226 Rn. 36; *Gärditz/Gusy* GA 2006, 225 (232); *Satzger* Europäisierung S. 523 f.; *Hillgruber* JZ 2005, 841 (843).

829 BVerfGE 74, 358 (370); *Jarass/Pieroth* Art. 25 GG, Rn. 6.

830 BVerfGE 74, 358 (370); methodisch zweifelnd jedoch Isensee/Kirchhof/*Tomuschat* Bd. XI § 226 Rn. 36.

831 BGBl. II (1993), S. 1136 ff.

geltenden Völkerrecht vereinbar.[832] Die mittelbar begrifflich-konservierende Funktion wird – wie in Bezug zu dem EU-Rahmenbeschluss soeben erörtert – durch die extensive Begriffsauslegung ebenfalls gewährleistet, denn sie stellt sicher, dass alle im Suchtstoffübereinkommen (1988) zu pönalisierenden Handlungen mit Strafe belegt werden können. Diese völkerrechtlichen Vorgaben können von den bisher dargestellten Begriffsbestimmungen nur von der extensiven Auslegung der Rechtsprechung in ihrer Gänze erfüllt werden. In umgekehrter Hinsicht wirkt die völkerrechtskonforme Auslegung im Hinblick auf das Verständnis des unerlaubten Handeltreibens begrenzend. Schließlich ist keine der den objektiven Tatbestand des Handeltreibens beschränkenden Auffassungen des Schrifttums[833] in der Lage, alle in Art. 3 Abs. 1 a) Suchtstoffübereinkommen (1988) genannten, zu pönalisierenden Handlungen begrifflich vollumfänglich zu erfassen. Als problematisch erwiesen sich insbesondere die nach dem Suchtstoffübereinkommen (1988) zu bestrafenden Handlungen des Anbietens, Feilhaltens, Lieferns, Vermittelns, Versendens und Beförderns sowie der Ein- bzw. Ausfuhr von Betäubungsmitteln. Aufgrund dessen würde durch eine einschränkende Auslegung des unerlaubten Handeltreibens der Gesetzgeber zum Tätigwerden gezwungen werden, um das nationalstaatlich abgesenkte Schutzniveau des Verbots unerlaubten Handeltreibens durch die Schaffung von neuen (völkerrechtskonformen) Tathandlungen wieder auszugleichen. Bis zur gesetzgeberischen Tätigkeit würde eine strafrechtliche Schutzlücke entstehen, welche somit gegen geltendes Völkerrecht verstoßen würde. Vor diesem völkerrechtlichen Hintergrund kann den begrifflichen Restriktionen des unerlaubten Handeltreibens nicht gefolgt werden, sodass die weite Auslegung weiterhin Gültigkeit beanspruchen bzw. allenfalls durch ein völkerrechtskonformes Pendant ersetzt werden muss.

Bezüglich der völkerrechtlichen Verpflichtung, auch die Teilnahme und den Versuch einer vom Suchtstoffübereinkommen pönalisierten Handlung (Art. 3 c) iv) Suchtstoffübereinkommen (1988)) einer Strafbarkeit zuzuführen, gilt das bereits zum EU-Rahmenbeschluss Ausgeführte[834] entsprechend. Insofern bleibt im Ergebnis festzuhalten, dass sich die Mitgliedstaaten durch dieses Übereinkommen nicht verpflichtet haben, die Vorgaben des Suchtstoffübereinkommens zum Versuch und zur Teilnahme durch eine dogmatisch eigenständige gesetzliche Regelung umzusetzen. Dem nationalen Gesetzgeber steht es vielmehr

832 *Weber* Handeltreiben, S. 184 f.

833 Zu den unterschiedlichen Restriktionsansätzen vgl. 2. Teil, E.

834 Vgl. soben 2. Teil, E. VI. 4.

frei, diese strafbaren (Versuchs-)Handlungen bzw. die Beteiligung an den im Suchtstoffübereinkommen (1988) genannten strafbaren Handlungen überobligatorisch durch einen extensiven (Ober-)Begriff sicherzustellen, sofern gewährleistet ist, dass Versuchs- bzw. Teilnahmehandlungen durch die nationalen Strafvorschriften mit Strafe belegt werden können. Demnach ist das geltende Völkerrecht kein taugliches Argument für eine begriffliche Beschränkung der derzeit herrschenden Auffassung zur (extensiven) Definition des unerlaubten Handeltreibens.

VI. Teleologische Auslegung

Im Gegensatz zur historischen Auslegung sind bei der teleologischen Auslegungsmethode nicht die Vorstellungen des historischen Gesetzgebers die Quelle zum weiteren Erkenntnisgewinn. Richtmaß ist vielmehr der einer Strafvorschrift heute zukommende objektiv-ermittelbare[835] Sinn und Zweck.[836] Die Notwendigkeit[837] einer derart konzipierten Auslegungsmethode ergibt sich aus der positivistischen Statik jeder verschriftlichten (Rechts-)Norm, die eine Anpassung an die fortschreitenden gesellschaftlichen Verhältnisse erschwert bzw. gänzlich unmöglich macht. Durch die Auslegung nach Sinn und Zweck des Gesetzes soll dieser Widerspruch zumindest insoweit abgeschwächt werden, dass – innerhalb des Wortsinns einer Vorschrift als allgemeiner Grenze jeder Auslegungsmethode[838] – der hinter den starren Buchstaben der Gesetztexte wirkende, lebendige Zweck einer Strafvorschrift herausgearbeitet wird, um durch ihn eine gegenwartsbezogene Normauslegung sicherzustellen.[839] Grundannahme dieser Auslegungsmethode ist folglich, dass das Gesetz – selbst wenn dem historischen Gesetzgeber dieser Aspekt verborgen geblieben sein sollte – im Zweifel eine dem

835 Zum Streit des Bezugspunkts der teleologischen Auslegung vgl. SK-StGB/*Jäger* § 1 Rn. 70; *Jescheck/Weigend* AT, S. 156 m. w. N.

836 SK-StGB/*Jäger* § 1 Rn. 70.; MüKo-StGB/*Schmitz* § 1 Rn. 90; Sch/Sch/*Hecker* § 1 Rn. 43; krit. *Herzberg* NJW 1990, 2525 (2529 f.); *Sickor* ZStW 125 (2013) 788 (812 f.).

837 Zum Konkurrenzverhältnis der Auslegungsmethoden: *Beulke* NJW 1979, 400 (404 f.); SK-StGB/*Jäger* § 1 Rn. 70 f.; LK-StGB/*Dannecker* 13. A. § 1 Rn. 316 ff.

838 So bereits RGSt 12, 371 f.; ferner BGHSt 4, 144 (148); 10, 157 (159 f.); BVerfGE 47, 109 (121); 87, 209 (224); 105, 135 (157); 110, 226 (248); zust. MüKo-StGB/*Schmitz* § 1, Rn. 80; NK-StGB/*Hassemer/Kargl* § 1 Rn. 78 ff.; SK-StGB/*Jäger* § 1 Rn. 66; Matt/Renzikowski/*Basak* § 1 StGB, Rn. 21; *Roxin/Greco* AT I § 5 Rn. 28; *Cornelius* GA 2015, 101 (118); a. A. BGHSt 6, 394 (396); 10, 375 f.; *Stratenwerth/Kuhlen* § 3 Rn. 34.

839 So bereits RGSt 12, 371 f.; BGHSt 1, 1 (3); BGHSt 10, 157 (159 f.), SK-StGB/*Jäger* § 1 Rn. 70; krit. *Herzberg* NJW 1990, 2525 (2529 f.).

Zweck der Norm entsprechende Regelung intendiert.[840] Da sich die Aufgabe des Strafrechts im Rechtsgüterschutz erschöpft[841], bildet das betroffene Rechtsgut einer Strafvorschrift den maßgeblichen Anknüpfungspunkt jeder (strafrechtlichen) teleologischen Auslegung[842].

1. Die Lehre vom Rechtsgut

Obwohl noch weitestgehend Einigkeit über die (Grund-)Funktion des Strafrechts besteht, ist nahezu unklar, wie der Begriff des Rechtsguts konkret formuliert werden kann. Vor allem im Schrifttum ist hoch umstritten, welcher materielle, systemkritische[843] Gehalt dem Rechtsgutsbegriff beigemessen werden kann.[844] Die interessanten straftheoretischen Fragestellungen bzw. die verschiedenen Nuancen der Rechtsgutslehre mögen durchaus ihren Reiz haben, da sie jedoch den Rahmen dieser Arbeit ungehörig überschreiten würden, kann auf diesen Problemkreis mit den nachfolgenden Ausführungen allenfalls kursorisch und pointiert eingegangen werden[845].

Bisher hat sich weder in der Rechtsprechung noch im Schrifttum eine allgemein anerkannte Definition des Rechtsguts herauskristallisiert.[846] Übereinstimmung besteht allenfalls darin, dass ein Rechtsgut ein rechtlich schutzwürdiges Gut darstellen müsse[847], welches durch ein reales, menschliches Verhalten verletzt

---

840 SK-StGB/*Jäger* § 1 Rn. 70 f.; *Satzger* Europäisierung, S. 521.

841 BVerfGE 21, 391 (403); 25, 269 (286); BVerfG NJW 1984, 967; *Otto* AT § 1 Rn. 25; *Wohlers* GA 2002, 15 (20); *Roxin/Greco* AT I § 2 Rn. 1; *Roxin* ZStW 116 (2004) 929 f.; *Hefendehl* GA 2007, S. 1 ff.; *Wessels/Beulke/Satzger* Rn. 9 ff.; SK-StGB/*Jäger* Vor. § 1 Rn. 5; NK-StGB/*Hassemer/Neumann* Vor. § 1 Rn. 110 ff.; Matt/*Renzikowski* Einl. Rn. 4 f.; MüKo-StGB/*Joecks* Einl. Rn. 35 ff.; ebenfalls MüKo-StGB/*Oğlakcıoğlu* Vor. § 29 BtMG, Rn. 3 ff.; krit. *Jakobs* AT 2/16 ff., 2/22 ff.

842 *Rudolphi* FS-Honig 151; *Roxin/Greco* AT I § 2 Rn. 4; Sch/Sch/*Eser* § 1 Rn. 48; MüKo-StGB/*Joecks* Einl. Rn. 38; *Weber* Handeltreiben, S. 305.

843 Dagegen BVerfGE 120, 224 (240 ff.); so auch *Jescheck/Weigend* AT, S. 257 f.; *Appel* S. 390, 597; *Frisch* in: Hefendehl/von Hirsch/Wohlers 215 (216 f.); *Lagodny* Grundrechte, S. 143 ff.; 536; *Engländer* ZStW 127 (2015) 616 (625 ff.).

844 Ein Überblick über den Streitstand vgl. *Stratenwerth/Kuhlen* AT § 2 Rn. 5 ff.; *Roxin/Greco* AT I § 2 Rn. 2 ff.; *Müssig* S. 25 ff.; *Lucke* S. 55 ff.

845 Vgl. die ausführl. Abhandlungen: *Amelung* S. 258 ff.; *Hassemer* Theorie S. 19; *Appel* S. 333 ff.; *Hefendehl* S. 5 ff.; *Anastasopoulou* S. 5 ff.; *Hefendehl/von Hirsch/Wohlers* passim.

846 M. w. N. vgl. *Engländer* ZStW 127 (2015) 616 (619 f.); so auch *M. Heinrich* FS-Roxin 131 (132).

847 MüKo-StGB/*Freund* Vor. § 13 Rn. 46.

oder zumindest gefährdet werden könne[848]. Es ist folglich ein aus der positiven Rechtsordnung abgeleitetes (sekundäres) Werturteil über die Schutzwürdigkeit des entsprechenden Guts.[849]

Da mit diesen Thesen der Begriff noch nicht wirklich definiert worden ist, werden darüber hinaus gewisse negative Abgrenzungskriterien weitestgehend akzeptiert: Demnach sind die Rechtsgüter nicht mit dem konkreten Angriffs- oder Handlungsobjekt identisch[850], also eben nicht mit der individuell verletzten Person bzw. deren Rechtsposition. Ferner können bloße Gefühle, Moralvorstellungen und gesellschaftliche Tabus kein taugliches Rechtsgut begründen.[851] Auch sollen Rechtsgüter nicht mit den gesetzgeberischen Motiven gleichgesetzt werden dürfen.[852]

Im Gegensatz zu den sinnlich relativ einfach erfahr- und erfassbaren Rechtsgütern (Leben, körperliche Unversehrtheit bzw. persönliche Freiheit), ist vor allem strittig, in welchem Abstraktionsgrad universelle Rechtsgüter anerkannt werden können[853] bzw. von welchem (individuellen oder staatlichen/gesellschaftlichen) Standpunkt sie begrifflich zu erfassen sind. Zwar erkennen auch die Vertreter der (gemäßigten) personalen Rechtsgutslehre[854] diese universellen Rechtsgüter grundsätzlich an[855], sie wollen den strafrechtlichen Schutz jedoch nur dann als berechtigt ansehen, wenn die Universalrechtsgüter ihrerseits als vermittelte Interessen dem Individuum, also der personalen Entfaltung des Einzelnen dienen und somit von den Individualinteressen direkt abgeleitet werden können. Gegen diese Rechtsgutskonzeption ist anzuführen, dass nicht für alle

848 *Roxin/Greco* AT I § 2 Rn. 66 f.; *Wohlers* S. 226; *Sternberg-Lieben* in: Hefendehl/von Hirsch/Wohlers, 65 (67).

849 SK-StGB/*Jäger* Vor. § 1 Rn. 7; MüKo-StGB/*Freund* Vor. § 13 Rn. 46; *Amelung* S. 5 f.

850 *Roxin/Greco* AT I § 2 Rn. 65 f.; Sch/Sch/*Eisele* Vor. §§ 13 Rn. 9; NK-StGB/*Hassemer/Neumann* Vor. § 1 Rn. 120 f.; *Jescheck/Weigend* AT, S. 257; *Suhr* JA 1990, 303 (306 ff.).

851 *Rudolphi* FS-Honig 151 (156); *Roxin/Greco* AT I § 2 Rn. 13, 17 ff.; *Roxin* GA 2013, 433 (440); SK-StGB/*Jäger* Vor. § 1 Rn. 1, Sch/Sch/*Eisele* Vor. §§ 13 ff. Rn. 10.

852 *Roxin/Greco* AT I § 2 Rn. 14 ff.; *Wohlers* S. 219 f.; zurtreffend gilt dies auch für das systemimmanente Rechtsgutsverständnis: so *Weber* Handeltreiben, S. 306.

853 Vgl. *Wohlers* GA 2002, 15 (16 f.); *Hefendehl* GA 2002, 21 (23 ff.); *Anastasopoulou* S. 215 ff.; dagegen Universalrechtsgüter grds. abl. *Marx* S. 79; *Stratenwerth* in: Hefendehl/von Hirsch/Wohlers, 255 (260).

854 *Hassemer* JuS 1992, 110 (113); *ders.* FS-Schlüchter 133 (155 f.); NK-StGB/*Hassemer/Neumann* Vor. § 1 Rn. 132 f.; *Sternberg-Lieben* in: Hefendehl/von Hirsch/Wohlers, 65 (69); krit. *Müssig* S. 188 ff.; *Schünemann* GA 1995, 201 (206 ff.); dagegen *Lagodny* S. 140.

855 Anders jedoch *Marx* S. 79.

bestehenden Strafnormen (z. B. Tierquälerei (§ 17 TierSchG), die Beschimpfung religiöser Bekenntnisse (§ 166 StGB), das Verunglimpfen des Andenkens Verstorbener (§ 189 StGB) bzw. Straftaten gegen die Umwelt (§§ 324 ff. StGB)) ein personales Substrat argumentativ überzeugend abgeleitet werden kann.[856]

Die andere Auffassung, die den inhaltlichen Gehalt der (kollektiven) Rechtsgüter ausschließlich von einem staatlichen bzw. gesellschaftlichen Standpunkt aus interpretieren will[857], birgt hingegen die Gefahr, dass der Bezug zum Individuum derart in den (pönalisierten) Gesellschaftsinteressen verwässert wird, dass der Einzelne im Ergebnis zum Objekt staatlichen Handelns degradiert wird, was gegen seine Menschenwürde (Art. 1 Abs. 1 GG) verstoßen würde.

Nach der zutreffenden (vermittelnden[858]) Auffassung[859] sind die universellen Rechtsgüter nicht ausschließlich auf das Individuum ausgerichtet und somit nicht ausschließlich von diesem Standpunkt her zu entwickeln. Insofern führt eine Verletzung dieses kollektiven Schutzgutes nicht automatisch zu einer unmittelbaren Verkürzung des Freiheitsraumes einer bestimmten einzelnen Person. Vielmehr zeichnen sich die kollektiven Rechtsgüter dadurch aus, dass sie soziale Funktionseinheiten darstellen, die sowohl die freie Entfaltung des Einzelnen als auch das staatliche, die Grundrechte garantierende System als solches gewährleisten. Durch den letztgenannten Bezug wird mittelbar (auch) die Entfaltungsfreiheit aller sichergestellt.[860] Anders ausgedrückt: Rechtsgüter sind als unverzichtbare und somit werthafte Funktionseinheiten aufzufassen, die zum Funktionieren des auf Grundrechten fußenden staatlichen Systems und somit auch zur Selbstverwirklichung des Einzelnen notwendig sind.[861]

---

856 *Müssig* S. 188; *Sowada* ZStW 122 (2010) 24 (34).

857 *Maurach/Zipf* AT I § 19 Rn. 8: „von der Gesamtheit oder der relevanten Mehrheit der staatlichen Gemeinschaft anerkanntes Interesse"; *Jeschek/Weigend* AT, S. 256: „abstrakter Wert der Sozialordnung"; so auch LK-StGB/*Walter* 13. A. Vor. § 13, Rn. 13; *Schmidhäuser* AT, S. 36 ff.: „ideell gesehenes Gut".

858 *Weber* Handeltreiben, S. 308.

859 *Roxin/Greco* AT I § 2 Rn. 7; *Rudolphi* FS-Honig 151 (159 ff.); *Hoyer* Eignungsdelikte, S. 36; *Bottke* S. 125 f.; SK-StGB/*Jäger* Vor § 1 Rn. 16; *Jakobs* AT 2/15; *Otto* AT § 1 Rn. 32; *M. Heinrich* FS-Roxin S. 131 (132 f.); a. A. LK-StGB/*Walter* 13. A. Vor. § 13, Rn. 7; *Frisch* in: Hefendehl/von Hirsch/Wohlers 215 (216); *Stratenwerth* FS-Lenckner 377 (381 f.).

860 Auf den mittelbaren Individualrechtsgutsbezug beschränkend: *Frister* AT 3/23; *Roxin* JuS 1966, 377 (381); *ders.* GA 2013, 433 (436); dagegen: *Lagodny* S. 140; grds. abl. *Stratenwerth* FS-Lenckner 377 (385 f.).

861 *Roxin/Greco* AT I § 2 Rn. 7; *Rudolphi* FS-Honig 151 (159 ff.); *Hoyer* Eignungsdelikte, S. 36; *Bottke* S. 125 f.; SK-StGB/*Jäger* Vor § 1 Rn. 16; *Jakobs* AT 2/15; *M. Heinrich*

Die gesetzgeberische Entscheidung zur Pönalisierung darf somit, da durch die Strafbewehrung in Art. 2 Abs. 1 und 2 GG eingegriffen wird, nie ein (sozialfunktionsloser) Selbstzweck sein, eine Strafvorschrift folglich in keinem Fall zu einer bloßen Normverletzung degradiert werden.[862] Einen Rechtsgutsbezug und somit eine Legitimation erfährt eine Strafvorschrift vielmehr, sofern sie zur „Gewährleistung anderer werthafter, verfassungsmäßig nicht missbilligter, vom Gesetzgeber in vertretbarer Weise für gesteigert schutzwürdig und schutzbedürftig erachteter, sozialer Funktionseinheiten [...] notwendig erscheint."[863] Demgegenüber können Verhaltensweisen, von denen keine Störung einer gesellschaftlichen Funktionseinheit ausgeht, nicht mit Strafe bedroht werden.[864]

Der mit jeder Strafvorschrift einhergehende Grundrechtseingriff kann seine Legitimation somit auch nur von einem grundrechtlich geschützten Bezugspunkt ableiten. Der mit einer Strafe einhergehende Grundrechtseingriff beim Täter steht demnach in einem Wechselwirkungsverhältnis zum staatlicherseits bezweckten (notwendigen) Grundrechtsschutz. Diese Korrelation ist nicht statischer Natur, sondern als soziale Funktionseinheit verfassungsrechtlich einem mehr oder minder ausgeprägten gesellschaftlichen und folglich auch verfassungsrechtlichen Wandel unterworfen.[865] Dieser grundgesetzliche Zusammenhang von staatlichem Eingriff und Gewährleistung bestimmt das Rechtsgut als soziale Funktionseinheit, sodass auch nur in diesem verfassungsrechtlichen Spannungsverhältnis dem Rechtsgutsbegriff ein (eingeschränktes) systemkritisches Potential zuerkannt werden kann.[866] Konkret bedeutet dies, dass die geschützte Grundrechtsposition die beeinträchtigte überwiegen muss und das gewichtigere Grundrecht nur mittels einer Pönalisierung gewährleistet werden kann, wobei dem Gesetzgeber ein gewisser Einschätzungsspielraum zuerkannt werden muss.[867] Auf der Täterseite ist im Rahmen der Abwägung der

---

FS-Roxin S. 131 (132); *Bock* AT S. 24; a. A. *Otto* AT § 1 Rn. 32; grds. abl. *Frisch* in: Hefendehl/von Hirsch/Wohlers 215 (216); *Stratenwerth* FS-Lenckner 377 (381 f.).

862 *Hoyer* Eignungsdelikte, S. 36; SK-StGB/*Jäger* Vor. § 1 Rn. 8; a. A. *Jakobs* AT 2/2; *ders.* HRRS 2004, 88.

863 *Hoyer* Eignungsdelikte, S. 36; a. A. *Sternberg-Lieben* in: Hefendehl/von Hirsch/Wohlers 65 (67).

864 SK-StGB/*Jäger* Vor. § 1 Rn. 19; einschränkend *Frister* AT 3/23; *Roxin* JuS 1966, 377 (381); *ders.* GA 2013, 433 (436).

865 *Rudolphi* FS-Honig 151 (162 ff.); *Otto* AT § 1 Rn. 34; SK-StGB/*Jäger* Vor § 1 Rn. 16.

866 I. E. zust. *Sowada* ZStW 122 (2010) 24 (36, 49 f.); *Roxin* GA 2013, 433 (435 ff.); krit. *Wohlers* in: Hefendehl/von Hirsch/Wohlers 281 f.

867 So i. E. *Lagodny* S. 146 f.; *Vogel* StV 1996, 110 (112).

Grundrechtspositionen das Maß des durch die Sanktionsnorm herbeigeführten Eingriffes in Art. 2 Abs. 1 GG bzw. Art. 2 Abs. 2 S. 2 GG – Geld- oder Freiheitsstrafe – in die Freiheitssphäre des Täters zu berücksichtigen. Ferner ist bezüglich des unerlaubten Handeltreibens der mit der Sanktionsnorm einhergehende Grundrechtseingriff durch die Verhaltensnorm ebenfalls in den Abwägungsprozess miteinzubeziehen: Für die Handeltreibenden greift das strafbewehrte Verbot in die allgemeine Handlungsfreiheit (Art. 2 Abs. 1 GG) bzw. in die Berufsfreiheit (Art. 12 Abs. 1 GG)[868] ein; für die Konsumenten wird ebenfalls der Schutzbereich der allgemeinen Handlungsfreiheit bzw. des Rechts auf gesundheitliche Selbstbestimmung (Art. 2 Abs. 1 GG i. V. m. Art. 1 Abs. 1 GG) beschränkt.

Es stellt sich folglich die Frage, ob die von der herrschenden Auffassung postulierten Rechtsgüter des unerlaubten Handeltreibens eine schutzwürdige und -bedürftige soziale Funktionseinheit darstellen und somit zur Legitimation der Strafvorschrift herangezogen werden können.

2. *Die von der herrschenden Meinung durch das unerlaubte Handeltreiben geschützten Rechtsgüter*

Die von der herrschenden Meinung anerkannten Rechtsgüter des unerlaubten Handeltreibens haben sich nicht nur im Laufe der Zeit mehrfach gewandelt[869] und waren bzw. sind teilweise zu Recht einer grundlegenden (Legitimations-) Kritik[870] ausgesetzt. Vor den soeben dargestellten Anforderungen an den Rechtsgutsbegriff stellt sich die Frage, ob das unerlaubte Handeltreiben auf eine gesteigert schutzbedürftige soziale Funktionseinheit zurückgeführt werden kann, welche notwendigerweise durch diese extensive Strafandrohung vor einer Beeinträchtigung bewahrt werden müsste.

---

868 *Jarass/Pieroth* Art. 12 Rn. 8; im Hinblick auf das evident sozialschädliche Verhalten abl. BVerfGE 115, 276 (301); BVerfGE 117, 126 (137); BeckOK-GG/*Ruffert* Art. 12 Rn. 42; offen gelassen von Sachs/*Mann* Art. 12 GG, Rn. 54.

869 Ausführl. hierzu *Weber* Handeltreiben, S. 315 ff.

870 Vgl. exemplarisch hierzu *Hassemer* NStZ 1989, 553 (557); *ders.* JuS 1991, 110 (112); *Nestler-Tremel* StV 1992, 273 (275 ff.); *Hohmann/Matt* JuS 1993, 370 (372 ff.); *Köhler* ZStW 104 (1992) 3 ff.; *Lüdersen* StV 1994, 508 ff.; *Schneider* StV 1994, 390 f.; *Böllinger* KJ 1994, 405 ff.; *ders.* ADS 2014, 112 ff.; *Kreuzer* FS-Miyazawa 177 (186); *Schünemann* in: *Hefendehl/von Hirsch/Wohlers* 133 (146, 152 f.); *Roxin/Greco* AT I § 2 Rn. 10, 46; ausführl. hierzu *Lang* S. 58 ff.; *Wohlers* 178 ff.; *Ebert* Handeltreiben, S. 69 ff.; *Oğlakcıoğlu* BtMG-AT, S. 76 ff.; *Schwitters* S. 59; aus der Rspr. vgl. nur LG Lübeck NJW 1992, 1571 ff.

Bereits aus § 5 Abs. 1 Nr. 6 BtMG ergibt sich, dass das BtMG offenbar zwei grundsätzliche Ziele verfolgt: Einerseits soll die medizinische Versorgung mit Betäubungsmitteln sichergestellt, andererseits soll Betäubungsmittelmissbrauch bzw. die daraus entstehende Abhängigkeit so weit wie möglich unterbunden werden.[871] Ferner wird in § 1 Abs. 2 Nr. 3 BtMG ebenfalls ein Gesundheitsbezug durch die gesetzliche Regelung hergestellt („wegen der unmittelbaren oder mittelbaren Gefährdung der Gesundheit"). Aus diesen allgemeinen gesetzlichen Regelungen schlussfolgert die herrschende Meinung, dass als taugliche Rechtsgüter des Verbots unerlaubten Handeltreibens sowohl der Schutz der Gesundheit des Einzelnen[872] als auch das (gesundheitliche) Wohlergehen der Bevölkerung im Ganzen angesehen werden können.[873]

a) Das Rechtsgut der individuellen Gesundheit

Zutreffend ist, dass schon der einmalige Konsum von bestimmten Betäubungsmitteln unter Umständen im Einzelfall gesundheitliche Schäden hervorrufen kann. Häufiger führt die Einnahme von Rauschgiften jedoch zu einer Abhängigkeit, welche (mittelbar) Gesundheitsschäden erst hervorrufen bzw. bereits bestehende Schäden intensivieren und schließlich sogar zum Tod des Konsumenten führen kann.

Jedoch ist dieses scheinbar so naheliegende Rechtsgut grundlegenden Bedenken ausgesetzt: In faktischer Hinsicht wird teilweise bereits die allgemeine gesundheitliche Gefährlichkeit bestimmter „weicher" Drogen bezweifelt.[874] Bezüglich der gesundheitlichen Folgen des Cannabis-Konsums (beispielsweise

---

871 BRegE. BT-Drs. 8/3551, S. 35; BGHSt 1, 130; 9, 370 (373); *Oğlakcıoğlu* AT-BtMG S. 72; *Weber* § 1 BtMG, Rn. 1.

872 BVerfGE 90, 145 (174); BGH NStZ 1992, 86 (87); zust. MüKo-StGB/*Oğlakcıoğlu* Vor. § 29 BtMG, Rn. 14; *Ebert* Handeltreiben, S. 69; Körner/*Patzak* § 29 BtMG Rn. 206; *Weber* § 1 BtMG, Rn. 3; *Hardtung* NStZ 2001, 206 (208).

873 St. Rspr. RGSt 60, 365 (368); 63, 161 (164); BGHSt 31, 163 (168); 37, 179 (182); 38, 339 (342 ff.); 42, 1 (5, 12); 64, 266 (270 f.); BGH NStZ 1994, 496; BGH NJW 2000, 3015; BVerfGE 90, 145 (174); zust. *Beulke/Schröder* NStZ 1991, 393 (394); *Rudolphi* JZ 1991, 572 (574); Körner/*Patzak* § 29 BtMG Rn. 208; *Weber* § 1 Rn. 7.

874 Bzgl. Heroin sogar *Böllinger* KJ 1991, 393 (394); *Hesel* S. 277; für Cannabis: SchwBG StV 1991, 18 (19); LG Lübeck NJW 1992, 1571 (1572); *Köhler* ZStW 104 (1992) 3 (11, 63); *Haffke* ZStW 107 (1995) 761 (768); *Wohlers* S. 192; *Anastasopoulou* S. 263; allg. vgl. auch *Nestler* ZStW 129 (2017) 467 ff.; a. A. BVerfGE 90, 145 (177); zust. BVerfG NJW 2004, 3620 (3621 f.); *Patzak/Marcus/Goldhausen* NStZ 2006, 259 (262 f.); *Duttge/Steuer* ZRP 2014, 181 (182).

internalisierte Störungen wie Depressionen oder Angststörungen bzw. Psychosen) erscheint hingegen die derzeitige wissenschaftliche Grundlage[875] insofern gefestigter, dass das allgemeine Gefährdungspotenzial dieser Droge nicht mehr generell negiert werden kann.[876] Der grundsätzlichen Ausrichtung dieser Untersuchung entsprechend können diese medizinischen Fragen jedoch dahingestellt bleiben, da die überaus extensive Strafvorschrift des unerlaubten Handeltreibens nicht ausschließlich mit dem Rechtsgut der individualen Gesundheit legitimiert werden kann.

Das gesundheitliche Individualrechtsgut des BtMG ist insgesamt einer berechtigten Paternalismuskritik[877] ausgesetzt, wobei Paternalismus bedeutet, den Bürger gegen seinen Willen durch den Normbefehl vor geistiger, moralischer oder körperlicher Selbstschädigung zu schützen[878]. Jede mündige Person ist grundsätzlich in seiner Entscheidung frei, ob bzw. in welchem Grade er sich gewissen Gesundheits- oder gar Lebensgefahren aussetzen möchte. Dieses Recht auf gesundheitliche Selbstbestimmung wird von verschiedenen Grundrechten (Art. 2 Abs. 1 GG i. V. m. Art. 1 Abs. 1 GG bzw. Art. 2 Abs. 2 S. 1 GG) geschützt.[879] Dem Staat obliegt es grundsätzlich nicht, in diese Freiheitssphäre seiner Bürger einzudringen, um den eigenverantwortlich Handelnden vor sich selbst zu schützen.[880] Ein strafbewehrter Grundrechtsschutz vor dem eigenen Handeln würde – aufgrund der hohen Eingriffsintensität einer Strafe – zumindest

---

875 *EMCDDA* Characteristics of frequent and high-risk cannabis users (2015) S. 4; *WHO* The health and social effects of nonmedical cannabis (2016) S. 23 ff. m. w. N.; diff. *WHO WHO* Expert Committee on Drug Dependence Sec. 3 S. 7; Europäischer Drogenbericht 2017, S. 61; *Hoch/Friemel/Schneider* S. 189 ff.

876 Hierzu insg. *Möller* S. 75 ff.

877 *Roxin/Greco* AT I § 2 Rn. 32 ff.; *Haffke* 107 (1995) 761 (770, 780 ff.); *Wohlers* S. 192 ff.; *Schünemann* in: Hefendehl/von Hirsch/Wohlers 133 (146); *Anastasopoulou* S. 263 ff.; *Wohlers/Went*, in: von Hirsch/Neumann/Seelmann 289 (296); dagegen *Zaczyk* S. 60 f.; *Hardtung* NStZ 2001, 206 (206); *Puppe* JZ 2011, 911 f.; NK-StGB/*ders.* Vor. § 13 Rn. 192 ff.

878 *Wohlers/Went*, in: von Hirsch/Neumann/Seelmann 289 (293).

879 BVerfGE 128, 282 (302); BVerfG NJW 2020, 905 (906 f.); BVerwG NJW 1989, 2960; *Jarass/Pieroth* Art. 2 Rn. 34, 83, 100; *Haffke* ZStW 107 (1995) 761 (775 f.); *Anastasopoulou* S. 264.

880 Für im Handel erhältliche BtM, wie Alkohol zust. BVerfGE 90, 145 (195); einschränkend zur Sturzhelm-Trage-Pflicht vgl. BVerfGE 59, 275 (279); bzw. zur Gurt-Anlege-Pflicht vgl. BVerfG NJW 1987, 180.

gegen den Verhältnismäßigkeitsgrundsatz[881] verstoßen. Folglich würde durch die Anerkennung eines die eigenverantwortliche Selbstgefährdung (teilweise) negierenden, gesundheitlichen Rechtsgutes der Gesetzgeber seine ihm grundsätzlich zuzubilligende Einschätzungsprärogative überschreiten. Da eine Selbstverletzung bzw. sogar der Suizid straffrei ist, darf erst recht nicht die Gefährdung eigener Rechtsgüter pönalisiert werden.

Diese Grundsätze werden durch das BtMG nur sehr partiell, nämlich nur soweit es den unmittelbaren (straflosen) Konsum von Betäubungsmitteln betrifft, berücksichtigt. Da der Konsum selbst kein strafrechtliches Unrecht verwirklicht und somit keine rechtswidrige Haupttat vorliegt, dürfte die Beteiligung daran (z. B. Anbau und Herstellung von respektive Handeltreiben mit Betäubungsmitteln), sofern der mündige Endkonsument eigenverantwortlich handelt[882], ebenfalls kein strafrechtliches (Teilnehmer-)Unrecht darstellen.[883] Dagegen wird angeführt, dass der Konsument sich auf kein Recht bzw. keinen Anspruch auf Hilfe zu seiner eigenen Gefährdung berufen könne, sodass diese Hilfe im Rahmen eines indirekten Paternalismus strafrechtlich sanktioniert werden könne.[884] Im Hinblick auf die zutreffende Entscheidung des BVerfG zur geschäftsmäßigen Förderung der Selbsttötung erscheint inzwischen höchstrichterlich geklärt, dass dem mündigen Einzelnen aus einer vom Grundgesetz gewährten Freiheit (unter Umständen) ein verfassungsmäßiges Recht erwachsen kann, sich bei Dritten (Suizid-)Hilfe zu suchen[885].

In einem marktwirtschaftlichen System wird diese Hilfe regelmäßig aufgrund einer ökonomischen (und nicht altruistischen) Motivation geleistet werden, so wird der Gehilfe seine Dienstleistung bzw. die dafür erforderlichen (Suizid-)Mittel im Regelfall gegen ein gewinnträchtiges Entgelt erbringen. Indem nun die gewinnorientierte Tätigkeit des unerlaubten Handeltreibens durch das BtMG mit Strafe bedroht ist, wird dem Einzelnen sehr weitgehend die Möglichkeit genommen, sich mit den für den Suizid benötigten Betäubungsmitteln zu versorgen. Dem suizidwilligen Konsumenten bleibt lediglich übrig, die benötigten

---

881 Vgl. hierzu m. w. N. Dürig/Herzog/Scholz/*Grzeszick* Art. 20 GG, Teil VII, Rn. 109 ff.; *Jarass/Pieroth* Art. 20 GG Rn. 112 ff.

882 Zu den normativen Voraussetzungen vgl. hierzu *Lang* S. 84 ff.

883 *Roxin/Greco* AT I § 11 Rn. 107; *Otto* Jura 1984, 536 (537); *Lüderssen* StV 1994, 508 (509); SK-StGB/*Jäger* Vor. § 1 Rn. 139 m. w. N.; *Zaczyk* S. 63; *Bottke*, in Schünemann/Pfeiffer 171 (214); *Hefendehl* S. 142; *Wohlers* S. 193 f.; a. A. *Gusy* JZ 1994, 863; *Hardtung* NStZ 2001, 206 (208); *Weber* Handeltreiben S. 364.

884 So *Gusy* JZ 1994, 863; *Hardtung* NStZ 2001, 206 (208); *Weber* Handeltreiben, S. 363.

885 BVerfG NJW 2020, 905 (908).

Betäubungsmittel selbst anzubauen bzw. herzustellen, wozu nicht jeder persönlich in der Lage sein wird. Auch ist der Anbau von bestimmten Betäubungsmitteln in Deutschland – aufgrund der klimatischen Verhältnisse – nicht oder nur schwerlich möglich (z. B. Kokain- bzw. Opiumanbau).

Sofern man das Rechtsgut des BtMG (unzutreffenderweise) im Schutz der individuellen Gesundheit erblicken würde, ergibt sich die Problematik, dass mit dem unerlaubten Handeltreiben unter Umständen Teilnahmeunrecht bestraft werden würde, ohne dass gleichfalls ein täterschaftliches Unrecht verwirklicht wurde. Der Handeltreibende schädigt nämlich nur (mittelbar) die Gesundheit seines (möglicherweise gar eigenverantwortlich handelnden) Kunden. Insofern hätte die generelle Anerkennung von indirekt-paternalistischen Strafnormen zur Folge, dass eine originäre Teilnahmestrafbarkeit (entgegen § 26 f. StGB) ohne eine rechtswidrige Haupttat auskommen würde, da der Konsum von Betäubungsmitteln nach dem BtMG nicht strafbar ist. Demnach hängt die Strafbarkeit des unerlaubten Handeltreibens dogmatisch und legitimatorisch „in der Luft".

Das BtMG umgeht diese einleuchtende dogmatische Schlussfolgerung durch die Pönalisierung des Besitzes (§ 29 Abs. 1 S. 1 Nr. 3 BtMG) als Vorfeldhandlung des eigentlichen Konsums.[886] Aber auch diesbezüglich kann die Strafbarkeit aufgrund des Grundsatzes der eigenverantwortlichen Selbstverletzung bzw. -gefährdung nicht ausschließlich auf die individuelle Gesundheit des Besitzenden gestützt werden, sofern der Besitz lediglich dem eigenverantwortlichen Betäubungsmittelkonsum dienen soll. Die Strafbarkeit des Besitzes ist darüber hinaus ebenfalls nicht dadurch zu legitimieren, dass der Besitz von Betäubungsmitteln zum Eigenbedarf aufgrund der schlichten Weitergabemöglichkeit bereits eine abstrakte Fremdgefahr für andere Individualrechtsgüter begründen könnte[887]. Dadurch wird nicht nur die legitime Selbstgefährdung verfassungswidrig faktisch verunmöglicht[888] – da ein Konsum ohne vorherigen Besitz nur theoretisch möglich wäre[889] –, sondern auch die abstrakte Gefahr unzulässigerweise vergeistigt und zu einer „Verdachtsstrafe"[890] ausgeweitet. Dem Einzelnen wird erstens unterstellt, seinen Eigenkonsumwillen nicht konsequent durchzuhalten,

---

886 So zutreffend *Lüderssen* StV 1994, 508 (509).

887 So jedoch ausdrücklich BVerfGE 90, 145 (187); a. A. *Hefendehl* S. 143; *Anastasopoulou* S. 265 ff.

888 Vgl. zur Sterbehilfe BVerfG NJW 2020, 905 (914).

889 Bspw. das „Ziehen" an einem Joint oder einer Crackpfeife.

890 *Köhler* MDR 1992, 739 (740).

und zweitens, dass er die Betäubungsmittel an nicht (mehr) eigenverantwortlich Handelnde weitergeben wird.

Aufgrund dessen kann das gesundheitliche Individualrechtsgut nur partiell der individuellen Gesundheit dienen, sofern der Betäubungsmittelkäufer nicht mündig war oder sich abhängigkeitsbedingt nicht (mehr) eigenverantwortlich[891] entscheiden konnte, sich selbst zu gefährden. Nur in diesem Umfang wirkt die individuelle Gesundheit als eine werthaltige soziale Funktionseinheit, welche eine Pönalisierung notwendig macht. Da das BtMG die grundrechtlich geschützte Rechtsposition der eigenverantwortlichen Selbstgefährdung jenseits des eigentlichen Konsums[892] gänzlich negiert, ist der totalprohibitive Ansatz des BtMG[893] mit einem ausschließlichen Individualrechtsgutsbezug nicht mehr erklär- bzw. legitimierbar.[894] Auch muss die gesetzgeberische Wertentscheidung, die unmittelbarste gesundheitsgefährdende (Konsum-)Handlung straffrei zu stellen, dogmatisch respektiert werden, sodass sich gerade nicht auf den Standpunkt gestellt werden kann, dass das BtMG generell davon ausgehe, der Einzelne sei nicht in der Lage, das Ausmaß und die Folgen der beabsichtigten Selbstgefährdung hinreichend abzuschätzen.[895] Dies berücksichtigend, darf die Vorfeldkriminalisierung des unerlaubten Besitzes nicht zur faktischen Desavouierung des verfassungsrechtlich legitimen Betäubungsmittelkonsums benutzt werden.

Daran anknüpfend, wird vom Schrifttum in dogmatischer Hinsicht zu Recht kritisiert[896], dass im Rahmen des Betäubungsmittelstrafrechts der allgemeine Grundsatz der objektiven Zurechnung[897], dass eine strafrechtliche Haftung einer (Hilfs-)Person jedenfalls dann ausgeschlossen sein soll, wenn das Opfer seine Rechtsgüter eigenverantwortlich selbst gefährdet oder gar gänzlich

---

891 *Böllinger* KJ 1991, 393 (405 f.); *Frisch* FS-Stree/Wessels S. 94 f.; *Wohlers* S. 193 ff.; *Wohlers/Went*, in: von Hirsch/Neumann/Seelmann 289 (297); *Anastasopoulou* S. 265; a. A. *Hardtung* NStZ 2001, 206 (208); Kreuzer/*Nestler* § 11 Rn. 87 f.; *Weber* Handeltreiben, S. 364, 370 f.; NK-StGB/*Puppe* Vor. § 13 Rn. 192.

892 Dies verkennend *Puppe* JZ 2011, 911 (912).

893 *Anastasopoulou* S. 264 f. a. A. *Hardtung* NStZ 2001, 206 (208); *Köhler* MDR 1992 739 (740); *Köhler* ZStW 104 (1992) 3 (38 f.).

894 So auch *Frisch*, in: Eser/Kaiser/Weigend 201 (216).

895 Dies verkennend NK-StGB/*Puppe* Vor. § 13 Rn. 192; *Hardtung* NStZ 2001, 206 (208).

896 *Schünemann* NStZ 1982, 60 (62); *ders.* in: Hefendehl/von Hirsch/Wohlers 133 (146); *Lang* S. 84; für eine bewusste gesetzgeberische Ausnahme hingegen NK-StGB/*Puppe* Vor. § 13 Rn. 192.

897 *Roxin/Greco* AT I § 11, Rn. 44; *Wessels/Beulke/Satzger* Rn. 253 ff.; *Stree* JuS 1985, 179 (181); instruktiv *Hirsch* FS-Lenckner 119 ff.; *Schünemann* GA 1999, 207 ff.

aufgibt, offenbar nicht vollumfänglich gelte[898]. Diese Konsequenz des BtMG würde in Bezug auf die individuelle Gesundheit nicht nur gegen die allgemeine Zurechnungsdogmatik verstoßen, sondern auch Wertungswidersprüche zu den (fahrlässigen) Körperverletzungs- bzw. Tötungsdelikten verursachen, da bei diesen – ebenfalls Individualrechtsgüter schützenden – Delikten eine strafrechtliche Zurechnung ausgeschlossen ist, sofern nicht der Beteiligte kraft überlegenen Sachwissens das Risiko besser einschätzen kann als der sich selbst Gefährdende[899].

Im Übrigen ist mit einem ganz restriktiv – im Sinne einer tatsächlichen Rechtsgutsbeeinträchtigung – verstandenen Individualrechtsgutsbezug das durch die übrigen Auslegungsmethoden gewonnene extensive Begriffsverständnis des unerlaubten Handeltreibens teleologisch nicht vollumfänglich zu erklären, da der (subjektive) Betäubungsmittelumsatzbezug gerade nicht zwingend mit einem tatsächlichen Absatz bzw. „Näherbringen der Betäubungsmittel an den Kosumenten“[900] und somit einer Beeinträchtigung der individuellen Gesundheit gleichzusetzen ist. Auch eine konkrete bzw. abstrakte Gefährdung dieses Rechtsguts ist nicht in jedem der die extensive Auslegung des unerlaubten Handeltreibens verwirklichenden Fälle gegeben. Schließlich geht mit dem (subjektiv) anvisierten Betäubungsmittelumsatz nicht zwingend eine tatsächliche Steigerung der konkreten Konsum- bzw. einer Gesundheitsgefahr des Einzelnen einher, da „(Zwischen-)Handelstätigkeiten“ bzw. Vermittlung, Ein- und Ausfuhr von Betäubungsmitteln weit entfernt vom Konsumenten getätigt werden. Im Falle des unmöglichen bzw. kontrollierten Betäubungsmittelumsatzes gerät darüber hinaus dieses Individualrechtsgut noch nicht einmal in eine abstrakte Gefahr.

Demzufolge bleibt festzuhalten, dass durch den Straftatbestand des unerlaubten Handeltreibens die Gesundheit des Einzelnen lediglich dann einen Grundrechtsbezug erhält und somit zur sozialen Funktionseinheit wird, wenn der Handelspartner aufgrund seines jugendlichen Alters nicht mündig bzw.

---

898 Und soll sogar im Rahmen der Strafzumessung berücksichtigt werden können: BGH StV 1993, 128 m. abl. Anm. *Hoyer* StV 1993, 128 ff.

899 BGHSt 32, 262 (264); zust. Anm. *Roxin* NStZ 1984, 411 f.; ebenso *Otto* Jura 1984, 536 ff.; BGH StV 1993, 128 m. abl. Anm. *Hoyer* StV 1993, 128 ff.; BGH NStZ 2001, 341 f.; so bereits schon *Schünemann* NStZ 1982, 60 (62); a. A. BGHSt 37, 179 (181 f.); *Hardtung* NStZ 2001, 206 (208).

900 BGH StV 1981, 549; zust. *Roxin* StV 1992, 517 (519); *ders.* StV 2003, 619 (620); *Endriß* NStZ 1998, 463 f.; *Harzer* StV 1996, 336 (337); a. A. BGH NStZ 2004, 105 (107); *Schwitters* S. 150 f.; *Ebert* Handeltreiben, S. 170.

aufgrund einer Abhängigkeit oder anderer Gründe nicht (mehr) eigenverantwortlich entscheiden kann[901], seine Gesundheit zu gefährden oder zu schädigen. Aufgrund dieses lediglich partiellen Schutzumfangs kann das extensive Begriffsverständnis teleologisch nicht vollumfänglich aus dem Individualrechtsgut der Gesundheit des Einzelnen abgeleitet werden.

b) Das Rechtsgut der Gesundheit der Bevölkerung im Ganzen („Volksgesundheit")

Um die extensive Auslegung des unerlaubten Handeltreibens – von der individuellen Gesundheit und der grundgesetzlich-geschützten Dispositionsbefugnis des Konsumenten entkoppelt – dogmatisch begründen zu können, unternehmen der Gesetzgeber[902], die Rechtsprechung[903] und das ihr folgende Schrifttum[904] eine „Flucht" in unterschiedlich interpretierte Universalrechtsgüter.

Das Universalrechtsgut der „Volksgesundheit"[905] wurde bereits in den Gesetzgebungsmaterialien zum BtMG (1982) ausdrücklich als überindividuelles (Gesetzes-)Interesse bezeichnet. Demnach zwinge der ständige Anstieg der Rauschgiftdelikte dazu, zum „Schutze der Volksgesundheit und der sozialen Interessen der Gesellschaft als äußerste Maßnahme auch verschärfte strafrechtliche Vorschriften [...] zu erlassen"[906]. Bezüglich des letztgenannten Schutzzwecks der „Volksgesundheit" stellte der BGH fest, dass damit nicht die Summe der individuellen Schäden gemeint sei, sondern der Begriff ein normatives „Mehr" erfasse, sodass auch die suchtbedingten Leistungseinbrüche in Schule,

---

901 So auch *Wohlers* S. 195.

902 BRegE. BT-Drs. 8/3551, S. 35; in diese Richtung auch BR-Drs. 665/70, S. 2.

903 BVerfGE 90, 145 (174); BGHSt 37, 179 (182); 38, 339 (342 ff.); BGHSt 64, 266 (270).

904 *Beulke/Schröder* NStZ 1991, 393 (394); *Weber* Handeltreiben S. 375; Körner/*Patzak* § 29 BtMG, Rn. 206; *Ebert* Handeltreiben, S. 74; *Malek* Betäubungsmittelstrafrecht, S. 36; dagegen u. a. *Roxin/Greco* AT I § 2 Rn. 46, 79; *Frisch*, in: Eser/Kaiser/Weigend 201 (216); *Frisch* FS-Stree/Wessels S. 94 f.; *Schünemann* in: Hefendehl/von Hirsch/Wohlers 133 (152 f.); *Köhler* MDR 1992, 739 ff.; *ders.* ZStW 104 (1992) 3 (27 f.); *Zaczyck* StV 1992, 377 (378); *Paeffgen* FG-BGH 695 (705); *Haberl* S. 76; *Wohlers* S. 191; *Anastasopoulou* S. 270; *Puppe* JZ 2011, 911 f.; NK-StGB/*ders.* Vor. § 13 Rn. 174.

905 Ebenso BGHSt 46, 279 (289); BGHSt 64, 266 (270); krit. zur nationalsozialistischen Vorbelastung des Begriffs: *Böllinger* KJ 1994, 405 (411); *Ebert* Handeltreiben, S. 70; *Schwitters* S. 67; *Lang* S. 55, Rn. 317; *M. Heinrich* FS-Roxin 131 (143).

906 BRegE. BT-Drs. 8/3551, S. 35; in diese Richtung auch BR-Drs. 665/70, S. 2.

Ausbildung und Beruf sowie die damit verbundenen (Mehr-)Kosten der Allgemeinheit das Rechtsgut der „Volksgesundheit" beeinträchtigten.[907]

Bezüglich des gesundheitlichen Universalrechtsguts ist vor allem die streng ergebnisorientierte Argumentation der Rechtsprechung auffällig, wonach das BtMG in jedem Fall den Universalrechtsgüterschutz bezwecke, der inhaltliche Gehalt dieses überindividualistischen Rechtsguts von der Rechtsprechung aber nicht näher bestimmt wird.[908] Dagegen unternahm das Schrifttum immerhin den Versuch, diesen universellen Begründungsansatz auch inhaltlich zu konkretisieren:

Nach dem funktionalistischen Ansatz von *Beulke* und *Schröder* bedeute „Volksgesundheit" mehr als nur die Summe der körperlichen Gesundheit aller Volksmitglieder, sie konkretisiere vielmehr das Interesse des Staates an der Erhaltung eines gesunden Bürgerstandes und einer lebensfähigen Gesellschaftsordnung, also der Funktionsfähigkeit der Gesellschaft.[909] Zutreffend wird dieser Erklärungsversuch aus verfassungsrechtlichen Gründen abgelehnt, da dadurch der Einzelne – nur um diesen zu „bessern" – in den Dienst der Gesellschaft gestellt wird, ohne dass dieses staatliche Interesse auf eine Rechtsgrundlage im Grundgesetz gestützt werden kann.[910] Durch ein derartig funktionalistisches Verständnis des Universalrechtsguts wird dem eigenverantwortlich Handelnden – neben dem Eingriff in seine allgemeine Handlungsfreiheit (Art. 2 Abs. 1 GG) bzw. Art. 2 Abs. 2 S. 2 GG – ferner seine grundgesetzlich zugesicherte Subjektsqualität entzogen, sodass diese Rechtsgutskonzeption auch gegen das Menschenwürdepostulat des Art. 1 Abs. 1 GG verstößt. Folglich stellt die „Volksgesundheit" nach dieser Konzeption keine werthafte Funktionseinheit dar, sodass sie nicht als Rechtsgut des BtMG bzw. des unerlaubten Handeltreibens anerkannt werden kann.

---

907 BGHSt 37, 179 (182); 38, 339 (344); zust. *Beulke/Schröder* NStZ 1991, 393 (394); *Weber* Handeltreiben, S. 329; a. A. *Böllinger* KJ 1991, 395 (406); *Paeffgen* FG-BGH 695 (698); *Haffke* ZStW 107 (1995) 761 (780); *Lang* S. 61; *Anastasopoulou* S. 270 f.

908 BGHSt 37, 179 (182): „dieses komplexe und universelle, nicht der Verfügung des einzelnen unterliegende Rechtsgut"; ebenso allg. BVerfG NJW 2007, 1193; BGH NStZ 2013, 1320; zust. *Weber* Handeltreiben S. 378 f.; Körner/*Patzak* § 29 BtMG, Rn. 208, i. E. auch *Ebert* Handeltreiben, S. 74.

909 *Beulke/Schröder* NStZ 1991, 393 (394); a. A. *Schneider* StV 1994, 390; *Wohlers* S. 196, 217; *Seher* in: Hefendehl/von Hirsch/Wohlers 133 (152 f.); *Hesel* S. 277.

910 So auch BVerfGE 22, 181 (219 f.); *Haffke* ZStW 107 (1995) 761 (783 f.); *Lüderssen* StV 1994, 508 (511 f.); *Haberl* S. 58; ebenfalls *Ebert* Handeltreiben, S. 74; *Lang* S. 63; *Paeffgen* FG-BGH 695 (699).

Weber wandelt den funktionalistischen Ansatz des Rechtsgutes dergestalt, dass er nicht auf die allgemeine staatliche Pflicht zur Gesunderhaltung des Einzelnen abstellt, sondern dass dieses Rechtsgut vielmehr das Interesse der Gesellschaft schütze, mit den sozialen und wirtschaftlichen Folgen des Rauschgiftkonsums Einzelner nicht belastet zu werden.[911] Es seien nicht lediglich allgemeine Versicherungsinteressen durch den Konsum betroffen, sondern ebenfalls „Interessen der Allgemeinheit, weil die ‚Versicherungen' aus (Zwangs-)Beiträgen und zu einem erheblichen Teil auch aus Steuern finanziert werden."[912]

Auf eine verfassungsrechtliche Argumentationsebene gehoben, erschöpft sich das von *Weber* skizzierte Gesellschaftsinteresse – von höheren Steuern bzw. Versicherungsbeiträgen verschont zu bleiben – im verfassungsrechtlichen Sozialstaatsprinzip (Art. 20 Abs. 1 GG)[913] i. V. m. den zusammengefassten Individualinteressen der Allgemeinheit (Art. 2 Abs. 1 GG). Das Sozialstaatsprinzip gebietet, dass „die staatliche Gemeinschaft in der Regel Lasten mitträgt, die aus einem von der Gesamtheit zu tragenden Schicksal entstanden sind und mehr oder weniger zufällig nur einzelne Bürger oder bestimmte Gruppen von ihnen getroffen haben"[914]. Das auf diesem Prinzip beruhende, öffentlich-rechtliche Sozialversicherungssystem verfolgt u. a. den Zweck, auch riskante und selbstgefährdende Handlungen abzusichern. Es mag ein staatliches Interesse daran bestehen, eigenverantwortlich verursachte Selbstschädigungen möglichst zu verhindern, um die sozialen Sicherungssysteme zu entlasten. Diesem Interesse könnte allenfalls innerhalb des Sozialversicherungssystems bzw. im Rahmen des Ordnungsrechts Geltung verschafft werden; eine generelle strafrechtliche Sanktion lässt sich so hingegen nicht begründen.[915]

Gegen die Anerkennung einer derart interpretierten „Volksgesundheit" spricht auch, dass im Zeitpunkt der Vornahme der eigenverantwortlichen Handlung nicht hinreichend gesichert ist, dass es später tatsächlich zu einem

---

911 *Weber* Handeltreiben, S. 373, 375 f.; so bereits BGHSt 38, 339 (342 ff.); teilw. zust. *Hesel* S. 291 f.; a. A. *Hohmann/Matt* JuS 1993, 370 (372); *Haffke* ZStW 107 (1995) 761 (780 ff.); *Paeffgen* FG-BGH 695 (698 f.); *Ebert* Handeltreiben, S. 79 f.; *Wohlers* S. 199.

912 *Weber* Handeltreiben S. 375.

913 Vgl. hierzu Schmidt-Bleibtreu/Hofmann/Henneke/*Hofmann* Art. 20 Rn. 30 ff.; *Jarass/Pieroth* Art. 20 GG Rn. 153 ff.; Dürig/Herzog/Scholz/*Grzeszick* Art. 20 GG Teil VIII. Rn. 1 ff.

914 BVerfGE 102, 254 (298); zust. BeckOk-GG/*Rux* Art. 20 GG, Rn. 211.

915 So auch *Böllinger* KJ 1991, 395 (406); *Paeffgen* FG-BGH 695 (698); *Haffke* ZStW 107 (1995) 761 (780 f.); *Lang* S. 61; *Anastasopoulou* S. 270 f.; *Hefendehl* S. 143; *Wohlers* S. 197 ff.; *Roxin* GA 2013, 433 (441).

sozialrechtlichen Ausgleich kommen wird. Auch wenn man eine abstrakte Gefährdung dieses Rechtsguts genügen ließe, ist der Grad der Schutzbedürftigkeit des Sozialstaatsprinzips erheblich vermindert.

Gegen diese Konstruktion eines Universalrechtsgutes ist ebenfalls anzuführen, dass durch diesen Erklärungsversuch der Einzelne gleichermaßen in seinem Selbstbestimmungsrecht (Art. 2 Abs. 1, Art. 1 Abs. 1 GG) beschränkt und zugunsten der Gesellschaft insofern funktionalisiert wird, dass er seinen Willen zur Selbstgefährdung nicht ausüben darf, um die finanziellen Lasten der Allgemeinheit nicht zu erhöhen.

Darüber hinaus würde – erkennt man diese eine Strafe legitimierende sozialrechtliche Argumentation erst einmal an – grundsätzlich jedes Verhalten, welches geeignet ist, zu einem sozialrechtlich auszugleichenden Zustand zu führen, mit einer Strafe belegt werden können, da es die übrigen Mitglieder der Mehrheitsgesellschaft „unnötigerweise" belaste. Folglich könnte als „selbstverschuldetes Vorverhalten" sowohl exzessives Rauchen und Trinken von Alkohol als auch die Ausübung gefährlicher Extremsportarten, welches die abstrakte Gefahr einer Gesundheitsschädigung begründet, sowie das arbeitsrechtliche Fehlverhalten, welches letztlich zur Kündigung führt und somit eine abstrakte Gefahr für einen (langandauernden) sozialrechtlichen Leistungsbezug verursacht, unter Strafe gestellt werden.[916] Dieser über die methodische Zwischenstation des Sozialstaatsprinzips zum Zuge kommende Paternalismus würde überaus tief in die allgemeine Handlungsfreiheit des Einzelnen eingreifen und folglich einem darauf aufbauenden Strafrecht anti-liberale Züge verleihen.

Nicht nur dieser vom BtMG entfernte Aspekt spricht dagegen, das gesundheitliche Universalrechtsgut überhaupt anzuerkennen. Dieses (scheinbare) Rechtsgut würde nämlich auch gegen die BtMG-interne Dogmatik verstoßen, denn, wie *Weber* zutreffend feststellt, werden die sozialen und wirtschaftlichen Folgen gerade durch den Rauschgiftkonsum unmittelbar verursacht.[917] Der Konsum – als unmittelbarste, die sozialen und finanziellen Mehrbelastungen verursachende Handlung – wird widersprüchlicherweise[918] jedoch gerade nicht vom BtMG mit Strafe bedroht. Dieser Umstand ist ein Indiz dafür, dass die allgemeine Handlungsfreiheit des Einzelnen im Hinblick auf eine eigenverantwortliche Selbstgefährdung gerade nicht hinter den mittelbar durch diese verursachten volkswirtschaftlichen Schäden zurücktreten soll. Insofern kann die von *Weber*

916 *Frisch* FS-Stree/Wessels S. 94 f.

917 *Weber* Handeltreiben, S. 373.

918 So auch *Bottke* Assoziationsprävention, S. 227, Fn. 733.

vorgeschlagene Interpretation der „Volksgesundheit" – als Schutz vor den von der Allgemeinheit zu tragenden finanziellen Mehrbelastungen – im Rahmen einer Abwägung nicht als eine gesteigert schutzwürdige soziale Funktionseinheit angesehen werden.

Ebert hingegen versteht dieses Universalrechtsgut als „kollektive[s] Gesamtrechtsgut", welches in einer Art „Gesamthandsgemeinschaft" die einzelnen Individualrechtsgüter zu einem Bündel zusammenfasse.[919] Die synthetisch auf eine höhere Stufe gehobene „Bündelung" wird in Bezug auf das unerlaubte Handeltreiben von *Ebert* deshalb angenommen, weil das BtMG bezüglich des unerlaubten Handeltreibens seiner Meinung nach einen totalprohibitiven Ansatz verfolgt und mit dem Handel von Betäubungsmitteln umfassende Gefahren für den Einzelnen entstünden, sodass diesem die Beurteilung der gefährlichen Folgen nicht auferlegt werden könne.[920]

Der erste Gesichtspunkt ist zutreffend, das BtMG verfolgt mit dem Verbot des unerlaubten Handeltreibens ausnahmslos einen totalprohibitiven Ansatz. Daraus kann geschlussfolgert werden, dass mit dem Verbot des unerlaubten Handeltreibens offenbar (auch) ein Universalrechtsgut geschützt wird, das diesen umfassenden – vom Prinzip der eigenverantwortlichen Selbstgefährdung unabhängigen – strafrechtlichen Schutz rechtfertigt. Eine inhaltlich belastbare Aussage zur Ausgestaltung dieses Universalrechtsguts kann aus der vollumfänglichen Pönalisierungs des unerlaubten Handeltreibens jedoch nicht gewonnen werden.

Diesen argumentativen Mangel versucht *Ebert* mit einem weiteren Anknüpfungspunkt – dem Schutz des Einzelnen vor den umfassenden gesundheitlichen Gefahren des Betäubungsmittelhandels – auszugleichen. Zutreffend ist, dass der Handel mit Betäubungsmitteln allgemein mit nur schwer kalkulierbaren (gesundheitlichen) Gefahren behaftet ist. So ist bei manchen gehandelten Drogen der konkrete Wirkstoff bzw. die Wirkweise noch nicht einmal wissenschaftlich hinreichend gesichert. Sofern der Händler das Rauschgift nicht selbst hergestellt bzw. angebaut und portioniert hat, kann nicht einmal er – geschweige denn der Konsument – die Reinheit des Rauschmittels abschätzen. Dem Händler sind darüber hinaus im Regelfall die derzeitige seelische und körperliche Konstitution des letztlichen Konsumenten unbekannt. Aus diesen Umständen folgert *Ebert* zutreffend, dass dem Einzelnen die Beurteilung dieser umfassenden Gefahren nicht auferlegt werden kann.[921]

---

919 *Ebert* Handeltreiben, S. 73.
920 *Ebert* Handeltreiben, S. 74.
921 *Ebert* Handeltreiben, S. 74.

Dagegen ist jedoch zu bemerken, dass eine im Allgemeinen schwierig zu treffende Gefahrprognose nicht deren Unmöglichkeit indiziert. Aufgrund dessen kann sie nicht als alleinige Legitimation einer Pönalisierung dienen. So sind keinesfalls nur theoretisch Fallkonstellationen denkbar, in denen vom unerlaubten Handeltreiben keine konkreten Gesundheitsgefahren ausgehen und der einzelne Konsument das für seine Gesundheit nicht vorliegende Risiko korrekt einschätzt. Beispielsweise sei hierzu der Verkauf einer Konsumeinheit der „weichen" Droge Cannabis zum gelegentlichen Genuss an einen mündigen, nicht in Abhängigkeit geratenen Erwachsenen genannt. Folglich kann eine gesamthänderische Bündelung der individuellen Rechtsgüter nicht für alle vom BtMG pönalisierten Betäubungsmittel sowie ebenfalls nicht für alle Konsumenten angenommen werden.

Im Übrigen ist gegen *Ebert* – und auch gegen die zuvor dargestellten Begründungsversuche zur Bestimmung des gesundheitlichen Universalrechtsgutsbezugs – ebenfalls anzuführen, dass nicht alle grundsätzlich das unerlaubte Handeltreiben verwirklichenden Begehungsformen des Klammerzusatzes (§ 29 Abs. 1 S. 1 Nr. 1 BtMG) das (vorgeblich existente) gesundheitliche Universalrechtsgut betreffen. Da sowohl die „Volksgesundheit" als auch die „Gesundheit der Bevölkerung im Ganzen" einen mehr oder minder intensiven Schutz der in Deutschland lebenden Menschen bezweckt und gerade nicht die Weltbevölkerung insgesamt zu schützen beabsichtigen, ist nicht erklärbar, wie die Ausfuhr von Betäubungsmitteln – also die räumliche Entfernung der Betäubungsmittel von der geschützten Personengruppe – dieses gesundheitliche Universalrechtsgut irgendwie tangieren könnte.[922]

Ein solches hypostasiertes[923] Universalrechtsgut verfolgt einzig und allein den Zweck, die Dispositionsbefugnis des Einzelnen über sein Individualrechtsgut einzuschränken, ohne sich auf eine taugliche verfassungsrechtliche Rechtfertigung dieses Gemeinschaftsbelanges berufen zu können.[924] Im Ergebnis wird durch diesen Ansatz der Einzelne entmündigt, die Gefahren des Betäubungsmittelkonsums zutreffend einzuschätzen, was wiederum gegen den Grundsatz der eigenverantwortlichen Selbstgefährdung verstieße. Mit der gesetzgeberischen Wertentscheidung, dass der Konsum jedweder Droge im deutschen Recht straflos sein solle, geht zwingend einher, dass sich das vom BtMG geschützte

922 A. A. Körner/*Patzak* § 29 BtMG, Rn. 791 mit (unzutreffendem) Rechtsgutsbezug der Umsetzung der völkerrechtlichen Verpflichtungen zur Bekämpfung der Rauschgiftkriminalität.

923 *Hefendehl* GA 2007, 1 (5); *Schünemann* in: Hefendehl/von Hirsch/Wohlers 133 (146).

924 *Nestler-Tremel* StV 1992, 273 (278).

Universalrechtsgut gerade nicht darin erschöpfen kann, eigenverantwortliche Selbstverletzungen oder -gefährdungen mit strafrechtlichen Mitteln zu unterbinden. Ließe man dies zu, würde man das Universalrechtsgut der „Volksgesundheit" über das höchste strafrechtliche Rechtsgut – das menschliche Leben – stellen[925]; „Du bist nichts – dein Volk ist alles" würde folglich wieder zum strafrechtlichen Grundprinzip erhoben werden.[926] Die Befürwortung dieser nationalsozialistischen Maxime soll den Vertretern dieses Universalrechtsguts zwar nicht im Geringsten unterstellt werden, dieser Bezug verdeutlicht jedoch, dass weder der historisch belastete Begriff der „Volksgesundheit" noch der Terminus der „Gesundheit der Bevölkerung im Ganzen"[927] eine normativ-konstituierende, eigenständige Qualität[928] entfaltet, ohne die grundsätzlich zu respektierende Freiheit des Einzelnen in elementarer Weise zu negieren. Demnach stellt dieses Rechtsgut auch in der von *Ebert* vorgeschlagenen Interpretation keine werthafte soziale Funktionseinheit dar, sodass eine Strafbarkeit des unerlaubten Handeltreibens dadurch nicht legitimiert werden kann.

Folglich kann festgehalten werden, dass kein Begründungsansatz es vermocht hat, dem gesundheitlichen Universalrechtsgut ein näher konkretisierbares, widerspruchsfreies materielles Substrat beizumessen. Demnach kann dieses Universalrechtsgut im Ergebnis nicht als soziale Funktionseinheit und somit nicht als ein taugliches Rechtsgut des Verbots des unerlaubten Handeltreibens anerkannt werden.[929] Es ist vielmehr ein Trugbild, denn es hypostasiert lediglich die Summe seiner Glieder[930] (die Gesundheit der einzelnen Mitglieder der Bevölkerung), sodass es keine darüber hinausgehende strafrechtliche Pönalisierung legitimieren kann.

---

925 So schon *Nestler-Tremel* StV 1994, 273 (278).

926 Zutreffend *Paeffgen* FG-BGH 695 (697 f.).

927 Vgl. BVerfGE 90, 145 (174).

928 *Roxin/Greco* AT I § 2 Rn. 75; *Hassemer* JuS 1992, 110 (113); *Schünemann* in: Hefendehl/von Hirsch/Wohlers 133 (136); MüKo-StGB/*Radtke* § 306a StGB, Rn. 4.

929 *Böllinger* KJ 1994, 405 (409, 419); *Hassemer* JuS 1992, 110 (113); *Haffke* ZStW 107 (1995) 761 (782 f.); *Schünemann* in: Hefendehl/von Hirsch/Wohlers 133 (146); *Haberl* S. 76 f.; *Hefendehl* S. 142 ff.; *Wohlers* S. 190 f.; krit. *Hesel* S. 275; a. A. BVerfGE 90, 145 (174); BGHSt 37, 179 (182); *Ebert* Handeltreiben, S. 74; *Weber* Handeltreiben S. 375 ff.

930 *Roxin/Greco* AT I § 2 Rn. 46, 79; *Frisch*, in: Eser/Kaiser/Weigend 201 (216); *Schünemann* in: Hefendehl/von Hirsch/Wohlers 133 (152 f.); *Köhler* MDR 1992, 739; *ders.* ZStW 104 (1992) 3 (27 f.); *Paeffgen* FG-BGH 695 (705); *Haberl* S. 76; *Wohlers* S. 191; *Anastasopoulou* S. 270; *Puppe* JZ 2011, 911 f.; NK-StGB/*ders.* Vor. § 13 Rn. 174.

c) *Der Schutz des von Rauschgift nicht beeinträchtigten sozialen Zusammenlebens*

Im Vergleich dazu wurden die mit dem OrgKG[931] und dem Verbrechensbekämpfungsgesetz[932] einhergehenden gesetzlichen Änderungen des BtMG vom Gesetzgeber wesentlich mit dem Schutz von Kindern und Jugendlichen bzw. der Bekämpfung der organisierten Kriminalität[933] begründet.[934] Folglich sollen durch das BtMG zugleich soziale und gesellschaftspolitische Schäden verhindert werden, welche nach der gesetzgeberischen Diktion u. a. durch sogenannte „Großtäter"[935] – meist organisierte und finanziell starke Vereinigungen – hervorgerufen werden.[936]

Diese „nachgeschobenen" Gesetzeszwecke antizipierte das BVerfG in seinem „Cannabis-Beschluss" vom 9. März 1994[937] insoweit, dass an der Zweigliedrigkeit der klassischen Schutzgüter der körperlichen Unversehrtheit des Einzelnen sowie der Gesundheit der Bevölkerung im Ganzen zwar weiterhin festgehalten wurde, der universell-schützende Charakter des Gesetzes jedoch durch die Schaffung eines neu konzipierten, eigenständigen[938] Rechtsguts – dem von Rauschgift nicht beeinträchtigten sozialen Zusammenleben – erweitert wurde. Während die Gesundheit der Bevölkerung im Ganzen jene Schäden erfasse, die sich unmittelbar oder mittelbar aus dem gesundheitsgefährdenden Konsum ergeben (z. B. Belastung der Sozialsysteme, suchtbedingte Zerrüttung von Familien, Steigerung des HIV-Infektionsrisikos), werden durch das neue Rechtsgut des nicht von Rauschgift beeinträchtigten Zusammenlebens Schäden verhütet, die sich nicht in einer konsumbedingten Gesundheitsbeeinträchtigung erschöpfen (z. B. Heranführung von Jugendlichen an Drogen, Schutz

---

931 BGBl. I (1992), S. 1302; ausführl. zum BtMG (1992) 2. Teil, A. II. 3.

932 BGBl. I (1994), S. 3186; zum BtMG (1994) s. 2. Teil, A. II. 4.

933 Zust. *Kniesel* ZRP 1994, 352 (355); dagegen *Gusy* JZ 1994, 863 f.; *Lang* S. 63.

934 BRatE. BT-Drs. 12/989, S. 1, 31; GesE der CDU und FDP BT-Drs. 12/6853, S. 41; so bereits schon BRegE. BT-Drs. VI/1877, S. 5.

935 Vgl. BRegE. BT-Drs. 8/3551, S. 35, 51; i. d. S. auch Stn. BR. BT-Drs. 8/3551, S. 39, 45; BT-Sten. Ber. Bd. 117, S. 303, 306, 309.

936 BRegE. BT-Drs. VI/1877, S. 5; BT-Drs. 8/3551, S. 37; zust. BGHSt 42, 1 (8); zust. MüKo-StGB/*Oğlakcıoğlu* Vor. § 29 BtMG, Rn. 1.

937 BVerfGE 90, 145 ff.; mit zust. Anm. *Gusy* JZ 1994, 863 f.; abl. Anm. *Schneider* StV 1994, 390 ff.

938 *Oğlakcıoğlu* AT-BtMG, S. 74 f.; die Eigenständigkeit betonend: *Weber* Handeltreiben, S. 329.

vor Beschaffungskriminalität bzw. vor adoleszenter Kriminalitätsspirale sowie Schutz vor der Etablierung der organisierten Kriminalität).[939]

Als besondere Aspekte[940] dieses „neuen", autonomen Universalrechtsguts sind dem BVerfG zufolge der Jugendschutz[941] bzw. die Nichtbeeinträchtigung der Gesellschaft durch die organisierte Kriminalität[942] anzusehen. Gerade Jugendliche seien vor den von Drogen ausgehenden (Gesundheits-)Gefahren bzw. vor einer psychischen Abhängigkeit reifebedingt nicht ausreichend geschützt, wodurch die Festigung der Persönlichkeit behindert werden könne.[943] In Bezug auf den Schutz der Gesellschaft vor den durch die organisierte Kriminalität drohenden Gefahren bezieht sich das BVerfG auf die völkerrechtliche Zielsetzung des Suchtstoffübereinkommens (1988). Demnach werde durch die organisierte Kriminalität die rechtmäßige Wirtschaft untergraben und die Stabilität, Sicherheit und Souveränität des Staates gefährdet; ferner würden durch diese kriminellen Vereinigungen hohe Gewinne erwirtschaftet, welche geeignet seien, die Struktur des Staates und der Gesellschaft auf allen Ebenen zu durchdringen und zu korrumpieren.[944]

Auch durch das vom BVerfG erdachte Rechtsgut des von Rauschgift nicht beeinträchtigten sozialen Zusammenlebens[945] kann der Makel der unbestimmten Vergeistigung des Rechtsgüterschutzes nicht beseitigt werden, denn dieses Konglomerat von mehreren vorgeblichen Universalrechtsgütern ist noch allgemeiner gefasst als das oben diskutierte Rechtsgut der kollektiven Gesundheit. Wörtlich wird im Cannabis-Beschluss des BVerfG zu der Ausgestaltung dieses „neuen" Rechtsguts lediglich ausgeführt: „Vielmehr geht es um die Gestaltung des sozialen Zusammenlebens in einer Weise, die es von sozialschädlichen Wirkungen des Umgangs mit Drogen freihält [...]."[946] Aus dieser Feststellung ergibt

---

939 BVerfGE 90, 145 (174), mit diesbzgl. zust. Sondervotum *Graßhof* in BVerfGE 90, 199 (207); zust. Körner/*Patzak* § 29, Rn. 208; *Weber* Handeltreiben S. 327 ff.; *ders.* § 1 BtMG, Rn. 3.

940 So *Graßhof* in BVerfGE 90, 145 (207); *Weber* Handeltreiben, S. 330; zutreffende a. A. MüKo-StGB/*Oğlakcıoğlu* Vor. § 29 BtMG, Rn. 12 Fn. 38.

941 So bereits schon *Loos* JR 1982, 341 (342).

942 BVerfGE 90, 145 (174); dagegen *Böllinger* KJ 1994, 405 (410); *Gusy* JZ 1994, 863 f.; *Wohlers* S. 198.

943 BVerfGE 90, 145 (174, 184).

944 BVerfGE 90, 145 (174 f.) mit zust. Sondervotum *Graßhof* in BVerfGE 90, 145 (207); ebenso *Weber* Handeltreiben, S. 331.

945 BVerfGE 90, 145 (174).

946 BVerfGE 90, 145 (174).

sich weder, wie konkret und mit welcher Intensität der Umgang mit Betäubungsmitteln sozialschädlich wirken soll, noch, wie das soziale Zusammenleben idealtypisch ausgestaltet sein sollte. Es wird lediglich verdeutlicht, dass die Gesellschaft, die dieses vorgebliche Rechtsgut mit strafrechtlichen Mitteln zu schützen versuche, offenbar „drogenfrei" sein solle.

Unabhängig davon, dass diese kriminalpolitische Forderung bzw. die Prohibitionspolitik des BtMG empirisch betrachtet als gescheitert angesehen werden kann[947], ist berechtigterweise gegen dieses neue Rechtsgut die bereits erörterte Funktionalismuskritik[948] zu erheben, da der (abhängige) Konsument strafrechtsbewehrt-präventiv in die Pflicht genommen werden soll, ein von Drogen unbeeinflusstes Leben zu führen, um die gesellschaftlichen Beziehungen seiner Mitmenschen nicht zu stören. Im Prinzip verfolgt dieses Rechtsgut gänzlich moralisierend das wenig aussichtsreiche Ziel der absoluten Drogenabstinenz zugunsten der Mehrheitsgesellschaft.[949] Folglich kann diese Verkürzung der Freiheitssphäre des Einzelnen in dieser absoluten Form nicht verfassungsrechtlich gerechtfertigt werden. Mit Recht kann gegen diese Umschreibung des vom BtMG geschützten Rechtsgutes auch eingewandt werden, dass diese Konzeption uferlos unbestimmt agiert: Der Rechtsgutsbegriff scheint nicht einmal mehr die systemimmanente, den Auslegungsprozess präzisierende Funktion zu leisten, da jede irgendwie geartete soziale Auswirkung des Umgangs mit Drogen auf die gesellschaftlichen Beziehungen eine Pönalisierung zur Folge haben könnte.[950] Folglich ist der strafrechtliche Schutz gesellschaftlicher Moralvorstellungen bzw. vor (Bedrohungs-)Gefühlen ohne einen hinreichend belastbaren verfassungsrechtlichen Bezug nicht anzuerkennen.

Ferner verstößt dieses neue Rechtsgut auch gegen die Dogmatik des BtMG, da damit ebenfalls nicht erklärt werden kann, warum der Konsum von Betäubungsmitteln durch das Gesetz gerade nicht unter Strafe gestellt wurde, obwohl dieser schlussendlich die sozialen Verwerfungen in der Gesellschaft unmittelbar verursacht (z. B. Zerrüttung von Familien bzw. Beschaffungskriminalität).

---

947 *Fischer* Vor. § 52 StGB, Rn. 13b; in diese Richtung für die Konsumenten bereits schon *Kerner* Kriminalistik 1993, 19 (25); vgl. neuerdings GesE. der Abg. Kappert-Gonther u. a. bzw. der Fraktion Bündnis 90/Die GRÜNEN zum CannKG, BT-Drs. 19/819, S. 1; Antrag des Abg. Korte u. a. bzw. der Fraktion DIE LINKE, BT-Drs. 19/832, S. 1.

948 *Hassemer* JuS 1992, 110 (113); *Köhler* MDR 1992, 739 (740); ZStW 104 (1992) 3 (28); *Nestler-Tremel* StV 1992, 273 (276); *Wohlers* S. 196.

949 *Kreuzer* FS-Miyazawa 177 (182); *Ebert* Handeltreiben S. 73; *Schwitters* S. 73 ff.; *Oğlakcıoğlu* AT-BtMG, S. 82; a. A. *Weber* Handeltreiben, S. 380 ff.

950 *Schwitters* S. 75 f.; *Roxin/Greco* AT § 2 Rn. 14.

Insofern kann dieser Konstruktionssansatz eines (nur scheinbaren) Rechtsguts nicht auf eine vom Grundgesetz für schutzwürdig erachtete Rechtsposition zurückgeführt werden, sodass das von Rauschgift nicht beeinträchtigte soziale Zusammenleben keine soziale Funktionseinheit darstellt. Folglich ist das vom BVerfG konzipierte Rechtsgut des vom Rauschgift nicht beeinträchtigten sozialen Zusammenlebens gänzlich zu verwerfen.[951]

d) Jugendschutz

Im Gegensatz zum Rechtsgutskonglomerat des vom Rauschgift nicht beeinträchtigten sozialen Zusammenlebens ist der Jugendschutz als eigenständiges Universalrechtsgut des BtMG[952] anerkannt.[953] Dieses kollektive Schutzgut von Verfassungsrang (Art. 6 Abs. 2 S. 2 GG) wird von der Rechtsprechung[954] und vom Schrifttum[955] berechtigterweise nicht bestritten, denn Kinder und Jugendliche sind, da sie das Risiko des Drogenkonsums nicht hinreichend abschätzen können, vor einer konsumbedingten Beeinträchtigung ihrer Entwicklung zu bewahren[956]. Folglich stellt der Jugendschutz allgemein eine soziale Funktionseinheit dar, welche, als gesteigert schutzwürdig geltend, vom Gesetzgeber durch Strafvorschriften vor Eingriffen bewahrt werden muss. Der „Jugendschutz" ist im BtMG ausdrücklich gesetzlich verankert.

So knüpft § 29a Abs. 1 Nr. 1 BtMG (bzw. § 30 Abs. 1 Nr. 2 BtMG) das qualifizierte Unrecht einer Abgabe, Verabreichung bzw. Überlassung von Betäubungsmitteln zum unmittelbaren Verbrauch sowohl an das Alter des Übergebenden (über 21 Jahre) als auch an das Alter des Empfängers (unter 18 Jahre). Nach der

---

951 *Roxin/Greco* AT I § 2 Rn. 14; *Schneider* StV 1994, 390 f.; *Ebert* Handeltreiben S. 73; *Schwitters* S. 77 ff.; *Haberl* S. 61.

952 BRatE. BT-Drs. 12/989 S. 30; für das NpSG vgl. BRegE. BT-Drs. 18/8579, S. 15.

953 *Roxin/Greco* AT I § 2 Rn. 19; *Oğlakcıoğlu* AT-BtMG, S. 84 f.; *Weber* Handeltreiben, S. 390; ebenso bereits schon *Loos* JR 1982, 342; lediglich methodisch diff. *Schünemann* in: Hefendehl/von Hirsch/Wohlers 133 (152); den Jugendschutz als selbstständiges Rechtsgut abl. SK-StGB/*Hoyer* § 284, Rn. 4.

954 BVerfGE 47, 109 (119); 77, 346 (356); 90, 145 (174); BVerfG NJW 1977, 2207; BGHSt 37, 55 (62).

955 *Roxin/Greco* AT I § 2 Rn. 33; Kreuzer/*Nestler* § 11 Rn. 222 ff.; *Gusy* JZ 1994, 863; *Haffke* ZStW 107 (1995) 761 (782); *Paeffgen* FG-BGH, 695 (705); *Ebert* Handeltreiben, S. 76; *Wohlers* S. 199; *Anastasopoulou* S. 148 f.; methodisch dagegen *Schünemann* in: Hefendehl/von Hirsch/Wohlers 133 (152).

956 BVerfGE 47, 109 (119); 77, 346 (356); 90, 145 (174); BVerfG NJW 1977, 2207; 1986, 1241; BGHSt 37, 55 (63); zust. *Oğlakcıoğlu* AT-BtMG, S. 85.

zutreffenden Auffassung ist – um Wertungswidersprüche zu vermeiden – die Abgabe nach § 29a Abs. 1 Nr. 1 Var. 1 BtMG nicht auf die unentgeltliche Übertragung beschränkt. Im Gegensatz zu § 29 Abs. 1 S. 1 Nr. 1 BtMG ist vielmehr jede Übertragung der eigenen tatsächlichen Verfügungsmacht – also die unentgeltliche ebenso wie die entgeltliche (oder sonst eigennützige) Weitergabe von Betäubungsmitteln – als Abgabe im Sinne von § 29a Abs. 1 Nr. 1 Var. 1 BtMG anzusehen.[957] Folglich ist von diesem weit ausgelegten Abgabebegriff auch das unerlaubte Handeltreiben erfasst, sodass angenommen werden könnte, dass der Jugendschutz bereits durch § 29a Abs. 1 Nr. 1 Var. 1 BtMG hinreichend sichergestellt wird und dieses Rechtsgut daher das Verbot des unerlaubten Handeltreibens nicht mehr legitimieren kann. Dagegen ist bereits anzuführen, dass auch außerhalb des Tatbestandes von § 29a Abs. 1 Nr. 1 BtMG – z. B. durch ein unerlaubtes Handeltreiben von unter 21-Jährigen gegenüber Personen unter 18 Jahren – Kinder und Jugendliche nachteilig in ihrem Reifeprozess beeinflusst werden könnten, da ihnen Betäubungsmittel zum Konsum durch das Handeltreiben zugänglich gemacht wurden.

Vertretbar erscheint es ebenfalls, die Strafbarkeit des unerlaubten Handeltreibens mit der abstrakten Gefahr einer Verleitung von Kinder und Jugendlichen zum Betäubungsmittelkonsum – z. B. durch einen „offenen" Drogenhandel an von Kindern und Jugendlichen aufgesuchten Orten (z. B. Schule, Jugendzentren bzw. Sport- oder Spielplätzen) – zu legitimieren, da durch den nicht klandestinen Handel Kindern und Jugendlichen ein Negativbeispiel geschaffen werde, sodass sie aufgrund dieser Desorientierung zur Nachahmung angeregt werden könnten.[958]

Folglich ist festzuhalten, dass das Verbot des unerlaubte Handeltreibens – trotz der Existenz des § 29a Abs. 1 Nr. 1 BtMG – den Jugendschutz gewährleistet, soweit der Betäubungsmittelumsatz tatsächlich an Kinder und Jugendliche bzw. an von Kindern und Jugendlichen frequentierten Orten bewirkt wird. Eine weitere die Jugend schützende Funktion besteht darin, dass Kinder und Jugendliche von der Einbindung in den illegalen Drogenhandel ferngehalten werden sollen, um ihren Entwicklungsprozess durch diese nicht erlaubte „Berufstätigkeit" nicht nachhaltig zu stören (z. B. Desillusionierung über die Erforderlichkeit (legaler) Ausbildung und Arbeit bzw. negative Einflüsse des Drogenhandels

957 BGH NStZ 1997, 89 (90); BGH NStZ 1999, 192; BGH NStZ 2007, 339; zust. MüKo-StGB/*Oğlakcıoğlu* § 29a BtMG, Rn. 15; *Weber* § 29a BtMG, Rn. 8 f.; Körner/*Patzak* § 29a BtMG, Rn. 13.

958 So bereits *Hoyer* StV 1993, 128 (129).

durch die organisierte Kriminalität). In dieser Hinsicht wird das Schutzgut des Jugendschutzes auch im Rahmen der Qualifikation des § 30a Abs. 2 Nr. 1 BtMG vor Eingriffen bewahrt. Durch diese zentral auf das unerlaubte Handeltreiben bezogene Strafvorschrift wird nämlich sichergestellt, dass Kinder oder Jugendliche unter 18 Jahren von Personen, die älter als 21 Jahre sind, nicht zum Rauschgifthandel instrumentalisiert werden.[959] Diese Strafvorschrift verdeutlicht das allgemeine Rechtsprinzip des BtMG, dass Kinder und Jugendliche vom Rauschgifthandel ferngehalten werden sollen, unabhängig davon, ob die Qualifikation erfüllt ist oder nicht.

Neben dem Schutzzweck, Kinder und Jugendliche vor der Verwicklung in den illegalen Drogenhandel zu bewahren, ist jedoch umstritten, ob das Rechtsgut des Jugendschutzes den Grundtatbestand des unerlaubten Handeltreibens (§ 29 Abs. 1 S. 1 Nr. 1 BtMG) auch in seinem extensiven Umfang teleologisch zu begründen vermag[960].

Weber nimmt dies im Wesentlichen deshalb an, weil auf anderem Wege „als durch ein generelles Verbot des Umgangs mit Betäubungsmitteln [...] ein effektiver Schutz von Kindern und Jugendlichen [...] nicht zu erreichen“[961] sei. Dahinter verbirgt sich die berechtigte Befürchtung, dass, sofern Betäubungsmittel für Erwachsene leichter verfügbar sind, weil sie legal oder wenigstens nicht mehr strafbewehrt beschafft werden können, sich das Risiko erhöht, dass diese Betäubungsmittel mit oder ohne den Willen der Erwachsenen schließlich in die Hände von Kindern und Jugendlichen zur missbräuchlichen Verwendung geraten.[962] Daraus folgert er jedoch, dass, um einen effektiven Jugendschutz zu gewährleisten, nicht nur das unerlaubte Handeltreiben, sondern jeglicher Umgang mit Betäubungsmitteln einer Bestrafung unterworfen werden müsse. Dem stehen *Weber* zufolge auch keine verfassungsrechtlichen Argumente entgegen, da der Freiheitsverlust der Erwachsenen gegenüber dem gewichtigen Gemeinschaftsanliegen des Jugendschutzes zurückzutreten habe.[963] Indem er

---

959 BRatE. BT-Drs. 12/989, S. 30, 54 f.; GesE. der CDU/CSU und der FDP BT-Drs. 12/6853, S. 41; Körner/*Patzak* § 30a BtMG, Rn. 26 f.

960 So *Ebert* Handeltreiben S. 76; *Weber* Handeltreiben, S. 391; a. A. Kreuzer/*Nestler* § 11 Rn. 222 ff.; 863; *Haffke* ZStW 107 (1995) 761 (782); *Wohlers* S. 199; *Paeffgen* FG-BGH, 695 (705); *Wohlers* S. 199; *Schünemann* in: Hefendehl/von Hirsch/Wohlers 133 (152); *Anastasopoulou* S. 148 f.

961 *Weber* Handeltreiben, S. 391; so auch *Ebert* Handeltreiben, S. 76.

962 *Weber* Handeltreiben, S. 391.

963 *Weber* Handeltreiben, S. 391; a. A. Kreuzer/*Nestler* § 11 Rn. 224; *Haffke* ZStW 107 (1995) 761 (782 f.); *Paeffgen* FG-BGH 695 (705); *Wohlers* S. 199.

feststellt, dass insbesondere das strafbewehrte Abgabe- bzw. Überlassungsverbot des § 29a Abs. 1 Nr. 1 BtMG für einen effektiven Jugendschutz nicht ausreiche[964], versteht *Weber* den von ihm verfolgten Jugendschutz in einem größeren Zusammenhang, denn nach ihm werde mit dem BtMG und somit auch mit dem Verbot des unerlaubten Handeltreibens bezweckt, die in der Gesellschaft vorhandene bzw. (präventiv) die noch zu produzierende Betäubungsmittelmenge so weit wie möglich einzuschränken, damit Kinder und Jugendliche mit Rauschgift letztlich nicht in Berührung kommen können. Insofern ist es nach *Weber* folgerichtig, zum Zwecke des Jugendschutzes jeglichen Umgang mit Betäubungsmitteln – also auch die auf Betäubungsmittelumsatz gerichtete Tätigkeit des Handeltreibens – unter Strafe zu stellen.

Zwar ist mit diesem Verständnis erklärbar, warum das BtMG den das Rauschgift letztlich aufbrauchenden Konsum nicht pönalisiert, jedoch ist dieser Ansatz folgenden gewichtigen Bedenken ausgesetzt: Diesem kriminalpolitisch argumentierenden Ansatz ist bereits in tatsächlicher Hinsicht entgegenzutreten, da ein effektiver Jugendschutz nicht lediglich durch ein nahezu totales (Betäubungsmittel-)Umgangsverbot erreicht werden kann, sondern – wie andere Regelungszusammenhänge beweisen – auch dadurch, dass tatbestandlich an (jugendschutz-)spezifische Gefährdungslagen angeknüpft wird, wie z. B. den Verkauf von Drogen an Kinder und Jugendliche bzw. an von der Jugend frequentierten Orten (z. B. Schulen, Jugendzentren, Sport- oder Spielplätzen) sowie die Einbindung Jugendlicher in den Betäubungsmittelhandel. Im Übrigen dürfte die Auffassung, dass sich ein vollständiges Betäubungsmittelumgangsverbot ausschließlich aus dem Jugendschutz herleiten lasse, auch gegen den verfassungsrechtlichen Verhältnismäßigkeitsgrundsatz verstoßen, da das Gemeinschaftsanliegen des Jugendschutzes lediglich sehr vage (abstrakt) gefährdet, demgegenüber in die Freiheitsrechte der Erwachsenen tatsächlich erheblich eingegriffen wird. Um die allgemeine Handlungsfreiheit der Erwachsenen weniger stark einzuschränken, müssten jugendschützende Strafnormen – entgegen *Weber* – vielmehr an konkrete (den Jugendschutz betreffende) Gefährdungslagen anknüpfen. In diesem Sinne wird beispielsweise durch § 184 StGB bzw. 184g StGB kein allgemeines Verbreitungsverbot von pornografischen Schriften postuliert bzw. die Prostitution allgemein pönalisiert. Vielmehr stellt der Gesetzgeber mit diesen Tatbeständen verschiedene die Jugend mehr oder minder spezifisch gefährdende Handlungen unter Strafe. Diese Gesetzestechnik wird auch von den Strafvorschriften des Jugendschutzgesetzes (§ 27 JuSchG) verfolgt. So wird nach

964 *Weber* Handeltreiben S. 391.

§ 27 Abs. 2 JuSchG i. V. m. § 9 Abs. 1 JuSchG (bzw. § 10 Abs. 1 JuSchG) gerade nicht der Verkauf von alkoholischen Getränken (bzw. Tabakwaren) generell unter Strafe gestellt, sondern eben nur eine Abgabe dieser Produkte an Jugendliche und Kinder unter 16 Jahren (bzw. unter 18 Jahren).[965]

Neben den verfassungsrechtlichen Friktionen ist dieser ausgeweitete, lediglich mittelbare Bezug zum Rechtsgut des Jugendschutzes auch deshalb abzulehnen, weil dadurch die inhaltsstiftende Verbindung zur geschützten Bevölkerungsgruppe – Kindern und Jugendlichen – nahezu aufgelöst wird und somit dieses inhaltsentleerte Rechtsgut in gänzlich abstrakte Sphären diffundieren würde.[966] Darüber hinaus würde ein ausschließlich auf einem prophylaktisch-vergeistigten Jugendschutz aufbauender (General-)Tatbestand zu einer allgemeinen „Verdachtsstrafe"[967] gegenüber jedem Erwachsenen mutieren.[968]

Demzufolge verbleibt festzuhalten, dass der Tatbestand des unerlaubten Handeltreibens den Jugendschutz – als gesteigert schutzwürdige soziale Funktionseinheit – vor Beeinträchtigungen bewahren soll. Insofern ist mit der Strafvorschrift bezweckt, die Gefahr eines Betäubungsmittelumsatzes an Kinder und Jugendliche zu unterbinden. Ferner sollen diese Bevölkerungsgruppen einerseits vor der desillusionierenden Wirkung des offenen Betäubungsmittelhandels, andererseits vor einer Instrumentalisierung zu selbigem bewahrt werden. Mithin entfaltet das Rechtsgut des Jugendschutzes für das Verbot des unerlaubte Handeltreibens lediglich eine partiell-wirkende Legitimationsgrundlage, sodass auch dieser Rechtsgutsbezug im Ergebnis nicht imstande ist, die Begriffsauslegung in ihrer Weite teleologisch vollumfänglich zu begründen.[969] Verdeutlicht werden soll dieses Begründungsdefizit an folgendem Beispiel:

Ein Rentner leidet unheilbar an Krebs und hat vom Arzt das derzeit stärkste zugelassene Cannabis-Fertigarzneimittel[970] des deutschen Herstellers „Four

---

965 Ferner müsste der Täter dadurch leichtfertig die jugendliche Entwicklung schwer gefährdet oder wiederholt bzw. aus Gewinnsucht gehandelt haben.

966 Kreuzer/*Nestler* § 11 Rn. 222; *Haffke* ZStW 107 (1995) 761 (782 f.); *Paeffgen* FG-BGH 695 (705); *Wohlers* S. 199; a. A. *Ebert* Handeltreiben, S. 76; *Weber* Handeltreiben, S. 391.

967 *Köhler* MDR 1992, 739 (740); zust. Kreuzer/*Nestler* § 11 Rn. 224.

968 Dies gilt erst recht für die dem Eigenkonsum vorgelagerten Handlungen des Anbaus, der Herstellung, des Besitzes bzw. des Erwerbs.

969 Kreuzer/*Nestler* § 11 Rn. 222 ff., 230; *Haffke* ZStW 107 (1995) 761 (782 f.); *Paeffgen* FG-BGH 695 (705); *Wohlers* S. 199; a. A. *Ebert* Handeltreiben, S. 76; *Weber* Handeltreiben, S. 391.

970 Vgl. hierzu *Weber* § 1 BtMG, Rn. 257 ff.

20 Pharma GmbH" (durchschnittlicher THC-Gehalt: ca. 25 %[971]) palliativ verschrieben bekommen. Da die Schmerzen für ihn auch damit nicht mehr erträglich sind, setzt der Rentner das Mittel ab und bittet seinen volljährigen Nachbarn, für ihn die derzeit stärkste auf dem illegalen (Grower-)Markt erhältliche Cannabis-Sorte „Nova OG" (durchschnittlicher THC-Gehalt: über 35 %[972]) zur Linderung seiner Schmerzen anzubauen und ausschließlich an ihn zu verkaufen. Der Nachbar soll für seine Mühe gehörig entlohnt werden und kommt der Bitte auch in Aussicht auf den hohen Gewinn gern nach. So baut er über mehrere Monate insgesamt mehrere Kilo Cannabis an. Um sicherzugehen, dass das eigens für den im Sterben befindlichen Rentner bestimmte Marihuana tatsächlich ausschließlich von diesem konsumiert wird, ist der Nachbar immer in der Wohnung anwesend, wenn das Cannabis geraucht wird. Durch das stärkere Betäubungsmittel Cannabis kann der Rentner die mit seinem baldigen Lebensende einhergehenden Schmerzen (ohne unerwünschte Nebenwirkungen) deutlich besser ertragen.

Da es unter diesen Umständen ausgeschlossen erscheint, dass Kinder oder Jugendliche nur im Ansatz mit der Droge in Kontakt kommen bzw. zum Konsum verleitet werden könnten, ist das Rechtsgut des Jugendschutzes in diesem Fall nicht im Ansatz verletzt, gefährdet oder anderweitig betroffen.

Dieses Beispiel soll nicht die im Einzelfall tatsächlich schädlichen mittelbaren Auswirkungen des unerlaubten Handeltreibens auf Kinder und Jugendliche relativieren oder gänzlich leugnen. So soll nicht bestritten werden, dass durch einen offenen – also nicht klandestinen – Drogenmarkt bzw. -konsum auch für Jugendliche ein Negativbeispiel geschaffen wird, welches gerade diese Bevölkerungsgruppe stärker als andere desorientieren und somit zur Nachahmung anregen kann.[973] Es verdeutlicht vielmehr, dass ein Handeltreiben ohne irgendwie gearteten Bezug zur geschützten Gruppe der Jugendlichen möglich ist. Somit sind auch die mittelbaren Auswirkungen des Handeltreibens auf das Rechtsgut des Jugendschutzes nicht geeignet[974], die extensive Auslegung des unerlaubten

---

971 *Grotenhermen/Göttsche* Cannabissorten in Deutschland und ihre Inhaltsstoffe, S. 4, https://www.cannabis-med.org/nis/data/file/cannabissorten_inhaltsstoffe.pdf, abgerufen am 10.04.2023.

972 https://cannabishelden.de/artikel/news/die-10-staerksten-cannabis-sorten-der-welt-2018/, abgerufen am: 18.12.2021; vgl. auch https://www.cannaconnection.de/sorten/nova-og, abgerufen am 28.05.2023.

973 I. d. R. bereits *Hoyer* StV 1993, 128 (129).

974 Erst recht können dadurch nicht die derzeit strafbaren Handlungen des Anbaus, der Herstellung, des Besitzes und des Erwerbs zum Eigenkonsum legitimiert werden.

Handeltreibens – als totale Pönalisierung aller (Handels-)Tätigkeiten mit subjektivem Betäubungsmittelumsatzbezug – zu legitimieren.[975]

e) *Schutz vor der organisierten Kriminalität*

Nach der herrschenden Auffassung stellt der Schutz vor der organisierten Kriminalität lediglich einen besonderen „Aspekt"[976] des Rechtsguts des von Rauschgift nicht beeinträchtigten sozialen Zusammenlebens dar. Da dieses Rechtsgutskonglomerat aus den soeben genannten Gründen nicht anerkannt werden kann, kann dem Schutz vor der organisierten Kriminalität ebenfalls keine Rechtsgutsqualität und Legitimationswirkung zukommen.[977]

Selbst wenn man die Eigenständigkeit des Schutzgutes wie *Oğlakcıoğlu* annimmt[978] und unterstellt, dass es einen hinreichend konkretisierten Begriff der organisierten Kriminalität[979] gäbe[980], bleiben das vor der organisierten Kriminalität zu schützende (Rechts-)Gut und die mögliche Beeinträchtigung dessen gänzlich nebulös. Einerseits sind die kriminologischen Betätigungsfelder der organisierten Kriminalität überaus vielfältig (z. B. der Drogen-, Menschen- und Waffenhandel bzw. der Terrorismus), sodass zum Teil gänzlich unterschiedliche Individualrechtsgüter durch dieses kriminologische Phänomen im Einzelfall betroffen sind. Anderseits sind als direkte Folge von Erstgenanntem die Auswirkungen dieser Form von Kriminalität auf den Staat und die Gesellschaft ebenfalls zu mannigfaltig (von offener Feindschaft über tolerierte Koexistenz bis zur bewussten Instrumentalisierung von Teilen des Staats bzw. der Gesellschaft),

---

975 *Haffke* ZStW 107 (1995) 761 (782 f.); *Wohlers* S. 199; *Schünemann* in: Hefendehl/von Hirsch/Wohlers 133 (153).

976 *Weber* Handeltreiben, S. 330, 392; *ders.* § 1 BtMG, Rn. 3; auch *Graßhof* in BVerfGE 90, 145 (207); a. A. MüKo-StGB/*Oğlakcıoğlu* Vor. § 29 BtMG, Rn. 12 Fn. 38.

977 So i. E. auch *Böllinger* KJ 1994, 405 (410); *Ebert* Handeltreiben, S. 78; krit. *Gusy* JZ 1994, 863 f.; a. A. *Oğlakcıoğlu* AT-BtMG, S. 82.

978 *Oğlakcıoğlu* AT-BtMG, S. 82; MüKo-StGB/*ders.* Vor. § 29 BtMG, Rn. 21; i. d. R. bereits *Kniesel* ZRP 1994, 352 (355).

979 Zur Begriff der organisierten Kriminalität vgl. Gemeinsame Richtlinien über die Zusammenarbeit von Staatsanwaltschaften und Polizei bei der Verfolgung von Organisierten Kriminalität, Anlage E Nr. 2.1 zu den RiStBV, abgedruckt Meyer-Goßner/Schmitt Anh. 3, S. 2539 ff.

980 So BRatE. BT-Drs. 12/989, S. 24; auch *Weber* Handeltreiben, S. 393; dagegen BGHSt 50, 347 (354); *Ebert* Handeltreiben, S. 77 f.; *Hefendehl* StV 2005, 156 (157 f.); *Wohlers* S. 197 f.; *Hesel* S. 285; ausführl. zur Begriff *Kinzig* S. 46 ff.

um ein eigenständiges, hinreichend abgrenzbares Universalrechtsgut bilden zu können.

Im Übrigen würde dieses scheinbare (Universal-)Rechtsgut auch nach *Oğlakcıoğlu* lediglich eine partielle Wirkung entfalten und somit keinesfalls die umfassende Pönalisierungstendenz der extensiven Begriffsauslegung legitimieren[981], da nicht jede auf Betäubungsmittel gerichtete Tätigkeit zwingend in einem Zusammenhang zur organisierten Kriminalität stehen muss.

Wie bereits erörtert, soll jedoch nicht bestritten werden, dass das BtMG u. a. bezweckt, die „aus Gewinnstreben handelnden Großtäter"[982] zu erfassen und zugleich Schutz vor der organisierten Kriminalität zu gewähren[983], sodass auch deshalb dem unerlaubten Handeltreiben – als Kernbetätigung dieses Kriminalitätsfeldes – eine extensive, auch die Organisatoren betreffende Bedeutung beizumessen ist. Die zulässige gesetzliche Zweckbestimmung ist jedoch nicht mit dem transzendent über diesem liegenden (systemkritischen) Rechtsgut identisch[984] und dieser Unterschied darf methodisch durch dessen Anerkennung als Rechtsgut nicht eingeebnet werden.

Der dogmatische Unterschied zwischen dem Rechtsgut und dem Gesetzeszweck lässt sich auch am Geldwäschetatbestand beispielhaft verdeutlichen: Zweifellos war mit § 261 StGB bezweckt, das getarnte Einschleusen von Vermögenswerten der organisierten Kriminalität in den legalen Finanz- und Wirtschaftskreislauf zu unterbinden[985], folglich ist ratio legis dieses Tatbestands, die wirtschaftlichen Handlungsmöglichkeiten der organisierten Kriminalität zu beschränken und dieses Kriminalitätsphänomen insgesamt zurückzudrängen. Dessen ungeachtet wird das von § 261 StGB geschützte Rechtsgut nach der beizupflichtenden herrschenden Auffassung nicht im (zu unbestimmten) Schutz vor der organisierten Kriminalität erblickt; der Tatbestand soll vielmehr das Universalrechtsgut der Rechtspflege und kumulativ

981 *Oğlakcıoğlu* AT-BtMG, S. 85 f.; MüKo-StGB/*ders.* Vor. § 29 BtMG, Rn. 21; so auch *Kniesel* ZRP 1994, 352 (355).

982 BRegE. BT-Drs. 8/3551, S. 35; i. d. S. auch Stn. BR. BT-Drs. 8/3551, S. 39, 45; auch Gegenäußerung d. BReg. BT-Drs. 8/3551, S. 51; BT-Sten. Ber. Bd. 117, S. 303, 306, 309.

983 BRatE. BT-Drs. 12/989, S. 30.

984 *Roxin/Greco* AT I § 2 Rn. 14 ff.; *Ebert* Handeltreiben, S. 78; *Wohlers* S. 219 f.; zurteffend gilt dies auch für das systemimmanente Rechtsgutsverständnis: so *Weber* Handeltreiben, S. 306.

985 BRatE. BT-Drs. 12/989, S. 26; BGHSt 50, 347 (354); zust. MüKo-StGB/*Neuheuser* § 261, Rn. 4; Sch/Sch/*Hecker* § 261 StGB, Rn. 2.

dazu das von der Vortat geschützte Individualrechtsgut (z. B. Vermögen oder Eigentum) protektionieren[986].

Bereits aufgrund des nicht anzuerkennenden Rechtsgutscharakters kann auch der Topos des Schutzes vor der organisierten Kriminalität nicht als ein eigenständiges Rechtsgut des Verbots unerlaubten Handeltreibens anerkannt werden und ist mithin ebenso wenig geeignet, die weite Auslegung des unerlaubten Handeltreibens zu legitimieren bzw. näher zu konkretisieren.

3. *Zusammenfassung*

Das Ergebnis dieser Untersuchung zum geschützten Rechtsgut des Verbots unerlaubten Handeltreibens ist ernüchternd. Keines der erörterten Rechtsgüter ist in der Lage, die weite Auslegung des unerlaubten Handeltreibens schlüssig zu legitimieren. Zwar konnte festgestellt werden, dass die individuelle Gesundheit des Einzelnen sowie der Jugendschutz werthaltige soziale Funktionseinheiten darstellen. Diese Rechtsgüter bedürfen auch strafrechtlichen Schutzes, welchen insbesondere der Tatbestand des unerlaubten Handeltreibens gewährleisten soll. Nur stellte sich im Rahmen dieser Untersuchung heraus, dass diese rechtsgüterschützende Funktion des Tatbestands allenfalls partieller Natur ist:

So wirkt die individuelle Gesundheit lediglich dann als schützenswerte soziale Funktionseinheit, wenn Betäubungsmittel an nicht mündige bzw. nicht mehr eigenverantwortlich handelnde Personen umgesetzt werden. Das Rechtsgut des Jugendschutzes ist darüber hinaus dann betroffen, wenn Kinder und Jugendliche in den Betäubungsmittelhandel eingebunden werden bzw. wenn diese Bevölkerungsgruppe durch den offenen, illegalen Drogenhandel zur Nachahmung bzw. zum Konsum angeregt werden könnte.

Dieser partielle Schutzumfang kann auch mit dem oben[987] eingeführten Beispiel verdeutlicht werden: Der Dealer verwirklicht durch den Verkauf des potenten Cannabis an den Rentner nach der herrschenden Auffassung zweifellos den Tatbestand des unerlaubten Handeltreibens gemäß § 29 Abs. 1 S. 1 Nr. 1 BtMG bzw. sogar die

---

986 BRatE. BT-Drs. 12/989, 27; ebenso BRegE. BT-Drs. 12/3533, S. 11, 13; zust. BGH NStZ 2010, 517 (518); BGH NJW 2018, 2742 (2743); Krey/Hellmann/*M. Heinrich* BT 2 Rn. 1035 f.; *Wessels/Hillenkamp/Schuhr* BT 2 Rn. 941 ff.; *Rengier* BT I § 23 Rn. 4; SK-StGB/*Hoyer* § 261 Rn. 1; Lackner/Kühl/*Heger* § 261 StGB, Rn. 1; BeckOK-StGB/*Ruhmannseder* § 261 Rn. 7; LK-StGB/*Schmidt/Krause* 12. A. § 261 Rn. 4; Sch/Sch/*Hecker* § 261 StGB, Rn. 2; m. w. N. MüKo-StGB/*Neuheuser* § 261, Rn. 8 ff.; NK-StGB/*Altenhain* § 261 Rn. 10 ff.

987 S. 2. Teil, E. VI. d).

Qualifikation des § 29a Abs. 1 Nr. 2 BtMG. Wie bereits ausgeführt, ist das Rechtsgut des Jugendschutzes in diesem Fall aber nicht (auch nicht abstrakt) betroffen. Da der Konsum von Cannabis medizinisch indiziert, der Todeseintritt absehbar, keine Nebenwirkungen der Betäubungsmittel eingetreten sind und das körperliche Wohlbefinden durch die Linderung der Schmerzen merklich verbessert wurde, ist die individuelle Gesundheit des Einzelnen noch nicht einmal in abstrakte Gefahr geraten, sodass auch dieses Rechtsgut in diesem Einzelfall nicht betroffen ist.

Diesem Befund zufolge müsste der Tatbestand des unerlaubten Handeltreibens entweder als rechtsgutslos anerkannt[988] oder ihm insgesamt seine Legitimation abgesprochen werden[989]. Da insbesondere das unerlaubte Handeltreiben vor allem durch die Qualifikationstatbestände mit erheblichen Freiheitsstrafen verknüpft ist, kann ein rechtsgutsloses unerlaubtes Handeltreiben nicht überzeugen. Da die allgemeine Ausrichtung dieser Untersuchung einen dogmatischen – auf dem geltenden Recht basierenden – Ansatz verfolgt, vermag auch zweite Auffassung nicht zu überzeugen.

Demnach soll nachfolgend – als dritter Lösungsweg – der Versuch unternommen werden, die Strafbarkeit des unerlaubten Handeltreibens auf ein bisher nicht erörtertes Universalrechtsgut zurückzuführen und von diesem alternativen Rechtsgutsbezug aus den Schutzumfang des unerlaubten Handeltreibens systematisch stringent zu bestimmen. Selbstverständlich muss auch dieser alternative Ansatz in der Lage sein, die mithilfe der grammatikalischen, systematischen und historischen Auslegungsmethoden ermittelten Ergebnisse zu antizipieren und soweit wie nur irgend möglich umzusetzen.

Um bei dem in der Einleitung entworfenen metaphorischen Leitmotiv dieser Untersuchung zu bleiben:

Der (Solo-)Bergsteiger hat sich im Dickicht der begangenen Gipfel und Täler auf dem Rückweg zum Ausgangspunkt der Tour verirrt und nun erkannt, dass er unmöglich mehr zu seinem Ausgangspunkt zurückkehren kann. Dieser Umstand erscheint ihm jedoch nur auf den ersten Blick misslich, da die atemberaubende (Gebirgs-)Landschaft noch mehrere, unbegangene Gipfel für ihn bereithält. Gewappnet mit dem mitgeführten Equipment und den durch den bisherigen Tourenverlauf gewonnenen Fähigkeiten und Erfahrungen tritt er neugierig – in Erwartung der von ihm zu meisternden Herausforderungen – das Unterfangen an, einen Weg aus dem Gebirge zu finden.

---

988 *Stratenwerth/Kuhlen* AT § 2 Rn. 8; a. A. *Hassemer*, in: Hefendehl/von Hirsch/Wohlers 57 ff.; deutlich vehementer: *M. Heinrich* FS-Roxin 131 (145 ff.).

989 Kreuzer/*Nestler* § 11 Rn. 94; *Hefendehl*, S. 142; *Anastasopoulou* S. 263 ff.

3. Teil Eigene Auffassung zum Begriff des unerlaubten Handeltreibens

Wird der Tatbestand des unerlaubten Handeltreibens nicht vom partiell-individuellen (Gesundheitsschutz der Konsumenten) bzw. von einem partiell-kollektivistischen (Jugendschutz) Blickwinkel aus betrachtet, sondern ausschließlich in einen staatlichen bzw. gesellschaftlichen Zusammenhang gesetzt, wird deutlich, dass mit dem Tatbestand des unerlaubten Handeltreibens durchaus eine soziale Funktionseinheit, nämlich die staatliche Betäubungsmittelverkehrshoheit, geschützt werden soll. Fraglich ist jedoch nicht nur, wie diese Funktionseinheit inhaltlich beschaffen ist, sondern auch, ob deren strafrechtlicher Schutz (zur mittelbaren Gewährleistung des individuellen Gesundheits- bzw. Jugendschutzes) tatsächlich erforderlich ist.

A. Das Rechtsgut des unerlaubten Handeltreibens

I. Die gedankliche Vorarbeit von *Bottke* und *Schünemann*

Ein von der „Volksgesundheit" abweichender (Universal-)Rechtsgutsbezug wurde zuerst von *Bottke* hergestellt. Nach ihm geht derjenige das Risiko einer Bestrafung ein, der die Gefährdung von Rechtsgütern ermöglicht oder fördert, die dem Gemeinweisen zustehen und damit individueller Disposition entzogen sind; ein solches (Universal-)Rechtsgut sei die durch die Verfassung (Art. 74 Nr. 19 GG) anerkannte staatliche Hoheit über die Gewinnung und den Verkehr von Betäubungsmitteln.[990] Insofern kommt den Tatbeständen der §§ 29 ff. BtMG die Funktion bzw. der Zweck zu, alle Tätigkeiten zu pönalisieren, welche gegen den „illegalen Drogenproduktions- und Handelsprozess"[991] gerichtet sind.[992] Mithilfe der unmittelbaren Korrelation zum Produktions- und Handelsprozess kann sowohl die extensive Auslegung des unerlaubten Handeltreibens als auch die Straflosigkeit des selbstgefährdenden Konsums abgeleitet werden, ohne einen Rekurs auf lediglich partiell-wirkende Individualrechtsgüter bzw. scheinbare Universalrechtsgüter bemühen zu müssen.[993]

---

990 *Bottke*, in: *Schünemann/Pfeiffer* 171 (215).

991 *Bottke*, in: *Schünemann/Pfeiffer* 171 (215).

992 *Bottke*, in: *Schünemann/Pfeiffer* 171 (215); *ders.* S. 227; a. A. *Ebert* Handeltreiben, S. 78 f.

993 *Bottke*, in: *Schünemann/Pfeiffer* 171 (215); *ders.* S. 227.

Schünemann griff diesen Rechtsgutsbezug insofern auf, als er das Betäubungsmittelstrafrecht (freilich in einem reduzierten Umfang) über das „Zwischenrechtsgut der Drogenverkehrshoheit“ insgesamt legitimierte, da der Gesetzgeber zur Erreichung seiner endgültigen Schutzaufgabe eine Institution – das „vergeistigte Zwischenrechtsgut“[994] – zwischengeschaltet habe, die nun selbst einen strafrechtlichen Schutz benötige.[995] Die Drogenverkehrshoheit werde nach *Schünemann* somit nicht als Selbstzweck geschützt. Sie sei nämlich nur insoweit durch Strafvorschriften zu protektionieren, wie der Gesetzgeber dadurch seiner originären Schutzaufgabe – dem Jugendschutz bzw. Gesundheitsschutz der nicht (mehr) freiverantwortlich handelnden Konsumenten – nachkommt.[996]

Folglich kann der Schutzbereich des Zwischenrechtsguts nur so weit reichen, wie es zum Schutz der dahinter stehenden Rechtsgüter erforderlich ist. Aufgrund dieses Abhängigkeitsverhältnisses zur endgültigen Schutzaufgabe gelangt *Schünemann* – im Gegensatz zu *Bottke* – zu dem Ergebnis, dass es einer verantwortlich handelnden Einzelperson in Abänderung des heutigen Rechts ermöglicht werden müsste, Cannabis in geringen Mengen zum Eigenverbrauch zu erwerben. Dies hätte zur Folge, dass der Erwerb und der Handel zum eigenverantwortlichen Konsum de lege ferenda straffrei gestellt werden müssten.[997] Ein unerlaubtes Handeltreiben bliebe jedoch weiterhin strafbar, sofern keine mündigen Personen an ihm beteiligt sind bzw. größere Mengen nicht zum eigenen Konsum erworben werden. In jedem Fall ist laut *Schünemann* jedoch die Ausuferung des Tatbestands des unerlaubten Handeltreibens auf weit vor dem Betäubungsmittelumsatz ausgeführte Handlungen zu unterbinden, da sowohl die individuelle Gesundheit als auch der Jugendschutz allenfalls durch einem (ungenehmigten) Drogenumsatz[998] und nicht bereits durch die diesen lediglich vorbereitende Handlung[999] beeinträchtigt werden könnten.

---

994 *Schünemann* JA 1975, 787 (798); zust. *Wohlers* S. 328 f.; abl. *Herzog* S. 33; *Amelung*, in: Hefendehl/von Hirsch/Wohlers 155 (160 ff.); ebenfalls *Anastasopoulou* S. 148 ff.

995 *Schünemann* in: Hefendehl/von Hirsch/Wohlers, 133 (147, 153); LK-StGB/*ders.* 12. A. Vor. § 25 Rn. 16; a. A. *Anastasopoulou* S. 149 f.; *Hefendehl* S. 175 ff.; *Weber* Handeltreiben, S. 379.

996 LK-StGB/*Schünemann* 12. A. Vor. § 25 Rn. 16.

997 *Schünemann* in: Hefendehl/von Hirsch/Wohlers, 133 (153); a. A. *Bottke*, S. 228.

998 *Schünemann* in: Hefendehl/von Hirsch/Wohlers, 133 (153).

999 BGH StV 1981, 549; zust. *Roxin* StV 1992, 517 (519); *ders.* StV 2003, 619 (620); dagegen h. M.: BGHSt 29, 239 (240); BGHSt 50, 252 (256); BVerfG NJW 2007, 1193; *Weber* § 29 BtMG, Rn. 169; Körner/*Patzak* § 29 BtMG, Rn. 209; *Hügel/Junge/Lander/Winkler* § 29 BtMG, Rn. 4.1.1; *Schäfer/Sander/van Gemmeren* Rn. 1758.

Das kollektivistische Rechtsgutsverständnis von *Schünemann* ist für diese Untersuchung insofern nützlich, als durch ihn bekräftigt wird, dass die staatliche Drogenverkehrshoheit als Zwischenrechtsgut nicht schon um ihrer selbst willen zu protektionieren ist, sondern weil dadurch (auch grundgesetzlich) geschützte Rechtspositionen vor einer Beeinträchtigung bzw. Gefährdung bewahrt werden sollen. *Bottke*s Begründungsweg ist deutlich stärker im geltenden Recht verhaftet, zeigt jedoch Schwächen in der straftheoretischen Begründung des Rechtsgutes der Drogenverkehrshoheit, da nach ihm jedes dem Staat vorbehaltene Handelsgut mit einer Strafbarkeit abgeschirmt werden könnte, was wiederum schwerlich mit dem Grundsatz der Subsidiarität des Rechtsgüterschutzes[1000] vereinbar wäre. Dieser Begründungsmangel wird auch nicht allein dadurch behoben, dass das „Recht […] der Betäubungsmittel und Gifte“ im Rahmen einer (Gesetzgebungs-)Kompetenznorm in Art. 74 Abs. 1 Nr. 19 GG genannt wird.[1001] Dieser verfassungsrechtliche Rechtssatz regelt nämlich lediglich, dass (auch) dem Bund eine Gesetzgebungskompetenz für diese Regelungsmaterie zusteht, nicht jedoch, dass die aufgrund dieser Gesetzgebungskompetenz zu schaffenden Normen zwingend mit strafrechtlichen Sanktionen flankiert werden dürfen.

II. Die Drogenverkehrshoheit als soziale Funktionseinheit

*Bottke*s Ansatz – die Drogenverkehrshoheit als eigenständiges Rechtsgut (und nicht lediglich als Zwischenrechtsgut) des unerlaubten Handeltreibens anzuerkennen – ist grundsätzlich richtig. Dieser Ansatz ist – ergänzt um den *Schünemann*'schen Gedankengang – jedoch rechtstheoretisch insoweit fortzubilden, dass alle durch die Drogenverkehrshoheit mittelbar geschützten und im Grundgesetz verankerten Rechtspositionen in die normative Betrachtung miteinzubeziehen sind. Sofern gesteigert schutzwürdige Grundrechtspositionen von der Drogenverkehrshoheit sichergestellt werden und darüber hinaus ein Schutz dieser Güter (nur) über den Schutz der Drogenverkehrshoheit gewährleistet werden kann, stellt die Drogenverkehrshoheit folglich selbst ein eigenständiges Rechtsgut dar, welches als soziale Funktionseinheit das Kriterium bzw. den Maßstab legitimen Strafens bestimmt.[1002] Demnach ist zunächst zu erörtern, was von der

1000 *Roxin/Greco* AT § 2 Rn. 97 ff.; *Ostendorf* S. 9, 20; einschränkend *Jakobs* AT 2/26 ff.

1001 So auch *Ebert* Handeltreiben, S. 79; offen gelassen von *Bottke*, in: *Schünemann/Pfeiffer* 171 (215).

1002 SK-StGB/*Jäger* Vor. § 1 Rn. 2; NK-StGB/*Hassemer/Neumann* Vor. § 1, Rn. 62; *Roxin/Greco* AT I § 2 Rn. 1 ff.; krit. u. a. *Jakobs* AT 2/12 ff.; *Amelung*, in: Hefendehl/von Hirsch/Wohlers 155 (160 ff.).

Drogenverkehrshoheit überhaupt erfasst ist. Sodann ist in den Blick zu nehmen, welche grundrechtlich geschützten Positionen von der Drogenverkehrshoheit (mittelbar) gewährleistet werden sollen.

Unter dem Drogenverkehr wird – denkbar weit – der gesamte Umgang mit Betäubungsmitteln von der Produktion, dem Vertrieb bzw. Handel, der Werbung bis zum Verbrauch erfasst.[1003] Die ausschließliche staatliche Dispositionsbefugnis zum Umgang mit Betäubungsmitteln hat der Gesetzgeber gesetzlich durch ein Verbot mit Erlaubnisvorbehalt gesichert. Insofern bedarf jeder Verkehr mit Betäubungsmitteln (also auch der Handel) nach § 3 Abs. 1 Nr. 1 BtMG grundsätzlich einer staatlichen Erlaubnis. Ferner wird die Erlaubnisfähigkeit des Umgangs mit nicht verkehrs- und verschreibungsfähigen Betäubungsmitteln (vgl. Anlage I des BtMG i. V. m. § 1 Abs. 1 BtMG) nach § 3 Abs. 2 BtMG für diese nicht-medizinischen Betäubungsmittel noch weiter begrenzt, indem eine Erlaubnis bezüglich dieser Drogen „nur ausnahmsweise zu wissenschaftlichen oder anderen im öffentlichen Interesse liegenden Zwecken“ erteilt werden kann. Diese gesetzliche Differenzierung der verschiedenen Betäubungsmittel bzw. des mit dem Umgang verfolgten Zweckes wirkt sich auch auf den Inhalt des Rechtsguts der Drogenverkehrshoheit aus. Wie in § 5 Abs. 1 Nr. 6 BtMG ausdrücklich postuliert, ist mit dem Gesetz insgesamt intendiert, die medizinische Versorgung der Bevölkerung sicherzustellen, den Missbrauch von Betäubungsmitteln zu verhindern sowie einer Abhängigkeit (auch präventiv) entgegenzuwirken. Der erstgenannte Gesetzeszweck betrifft die Drogenverkehrshoheit ausschließlich in einem medizinisch-pharmazeutischen Zusammenhang; die letztgenannten Gesetzeszwecke beziehen sich primar auf den sogenannten Genusskonsum von Betäubungsmitteln im nicht-medizinisch-pharmazeutischen Zusammenhang.

1. Die Drogenverkehrshoheit im medizinisch-pharmazeutischen Zusammenhang

Bestimmte Betäubungsmittel werden zu unterschiedlichen Zwecken erfolgreich in der Medizin eingesetzt[1004] bzw. zur Herstellung solcher Arzneimittel[1005] benötigt. Folglich sind diese Betäubungsmittel zur medizinischen Versorgung erforderlich. Der soziale Funktionszusammenhang eines staatlich kontrollierten Handels wird durch den von ihm bezweckten Grundrechtsbezug hergestellt,

1003 BVerfGE 114, 196 (222); zust. *Jarass/Pieroth* Art. 74 Rn. 53; diff. den Konsum nicht umfassend: *Bottke*, in: *Schünemann/Pfeiffer* 171 (215); *ders.* S. 227.

1004 Vgl. (verschreibungsfähige) Betäubungsmittel der Anlage III des BtMG

1005 Vgl. (verkehrsfähige) Betäubungsmittel der Anlage II des BtMG.

denn gemäß Art. 2 Abs. 2 S. 1 GG ist der Staat verpflichtet, das Leben bzw. die körperliche Gesundheit der Bevölkerung durch, ein funktionierendes Gesundheitssystem zu schützen[1006], was wiederum voraussetzt, dass die Versorgung mit bestimmten Betäubungsmitteln zu medizinischen oder pharmazeutischen Zwecken zwingend sichergestellt sein muss. Zutreffend stellt die Krankenversorgung „ein überragend wichtiges Gemeinschaftsgut"[1007] dar, für dessen Schutz der Staat (auch im Hinblick auf das Sozialstaatsprinzip des Art. 20 Abs. 1 GG) zu sorgen hat.

Es ist anzunehmen, dass ein nicht strafbedrohter Handel zur Folge hätte, dass die für die Medizin bzw. für die Pharmaindustrie notwendigen Betäubungsmittel der Anlagen II und III des BtMG (vgl. § 1 Abs. 1 BtMG) bzw. Betäubungsmittelgrundstoffe nicht mehr ausschließlich für diesen Zweck gehandelt und verwendet, sondern auch an Personen zum Genusskonsum umgesetzt werden würden. Da die Rohstoffe, aus denen Betäubungsmittel gewonnen werden, naturgemäß endlich sind, führt jede Steigerung auf der Nachfrageseite zumindest langfristig zu Versorgungsschwierigkeiten, Qualitätseinbußen bzw. Preiserhöhungen[1008] im medizinischen Sektor, welche sich im Ergebnis negativ auf die gesundheitliche Versorgung auswirken. Folglich würde eine Lockerung bzw. vollständige Auflösung der staatlichen Drogenverkehrshoheit in den Schutzbereich von Art. 2 Abs. 2 S. 1 GG eingreifen. Dieser Eingriff kann auch nicht im Rahmen der „praktischen Konkordanz"[1009] mit den kollidierenden Grundrechten des Handeltreibenden (Art. 2 Abs. 1 GG bzw. Art. 12 Abs. 1 GG[1010]) bzw. mit den (mittelbar betroffenen) Grundrechten der nicht-medizinischen Konsumenten, sich qua Genuss selbst zu schädigen (durch die allgemeine Handlungsfreiheit bzw. das allgemeine Persönlichkeitsrecht grundrechtlich geschützt), gerechtfertigt werden, da sowohl die betroffenen Grundrechte des Handeltreibenden als auch des Genusskonsumenten hinter den höherwertigen Grundrechtspositionen des Rechtes auf Leben und körperliche Unversehrtheit der medizinisch auf Betäubungsmittel Angewiesenen zurückstehen müssen.

1006 BVerfGE 57, 70 (99); zust. *Jarass/Pieroth* Art. 2 GG, Rn. 93; Dürig/Herzog/Scholz/*Di Fabio* Art. 2 Abs. 2 S. 1 GG, Rn. 94.

1007 BVerfGE 57, 70 (99).

1008 Die Preisbildung ausdrückl. hervorhebend: BVerfGE 114, 196 (222).

1009 St. Rspr. BVerfGE 41, 29 (50 f.); 93, 1 (21 f.); 117, 202 (211); 138, 296 (314 f., 317); vgl. hierzu m. w. N. *Jarass/Pieroth* Vor. Art. 1 GG, Rn. 18, 53.

1010 *Jarass/Pieroth* Art. 12 Rn. 8; im Hinblick auf das evident sozialschädliche Verhalten abl. BVerfGE 115, 276 (301); BVerfGE 117, 126 (137); BeckOK-GG/*Ruffert* Art. 12 Rn. 42; offen gelassen Sachs/*Mann* Art. 12 GG, Rn. 54.

Da die staatliche Drogenverkehrshoheit somit mittelbar die medizinische Versorgung der Bevölkerung sicherstellt, kann sie als werthafte soziale Funktionseinheit und diesbezüglich als ein taugliches Rechtsgut aufgefasst werden, welches auch vom Gesetzgeber im Rahmen seiner gesetzgeberischen Einschätzungs- und Entscheidungsprärogative[1011] vertretbar unter strafrechtlichen Schutz gestellt werden durfte.[1012]

Demnach kann festgehalten werden, dass im Rahmen der medizinischen Versorgungssicherheit bezüglich der verkehrsfähigen und verschreibungspflichtigen Betäubungsmittel der Anlagen II und III des BtMG (vgl. § 1 Abs. 1 BtMG) – z. B. Speed, diverse Crystal-Zubereitungen, Kokain, Crack, Morphin und Opium[1013] – die Strafbarkeit des unerlaubten Handeltreibens mittels der Drogenverkehrshoheit auf ein taugliches Rechtsgut zurückgeführt werden kann. Diese Feststellung ist erstaunlich, da – im Gegensatz zur herrschenden Auffassung – somit für den Handel mit einem Großteil der illegal gehandelten Drogen ein nicht hypostatierter Rechtsgutsbezug abgeleitet werden konnte, der geeignet ist, die Strafvorschrift des unerlaubten Handeltreibens prinzipiell zu legitimieren.

2. Die Drogenverkehrshoheit im nicht-medizinisch-pharmazeutischen Zusammenhang

Es drängt sich sodann die Frage auf, ob die staatliche Drogenverkehrshoheit ihre Wirkung als eine soziale Funktionseinheit (respektive als ein Rechtsgut) auch außerhalb eines medizinischen bzw. pharmazeutischen Zusammenhangs zu entfalten vermag, sich also auch auf den Handel mit den ausschließlich in der Anlage I des BtMG (vgl. § 1 Abs. 1 BtMG) genannten Betäubungsmitteln (z. B. Cannabis bzw. Cannabisharz sowie Heroin[1014], LSD und Ecstasy-Zubereitungen) erstrecken ließe. Die Drogenverkehrshoheit müsste also auch für den grundsätzlich illegalen „Genusskonsum" von Betäubungsmitteln als eine gesteigert

1011 Vgl. BVerfGE 50, 290 (332 f.); 77, 170 (214 f.); 88, 203 (262 f.); 90, 145 (173); BVerfGE 120, 224 (242); BVerfG NJW 2004, 3620 (3622); BVerfG NJW 2020, 905 (909 ff.); zust. *Hassemer* NStZ 1989, 553 (558).

1012 A. A. *Ebert* Handeltreiben, S. 7, welcher den Gesetzgeber im med. Zusammenhang ausschließlich auf verwaltungsrechtliche Ordnungsmittel verweisen will.

1013 Vgl. *Weber* § 1 BtMG, Rn. 453 ff.

1014 Soweit das Cannabis nicht als Fertigarzneimittel zu medizinischen Zwecken bzw. Heroin zur Substitutionstherapie (Diamorphin) eingesetzt wird (vgl. Anlage III zum BtMG).

schutzwürdige und schutzbedürftige soziale Funktionseinheit wirken[1015]. Hierbei darf jedoch nicht verkannt werden, dass der Staat im Rahmen des „Genusskonsums" seine Dispositionsbefugnis totalprohibitiv ausgeübt, also jedweden Umgang des Bürgers – mit Ausnahme des Konsums an sich – mit diesen Betäubungsmitteln ausnahmslos unter Strafe stellt. Es stellt sich daher zunächst die Frage, inwiefern die Straflosigkeit des Konsums von Betäubungsmitteln mithilfe des Rechtsguts der Drogenverkehrshoheit erklärt werden kann.

a) Der straflose „Genusskonsum" ohne Rechtsgutsbezug

Wie bereits dargelegt[1016], kann mit den der herrschenden Auffassung zufolge vom BtMG geschützten Rechtsgütern weder die Straflosigkeit des Konsums von Betäubungsmitteln noch die prozessuale Möglichkeit, von der Verfolgung nach § 31a Abs. 1 S. 1 (bzw. Abs. 2) BtMG abzusehen, schlüssig begründet werden[1017], obwohl doch gerade der Konsum von Betäubungsmitteln die unmittelbarste Ursache für die von der herrschenden Auffassung angenommenen Beeinträchtigungen der vorgeblich geschützten Rechtsgüter bildet. Nun würde mit einer grenzenlosen gesetzgeberischen Beliebigkeit in der Ausübung der Dispositionsbefugnis über den Drogenverkehr für die Rechtsgutsbestimmung nichts gewonnen sein. Die Drogenverkehrshoheit kann als Rechtsgut dogmatisch nur dann überzeugen, wenn es mit ihr gelingt, die gesetzgeberische Entscheidung zur Straflosigkeit des Konsums von Betäubungsmitteln erklären zu können.

Missbrauch bzw. eine Abhängigkeit von bestimmten (u. a. auch in der Anlage I aufgeführten) Betäubungsmitteln können zum Teil erheblich die individuelle Gesundheit und die ungestörte kindliche bzw. jugendliche Entwicklung beeinträchtigen und nachhaltig schädigen.[1018] Sowohl dem Jugendschutz (Art. 6 Abs. 2 S. 2 GG) als auch der individuellen Gesundheit der nicht (mehr) eigenverantwortlich Handelnden (Art. 2 Abs. 2 S. 2 GG) wird durch die Verfassung ein gewichtiger Grundrechtsschutzstatus zuerkannt. Diese Grundrechte kollidieren mit dem Recht des Konsumenten auf gesundheitliche Selbstbestimmung[1019]. Zu der von Art. 2 Abs. 1 (i. V. m. Art. 1 Abs. 1 GG) geschützten freien Entfaltung

---

1015 *Hoyer* Eignungsdelikte, S. 36; a. A. *Sternberg-Lieben* in: Hefendehl/von Hirsch/Wohlers 65 (67).

1016 2. Teil, E. VI. 2. und 3.

1017 Zust. *Kniesel* ZRP 1994, 352 (355); teilw. abw. *Bottke* S. 227 ff.

1018 Vgl. hierzu 2. Teil, E. VI. 2. a) und d).

1019 Dürig/Herzog/Scholz/*Di Fabio* Art. 2 GG Rn. 204: „Verfügungsrecht über den eigenen Körper"; vgl. ausführl. *Koppernock* S. 18, 179 ff.

der Persönlichkeit gehört auch das Recht eines jeden Menschen, selbstbestimmt nach eigenen Maßstäben über sich verfügen zu können und nicht in Lebensformen gedrängt zu werden, die in unauflösbarem Widerspruch zum eigenen Selbstbild und Selbstverständnis stehen.[1020] Zutreffend wird von diesem allgemeinen Persönlichkeitsrecht auch das Recht auf ein selbstbestimmtes Sterben bzw. das Recht auf eine Selbsttötung erfasst[1021]. Folglich ist der Einzelne erst recht ermächtigt, selbst darüber entscheiden zu können, welchen Gefahren er sich und seinen Körper aussetzen möchte. Vom allgemeinen Persönlichkeitsrecht ist mithin auch das Recht auf gesundheitliche Selbstbestimmung abgedeckt.[1022]

Bezüglich der individuellen Gesundheit des einzelnen Konsumenten wird man auch bei extrem gesundheitsschädlichen Betäubungsmitteln, wie Krok[1023], Crystal Meth, Heroin oder Crack, die (unvernünftige[1024]) Entscheidung zum Konsum akzeptieren müssen, sodass der Konsum grundsätzlich nicht pönalisiert werden darf[1025]. Jede andere Entscheidung würde auf einen direkten[1026] Strafrechtspaternalismus[1027] hinauslaufen, wodurch der im Achtungsanspruch des Individuums verwurzelte Autonomieanspruch der einzelnen Bürger gänzlich negiert werden würde. Dieser Zustand ist in einem freiheitlich-liberalen Strafrechtssystem keinesfalls anzuerkennen.

Ferner hat die gesundheitliche Selbstbestimmung des freiverantwortlich Handelnden nicht vor den (nur überaus abstrakt bzw. mittelbar) betroffenen Rechtsgütern des Jugendschutzes bzw. der individuellen Gesundheit der nicht (mehr) freiverantwortlich handelnden Drogenkonsumenten zurückzustehen. Durch

1020 Vgl. BVerfGE 116, 243 (264 f.); 121, 171 (190 f.); 128, 109 (124 f.); BVerfG NJW 2020, 905 (907).

1021 BVerfG NJW 2020, 905 (907); zust. *Hoven* ZIS 2016, 1 ff.; m. w. N. *Buchholz/Hölken/Kuhne* JSE 2017, 222 (227).

1022 So auch BVerwG NJW 1989, 2960; zust. *Anastasopoulou* S. 264.

1023 Zum Desomorhin: vgl. Anlage I (zu § 1 Abs. 1 BtMG).

1024 Zum materiellen Paternalismus vgl. *Hoven* ZIS 2016, 1 (5 ff.); *Duttge* ZStW 129 (2017) 448 (451 f.).

1025 Zum Spannungsverhältnis einer freiverantwortlichen Selbstgefährdung und der Garantenstellung Dritter: BGH StV 2020, 231 ff. m. zust. Anm. *Ruppert* HRRS 2020, 250 ff.

1026 Zur Abgrenzung weicher/harter bzw. direkter/indirekter Paternalismus vgl. *Weber* Handeltreiben S. 362 ff.; auch *Wohlers/Went*, in: von Hirsch/Neumann/Seelmann 289 (293); *Hesel* S. 277.

1027 Diesen grds. abl. *von Hirsch*, in: von Hirsch/Neumann/Seelmann 57 (65, 68); *Hoven* ZIS 2016, 1 2 f.; *Hesel* S. 277 ff.; offen gelassen von *Weber* Handeltreiben S. 363; a. A. *Zaczyk* 60 f.; *Hardtung* NStZ 2001, 206 (206); *Puppe* JZ 2011, 911 (912).

den Konsum werden nämlich Betäubungsmittel logischerweise verbraucht, folglich vom Markt genommen und darüber hinaus eine unmittelbare bzw. mittelbare Weitergabe (und sei es durch eine unentgeltliche Abgabe) an andere unmöglich gemacht. Lediglich der nicht-klandestine, also der offene Betäubungsmittelkonsum kann mit einer stark abstrahierten mittelbaren Folge für andere einhergehen, denn dieser Betäubungsmittelverbrauch erscheint grundsätzlich geeignet, vor allem jüngere Bevölkerungsgruppen und bereits Drogenabhängige zur Nachahmung anzuregen und zum Betäubungsmittelkonsum zu verleiten.[1028] Zutreffend ist diese abstrakte Gefahr für die individuelle Gesundheit der übrigen Konsumenten bzw. den Jugendschutz jedoch nicht geeignet, sich gegenüber dem Recht auf gesundheitliche Selbstbestimmung durchzusetzen, denn die Anerkennung dieser abstrahierten Gefahr liefe darauf hinaus, dass dem einzelnen Konsumenten im Wesentlichen seine Subjektsqualität (Art. 1 Abs. 1 GG) abgesprochen werden würde. Dieser würde nämlich unter Strafandrohung in den strafbewehrten (gesundheitlichen) Dienst der Gesellschaft gestellt, anderen Menschen nicht als schlechtes Beispiel zu dienen.[1029] Verfassungsrechtlich wird der Vorrang des allgemeinen Persönlichkeitsrechts dadurch untermauert, dass dieses Grundrecht als unmittelbarer Ausfluss der Würde des Menschen den anderen Grundrechten ihren wesentlichen Sinn und Gehalt verleiht.[1030]

Der Verbrauch von bestimmten Betäubungsmitteln ist als eine Form des Umgangs mit Drogen begrifflich von der Drogenverkehrshoheit umfasst und darf vom Gesetzgeber unter gewissen Umständen auch pönalisiert werden. Der Gesetzgeber hat (im Rahmen des medizinisch-pharmazeutischen Zusammenhangs) auch eine nur den Verbrauch von Betäubungsmitteln betreffende Tätigkeit unter Strafe gestellt. So wird z. B. die Handlung des (fremdschädigenden) Verabreichens von Betäubungsmitteln nach § 29 Abs. 1 Nr. 6 b) BtMG (i. V. m. § 13 Abs. 1 BtMG)[1031] als strafbare Handlung vom BtMG erfasst. Um die medizinische Versorgung mit Betäubungsmitteln nicht zu gefährden, wirkt die Drogenverkehrshoheit auch bezüglich des schlichten Verbrauchs als soziale Funktionseinheit, welche entsprechend mit strafrechtlichen Sanktionen abgesichert werden darf.

1028 So auch *Bottke*, S. 228 f.

1029 Krit. *Weber* Handeltreiben S. 367; Dürig/Herzog/Scholz/*Di Fabio* Art. 2 Abs. 2 S. 1 GG Rn. 85.

1030 BVerwG NJW 1989, 2960; BVerfG NJW 2020, 905 (908).

1031 Verabreichen eines in Anlage III (i. V. m. § 1 Abs. 1 BtMG) aufgeführten BtMs.

Hingegen muss für den selbstschädigenden „Genusskonsum" von Betäubungsmitteln der Anlage I (i. V. m. § 1 Abs. 1 BtMG) das Interesse des Staates an einem strafbewehrten Konsumverbot in jedem Falle hinter dem grundgesetzlich stärker schutzwürdigen gesundheitlichen Selbstbestimmungsrecht des einzelnen Konsumenten zurückstehen. Folglich fungiert bezüglich des Genusskonsums von Betäubungsmitteln die Drogenverkehrshoheit nicht als gesteigert schützwürdige soziale Funktionseinheit, welche notwendigerweise mit Mitteln des Strafrechts abgesichert werden muss. Lediglich mithilfe eines derart verfassungsrechtlich-fundierten Rechtsgutsverständnisses können die mit den von der herrschenden Auffassung statuierten (Universal-)Rechtsgütern einhergehenden dogmatischen bzw. rechtstheoretischen Dissonanzen bezüglich der Straflosigkeit des („Genuss"-)Konsums von Betäubungsmitteln überwunden werden.

b) Ausweitung der Straflosigkeit de lege lata auf weitere, dem Konsum vorgelagterte Handlungen

Ist dieser Gedanke erst einmal gereift und die Drogenverkehrshoheit als taugliches Rechtsgut des BtMG grundsätzlich anerkannt, ist überaus fraglich, ob gemessen an einem systemisch-kohärenten Rechtsgüterschutz die Strafbarkeit von den eigenen Konsum unmittelbar vorbereitenden Handlungen des Endverbrauchers (wie Anbau, Herstellung sowie Besitz von Betäubungsmitteln (§ 29 Abs. 1 S. 1 Nr. 1, 3 BtMG)) legitimiert werden kann. Gegen eine Pönalisierung spricht, dass durch die Strafbarkeit dieser Handlungen die Entscheidung des Einzelnen, mittels Drogenkonsums seine Gesundheit zu schädigen, nahezu unmöglich gemacht wird[1032], was mit einem Eingriff in das gesundheitliche Selbstbestimmungsrecht gleichzusetzen ist. Dieser Eingriff wird auch schwerlich gerechtfertigt werden können, denn sofern ein (Dauer-)Konsument für eigene Zwecke Betäubungsmittel in geringen oder mittleren Mengen anbaut, herstellt oder besitzt[1033], ist die abstrakte Weitergabegefahr durch den (abhängigkeitsbedingt) stark ausgeprägten Eigenkonsumwillen derart minimiert, dass darauf keine Strafbarkeit gestützt werden dürfte.[1034]

1032 So grds. BVerfG NJW 2020, 905 (914).

1033 Bzgl. des noch weiter verringerten Unrechtsgehaltes des Besitzes vgl. u. a. BGHSt 40, 162 (165 f.); für den Besitz i. E. zust. Sondervotum *Sommer* BVerfGE 90, 145 (218 f.); Zust. *Kniesel* ZRP 1994, 352 (355); *Frisch* FS-Stree/Wessels S. 94 f.

1034 Ebenfalls *Köhler* ZStW 104 (1992) 3 (39 ff.); *ders.* MDR 1992, 739 (740); *Haffke* ZStW 107 (1995) 761 (781); *Paeffgen* FG-BGH 695 (705); *Hefendehl* S. 143; *Anastasopoulou* S. 265; z. T. auch *Roxin* GA 2013, 433 (453); *Nestler* ZStW 129 (2017) 467 (472); a. A.

Dieser Ansatz kann grundsätzlich auch auf die übrigen durch die Eigenkonsumabsicht privilegierten Tathandlungen erweitert werden, bei denen von Strafe (§ 29 Abs. 5 BtMG) bzw. der Verfolgung der Tat (§ 31a BtMG) abgesehen werden kann. Zwar wird bei diesen Handlungen (u. a. der Ein-, Aus- und Durchfuhr sowie dem Erwerb) die Gefahr einer Weitergabe von Betäubungsmitteln aufgrund der Eigenkonsumabsicht ebenfalls nicht signifikant gesteigert, doch verlassen diese Handlungen die interne Sphäre des Konsumenten, da – wie das BVerfG im Cannabis-Beschluss zutreffend feststellt – gerade der Erwerb zum Zwecke des Eigenverbrauchs den „illegalen Drogenmarkt von der Nachfrageseite her konstituiert“[1035]. Ob diese noch recht schwach ausgeprägte, betäubungsmittelmarktspezifische Gefahr ausreichend erscheint, um die Drogenverkehrshoheit gegenüber dem Recht auf gesundheitliche Selbstbestimmung als grundgesetzlich gesteigert schutzwürdig zu erachten, und darüber hinaus notwendigerweise mit den Mitteln des Strafrechts abzusichern ist[1036], erscheint jedenfalls fraglich. In Bezug auf die Ausfuhr von Betäubungsmitteln zum Zwecke des Eigenkonsums kommt hinzu, dass durch diese Handlung die Betäubungsmittel vom inländischen Markt entfernt werden, was ebenfalls für eine Entpönalisierung sprechen dürfte[1037].

Auch die völkerrechtlichen bzw. europarechtlichen Verpflichtungen zwingen nicht dazu, nur den Konsum straflos zu stellen:

Zwar soll nach Art. 3 Abs. 2 Suchtstoffübereinkommen (1988) jede Vertragspartei sicherstellen, dass nach dem innerstaatlichen Recht der Besitz, der Kauf oder der Anbau von Suchtstoffen bzw. psychotropen Stoffen als Straftat umschrieben wird, jedoch gilt diese völkerrechtliche Verpflichtung ausdrücklich nur, sofern keine Verfassungsgrundsätze bzw. Grundzüge der Rechtsordnung des jeweiligen Mitgliedstaates einer Pönalisierung dieser Tathandlung entgegenstehen. Dies ist jedoch, wie bereits dargelegt, hier der Fall, sodass eine Rücknahme der Strafbarkeit bezüglich der den Eigenkonsum vorbereitenden Handlungen

---

BVerfGE 90, 145 (187 f.); insoweit zust. *Bottke* S. 228 f.; Körner/*Patzak* § 29 BtMG, Rn. 992 f.; *Weber* § 29 BtMG, Rn. 1319.

1035 BVerfGE 90, 145 (187).

1036 Dafür auch BGHSt 339 (344), einschränkend: Minderheitsvotum *Sommer* BVerfGE 90, 145 (212 ff.); a. A. *Köhler* ZStW 104 (1992) 3 (39 ff.); *Schneider* StV 1994, 390 (393); Kreuzer/*Nestler* § 11 Rn. 94; *Roxin* StV 2003, 619 (621); *Anastasopoulou* S. 265; *Hesel* S. 280 f.; MüKo-StGB/*Oğlakcıoğlu* § 29 BtMG, Rn. 38; *ders.* JZ 2015, 981 (982).

1037 A. A. Körner/*Patzak* § 29 BtMG, Rn. 791 mit (unzutreffendem) Rechtsgutsbezug der Umsetzung der völkerrechtlichen Verpflichtungen zur Bekämpfung der Rauschgiftkriminalität.

(noch) völkerrechtskonform wäre. Dass die dem Eigenkonsum vorgelagerten Handlungen nicht zwingend einer Pönalisierung bedürfen, ist auch in Art. 2 Abs. 2 EU-Rahmenbeschluss angelegt, der die Mitgliedstaaten gerade nicht verpflichtet, die zum ausschließlich persönlichen Konsum begangenen Handlungen (also auch die Herstellung, den Anbau, Besitz, Kauf, die Ein- sowie Ausfuhr von Betäubungsmitteln) unter Strafe zu stellen.

Da im Rahmen dieser Arbeit kein vollumfängliches Rechtsgutskonzept für alle vom BtMG unter Strafe gestellten Handlungen entwickelt werden kann, muss sich auf diese skizzenhafte Darstellung des verfassungsrechtlichen Rechtsgutsbezugs beschränkt werden, welche sowohl den Geltungsgrund als auch die Grenzen der Drogenverkehrshoheit benennt. Die weitere Ausreifung und Differenzierung dieses Rechtsgutskonzepts de lege lata bzw. die systematische Harmonisierung des BtMG (z. B. Streichung von § 29 Abs. 5 bzw. § 31a BtMG) muss demnach anderen Arbeiten vorbehalten bleiben.

c) Der Rechtsgutsbezug des unerlaubten Handeltreibens

Für diese Untersuchung von zentraler Bedeutung ist vielmehr, ob die Drogenverkehrshoheit in Bezug auf das unerlaubte Handeltreiben zum „Genusskonsum" ebenfalls als eine schutzwürdige soziale Funktionseinheit wirkt. Es müssen folglich überwiegend schutzwürdige und schutzbedürftige verfassungsrechtliche Gesichtspunkte dafür sprechen, dass die Dispositionsbefugnis über den Handel mit Betäubungsmitteln zu Genusszwecken vollumfänglich dem Staat zugewiesen wurde.

Grundsätzlich ist das Handeltreiben mit Betäubungsmitteln (unabhängig von der Verwaltungsrechtswidrigkeit) vom Schutzbereich der allgemeinen Handlungsfreiheit (Art. 2 Abs. 1 GG) bzw. der Berufsfreiheit (Art. 12 Abs. 1 GG)[1038] umfasst.

Demgegenüber werden durch die Strafbarkeit des unerlaubten Handeltreibens mit Betäubungsmitteln als Ausdruck der mit Sanktionen bewehrten staatlichen Drogenverkehrshoheit folgende grundrechtlich geschützte Rechtspositionen gewährleistet: Zum einen ist der Schutzbereich des Rechts auf Leben und körperliche Unversehrtheit (Art. 2 Abs. 2 S. 1 GG) aller Konsumenten (zumindest abstrakt) betroffen.[1039] Jeder nicht-staatlich-kontrollierte Handel

---

1038 *Jarass/Pieroth* Art. 12 Rn. 8; im Hinblick auf das evident sozialschädliche Verhalten des Handeltreibens abl. BVerfGE 115, 276 (301); BVerfGE 117, 126 (137); BeckOK-GG/*Ruffert* Art. 12 Rn. 42; offen gelassen Sachs/*Mann* Art. 12 GG, Rn. 54.

1039 So schon *Böllinger* KJ 1991, 395 (406).

ist bekanntermaßen primär auf Gewinnerzielung bzw. -maximierung ausgerichtet. Daher werden auf dem illegalen Drogenmarkt produktionsbedingte, gesundheitsschädliche Verunreinigungen in Kauf genommen bzw. reine Betäubungsmittel mit schädlichen Stoffen gestreckt. Ferner ist dem Händler als Zwischenglied in der Wertschöpfungskette meist nicht die konkrete Wirkstoffmenge des von ihm angebotenen Betäubungsmittels bekannt, da er das Rauschgift meist nicht selbst hergestellt hat und allenfalls durch rudimentäre Tests bzw. Proben in der Lage ist, die Wirkstoffmenge bzw. die Reinheit grob abzuschätzen. Dieses regelmäßig vorliegende, dem unerlaubten Handel immanente Wissensdefizit wirkt sich ebenfalls gefahrerhöhend für die individuelle Gesundheit des eigenverantwortlich handelnden Konsumenten aus.

Wird an eine Person, die z. B. die Potenz des ihr angebotenen Rauschgiftes verkennt, nicht mündig oder anderweitig nicht (mehr) in der Lage ist, sich gegen einen Rauschgiftkonsum zu entscheiden, durch den Händler gleichwohl ein Betäubungsmittelumsatz erbracht, sind – wie bereits dargelegt – das Recht auf Leben und körperliche Unversehrtheit (Art. 2 Abs. 2 S. 1 GG geschützt bzw. die Persönlichkeitsrechte von Kinder und Jugendlichen (Art. 2 Abs. 1 GG i. V. m. Art. 1 Abs. 1 GG) beeinträchtigt. Darüber hinaus ist – aufgrund der bemakelten Verfügung – in diesem Fall auch das durch Art. 2 Abs. 1 GG geschützte Vermögen des Konsumenten betroffen.[1040]

Da es dem Händler im Wesentlichen auf die Erlangung des Umsatzes und seines Gewinnes ankommt, wird er erstens in der Regel nicht dafür Sorge tragen[1041], dass nur sein erwachsener Handelspartner die Drogen tatsächlich (eigenverantwortlich) konsumiert und die Betäubungsmittel gerade nicht an unmündige Personen bzw. nicht mehr eigenverantwortlich handelnde Personen weiterreicht.[1042] Mangels der notwendigen medizinischen Ausbildung wird es ihm zweitens nur schwerlich möglich sein, die konkrete körperliche und seelische Konstitution seines Abnehmers bzw. den Grad seiner Drogenabhängigkeit tragfähig ermessen zu können, sodass er im Regelfall nicht einschätzen kann, ob die Entscheidung seines Handelspartners im Zeitpunkt des Konsums tatsächlich freiverantwortlich erfolgte. Dieses Risiko wird von einem Drogenhändler bewusst eingegangen, sodass es gerechtfertigt erscheint, die durch die Pönalisierung des unerlaubten Handeltreibens verursachte Freiheitsbeschränkung des

---

1040 I. E. zust. *Ebert* Handeltreiben S. 79 f.

1041 Den Fahrlässigkeitszusammenhang bei abstrakten Gefährdungsdelikten hervorhebend *Hoyer* Eignungsdelikte S. 41, 63 ff.

1042 *Köhler* ZStW 104 (1992), 3 (37 ff.); a. A. *Hesel* S. 283.

Händlers hinter den Belangen des Jugendschutzes bzw. des Gesundheitsschutzes zurücktreten zu lassen.

Doch nicht nur die unmittelbar den Umsatz bewirkende Handlung führt zu einem Eingriff in den Schutzbereich von Art. 6 Abs. 2 S. 2 GG bzw. Art. 2 Abs. 2 S. 1 GG, denn die Betätigung des Händlers am Betäubungsmittelmarkt an sich konstituiert und stabilisiert als wirtschaftlicher Mittler sowohl die Angebots- als auch die Nachfrageseite von Betäubungsmittelgeschäften.[1043] Im Ergebnis entsteht ein unübersichtlicher Markt[1044], wobei einerseits die Angebotsseite zur neuen Produktion von Betäubungsmitteln angeregt wird, da sie, sofern die produzierte Menge umgesetzt wurde, davon ausgehen kann, dass die (Zwischen-) Händler weitere Abnehmer für die nunmehr neu zu produzierende Menge finden werden. Anderseits werden die Konsumenten bereits durch die Nachfragebefriedigung in ihrem Betäubungsmittelkonsum in einem gewissen Umfang psychisch bestätigt.[1045] Dies gilt insbesondere für (jugendliche) Dritte, welche durch einen nicht-klandestinen Handel noch stärker zum gesundheitsschädlichen Konsum angeregt werden könnten. Folglich wird bereits durch den Handel an sich der Wirtschaftskreislauf von gesundheitsgefährdenden Stoffen unkontrolliert in Gang gesetzt bzw. gehalten[1046] und somit eine betäubungsmittelmarktspezifische Gefahr für die geschützten Grundrechte verursacht.

Folglich kann festgehalten werden, dass die Drogenverkehrshoheit sich nicht lediglich im vermittelten Jugendschutz erschöpft[1047], sondern auch die Rechtspositionen der nicht (mehr) eigenverantwortlich handelnden Drogenkonsumenten schützt. Das Rechtsgut der Drogenverkehrshoheit muss folglich über den Jugendschutz hinausgehen, ergo sind die Strafvorschriften des BtMG insgesamt bzw. der Tatbestand des unerlaubten Handeltreibens im Speziellen nicht ausschließlich an das Alter bzw. die jugendgefährdenden Umstände (wie z. B. bestimmte Örtlichkeiten) zu knüpfen.

Die Drogenverkehrshoheit und somit auch das Verbot des unerlaubten Handeltreibens sollen demnach sicherstellen, dass sich kein Angebot und Nachfrage befriedigender Rauschgiftmarkt etabliert, der darauf gerichtet ist, suchtbedingte Abhängigkeiten gewinnorientiert auszunutzen. Aufgrund der mit dem

1043 Ebenso BVerfGE 90, 145 (186 f.).

1044 Zust. Sondervotum *Sommer* BVerfGE 90, 145 (217).

1045 BVerfGE 90, 145 (187); zust. *Weber* JR 2006, 139 (143).

1046 BVerfGE 90, 145 (186); *Weber* § 29 BtMG, Rn. 194; *Niehaus* JR 2005, 192 (196).

1047 So jedoch *Schünemann* in: Hefendehl/von Hirsch/Wohlers, 133 (152); abl. *Ebert* Handeltreiben, S. 78 f.

unerlaubten Handel von Betäubungsmitteln einhergehenden unkontrollierbaren, erheblichen Gefahren für fremde Rechtsgüter und der Schutzbedürftigkeit der betroffenen Bevölkerungsgruppen[1048] konnte der Gesetzgeber vertretbar die durch den unerlaubten Handel betroffenen Grundrechte als schutzbedürftige bzw. schutzwürdige soziale Funktionseinheiten mit einem strafrechtlichen Schutz flankieren. Demgegenüber müssen die durch die Verhaltens- (Art. 2 Abs. 1, 12 Abs. 1 GG) sowie die Sanktionsnorm (Art. 2 Abs. 1, Abs. 2 S. 2 GG) betroffenen Grundrechte des Handeltreibenden dahinter zurückstehen. Dies leuchtet auch deshalb ein, weil ein freier Betäubungsmittelhandel keine adäquate Vorsorge gegen unmündige bzw. eigenverantwortungslose Entscheidungen treffen kann. Ein mit derartigen Risiken und Gefahren behaftetes, mittelbar-fremdschädigendes (Wirtschafts-)Verhalten[1049] muss der Staat nicht dulden.

Sofern der Gesetzgeber diese sozialen Funktionseinheiten vorrangig mit strafrechtlichen Mitteln zu schützen beabsichtigt, können aufgrund der hohen Schutzbedürftigkeit bzw. -würdigkeit der vom unerlaubten Handeltreiben betroffenen Rechtspositionen und aufgrund der weiten kriminalpolitischen Einschätzungs- und Entscheidungsprärogative des Gesetzgebers[1050] keine begründeten Einwände dagegen erhoben werden. Folglich ist die Entscheidung zur Pönalisierung des unerlaubten Handeltreibens als Ausfluss der Drogenverkehrshoheit mitnichten ein sozial-funktionsloser Selbstzweck. Die staatliche Drogenverkehrshoheit ist somit auch bezogen auf den Genusskonsum der in Anlage I (i. V. m. § 1 Abs. 1 BtMG) aufgeführten Betäubungsmittel als eine gegen unerlaubtes Handeltreiben zu schützende soziale Funktionseinheit anzusehen, erst mithilfe dieses Rechtsgutszusammenhangs kann die Pönalisierung des unerlaubten Handeltreibens als eine den Genusskonsum regelmäßig ermöglichende Handlung legitimiert werden.

1048 BVerfGE 90, 145 (186).

1049 So auch BRegE. BT-Drs. VI/1877, S. 5: „Diese Menschen, die gewissenlos am Unglück der anderen Menschen profitieren, sollen in Zukunft die ganze Schärfe des Gesetzes erfahren."; zust. BVerfGE 90, 145 (186); auch *Niehaus* JR 2005, 192 (196).

1050 Vgl. BVerfGE 50, 290 (332 f.); 77, 170 (214 f.); 88, 203 (262 f.); 90, 145 (173); 120, 224 (242); BVerfG NJW 2004, 3620 (3622); BVerfG NJW 2020, 905 (909 ff.); zust. ebenfalls *Hassemer* NStZ 1989, 553 (558).

B. Schutzumfang der Drogenverkehrshoheit bezüglich des unerlaubten Handeltreibens

Die allgemeine Bestimmung des von einer Strafvorschrift geschützten Rechtsguts allein führt im Regelfall nicht dazu, dass sich im Rahmen der teleologischen Auslegung gesicherte begriffliche Konkretisierungen ableiten lassen. Die Strafvorschrift muss vielmehr auch dahingehend untersucht werden, in welcher Art und in welchem Umfang sie das geschützte Rechtsgut zu schützen beabsichtigt.[1051] Erst durch die Korrelation von Rechtsgut und Schutzzweck bzw. -umfang und der konkreten Deliktsstruktur[1052] wird der Sinn und Zweck einer Strafvorschrift konkret erfahrbar.

Auch Universalrechtsgüter müssen trotz ihres mehr oder minder vergeistigten Zustandes real beeinträchtigt werden können.[1053] Auf das Rechtsgut der Drogenverkehrshoheit bezogen kann diese reale Beeinträchtigungsfähigkeit jedoch nicht dahingehend gedeutet werden, dass die Hoheit über den Betäubungsmittelverkehr durch die Handlung des Normadressaten gänzlich aufgehoben werden müsse, also der Staat jegliche Hoheit über den Betäubungsmittelverkehr und somit seine Kontrollfunktion vollständig einbüßen müsse. Andererseits ist aufgrund seines überindividuellen Charakters der Schutzumfang des unerlaubten Handeltreibens nicht erst dann tangiert, wenn ein Mitglied der Gesellschaft durch das unerlaubte Handeltreiben in seiner individuelle Gesundheit abstrakt gefährdet[1054] oder gar verletzt worden ist. Vielmehr ist das kollektive Rechtsgut der Drogenverkehrshoheit auch bei einer bloßen „punktuellen" Beeinträchtigung[1055] des staatlich kontrollierten Marktes, welche sich auch in einer abstrakten Gefährdung der Verkehrshoheit an sich erschöpfen kann, betroffen. Wie bereits ausgeführt, werden durch die Drogenverkehrshoheit nicht nur die individuelle Gesundheit, sondern auch die Persönlichkeitsrechte von Kindern und Jugendlichen geschützt. Aufgrund dieses Grundrechtsbezugs entfaltet die Drogenverkehrshoheit ihren Charakter als soziale Funktionseinheit; hieraus speist sich eben der originäre Geltungsgrund des Rechtsguts. Indem der Gesetzgeber diese soziale Funktionseinheit vertretbarerweise unter strafrechtlichen Schutz

---

1051 Vgl. u. a. SK-StGB/*Jäger* § 1 Rn. 73; *M. Heinrich* FS-Roxin 131 (148).

1052 Vgl. zur Systematik der Gefährdungsdelikte: *Wohlers* S. 281 ff.; *ders.* GA 2002, 2 (18 ff.).

1053 *Wohlers* S. 224 ff.; *Roxin/Greco* AT I § 2 Rn. 45c ff.

1054 *Ebert* Handeltreiben S. 74; zur verwaltungsrechtl. Beinträchtigungsfähigkeit der Volksgesundheit BVerwGE 66, 367 (372).

1055 *Hefendehl* GA 2007, 1 (11).

stellte, maß er der Negierung der staatlichen Dispositionsbefugnis folglich einen (von der geschützten Bevölkerungsgruppe relativ) eigenständigen Unrechtsgehalt bei, welcher auch eigenständig beeinträchtigt werden kann.

Wann konkret die Drogenverkehrshoheit tatsächlich beeinträchtigt oder gefährdet wird, soll nachfolgend – ebenfalls anhand der unterschiedlichen Wirkungszusammenhänge der sozialen Funktionseinheit – dargestellt werden.

I. Der Betäubungsmittelumsatz als abstrakte Gefahr für die medizinische Versorgungssicherheit

Grundsätzlich gilt, dass durch das verwaltungsrechtliche Erlaubnisverfahren (§§ 3 ff. BtMG) eine zentrale Erfassung des legalen Betäubungsmittelverkehrs gewonnen werden soll, sodass das Bundesinstitut für Arzneimittel und Medizinprodukte (BfArM) in der Lage ist, diesen zu kontrollieren.[1056] Um den legalen vom illegalen Betäubungsmittelverkehr abgrenzen zu können, muss das BfArM konkrete Kenntnis davon haben, wer mit welchen Betäubungsmitteln in welchem Umfang zu welchem Zweck verkehrt. Betrachtet man (unabhängig von diesem verwaltungsrechtlichen Zweck) den medizinisch-pharmazeutischen Rechtsgutsbezug isoliert, müsste das unerlaubte Handeltreiben als solches eine abstrakte Gefahr für die medizinische Versorgungssicherheit begründen. In Bezug auf das unerlaubte Handeltreiben ist eine solche beispielsweise dann gegeben, wenn originär für die Medizin bzw. zur Arzneimittelherstellung bestimmte Betäubungsmittel entweder ganz oder teilweise in andere Wirtschaftsbereiche (zweckentfremdet) umgesetzt werden (z. B. für medizinisch nicht-indizierte Therapien bzw. gänzlich zum Zweck des „Genusskonsums"), da dadurch die dem medizinisch-pharmazeutischen Bereich zur Verfügung stehende Menge an Betäubungsmitteln (oder Grundstoffen) verringert werden würde, was die abstrakte Gefahr für Engpässe in der Versorgung (bzw. Preissteigerungen) verursachen könnte. Eine abstrakte Gefahr für die medizinische Versorgung ist ferner auch dann gegeben, wenn unerlaubt produzierte Betäubungsmittel zu grundsätzlich erlaubten medizinisch-pharmazeutischen Zwecken angekauft bzw. anderweitig umgesetzt werden, da durch die Bewirkung des Umsatzes die abstrakte Gefahr begründet wird, dass qualitativ minderwertige bzw. nicht hinreichend kontrollierte Betäubungsmittel als Arzneimittel verwendet werden könnten.

1056 Körner/*Patzak* § 3 BtMG, Rn. 25.

Demnach ist für den medizinisch-pharmazeutischen Rechtsgutsbezug im Rahmen der medizinischen Versorgungssicherheit festzuhalten, dass dieser einerseits sehr stark mit dem legalen, also erlaubten Betäubungsmittelhandel in Wechselwirkung steht, und andererseits, dass erst der bewirkte Betäubungsmittelumsatz die medizinische Versorgungssicherheit und somit das Rechtsgut der Drogenverkehrshoheit im medizinisch-pharmazeutischen Zusammenhang tatsächlich abstrakt gefährdet. Folglich ist der Schutzumfang des unerlaubten Handeltreibens in diesem Bereich auf alle den Umsatz objektiv bewirkenden Handlungen beschränkt. Infolgedessen kann die über den objektiven Betäubungsmittelumsatz zu Recht deutlich hinausgehende extensive Ausrichtung des Tatbestands des unerlaubten Handeltreibens nicht allein mit dem medizinisch-pharmazeutischen Rechtsgutsbezug der Drogenverkehrshoheit begründet werden.

Zusammenfassend ist zu konstatieren, dass die Drogenverkehrshoheit zur Gewährleistung der medizinischen Versorgungssicherheit als soziale Funktionseinheit und somit als ein taugliches Rechtsgut des Verbots unerlaubten Handeltreibens dient. Von diesem Rechtsgutsbezug geht jedoch keine begrifflich-dominante Aussagekraft aus, da dieser Rechtsgutsbezug vom begrifflich weitergehenden nicht-medizinisch-pharmazeutischen Funktionszusammenhang der Drogenverkehrshoheit vollständig überwölbt wird.

II. Der Betäubungsmittelumsatzbezug im nicht-medizinisch-pharmazeutischen Zusammenhang der Drogenverkehrshoheit

Die Drogenverkehrshoheit wirkt in Bezug auf das unerlaubte Handeltreiben im Bereich des „Genusskonsums“ von Betäubungsmitteln gerade deshalb als schutzwürdige soziale Funktionseinheit, weil von dieser Tathandlung erhebliche abstrakte Gefahren verursacht werden. Folglich hat die teleologische Begriffsauslegung sicherzustellen, dass die vollständige Unterbindung bzw. Minderung dieser Gefahren für das geschützte Rechtsgut durch eine entsprechende Begriffsauslegung des unerlaubten Handeltreibens gewährleistet wird.

1. Die Weitergabegefahr bzw. Umsatzgefahr

Im Zentrum des unerlaubten Handeltreibens steht auch für den „Genusskonsum“ das tatsächliche Bewirken eines Betäubungsmittelumsatzes[1057] – die

1057 *Roxin* StV 1992, 517 ff.; *ders.* StV 2003, 619 ff.; *Kreuzer* FS-Miyazawa 177 (189); *Harzer* StV 1996, 336 ff.; *Paul* StV 1998, 623 ff.; *ders.* NStZ 1998, 222 ff.; Kreuzer/

Übertragung von Betäubungsmitteln von einer auf eine andere Person. Durch die Pönalisierung des unerlaubten Handeltreibens soll verhindert werden, dass sich Betäubungsmittel als generell gesundheitsgefährdende Stoffe in der Gesellschaft und vor allem in besonders gefährdeten Personengruppen (Jugend und bereits rauschgiftabhängige Personen) unkontrolliert verbreiten.[1058] Daher ist eine Übertragung von Betäubungsmitteln, sei es auch an den eigenverantwortlich handelnden Endkonsumenten[1059] oder im Zwischenhandel, grundsätzlich mit einer abstrakten Weitergabegefahr des Rauschgiftes an Jugendliche bzw. nicht (mehr) eigenverantwortlich handelnde Personen verbunden, da vom Handeltreibenden im Regelfall die tatsächliche Konsumhandlung bzw. der konkrete Konsument nicht kontrolliert wird, sodass er nicht tragfähig einschätzen kann, von wem und unter welchen Umständen die Betäubungsmittel tatsächlich konsumiert werden. Folglich geht mit dem bewirkten Betäubungsmittelumsatz stets die abstrakte Gefahr einher, dass die Betäubungsmittel von nicht mehr eigenverantwortlich handelnden Personen konsumiert werden könnten.

Das gegenüber der Abgabe von Betäubungsmitteln gesteigerte Unrecht des unerlaubten Handeltreibens kann daneben auch damit begründet werden, dass der mit dem unerlaubten Handeltreiben verfolgte Gewinn die Weitergabegefahr an die gefährdeten Personengruppen signifikant steigert. Dem aus Gewinnstreben[1060] Handelnden kommt es vorrangig auf die Erzielung seines eigenen (wirtschaftlichen) Vorteils an, welcher regelmäßig höher ausfallen dürfte, sofern er Betäubungsmittel an bereits (stark) abhängige Konsumenten oder unerfahrene Jugendliche umsetzt. Die Korrelation zwischen der (rücksichtslosen) Gewinnmaximierung durch Ausnutzung der Abhängigkeit bzw. jugendlichen Naivität und der dadurch zu befürchtenden gesundheitlichen Schäden dieser besonders geschützten Personen charakterisiert die abstrakte Gefahr der unkontrollierten Verbreitung von Betäubungsmitteln inhaltlich. Um der mit jeder Weitergabe von Betäubungsmitteln einhergehenden abstrakten Gefahr entgegenzuwirken, dass

---

Nestler § 11 Rn. 365; *Hecker* NStZ 2000, 208 (210); *Hefendehl* S. 142; *Gaede* HRRS 2005, 250 (253).

1058 BGHSt 25, 290 (292); zust. BGH NJW 1979, 1259; BGH NStZ-RR 2004, 183; BVerfG NJW 2007, 1193; zust. *Weber* NStZ 2004, 66 (68); Körner/*Patzak* § 29 BtMG, Rn. 207 ff.

1059 Dagegen ausdrückl. Kreuzer/*Nestler* § 11 Rn. 94; *Hefendehl*, S. 142; *Anastasopoulou* S. 265.

1060 Vgl. hierzu bereits BRegE. BT-Drs. 8/3551, S. 35; i. d. S. auch Stn. BR. BT-Drs. 8/3551, S. 39, 45; ebenso Gegenäußerung d. BReg. BT-Drs. 8/3551, S. 51; BT-Sten. Ber. Bd. 117, S. 303, 306, 309; BRatE. BT-Drs. 12/989, S. 1.

Jugendliche oder bereits Abhängige mit Betäubungsmitteln (wieder) in Kontakt kommen, durfte der Gesetzgeber das unerlaubte Handeltreiben legitimerweise unter Strafe stellen.

2. *Das (nichtige) Betäubungsmittelverpflichtungsgeschäft als betäubungsmittelmarktspezifische Gefahr*

Zudem wird eine für die Drogenverkehrshoheit relevante abstrakte Gefahr auch durch den – auf Gewinnstreben beruhendem – bloßen Vertragsschluss[1061] über einen Betäubungsmittelumsatz (z. B. mit dem Betäubungsmittelhersteller oder dem Zwischenhändler[1062]) hervorgerufen, da dieses zivilrechtlich nichtige[1063] (vgl. § 134 BGB), synallagmatische Rechtsverhältnis (z. B. Kauf oder Tausch) doch geeignet ist, faktische Auswirkungen auf den (illegalen) Betäubungsmittelmarkt zu entfalten.[1064] Bereits durch den Vertragsschluss wird nach außen erkennbar, dass sich zwei Personen mit Gewinnstreben auf dem illegalem Betäubungsmittelmarkt betätigen, um „Drogen zu Geld zu machen".[1065] So wird aufgrund des Abschlusses eines scheinbar verbindlichen Drogengeschäfts die Angebotsseite Bemühungen entfalten, die georderten Betäubungsmittel durch Herstellung bzw. durch Zwischenhandel aufzubringen. Auf der Nachfrageseite des infrage stehenden Betäubungsmittelgeschäftes – sofern es nicht zum Eigenkonsum getätigt wurde[1066] – werden wiederum (erhebliche) Anstrengungen entfaltet werden müssen, potentielle Abnehmer der bestellten und regelmäßig bezahlten Drogen zu finden, um die Betäubungsmittel gewinnbringend zu veräußern und nicht darauf sitzen zu bleiben. Sofern die am Vertragsschluss beteiligten Personen sich an diesen gebunden fühlen und ernsthaft von einer Erfüllung ausgehen, werden beide ihre auf dieses Geschäft bezogenen betäubungsmittelmarktspezifischen Dispositionen treffen. Dieses betäubungsmittelspezifische Interagieren der aus Gewinnstreben handelnden Personen auf dem illegalen Markt führt

1061 RG DJ 1932, Sp. 808; BGHSt 6, 246 (247); BayObLGSt 1972, 82 (85 f.); BGH NStZ 2013, 1318 (1320); *Weber* § 29 BtMG, Rn. 358; Körner/*Patzak* § 29 BtMG, Rn. 268 ff.; MüKo-StGB/*Oğlakcıoğlu* § 29 BtMG, Rn. 252; *Joachimski*/*Haumer* § 3 Rn. 11; abl. *Schünemann* in: Hefendehl/von Hirsch/Wohlers, 133 (153).

1062 Zum Vertragsschluss mit dem Endkonsumenten vgl. hingegen. 3. Teil, B. III. 1.

1063 BVerfGE 110, 1 (17); BGHSt 31, 145 (147); MüKo-BGB/*Armbrüster* § 134 Rn. 11.

1064 *Weber* § 29 BtMG, Rn. 194.

1065 *Ebert* Handeltreiben, S. 186; *Oğlakcıoğlu* AT-BtMG S. 496.

1066 Für diesen Fall läge mangels Eigennützigkeit ein strafbarer Erwerb von BtM (§ 29 Abs. 1 S. 1 Nr. 1 BtMG) vor.

im Ergebnis dazu, dass bereits durch dieses Verpflichtungsgeschäft der Markt sowohl auf der Ver- als auch auf der Ankaufsseite angefacht wird. Diese marktschaffende bzw. marktstabilisierende Funktion der rechtsgeschäftlich Tätigen kann sogar zur Folge haben, dass Betäubungsmittel extra eingeführt bzw. produziert werden (wodurch die Drogenumlaufmenge erhöht werden würde), was die bereits bestehende abstrakte Gefahr für die staatliche Drogenverkehrshoheit noch intensiviert. Demnach schafft das mit Umsatzwillen vereinbarte Rechtsgeschäft (An- bzw. Verkauf bzw. Tausch) von Betäubungsmitteln allein durch den bewirkten Vertragsschluss eine betäubungsmittelspezifische Gefahr und verwirklicht mithin den Tatbestand des unerlaubten Handeltreibens.

In diesem (Rechtsguts-)Zusammenhang kann es für eine Vollendung des unerlaubten Handeltreibens somit nicht von Belang sein, ob die Betäubungsmittel tatsächlich vorhanden oder ob immerhin eine gesicherte Verfügungs- bzw. Beschaffungsmöglichkeit besteht[1067] bzw. ob das Betäubungsmittelverpflichtungsgeschäft polizeilich überwacht wurde.[1068] Folglich ist vor diesem Rechtsgutsbezug das unerlaubte Handeltreiben gänzlich unabhängig vom Betäubungsmittelbesitz ausgestaltet. Insofern können vom Tatbestand auch Täter erfasst werden, die es grundsätzlich scheuen, selbst mit Drogen in Berührung zu kommen.[1069] Demnach kann der historische Gesetzeszweck[1070], mit dieser Strafvorschrift auch die Drahtzieher und Hintermänner des Drogenhandels zu erfassen, ebenso erfüllt werden. Aufgrund dieser betäubungsmittelmarktspezifischen (abstrakten) Gefahr für die Drogenverkehrshoheit ist das schlichte (nichtige) Verpflichtungsgeschäft vom Schutzumfang des unerlaubten Handeltreibens erfasst, sodass dessen Auslegung dementsprechend erweitert werden muss.[1071]

1067 BGH StV 1992, 517; BGH NJW 1999, 2683 (2684); BGH NStZ-RR 2013, 1318 (1320); zust. u. a. *Weber* § 29 BtMG, Rn. 280.

1068 Ebenso *Weber* § 29 BtMG, Rn. 358 ff.; Körner/*Patzak* § 29 BtMG, Rn. 272 ff.; *Ebert* Handeltreiben S. 186.

1069 BGHSt 6, 246 (247); 25, 290 (291 f.); 50, 252 (261 f.); BGH NJW 1979, 1259; BGH NStZ 1986, 557; BGH StV 1992, 517 m. abl. Anm. *Roxin*; *Slotty* ZRP 1981, 60 (64); *Körner* NStZ 2000, 95; Körner/*Patzak* § 29 BtMG, Rn. 272; *Weber* JR 2006, 139 (141); *ders.* § 29 BtMG, Rn. 189 ff.

1070 Vgl. BRegE. BT-Drs. 8/3551, S. 35; i. d. S. auch der Stn. BR. BT-Drs. 8/3551, S. 39, 45; ebenso Gegenäußerung d. BReg. BT-Drs. 8/3551, S. 51; BT-Sten. Ber. Bd. 117, S. 303, 306, 309; BRatE. BT-Drs. 12/989, S. 1, 30; BRegE. BT-Drs. 12/3533, S. 18.

1071 *Niehaus* JR 2005, 192 (196); ebenso *Weber* Handeltreiben S. 458 f.; *Oğlakcıoğlu* AT-BtMG S. 496 ff.; a. A. *Roxin* StV 2003, 619 (621); *Gaede* StraFo 2003, 392 (396).

3. Der Weitergabe bzw. dem Vertragsschluss vorausgehende Handlungen

Problematischer in Bezug auf die Schaffung einer abstrakten Gefahr für das gegen unerlaubtes Handeltreiben geschützte Rechtsgut der Drogenverkehrshoheit sind vielmehr die vor dem Verpflichtungs- bzw. Verfügungsgeschäft angesiedelten, unterschiedlich ausgeprägten Handlungen. Diesbezüglich soll versucht werden, sich dieser Problematik von den bereits dargestellten abstrakten Gefährdungen der Drogenverkehrshoheit – der Weitergabegefahr bzw. der durch das Verpflichtungsgeschäft ausgelösten betäubungsmittelmarktspezifischen Gefahr – zu nähern.

a) Die Weitergabegefahr betreffende tatsächliche Handlungen

Von einer abstrakten Gefahr für eine (maßgeblich auf Gewinnstreben beruhende) unkontrollierte Weitergabe bzw. Übertragung der Betäubungsmittel von einer auf eine andere Person (Umsatz[1072]) kann allenfalls dann gesprochen werden, wenn die weitergebende Person immerhin den Betäubungsmittelbesitz innehat und Handlungen entfaltet, die auf einen Umsatz der mit Verfügungsmacht gehaltenen Betäubungsmittel gerichtet sind.[1073]

(1) Das Innehaben des Betäubungsmittelbesitzes

Der erste Aspekt – das Erfordernis eines Besitzverhältnisses des Handeltreibenden zu den umzusetzenden Betäubungsmitteln – erscheint vordergründig selbstverständlich, da man lediglich dasjenige weitergeben und damit Handel treiben kann, worauf man irgendwie einwirken und worüber man somit nach Belieben verfügen kann. Schon schwieriger wird die begriffliche Präzisierung, was unter dem Betäubungsmittelbesitz zu verstehen ist. Vor dem Hintergrund einer stringenten Gesetzessystematik (der einheitlichen Begriffsbildung im BtMG) sind an das Besitzerfordernis des unerlaubten Handeltreibens keine anderen Anforderungen zu stellen als an den Besitz im Sinne von § 29 Abs. 1 S. 1 Nr. 3 BtMG.

1072 So auch *Roxin* StV 1992, 517 (519); *ders.* StV 2003, 619 (621); zust. *Paul* StV 1998, 623 (625); *Ebert* Handeltreiben, S. 179.

1073 Grds. zust. *Hefendehl* S. 143; offen gelassen BGH NJW 2008, 1460 (1461); ausdrückl. dagegen BVerfG, Nichtannahmebeschl. v. 24.10.1999 – 2 BvR 1906/99, Rn. 2; BGHSt 50, 252 (264); zust. BGH NJW 2008, 2276; BGH NStZ 2010, 522; zust. *Weber* § 29 BtMG, Rn. 286, 623; Körner/*Patzak* § 29 BtMG, Rn. 277.

Aufgrund des eindeutigen Wortlautes von § 29 Abs. 1 S. 1 Nr. 3 BtMG ist entgegen der herrschenden Auffassung[1074] der Besitz von Betäubungsmitteln jedoch nicht mit dem Gewahrsam (im Sinne von § 242 Abs. 1 StGB)[1075] von Betäubungsmitteln gleichzusetzen, da die Vorschrift gerade nicht auf letzteren Bezug nimmt. Zu Recht geht die herrschende Meinung andererseits davon aus, dass der zivilrechtliche Besitzbegriff (§§ 854 ff. BGB) nicht (vollumfänglich) auf das BtMG übertragen werden könne[1076], da der schlichte Erbenbesitz (§ 857 BGB) unter keinen Umständen eine strafrechtliche Verantwortlichkeit des Erben nach § 29 Abs. 1 S. 1 Nr. 3 BtMG zur Folge haben darf.

Dem Besitzerfordernis im Sinne des BtMG kommt folglich eine Zwitterstellung zu, sodass es angezeigt ist, den Betäubungsmittelbesitz im Sinne von § 29 Abs. 1 S. 1 Nr. 3 BtMG sowohl von einem strafrechtlichen als auch vor einem zivilrechtlichen Standpunkt aus zu bestimmen:

Hat der Täter sogar die ungehinderte tatsächliche Sachherrschaft über Betäubungsmittel nach der Anschauung des täglichen Lebens –, ist also ein Gewahrsam (im Sinne von § 242 Abs. 1 StGB) begründet worden – ist er in jedem Fall Besitzer im Sinne des BtMG.

Der Besitz von Betäubungsmitteln geht – angelehnt an den zivilrechtlichen Besitzbegriff[1077] – jedoch über den Gewahrsam hinaus. Im bürgerlichrechtlichem Sinne besitzt eine Person eine Sache, wenn sie – getragen von einem natürlichen Besitzwillen – eine tatsächliche Machtbeziehung zu diesem Gegenstand unterhält.[1078] Entgegen dem strafrechtlichen Gewahrsam muss der zivilrechtliche (und somit auch der betäubungsmittelrechtliche) Besitzer diese Machtbeziehung bzw. dieses Herrschaftsverhältnis nicht unmittelbar körperlich unterhalten.[1079] Eine geistige Sachherrschaft, also ein mittelbares Besitzverhältnis zu einer Sache, ist ausreichend.

Wird dieser zivilrechtliche Besitzbegriff auf das BtMG übertragen, sind folgende Arten des Betäubungsmittelbesitzes im Sinne des § 29 Abs. 1 S. 1 Nr. 3 BtMG anzuerkennen: unmittelbarer und mittelbarer Besitz, Eigen- und

---

1074 Körner/*Patzak* § 29 BtMG, Rn. 1005; *Weber* § 29 BtMG, Rn. 1330 ff.; MüKo-StGB/*Kotz/Oğlakcıoğlu* § 29 BtMG, Rn. 1068.

1075 Vgl. hierzu SK-StGB/*Hoyer* § 242 Rn. 20 ff.; Sch/Sch/*Bosch* § 242 StGB, Rn. 23 ff.

1076 So BRegE. BT-Drs. VI/1877, S. 9; ebenso BGHSt 26, 117 f.; zust. MüKo-StGB/*Kotz/Oğlakcıoğlu* § 29 BtMG, Rn. 1068.

1077 MüKo-BGB/*Schäfer* § 854 Rn. 4 ff.; Jauernig/*Berger* § 854 BGB, Rn. 1 ff.

1078 MüKo-BGB/*Schäfer* § 854 Rn. 26 f.

1079 Nach BRegE. BT-Drs. VI/1877, S. 9 setzt Besitz lediglich „das bewusste tatsächliche Innehaben eines tatsächlichen Herrschaftsverhältnisses voraus“; zust. BGHSt 26, 117.

Fremdbesitz bzw. Allein- und Mitbesitz von Betäubungsmitteln.[1080] Das hier vorgeschlagene (stärker zivilrechtlich orientierte) Begriffsverständnis des BtMG vom Betäubungsmittelbesitz ist im Ergebnis nicht sonderlich weit von der herrschenden Meinung entfernt, da die obigen Formen des Besitzes auch nach der herrschenden Meinung in der Regel den Besitztatbestand erfüllen.[1081]

Die Unterschiede zeigen sich jedoch insbesondere im Rahmen des mittelbaren Besitzes. Nach der bisherigen – auf den Gewahrsamsbegriff rekurrierenden – herrschenden Auffassung ist ein mittelbarer Besitz lediglich in den Konstellationen möglich, in denen eine Person etwas für jemand anderen verwahrt, wobei dem Hinterleger ein gesicherter Zugang zur verwahrten Sache verbleiben muss (z. B. die Lagerung von Betäubungsmitteln in einer öffentlichen Gepäckaufbewahrung oder einem Schließfach).[1082] Diese aus der Gewahrsamsdogmatik herrührende Beschränkung des mittelbaren Besitzes auf die Verwahrung greift jedoch im Ergebnis zu kurz, denn es erscheint nicht gerechtfertigt, die geistige Verfügungsmacht des mittelbaren Besitzers in anderen Besitzmittlungsverhältnissen für das Besitzerfordernis gemäß § 29 Abs. 1 S. 1 Nr. 3 BtMG nicht genügen zu lassen. So ist ein Besitzmittlungsverhältnis mit einem unmittelbaren Besitzer, der in vollumfänglicher Kenntnis illegal Betäubungsmittel für einen anderen besitzt, durch dessen strafrechtliche Verantwortlichkeit regelmäßig wesentlich stärker ausgeprägt als bei einem unmittelbaren Besitzer, dem dies nicht bekannt ist. In den bereits genannten Verwahrungsfällen (z. B. öffentliche Gepäckaufbewahrung) ist dem Verwahrer regelmäßig nicht bekannt, dass er Betäubungsmittel für einen anderen verwahrt; regelmäßig ist diese Unkenntnis das Fundament der (geistigen) Sachherrschaft des Hintermanns. Demgegenüber erscheint es jedoch nicht gerechtfertigt, den Hintermann nur deshalb (strafrechtlich) besser zu stellen, weil der unmittelbare Besitzer willentlich und wissentlich den Besitztatbestand des § 29 Abs. 1 S. 1 Nr. 3 BtMG verwirklicht, da die geistige Sachherrschaft des Hintermanns aufgrund des vereinbarten deliktischen Zusammenwirkens wesentlich stärker ausgeprägt ist.

Folglich verwirklicht der mittelbare Besitzer (unabhängig von der Kenntnis des unmittelbaren Besitzers, dass es sich bei der verwahrten Sache um

---

1080 So auch MüKo-StGB/*Kotz/Oğlakcıoğlu* § 29 BtMG, Rn. 1068; Körner/*Patzak* § 29 BtMG, Rn. 1008 ff.; *Weber* § 29 BtMG, Rn. 1335 ff.

1081 MüKo-StGB/*Kotz/Oğlakcıoğlu* § 29 BtMG, Rn. 1068.

1082 BGHSt 27, 380 (381); BGH NStZ-RR 1998, 148 (149); BGH NStZ-RR 2008, 54 (55); Körner/*Patzak* § 29 BtMG, Rn. 1010 ff.; *Weber* § 29 BtMG, Rn. 1339 ff.; MüKo-StGB/*Kotz/Oğlakcıoğlu* § 29 BtMG, Rn. 1071.

Betäubungsmittel handelt) allein durch die vom Besitzmittlungsverhältnisses geprägte geistige Sachherrschaft den Tatbestand des § 29 Abs. 1 S. 1 Nr. 3 BtMG. Insofern ist es weder für den Besitztatbestand noch für den Tatbestand des unerlaubten Handeltreibens erforderlich, dass der Täter eine körperliche Verfügungsgewalt über die Betäubungsmittel unterhält. Richtigerweise sind – in Übereinstimmung mit dem bürgerlich-rechtlichen Besitzverständnis – sowohl der unmittelbare als auch der mittelbare Besitzer als Besitzer im Sinne des BtMG anzusehen[1083], sofern zumindest geistige Sachherrschaft des mittelbaren Besitzers ausgeübt wird. Die geistige Sachherrschaft kann, je nachdem wie das Besitzmittlungsverhältnis ausgeprägt ist, auch (mehrfach) abgestuft werden.

Durch die begriffliche Loslösung des Besitzes im Sinne von § 29 Abs. 1 S. 1 Nr. 3 BtMG vom strafrechtlichen Gewahrsamsbegriff bei gleichzeitiger Betonung eines eigenständigen betäubungsmittelrechtlichen Besitzbegriffs wird verständlich, weshalb der Besitz im Sinne dieser Strafvorschrift nach der herrschenden Auffassung[1084] an eine gewisse Dauer der Einwirkungsmöglichkeit geknüpft wird. Diese zutreffende tatbestandliche Einschränkung kann mit dem Gewahrsamsbegriff des § 242 Abs. 1 StGB nämlich nur schwerlich begründet werden, da der Gewahrsam nicht an eine bestimmte Dauer der tatsächlichen Sachherrschaft gebunden ist. Dies ist als ein weiterer Beleg für die Unabhängigkeit des betäubungsmittelrechtlichen Besitzbegriffs zu bewerten.

Demnach ist der Begriff des Besitzes im Sinne von § 29 Abs. 1 S. 1 Nr. 3 folgendermaßen zu definieren:

> *Betäubungsmittelbesitz erfordert ein mit Herrschaftsbewusstsein und -willen ausgeübtes körperliches oder geistiges Herrschaftsverhältnis, das eine (mittelbare) Einwirkungsmöglichkeit auf Betäubungsmittel beinhaltet und auf nennenswerte Dauer angelegt ist.*

An das derartig verstandene Begriffsverständnis des Betäubungsmittelbesitzes hat der Tatbestand des unerlaubten Handeltreibens nach der hier vertretenen Auffassung anzuknüpfen. Auf diese Weise ist auch gewährleistet, dass sich die systematisch-bedingte kategorische Scheidung[1085] des Handeltreibens von Handlungen der Betäubungsmittelurproduktion (Anbau und Herstellung von Betäubungsmitteln) direkt aus dem Begriff des unerlaubten Handeltreibens

---

1083 Dagegen BGH NStZ-RR 1998, 148 (149); BGH NStZ-RR 2008, 54 (55).

1084 BGHSt 26, 117 f.; BGH NStZ-RR 1998, 148; OLG Hamm NStZ 2000, 600; KG NStZ-RR 1996, 345; zust. *Weber* § 29 BtMG, Rn. 1361; MüKo-StGB/*Kotz/Oğlakcıoğlu* § 29 BtMG, Rn. 1080.

1085 *Niehaus* JR 2005; 192 (195), *Lang* S. 222; *Oğlakcıoğlu* AT-BtMG, S. 497 f.; vgl. 2. Teil, E. II. 2.

ableitet, da beim Anbau bzw. bei der Herstellung die später umzusetzenden Betäubungsmittel noch gar nicht vorhanden sind. Insofern übt der Täter diesbezüglich (noch) keine Sachherrschaft am umzusetzenden Rauschgift aus, sodass die für das Rechtsgut der staatlichen Drogenverkehrshoheit relevante abstrakte Weitergabegefahr sich noch nicht verwirklicht hat.

(2) Die betäubungsmittelspezifische Verbindungshandlung

Um das unerlaubte Handeltreiben zu verwirklichen, muss der Täter kumulativ zum Betäubungsmittelbesitz eine mit Betäubungsmittelumsatzwillen ausgeführte Verbindungshandlung erbringen, welche den bereits vorhandenen Betäubungsmittelbesitz mit dem zu erzielenden Umsatz verknüpft. Durch die auf den Umsatz der bereits besessenen Betäubungsmittel gerichtete betäubungsmittelspezifische Verbindungshandlung[1086] wird das unerlaubte Handeltreiben dogmatisch vom Tatbestand des unerlaubten Besitzes (§ 29 Abs. 1 S. 1 Nr. 3 BtMG) differenziert. Erst durch die Kumulation der tatsächlichen Sachherrschaft über Betäubungsmittel und der darauf aufbauenden, auf den Umsatz der besessenen Betäubungsmittel gerichteten Handlung wird in objektiver Hinsicht die abstrakte Weitergabegefahr hinreichend begründet.[1087] Da erst durch die Erlangung des Betäubungsmittelbesitzes das Handelsobjekt eindeutig feststeht, kann ab diesem Zeitpunkt der Täter einen darauf gerichteten Umsatzwillen und eine daran anknüpfende, auf den konkreten Umsatz bezogene Verbindungshandlung vornehmen. Insofern gewährleistet diese Begriffsauslegung des unerlaubten Handeltreibens, dass dem Tatbestand des unerlaubten Besitzes tatsächlich ein eigener, vom unerlaubten Handeltreiben unabhängiger Anwendungsbereich zukommt, was der eigenständigen Strafvorschrift des unerlaubten Besitzes (§ 29 Abs. 1 S. 1 Nr. 3 BtMG) in dogmatischer Hinsicht besser gerecht werden dürfte.[1088]

Infolgedessen wäre das Tatgericht zudem nicht mehr dazu gezwungen, dem Täter durch einen Strauß von (zweifelhaften) Indizien – welche eine Eigenkonsumabsicht nicht zwingend ausschließen (z. B. Besitz einer relativ großen Rauschgiftmenge, die Sicherstellung von Feinwaagen, Verpackungsmaterialien oder sogenannten Kryptophones) – allein aufgrund der tatsächlichen Sachherrschaft

---

1086 Das verbindende Element des unerlaubten Handeltreiben hingegen besonders hervorhebend: *Schnürer* Gesamtgeschäft S. 160 ff.

1087 Lediglich i. E. zust. *Ebert* Handeltreiben, S. 185 ff.; *Gaede* StraFo 2003, 392 (396); a. A. *Oğlakcıoğlu* AT-BtMG, S. 498.

1088 So bereits *Oğlakcıoğlu* AT-BtMG, S. 499.

über die Betäubungsmittel einen Umsatzwillen zu unterstellen. Um den Täter wegen unerlaubten Handeltreibens verurteilen zu können, muss zusätzlich zur Sachherrschaft über Betäubungsmittel wenigstens eine weitere vom Täter mit Umsatzwillen unternommene (Verbindungs-)Handlung in der Hauptverhandlung festgestellt werden. Folglich fällt das unerlaubte Handeltreiben richtigerweise noch nicht mit der Inbesitznahme von Betäubungsmitteln (im Sinne von § 29 Abs. 1 S. 1 Nr. 3 BtMG) zusammen[1089], sondern geht über dieses nicht nur in subjektiver Hinsicht hinaus.

Bezüglich der objektiven Voraussetzungen der sich an den Betäubungsmittelbesitz anschließenden, auf den Betäubungsmittelumsatz gerichteten, betäubungsmittelspezifischen Verbindungshandlung sind keine allzu strengen Anforderungen zu stellen. Insbesondere ist weder erforderlich, dass die Betäubungsmittel durch diese Handlung näher an den Endkonsumenten herangebracht werden[1090], sich in dieser Tätigkeit der Betäubungsmittelumsatz objektiv-eindeutig manifestiert[1091], noch, dass diese Handlung die konkrete Gefahr eines nach den Umständen erwartbaren Betäubungsmittelumsatzes herbeiführt[1092]. Im Prinzip kann vielmehr – wie nach der herrschenden extensiven Auslegung auch – jede mit (mittelbarem) Betäubungsmittelbesitz vorgenommene Handlung, die auf den Umsatz der besessenen Betäubungsmittel gerichtet ist, zur Verwirklichung des Tatbestandes des unerlaubten Handeltreibens genügen, sofern sie über das schlichte Innehaben von Betäubungsmitteln hinausgeht.

Allenfalls wird man bereits in objektiver Hinsicht eine betäubungsmittelspezifische Verbindungshandlung für neutrale bzw. alltägliche Handlungen des Täters nicht annehmen können. Diese Handlungen können zwar subjektiv auf einen Umsatz gerichtet sein, weisen jedoch regelmäßig keinen objektiven Bezug zum ausgeübten Betäubungsmittelbesitz auf. Insofern verwirklicht nach der hier vertretenen Auffassung die morgendliche Rasur bzw. das Frühstücken eines Dealers bzw. die schlichte Begrüßung potentieller Geschäftspartner, auch wenn

---

1089 So i. E. auch *Ebert* Handeltreiben, S. 185 f.; *Neuhaus* NStZ 2001, 39 ff.; *Niehaus* JR 2005, 192 (195); dagegen die h. M.: BGHSt 25, 290 (291); 30, 277 (278); 359 (361); BGH NJW 1992, 381 (382); BGH NStZ-RR 2004, 146 (148); BGH NStZ 2010, 522; BGH NStZ-RR 2015, 280; BGH NStZ-RR 2020, 284; *Weber* § 29 BtMG, Rn. 499 ff.; Körner/*Patzak* § 29 BtMG, Rn. 226, 261 ff.

1090 *Roxin* StV 1992, 517 (519); *ders.* StV 2003, 619 (620); zust. *Harzer* StV 1996, 336 (337); *Paul* StV 1998, 623 (625); Kreuzer/*Nestler* § 11 Rn. 365; vgl. ausführl. 2. Teil, E. II.

1091 Dafür *Ebert* Handeltreiben, S. 175 ff., 183 ff.; vgl. 2. Teil, E. III.

1092 *Gaede* StraFo 2003, 392 (396); *ders.* HRRS 2004, 165 (171); *ders.* HRRS 2005, 250 (253); vgl. 2. Teil, E. VI.

diese Handlungen dazu dienen sollen, ein späteres Betäubungsmittelgeschäft (erfolgreich) durchführen zu können, nicht den Tatbestand des vollendeten unerlaubten Handeltreibens[1093], da sich der Täter während dieser Handlungen gerade nicht unmittelbar mit seinem Rauschgift, sondern vorrangig mit seiner allgemeinen Körperpflege, Nahrungsaufnahme bzw. mit allgemeinem Sozialkontakt beschäftigt.

Darüber hinaus muss die an den Besitz anknüpfende Verbindungshandlung auch einen subjektiven Betäubungsmittelumsatzbezug aufweisen, sodass sie nach der Vorstellung des Täters als ein Glied der Handelskette eine Transferleistung zwischen dem schlichten Besitz und dem subjektiv angestrebten Betäubungsmittelumsatz erbringt. Erst durch diese auf den Betäubungsmittelumsatz gerichtete (betäubungsmittelspezifische) Verbindungsleistung wird der Handelsprozess vorangetrieben und somit eine abstrakte Weitergabegefahr der Betäubungsmittel begründet.

Dieser subjektive Betäubungsmittelumsatzbezug ist beispielsweise dann gegeben, wenn nach Erlangung der Sachherschaft die Betäubungsmittel vom Täter selbst zum endgültigen Bunker bzw. Lagerort transportiert, für den Umsatz portioniert oder verpackt bzw. vor dem Zugriff anderer durch besondere Sicherungsmaßnahmen bewahrt werden. Sofern der Täter nach Erlangung der Sachherrschaft die soeben beispielhaft genannten Tätigkeiten auf einen anderen überträgt (z. B. auf einen Kurier, „Bunkerhalter" oder Securitymitarbeiter), erbringt er durch die Beauftragung eine betäubungsmittelspezifische Verbindungshandlung. Selbige ist auch gegeben und somit der Tatbestand des Handeltreibens vollendet, wenn der Betäubungsmittel (mittelbar) besitzende Täter Absatzbemühungen jeglicher Art entfaltet (z. B. Werbeaktivitäten, das Aufsuchen von potentiellen Käufern bzw. Verkaufsorten, das Feilhalten bzw. -bieten der Betäubungsmittel[1094]), ohne dass dadurch tatsächlich ein konkret erwartbarer Betäubungsmittelumsatz in Aussicht wäre. Darüber hinaus treibt eine Person auch dann mit Betäubungsmitteln Handel, wenn der Betäubungsmittelbesitzende zum Umsatz dieser anderweitige Verpflichtungsgeschäfte eingeht (z. B. Anmieten eines Fahrzeuges zum Transport der BtM, Anwerben eines Kuriers, Anmieten einer Bunkerwohnung), da auch diese rechtsgeschäftlichen Handlungen darauf gerichtet sind, den Betäubungsmittelbesitz mit dem späteren Umsatz zu verknüpfen. Im Gegensatz zu soeben beispielhaft dargestellten neutralen oder alltäglichen (tatbestandlosen) Handlungen des Täters weisen die soeben

1093 Zu den Voraussetzungen eines strafbaren Versuchs vgl. 4. Teil, C. II. 3.
1094 Dazu vgl. ausführl. *Weber* § 29 BtMG, Rn. 511 ff.

genannten betäubungsmittelspezifischen Handlungen sowohl einen objektiven als auch subjektiven Betäubungsmittelumsatzbezug auf.

Daneben ist erneut darauf hinzuweisen, dass es nach der hier vertretenen Auffassung nicht maßgeblich ist, ob der Täter des unerlaubten Handeltreibens die tatsächliche Sachherrschaft unmittelbar ausübt. Wie bereits im Rahmen der Ausführungen zu § 29 Abs. 1 S. 1 Nr. 3 BtMG dargestellt, ist es zur Verwirklichung des Besitzerfordernisses des unerlaubten Handeltreibens ausreichend, wenn der Täter im Rahmen des un- oder mittelbaren Besitzes, des Eigen- oder Fremdbesitzes bzw. Mitbesitzes ein geistiges Herrschaftsverhältnis über die Betäubungsmittel begründet hat.[1095] Im Rahmen dieser verschiedenen Formen des Besitzes kann also die tatsächliche Verfügungsmacht auch für einen anderen ausgeübt werden[1096], sodass eine den mittelbaren Besitz mit dem gewollten Betäubungsmittelumsatz verbindende Handlung zur Verwirklichung des Tatbestands genügt. Insofern ist auch nach dem hier vertretenen Begriffsverständnis des unerlaubten Handeltreibens nicht erforderlich, dass der Täter selbst mit Betäubungsmitteln direkt in Berührung kommen muss, was wiederum mit dem gesetzgeberischen Zweck übereinstimmt[1097].

An der betäubungsmittelspezifischen Verbindungsleistung (vom Besitz zum Umsatz) fehlt es hingegen, wenn nach der Vorstellung des Täters die von ihm ausgeführte Handlung nicht über die Verwaltung der bereits erlangten, tatsächlichen Sachherrschaft hinausgehen soll. Dies kann beispielsweise bei unbedeutenden Veränderungen des Belegenheitsortes der Betäubungsmittel innerhalb einer Räumlichkeit oder beim schlichten Auspacken von gelieferten Betäubungsmitteln der Fall sein.

Da eine Verbindungsleistung der auf Betäubungsmittelumsatz gerichteten Handlung logischerweise nicht mehr erbracht werden kann, sofern die Betäubungsmittel einem anderen übergeben wurden und somit der anvisierte Umsatz bereits erfolgt ist, können Tätigkeiten, die dem Betäubungsmittelumsatz nachfolgen (z. B. der Transport, das Eintreiben, Deponieren bzw. Wechseln des mit dem Rauschgiftgeschäft eingenommenen Geldes), nicht als ein geeigneter

---

1095 Vgl. BRegE. BT-Drs. VI/1877, S. 9; ebenso BGHSt 26, 117 f.

1096 BGH NStZ-RR 2004, 146 (148); BGH NStZ-RR 2008, 54 (55); ebenfalls *Weber* § 29 BtMG, Rn. 1342.

1097 BRegE. BT-Drs. 8/3551, S. 35; i. d. S. auch der Stn. BR. BT-Drs. 8/3551, S. 39, 45; ebenso Gegenäußerung d. BReg. BT-Drs. 8/3551, S. 51; BT-Sten. Ber. Bd. 117, S. 303, 306, 309; BRatE. BT-Drs. 12/989, S. 1, 30; BRegE. BT-Drs. 12/3533, S. 18; zust. BGHSt 50, 252 (261 f.); ebenso BGH NJW 1979, 1259; BGH NStZ 2004, 105 (109); vgl. 2. Teil, A. II. 3., III. 1. c).

Bezugspunkt zur Vollendung des unerlaubten Handeltreibens angesehen werden.[1098] Dies ist auch gerechtfertigt, da es für das Rechtsgut des unerlaubten Handeltreibens – die staatliche Drogenverkehrshoheit – nicht darauf ankommt, ob der Geldfluss, sondern vielmehr darauf, ob der Betäubungsmittelverkehr zur Ruhe gekommen ist. Das noch im Umlauf befindliche „Drogengeld" verursacht nämlich weder eine betäubungsmittelspezifische Weitergabegefahr noch eine betäubungsmittelmarktspezifische Gefahr. Das im Gegensatz zum unerlaubten Handeltreiben herabgesetzte Unrecht dieser dem Betäubungsmittelumsatz nachfolgenden Handlungen kann allenfalls durch die Anschlussdelikte der Geldwäsche (§ 261 StGB)[1099] bzw. die Begünstigung (§ 257 StGB), tatbestandlich erfasst werden.[1100] In kriminalpolitischer Hinsicht dürften diese Tatbestände genügen, um das durch die Einbindung von Personen in Drogenfinanzgeschäfte verwirklichte Unrecht strafrechtlich adäquat erfassen zu können. Hierzu bedarf es weder einer dogmatischen Überdehnung des Tatbestands des unerlaubten Handeltreibens über den eigentlichen Umsatz der Betäubungsmittel hinaus noch einer daran anknüpfenden, ausufernden Beihilfestrafbarkeit.

b) Den Vertragsschluss betreffende rechtsgeschäftliche Handlungen

Da die das Rechtsgut des unerlaubten Handeltreibens betreffende marktspezifische Gefahr unabhängig von der Weitergabegefahr verursacht wird, kann es, im Gegensatz zu den tatsächlichen Handlungen, bei den (einseitigen) rechtsgeschäftlichen Tätigkeiten, welche auf den Abschluss eines Betäubungsmittelverpflichtungsgeschäftes bzw. eines Betäubungsmittelvermittlungsgeschäftes gerichtet sind, nicht auf eine tatsächliche Sachherrschaft an Betäubungsmitteln ankommen.

1098 I. E. zust. BGH NStZ 2004, 105 (108); *Gaede* StraFo 2003, 392 (396); für eine Vollendung nach dem Umsatz grds. BGHSt 31, 145 (146 f.); 43, 158 (162 f.); BGH NJW 2008, 1460; BGH NJW 2015, 3800 (3801); *Weber* § 29 BtMG, Rn. 457; *Schlage* Ad legendum 2012, 257 (259); diff. *Malek* Betäubungsmittelstrafrecht, S. 59; krit. zum zeitlich nach hinten verlegten Vollendungszeitpunkt: MüKo-StGB/*Oğlakcıoğlu* § 29 BtMG, Rn. 258 ff. m. w. N.; *Knauer/Oğlakcıoğlu* NStZ 2014, 83 (84).

1099 *Oğlakcıoğlu* AT-BtMG, S. 500; einschränkend *Weber* NStZ 2004, 66 (71).

1100 A. A. die st. Rspr., welche eine sukzessive Beihilfe (sofern der Geldfluss noch nicht zur Ruhe gekommen ist) für möglich erachtet: RGSt 23, 292 (293); 71, 193 (194); BGHSt 4, 132 (133); 19, 323 (325); BGH NStZ-RR 1997, 319; BGH NJW 2015, 3800 (3801); gegen die sukzessive Beihilfe grds. LK-StGB/*Schünemann* 12. A. § 27 Rn. 40 ff.; SK-StGB/*Hoyer* § 27 Rn. 18; MüKo-StGB/*Joecks* § 27 Rn. 20 ff.

(1) *Rechtsgeschäftliche Handlungen zum Abschluss eines Betäubungsmittelverpflichtungsgeschäftes*

Zunächst ist anzumerken, dass die Annahme eines Angebotes (§§ 147 ff. BGB) bereits zum Abschluss eines gemäß § 134 BGB unwirksamen Betäubungsmittelverpflichtungsgeschäftes führt, sodass diese Willenserklärung in jedem Fall eine betäubungsmittelmarktspezifische Gefahr verursacht. Fraglich ist vielmehr, ob auch durch das Angebot, welches darauf gerichtet ist, ein Betäubungsmittelverpflichtungsgeschäft zu bewirken (ein Angebot zum An- oder Verkauf von Betäubungsmitteln) eine betäubungsmittelmarktspezifische Gefahr verursacht wird.

In jedem illegalisierten Wirtschaftssektor ist, da der Staat das freie Spiel der Marktteilnehmer durch die Verbotsanordnung (flankiert mit einer Strafandrohung) behindert, die wechselseitige Beziehung von Angebot und Nachfrage zwingend gestört. Folglich ist für die auf diesem Markt tätigen Personen und somit für den Markt insgesamt bereits die Kenntnis, dass eine bestimmte Person ein illegalisiertes Gut umsetzen bzw. abnehmen möchte, von entscheidender Relevanz, um sich auf die nun (neu-)eröffnete Angebots- bzw. Nachfragesituation entsprechend einzustellen. So hat ein Angebot, eine (größere) Menge Betäubungsmittel anzukaufen oder zu verkaufen, auch wenn es nicht angenommen wurde, auf dem Betäubungsmittelmarkt regelmäßig fortbestehende Auswirkungen, denn auf diesem Markt wird, gerade wenn das Angebot nicht angenommen wurde, die Information über den „neuen" Marktteilnehmer weitergetragen werden, sodass der (zunächst erfolglos) Anbietende auf sein früheres Angebot im Regelfall noch einmal angesprochen werden wird, ob er unter anderen Bedingungen (abweichender Vertragspartner bzw. Preis oder eine veränderte Liefermenge) zum Vertragsschluss bereit wäre. Um dieses Angebot auch prompt befriedigen zu können, werden von den übrigen Marktteilnehmern bereits aufgrund des entäußerten Angebots regelmäßig Dispositionen getätigt, damit die angebotene Betäubungsmittelmenge prompt umgesetzt bzw. die Nachfrage nach Betäubungsmitteln durch eine erhöhte Einfuhr bzw. Produktion derselben befriedigt werden kann.

Auch wird der Anbietende, da er im Regelfall die Eigenverantwortlichkeit seines Abnehmers nicht medizinisch tragfähig einschätzen bzw. das Alter ohne die Vorlage der entsprechenden Ausweispapiere zutreffend bestimmen kann, nicht ausschließen können, dass er mit seinem Angebot diese besonders geschützten Bevölkerungsgruppen (nicht eigenverantwortlich Handelnde bzw. Kinder und Jugendliche) zu einem Betäubungsmittelkonsum verleitet, was wiederum das BtMG gerade zu unterbinden beabsichtigt.

Sofern mit dem Angebot ein über den Eigenkonsum hinausgehender Umsatzwille einhergeht und es einer anderen Person zugeht, begibt sich die anbietende Person wissent- und willentlich bereits durch diese Willenserklärung erkennbar auf den (illegalen) Betäubungsmittelmarkt, sodass im Ergebnis bereits durch das ernsthafte Angebot (im eigenen oder in fremdem Namen), wenn auch in abgeschwächter Form, eine abstrakte betäubungsmittelmarktspezifische Gefahr für das Rechtsgut der staatlichen Drogenverkehrshoheit geschaffen wird. Folglich muss auch das ernsthafte Angebot vom Begriff des unerlaubten Handeltreibens umfasst werden.

Ein ernsthaftes Angebot liegt dann vor, wenn dem Geschäftspartner Art und Menge der Betäubungsmittel sowie der Preis (essentialia negotii) ausdrücklich oder konkludent erklärt werden[1101] und der Anbietende eine reelle Chance sieht, das Geschäft erfolgreich durchführen zu können[1102]. Um eine betäubungsmittelmarktspezifische Gefahr zu verwirklichen, darf das Angebot nicht in der inneren Sphäre des Anbietenden verbleiben, sondern muss sich auf dem Betäubungsmittelmarkt erkennbar niedergeschlagen haben. Das „verbindliche" Angebot müsste folglich zumindest einem Empfänger auch zugehen. Da mit Zugang des Angebots die Vollendung eintritt[1103], ist es für die Verwirklichung des Tatbestands – in Übereinstimmung mit der Entscheidung des Großen Senats vom 26. Oktober 2005 – nicht von Relevanz, dass der Anbietende die Vertragsverhandlungen abbricht oder der Verhandlungspartner an keinem Geschäft interessiert ist und es im Ergebnis zu keinem Vertragsschluss kommt[1104].

(2) Rechtsgeschäftliche Handlungen des Betäubungsmittelvermittlungsgeschäftes

Fraglich ist ferner, ob auch rechtsgeschäftliche Handlungen, welche auf den Abschluss eines Verpflichtungsgeschäfts zur Vermittlung eines Vertragsschlusses über Betäubungsmittel gerichtet sind, eine betäubungsmittelmarktspezifische Gefahr begründen können. Da die Handlungen zwecks Vermittlung (beispielsweise Einholung von Erkundigungen über Absatzmöglichkeiten, Nennung von potentiellen Kunden bzw. Entgegennahme und Weiterleitung von Bestellungen)

1101 I. E. zust. BGH NStZ 1986, 557; a. A. *Weber* § 29 BtMG, Rn. 385; *Franke/Wienroeder* § 29 BtMG, Rn. 42.

1102 BGH NStZ-RR 2003, 185; ebenso *Weber* § 29 BtMG, Rn. 585.

1103 *Oğlakcıoğlu* AT-BtMG, S. 502; *Weber* § 29 BtMG, Rn. 392.

1104 BGH NJW 1986, 2869; BGHSt 50, 252 (256); zust. *Weber* § 29 BtMG, Rn. 385 f.; MüKo-StGB/*Oğlakcıoğlu* § 29 BtMG, Rn. 243; a. A. BGH NStZ 2004, 105 ff.

gewöhnlich ohne Betäubungsmittelbesitz ausgeführt werden, wird regelmäßig durch die Vermittlung keine die Drogenverkehrshoheit beeinträchtigende Weitergabegefahr begründet. Dies soll jedoch nicht bedeuten, dass der Vermittler von Betäubungsmittelgeschäften den Tatbestand des unerlaubten Handeltreibens grundsätzlich nicht verwirklichen kann.[1105]

Um die Begehungsweise des Vermittelns fremder Betäubungsmittelgeschäfte, wie vom Gesetzgeber[1106] und von den europa- und völkerrechtlichen Übereinkommen[1107] vorgesehen, mit dem unerlaubten Handeltreiben begrifflich erfassen zu können, ist nicht auf die tatsächliche Vermittlungstätigkeit, sondern ausschließlich auf die rechtsgeschäftlichen Handlungen zur Bewirkung des Betäubungsmittelvermittlungsgeschäfts abzustellen. Eine Vorverlagerung der betäubungsmittelmarktspezifischen Gefahr des (erst zu vermittelnden) Verpflichtungsgeschäfts auf das Verpflichtungsgeschäft zur Vermittlung erscheint jedenfalls dann gerechtfertigt, wenn durch das Verpflichtungsgeschäft zur Rauschgiftvermittlung das ins Auge gefasste Betäubungsmittelverpflichtungsgeschäft entsprechend konkretisiert wurde.

Damit eine dem Betäubungsmittelverpflichtungsgeschäft vergleichbare betäubungsmittelmarktspezifische Gefahrenlage bereits durch das Angebot bzw. die Annahme eines Vermittlungsgeschäftes verursacht wird, ist erforderlich, dass im Vermittlungsgeschäft das anvisierte Verpflichtungsgeschäft bis auf den zukünftigen Vertragspartner, also jedenfalls Art und Menge der umzusetzenden Betäubungsmittel, vereinbart wird. Ferner ist erforderlich, dass der Vermittler tatsächlich ernsthaft verspricht, die Vermittlung zu erbringen. Da sich die am Vermittlungsgeschäft beteiligten Personen durch die von ihnen abgegebenen Willenserklärungen erkennbar auf dem Betäubungsmittelmarkt betätigen und das Vermittlungsgeschäft durch die vertragliche Ausgestaltung in eine qualitative Nähebeziehung zum eigentlichen Betäubungsmittelverpflichtungsgeschäft gebracht wurde, wird – zwar in graduell abgeschwächter Form – bereits durch das Angebot bzw. die Annahme zur Vermittlung von Rauschgift eine abstrakte

---

1105 I. E. auch die h. M.: BGHSt 6, 246 (247), 29, 239 (240); 34, 124 (125); 50, 252 (264); BGH NJW 1979, 1259; BGH NStZ 2004; 105 (108); BGH NJW 2005, 1589 (1591); BGH NStZ-RR 2011, 57; BVerfG, Nichtannahmebeschl. v. 24.10.1999 – 2 BvR 1906/99, Rn. 2 (juris); zust. *Weber* § 29 BtMG, 425 ff.; Körner/*Patzak* § 29 BtMG, Rn. 298 ff.; *Gaede* HRRS 2005, 250 (253); *Niehaus* JR 2005, 192 (196); *Oğlakcıoğlu* AT-BtMG, S. 434, 497; a. A. *Roxin* StV 2003, 619 (621).

1106 RT-Drs. IV/1386, S. 10; zur Historie vgl. 2. Teil, A. I. ebenfalls *Anselmino/Hamburger* § 10 OpG S. 300.

1107 Hierzu s. 2. Teil, III. 1. und 2. a).

betäubungsmittelmarktspezifische Gefahr dergestalt verursacht, sodass der erfolgreiche Abschluss eines Betäubungsmittelverpflichtungsgeschäfts erwartbar erscheint.[1108]

Folglich machen sich die am Verpflichtungsgeschäft zur Rauschgiftvermittlung durch ihre Willenserklärungen beteiligten Personen wegen unerlaubten Handeltreibens mit Betäubungsmitteln strafbar. In nur leicht modifizierter Abweichung von der herrschenden Meinung wird somit zwar nicht die tatsächliche Vermittlungstätigkeit vom Verbotsumfang des (täterschaftlichen) unerlaubten Handeltreibens erfasst, jedoch können sowohl der eine Vermittlung Begehrende als auch der Vermittler den Tatbestand des unerlaubten Handeltreibens eigenständig verwirklichen.

III. Teleologische Begrenzung des Schutzumfanges

Der Tatbestand des unerlaubten Handeltreibens ist als abstraktes Gefährdungsdelikt[1109] auch nach der hier vertretenen Auffassung noch relativ weit. Sofern beim Täter ein Betäubungsmittelumsatzwille vorliegt, werden überaus vielfältige Tathandlungen von diesem Tatbestand erfasst: das Angebot zum An- und Verkauf von Betäubungsmitteln, das Anbieten und die Annahme zur Vermittlung eines Betäubungsmittelgeschäfts, das Feilhalten, Liefern, Transportieren und Versenden, die Ein-, Aus- und Durchfuhr sowie die Abgabe und das Verteilen von Betäubungsmitteln, da diesen Begehungsformen entweder eine abstrakte Weitergabegefahr oder eine betäubungsmittelmarktspezifische Gefahr innewohnt.

Aufgrund der Anknüpfung dieses Tatbestands an die vom geschützten Rechtsgut abgeleiteten Gefahrenzustände (Weitergabegefahr bzw. betäubungsmittelmarktspezifische Gefahr) ist die Drogenverkehrshoheit jedoch nur dann beeinträchtigt, wenn diese abstrakten Gefährdungslagen tatsächlich (noch) bestehen und der Täter keine Sicherheitsvorkehrungen getroffen hat, damit sich die abstrakte Gefahr gerade nicht zu einer konkreten Gefahr verdichten kann. Demnach wird der Rechtsgutsbezug dann aufgelöst und somit der Schutzumfang des unerlaubten Handeltreibens in teleologischer Hinsicht beschränkt, wenn erstens keine (oder nur noch eine marginale) abstrakte Gefahr für das

---

1108 I. E. auch *Oğlakcıoğlu* AT-BtMG, S. 434, 497.

1109 So auch *Weber* § 29 BtMG, Rn. 262; Körner/*Patzak* § 29 BtMG, Rn. 209; *Köhler* ZStW 104 (1992) 3 (37 ff.); *Niehaus* JR 2005, 192 (196); allg. zu dieser Deliktsart: *Hoyer* JA 1990, 183 ff.; *Zieschang* S. 22 ff.; *Meyer* S. 154 ff.; *Hefendehl* S. 157 ff.; *Anastasopoulou* S. 64 ff.; *Roxin/Greco* AT I § 11 Rn. 153 ff.

Rechtsgut (mehr) besteht und zweitens der Täter gerade Sicherheitsvorkehrungen entfaltet hat, die einer Steigerung der Gefahr vorbeugen sollen.[1110] Erst durch die Kumulation dieser beiden Aspekte hat der Täter durch seine eigene Handlung das abstrakte Gefährdungsunrecht so weit minimiert, dass er sich seine Straflosigkeit verdient hat.[1111]

In Übereinstimmung mit der ständigen Rechtsprechung und der herrschenden Auffassung im Schrifttum ist es somit für einen Tatbestandsausschluss bzw. für eine Milderung des verwirklichten Unrechts nicht ausreichend, dass (ohne kausalen Täterbeitrag) eine Verletzung oder Gefährdung des Universalrechtsgutes unter keinem Gesichtspunkt denkbar ist[1112], wie z. B. bei einem polizeilichen Scheinaufkäufer[1113], bei einer bereits sichergestellten Drogenmenge[1114], einem polizeilich totalüberwachten Betäubungsmitteltransport[1115] oder wenn irrtümlich Betäubungsmittelgeschäfte über Drogenimitate[1116] abgeschlossen werden.

Die Straflosigkeit des Täters kann vielmehr nur dann eintreten, wenn er selbst – nicht nur durch (un-)glückliche Umstände oder polizeiliche Ermittlungen – die

1110 *Hoyer* JA 1990, 183 (186).

1111 *Hoyer* JA 1990, 183 (186).

1112 Dafür jedoch *Haberl* S. 78; a. A. *Endriß* NStZ 1998, 463 f.

1113 BGHSt 30, 277 (278); 30, 359 (361); BGH StV 1981, 276; BGH NStZ-RR 1997, 85; BGH NJW 1998, 767; BGH NStZ 2000, 207 (208); BVerfG, Nichtannahmebeschl. v. 24.10.1999 – 2 BvR 1906/99, Rn. 2 (juris); zust. *Weber* § 29 BtMG, Rn. 624; MüKo-StGB/*Oğlakcıoğlu* § 29 BtMG, Rn. 277; Körner/*Patzak* § 29 BtMG, Rn. 209; *Hügel/Junge/Lander/Winkler* § 29 BtMG, Rn. 4.1.1; dagegen nur ein untauglicher Versuch: *Roxin* StV 1992, 517 (520); *Harzer* StV 1996, 336 (337); *Paul* StV 1998, 623 (625); *Endriß* NStZ 1998; 463 f.; Kreuzer/*Nestler* § 11 Rn. 365; *Schwitters* S. 146.

1114 So auch BGH NStZ 1992, 38 f.; BGH NJW 1998, 767; BGH NStZ 2010, 522; zust. Körner/*Patzak* § 29 BtMG, Rn. 276; *Weber* § 29 BtMG, Rn. 618 ff.; MüKo-StGB/*Oğlakcıoğlu* § 29 BtMG, Rn. 277; dagegen nur ein Versuch: *Roxin* StV 1992, 517 (519); *Paeffgen* FG-BGH 695 (719); *Schwitters* S. 146.

1115 BGHSt 29, 239 (240); 30, 277 (278); BGH NJW 1998, 767; zust. Körner/*Patzak* § 29 BtMG, Rn. 277; *Weber* § 29 BtMG, Rn. 286 ff.; a. A. *Roxin* StV 1992, 517 (519); *Krack* JuS 1995, 585 (586 f.); *Harzer* StV 1996, 336 (338); *Ebert* Handeltreiben S. 152; *Schwitters* S. 146.

1116 St. Rspr. BGHSt 6, 246 (247); BGH NStZ 1992, 191; BGH NJW 1999, 2683 (2684); zust. Körner/*Patzak* § 29 BtMG, Rn. 221; *Weber* § 29 BtMG, Rn. 213; *Oğlakcıoğlu* AT-BtMG S. 501; Fn. 1973; dagegen bereits *Topf* NJW 1954, 1898; ebenso *Krack* JuS 1995, 585 (586 f.); *ders.* NStZ 1998, 462 f.; *Paeffgen* FG-BGH 695 (719); *Paul* StV 1998, 623 (625); *Endriß* NStZ 1998, 463 f.; *Ebert* Handeltreiben S. 153; *Malek* Betäubungsmittelstrafrecht, S. 58; zum Handeltreiben mit als echte Betäubungsmittel ausgegebenen Imitaten: s. hingegen § 29 Abs. 6 BtMG.

Weitergabegefahr bzw. die betäubungsmittelmarktspezifische Gefahr nahezu auf Null reduziert bzw. gänzlich unterbunden hat.

Im Ergebnis muss der Täter hinsichtlich der beiden das unerlaubte Handeltreiben charakterisierenden Gefahren Sicherheitsvorkehrungen schaffen. Folglich ist bezüglich der teleologischen Begrenzung des Schutzumfanges wiederum zwischen der Weitergabegefahr bzw. der betäubungsmittelmarktspezifischen Gefahr zu differenzieren:

1. Minimierung der betäubungsmittelmarktspezifischen Gefahr

Eine betäubungsmittelmarktspezifische Gefahr ist dann nicht gegeben, wenn durch die rechtsgeschäftlichen Tätigkeiten der Geschäftspartner – sowohl auf der Angebots- als auch auf der Annahmeseite – keine weitergehenden (rechtsgeschäftlichen) Dispositionen auf dem Betäubungsmittelmarkt verursachten worden sind und die Geschäftspartner nicht offen auf dem illegalen Markt agierten. Die letztgenannte Voraussetzung wäre beispielsweise dann erfüllt, wenn das Rechtsgeschäft nicht in der Öffentlichkeit abgeschlossen und sichergestellt wurde, dass andere Personen keine Kenntnis von dem Betäubungsmittelgeschäft erlangten, sodass sie nicht durch das rechtsgeschäftliche Verhalten zur Nachahmung angeregt werden konnten und somit mittelbar der illegale (unkontrollierbare) Markt stabilisiert wurde.

Auf der Angebotsseite wird eine betäubungsmittelmarktspezifische Gefahr dann nicht hervorgerufen, wenn sich der Verkäufer die verlangten Betäubungsmittel nicht erst auf dem Betäubungsmittelmarkt durch diverse Ankaufshandlungen beschaffen musste. Der Verkäufer müsste also die von ihm gehandelten Drogen selbst herstellen bzw. vorher angebaut haben. Auf der Abnehmerseite wird dann keine betäubungsmittelmarktspezifische Gefahr verursacht, wenn das Betäubungsmittelverpflichtungsgeschäft mit dem Endkosumenten abgeschlossen wurde, da der Konsument ebenfalls keine rechtsgeschäftlichen Dispositionen auf dem Betäubungsmittelmarkt mehr trifft, sondern diese Betäubungsmittelmenge durch den von ihm beabsichtigten Konsum dem (illegalen) Markt sogar entzogen wird.

Sofern die Beteiligten durch ihre gewillkürten Handlungen sichergestellt haben, dass das Betäubungsmittelverpflichtungsgeschäft unter diesen Voraussetzungen tatsächlich zustande kommen soll, tragen beide Vertragspartner dazu bei, dass sich durch ihr Verhalten gerade kein unkontrollierbarer, illegaler Betäubungsmittelmarkt stabilisiert, sodass ausnahmsweise im konkreten Einzelfall keine abstrakte betäubungsmittelmarktspezifische Gefahr von den Beteiligten verursacht wurde.

2. *Minimierung der Weitergabegefahr*

Um die Weitergabegefahr tatsächlich gänzlich ausschließen zu können, kann die Verantwortlichkeit des Händlers nicht beim Umsatz – der Übertragung der Betäubungsmittel – enden. Er hat vielmehr auch sicherzustellen, dass die von ihm umgesetzten Betäubungsmittel dem Markt entzogen werden, sodass sie gerade nicht an die besonders geschützten Bevölkerungsgruppen (Kinder, Jugendliche bzw. nicht mehr eigenverantwortlich Handelnde) gelangen können. Um dies zu gewährleisten, muss der Händler sicherstellen, dass die umgesetzten Betäubungsmittel tatsächlich von mündigen und immer noch eigenverantwortlich handelnden Konsumenten verbraucht werden. Um seine Straffreiheit zu verdienen, bleibt ihm folglich nichts anderes übrig, als den eigenverantwortlichen Konsum der Betäubungsmittel zu überwachen. Erst dadurch kann er sichergehen, dass die jedem Handeltreiben immanente Weitergabegefahr wirksam unterbunden wird.

In diesem Zusammenhang soll noch einmal das Rentner-Beispiel[1117] in Erinnerung gerufen werden:

Der Nachbar hat die hochpotente Cannabissorte „Nova OG" allein und ausschließlich für den Rentner angebaut sowie das Cannabis selbst geerntet. Beide in den Handel verwickelten Personen sind volljährig und alle Handelsgeschäfte erfolgten nicht öffentlich. Ferner konnten die Parteien die Potenz bzw. Qualität des Cannabis ungefähr abschätzen, sodass sich der Rentner gänzlich eigenverantwortlich zur Erhöhung der medizinisch-indizierten Cannabismedikamentation entschieden hat. Darüber hinaus wurde der eigentliche Konsum vom Nachbarn überwacht. Folglich ist im Ergebnis weder eine Weitergabe- noch eine betäubungsmittelmarktspezifische Gefahr durch den Cannabishandel des Nachbarn verwirklicht worden und der Nachbar hat die nicht gegebene Gefährdungslage gerade durch seine besonderen Sicherheitsvorkehrungen entschärft. Im Hinblick auf den in diesem Fall fehlenden Rechtsgutsbezug erscheint es gerechtfertigt, für den Nachbarn bereits den objektiven Tatbestand des unerlaubten Handeltreibens zu verneinen.

Sähe man dies anders, würde sich das vom Nachbarn verwirklichte „Unrecht" – aufgrund des fehlenden Rechtsgutsbezuges – unzulässigerweise[1118] lediglich in der Negierung des Normbefehls selbst erschöpfen bzw. darin, dass der Nachbar

---

1117 Vgl. 2. Teil, E. VI. 2. d).

1118 *Hoyer* Eignungsdelikte, S. 36; SK-StGB/*Jäger* Vor. § 1 Rn. 8; a. A. *Jakobs* AT 2/2; *ders.* HRRS 2004, 88.

dem Rentner dabei geholfen hat, die ärztliche Medikamentation und somit die schmerzstillende Dosis zu erhöhen. Ein derartiges nur noch formales Unrecht kann den Einsatz des Strafrechts nicht legitimieren.

Obwohl dieser Beispielsfall zugegebenermaßen konstruiert erscheint, ist der dahinter stehende Gedanke der teleologischen Tatbestandsbeschränkung unter den genannten (engen) Voraussetzungen nicht gänzlich praxisfern. Es gibt durchaus (Klein-)Dealer, die ausschließlich ihre selbst hergestellten Drogen an eigenverantwortlich handelnde, mündige Konsumenten umsetzen und wie in einem (illegalen) „Coffee-Shop" den eigentlichen Konsum beaufsichtigen, sodass ihr Handeltreiben ausschließlich den grundrechtlich geschützten, straflosen Genusskonsum ermöglicht und somit im Ergebnis kein strafrechtlich relevantes Unrecht verwirklicht.

C. Zusammenfassung des eigenen Begriffsverständnisses

Entgegen der herrschenden Meinung[1119] ist das Rechtsgut des unerlaubten Handeltreibens nicht in der Volksgesundheit bzw. in der Gesundheit der Bevölkerung zu erblicken, sondern im Schutz der staatlichen Drogenverkehrshoheit. Dieses Rechtsgut hat eine dualistische Schutzrichtung: die Sicherstellung eines funktionierenden Gesundheitssystems einerseits sowie, die Gewährleistung des Jugendschutzes bzw. der individuellen Gesundheit der einzelnen Drogenkonsumenten andererseits. Da gerade die letztgenannte Funktion des BtMG ein weites Verständnis des unerlaubten Handeltreibens impliziert[1120] und beide Funktionszusammenhänge mit demselben einheitlichen Merkmal verbunden sind, wird der medizinisch-pharmazeutische Schutzumfang vom nicht-medizinisch-pharmazeutischen Schutzzweck des unerlaubten Handeltreibens vollständig überwölbt.

1119 BVerfGE 90, 145 (174); BGHSt 37, 179 (182); 38, 339 (342 ff.); 64, 266 (271); *Beulke/Schröder* NStZ 1991, 393 (394); *Weber* Handeltreiben S. 375; Körner/*Patzak* § 29 BtMG, Rn. 206; *Ebert* Handeltreiben, S. 74; *Malek* Betäubungsmittestrafrecht, S. 36.

1120 So auch die h. M.: BGHSt 34, 124 (125); 50, 252 (262); 51, 219 (221); 64, 266 (271); BGH NJW 1979, 1259; BGH NStZ 1988, 507; BGH StV 1993, 474; BGH StV 1999, 427 ff.; BGH NStZ-RR 2001, 148; BGH NStZ 2013, 546 (547); zust. *Weber* § 29 BtMG, Rn. 168 f.; *ders.* JR 2006, 139 (141); *Schäfer/Sander/van Gemmeren* Rn. 1758; Körner/*Patzak* § 29 BtMG, Rn. 225; *Hügel/Junge/Lander/Winkler* § 29 BtMG, Rn. 4.1.1; *Patzak/Bohnen* S. 51; *Franke/Wienroeder* § 29 BtMG, Rn. 22; *El-Ghazi* jurisPR-StrafR 20/2018, Anm. 1.

Aufgrund des grundrechtlichen Bezuges zu den vom unerlaubten Handeltreiben besonders zu schützenden Bevölkerungsgruppen wird die Drogenverkehrshoheit als soziale Funktionseinheit durch die Gefahr einer Weitergabe von Betäubungsmitteln bzw. durch eine betäubungsmittelmarktspezifische Gefahr beeinträchtigt. Vom Tatbestand des unerlaubten Handeltreibens soll die zuerst genannte Gefahr dadurch unterbunden werden, dass mittels der Strafvorschrift ein Heranbringen der Betäubungsmittel an den geschützten Personenkreis frühzeitig, umfassend und effektiv verhindert wird. Der betäubungsmittelmarktspezifischen Gefahr soll mit dem Tatbestand insoweit vorgebeugt werden, dass sich kein unkontrolliert agierender, Angebot und Nachfrage befriedigender Betäubungsmittelmarkt etabliert oder stabilisiert, denn ein solcher hätte ebenfalls zur Folge, dass Betäubungsmittel an den geschützten Personenkreis herangetragen bzw. diese Personen zum Betäubungsmittelkonsum verleitet werden könnten.

Um diesen dualistisch wirkenden Gefahren effektiv entgegenzutreten, muss der Begriff des unerlaubten Handeltreibens sowohl die eine Weitergabegefahr herbeiführenden, tatsächlichen Handlungen erfassen als auch – zusätzlich hierzu – auf rechtsgeschäftliche Handlungen ausgeweitet werden. Das unerlaubte Handeltreiben ist mithin ein Verhalten, mit dessen Verbot einerseits in tatsächlicher Hinsicht jede Handlung unterbunden werden soll, die objektiv vorhandenen Betäubungsmittelbesitz mit subjektiv gewolltem Umsatz verknüpft. Tatbestandlich erfasst sind andererseits auch bloße Erklärungen[1121], durch deren Verbot jede rechtsgeschäftliche Tätigkeit auf dem (illegalen) Betäubungsmittelmarkt vereitelt werden soll, die auf den Abschluss eines Betäubungsmittelverpflichtungs- bzw. Drogenvermittlungsgeschäfts gerichtet ist.

Folglich geht mit dem unerlaubten Betäubungsmittelhandel durchaus ein Moment der Unbeherrschbarkeit einher, da der Händler den Umsatz und somit das unkontrollierte Näherbringen von Betäubungsmitteln an die vom BtMG geschützte Personengruppe fördert bzw. durch seine rechtsgeschäftliche Tätigkeit Angebot und Nachfrage nach Betäubungsmitteln aufrechterhält und ferner weitere Dispositionen anderer auf dem Betäubungsmittelmarkt stimuliert. Insgesamt wird durch die Handelstätigkeit also ein unkontrollierbarer Betäubungsmittelmarkt etabliert bzw. stabilisiert. Aufgrund dieser für die Allgemeinheit abstrakt-gefährlichen Verhaltensweisen ist in Übereinstimmung mit

---

1121 BGHSt 43, 8 (11); ebenfalls LG München I NJW 2002, 2655; *Eberth/Müller* 2. A. Rn. 38; *Ebert* Handeltreiben, S. 186; *Körner* NStZ 2000, 95; Körner/*Patzak* § 29 BtMG, Rn. 256; einschränkend *Oğlakcıoğlu* AT-BtMG, S. 495 ff. a. A. *Weber* § 29 BtMG, Rn. 392.

der herrschenden Auffassung[1122] das unerlaubte Handeltreiben als abstraktes Gefährdungsdelikt[1123] anzusehen.

Dem dargestellten Schutzumfang des unerlaubten Handeltreibens entsprechend, ist dieser Begriff demnach folgendermaßen zu definieren:

> *Handeltreiben ist jede eigennützige, mit Betäubungsmittelbesitz ausgeführte Tätigkeit, welche auf den Umsatz dieser Betäubungsmittel gerichtet ist, sowie jede eigennützige (ausdrückliche oder konkludente) Willenserklärung mit Umsatzwillen, die auf den Abschluss eines Verpflichtungs- bzw. Vermittlungsgeschäfts über umzusetzende Betäubungsmittel gerichtet ist.*

Dieses immer noch weite Begriffsverständnis des unerlaubten Handeltreibens ist teleologisch allenfalls in den Fällen zu begrenzen, in denen die abstrakte Weitergabe bzw. betäubungsmittelspezifische Gefahr nicht (mehr) besteht und der Täter durch sein Verhalten lückenlose Sicherheitsvorkehrungen getroffen hat, damit sich die ursprünglich existente abstrakte Gefahr gerade nicht zu einer konkreten Gefahr verdichten konnte.

D. Die Leistungsfähigkeit der vorgeschlagenen Definition am Maßstab der Auslegungsmethoden

Dieser neu konzipierte, aus dem von der Vorschrift geschützten Rechtsgut abgeleitete Vorschlag eines (teleologisch reduzierten) Verständnisses des unerlaubten Handeltreibens kann allenfalls dann überzeugen, wenn er imstande ist, die durch die übrigen Auslegungsmethoden gewonnenen, dieses Verständnis bedingenden Ergebnisse zu implementieren.

I. Kein Verstoß gegen die Wortlautgrenze

Da die hier formulierte Definition hinter dem extensiven Begriffsverständnis der herrschenden Meinung zurückbleibt, kann sie – wie dieses – die Wortlautgrenze der Fügung „mit etwas Handel treiben" nicht verletzen. Darüber hinaus wird

---

1122 BVerfGE 90, 145 (186); *Schröder* ZStW 81 (1969) 7 (15 f.); *Köhler* ZStW 104 (1992) 3 (37 ff.); *Endriß* NStZ 1998, 462 (463); *Ebert* Handeltreiben S. 161; *Harzer* StV 1996, 336 (338); *Schwitters* S. 131, 143; *Niehaus* JR 2005, 192 (196); *Lang* S. 202; *Weber* § 29 BtMG, Rn. 261; Körner/*Patzak* § 29 BtMG, Rn. 209; einschränkend *Paeffgen* FG-BGH 695 (718); *Harzer* StV 1996, 336 (338).

1123 Allg. zu diesem Deliktstypus *Hoyer* JA 1990, S. 183 ff.; *Zieschang* S. 22 ff.; *Meyer* S. 154 ff.; *Hefendehl* S. 157 ff.; *Anastasopoulou* S. 64 ff.; *Roxin/Greco* AT I § 11 Rn. 153 ff.

durch die hier vertretene Auffassung der objektive Bezug zum Handelsobjekt bzw. zur rechtsgeschäftlichen Wirtschaftstätigkeit des Händlers ausgebaut, was wiederum dazu führt, dass der in linguistischer Hinsicht mit dem Handeltreiben verknüpfte Geschäftsbezug[1124] durch ein derart konzipiertes Begriffsverständnis auch sprachlich präziser zum Ausdruck gebracht wird. Durch die Beschränkung des Merkmals im objektiven Bereich kann eben grundsätzlich nicht (mehr) jede auf Umsatz gerichtete Tätigkeit ausreichen, um den Tatbestand zu verwirklichen. Zwar vollzieht – um bei dem bereits bekannten Beispiel des Wochenmarktstandbetreibers zu bleiben – der Standbetreiber mit dem morgendlichen Aufstehen, Anlegen der Arbeitskleidung, Frühstücken und der Fahrt zum Arbeitsort Tätigkeiten, die subjektiv eindeutig auf den später zu erzielenden Warenumsatz gerichtet sind; nach dem allgemeinen Sprachempfinden werden diese weit im Vorfeld des eigentlichen Güterumsatzes ausgeführten (neutralen) Tätigkeiten jedoch nicht mit dem unerlaubten Handeltreiben semantisch in Verbindung gebracht werden können. Durch das hier vorgeschlagene Begriffsverständnis verwirklichen diese tatsächlichen Handlungen – aufgrund der fehlenden Transferleistung vom Rauschgiftbesitz zum -umsatz – bereits in objektiver Hinsicht nicht den Tatbestand des vollendeten unerlaubten Handeltreibens. Folglich ist die hier vertretene Ansicht nicht – wie die herrschende Auffassung[1125] – darauf angewiesen, die in objektiver Hinsicht weit ins Vorbereitungsstadium des anvisierten Umsatzes ausufernde Strafbarkeit mittels eines durch und durch kasuistischen Tatbestandsausschlusses wieder einzufangen. Da die hier vertretene Begriffskonzeption ohne diese im Grunde wertende Einzelfallbetrachtung auskommt und den semantisch indizierten Geschäftsbezug durch die rechtsgeschäftliche Erklärung bzw. die vom Täter erbrachte Verbindungsleistung in den objektiven Tatbestand integriert, wird die Begriffsdefinition in sprachlicher Hinsicht deutlich präzisiert, was im Ergebnis der Normbestimmtheit und somit auch dem Normadressaten zugutekommt.

Im Übrigen wird durch diese objektiv-einschränkende Auslegung die zum Teil berechtigte Kritik[1126] an der herrschenden Auffassung, dass das unerlaubte Handeltreiben durch den nahezu gänzlich subjektiv ausgestalteten Betäubungsmittelumsatzbezug dem Gesinnungsstrafrecht sehr nahekommt, entscheidend

---

1124 Vgl. 2. Teil, E. I.

1125 BGHSt 50, 252 (266); BGH NJW 2011, 1461; zust. *Weber* § 29 BtMG, Rn. 576 ff.; Körner/*Patzak* § 29 BtMG, Rn. 375.

1126 *Neuhaus* NStZ 2001, 39 (40); *Krumdiek/Wesemann* StV 2006, 634 (636); *Schnürer* Gesamtgeschäft, S. 102.

abgeschwächt. Da durch den Rechtsgutsbezug und das daraus abgeleitete Erfordernis einer abstrakten Gefahr bereits begrifflich gerade nicht mehr jede Tätigkeit zur Verwirklichung des Tatbestands als ausreichend erachtet werden kann, wird die Strafvorschrift insgesamt von ihrer deutlich überschießenden Innentendenz befreit. Folglich steht der rechtsfeindliche Wille des Täters nicht mehr annähernd so prominent im Vordergrund; stattdessen wird der tatbestandliche Fokus auf die vom Händler objektiv hervorgerufenen abstrakten Gefahren für die Drogenverkehrshoheit gerichtet. Demnach trifft die berechtigte Kritik an der herrschenden Meinung, dass mit dem unerlaubten Handeltreiben ein gänzlich konturloser Gefährdungstatbestand[1127] geschaffen worden sei, bei dem die deliktische Tendenz völlig im internen Bereich verbleibe[1128], auf den in dieser Untersuchung vertretenen Ansatz nicht zu. Insofern steht nicht mehr zu befürchten, dass mit dieser Strafvorschrift ausschließliches Gesinnungsunrecht[1129] pönalisiert wird. Durch die Auflösung der (nahezu vollkommenen) Vergeistigung des Handeltreibens[1130] wird auch die rechtsstaatlich bedenkliche präventiv-polizeiliche (Grund-)Ausrichtung des Betäubungsmittelstrafrechts[1131] aufgebrochen, wodurch dieses nebenstrafrechtliche Rechtsgebiet insgesamt wieder auf ein grundrechtlich-garantiertes, freiheitlich-liberales Strafrechtsverständnis zurückgeführt wird.

II. Übereinstimmung mit der Normsystematik

1. Begriffliche Abgrenzung zum Anbau, zur Herstellung und zum Besitz von Betäubungsmitteln

Da die hier vertretene Auslegung entgegen der herrschenden Meinung zur Verwirklichung des Tatbestands nicht ausschließlich auf den subjektiven Betäubungsmittelumsatz abstellt, wird eine eindeutige begriffliche Abgrenzung zu den nicht im Klammerzusatz genannten (eigenständigen) Tathandlungen des Anbaus, der Herstellung und des Besitzes überhaupt erst ermöglicht. Diesen

---

1127 *Krumdiek/Wesemann* StV 2006, 634 (638); *Krumdiek* StV 2009, 385 (388); *Oğlakcıoğlu* AT-BtMG, S. 479; a. A. *Weber* § 29 BtMG, Rn. 229.

1128 Vgl. *Schröder* ZStW 81 (1969) 7 (26); zust. *Paeffgen* FG-BGH 695 (723).

1129 *Neuhaus* NStZ 2001, 39 (40); *Krumdiek/Wesemann* StV 2006, 634 (636); *Schnürer* Gesamtgeschäft, S. 102; allg. hierzu *Hoyer* Eignungsdelikte, S. 53 f.; zum abzulehnenden Rechtfertigungsversuch über das sog. „Feindstrafrecht" vgl. *Jakobs* ZStW 97 (1985) 751 (753, 773).

1130 *Endriß/Kinzig* NJW 2001, 3217 (3218 f.).

1131 Kreuzer/*Nestler* § 11 Rn. 357 ff.; *Endriß/Kinzig* NJW 2001, 3217 (3218 f.).

Tathandlungen kommt mithin wieder ein eigenständiger Anwendungsbereich zu, sodass die hier vorgeschlagene Auslegung des unerlaubten Handeltreibens sich wesentlich besser in die norminterne Systematik einfügt.

2. *Die Inkorporation der im Klammerzusatz genannten Begehungsformen*

Sofern ein entsprechender Umsatzwille beim Täter vorhanden ist, ist die hier vorgeschlagene Auslegung – im Gegensatz zu den alternativen Lösungskonzepten des Schrifttums[1132] – imstande, nahezu alle im Klammerzusatz des § 29 Abs. 1 S. 1 Nr. 1 BtMG aufgeführten Begehungsformen einer Vollendungsstrafbarkeit zu unterwerfen. So verwirklicht der bereits Betäubungsmittel besitzende Täter bei der Ein- und Ausfuhr, der Veräußerung[1133], der Abgabe und beim sonstigen Inverkehrbringen[1134] neben dem Erfordernis schlichten Betäubungsmittelbesitzes eine auf diesen bezogene Handlung. Erst wenn der Täter diese (betäubungsmittelspezifische) Verbindungshandlung in subjektiver Hinsicht mit Umsatzwillen erbringt, verwirklicht er den Tatbestand des unerlaubten Handeltreibens.

Auch die im Klammerzusatz genannte Tathandlung des Erwerbes wird vom derart verstandenen Begriff des unerlaubten Handeltreibens umfasst. Definitionsgemäß setzt der Erwerb voraus, dass der Täter die tatsächliche Verfügungsgewalt über die Betäubungsmittel auf abgeleitetem (rechtsgeschäftlichem) Weg – im Einverständnis mit dem Vorbesitzer – erlangt.[1135] Jedem Erwerb liegt zwingend ein schuldrechtlicher Vertrag mit dem Vorbesitzer zugrunde[1136]. Nach der hier vertretenen Auffassung hat der mit Umsatzwillen handelnde Täter bereits durch seine rechtsgeschäftliche Erklärung zum Betäubungsmittelverpflichtungsgeschäft

---

1132 Vgl. 2. Teil, E.

1133 Körner/*Patzak* § 29 BtMG, Rn. 806: „Veräußern ist die rechtsgeschäftliche, entgeltliche Übertragung von Betäubungsmitteln unter Einräumung der Verfügungsgewalt."; zust. BGH NStZ 2020, 552; *Weber* § 29 BtMG, Rn. 1063.

1134 Körner/*Patzak* § 29 BtMG, Rn. 867: „Sonstiges Inverkehrbringen umfasst jedes, gleichwie geartete Eröffnen der Möglichkeit, dass ein anderer die tatsächliche Verfügung über den Stoff erlangt und ihn nach eigener Entschließung verwenden kann, also jede Verursachung eines Wechsels der Verfügungsgewalt über die Betäubungsmittel durch einen anderen."; zust. RGSt. 62, 369 (389 f.), BGH StV 1981, 127 (128); *Zweibrücken* NStZ 1986, 558; *Weber* § 29 Rn. 1157.

1135 BGH NStZ 1993, 191 (192); BGH BeckRS 2009, 25653; Körner/*Patzak* § 29 BtMG, Rn. 887; *Weber* § 29 BtMG, Rn. 1197.

1136 *Weber* § 29 BtMG, Rn. 1197; Körner/*Patzak* § 29 BtMG, Rn. 887.

die abstrakte betäubungsmittelspezifische Gefahr verwirklicht. Insofern ist die dingliche Erwerbshandlung (als mitbestrafte Nachtat) durch das bereits vollendete unerlaubte Handeltreiben mitumfasst.

Lediglich die im Klammerzusatz genannte Tathandlung des Sich-Verschaffens von Betäubungsmitteln in sonstiger Weise kann (auch wenn der Täter die erlangten Betäubungsmittel später umsetzen will) den Tatbestand des vollendeten unerlaubten Handeltreibens nach der hier vertretenen Auffassung nicht verwirklichen, da sich diese Tathandlung lediglich in der Erlangung der tatsächlichen Verfügungsgewalt[1137] erschöpft. Somit erbringt der Täter – unabhängig vom Umsatzwillen – weder eine betäubungsmittelspezifische Verbindungsleistung noch gibt er eine rechtsgeschäftliche Erklärung ab, sodass durch das Sich-Verschaffen in sonstiger Weise gerade keine (abstrakte) Gefahr für die Drogenverkehrshoheit verursacht wird.

Der strafrechtliche Schutzstandard wird dadurch jedoch nicht erheblich abgesenkt, da das Sich-Verschaffen bei einem entsprechenden Umsatzwillen unter Umständen nach der hier vertretenen Auffassung einen Versuch des unerlaubten Handeltreibens begründet, sofern nach der Vorstellung des Täters die ins Auge gefasste Weitergabe der Betäubungsmittel dem Sich-Verschaffen unmittelbar nachfolgen soll, sodass er durch die Erlangung der Verfügungsgewalt über die Betäubungsmittel zur für das unerlaubte Handeltreiben erforderlichen Verbindungshandlung bereits unmittelbar angesetzt hat. Im Übrigen wird der Täter durch das Sich-Verschaffen de lege lata regelmäßig den Tatbestand des (versuchten) unerlaubten Besitzes von Betäubungsmitteln (§ 29 Abs. 1 S. 1 Nr. 3 BtMG) verwirklichen, sodass eine gravierende Strafbarkeitslücke durch die hier vertretene Beschränkung des unerlaubten Handeltreibens nicht auszumachen ist.

Um eine stimmige norminterne Systematik zu gewährleisten, ist das Sich-Verschaffen von Betäubungsmitteln in sonstiger Weise aus dem Klammerzusatz des unerlaubten Handeltreibens de lege feranda zu streichen und gleichberechtigt neben dem unerlaubten Besitz in § 29 Abs. 1 S. 1 Nr. 3 zu inkorporieren („*Betäubungsmittel sich verschafft oder sie besitzt, ohne zugleich im Besitz einer schriftlichen Erlaubnis für den Erwerb zu sein*“).

1137 OLG Bamberg NStZ-RR 2014, 48; *Weber* § 29 BtMG, Rn. 1261; Körner/*Patzak* § 29 BtMG, Rn. 959.

3. *Die systematisch erforderliche Abgrenzung der Deliktsverwirklichungsstadien*

Wie bereits dargestellt[1138], gelingt es der Rechtsprechung nicht, dogmatisch überzeugend die Deliktverwirklichungsstadien trennscharf voneinander abzugrenzen, sodass § 29 Abs. 2 BtMG nach der herrschenden Auffassung für das unerlaubte Handeltreiben konsequenterweise keine Anwendung finden dürfte. Dieser systematisch nur schwerlich haltbare Makel kann durch die hier vertretene Auffassung vollumfänglich behoben werden, was nachfolgend (zumindest kursorisch) dargestellt werden soll:

Zunächst ist bezüglich der Abgrenzung der verschiedenen Deliktsverwirklichungsstufen die unterschiedliche Schutzrichtung des Verbots unerlaubten Handeltreibens entsprechend zu berücksichtigen. Demnach ist auch diesbezüglich zwischen den Handlungen, die eine Weitergabegefahr bzw. eine betäubungsmittelmarktspezifische Gefahr verursachen, zu differenzieren:

a) *Deliktsverwirklichungsstadien in Bezug auf die eine Weitergabegefahr begründenden Handlungen*

Im Rahmen der eine Weitergabegefahr begründenden Handlungen steht die vertretene Auffassung der herrschenden Ansicht nicht diametral entgegen, da an der auf einen Betäubungsmittelumsatz gerichteten Handlung des Täters weiterhin festgehalten wird. Ferner ist es der herrschenden Auffassung nicht fremd, dann ein unerlaubtes Handeltreiben anzunehmen, wenn der Täter tatsächlich mit „Rauschgift befasst" ist.[1139] Die zusätzlichen objektiven Voraussetzungen eines vorangegangenen Betäubungsmittelbesitzes und einer auf Umsatz gerichteten Verbindungsleistung tragen vielmehr dazu bei, die „Befassung mit Rauschgift" in objektiver Hinsicht näher zu umschreiben, wobei der beabsichtigte Betäubungsmittelumsatz durch die ausgeübte Sachherrschaft an den Betäubungsmitteln hinreichend konkretisiert wird. Dass auch nach der extensiven Begriffsauslegung der herrschenden Auffassung eine Konkretisierung der in Aussicht genommenen Tat erforderlich ist, um das vollendete unerlaubte Handeltreiben vom straflosen Vorbereitungsstadium abgrenzen zu können,

---

1138 Vgl. 2. Teil, E. II. 3. e).

1139 So BGH NJW 1993, 2389 (2390); ebenfalls *Weber* § 29 BtMG, Rn. 582.

ist inzwischen in der Rechtsprechung[1140] und im Schrifttum[1141] weitestgehend anerkannt.

Durch das objektive Erfordernis der vom Täter ausgeübten tatsächlichen Sachherrschaft wird einerseits die vom Täter vorzunehmende umsatzbezogene Handlung (z. B. der Transport, die Portionierung bzw. die Ein- und Ausfuhr) hinreichend konkretisiert, da nun der Täter selbst erkennt, auf welche Menge und welches Betäubungsmittel sich seine betäubungsmittelspezifische Verbindungshandlung überhaupt erstreckt. Durch die Fokussierung des bereits abtrakt-generell vorhandenen Umsatzwillens auf etwas Gegenständliches (die besessenen Betäubungsmittel) wird ferner der Grundstein dafür gelegt, die erlangten Betäubungsmittel auch an andere Personen weiterzugeben. Insofern wird andererseits das hinter der vom Täter ausgeführten Verbindungshandlung ablaufende Umsatzgeschäft bzw. das noch hinter diesem stattfindende (Betäubungsmittel-)Gesamtgeschäft durch die vom Täter gehaltene Sachherrschaft an den umzusetzenden Betäubungsmitteln für diesen zumindest ansatzweise erfahrbar, sodass der Betäubungsmittelbesitz auch bezüglich dieser Geschäfte seine konkretisierende Wirkung entfaltet.[1142] Aufgrund des vom Täter ausgeübten Besitzes an Betäubungsmitteln und der sich daran anschließenden Verbindungshandlung wird folglich in objektiver Hinsicht eine für das Rechtsgut der Drogenverkehrshoheit relevante Weitergabegefahr begründet. Durch die tatsächliche Sachherrschaft an den Betäubungsmitteln wird demnach das verwirklichte Unrecht der Tat – die auf Betäubungsmittelumsatz abzielende Handlung – maßgeblich charakterisiert und ferner der rechtsfeindliche (Umsatz-) Wille durch den Betäubungsmittelbesitz objektiviert, was wiederum eine dogmatisch nachvollziehbare Abgrenzung von Vorbereitung, Versuch, Vollendung und Beendigung des unerlaubten Handeltreibens ermöglicht:

1140 BGHSt 50, 202 (266); BGH NJW 1991, 305; BGH NJW 1993, 2389 (2390); BGH StV 1994, 429; BGH NStZ 2001, 323 (324); BGH NJW 2001, 1461; BGH StV 2005, 666 (668).

1141 *Weber* § 29 BtMG, Rn. 576 ff.; Körner/*Patzak* § 29 BtMG, Rn. 375 ff.; *Franke/Wienroeder* § 29 BtMG, Rn. 53; MüKo-StGB/*Oğlakcıoğlu* § 29 BtMG, Rn. 425; ebenfalls bereits *Roxin* StV 1992, 517 (519).

1142 I. d. S. auch BGH NJW 1993, 2389 (2390); BGH NStZ 1996, 507; BGH NStZ 2001, 323 (324); diesen Zusammenhang verkennend: *Weber* § 29 BtMG, Rn. 578, der nur den beabsichtigten Teilakt zur Konkretisierung der Tat genügen lassen will.

(1) Das vollendete bzw. beendete unerlaubte Handeltreiben

Da die Weitergabegefahr im Ergebnis erst durch eine Kumulation des Betäubungsmittelbesitzes mit der vom Täter mit Umsatzwillen ausgeführten betäubungsmittelspezifischen Verbindungshandlung begründet wird, tritt der Täter mit der Ausführung der Verbindungshandlung in das Vollendungsstadium ein.

Ist der Umsatz der Betäubungsmittel hingegen bewirkt, hat die Tat das Vollendungsstadium verlassen und befindet sich nun in der Beendigungsphase, bis der für die Betäubungsmittel gezahlte Erlös am Bestimmungsort angelangt ist.[1143]

(2) Das versuchte unerlaubte Handeltreiben (§ 29 Abs. 2 BtMG)

Erlangt der mit Umsatzwillen handelnde Täter lediglich die tatsächliche Sachherrschaft über die Betäubungsmittel, verwirklicht er bereits ein Tatbestandsmerkmal des unerlaubten Handeltreibens und setzt somit nach seiner Vorstellung zu diesem unmittelbar an[1144]. Da er nach seiner Vorstellung von der Tat noch nicht alles zur Tatbestandsverwirklichung getan hat, ist – bei einem entsprechenden Vorsatz – bis zur Vornahme der Verbindungshandlung lediglich ein unbeendeter Versuch gegeben. Demnach könnte der Täter gemäß § 24 Abs. 1 S. 1 Alt. 1 StGB[1145] strafbefreiend durch die freiwillige Aufgabe der betäubungsmittelspezifischen Verbindungshandlung (und somit der weiteren Ausführung der Tat) von dieser zurücktreten[1146].

Das Versuchsstadium beginnt jedoch nicht erst mit der tatsächlichen Erlangung der Verfügungsmacht über die Betäubungsmittel, sondern bereits dann, wenn der Täter zur Erlangung der tatsächlichen Sachherrschaft unmittelbar

---

1143 I. E. zust. BGH NStZ 2004, 105 (108); *Gaede* StraFo 2003, 392 (396); diff. *Malek* Betäubungsmittelstrafrecht, S. 59; dagegen eine Vollendung nach dem Umsatz für möglich haltend: BGHSt 31, 145 (146 f.); 43, 158 (162 f.); BGH NJW 2008, 1460; BGH NJW 2015, 3800 (3801); *Weber* § 29 BtMG, Rn. 457.

1144 BGH NStZ 2017, 86 (87); BGH NStZ 2018, 648 f.; *Fischer* § 22 StGB, Rn. 9; allg. zum unmittelbaren Ansetzen vgl. SK-StGB/*Jäger* § 22 Rn. 11 ff.; MüKo-StGB/*Hoffmann-Holland* § 22 Rn. 102 ff.; Baumann/Weber/*Mitsch*/Eisele AT § 22 Rn. 57 ff.; *Jescheck/Weigend* AT, S. 518 ff.

1145 Allg. zum Rücktritt SK-StGB/*Jäger* § 24 Rn. 39 ff.; Sch/Sch/*Eser/Bosch* § 24 StGB, Rn. 13 ff.; MüKo-StGB/*Hoffmann-Holland* § 24 Rn. 84 ff.

1146 I. E. zust. *Roxin* StV 1992, 517 (518), *ders.* StV 2003, 619 (621); ebenfalls *Gaede* HRRS 2004, 165 (170); *ders.* HRRS 2005, 250 (251); dagegen BGH, Beschl. v. 22.01.2004 – 5 Ars 46/03, Rn. 13 (juris), der in unzulässiger Weise maßgeblich auf die Schließung von Strafbarkeitslücken abstellt; *Weber* § 29 BtMG, Rn. 582.

angesetzt hat. Dies ist nach der im Schrifttum herrschenden „Zwischenakts-theorie“[1147] erfüllt, sobald keine wesentlichen Zwischenakte zur Erlangung der Verfügungsmacht (mehr) erforderlich sind. In Bezug auf das unerlaubte Handeltreiben wäre dies der Fall, wenn die Besitzbegründung als zunächst zu verwirklichendes Tatbestandsmerkmal räumlich-zeitlich unmittelbar bevorstünde[1148]. Beispielsweise setzt ein Rauschgiftkurier, der Betäubungsmittel vom Verkäufer übernehmen soll, noch nicht unmittelbar zum Handeltreiben an, wenn er sich zur Übernahme von Betäubungsmitteln zum vereinbarten Übergabeort begibt, wohl aber dann, wenn er dort ankommt und dem übergabebereiten Handelspartner zum Zwecke der Betäubungsmittelübergabe gegenübertritt.[1149] Alle vor diesem Zeitpunkt vom Täter mit Umsatzwillen getätigten Handlungen (ohne rechtsgeschäftlichen Bezug[1150]) stellen straflose Vorbereitungshandlungen des unerlaubten Handeltreibens dar.

(3) Zwischenergebnis

Zusammenfassend kann für die eine Weitergabegefahr begründenden tatsächlichen Handlungen festgehalten werden, dass über die zusätzliche tatbestandliche Voraussetzung des Betäubungsmittelbesitzes nicht nur der Versuch von der Vollendung, sondern ebenfalls das Vollendungs- vom Beendigungsstadium präzise abgrenzt werden kann. Im Ergebnis wird durch dieses neuartige Verständnis das unerlaubte Handeltreiben aus der (scheinbar grenzenlosen) Subjektivität der herrschenden Auffassung herausgeführt. Dadurch wird die damit einhergehende, dogmatisch nicht mehr haltbare Versuchskasuistik[1151] obsolet, was einem rechtsstaatlichen Tatstrafrecht prinzipiell besser gerecht wird.

1147 SK-StGB/*Jäger* § 22 Rn. 23; Sch/Sch/*Eser/Bosch* § 22 StGB, Rn. 42; MüKo-StGB/*Hoffmann-Holland* § 22 Rn. 118; *Roxin* AT II § 29 Rn. 139 ff.

1148 BGH NStZ 2017, 86 (87); BGH NStZ 2018, 648 f.; zust. *Fischer* § 22 StGB Rn. 10.

1149 A. A. BGH StV 1985, 14; BGH NJW 1987, 720 f.; BGH NJW 1991, 305; *Weber* § 29 BtMG, Rn. 594: vgl. 3. Teil, C. II. 3. a).

1150 Zum rechtsgeschäftlichen Bezugspunkt d. betäubungsmittelmarktspezif. Gefahr vgl. hierzu sogleich: 3. Teil, C. II. 3. b).

1151 Vgl. 2. Teil, E. II. 3.

b) *Deliktsverwirklichungsstadien bezüglich der betäubungsmittelmarktspezifischen Gefahr*

(1) *Das vollendete bzw. beendete unerlaubte Handeltreiben*

Wie bereits ausgeführt[1152], tritt – sofern der Täter keinen Betäubungsmittelbesitz innehat – eine abstrakte betäubungsmittelmarktspezifische Gefahr erst dann ein, wenn das mit Umsatzwillen getätigte Angebot zum Abschluss eines Betäubungsmittelverpflichtungs- bzw. -vermittlungsgeschäfts einer anderen Person zugegangen ist[1153]; andernfalls liegt keine Vollendung, sondern lediglich ein Versuch des unerlaubten Handeltreibens vor[1154].

Mit der Bewirkung des Betäubungsmittelumsatzes erreicht die Tat – wie bei den eine Weitergabegefahr begründenden, tatsächlichen Handlungen – das Beendigungsstadium als letzte Deliktsverwirklichungsstufe.[1155]

(2) *Das versuchte unerlaubte Handeltreiben (§ 29 Abs. 2 BtMG)*

Ein versuchtes Handeltreiben kann ebenfalls dann gegeben sein, wenn dem Erklärungsempfänger (noch) kein „verbindliches“ Angebot unterbreitet wurde, wenn also im Zeitpunkt der abgegebenen Erklärung der Vertragspartner, die Art, die konkrete Menge oder der Verkaufspreis der Betäubungsmittel (essentialia negotii) noch unbekannt ist.[1156] Dies ist z. B. dann der Fall, wenn der Täter seinem Geschäftspartner lediglich kundtut, welches Betäubungsmittel er in welcher Menge erwerben möchte. In dieser Konstellation liegt ein unmittelbares Ansetzen und somit ein Versuchsbeginn erst dann vorliegend, wenn der Täter nach seiner Vorstellung von der Tat damit rechnet, dass die von ihm offenbarte, generelle Vertragsbereitschaft (invitatio ad offerendum) den Geschäftspartner

---

1152 Vgl. 3. Teil, B. II. b).

1153 *Oğlakcıoğlu* AT-BtMG, S. 502; *Weber* § 29 BtMG, Rn. 394; i. d. S. auch BGH NStZ 1986, 557; BGH NStZ 2007, 287; so auch OLG Karlsruhe NStZ-RR 1998, 348.

1154 Lediglich für schriftliche Bestellungen per Post bzw. Telefax zust. Körner/*Patzak* 9. A. § 29 BtMG, Teil 4 Rn. 57.

1155 I. E. zust. BGH NStZ 2004, 105 (108); *Gaede* StraFo 2003, 392 (396); für eine Vollendung nach dem Umsatz grds. BGHSt 31, 145 (146 f.); 43, 158 (162 f.); BGH NJW 2008, 1460; BGH NJW 2015, 3800 (3801); *Weber* § 29 BtMG, Rn. 457; *Schlage* Ad legendum 2012, 257 (259); diff. *Malek* Betäubungsmittelstrafrecht, S. 59; krit. zum zeitlich nach hinten verlegten Vollendungszeitpunkt: MüKo-StGB/*Oğlakcıoğlu* § 29 BtMG, Rn. 258 ff. m. w. N.; *Knauer/Oğlakcıoğlu* NStZ 2014, 83 (84).

1156 So auch OLG München NStZ 2011, 464 (465); zust. Körner/*Patzak* § 29 BtMG, Rn. 253; dagegen für eine Vollendung die st. Rspr. BGHSt 29, 239 (240); BGH NStZ-RR 1996, 48; BGHSt 50, 252 (265 f.); so auch *Franke/Wienroeder* § 29 BtMG, Rn. 42.

dazu veranlassen wird, in einem engen zeitlich-räumlichen Zusammenhang[1157] ein (auch konkludentes) eigenes (annehmbares) Angebot dem Täter gegenüber abzugeben.[1158] Wenn beispielsweise ein „Straßendealer“ (zum gewinnbringendem Weiterverkauf) einen Zwischenhändler aufsucht und ihm gegenüber äußert, eine übliche Menge eines bestimmten, markttypischen Betäubungsmittels ankaufen zu wollen, und davon ausgeht, dass dieser ihm die Menge prompt zu einem marktüblichen Preis anbieten und übereignen wird, dann setzt der „Straßendealer“ mit Eintritt in die Verkaufsverhandlungen unmittelbar zum Versuch des unerlaubten Handeltreibens an. Indem der Zwischenhändler dem „Straßendealer“ nun den Preis für die gewünschte Betäubungsmittelmenge nennt, gibt der Zwischenhändler ein „verbindliches“ Verkaufsangebot ab und vollendet – unabhängig davon, ob er die verlangten Betäubungsmittel bereits besitzt – das unerlaubte Handeltreiben. Sofern der „Straßendealer“ dieses Angebot nun (auch konkludent durch Übergabe des geforderten Geldbetrages) annimmt, vollendet er selbst das unerlaubte Handeltreiben. Bis zu diesem Zeitpunkt kann der „Straßendealer“, indem er aus freien Stücken das Angebot des Zwischenhändlers gerade nicht annimmt, vom unbeendeten Versuch nach § 24 Abs. 1 S. 1 Alt. 1 StGB noch zurücktreten[1159].

(3) Das straflose Vorbereitungsstadium

Demgegenüber verbleiben Äußerungen bzw. allgemeine Anfragen wie „Hast Du Stoff?“, „Willst Du Ware?“ oder „Ich kann Dir was besorgen.“ – in Übereinstimmung mit der herrschenden Auffassung[1160] – im Bereich der straflosen Vorbereitungshandlungen, da von diesem gänzlich unbestimmten, unverbindlichen Agieren in Bezug auf Art und Menge der Betäubungsmittel keine einem Angebot nahekommende abstrakte, betäubungsmittelmarktspezifische Gefahr geschaffen wird. Solange der Täter seinem Geschäftspartner gegenüber ein „verbindliches“

1157 Vgl. BGHSt 26, 201(203); 28, 162 (163); BGH NStZ 1989, 473; BGH NStZ 2017, 86 (87); BGH NStZ 2018, 648 f.; zust. *Fischer* § 22 StGB Rn. 10.

1158 I. E. OLG München NStZ 2011, 464 (465).

1159 I. E. zust. *Roxin* StV 1992, 517 (518), *ders.* StV 2003, 619 (621); ebenfalls *Gaede* HRRS 2005, 250 (251); dagegen BGH, Beschl. v. 22.01.2004 – 5 Ars 46/03, Rn. 13 (juris), der unberechtigterweise Strafbarkeitslücken befürchtet; allg. zum Rücktritt SK-StGB/*Jäger* § 24 Rn. 39 ff.; Sch/Sch/*Eser/Bosch* § 24 StGB, Rn. 13 ff.; MüKo-StGB/*Hoffmann-Holland* § 24 Rn. 84 ff.

1160 BGH NStZ-RR 1996, 48; BGHSt 50, 252 (265 f.); OLG München NStZ 2011, 464 (465); *Weber* § 29 BtMG, Rn. 378, 585; Körner/*Patzak* § 29 BtMG, Rn. 253; MüKo-StGB/*Oğlakcıoğlu* § 29 BtMG, Rn. 244.

Angebot abgeben wollte, kommt es für die Abgrenzung von Vorbereitung, Versuch bzw. Vollendung des Tatbestands nicht darauf an, ob er tatsächlich eine realistische Grundlage für das Geschäft sieht, ob die Drogen noch hergestellt werden müssen bzw. ob er seinen Geschäftspartner als erfüllungsbereit erachtet oder ob der Geschäftspartner das Ansinnen sofort zurückweist.[1161]

(4) Zwischenergebnis

Durch dieses (an der zivilrechtlichen Rechtsgeschäftslehre orientierte) Verständnis des unerlaubten Handeltreibens können auch für dessen rechtsgeschäftlichen Bereich – im Gegensatz zur herrschenden Auffassung[1162] – die Delitksverwirklichungsstadien systematisch-stringent voneinander abgegrenzt werden. Dadurch wird auch im Rahmen der rechtsgeschäftlichen Handelstätigkeiten ein tatsächlicher Anwendungsbereich des Versuchs (§ 29 Abs. 2 BtMG) geschaffen, sodass die mit der herrschenden Auffassung einhergehenden systematischen Dissonanzen des praktisch funktionslosen versuchten Handeltreibens vermieden werden.

Die hier vertretene Auffassung führt jedoch nicht nur zu einer Ausweitung des bloßen Versuchsstadiums; sie trägt gleichfalls allgemein dazu bei, die Grenze zwischen straflosem und tatbestandlichem Verhalten wesentlich präziser zu bestimmen. Die herrschende Auffassung[1163] verbleibt nämlich überaus vage, indem sie das Eintreten in ernsthafte Kaufverhandlungen bzw. die Anbahnung bestimmter Betäubungsmittelgeschäfte zum maßgeblichen Abgrenzungskriterium erhebt, ohne konkret anzugeben, was allgemeine Voranfragen von ernsthaften Kaufbemühungen bzw. hinreichend bestimmten Geschäften tatsächlich unterscheidet bzw. wann jemand konkret in Kaufverhandlungen ernsthaft eintritt (mit der Entäußerung der Vertragsbereitschaft, mit einem ersten Angebot oder erst mit einem Beginn zu beidseitig-kommunikativem Aushandeln einzelner Vertragsbestandteile). Um diesen Mangel an tatbestandlicher Präzision zu vermeiden, ist es vorzugswürdig, die Deliktsverwirklichungsstufen im rechtsgeschäftlichen Bereich anhand der abgegebenen Willenserklärung abzugrenzen. Hierfür ist auf die ausdifferenzierte zivilrechtliche Dogmatik der §§ 145 ff. BGB

1161 *Weber* § 29 BtMG, Rn. 586; Körner/*Patzak*, § 29 BtMG, Rn. 256 m. w. N.

1162 Vgl. hierzu u. a. BGHSt 50, 252 (256); BGH StV 2006, 136; m. w. N. Körner/*Patzak* § 29 BtMG, Rn. 261 ff.; *Weber* § 29 BtMG, Rn. 355 ff.; ferner 2. Teil, E. II. 3. c).

1163 BGHSt 29, 239 (240); BG StV 1992, 517; BGH NStZ-RR 1996, 48; BGH NStZ-RR 2004, 183 f.; BGH, Beschl. v. 22.01.2004 – 5 Ars 46/03, Rn. 6 (juris); BGHSt 50, 252 (265 f.); zust. Körner/*Patzak* § 29 BtMG, Rn. 253; *Weber* § 29 BtMG, Rn. 169 f., 383 ff.; *Rahlf* FS-Strauda 243 (257).

zur Auslegung von Willenserklärungen zurückzugreifen. Dadurch wird auch die Normbestimmtheit (Art. 103 Abs. 2 GG) verbessert, sodass eine mögliche Strafbarkeit für den Normadressaten vorhersehbarer wird und er sein Handeln entsprechend einrichten kann.

c) Zwischenergebnis zum versuchten unerlaubten Handeltreiben

Mit der Objektivierung des unerlaubten Handeltreibens geht insgesamt einher, dass die durch den Täter herbeigeführte Gefahr sich bereits aus der Tathandlung selbst ergeben muss. Folglich wird das durch diese Handlung verwirklichte Unrecht nicht mehr allein durch die deliktische Absicht des Täters charakterisiert, sodass im Ergebnis eine Ambivalenz dieser Tathandlung vermieden wird. Dies hat wiederum zur Folge, dass das unerlaubte Handeltreiben – entgegen der herrschenden Meinung – nicht mehr als unechtes Unternehmensdelikt aufzufassen ist.[1164]

Zusammenfassend kann im Hinblick auf die Zielvorgabe der Herstellung einer konsistenten Normsystematik festgehalten werden, dass durch dieses alternative Begriffsverständnis eine trennscharfe Abgrenzung der Deliktsverwirklichungsstufen erzielt werden konnte und dadurch dem versuchten unerlaubten Handeltreiben ein eigenständiger praktischer Anwendungsbereich geschaffen wurde.

III. Prinzipielle Übereinstimmung mit den Ergebnissen der historischen Auslegungsmethode

Es soll nicht verschwiegen werden, dass die in dieser Untersuchung vertretene Auffassung durch die Anreicherung des unerlaubten Handeltreibens im objektiven Tatbestand der herrschenden Auffassung nicht unerheblich widerspricht. Da sich der Gesetzgeber – wie bereits dargelegt –die extensive Begriffsdefinition der herrschenden Auffassung ausdrücklich zu eigen gemacht hat, steht der hier vertretenen Auffassung der in den Gesetzgebungsmaterialien zum Ausdruck kommende gesetzgeberische Wille[1165] entgegen.

1164 Lediglich i. E. zust. *Roxin* StV 2003, 619; *Harzer* StV 1996, 336 (337); *Paul* StV 1998, 623 (624); *Ebert* Handeltreiben S. 182; *Neuhaus* NStZ 2001, 39 (41); Kreuzer/*Nestler* § 11 Rn. 365 Fn. 903; dagegen die h. M. BGH NJW 2005, 1589 (1590); BGHSt 50, 252 (262); BGH NStZ 2007, 531 (533); BGH NStZ 2016, 414; OLG Köln StV 1999, 156 (157); auch Körner/*Patzak* § 29 BtMG, Rn. 209; *Hügel/Junge/Lander/Winkler* § 29 BtMG, Rn. 4.1.1; *Krack* JuS 1995, 585 (587); *Endriß* NStZ 1998, 463.

1165 Vgl. hierzu ausführl. 3. Teil, A. II., D. III.

Da die herrschende Auffassung jedoch mit gravierenden systematischen und teleologischen Friktionen verbunden ist und jedem gesetzgeberischen Handeln unterstellt werden muss, dass solche normativen (und rechtsstaatlich bedenklichen) Verwerfungen gerade vermieden werden sollen, ist eine (partielle) Negation des gesetzgeberischen Willens ausnahmsweise[1166] dann zu akzeptieren, wenn diese dazu beiträgt, die systematischen und teleologischen Unstimmigkeiten zu reduzieren bzw. gänzlich aufzuheben, ansonsten aber mit den grundlegenden gesetzgeberischen Leitmotiven bzw. Prinzipien der gesetzgeberischen Tätigkeit übereinstimmt.

Die Analyse der historischen Auslegung hat gezeigt, dass sich der Gesetzgeber nicht ohne Grund die extensive Begriffsdefinition der Rechtsprechung zu eigen gemacht hat. Damit wollte er nämlich sicherstellen, dass einerseits auch das besitzlose Vermitteln[1167] von Betäubungsmittelgeschäften tatbestandlich erfasst und in Erweiterung dazu der sogenannte „Großtäter"[1168], der Betäubungsmittelgeschäfte organisiert oder leitet[1169], ebenfalls einer Strafbarkeit wegen unerlaubten Handeltreibens unterworfen werden kann. Löst man sich nun von dem vom Gesetzgeber angewandten gesetzgeberischen Mittel (dem extensiven Begriffsverständnis) und misst die Leistungsfähigkeit der hier vorgeschlagenen Definition direkt an den gesetzgeberischen Zielen, wird offenbar, dass diese auch durch die hier vertretene objektiv eingeschränkte Definition adäquat erfüllt werden können.

Wie bereits dargestellt[1170], vollendet bereits das rechtsgeschäftliche Angebot bzw. die Annahme eines solchen, für einen anderen ein Betäubungsmittelgeschäft

---

1166 Zum Regelfall vgl. BVerfGE 120, 224 (241 f.); *Jakobs* AT 4/20; Matt/Renzikowski/*Basak* § 1 StGB, Rn. 24; einschränkend dagegen *Jescheck/Weigend* AT, S. 156; SK-StGB/*Jäger* § 1 Rn. 70.

1167 BRegE. BT-Drs. 8/3551, S. 27; BT-Drs. 8/3551, S. 53; i. d. S. auch der Stn. BR. BT-Drs. 8/3551, S. 45; zust. die h. M.: BGHSt 6, 246 (247), 50, 252 (264); BGH NStZ-RR 2011, 57; zust. *Weber* § 29 BtMG, 425 ff.; Körner/*Patzak* § 29 BtMG, Rn. 298 ff.; *Gaede* HRRS 2005, 250 (253); *Niehaus* JR 2005, 192 (196); *Oğlakcıoğlu* AT-BtMG, S. 434, 497; krit. *Roxin* StV 2003, 619 (621).

1168 BRegE. BT-Drs. 8/3551, S. 35; i. d. S. auch der Stn. BR. BT-Drs. 8/3551, S. 39, 45; ebenso Gegenäußerung d. BReg. BT-Drs. 8/3551, S. 51; BT-Sten. Ber. Bd. 117, S. 303, 306, 309.

1169 BRegE. BT-Drs. 12/3533, S. 18; BGHSt 50, 252 (261 f.); zust. *Weber* Handeltreiben, S. 145 f.; *Weber* JR 2006, 139 (141); a. A. *Krumdiek/Wesemann* StV 2006, 634 (636); *Schnürer* Gesamtgeschäft, S. 195 f.

1170 Vgl. 3. Teil, B. II. 3. b) (2).

zu vermitteln, das unerlaubte Handeltreiben. Folglich kommt es für die Vollendung gar nicht mehr darauf an, dass dem Täter tatsächliche Vermittlungsbemühungen nachgewiesen werden. Insofern wird dieser gesetzgeberische Zweck durch das hier vertretene Begriffsverständnis voll erfüllt.

Der gesetzgeberische Zweck, dass die Definition des unerlaubten Handeltreibens insgesamt – also nicht nur im rechtsgeschäftlichen Bereich – die Organisatoren, Hintermänner und Drahtzieher von Betäubungsmittelgeschäften erfassen müsse[1171], kann durch diese Auslegung ebenfalls erfüllt werden. Für ein alleintäterschaftliches unerlaubtes Handeltreiben ist nach der hier vertretenen Auffassung nicht erforderlich, dass der Täter die tatsächliche Sachherrschaft unmittelbar körperlich ausübt. Nach der hier vertretenen Auffassung ist es zur Verwirklichung des Besitzerfordernisses eines unerlaubten Handeltreibens (ebenso wie bei § 29 Abs. 1 S. 1 Nr. 3 BtMG) ausreichend, wenn der Täter Mitbesitz bzw. mittelbaren Eigen- oder (Fremd-)Besitz[1172] an den Betäubungsmitteln begründet hat. Im Rahmen dieser verschiedenen Formen des Besitzes kann also auch die tatsächliche Verfügungsgewalt für einen anderen ausgeübt werden.[1173] Folglich ermöglicht es ein derartig verstandenes unerlaubtes Handeltreiben durchaus, dass Personen, die Betäubungsmittelumsatzgeschäfte hierarchisch organisieren, sich dafür mehrerer Gehilfen bedienen und das Geschehen geistig beherrschen, als Alleintäter des unerlaubten Handeltreibens bestraft werden können, obwohl sie das Betäubungsmittelumsatzgeschäft nicht eigenhändig betreiben bzw. sonst in direkten Kontakt mit den Betäubungsmitteln kommen.

Um den (Organisations-)Zusammenhang des Hintermanns mit dem Vordermann anhand des Besitzes eingehender darzustellen, soll das bereits eingeführte „Kurier-Beispiel“[1174] erneut aufgegriffen werden:

Bevor der „Kopf“ des Rauschgiftrings dem Kurier das Betäubungsmittelversteck verriet, hatte nur der Hintermann unmittelbaren Besitz an den Betäubungsmitteln. Indem er ihm das Versteck mitteilte und ihn zur Abholung der

1171 BRegE. BT-Drs. 8/3551, S. 35; i. d. S.auch der Stn. BR. BT-Drs. 8/3551, S. 39, 45; ebenso Gegenäußerung d. BReg. BT-Drs. 8/3551, S. 51; BT-Sten. Ber. Bd. 117, S. 303, 306, 309; BRatE. BT-Drs. 12/989, S. 1, 30; BRegE. BT-Drs. 12/3533, S. 18; BGH NJW 1979, 1259; BGHSt 32, 11 (120 f.); 50, 252 (261 f.); zust. *Slotty* ZRP 1981, 60 (64); *Körner* NStZ 2000, 95; *Weber* § 29 BtMG, Rn. 191 ff.; *ders.* JR 2006, 139 (141); für eine ausschließl. Ausrichtung auf die Organisatoren hingegen: *Schnürer* Gesamtgeschäft, S. 159; *Morozinis* Organisationsdelikte, S. 583.

1172 Vgl. 3. Teil, B. II. 3. a) (1).

1173 BGH NStZ-RR 2004, 146 (148); ebenfalls *Weber* § 29 BtMG, Rn. 1342.

1174 Vgl. 2. Teil, E. II. 3.

Betäubungsmittel anwies, erbrachte der Hintermann eine auf den Umsatz dieser Betäubungsmittelmenge gerichtete Verbindungsleistung, mithin vollendete er durch diese Handlung das unerlaubte Handeltreiben. Den unmittelbaren Besitz verlor der Hintermann spätestens mit dem Auffinden der versteckten Betäubungsmittel durch den Kurier. Indem dieser sich nun mit dem Rauschgift auf den Rückweg zum Hintermann machte, erbrachte der Kurier ebenfalls eine auf den Betäubungsmittelumsatz gerichtete, den Besitz und den Umsatz verbindende Handlung, folglich vollendete er – im Gegensatz zur herrschenden Meinung – erst durch die Vornahme dieser Handlung das unerlaubte Handeltreiben. Solange der (fremdbesitzende) Kurier den Anweisungen des Hintermanns Folge leistet, besteht zwischen beiden ein Besitzmittlungsverhältnis, wodurch der Hintermann auch während der Rückfahrt mittelbaren Besitz an den Betäubungsmitteln ausübt, sodass der Hintermann auch noch in dieser Phase mit Betäubungsmitteln Handeltreiben könnte, indem er mit Umsatzwillen weitere Anweisungen an seinen Untergebenen erteilt und somit weitere betäubungsmittelspezifische Verbindungshandlungen tätigt. Zwar verschmelzen diese nachfolgenden Tätigkeiten mit der Anweisung zur Abholung der Betäubungsmittel zu einer Bewertungseinheit[1175], jedoch wird durch dieses Beispiel verdeutlicht, dass die hier vertretene Auffassung zum unerlaubten Handeltreiben grundsätzlich auch in der Lage ist, die Organisatoren, Drahtzieher und Hintermänner über die verschiedenen Teilakte des unerlaubten Handeltreibens hinweg zu erfassen, obwohl sie keinen unmittelbaren Besitz (mehr) an den Betäubungsmitteln ausüben.

Auch die rechtsgeschäftliche Einbindung des Hintermanns in die Drogengeschäfte seiner Untergebenen kann nach der hier vertretenen Auffassung schlüssig begründet werden. Gibt der Hintermann ein eigenes Angebot ab, welches dem Erklärungsempfänger direkt oder mittels eines Erklärungsboten zugeht, vollendet nur der Hintermann das unerlaubte Handeltreiben täterschaftlich. Der Bote handelt folglich lediglich als Gehilfe.[1176] Wird im Namen des Hintermanns von einem anderen mit Vertretungsmacht eine Willenserklärung abgegeben (Stellvertretung gemäß §§ 164 ff. BGB), ist – sofern sich der Erklärende im Rahmen der ihm vom Hintermann erteilten Vertretungsmacht bewegt – regelmäßig

1175 Vgl. hierzu BGHSt 25, 290 f.; BGH NJW 1979, 1259; BGH NJW 1981, 1325 (1326); BGH NStZ 2012, 517; BGH BeckRS 2018, 177069; ausführl. *Weber* Vor. § 29 ff. BtMG, Rn. 594 ff.; Körner/*Patzak* § 29 BtMG, Rn. 455 ff.

1176 Ebenso *Oğlakcıoğlu* AT-BtMG, S. 596.

ein Fall des gemeinschaftlichen unerlaubten Handeltreibens (§ 25 Abs. 2 StGB) gegeben.[1177]

Zwar schränkt dieses neu ausgerichtete Verständnis des unerlaubten Handeltreibens – systematisch-teleologisch bedingt – den Tatbestand des unerlaubten Handeltreibens in objektiver Hinsicht durchaus ein, jedoch ist auch nach der hier vertretenen Auffassung das Merkmal weiterhin in der Lage, die Vollendung des Tatbestands weit im Vorfeld des eigentlichen Betäubungsmittelumsatzes anzusiedeln[1178]. Ferner erhält sich dieser Ansatz – im Gegensatz zu den Kataloglösungen[1179] – eine nicht unerhebliche praktische Flexibilität[1180], sodass eine Vielzahl von tatsächlichen Handlungen weiterhin vom Tatbestand erfasst und mit einer Vollendungsstrafbarkeit geahndet werden können.

Da der im Rahmen der eine Weitergabegefahr begründenden Handlungen zwingend erforderliche Betäubungsmittelbesitz nicht im Sinne einer unmittelbaren Sachherrschaft ausgeübt werden muss, sondern auch ein mittelbarer Besitz bzw. Mitbesitz an Betäubungsmitteln das tatbestandliche Besitzerfordernis erfüllt, ist das hier vertretene Verständnis des unerlaubten Handeltreibens durchaus in der Lage, den Besonderheiten des Betäubungsmittelhandels, welcher durch Arbeitsteilung, Delegation und Konspiration geprägt ist[1181], entsprechend Rechnung zu tragen. Da es im Rahmen einer rechtsgeschäftlichen Tätigkeit nicht auf einen vom Täter ausgeübten Betäubungsmittelbesitz ankommt und im Falle einer Stellvertretung dem Hintermann die Willenserklärung mittäterschaftlich zugerechnet[1182] werden kann, ist insgesamt festzuhalten, dass mittels dieser begrifflichen Konzeption (auch) hierarchisches bzw. vermitteltes (klandestines) Täterverhalten ohne direkten Kontakt zum „Stoff" bzw. zum Abnehmer tatbestandlich erfasst und das dadurch verwirklichte (gesteigerte) Unrecht

1177 Vgl. hierzu 4. Teil, B. I. 3. c).

1178 So auch BRegE. BT-Drs. 8/3551, S. 27; auch Gegenäußerung d. BReg. BT-Drs. 8/3551, S. 53; i. d. S. auch der Stn. BR. BT-Drs. 8/3551, S. 45; ebenfalls GesE d. Frak. d. CDU/CSU, SPD u. FDP BT-Drs. 13/4355, S. 29 ff.; BRegE. BT-Drs. 13/587, S. 5 f.; jeweils m. ausdrückl. Verweis auf: RGSt 53, 310 (313); 51, 379 (380); 52, 169 (170); BGHSt 6, 246 (247); 25, 290 (291); 28, 308 (309); 29, 239 (240).

1179 Vgl. insoweit *Schwitters* S. 163; BGH NStZ 2004, 105 (108); dagegen BGH NStZ-RR 2004, 183 (184).

1180 So auch *Weber* NStZ 2004, 66 (68).

1181 BGHSt 50, 252 (261 f.); BGH StV 2006, 19 (22); *Weber* § 29 BtMG, Rn. 189; *ders.* NStZ 2004, 66 (68); krit. MüKo-StGB/*Oğlakcıoğlu* § 29 BtMG, Rn. 214; a. A. *Krumdiek/Wesemann* StV 2006, 634 (637); *Neuhaus* NStZ 2001, 39 (42).

1182 Hierzu vgl. 4. Teil, B. I. 3. c).

ebenfalls einer Strafbarkeit unterworfen werden kann. Folglich erweist sich dieser (immer noch überaus weite) Definitionsansatz kriminalpolitisch durchaus als leistungsfähig. Man wird ihm mithin nicht entgegenhalten können, dass er die Strafbarkeit des unerlaubten Handeltreibens zu weit zurücknehmen und somit kriminalpolitisch - soweit man eine jede[1183] Strafbarkeitslücke schließende „Auslegungsmethode“ in einem fragmentarischen Strafrecht überhaupt anerkennen kann[1184] - nicht mehr tragfähig erscheinen würde.

Darüber hinaus wird die extensive Begriffsauslegung der herrschenden Meinung in prozessualer Hinsicht stark abgeschwächt, da die Rechtsprechung dem Tatgericht wegen des weitreichenden Tatbestands eine erhöhte Feststellungslast auferlegt: So müssen die Zahl der angeklagten Taten, die Grundzüge der Art und Weise der Tatbegehung (Käufer, Verkäufer, Qualität, Menge, Preis, Gewinn), die Tatzeit und der Tatort in der Anklageschrift bzw. letztlich im Urteil so genau angegeben werden, dass das der Tat zugrundeliegende (Handels-)Geschäft hinreichend konkretisiert wird und somit von anderen Taten abgegrenzt werden kann.[1185] Demnach ist der kriminalpolitische Mehrwert des extensiven Begriffsverständnisses insgesamt in Zweifel zu ziehen. In jedem Fall erscheint es nicht gerechtfertigt, lediglich aufgrund eines zweifelhaften kriminalpolitischen Arguments den Begriff des unerlaubten Handeltreibens weiterhin in überaus unbestimmter Weite zu belassen, obwohl gerade dadurch erhebliche systematische bzw. strafrechtstheoretische Dissonanzen in den Tatbestand hineingetragen werden. Dem grundlegenden Ansatz dieser Untersuchung entsprechend, soll die begriffliche Reichweite des unerlaubten Handeltreibens nur so weit zurückgeschnitten werden, wie dies erforderlich ist, um die Strafvorschrift insgesamt auf eine dogmatisch konsistente Grundlage zu stellen, ohne dadurch das allgemeine (gesetzgeberische) Bedürfnis nach einer effizienten Strafrechtspflege in diesem Kriminalitätsbereich einschneidend zu beeinträchtigen.

1183 BGHSt 25, 290 f.; BGH NJW 1979, 1259; BGH NStZ-RR 2004, 183 (184); diesbzgl. krit. sogar *Weber* NStZ 2004, 66 (68); grundlegender hingegen *Hassemer* JuS 1987, 257 (258); *Endriß/Kinzig* NJW 2001, 3217 (3218 f.).

1184 BGHSt 50, 252 (261 f.); *Weber* § 29 BtMG, Rn. 189 f.; a. A. *Harzer* StV 1996, 336 ff.; *Wohlers* S 195; *Neuhaus* NStZ 2001, 39 (42); *Gaede* HRRS 2004, 165 (169); *Krumdiek/Wesemann* StV 2006, 634 (637); LK-StGB/*Schünemann* 12. A. Vor. § 25 Rn. 16; krit. MüKo-StGB/*Oğlakcıoğlu* § 29 BtMG, Rn. 214; zur Methodik vgl. *Simon* Gesetzesauslegung, 537 f.

1185 BGHSt 40, 390 (391 f.); BGH StV 1991, 245; BGH StV 1997, 173; BGH StV 2005, 555; BGH NStZ 2015, 96; zust. Körner/*Patzak* § 29 BtMG, Rn. 547a.

Zusammenfassend lässt sich festhalten, dass auch mit der hier vertretenen Auffassung die gesetzgeberischen Ziele grundsätzlich (noch) erreicht werden können, sodass es im Ergebnis unschädlich ist, dass durch dieses alternative Begriffsverständnis dem gesetzgeberischen Willen, nach einer vollständigen Übernahme des extensiven Begriffsverständnisses nicht entsprochen wird.

IV. Völker- bzw. Unionsrechtskonformität

Das hier vertretene Begriffsverständnis kann auch mit den völkerrechtlichen bzw. europarechtlichen Anforderungen in Übereinstimmung gebracht werden, da auch mit dieser objektiv-eingeschränkten Begriffsdefinition im Wesentlichen alle von den völkerrechtlichen bzw. unionsrechtlichen Vorgaben[1186] geforderten Pönalisierungsgebote durch den Tatbestand des unerlaubten Handeltreibens bzw. durch das BtMG insgesamt vollumfänglich erfüllt werden.

Im Bereich der tatsächlichen Handlungen (ohne rechtsgeschäftlichen Bezug) werden auch nach dieser eingeschränkten Auslegung die (auf einen Betäubungsmittelumsatz gerichteten) Tätigkeiten der Ein- und Ausfuhr, der Abgabe, des Verteilens, Lieferns, Versendens und Beförderns sowie des Feilhaltens von Betäubungsmitteln vom unerlaubten Handeltreiben erfasst, da diese Tätigkeiten gerade eine von einem Herrschaftswillen getragene tatsächliche Sachherrschaft voraussetzen und mit ihnen eine Verbindungsleistung zum Umsatz einhergeht. Zwar verwirklichen die tatsächlichen Handlungen der Betäubungsmittelproduktion (Anbau, Herstellung, Gewinnung und Zubereitung) und der schlichte Betäubungsmittelbesitz nach der hier vertretenen Auffassung nicht das unerlaubte Handeltreiben, jedoch unterfallen diese Handlungen, sofern sie mit Umsatzwillen getätigt werden, den eigenständigen Tatbeständen des Anbaus, der Herstellung (§ 29 Abs. 1 S. 1 Nr. 1 BtMG) bzw. dem Besitztatbestand des § 29 Abs. 1 S. 1 Nr. 3 BtMG, sodass das BtMG insgesamt nicht hinter den völker- und europarechtlichen Übereinkommen zurückbleibt.

Wie bereits eingeräumt, ist der in dieser Untersuchung gewonnene Begriff des unerlaubten Handeltreibens nicht dazu in der Lage, das im Klammerzusatz von § 29 Abs. 1 S. 1 Nr. 1 BtMG genannte Sich-Verschaffen von zum Weiterverkauf bestimmten Betäubungsmitteln als vollendetes unerlaubtes Handeltreiben zu erfassen. Da die Begehungsform des Sich-Verschaffens von Betäubungsmitteln in sonstiger Weise jedoch weder in Art. 3 Abs. 1 Suchtstoffübereinkommen noch in

1186 Vgl. Art. 3 Abs. 1 Suchtstoffübereinkommen (1988) bzw. Art. 2 Abs. 1 EU-Rahmenbeschluss.

Art. 2 Abs. 1 EU-Rahmenbeschluss aufgeführt wird, ist der hier vertretene Begriff des unerlaubten Handeltreibens gleichwohl völker- und unionsrechtskonform.

Da die hier vertretene Auffassung für rechtsgeschäftliche Tätigkeiten ausschließlich auf die vom Täter abgegebenen Willenserklärungen abstellt, wird – einer unions- bzw. völkerrechtskonformen Auslegung entsprechend –vom unerlaubten Handeltreiben auch das Anbieten sowie das An- und Verkaufen von Betäubungsmitteln erfasst, sofern dieses vom Täter mit Umsatzwillen unternommen wurde. Da eine betäubungsmittelmarktspezifische Gefahr auch schon durch die Willenserklärungen zu einem Betäubungsmittelvermittlungsgeschäft begründet wird, wird das zu pönalisierende Vermitteln nach der hier vertretenen Gesetzesauslegung (überobligatorisch) auf das Vorfeld der eigentlichen vermittelnden Tätigkeit, nämlich das „verbindliche" rechtsgeschäftliche Angebot zur Vermittlung von Betäubungsmittelverpflichtungsgeschäften (bzw. die Annahme desselben), ausgeweitet.

Insgesamt bleibt festzuhalten, dass die hier vertretene Auffassung im Gegensatz zu den übrigen, vom Schrifttum entwickelten begrifflichen Begrenzungsversuchen[1187] in der Lage ist, den Anforderungen der völker- und unionsrechtlichen Auslegungsmethode vollumfänglich nachzukommen.

1187 Vgl. hierzu ausführl. 2. Teil, E.

4. Teil Die Abgrenzung von Täterschaft und Teilnahme beim unerlaubten Handeltreiben

Die dogmatischen Verwerfungen des Tatbestands des unerlaubten Handeltreibens mit Betäubungsmitteln sind nicht auf die bereits dargestellten Themenkomplexe beschränkt. Das abzulehnende extensive Begriffsverständnis der herrschenden Meinung[1188] hat ebenfalls zur Folge, dass erhebliche dogmatische Friktionen mit den allgemeinen Grundsätzen zur Abgrenzung von Täterschaft und Teilnahme (§§ 25 ff. StGB) hervorgerufen werden, denn sofern jede mit Umsatzwillen ausgeübte Tätigkeit - auch die fördernde oder unterstützende - den Tatbestand des unerlaubten Handeltreibens vollendet, verwirklicht jeder Beteiligte den Tatbestand eigenhändig, was nach den allgemeinen Grundsätzen eine täterschaftliche Vollendungsstrafe (§ 25 Abs. 1 Alt. 1 StGB[1189]) zur Folge haben müsste. Wie diese Diffusion der Beteiligungsgrenzen zeigt, ist die Abgrenzung von Täterschaft und Teilnahme durch den objektiv uferlosen Tatbestand im Grunde verunmöglicht worden.[1190] Diese begrifflich-bedingte dogmatische Diskrepanz kann mit Recht als ein bisher nur unvollkommen gelöstes, zentrales Problem des Tatbestands bezeichnet werden.[1191]

In dem nachfolgenden Abschnitt soll der Lösungsversuch der auf dem extensiven Begriffsverständnis fußenden herrschenden Auffassung kursorisch

---

1188 BGHSt 34, 124 (125); 50, 252 (262); 51, 219 (221); 64, 266 (271); BGH NJW 1979, 1259; BGH NStZ 1988, 507; BGH StV 1993, 474; BGH StV 1999, 427 ff.; BGH NStZ-RR 2001, 148; BGH NStZ 2013, 546 (547); zust. *Weber* § 29 BtMG, Rn. 168 f.; *ders.* JR 2006, 139 (141); *Schäfer/Sander/van Gemmeren* Rn. 1758; Körner/*Patzak* § 29 BtMG, Rn. 225; *Hügel/Junge/Lander/Winkler* § 29 BtMG, Rn. 4.1.1; *Patzak/Bohnen* S. 51; *Franke/Wienroeder* § 29 BtMG, Rn. 22; *El-Ghazi* jurisPR-StrafR 20/2018, Anm. 1.

1189 „Als Täter wird bestraft, wer die Straftat selbst [...] begeht.".

1190 So bereits *Liemersdorf/Miebach* MDR 1979, 981 (983); zust. Kreuzer/*Nestler* § 11 Rn. 360; *Lang* S. 204 f.; *Johannsen* S. 133; *Oğlakcıoğlu* AT-BtMG S. 577; *ders.* JZ 2015, 981 (985); ebenso *Rotsch* S. 288 ff.; teilw. krit. BGHSt 34, 124 (125); BGH NStZ 2004, 105 (109); BGH StV 2005, 666 (668).

1191 Vgl. *Schnürer* Gesamtgeschäft, S. 124; *Lang* S. 206; *Weber* § 29 BtMG, Rn. 748 ff.; ebenso krit. *Schmidt* NJW 2014, 2995 f.; a. A. *Johannsen* S. 136.

nachvollzogen (A.) und bewertet (B.) werden, um sodann die Abgrenzungsproblematik anhand des hier vertretenen Verständnisses einer Lösung (C.) zuzuführen.

A. Die Abgrenzung von Täterschaft und Teilnahme anhand der extensiven Begriffsauslegung des unerlaubten Handeltreibens

I. Die allgemeinen Prämissen

Zunächst sollen drei basale Prämissen der Rechtsprechung vorausgeschickt werden, die die Abgrenzung der Täterschaft von der Teilnahme auf der Grundlage des extensiv verstandenen unerlaubten Handeltreibens elementar bedingen:

In nahezu jeder Entscheidung hebt der BGH besonders hervor, dass eine Abgrenzung zwischen den verschiedenen Beteiligungsformen sich zwingend nach den allgemeinen Grundsätzen des Strafrechts richten müsse.[1192] Durch diesen pauschalen Verweis auf die Regelungen des Allgemeinen Teils des Strafgesetzbuchs, welcher bereits durch Art. 1 Abs. 1 EGStGB gesetzlich angeordnet wird, verdeutlicht der BGH zugleich, dass es kein Sonderrecht der Beteiligung im Betäubungsmittelstrafrecht geben dürfe, sondern dass sich auch dieses Gebiet des Nebenstrafrechts an der allgemeinen Dogmatik der § 25 ff. StGB auszurichten habe. In Übereinstimmung mit der allgemeinen Beteiligungsdogmatik dürfe es somit auch unter Zugrundelegung des extensiv verstandenen Handeltreibens keine sogenannte „Einheitstäterschaft" geben[1193]; das bedeutet konkret, dass nicht jede Beteiligung am Betäubungsmittelhandel als täterschaftliches Handeltreiben gewertet werden dürfe. Das zweifellos unterschiedlich verwirklichte Unrecht eines Handeltreibenden, der lediglich untergeordnet in Betäubungsmittelgeschäfte eingebunden ist, und des Bandenchefs, der alle Handels- und

1192 Vgl. u. a. BGHSt 34, 124 (125); 50, 252 (266); 51, 219 (221); BGH StV 1981, 275 (276); BGH StV 1999, 427; BGH NStZ-RR 2003, 309; BGH StV 2005, 555; 666 (668); BGH NStZ-RR 2006, 88 (89); BGH, NStZ-RR 2007, 58; BGH NStZ-RR 2011, 57; BGH StV 2019, 317 (318).

1193 BGHSt 51, 219 (221); *Paul* StV 1998, 623 (625); *Weber* § 29 BtMG, Rn. 586; *ders.* Handeltreiben, S. 536 ff.; *Lang* S. 204; *Schlage* Ad legendum 2012, 257 (260); die Einheitstäterschaft allg. abl. *Roxin* S. 503 f.; LK-StGB/*Schünemann* 12. A. Vor. § 25, Rn. 5 ff.; Sch/Sch/*Heine/Weißer* Vor. §§ 25 ff. StGB, Rn. 7 f., 68; *Bock* Jura 2005, 673 (679 f.); für die Einheitstäterschaft in einem normativ-funktionalen Straftatverständnis jedoch *Rotsch* S. 481 ff.

Übertragungsvorgänge des Rauschgifts unter seiner Kontrolle hat, soll wenigstens im Rahmen der Abgrenzung von Täterschaft und Teilnahme adäquat Berücksichtigung finden.[1194] Daran anknüpfend, ist die Vorgabe der Unterbindung der „Einheitstäterschaft" umso dringlicher, je stärker das von unterschiedlichen Beteiligten verwirklichte Unrecht durch einen überaus weitgefassten Tatbestand miteinander verschliffen wird.

Die Prämisse – die Geltung der allgemeinen Beteiligungsgrundsätze – muss jedoch notgedrungen sogleich eingeschränkt werden, da nach dem eindeutigen Wortlaut des § 25 Abs. 1 Alt. 1 StGB („selbst") eine Täterschaft dann vorliegt, wenn der Beteiligte alle objektiven und subjektiven Tatbestandsmerkmale (eigenhändig) verwirklicht[1195]. Da das unerlaubte Handeltreiben nach der herrschenden Meinung – bis auf die Existenz der mit Umsatzwillen getätigten Täterhandlung selbst – durch das extensive Begriffsverständnis weitgehend objektiv entleert wurde, verwirklicht jeder Beteiligte stets alle objektiven Tatbestandsmerkmale in der eigenen Person, er ist folglich immer die Zentralgestalt seiner gewillkürten Handlung, sodass zwingend zu folgern wäre, dass er in jedem Fall das unerlaubte Handeltreiben täterschaftlich verwirklichen müsste, auch wenn er lediglich einen fremden Betäubungsmittelumsatz fördern wollte[1196]. Diese Schlussfolgerung würde nicht nur zu einer den allgemeinen Beteiligungsgrundsätzen widersprechenden „Einheitstäterschaft" führen.[1197] Sie hätte darüber hinaus zur Folge, dass die durch die Verschmelzung der verschiedenen Deliktsverwirklichungsstadien bereits fortgeschrittene Einebnung des verwirklichten Unrechts intensiviert werden würde. Die Nivellierung des verschieden gewichtigen Unrechts würde u. a. auch dazu führen, dass die gesetzliche Bestimmtheit der Rechtsfolgen (Art. 103 Abs. 2 GG) erheblich verringert werden würde, da die Unrechtstypisierung bzw. -abstufung allenfalls in der Strafzumessung (dogmatisch intransparent) berücksichtigt werden könnte[1198]. Dieser Aspekt ist auch deshalb von großer praktischer Relevanz, weil die für eine Beihilfe obligatorische

1194 *Schnürer* Gesamtgeschäft, S. 99.

1195 BGHSt 8, 393 (395 ff.); BGHSt 38, 315 (316 f.); BGH NStZ-RR 1999, 186 f.; BGH NStZ-RR 2000, 22; so bereits *Roxin* S. 610 ff.; SK-StGB/*Hoyer* § 25 Rn. 29; *Fischer* § 25 StGB, Rn. 3; MüKo-StGB/*Oğlakcıoğlu* § 29 BtMG, Rn. 351; a. A. die frühere extrem subjektive Teilnahmelehre: RGSt 74, 84 (85); BGHSt 2, 169 (170); 8, 70 (73); 18, 87 (90).

1196 BGHSt 29, 239 (240); 34, 124 (125); BGH NJW 1979, 1259; BGH NJW 1993, 2389; BGH NStZ 2006, 88; zust. *Weber* § 29 BtMG, Rn. 296 ff., 645, 653.

1197 Zust. *Weber* § 29 BtMG, Rn. 641; *ders.* Handeltreiben S. 536; ders. JR 2007, 400 (407).

1198 So auch SK-StGB/*Hoyer* Vor. § 25 Rn. 8; LK-StGB/*Schünemann* 12. A. Vor. § 25 Rn. 8.

Verringerung des zulässigen Strafrahmens (§ 27 Abs. 2 StGB i. V. m. § 49 Abs. 1 StGB) dem Beteiligten letztlich genommen und im Rahmen der allgemeinen Strafzumessung in das Ermessen des Tatgerichts gestellt werden würde.

Zur Umsetzung der zweiten Prämisse, dass eine eigenhändige Tatausführung nicht zwingend eine Täterschaft zur Folge haben dürfe, wurde mangels weiterer objektiver Abgrenzungskriterien auf der Grundlage des herrschenden Begriffsverständnisses das ungeschriebene subjektive Tatbestandsmerkmal der Eigennützigkeit als besonderes Abgrenzungskriterium von Täterschaft und Teilnahme beim unerlaubten Handeltreiben fruchtbar gemacht.[1199] Eigennützig handelt nach der herrschenden Auffassung jeder, dem es auf seinen persönlichen materiellen oder immateriellen Vorteil – insbesondere auf die Erzielung von Gewinn – ankommt.[1200] In Übereinstimmung mit der allgemeinen Beteiligungsdogmatik gilt für subjektive Tatbestandsmerkmale, dass jeder Täter sie selbstständig verwirklichen muss. Im Gegensatz zu objektiven Tatbestandsvoraussetzungen können diese subjektiven Merkmale nämlich nicht im Rahmen von § 25 Abs. 1 Alt. 2 StGB bzw. über § 25 Abs. 2 StGB zugerechnet werden.[1201] Folglich kann als dritte Prämisse festgehalten werden, dass ausschließlich fremdnützige Handlungen aus reiner Gefälligkeit in keinem Fall als täterschaftliches Handeltreiben bewertet werden können. Um als Täter agieren zu können, muss der Beteiligte vielmehr selbst zur Erlangung eines irgendwie gearteten persönlichen Vorteils handeln. Ist diese Voraussetzung nicht gegeben, fördert also der Beteiligte lediglich fremden Eigennutz, kommt allenfalls eine Anstiftung bzw. eine Beihilfe[1202] in Betracht. Jedoch darf die funktionelle Kraft der Eigennützigkeit nicht überschätzt werden,

---

1199 BGHSt 34, 124 (125 f.); BGH NStZ-RR 1997, 86; BGH NStZ 1999, 451 (452); BGH NStZ 2012, 517; BGH NStZ 2013, 550; BGH NStZ-RR 2013, 282; BGH NStZ-RR 2014, 213; BGH NStZ-RR 2014, 375; BGH NStZ-RR 2020, 112 (113); *Weber* § 29 BtMG, Rn. 638 ff.; MüKo-StGB/*Oğlakcıoğlu* § 29 BtMG, Rn. 351 f.; *Schnürer* Gesamtgeschäft, S. 80 f.; krit. *Fischer* § 25 StGB, Rn. 30.

1200 St. Rspr. BGHSt 28, 308 f.; 34, 124 (125 f.); BGH NStZ 2006, 578; BGH BeckRS 2012, 12394; BGH NStZ 2013, 550; BGH NStZ-RR 2013, 282; BGH NStZ-RR 2016, 213; BGH NStZ-RR 2020, 112 (113); BGH NStZ 2020, 552 f.; BVerfG NJW 1996, 116 (117); zust. *Schoreit* NStZ 1982, 63 (64); *Weber* § 29 BtMG, Rn. 314; Körner/*Patzak* § 29 BtMG, Rn. 342; *Beisheim* S. 45, 161 ff.

1201 Vgl. LK-StGB/*Schünemann* 12. A. § 25 Rn. 168; *Kühl* AT § 20 Rn. 12, 15; *Rengier* AT § 41, Rn. 2; *Schnürer* Gesamtgeschäft, S. 80 f.

1202 BGHSt 34, 124 (125 f.); BGH NStZ 2006, 578; BGH NStZ 2012, 517; BGH NStZ-RR 2013, 282; BGH NStZ 2013, 550; BGH NStZ-RR 2014, 213; BGH NStZ-RR 2014, 375; zust. *Winkler* NStZ 2005, 315; Körner/*Patzak* § 29 BtMG, Rn. 396; MüKo-StGB/*Oğlakcıoğlu* § 29 BtMG, Rn. 350.

da es nach der herrschenden Auffassung für dieses ungeschriebene Tatbestandsmerkmal gerade nicht erforderlich ist, dass ein eigener Betäubungsmittelumsatz zum eigenen Vorteil gefördert werden muss. Für ein täterschaftliches Handeltreiben ist vielmehr ausreichend, dass ein fremder Umsatz eigennützig gefördert wird.[1203]

Wenn also jemand beispielsweise für einen anderen Betäubungsmittel auf einer verbindlich festgelegten (auch nur kurzen) Strecke transportiert, ohne zu wissen, an wen, wann, wo bzw. für welchen Betrag das Rauschgift später umgesetzt werden soll, jedoch gleichwohl für seine Kuriertätigkeit ein Entgelt oder andere Vorteile erhält (z. B. Betäubungsmittel zum Eigenkonsum), dann handelt er zweifellos eigennützig, sodass er auf der Grundlage der herrschenden Meinung wegen täterschaftlichen unerlaubten Handeltreibens konsequenterweise zu verurteilen wäre.

Da somit auch unter Berücksichtigung dieses subjektiven Abgrenzungskriteriums weiterhin jede untergeordnete bzw. weisungsgebundene Beteiligung – demnach typische Hilfstätigkeiten – an fremden Betäubungsmittelgeschäften grundsätzlich zu einer täterschaftlichen Tatbestandsverwirklichung führen kann, sah sich die Rechtsprechung genötigt, eine mehr oder minder vom Tatbestand und der extensiven Auslegung des Handeltreibens losgelöste (intuitive) Beteiligungskasuistik[1204] zu entwickeln, um die Ausuferung der damit einhergehenden, rigoros täterschaftlichen Strafandrohung über die obligatorische Strafmilderung der Beihilfe gemäß § 27 Abs. 2 S. 2 StGB i. V. m. § 49 Abs. 1 StGB im Einzelfall abschwächen zu können[1205].

II. Die Beteiligungskasuistik zum unerlaubten Handeltreiben

Da jede am Einzelfall orientierte Kasuistik zu einer stringenten Strafrechtsdogmatik nur wenig beizutragen vermag[1206], soll im Rahmen dieser Untersuchung kein Schwerpunkt auf die Darstellung der überaus zahlreichen Entscheidungen zu den vielfältigen Beteiligungskonstellationen beim unerlaubten Handeltreiben mit Betäubungsmitteln gesetzt werden. Demgegenüber soll die hinter

1203 BGHSt 29, 239 (240); 34, 124 (125); BGH NJW 1979, 1259; BGH NJW 1993, 2389; BGH NStZ 2006, 88; zust. *Weber* § 29 BtMG, Rn. 296 ff., 645, 653.

1204 Dagegen zutreffend *Oğlakcıoğlu* AT-BtMG, S. 578; *Krack* JR 2008, 342 (343); a. A. *Weber* Handeltreiben, S. 536 f.

1205 So ausdrückl. BGHSt 50, 252 (266).

1206 I. d. S. auch *Schnürer* Gesamtgeschäft, S. 124; *Lang* S. 206; *Weber* § 29 BtMG, Rn. 748 ff.; ebenso krit. *Schmidt* NJW 2014, 2995 f.; a. A. *Johannsen* S. 136.

den einzelnen Abgrenzungskriterien stehende „Methodik" grob nachgezeichnet werden.

Mit dem pauschalen Verweis auf die allgemeinen Grundsätze wurde u. a. von der Rechtsprechung bezweckt, dass sowohl objektive als auch subjektive Umstände den Maßstab zur Scheidung von Täterschaft und Teilnahme für das unerlaubte Handeltreiben mit Betäubungsmitteln bilden sollten.[1207] Nach dieser sogenannten normativen Kombinationstheorie soll im Rahmen einer wertenden Gesamtbetrachtung[1208] anhand der vom Beteiligten erbrachten Art des Tatbeitrags und der damit verfolgten Willensrichtung entschieden werden[1209], ob jemand als Täter oder Teilnehmer unerlaubt mit Betäubungsmitteln Handel trieb. In Bezug auf die subjektive Komponente der Abgrenzung, ob jemand mit seinem Tatbeitrag lediglich fremdes Tun fördert oder die Tat als eigene Tathandlung ausführen will, sind als wesentliche Anhaltspunkte der Grad des eigenen Interesses am Taterfolg[1210], der Umfang der Tatbeteiligung und die Tatherrschaft bzw. der Wille dazu heranzuziehen.[1211] Demnach sollte „eine ganz untergeordnete Tätigkeit"[1212] bzw. fehlende Einbindung in das Betäubungsmittelgeschäft[1213] grundsätzlich für eine Teilnahme sprechen.

1207 St. Rspr. BGHSt 34, 124 (125); 38, 315 (319); 38, 348 (349); 39, 381 (386); 48, 52, (56); BGH StV 1998, 540; BGH StV 2014, 543; BGH StV 2015, 633; BGH NStZ-RR 2016, 6 (7); abl. *Roxin* AT II § 25 Rn. 22 ff.; SK-StGB/*Hoyer* § 25 Rn. 9; LK-StGB/*Schünemann* 12. A. § 25 Rn. 28; *Johannsen* S. 134, 178 f.

1208 BGHSt 8, 393 (396); 16, 12 (13); BGH NStZ 1984, 413; BGH NStZ-RR 2000, 278 (279); BGH NStZ 2006, 578 (579); BGH NStZ-RR 2011, 57; zur Historie d. Rspr. vgl. *Roxin* FG-BGH 177 ff.

1209 BGHSt 34, 124 (125); BGH NJW 1979, 1259; BGH StV 1999, 428 (429); BGH NStZ 2006, 578 (579).

1210 Zutreffend krit. *Oğlakcıoğlu* AT-BtMG, S. 586; *Schnürer* Gesamtgeschäft, S. 85; einschränkend *Weber* § 29 BtMG, Rn. 774.

1211 St. Rspr. BGHSt 34, 124 (125); BGHSt 29, 239 (240); BGH NJW 1979, 1259; BGH NStZ-RR 2000, 278 (279); BGH NStZ 2006, 578 (579); BGH NStZ-RR 2011, 57; BGH NStZ 2012, 40 (41); BGH NStZ-RR 2012, 121 (122); BGH StV 2019, 317 (318).

1212 St. Rspr. BGHSt 34, 124 (125); BGHSt 29, 239 (240); 50, 252 (265 f.); 51, 219 (221); BGH NJW 1979, 1259; BGH NStZ 1984, 413; BGH NStZ 1988, 507; BGH NStZ-RR 1999, 24; BGH NStZ-RR 2000, 278 (279); BGH NStZ 2005, 228; BGH NStZ 2006, 578 (579); BGH NStZ-RR 2011, 57; BGH NStZ 2012, 40 (41); BGH NStZ-RR 2012, 121 (122); BGH StV 2019, 317 (318); zust. *Schoreit* NStZ 1982, 63 (64); *Winkler* NStZ 2005, 315; *ders.* NStZ 2006, 328; *Weber* § 29 BtMG, Rn. 642 ff.; dagegen *Niehaus* JR 2005, 192 (194).

1213 BGH NStZ 1993, 444; BGH NStZ-RR 2003, 309; BGH StV 2005, 666 (668); ähnlich BGHSt 51, 219 (222); BGH NStZ-RR 2006, 350.

Zutreffend wird gegen die normative Kombinationstheorie in dogmatischer Hinsicht vorgebracht, dass die einzelnen Abgrenzungsmerkmale nach dieser Auffassung weder abschließend genannt werden noch erläutert wird, wie sie abstrakt-generell gewichtet werden sollen, sodass die Abgrenzung im Ergebnis dem unüberprüfbaren, rechtsgefühlsgeleiteten Ermessen des Tatgerichts überantwortet wird, was gegen Art. 103 Abs. 2 GG verstößt.[1214] Diese methodische Schwäche der herrschenden Rechtsprechung wird bezüglich der Abgrenzung von Täterschaft und Teilnahme beim unerlaubten Handeltreiben durch den tatbestandsfernen Anknüpfungspunkt dieser Kriterien noch intensiviert, denn es ist weitgehend unklar, was die Rechtsprechung beim unerlaubten Handeltreiben unter dem Begriff der „Tat" versteht. Infolgedessen hängen die daran anknüpfenden Abgrenzungskriterien (Tatbeitrag bzw. Tatbeteiligung, das Interesse am Taterfolg sowie die Tatherrschaft bzw. der Wille dazu) dogmatisch weitestgehend „in der Luft", sodass die Normanwendung noch weniger vorhersehbar[1215] erscheint.

Die vom Beteiligten eigenhändig mit Umsatzwillen verrichtete tatbestandliche Handlung kann als Anknüpfungspunkt der Beteiligung jedenfalls nicht gemeint sein, da sie gänzlich unabhängig von Handlungen anderer vollzogen wird und somit nie untergeordnet bzw. in irgendeine andere Handlung eingebunden sein könnte. Folglich verbleiben als mögliche Bezugspunkte zur Abgrenzung der Beteiligungsformen lediglich der über der ausgeführten Tätigkeit stehende, isolierte „Teilakt" des Handeltreibens[1216] bzw. das Umsatzgeschäft insgesamt[1217].

Demnach wäre zur Abgrenzung entscheidend, in welchem Verhältnis die vom Beteiligten erbrachte Handlung zum Teilakt bzw. zum Umsatzgeschäft insgesamt steht. Es liegt auf der Hand: Je weiter der Bezugspunkt von der vom Beteiligten erbrachten (Tat-)Handlung entfernt ist, desto eher wird dessen Handlung als Beihilfe zum unerlaubten Handeltreiben gewertet werden können. Beide

---

1214 Vgl. u. a. *Roxin* AT II § 25 Rn. 22 ff.; SK-StGB/*Hoyer* § 25 Rn. 9; *Johannsen* S. 178 f.; ebenso *Niehaus* JR 2005, 192 (194); *Oğlakcıoğlu* AT-BtMG, S. 588 f.

1215 Zu den divergierenden Entsch. vgl. *Schmidt* NJW 2003, 3090 (3091).

1216 In diese Richtung die frühere Rspr.: BGHSt 38, 315 (319); BGH NJW 1979, 1259; BGH NStZ 1984, 413 f.; BGH NStZ 2006, 577; BGH NStZ-RR 2006, 88 (89); BGH NStZ-RR 2007; 88 (89); dagegen nunmehr BGHSt 51, 219 ff.; *Weber* § 29 BtMG, Rn. 650 ff.; *Fischer* § 25 StGB, Rn. 45.

1217 BGHSt 51, 219 ff.; BGH NStZ 2008, 40 (41); BGH NStZ 2008, 285; BGH NStZ-RR 2009, 254 f.; BGH NStZ 2012, 40 (41); BGH NStZ-RR 2014, 211 (212); im Ansatz bereits schon BGH NStZ 2004, 105 (109); zust. *Fischer* § 25 StGB, Rn. 45; abl. *Krack* JR 2008, 342 ff.; krit. *Weber* NStZ 2008, 467 f.; *ders.* § 29 BtMG, Rn. 759 ff.

Lösungsansätze sind in dogmatischer Hinsicht höchst problematisch, da sie losgelöst von der tatbestandlichen Handlung agieren.

1. Der isolierte Teilakt als Bezugspunkt der Abgrenzung

Nach der früheren Rechtsprechung sollte es für die Annahme eines täterschaftlichen Handeltreibens darauf ankommen, welche Rolle der vom Beteiligten ausgeführten Handlung innerhalb eines (isolierten) Teilakts des unerlaubten Handeltreibens zukam[1218], ergo mit welchem Maß an Selbstständigkeit und Tatherrschaft er den Teilakt (mit-)bestimmte bzw. in wessen Interesse dieser erbracht werden sollte. Eine nicht ganz untergeordnete Bedeutung in Bezug auf den Teilakt und somit im Ergebnis eine Mittäterschaft wurde bei Drogenkurieren bereits dann angenommen, wenn einem Kurier in dem Wissen, dass die von ihm transportierten Drogen für den gewinnbringenden Absatz bestimmt waren, eine Entlohnung für die Transporttätigkeit in Aussicht gestellt wurde oder er zumindest eine faktische Zugriffsmöglichkeit auf die Betäubungsmittel innehatte.[1219]

Gegen eine derart eingeschränkte Fokussierung des Geschehens auf den isolierten Teilakt (sei es die Herstellung, der Transport oder der Verkauf von Rauschgift) spricht bereits, dass im Drogenhandel selten ein Beteiligter nur an einen Teilakt beteiligt ist. Durch den „dauerdeliktsähnlichen Charakter" des Handeltreibens verschmelzen die Teilakte regelmäßig ineinander[1220], sodass ein Beteiligter häufig an mehreren Teilakten mitwirkt.

Sofern der isolierte Teilakt als Bezugspunkt der Abgrenzung gewählt wird, stellt sich die Frage, ob eine mehrfache, jeweils untergeordnete Beteiligung bereits der Täterschaft zuzurechnen oder vielmehr als Gehilfenbeitrag zu werten ist. Beispielsweise kann ein Betäubungsmittelkurier von seinem Hintermann damit beauftragt worden sein, gegen eine bestimmte Summe Bargeld (Bargeldtransport) Betäubungsmittel anzukaufen (Ankauf), diese zu einer Bunkerwohnung zu bringen (Betäubungsmitteltransport), sie sodann für den Abverkauf zu portionieren (Vorbereitungshandlung zum Verkauf), dort sicher zu verwahren (Lagerung/Schutz) und abschließend zu den einzelnen, ebenfalls für den Hintermann arbeitenden Straßenverkäufern zu bringen (Betäubungsmitteltransport). Würde man in dem soeben aufgeworfenen Beispiel den maßgeblichen Teilakt

1218 So auch BGHSt 51, 219 (221); zusf. *Oğlakcıoğlu* AT-BtMG, S. 584 ff.; *Weber* § 29 BtMG, Rn. 390 f.

1219 BGH NStZ 1983, 124; BGH NStZ-RR 1999, 186; BGH NStZ 2004, 696; OLG München NStZ 2006, 456; teilw. abw. BGH NStZ 2000, 482.

1220 Zutreffend MüKo-StGB/*Oğlakcıoğlu* § 29 BtMG, Rn. 353.

des unerlaubten Handeltreibens als die Kuriertätigkeit bestimmen und vor diesem Hintergrund den Tatbeitrag werten, besteht die Gefahr, dass die anderen Tätigkeiten bei Abgrenzung von Täterschaft und Teilnahme keine (bzw. nur eingeschränkt) Berücksichtigung finden. Durch das (willkürliche) Herausstanzen eines einzelnen Teilaktes aus dem Gesamtgeschehen wird die Bedeutung dieses Teilakts im Verhältnis zu den übrigen Teilakten (inadäquat) überhöht, was wiederum der faktischen Organisationsstruktur des Drogenhandels insgesamt widersprechen dürfte.[1221]

Wie das Beispiel ebenfalls veranschaulicht, ist die Auffassung vom isolierten Teilakt als Bezugspunkt der Abgrenzung von Täterschaft und Teilnahme auch in dogmatischer Hinsicht abzulehnen, da sie keine konkreten Kriterien benennt, was nach dem herrschenden Begriffsverständnis des unerlaubten Handeltreibens als maßgeblicher Teilakt desselben angesehen werden kann. Man wird auch nach dem herrschenden extensiven Begriffsverständnis eine hervorgehobene Bedeutung eines der in § 29 Abs. 1 S. 1 Nr. 1 BtMG aufgezählten „Teilakte" des Handeltreibens (z. B. Anbau, Herstellung, Ein- und Ausfuhr, Erwerb oder Abgabe) nicht bestreiten können. Doch sobald die Bestimmung des Teilaktes über die in § 29 Abs. 1 Nr. 1 BtMG genannten Begehungsformen hinausgeht – und dies geht mit dem extensiven Begriffsverständnis zwingend einher – werden die allgemeinen Grundsätze der Beteiligungsdogmatik verlassen und die Abgrenzung von Täterschaft und Teilnahme der freien, richterlichen Rechtsfortbildung überantwortet, da es den Tatgerichten gänzlich anheimgestellt bleibt, welchen Geschehensabschnitt des Handeltreibens sie als so wesentlich erachten, dass sie ihm den Charakter eines typisierten Teilaktes zuerkennen. Je nach dem konkreten Einzelfall werden sich immer „gute" Argumente finden lassen, die eine vom Umsatzgeschäft relativ entfernte Tätigkeit als so bedeutsam erscheinen lassen, dass dadurch das Betäubungsmittelgeschäft insgesamt steht oder fällt. Demnach könnte nicht nur der mit erheblichen Entdeckungsrisiken verbundene Betäubungsmitteltransport als eigener Teilakt qualifiziert werden. Sofern der eigentliche „Hintermann" keine Lagerkapazitäten für die von ihm umzusetzenden Betäubungsmittel zur Verfügung hat und sich diesbezüglich einer anderen Person bedient, müsste auch das Lagern und Deponieren als tauglicher Teilakt des Handeltreibens bewertet werden. Sofern darüber hinaus die dringende Gefahr bestünde, dass die gelagerten Betäubungsmittel von Dritten entwendet werden könnten, wäre auch die Bewachung des Rauschgiftes durch

1221 So *Schnürer* Gesamtgeschäft, S. 158 ff.; auch MüKo-StGB/*Oğlakcıoğlu* § 29 BtMG, Rn. 353.

„Sicherheitspersonal" als wesentlich zu erachten. Auch wird man nicht bestreiten können, dass gerade im organisierten Rauschgifthandel die vielfältigen illegalen Finanzdienstleistungen zur Verwaltung der Betäubungsmittelerlöse (respektive zur Rückführung in den legalen Wirtschaftskreislauf) eine für die Organisation insgesamt überlebenswichtige Aufgabe darstellen, sodass auch diesen Handlungen der Teilaktscharakter beizumessen wäre. Diese Beispiele sollen lediglich die Beliebigkeit dieses Bezugspunkts der Abgrenzung verdeutlichen, sodass dem richterlichen Einfallsreichtum je nach Lage des konkreten Einzelfalls keine Grenzen gesetzt wären. Auch aufgrund des fehlenden hinreichend festen tatbestandlichen (bzw. normativen) Bezugspunkts kann der isolierte „Teilakt" des unerlaubten Handeltreibens im Ergebnis nicht als Maßstab der von der Rechtsprechung vertretenen normativen Kombinationstheorie herangezogen werden.

2. Das Gesamtgeschäft als Bezugspunkt der Abgrenzung

Die eindeutigen Vorgaben des Großen Senats anerkennend, es beim extensiven Begriffsverständnis des Handeltreibens zu belassen, das offenbar voneinander abweichende Tatunrecht jedoch im Rahmen der Abgrenzung von Täterschaft und Teilnahme adäquat zu berücksichtigen[1222], verschob der 2. Strafsenat des BGH mit seiner Entscheidung vom 28. Februar 2007[1223] den Bezugspunkt zur Abgrenzung vom isolierten Teilakt des unerlaubten Handeltreibens in eine höhergestellte Geschäftssphäre des Betäubungsmittelhandels.

Die Entscheidung hatte sich damit zu befassen, ob der Tatbeitrag eines Körperschmugglers (eines sogenannten Bodypackers), der Betäubungsmittel (meist) zum Zwecke der Einfuhr verschluckte, als Täterschaft oder Teilnahme am unerlaubten Handeltreiben zu werten war. Legt man an diesen Sachverhalt die soeben dargestellten allgemeinen Abgrenzungskriterien (Art und Umfang des Tatbeitrages, Interesse am Taterfolg und der Tatherrschaft bzw. Wille zur Tatherrschaft) an und bezieht diese auf den isolierten Teilakt des Transports, gelangt man unweigerlich zu einem täterschaftlichen Handeltreiben.[1224]

1222 BGHSt 50, 252 (266 f.).

1223 BGHSt 51, 219 ff.; zust. BVerfG NStZ 2008, 39; BGH NStZ 2020, 556 (557); *Fischer* § 25 Rn. 45; Körner/*Patzak* § 29 BtMG, Rn. 402; *Krumdiek* HRRS 2008, 288 (291); *Winkler* NStZ 2012, 257; *Schmidt* NJW 2012, 3072; insg. krit. *Weber* NStZ 2008, 746 ff.; *ders.* § 29 BtMG, Rn. 752 ff.; diff. zur Beweiswürdigung *Puppe* JR 2008, 299 (300).

1224 BGH NStZ 1983, 124; BGH NStZ-RR 1999, 186; BGH NStZ 2004, 696; OLG München NStZ 2006, 456; teilw. abw. BGH NStZ 2000, 482.

Nach der vom 2. Strafsenat vorgeschlagenen „Gesamtgeschäftslösung" bzw. „neueren Kurierrechtsprechung"[1225] sollte, um eine faktische Einheitstäterschaft zu vermeiden, jedoch nicht jede auf einen Betäubungsmittelumsatz gerichtete Tätigkeit – ohne Rücksicht auf das Gewicht für das Gesamtgeschehen bzw. das Interesse am Gelingen des Umsatzgeschäftes insgesamt – für ein täterschaftliches unerlaubtes Handeltreiben genügen.[1226] Demnach sei nicht der einzelne Teilbereich des unerlaubten Handeltreibens – die Kurierleistung – isoliert zu betrachten, sondern vielmehr mit dem „Gesamtgeschäft" bzw. mit dem „Umsatzgeschäft insgesamt" zur Abgrenzung der Beteiligungskonstellationen in Korrelation zu bringen, denn strafbar „ist nach § 29 Abs. 1 Nr. 1 BtMG das Handeltreiben mit Betäubungsmitteln, nicht – isoliert – das Transportieren derselben"[1227].

Aufgrund dessen soll es – dem 2. Strafsenat zufolge – für eine täterschaftliche Verwirklichung des Tatbestandes nicht entscheidend darauf ankommen, in welchem Umfang die Tatherrschaft des Beteiligten am isolierten Teilakt des Umsatzgeschäftes gegeben sei. Eine Täterstellung werde auch nicht dadurch indiziert, dass der Beteiligte die faktische Verfügungsgewalt über die Betäubungsmittel zeitweilig innehabe bzw. ein erhebliches Honorar für seine Tätigkeit erwarte. Ein täterschaftliches Handeltreiben solle vielmehr erst dann gegeben sein, wenn dem vom Täter erbrachten Tatbeitrag eine besondere Bedeutung im Rahmen des Gesamtgeschäfts zukomme.[1228] Dies sei der Fall, wenn der Beteiligte erhebliche, über den schlichten Transport hinausgehende Tätigkeiten erbringe (z. B. direkte Beteiligung am An- und Verkauf bzw. anderweitige gleichberechtigte und arbeitsteilige Einbindung am Umsatzgeschäft)[1229] oder ein eigenes Interesse am weiteren Schicksal des Gesamtgeschäfts hege, da er eine Beteiligung am Umsatz bzw. am Gewinn erhalten solle[1230]. Eine Täterschaft solle auch bereits

---

1225 Zur Terminologie: *Oğlakcıoğlu* AT-BtMG, S. 588; MüKo-StGB/*ders.* § 29 BtMG, Rn. 355.

1226 BGHSt 51, 219 (221); BGH NStZ 2012, 518 f.; BGH NStZ 2013, 549 (550); BGH NStZ 2015, 225; BGH NStZ 2020, 556 (557); BVerfG NStZ 2008, 39; im Ansatz bereits BGH NStZ 2004, 105 (109); BGH StV 2005, 666 (668).

1227 BGHSt 51, 219 (222).

1228 BGHSt 51, 219 ff.; BGH NStZ 2004, 105 (109); BGH NStZ 2008, 40 (41); BGH NStZ-RR 2009, 254 f.; BGH NStZ 2012, 40 (41); BGH NStZ-RR 2014, 211 (212); BGH, Urt. v. 08.11.2016 – StR 325/16, Rn. 4 ff.; BGH NStZ 2020, 556 (557); zust. *Fischer* § 25 StGB, Rn. 45; abl. *Krack* JR 2008, 342 (343).

1229 BGHSt 51, 219 (223); BGH NJW 2008, 1460; BGH NStZ 2012, 518; BGH NStZ 2015, 225; BGH, Urt. v. 08.11.2016 – 1 StR 325/16, Rn. 4 ff. (juris).

1230 BGHSt 51, 219 (223 f.); anders in den Fällen der „Kurierprovision" BGH NJW 2008, 1460; BGH BeckRS 2010, 8667 Rn. 22; krit. *Weber* § 29 BtMG, Rn. 718 ff.

dann vorliegen, wenn der Transporteur weitgehenden Einfluss auf Art und Menge der zu transportierenden Betäubungsmittel sowie auf die Gestaltung des Transports habe.[1231]

Demgegenüber liegt eine Gehilfenstellung dem 2. Strafsenat zufolge dann vor, wenn sich die Tathandlung im (Teil-)Transport von Betäubungsmitteln zwischen eigenständig handelnden Lieferanten und Abnehmern oder innerhalb der Lieferanten- bzw. Abnehmerorganisation erschöpfe und der Beteiligte nicht in der Lage sei, das über dem Transport stehende jeweilige Geschäft maßgeblich mitzugestalten[1232] bzw. Art und Menge der transportierten Betäubungsmittel mitzubestimmen[1233], denn die schlichte Kurierdienstleistung zeichne sich im Regelfall dadurch aus, dass diese subalterne Hilfstätigkeit auch innerhalb der hierarchischen Organisation des Betäubungsmittelumsatzes an unterster Stelle einzuordnen sei.[1234]

Der vom 2. Strafsenat veränderte Bezugspunkt der Abgrenzung wurde explizit für die Fallgruppe der Kurierdienstleistungen entwickelt. Diese Rechtsprechung haben sich die übrigen Strafsenate zu eigen gemacht.[1235] Der gewandelte Bezugspunkt wurde darüber hinaus insoweit fortgeführt, als dieser neue Ansatz rasch auf andere tatbestandliche Handlungen des unerlaubten Handeltreibens (wie die Kurieranwerbung[1236] und -überwachung[1237], die Lagerung[1238] bzw. den Diebstahl[1239] von Betäubungsmitteln, die Gewährung eines Darlehens[1240], das Vermitteln von Geschäftskontakten zum Absatz[1241] sowie den Anbau von Betäubungsmitteln[1242]) übertragen wurde. Folglich kann konstatiert werden,

---

1231 BGHSt 51, 219 (224); BGH NStZ-RR 2009, 254; BGH NStZ-RR 2012, 375.

1232 BGHSt 51, 219 (223 f.); BGH, Urt. v. 08.11.2016 – StR 325/16, Rn. 4 ff. (juris); krit. *Weber* NStZ 2008, 467 f.; *ders.* § 29 BtMG, Rn. 698, 746 ff.

1233 BGH NStZ-RR 2007, 246.

1234 BGHSt 51, 219 (223); zust. Körner/*Patzak* § 29 BtMG, Rn. 402; krit. *Weber* NStZ 2008, 467 f.; *ders.* § 29 BtMG, Rn. 698, 746 ff.

1235 1. Strafsenat: BGH NStZ-RR 2014, 211 (212); 3. Strafsenat: BGH NStZ 2008, 40 (41); 4. Strafsenat: BGH NStZ-RR 2009, 254 f.; 5. Strafsenat: BGH NJW 2008, 1460.

1236 BGH NStZ 2008, 40, (41); BGH NStZ 2009, 392 f.; BGH NStZ 2012, 40 (41); BGH NStZ 2015, 225; krit. *Oğlakcıoğlu* JZ 2015, 981 (986).

1237 BGH NStZ-RR 2012, 375; vgl. dagegen vgl. BGH NStZ-RR 2000, 278 (279).

1238 BGH, Urt. v. 13.08.2009 – 3 StR 224/09, Rn. 25 (juris); BGH NStZ-RR 2008, 54 f.; BGH NStZ-RR 2012, 121 (122); so bereits schon BGH NStZ-RR 2007, 58.

1239 BGH NStZ-RR 2015, 280 (281).

1240 BGH, Beschl. v. 27.04.2010 – 1 StR 124/10, Rn. 3 (juris).

1241 BGH NStZ-RR 2010, 318; BGH NStZ-RR 2011, 57; krit. *Weber* § 29 BtMG, Rn. 675.

1242 BGH NStZ-RR 2011, 58 (59); BGH, Urt. v. 01.08.2012 – 5 StR 176/12, Rn. 1, 9, 11 (juris).

dass die Kasuistik über die Kurierleistungen hinaus abstrahiert wurde und das Kriterium des Gesamtgeschäfts nunmehr als in der Rechtsprechung allgemein anerkannter Bezugspunkt zur Abgrenzung von Täterschaft und Teilnahme fungiert.[1243] Darüber hinaus führte die Erweiterung des Betrachtungshorizontes auf das Gesamtgeschäft im Ergebnis zu einem Paradigmenwechsel, dass nämlich die Erbringung eines Teilaktes regelmäßig keine Täterschaft zur Folge haben, sondern als schlichte Beihilfe bewertet werden sollte.[1244]

III. Stellungnahme zur Gesamtgeschäfts-Rechtsprechung

Diese „Vorzeichenumkehr"[1245] zugunsten der Beihilfe wurde von Teilen des Schrifttums[1246] gerade im Hinblick auf den ausufernden Tatbestand des unerlaubten Handeltreibens (euphorisch) begrüßt, jedoch ist diese Rechtsprechung mit erheblichen dogmatischen Friktionen[1247] behaftet, die nachfolgend kursorisch[1248] dargestellt werden sollen.

1. Die begriffliche Unschärfe des Gesamtgeschäfts

Zu Recht wird gegen den veränderten Bezugspunkt von *Schnürer* vorgebracht, dass auch nach dem Urteil des 2. Strafsenats weitestgehend ungeklärt sei, was mit dem Begriff des Gesamtgeschäfts bzw. des Umsatzgeschäfts insgesamt gemeint sein könnte.[1249] Der BGH bezieht hierzu nicht ausdrücklich Stellung, sodass allenfalls vermutet werden kann, was konkret unter dem gewandelten Bezugspunkt der Abgrenzung verstanden werden kann.

1243 MüKo-StGB/*Oğlakcıoğlu* § 29 BtMG, Rn. 357; *Schnürer* Gesamtgeschäft, S. 91; noch weitergehend *Puppe* JR 2007, 299 (300); welche das Gesamtgeschäft auch auf die den Tatbestand der Einfuhr von BtM anwenden will.

1244 So auch *Oğlakcıoğlu* AT-BtMG, S. 592; *Schnürer* Gesamtgeschäft, S. 85; *Weber* NStZ 2008, 467 f.; *ders.* § 29 BtMG, Rn. 624; *Schmidt* NJW 2012, 3072.

1245 *Oğlakcıoğlu* AT-BtMG, S. 590; zust. *Schnürer* Gesamtgeschäft, S. 92 f.; *Weber* § 29 BtMG, Rn. 754 ff.

1246 *Fischer* § 25 Rn. 45; *Krumdiek* HRRS 2008, 288 (291); *Winkler* NStZ 2012, 257; *Schmidt* NJW 2012, 3072; *Schlage* Ad Legendum 2012, 257 (262); jedoch mit krit. Anm. zur Beweiswürdigung: *Puppe* JR 2007, 299 f. a. A. *Weber* NStZ 2008, 467; *ders.* § 29 BtMG, Rn. 752 ff.

1247 Ausführl. hierzu *Schnürer* Gesamtgeschäft, S. 92 ff.; *Oğlakcıoğlu* AT-BtMG, S. 588 ff.; *Weber* § 29 BtMG, Rn. 748 ff.

1248 Ausführl. *Schnürer* Gesamtgeschäft, S. 92; *Oğlakcıoğlu* AT-BtMG, S. 588 ff.

1249 *Schnürer* Gesamtgeschäft, S. 88, 125 ff.; MüKo-StGB/*Oğlakcıoğlu* § 29 BtMG, Rn. 359.

Dass mit dem Gesamtgeschäft jedes beliebige Umsatzgeschäft mit Betäubungsmitteln gemeint sein könnte, ist unwahrscheinlich, denn dann wäre jeder Kurier durch die von ihm erbrachte, einverständliche Übertragung der Betäubungsmittel von einer auf eine andere Person[1250] auch maßgeblich an dem derart verstandenen Gesamtgeschäft beteiligt.[1251] Mit einem derartigen Verständnis vom Gesamtgeschäft wäre jedoch nicht viel gewonnen. Die vom BGH anvisierte abgrenzende Funktion des Gesamtgeschäfts würde nicht gewährleistet werden, da sich im Grunde jede noch so unbedeutende Tätigkeit durch die einverständliche Übertragung der Betäubungsmittel bereits zu einem Gesamtgeschäft wandeln würde. Folglich kann das Gesamtgeschäft nicht mit dem (untergeordneten) Umsatzgeschäft gleichgesetzt werden.

Schnürer ist insofern zuzustimmen, dass das Gesamtgeschäft auch nicht mit dem entgeltlichen Absatzgeschäft an den Endkunden gleichgesetzt werden kann, da es sich bei dem einzelnen Absatzgeschäft um etwas Konkretes handelt und nicht um ein irgendwie geartetes Gesamtgeschehen.[1252] Auch wäre durch ein in dieser Art und Weise beschränktes Verständnis vom Gesamtgeschäft eine Täterschaft auf die Personen beschränkt, welche den Absatz eigenhändig bewirken, wogegen sich der 2. Strafsenat ausdrücklich verwahrt hat[1253].

Übereinstimmend mit *Schnürer* kann das Gesamtgeschäft lediglich als ein irgendwie geartetes, übergeordnetes Geschehen mit einer speziellen Struktur[1254] beschrieben werden. Das Gesamtgeschäft wird somit einerseits durch seine einzelnen Teilakte (Produktion, Transport, Verkauf der Betäubungsmittel) andererseits durch die „hierarchischen Organisation des Rauschgift-Umsatzes"[1255] charakterisiert.[1256] Der 2. Strafsenat beabsichtigt durch die Verwendung des Begriffs „Gesamtgeschäft" folglich, die hinter dem einzelnen Teilakt stehende Organisationsstruktur im Rahmen der Täterschaft und Teilnahme wertend zu berücksichtigen, sodass nur jemand als Täter des unerlaubten Handeltreibens bestraft werden soll, der nicht nur ein austauschbares „kleines Licht" darstellt, sondern eine bedeutende Rolle für die Gesamtorganisation spielt.[1257]

1250 *Roxin* StV 1992, 517 (519); *ders.* StV 2003, 619 (621); zust. *Paul* StV 1998, 623 (625); *Ebert* Handeltreiben, S. 179.

1251 *Schnürer* Gesamtgeschaft, S. 88, 125 ff.; MüKo-StGB/*Oğlakcıoğlu* § 29 BtMG, Rn. 359.

1252 *Schnürer* Gesamtgeschäft, S. 89.

1253 BGHSt 51, 219 (222).

1254 *Schnürer* Gesamtgeschäft, S. 89.

1255 BGHSt 51, 219 (223); in diesem Sinne auch BGH StraFo 2011, 332 (333).

1256 *Schnürer* Gesamtgeschäft, S. 89 f.

1257 *Schnürer* Gesamtgeschäft, S. 90.

Offenbar hat auch die Rechtsprechung erkannt, dass der von ihr vertretene Ansatz derart unbestimmt operiert, dass jeder Versuch einer Konkretisierung des Gesamtgeschäftskriteriums die Gefahr des Scheitern in sich bergen würde, sodass eine nähere Bestimmung des maßgeblichen Abgrenzungsmerkmals von der Rechtsprechung bisher nicht unternommen wurde. Aufgrund der mangelnden Präzisierung kann das Gesamtgeschäft als Bezugspunkt der Abgrenzung von Täterschaft und Teilnahme im Ergebnis nicht überzeugen.

2. *Verstoß gegen der allgemeinen Beteiligungsdogmatik*

Ferner ist die Rechtsprechung offenbar der Ansicht, dass durch die Bezugnahme auf die höhere Sphäre des (unbestimmten) Gesamtgeschäfts eine Abgrenzung anhand der allgemeinen Grundsätze überhaupt erst ermöglicht werde, da durch die Hinwendung zum Gesamtgeschäft die von der normativen Kombinationstheorie genannten Abgrenzungskriterien wieder zur Anwendung gebracht werden könnten. Aus dem strafrechtsdogmatischen Blickwinkel kann dem nicht zugestimmt werden, da die allgemeinen Grundsätze der Beteiligungsdogmatik sich nämlich nicht darin erschöpfen, lediglich ein Konglomerat aus verschiedenen, beliebigen Kriterien zum alleingültigen Bewertungsmaßstab der Beteiligung zu erheben.

Aus dogmatischer Sicht ist weit mehr von Bedeutung, dass das Gesamtgeschäft absolut keinen Bezug mehr zu den Tatbestandsmerkmalen des unerlaubten Handeltreibens aufweist, sodass eine sich darauf maßgeblich berufende Abgrenzung von Täterschaft und Teilnahme stets gegen die allgemeinen Beteiligungsvorschriften (§§ 25 ff. StGB) verstößt und mit dem Kriterium der Tatherrschaft nicht mehr in Übereinstimmung gebracht werden kann.[1258] Da die Rechtsinstitute von Täterschaft und Teilnahme vielmehr streng tatbestandsbezogen fungieren[1259], führt der Ansatz, ein tatbestandsfremdes Kriterium zur Bewertung der Beteiligungsform heranzuziehen, maßgeblich dazu, dass die allgemeinen Grundsätze gerade nicht mehr gelten.[1260] Die tatbestandliche Entkoppelung der Beteiligungsdogmatik dürfte sowohl im Kern- als auch im Nebenstrafrecht ihresgleichen suchen. Das eigentliche Ziel der Rechtsprechung, die Beteiligungskasuistik in dogmatischer Hinsicht mit den allgemeinen Beteiligungsvorschriften in

1258 *Krack* JR 2008, 342 (343); *Paul* StV 1998, 623 (625); *Schnürer* Gesamtgeschäft, S. 119; auch *Weber* § 29 BtMG, Rn. 759.

1259 SK-StGB/Hoyer Vor. § 25 Rn. 1; *Kühl* AT § 20 Rn. 5, *Schnürer* Gesamtgeschäft S. 120.

1260 Zust. *Oğlakcıoğlu* AT-BtMG, S. 484, 591 f.; *Schnürer* Gesamtgeschäft, S. 120; *Weber* § 29 BtMG, Rn. 750; a. A. BGHSt 51, 219 (222 f.); BVerfG NStZ 2008, 39.

Korrelation zu bringen, ist im Ergebnis gescheitert, indem tatsächlich für das unerlaubte Handeltreiben – entgegen Art. 1 Abs. 1 EGStGB – ein Sonderrecht der Täterschaft und Teilnahme kreiert wurde.

Mit der Etablierung des Abgrenzungskriteriums des Gesamtgeschäfts geht einher, dass eine Strafbarkeit wegen Beihilfe zum unerlaubten Handeltreiben angenommen wurde, ohne dass zu der vorsätzlich begangenen rechtswidrigen Haupttat überhaupt näher bestimmte Feststellungen getroffen wurden[1261].[1262] Dieser sich einschleichende Zustand der Beihilfe ohne Haupttat ist mit dem Grundsatz der Akzessorietät in § 27 Abs. 1 StGB nicht zu vereinbaren und verstößt somit ebenfalls gegen die allgemeinen (Beteiligungs-)Grundsätze.

3. *Beliebige Bewertung der Bedeutung des Einzelaktes*

Der begriffliche Mangel des Gesamtgeschäfts setzt sich insoweit fort, dass die Bewertung der vom Beteiligten erbrachten tatbestandlichen Handlung im Verhältnis zum sogenannten Gesamtgeschäft allenfalls einer intuitiven Kasuistik folgt. Da sich das maßgebliche Bewertungskriterium des 2. Strafsenates in der „Bedeutung der konkreten Beteiligungshandlung im Rahmen des Gesamtgeschäfts"[1263] erschöpft, ist es bereits im Ansatz nicht verständlich, wie diese Bedeutung für das Gesamtgeschäft tragfähig eingeschätzt werden kann, ohne die Faktoren zu kennen, welche für das Gesamtgeschäft überhaupt bestimmend sein sollen. Dieses Defizit versucht die Rechtsprechung dadurch zu kaschieren, dass sie wiederum in wertender Betrachtung Fallgruppen bildet, die eine erhebliche Bedeutung der ausgeführten Tatbeiträge indizieren und somit zu einem täterschaftlichen Handeltreiben führen sollen.[1264] Betrachtet man jedoch die Fallgruppen genauer, wird augenfällig, dass die genannte, über den einzelnen Teilakt hinausgehende Einbindung des Beteiligten keinesfalls so eindeutig auf eine übergeordnete Bedeutung für das Gesamtgeschäft schließen lässt, wie es die plakativ-kasuistisch[1265] umrissenen Fallgruppen suggerieren:

Bei einem Kurier, der freiverantwortlich für einen anderen den An- bzw. Abverkauf der Betäubungsmittel ausführt, wird man eine gehobene Bedeutung

---

1261 Einschränkend jedoch BGH, Urt. v. 24.03.2011 – 4 StR 602/10, Rn. 4 (juris); ebenfalls bereits BGH NStZ 2001, 323 (324).

1262 Vertiefend hierzu *Schnürer* Gesamtgeschäft, S. 107 f.

1263 BGHSt 51, 219 (222 f.).

1264 Zu den einzelnen Fallgruppen vgl. Körner/*Patzak* § 29 BtMG, Rn. 402 f.; krit. *Oğlakcıoğlu* AT-BtMG, S. 590 f.

1265 *Oğlakcıoğlu* AT-BtMG, S. 592; *ders.* JZ 2015, 981 (986).

dieser Handlungen grundsätzlich anerkennen können.[1266] Diese pauschale Annahme der Mittäterschaft ist jedoch dann kritisch zu hinterfragen, wenn der Kurier als Annex zum Transport lediglich das Erfüllungsgeschäft (die Übergabe des Bargeldes bzw. die Entgegennahme der Betäubungsmittel) zu den vorher vom Hintermann verbindlich ausgehandelten Bedingungen bewirkt. Über einen derartigen Sachverhalt hatte der 1. Strafsenat des BGH zu entscheiden: Der später als Täter des unerlaubten Handeltreibens Verurteilte sollte Geld von Deutschland nach Tschechien transportieren, dort zu den von den Käufern ausgehandelten Bedingungen Betäubungsmittel entgegennehmen, das Geld übergeben und sodann das Rauschgift noch in Tschechien den Käufern überbringen. Diese überschaubare, wechselseitige Kurierleistung (Geld und Rauschgift) wertete der 1. Strafsenat deshalb als Täterschaft, weil der Kurier in der „Stellung eines Zwischenhändlers, der sowohl den Ankauf wie auch die Weitergabe der Marihuanalieferungen umfassend organisierte"[1267], tätig wurde. Vom BGH wurde nicht näher begründet, worin die besondere Organisation des Geschehens eigentlich bestehen sollte. Ferner ist der Vergleich mit einem Zwischenhändler erheblichen Zweifeln ausgesetzt, da die Geschäftsbedingungen gerade nicht von dem angeblichen Zwischenhändler (mit-)bestimmt, sondern vollständig von den Hintermännern im Vorfeld der Kurierleistung vereinbart wurden. Da der Senat sich offenbar bewusst war, dass in objektiver Hinsicht die gehobene Bedeutung der Tathandlung nicht wirklich überzeugen kann, sah sich das Gericht genötigt, nachzuschieben, dass der Kurier in subjektiver Hinsicht aufgrund seines eigenen Interesses an dem abzuwickelnden Geschäft dieses maßgeblich mitgestaltet habe.[1268]

Diese Entscheidung zeigt anschaulich, wie gefährlich nah die derzeitige Rechtsprechung an die überholte[1269], extrem subjektive Tätertheorie[1270] heranrückt. Sofern der objektive Tatbestand nahezu gänzlich entleert wurde, muss konsequenterweise auch die Scheidung von Täterschaft und Teilnahme ohne objektive Abgrenzungsmerkmale auskommen, sodass die Entscheidung lediglich anhand der (unbestimmten) subjektiven Täterschaftsmerkmale (Tatinteresse, Wille zur

1266 BGH BeckRS 2011, 27088; BGH NStZ 2013, 551.

1267 BGH, Urt. v. 08.11.2016 – 1 StR 325/16, Rn. 7 (juris); i. d. R. auch BGH NStZ-RR 2010, 319.

1268 BGH, Urt. v. 08.11.2016 – 1 StR 325/16, Rn. 7 (juris).

1269 Vgl. hierzu *Roxin* S. 29 ff.; SK-StGB/*Hoyer* § 25 StGB, Rn. 4 ff.; MüKo-StGB/*Joecks* § 25 StGB, Rn. 32; Sch/Sch/*Heine*/*Weißer* Vor. § 25 StGB, Rn. 52 ff.; *Fischer* § 25 StGB, Rn. 3.

1270 Vgl. RGSt 74, 84 (85); BGHSt 2, 169 (170); 8, 70 (73); 18, 87 (90).

Tatherrschaft) zu begründen ist. Diese subjektiven Merkmale sind derart wertungsoffen, dass sie als Einfallstor für eine dogmatisch nur schwerlich nachvollziehbare Kasuistik angesehen werden können. Dies zeigt sich auch an der genannten Entscheidung des 1. Strafsenats:

Im konkreten Fall erbrachte der Kurier seine Transporttätigkeit allein deshalb, weil er von dem Lieferanten bei Übernahme der Betäubungsmittel zum Eigenkonsum Marihuana erhielt[1271] und weil er als weiteren „Kurierlohn" die Benzin- und Fahrtkosten zum Besuch seiner in Tschechien lebenden Kinder von den Hintermännern im Vorfeld des Geschäfts erstattet bekam. Er handelte folglich allenfalls in dem Interesse, dass seine Tathandlung, die Kurierleistung, erfolgreich verlaufen wird, nicht jedoch in dem Interesse, dass auch das nachfolgende Gesamtgeschäft (der Verkauf der Betäubungsmittel durch die Hintermänner) insgesamt gelingt. Aufgrund des nicht vorhandenen Interesses am Gesamtgeschäft hätte der Tatbeitrag des Kuriers folglich nicht als täterschaftliches Handeltreiben gewertet werden dürfen. Dessen ungeachtet wird diese Entscheidung von Teilen der Kommentarliteratur[1272] als „neue" Fallgruppe zitiert, sodass zu befürchten ist, dass in Bezug auf das Tatinteresse nun doch nicht das Gesamtgeschäft für maßgeblich erachtet wird[1273], sondern jedes irgendwie gelagerte eigene Interesse an der Erbringung des Tatbeitrages.

Die wechselseitige Beziehung zwischen der Rechtsprechung und Kommentarliteratur zur „Findung" neuer Fallgruppen täterschaftlichen Handeltreibens lässt sich ebenfalls an der bereits zitierten Entscheidung des 1. Strafsenats studieren, denn nach einem obiter dictum[1274] soll eine Mittäterschaft auch dann in Betracht kommen, wenn der Kurier die Drogen am Zielort aufbewahrt, portioniert, chemisch umwandelt oder verpackt[1275]. Inwieweit diese untergeordneten, einfachen (Annex-)Tätigkeiten die erbrachte Kurierleistung qualitativ derart anreichern, dass aufgrund dessen dem erbrachten Tatbeitrag für das Gesamtgeschäft eine übergeordnete Bedeutung beizumessen ist bzw. der Kurier in der

1271 Für ein untergeordnetes (Teilnehmer-)Interesse hingegen: BGH NStZ 2013, 549.

1272 Vgl. Körner/*Patzak* § 29 BtMG, Rn. 402 f.

1273 Bzgl. der Interessenlage bei Transporttätigkeiten von Rauschgifterlösen zutreff. BGH NJW 2011, 2375; BGH NJW 2008, 1460; krit. *Weber* § 29 BtMG, Rn. 717.

1274 Zum obiter dictum: vgl. *Schulz* ZIS 2018, 403; *Meier* JuS 2020, 636 f.

1275 BGH BGH, Urt. v. 08.11.2016 – 1 StR 325/16, Rn. 4 ff. (juris); m. V. a. Körner/*Patzak* 8. A. § 29 BtMG, Rn. 221; BGH, Beschl. v. 07.03.2001 – 2 StR 23/01 (juris); weiterhin Körner/*Patzak* § 29 BtMG, Rn. 402 f.; für das Verpacken a. A. BGH NStZ 2007, 288.

Drogenhandelshierarchie auf eine gehobene Stellung befördert wird, wird vom Senat nicht weiter erläutert und dürfte insgesamt stark anzuzweifeln sein.[1276]

Anhand der kursorisch dargestellten Entwicklung der Rechtsprechung zeigt sich, dass es mit dem Kriterium des Gesamtgeschäfts und den daraus abgeleiteten Fallgruppen nicht gelungen ist, die Abgrenzung zwischen Täterschaft und Teilnahme beim unerlaubten Handeltreiben aus dem Dickicht der Kasuistik herauszuführen. Vielmehr wurde die bereits auf den Einzelfall abstellende, wertende normative Kombinationstheorie mit dem noch flexibleren, weniger greifbaren (tatbestandsfernen) Kriterium des Gesamtgeschäfts verknüpft, was wiederum zur Folge hatte, dass die ohnehin schon dogmatisch nicht zufriedenstellende normative Gesamtbetrachtung noch weniger vorhersehbar wurde. So werden durch diese flexiblere, an wertungsoffenen Kriterien orientierte „Methodik" der Feststellungsform einer Beteiligung dem Tatgericht erhebliche Beurteilungsspielräume bei der Bewertung des Gesamtgeschäfts bzw. der Bedeutung des geleisteten Tatbeitrags eingeräumt, wodurch ein nur schwer überschaubares und sich teilweise widersprechendes Fallrecht entstanden ist und zukünftig weiter intensiviert werden wird.[1277]

Mittels der Hinwendung der Rechtsprechung zum Gesamtgeschäft war stattdessen eine unrechtsadäquate „Ergebniskorrektur" eines viel zu weit gefassten Tatbestands beabsichtigt.[1278] Auch wenn dieser auf Strafwürdigkeitserwägungen abzielenden Motivation im Grunde zuzustimmen ist, entbehrt der von der Rechtsprechung beschrittene Weg, dieses Ergebnis über die Vorschriften zur Tatbeteiligung zu erzielen, dogmatisch jeder Grundlage, da die § 25 ff. StGB entgegen der gesetzlichen Normierung vollständig funktionalisiert werden würden.

4. *Verstoß gegen den EU-Rahmenbeschluss*

Weber wendet gegen den Paradigmenwechsel der Rechtsprechung – das schlichte Befördern von Rauschgift im Regelfall nicht mehr als täterschaftliches Handeltreiben zu erfassen – ein, dass diese Einordnung der Beteiligung an der Beförderung nicht mehr mit Art. 2 Abs. 1 a) EU-Rahmenbeschluss in Einklang gebracht werden könne.[1279]

1276 Ebenfalls krit. *Oğlakcıoğlu* AT-BtMG, S. 590 f.

1277 I. d. S. auch *Schnürer* Gesamtgeschäft, S. 124; *Lang* S. 206; *Weber* § 29 BtMG, Rn. 748 ff.; ebenso krit. *Schmidt* NJW 2014, 2995 f.; a. A. *Johannsen* S. 136.

1278 *Schnürer* Gesamtgeschäft, S. 123 f.

1279 *Weber* NStZ 2008, 467; *ders.* § 29 BtMG, Rn. 750; a. A. *Schnürer* Gesamtgeschäft, S. 132 ff.

Wie bereits dargelegt[1280], wird durch die Fortgeltung des extensiven Begriffsverständnisses sichergestellt, dass alle von Art. 2 Abs. 1 EU-Rahmenbeschluss genannten zu pönalisierenden Handlungen mit Strafe bedroht werden. Art. 3 Abs. 1 EU-Rahmenbeschluss bestimmt hingegen, dass die Mitgliedstaaten verpflichtet sind, nicht nur täterschaftliches Handeln, sondern auch das Teilnahmeunrecht entsprechend unter Strafe zu stellen. Anhand der Normsystematik wird deutlich, dass der EU-Rahmenbeschluss davon ausgeht, dass die Vornahme einer in Art. 2 Abs. 1 genannten Handlung – also auch das Befördern von Betäubungsmitteln – grundsätzlich eine täterschaftliche Begehung zur Folge haben sollte. Eine Auslegung des nationalen Rechts würde folglich nur dann einen Verstoß gegen den EU-Rahmenbeschluss bedeuten, wenn die Begehungsweise des Beförderns unter keinem denkbaren Gesichtspunkt zu einer Täterschaft (mehr) führen könnte. Nach der ständigen Rechtsprechung erscheint es derzeit als gesichert, dass ein Kurier dann wegen täterschaftlichen Handeltreibens zu verurteilen ist, wenn dieser am Umsatz bzw. am zu erzielenden Gewinn beteiligt werden soll[1281]. In dieser Konstellation erbringt der Kurier in objektiver Hinsicht keinen anderen Tatbeitrag als eine Beförderung; allein aufgrund des besonderen subjektiven Interesses wird die Kurierleistung täterschaftlich sanktioniert. Demzufolge kann auch unter Bezugnahme auf das Abgrenzungskriterium des Gesamtgeschäfts die einzelne, vom Beteiligten erbrachte Beförderungsleistung als täterschaftliches Handeltreiben bewertet werden. Folglich bleibt festzuhalten, dass die „neue" Gesamtgeschäfts-Rechtsprechung zur Abgrenzung von Täterschaft und Teilnahme beim unerlaubten Handeltreiben mit Betäubungsmitteln nicht gegen Art. 2 Abs. 1 a) EU-Rahmenbeschluss verstößt.[1282]

Dessen ungeachtet kann die Rechtsprechung zum Gesamtgeschäft als Bezugspunkt der Abgrenzung von Täterschaft und Teilnahme – aufgrund des unklaren Kriteriums des Gesamtgeschäfts, der Beliebigkeit seiner Anwendung und der dadurch geschaffenen, keinen dogmatisch eindeutigen Leitlinien folgenden (intuitiven) Kasuistik bzw. der weiterhin bestehenden, erheblichen Friktionen mit den allgemeinen Beteiligungsgrundsätzen – im Ergebnis nicht überzeugen, sodass das Problem der Abgrenzung zwischen Täterschaft und Teilnahme am

---

1280 Vgl. 2. Teil, E. IV. 3.

1281 BGH NStZ 2008, 285; BGH NStZ-RR 2009, 393 f.; BGH NStZ-RR 2009, 254 (255); BGH NStZ 2013, 551; zust. Körner/*Patzak* § 29 BtMG, Rn. 402 f.; MüKo-StGB/*Oğlakcıoğlu* § 29 BtMG, Rn. 366 f.; krit. *Weber* § 29 BtMG, Rn. 717.

1282 I. E. auch *Schnürer* Gesamtgeschäft, S. 132 f.; a. A. *Weber* NStZ 2008, 467; *ders.* § 29 BtMG, Rn. 750.

unerlaubten Handeltreiben weiterhin keiner verlässlichen und dogmatisch stimmigen Lösung zugeführt werden konnte.

B. Die Abgrenzung von Täterschaft und Teilnahme nach dem hier vertretenen Lösungsansatz

I. Allgemeine Voraussetzungen einer Beteiligung

Da durch die extensive Auslegung des unerlaubten Handeltreibens aufgrund der objektiven „Entleerung" des Tatbestands notwendigerweise die anerkannten Beteiligungsformen verschliffen werden und somit auch die Abgrenzung von Täterschaft und Teilnahme maßlos subjektiviert[1283] wird, liegt es auf der Hand, dass die allgemein abgelehnte[1284] „Einheitstäterschaft" nur durch eine stärker objektivierte Auslegung des unerlaubten Handeltreibens verhindert werden kann[1285], damit gerade nicht mehr jede (auch die untergeordnete bzw. unterstützende) Tätigkeit den Tatbestand erfüllen kann. Dass die Abgrenzung von Täterschaft und Teilnahme anhand von objektiven Kriterien zu erfolgen hat, ergibt sich bereits aus dem Wortlaut von § 25 Abs. 1 Alt. 1 StGB. Die Vorschrift stellt nämlich gerade nicht darauf ab, dass der Täter die Tat selbst begehen will, sondern dass er sie selbst begeht.[1286] Demnach ist im nachfolgenden Teil der Untersuchung der Frage nachzugehen, inwieweit das hier vorgeschlagene, aus den vom unerlaubten Handeltreiben betroffenen Rechtsgütern generierte – objektiv angereicherte – Begriffsverständnis[1287] eine dogmatisch konsequente Abgrenzung der Täterschaft von der Teilnahme ermöglichen könnte. Diesbezüglich ist es nicht Anliegen dieser Untersuchung, für jede denkbare, das unerlaubte Handeltreiben verwirklichende strafbare Handlung die Beteiligungsform im Detail zu bestimmen. Anhand des hier vertretenen, alternativen Begriffsverständnisses

---

1283 So bereits *Strate* ZRP 1987, 314 (315); *Gaede* StraFo 2003, 392 (393).

1284 So auch BGHSt 51, 219 (221); *Paul* StV 1998, 623 (625); *Weber* § 29 BtMG, Rn. 586; *ders.* Handeltreiben, S. 536 ff.; *Lang* S. 204; *Schlage* Ad legendum 2012, 257 (260); *Roxin* S. 503 f.; LK-StGB/*Schünemann* 12. A. Vor. § 25, Rn. 5 ff.; Sch/Sch/*Heine/Weißer* Vor. §§ 25 ff. StGB, Rn. 7 f., 68; *Bock* Jura 2005, 673 (679 f.); für die Einheitstäterschaft in einem normativ-funktionalen Straftatverständnis jedoch *Rotsch* S. 481 ff.

1285 *Roxin* StV 1992, 517 (518); *Oğlakcıoğlu* AT-BtMG, S. 484 ff.; *Schnürer* Gesamtgeschäft, S. 135 ff.; a. A. BGHSt 50, 252 (266).

1286 SK-StGB/*Hoyer* § 25 Rn. 7.

1287 Vgl. ausführl. 3. Teil, C.

sollen vielmehr allgemein die grundlegenden Beteiligungsstrukturen bzw. die in Betracht kommenden Beteiligungsformen grob skizziert werden.

Damit die dogmatischen Unzulänglichkeiten der abzulehnenden normativen Kombinationstheorie bereits methodisch vermieden werden, ist bezüglich der Abgrenzung von Täterschaft und Teilnahme beim unerlaubten Handeltreiben maßgeblich darauf abzustellen, ob ein Beteiligter nach der im Schrifttum herrschenden (materiell-objektiven) Tatherrschaftslehre[1288] als Täter oder Teilnehmer tätig wurde. Mit Tatherrschaft handelt ein Täter, wenn er als Zentralgestalt den tatbestandsmäßigen Geschehensablauf in den Händen hält.[1289] Tatherrschaft kann hierbei in drei verschiedenen Formen auftreten: Handlungsherrschaft, Wissens- oder Willensherrschaft und funktionelle Tatherrschaft.[1290] Teilnahme soll hingegen dann vorliegen, wenn der Beteiligte ohne eine irgendwie geartete Beherrschung des Geschehens zur Tat beiträgt.[1291]

Um begriffliche Unklarheiten bei der Abgrenzung der verschiedenen Beteiligungsformen im Ansatz zu vermeiden, soll das in dieser Untersuchung vertretene, von der herrschenden Auffassung abweichende Begriffsverständnis vom unerlaubten Handeltreiben erneut in Erinnerung gerufen werden:

> *Handeltreiben ist demnach jede eigennützige, mit Betäubungsmittelbesitz ausgeführte Tätigkeit, welche auf den Umsatz dieser Betäubungsmittel gerichtet ist, sowie jede eigennützige (ausdrückliche oder konkludente) Willenserklärung mit Umsatzwillen, die auf den Abschluss eines Verpflichtungs- bzw. Vermittlungsgeschäfts über umzusetzende Betäubungsmittel gerichtet ist.*

Hierbei ist die Zweispurigkeit des Schutzumfangs der Drogenverkehrshoheit als Rechtsgut[1292] methodisch adäquat zu berücksichtigen. Insofern ist streng tatbestandsbezogen zur Abgrenzung von Täterschaft und Teilnahme zwischen den Handlungen, welche eine Weitergabegefahr bzw. eine betäubungsmittelmarktspezifische Gefahr begründen, zu differenzieren:

1288 Maßgebl. begründ. v. *Roxin* S. 29 ff.; 67 ff. *ders.* AT II § 25 Rn. 10 ff.; *ders.* FG-BGH 177 ff.; zust. u. a. LK/*Schünemann* 12. A. § 25 Rn. 36 ff.; SK-StGB/*Hoyer* § 25, Rn. 12 ff.; Sch/Sch/*Heine/Weißer* Vor. §§ 25 ff. StGB, Rn. 57 ff.; Maurach/Gössel/Zipf/*Renzikowski* AT II § 47 Rn. 85 ff.; *B. Heinrich* AT Rn. 1206 ff.; *M. Heinrich* Entscheidungsträgerschaft, S. 8; *Jescheck/Weigend* AT S. 651 f.; krit. MüKo-StGB/*Joecks* § 25 Rn. 33 ff.

1289 *Roxin* S. 342 ff.; Maurach/Gössel/Zipf/*Renzikowski* AT II § 47 Rn. 87; *Kühl* AT § 20 Rn. 26; SK-StGB/*Hoyer* § 25 Rn. 12 f.; *Wessels/Beulke/Satzger* Rn. 806.

1290 LK-StGB/*Schünemann* 12. A. § 25 Rn. 39; SK-StGB/*Hoyer* § 25 Rn. 13.

1291 LK-StGB/*Roxin* 11. A. § 25 Rn. 7; *M. Heinrich* Entscheidungsträgerschaft, S. 19.

1292 Vgl. hierzu 3. Teil, B. II.

1. *Unmittelbare Alleintäterschaft*

a) *Die Alleintäterschaft bei den eine Weitergabegefahr begründenden Handlungen*

Wie sich bereits aus der obigen Definition ergibt, ist der Tatbestand in (Bezug auf eine Weitergabegefahr) in objektiver Hinsicht an zwei Voraussetzungen geknüpft: das Innehaben des Betäubungsmittelbesitzes und kumulativ dazu die den Betäubungsmittelbesitz mit dem Umsatz verknüpfende betäubungsmittelspezifische Verbindunghandlung.

Um den Tatbestand als unmittelbarer Täter im Sinne von § 25 Abs. 1 Alt. 1 StGB zu verwirklichen, muss der Täter einerseits in irgendeiner Form[1293] Betäubungsmittel besitzen und andererseits – kumulativ dazu – selbst eine betäubungsmittelspezifische Verbindungs- bzw. Transferleistung (mit Umsatzwillen) erbringen. Sofern ein Beteiligter nur eine von mehreren Tatbestandsmerkmalen tatherrschaftlich verwirklicht, kann dies somit nicht zu einer unmittelbaren (Allein-)Täterschaft führen.[1294] Freilich kann dieses Beteiligungsdefizit im Rahmen der mittelbaren Täterschaft bzw. der Mittäterschaft[1295] unter Umständen ausgeglichen werden, andernfalls wäre der vom Beteiligten ausgeübte Betäubungsmittelbesitz bzw. die vom Drogenbesitz isoliert ausgeführte Verbindungshandlung bei einem entsprechenden Gehilfenvorsatz als Beihilfe zum unerlaubten Handeltreiben eines anderen zu werten.

Bezüglich der Tatbestandsvoraussetzung des Betäubungsmittelbesitzes ist erneut zu betonen, dass dieser vom Täter nicht zwingend unmittelbar ausgeübt werden muss:

Wie beim Besitztatbestand des § 29 Abs. 1 Nr. 3 BtMG ist mittelbarer Besitz, Mitbesitz, Eigen- oder Fremdbesitz ebenfalls geeignet, das Besitzerfordernis des unerlaubten Handeltreibens zu erfüllen. Für den im Hintergrund agierenden sogenannten Drahtzieher des Betäubungsmittelhandels wird die Tatherrschaft (in Bezug auf das Besitzerfordernis) regelmäßig aufgrund eines (möglicherweise auch mehrfach gestuften) Besitzmittlungsverhältnisses mit den Vorderleuten ausgeübt. Dies gilt jedoch nur dann, wenn diese die zuvor mit dem mittelbaren Besitzer getroffenen Absprachen bei der Ausübung des Besitzes anerkennen und sich diesem geistigen (Besitz-)verhältnis unterordnen.

1293 Wie bereits erörtert, kann eine Tatherrschaft sowohl beim Fremd- oder Eigenbesitzer sowie beim mittelbaren bzw. (Mit-)Besitzer vorliegen, vgl. hierzu 3. Teil, B. II. 3. (1).

1294 SK-StGB/*Hoyer* § 25 Rn. 32; *Roxin* S. 804.

1295 Vgl. hierzu sogleich 4. Teil, B. I. B. I. 2, 3. c).

Neben dem Betäubungsmittelbesitz muss der unmittelbare Alleintäter in objektiver Hinsicht zwingend eine eigene betäubungsmittelspezifische Verbindungshandlung erbracht haben, welche den Betäubungsmittelbesitz mit dem angestrebten Umsatz verknüpft. Wie bereits ausgeführt[1296], kann nahezu jede mit (mittelbarem) Betäubungsmittelbesitz vorgenommene Handlung, die auf den Umsatz der mit Verfügungsmacht gehaltenen Betäubungsmittel gerichtet ist.[1297] Sofern der Täter also weiß, dass es sich bei dem in Besitz gehaltenen Stoff um Betäubungsmittel handelt und er mit seiner gewillkürten Handlung diesen ausgeübten Besitz mit dem angestrebten Umsatz verbinden will, ist das Geschehen lediglich von ihm selbst abhängig, er hat unstreitig alleinige Handlungsherrschaft und somit Tatherrschaft. Folglich kann auch der Hintermann bzw. Drahtzieher, der (lediglich) mittelbaren bzw. (Mit-)Besitz ausübt, das unerlaubte Handeltreiben als unmittelbarer Alleintäter verwirklichen, wenn er an den durch den Vordermann vermittelten Betäubungsmittelbesitz anknüpfend eine eigene betäubungsmittelspezifische Verbindungshandlung erbringt. Der Hintermann erbringt beispielsweise eine betäubungsmittelspezifische Verbindungshandlung, indem er die für ihn unmittelbar besitzenden Kuriere anweist, das Rauschgift zum Verkaufsort zu transportieren, für sie ein Transportfahrzeug anmietet oder Flüge bucht. Eine Verbindungshandlung wäre auch gegeben, wenn er Verkaufsbemühungen bezüglich der von seinen Untergebenen besessenen Betäubungsmittel entfaltet (z. B. Kontaktieren von potentiellen Käufern).

Der für eine Alleintäterschaft zwingend erforderliche Betäubungsmittelbesitz ist jedoch dann nicht (mehr) verwirklicht, wenn sich zum Zeitpunkt der Verbindungshandlung der unmittelbare Besitzer nicht länger dem ursprünglich mit dem Hintermann vereinbarten Besitzmittlungsverhältnis unterwirft, sondern die Betäubungsmittel ausschließlich selbst besitzen will. In diesen Fällen kommt für den Hintermann jedoch ein Versuch des gemeinschaftlichen unerlaubten Handeltreibens in Betracht, da er durch den zwischenzeitlich ausgeübten (mittelbaren) Betäubungsmittelbesitz zur Verwirklichung des Tatbestands bereits unmittelbar angesetzt hat.[1298] Indem der frühere unmittelbare Besitzer das Besitzmittlungsverhältnis negiert, wird er selbst unmittelbarer Eigenbesitzer. Erbringt er, an diesen Eigenbesitz anknüpfend, eine betäubungsmittelspezifische Verbindungshandlung, verwirklicht er das unerlaubte Handeltreiben

1296 Vgl. 3. Teil, B. II. 3. a) (2).

1297 Eine Betäubungsmittelspezifik nach der hier vertretenen Auffassung ist jedoch nicht bei objektiv-neutralen Alltagshandlungen verwirklicht (3. Teil, B. II. a) (2).

1298 Zum unmittelbaren Ansetzen vgl. 3. Teil, B. II. 3. a.

als unmittelbarer Alleintäter. Der Hintermann begeht, da er bereits durch den mittelbaren Besitz zur Tat unmittelbar angesetzt hat – je nachdem ob er oder der andere die Verbindungshandlung erbringen sollte – einen Versuch des unerlaubten Handeltreibens in Alleintäterschaft bzw. in Mittäterschaft.

In Übereinstimmung mit dem herrschenden Begriffsverständnis ist auch auch nach der hier vertretenen Auffassung der Anwendungsbereich der Alleintäterschaft in objektiver Hinsicht (weiterhin) sehr weit, da typische Tätigkeiten eines untergeordneten Gehilfen von der Alleintäterschaft grundsätzlich erfasst sind. So handelt jemand mit Tatherrschaft, der Betäubungsmittel unmittelbar für einen anderen besitzt und daran anknüpfend für diesen eine betäubungsmittelspezifische Verbindungshandlung erbringt (Streck-, Portionier- bzw. Kurierleistungen oder den Abverkauf der Betäubungsmittel durchführt). Sofern in diesen Fällen ein von einem gemeinsamen Tatplan herrührendes gemeinschaftliches Handeln der Beteiligten (§ 25 Abs. 2 StGB) – z. B. mangels einer Identifizierung des Hintermanns – nicht nachweisbar sein sollte, könnte gleichwohl der mit Betäubungsmittelbesitz Handelnde als unmittelbarer (Allein-)Täter des unerlaubten Handeltreibens verurteilt werden. Um nun eine in objektiver Hinsicht faktisch vorliegende „Einheitstäterschaft" beim Tatbestand des unerlaubten Handeltreibens zu verhindern und somit den allgemeinen Beteiligungsgrundsätzen zu genügen, erscheint ein die extensive Täterschaft einschränkendes subjektives Tatbestandsmerkmal unumgänglich[1299]. Zum besseren Verständnis sollen diese die Täterschaft einschränkenden Erwägungen vorerst noch zurückgestellt werden.[1300]

b) *Die Alleintäterschaft bei den eine betäubungsmittelmarktspezifische Gefahr begründenden Handlungen*

Als unmittelbarer Alleintäter handelt in objektiver Hinsicht jeder, der ausdrücklich oder konkludent eine Willenserklärung abgibt, die auf den Abschluss eines Verpflichtungs- bzw. Vermittlungsgeschäfts über Betäubungsmittel gerichtet ist. Bezugspunkt dieser Tathandlung ist mithin die eine betäubungsmittelmarktspezifische Gefahr verursachende Willenserklärung (Angebot oder Annahme), da

1299 Zust. auch die h. M.: BGHSt 34, 124 (125 f.); BGH NStZ-RR 1997, 86; BGH NStZ 1999, 451 (452); BGH NStZ 2012, 517; BGH NStZ 2013, 550; BGH NStZ-RR 2013, 282; BGH NStZ-RR 2014, 213; BGH NStZ-RR 2014, 375; BGH NStZ-RR 2020, 112 (113); *Weber* § 29 BtMG, Rn. 638 ff.; MüKo-StGB/*Oğlakcıoğlu* § 29 BtMG, Rn. 351 f.; *Schnürer* Gesamtgeschäft, S. 80 f.; krit. *Fischer* § 25 StGB, Rn. 30.

1300 Vgl. hierzu sogleich 4. Teil, B. II.

sie die Ursache für weitere illegale, den Betäubungsmittelmarkt stabilisierende bzw. erhaltende Dispositionen bildet. Diese faktischen Auswirkungen der Willenserklärung entstehen sowohl auf der Angebots- als auch auf der Annahmeseite unmittelbar durch die erklärende Person selbst.

Eine Ausnahme ist für die Fälle der offenen Stellvertretung anzuerkennen. Bei dieser entfaltet die von einem anderen abgegebene Willenserklärung durch die Offenkundigkeit des Fremdgeschäfts auch eine (faktische) Wirkung hin zum Vertretenen, dem die Erklärung (zivilrechtlich) zuzurechnen ist. Da ein Erklärungsbote keine eigene Willenserklärung abgibt, sondern lediglich die vom Hintermann herrührende Erklärung überbringt[1301] verwirklicht der Bote den Tatbestand des unerlaubten Handeltreibens nicht als unmittelbarer Alleintäter.

Bei der sogenannten mittelbaren Stellvertretung[1302] wird (in fremdem Interesse und auf fremde Rechnung) zwar eine eigene Willenserklärung abgegeben, jedoch im eigenen Namen des (mittelbaren) Stellvertreters. Demnach tritt die hinter dem Handelnden stehende Person nach außen nicht hervor, sodass die von der Willenserklärung ausgehende betäubungsmittelmarktspezifische Gefahr dem Hintermann strafrechtlich nicht zugerechnet werden kann. Folglich verwirklicht der Handelnde das unerlaubte Handeltreiben in diesen Fällen als Alleintäter. Der Hintermann hat sich lediglich wegen Anstiftung zum unerlaubten Handeltreiben strafbar gemacht.[1303]

Demgegenüber gibt bei einer offenen (direkten bzw. unmittelbaren) Stellvertretung (§ 164 Abs. 1 BGB) der Stellvertreter im Rahmen der ihm erteilten Vertretungsmacht eine eigene Willenserklärung ab, sodass dieses Handeln scheinbar als alleintäterschaftliches Handeltreiben zu bewerten wäre. Indem jedoch diese eigene Willenserklärung vom Vertreter „innerhalb der ihm zustehenden Vertretungsmacht [und] im Namen des Vertretenen" (§ 164 Abs. 1 S. 1 BGB) abgegeben wurde oder indem sich die Fremdbezogenheit konkludent aus dem objektiven Erklärungsgehalt bzw. den Erklärungsumständen ergibt (§ 164 Abs. 1 S. 2 BGB)[1304], wird dem Vertreter die betäubungsmittelmarktspezifische Gefahr strafrechtlich nicht allein zugerechnet werden können, da für jeden am Markt

---

1301 Vgl. zur Abgrenzung MüKo-BGB/*Schubert* § 164, Rn. 79 ff.; *Paulus* JuS 2017, 301 (303).

1302 Staudinger/*Schilken* Vor § 164 BGB, Rn. 42 ff.; MüKo-BGB/*Schubert* § 164 Rn. 47 ff.; *Neuner* AT § 49 Rn. 57 ff.

1303 Vgl. 4. Teil, B I. 4. b).

1304 Vgl. hierzu BGH NJW-RR 2004, 1017; BGH NJW 2014, 1803 (1804); zust. Jauernig/*Mansel* § 164 BGB, Rn. 3.

Beteiligten erkennbar ist, für wen die Willenserklärung tatsächlich abgegeben wurde. Dieser Umstand ist in strafrechtlicher Hinsicht insofern zu berücksichtigen, dass die vom Vertreter abgegebene Willenserklärung durch die adressierte Offenkundigkeit und die ebenfalls vorliegende Vertretungsmacht auch auf den im Hintergrund agierenden Vertretenen durchschlägt, sodass beide – sofern ein gemeinsamer Tatbeschluss (bzw. Tatplan) vorliegt – gemeinschaftlich (§ 25 Abs. 2 StGB) die betäubungsmittelmarktspezifische Gefahr verursachen. Für diese (Gefahr-)Zurechnung müssen im Rahmen der Stellvertretung folglich die Offenkundigkeit und die Vertretungsmacht unabdingbar kumulativ vorliegen, um die betäubungsmittelmarktspezifische Gefahr dem Hintermann im Rahmen von § 25 Abs. 2 StGB zuzurechnen, da es für eine täterschaftliche Haftung weder auf den Willen des Geschäftspartners, mit wem dieser das Betäubungsmittelgeschäft abschließen will, noch auf eine spätere Genehmigung des Vertretenen gemäß § 177 Abs. 1 BGB ankommt. Liegen die beiden Voraussetzungen einer Zurechnung der Willenserklärung nicht kumulativ vor – wie z. B. beim offenen oder verdeckten „Geschäft für den, den es angeht“[1305] oder beim „Handeln unter fremdem Namen“[1306] – kann die vom Vertreter abgegebene Willenserklärung strafrechtlich lediglich dem Vertreter, nicht jedoch dem Vertretenen zugerechnet werden, sodass nur der Vertreter das unerlaubte Handeltreiben als unmittelbarer Alleintäter verwirklicht und der Vertretene regelmäßig dazu angestiftet (§ 26 StGB) haben dürfte.

Davon unabhängig kann der Hintermann den Tatbestand des unerlaubten Handeltreibens auch dadurch verwirklichen, dass er dem Stellvertreter die Betäubungsmittel zum gewinnbringenden Verkauf übergeben hat. Dann erbringt er mit der Beauftragung eine an den bereits gehaltenen Betäubungsmittelbesitz anknüpfende, betäubungsmittelspezifische Verbindungshandlung, welche auf den Betäubungsmittelumsatz gerichtet ist. Insofern hat der Vertretene in dieser Tatbestandsvariante bereits vor der Abgabe der Willenserklärung durch den Vertreter – durch die Schaffung einer Weitergabegefahr – das unerlaubte Handeltreiben als (Allein-)Täter verwirklicht.

1305 Zur Fallgruppe vgl. BGH NJW 1991, 2283 (2285); BGH NJW-RR 2003, 921 (922); OLG Celle BeckRS 2006, 14334; Grüneberg/*Ellenberger* § 164 BGB Rn. 8 ff.; MüKo-BGB/*Schubert* § 164 Rn. 137 ff.; Jauernig/*Mansel* § 164 BGB, Rn. 5; *Einsele* JZ 1990, 1005 (1008); *Paulus* JuS 2017, 301 (305).

1306 Vgl. BGH NJW 2011, 2421 (2422); Grüneberg/*Ellenberger* § 164 BGB Rn. 10 ff.; Staudinger/*Schilken* Vor § 164 BGB Rn. 88 ff.; *Paulus* JuS 2017, 301 (305).

Auch auf der Ankaufseite wird nach Ankauf und Übergabe der Betäubungsmittel der unerkannt gebliebene Hintermann regelmäßig betäubungsmittelspezifische Verbindungshandlungen erbringen, welche auf den Umsatz der mittelbar besessenen Betäubungsmittel gerichtet sind. Denn der Hintermann wird im Regelfall, nachdem er durch seinen mittelbaren Stellvertreter mittelbaren Betäubungsmittelbesitz erlangt hat, auf diesen Besitz bezogene betäubungsmittelspezifische Verbindungshandlungen – wie die Anweisung, wohin das erlangte Rauschgift zu transportieren ist bzw. an wen es weiterverkauft werden soll – entfalten, wodurch der Hintermann das unerlaubte Handeltreiben als Alleintäter verwirklicht.

2. *Mittelbare Täterschaft*

a) *Die mittelbare Täterschaft bei den eine Weitergabegefahr begründenden Handlungen*

Für eine mittelbare Täterschaft[1307] im Sinne von § 25 Abs. 1 Alt. 2 StGB müsste die Straftat durch einen anderen begangen worden sein. Folglich verwirklicht zwar ein unmittelbarer Täter den objektiven Tatbestand, jedoch handelt er – aufgrund von bestimmten Defiziten – gleichwohl nicht mit Tatherrschaft über den Geschehensablauf. Dem mittelbaren Täter können die Handlungen seines „Werkzeuges" nämlich erst dann zugerechnet werden, sofern bei diesem kraft unterlegenen Willens bzw. Wissens[1308] ein Defekt vorlag, aufgrund dessen er nicht (bzw. nicht vollumfänglich[1309]) für die Tat strafrechtlich zur Verantwortung gezogen werden kann.

Aufgrund des extensiven Begriffsverständnisses der herrschenden Auffassung und der damit einhergehenden, ausgeuferten Alleintäterschaft hat die mittelbare Täterschaft in der Rechtsprechung zum unerlaubten Handeltreiben bisher nur in einer[1310] Entscheidung des BGH eine Rolle gespielt.[1311]

1307 Allg. zur mittelbaren Täterschaft: *Fischer* § 25 StGB, Rn. 6 ff.; SK-StGB/*Hoyer* § 25 Rn. 39 ff.

1308 Zur (umstrittenen) Figur der mittelbaren Täterschaft kraft Organisationsherrschaft: *B. Heinrich* Jura 2017, 1367 (1371 f.); Sch/Sch/*Heine/Weißer* § 25 Rn. 26 ff.; zust. BGHSt 40, 218 ff.; 48 331 (342); BGH BeckRS 2008, 10232; abl. *Jakobs* AT 21/103; SK-StGB/*Hoyer* § 25 Rn. 92; *Köhler* AT S. 510.

1309 Zum lediglich die Strafzumessung betreffenden Irrtum über den konkreten Handlungssinn vgl. SK-StGB/*Hoyer* § 25 Rn. 75.

1310 BGH, Beschl. v. 07.05.2008 – 5 StR 634/07, Rn. 5 (juris).

1311 *Schnürer* Gesamtgeschäft, S. 176.

Unzutreffenderweise nahm der BGH in dieser Entscheidung an, dass auch für das unerlaubte Handeltreiben eine mittelbare Täterschaft kraft Organisationsherrschaft grundsätzlich in Betracht kommen könne. Die dafür erforderliche Organisationsmacht liegt laut dem BGH dann vor, wenn der Hintermann zwar aufgrund seiner besonderen Beziehungen eine Bezugsquelle zur Betäubungsmittelbeschaffung erschlossen und regelmäßig genutzt hat, an der angeklagten Tat (einer Beschaffungsfahrt) – aufgrund von Urlaubsabwesenheit – jedoch nicht beteiligt gewesen ist.[1312]

Zum einen können diese Ausführungen bereits deshalb nicht überzeugen, weil in der Schaffung und früheren Nutzung von Liefer- oder Absatzmöglichkeiten noch keine aktuelle Organisations- bzw. Leitungsmacht zum Ausdruck kommt, welche eine Tatherrschaft beim Hintermann begründen kann. Die gerichtlichen Feststellungen belegen weder, dass die Handelsbedingungen vom im Urlaub befindlichen „Hintermann" vorher festgelegt waren, noch, dass er die unmittelbaren Täter zur Durchführung des Geschäfts „vergattert" oder anderweitig unter Druck gesetzt hat. Der Hintermann mag zwar gewisse Anreize zur Tat geschaffen haben, ihm kam jedoch in tatsächlicher Hinsicht keine steuernde Stellung bei der Tat bzw. Organisationsherrschaft zu. Ferner ist die Entscheidung gerade für den auch nach der hier vertretenen Ansicht weiterhin relativ offenen Tatbestand des unerlaubten Handeltreibens von besonderer Brisanz, da sie geeignet wäre, die Strafbarkeit des unerlaubten Handeltreibens über die Beteiligungsform der mittelbaren Täterschaft inadäquat noch weiter auszudehnen, was in der Tat gegen den strafrechtlichen Bestimmtheitsgrundsatz (Art. 103 Abs. 2 GG) verstoßen dürfte. Obwohl demnach die mittelbare Täterschaft kraft Organisationsherrschaft für das unerlaubte Handeltreiben zu Recht abgelehnt wird[1313], ist ungeachtet dessen nach dem hier vertretenen Begriffsverständnis des unerlaubten Handeltreibens ein tatsächlicher Anwendungsbereich der mittelbaren Täterschaft (§ 25 Abs. 1 Alt. 2 StGB) durchaus gegeben:

Beispielsweise macht sich der Hintermann, der Kinder (oder Jugendliche, welche nach § 3 JGG strafrechtlich nicht zur Verantwortung gezogen werden können) bzw. Schuldunfähige (§ 20 StGB)[1314] zum unerlaubten Handeltreiben

---

1312 BGH, Beschl. v. 07.05.2008 – 5 StR 634/07, Rn. 5 (juris).

1313 So auch *Jakobs* AT 21/103; SK-StGB/*Hoyer* § 25 Rn. 92; *Köhler* AT S. 510.

1314 Lediglich Anstiftungsunrecht bei vermindert Schuldfähigen vgl. hierzu Sch/Sch/*Heine/Weißer* § 25 Rn. 46; SK-StGB/*Hoyer* § 25 Rn. 51; *Jakobs* AT 21/94; diff. LK-StGB/*Schünemann* 12. A. § 25, Rn. 115 ff.; *Roxin* AT II § 25 Rn. 150; a. A. *Schaffstein* NStZ 1989, 153 (156); LK-StGB/*Schünemann* 12. A. § 25, Rn. 115 ff.

mit Betäubungsmitteln instrumentalisiert (Willensdefizit), wegen unerlaubten Handeltreibens in mittelbarer Täterschaft[1315] strafbar. Ferner liegt auch ein Fall von § 25 Abs. 1 Alt. 2 StGB vor, wenn der mittelbare Täter den Ausführenden dergestalt nötigt, dass er ohne Schuld im Sinne von § 35 StGB handelt, da auch hier der Vordermann strafrechtlich nicht zur Verantwortung gezogen werden kann.[1316]

Auch wird der Hintermann, der bei einem anderen einen Irrtum dergestalt erzeugt, dass dieser gar nicht weiß, dass er unmittelbaren Betäubungsmittelsbesitz innehat bzw. eine betäubungsmittelspezifische Verbindungshandlung für den Hintermann erbringt, durch die Ausnutzung dieses Irrtums über Tatumstände (§ 16 Abs. 1 S. 1 StGB) zum mittelbaren Täter. Erkennt das ursprüngliche Werkzeug den Irrtum[1317], und entschließt es sich dessen ungeachtet zur Tat, wird die Tat vom Vordermann letztlich wissens- und willensmängelfrei als Alleintäter begangen. Eine vollendete mittelbare Täterschaft des Hintermannes im Sinne von § 25 Abs. 1 Alt. 2 StGB ist in den Fällen der gescheiterten mittelbaren Täterschaft nicht gegeben. Erkennt beispielsweise jemand vor dem Transport, dass es sich bei der von ihm zu transportierenden Ware nicht – wie vom Hintermann vorgespielt – um Koffein, sondern um Kokain handelt, und entscheidet er sich gleichwohl zum Kurierdienst, weil er den zuvor vom Hintermann in Aussicht gestellten Gewinnanteil erhalten will, so verwirklicht er das unerlaubte Handeltreiben als Täter.

Der Hintermann hingegen begeht einen Versuch des unerlaubten Handeltreibens in mittelbarer Täterschaft. Fraglich ist, ob der Hintermann sich daneben auch als Anstifter oder Gehilfe am vollendeten unerlaubten Handeltreiben des Vordermanns beteiligt hat. Auch wenn in objektiver Hinsicht die Herbeiführung des Defektzustandes mit einem motivherrschaftlichen Bestimmen grundsätzlich kombiniert werden kann, spricht gegen die Teilnahmelösung jedoch, dass der ursprüngliche Vorsatz zur mittelbaren Täterschaft nicht mit einem Teilnahmevorsatz gleichgesetzt werden kann. Sähe man dies anders, würde das

---

1315 Vgl. m. w. N. *Roxin* S. 264 ff.; LK-StGB/*Schünemann* 12. A. § 25 Rn. 113.

1316 *Roxin* S. 159 ff.; SK-StGB/*Hoyer* § 25 Rn. 51; LK-StGB/*Schünemann* 12. A. § 25 Rn. 69 m. w. N.

1317 Für die Irrtumskonstellationen bei der mittelbaren Täterschaft zust. SK-StGB/*Hoyer* Vor §§ 26–31 Rn. 42; MüKo-StGB/*Joecks/Scheinfeld* § 25 Rn. 172; dagegen d. h. M. im Schrifttum: *Jescheck/Weigend* AT, S. 671; *Kühl* AT § 20 Rn. 87; *Roxin* AT II § 25 Rn. 167; LK-*Schünemann* 12. A. § 25 Rn. 147.

Aliud-Verhältnis von Täterschaft und Anstiftung negiert werden.[1318] Folglich hat sich der vermeintliche mittelbare Täter lediglich wegen versuchten unerlaubten Handeltreibens in mittelbarer Täterschaft strafbar gemacht.[1319]

Nach dem extensiven Verständnis der herrschenden Auffassung verwirklicht der Hintermann hingegen in jeder Fallgestaltung den Tatbestand des unerlaubten Handeltreibens als Alleintäter. Folglich werden aufgrund der hier vertretenen Auffassung die Anwendungsbereiche der mittelbaren Täterschaft merklich verbreitert und somit die verschiedenen Beteiligungskonstellationen differenzierter abgebildet, was der Beteiligungsdogmatik insgesamt zugutekommen dürfte.

Die Ausweitung der mittelbaren Täterschaft hat ebenfalls zur Folge, dass der mittelbare Täter, um sich wegen unerlaubten Handeltreibens strafbar zu machen, die eine Weitergabegefahr begründenden, objektiven Umstände (Betäubungsmittelbesitz bzw. die Verbindungshandlung) nicht selbst verwirklichen muss. Insofern entspricht die hier vorgeschlagene Reaktivierung der mittelbaren Täterschaft für den Tatbestand des unerlaubten Handeltreibens dem gesetzgeberischen Zweck, dass es für ein täterschaftliches unerlaubtes Handeltreiben nicht darauf ankommen soll, ob der Hintermann bzw. Drahtzieher des unerlaubten Handeltreibens selbst mit Betäubungsmitteln direkt in Berührung kommt[1320].

b) Die mittelbare Täterschaft bei den eine betäubungsmittelmarktspezifische Gefahr begründenden Handlungen

Unproblematisch verwirklicht auch der Hintermann, der Kinder (oder Jugendliche, welche nach § 3 JGG strafrechtlich nicht zur Verantwortung gezogen werden können) bzw. Schuldunfähige (§ 20 StGB) zur Abgabe von Willenserklärungen instrumentalisiert – die auf den Abschluss eines Verpflichtungs- bzw. Vermittlungsgeschäfts über Betäubungsmittel gerichtet sind –, das unerlaubte

1318 So ausdrückl. SK-StGB/*Hoyer* Vor §§ 26–31 Rn. 42; *Bloy* ZStW 117 (2005), 3 (26 f.); MüKo-StGB/*Joecks/Scheinfeld* § 25 Rn. 172; dagegen LK-*Schünemann* 12. A. § 25 Rn. 147.

1319 BGHSt 1, 131 (135); 14, 378 ff.; BGH NStZ 1983, 364; zust. *Fischer* § 30 StGB Rn. 27; SK-StGB/*Hoyer* § 30 Rn. 59.

1320 BRegE. BT-Drs. 8/3551, S. 35; i. d. S. auch der Stn. BR. BT-Drs. 8/3551, S. 39, 45; ebenso Gegenäußerung d. BReg. BT-Drs. 8/3551, S. 51; BT-Sten. Ber. Bd. 117, S. 303, 306, 309; BRatE. BT-Drs. 12/989, S. 1, 30; BRegE. BT-Drs. 12/3533, S. 18; BGH NJW 1979, 1259; BGH NStZ 2004, 105 (109); BGHSt 50, 252 (261 f.); zust. *Slotty* ZRP 1981, 60 (64); *Körner* NStZ 2000, 95; *Weber* § 29 BtMG, Rn. 190 ff.; *ders.* JR 2006, 139 (141).

Handeltreiben als mittelbarer Täter i. S. d. § 25 Abs. 1 Alt. 2 StGB[1321]. Auch erfüllt der Hintermann, der bei einem anderen einen Irrtum dergestalt erzeugt, dass dieser gar nicht weiß, dass er eine eigene Willenserklärung im Rahmen eines Betäubungsmittelgeschäfts abgibt (Irrtum über Tatumstände, gemäß § 16 Abs. 1 S. 1 StGB), den Tatbestand als mittelbarer Täter. Im Übrigen ist auch derjenige mittelbarer Täter, der einen anderen im Sinne von § 35 StGB nötigt, eine Willenserklärung abzugeben, welche auf ein Betäubungsmittelverpflichtungsgeschäft bzw. auf ein Drogenvermittlungsgeschäft gerichtet ist.

3. Mittäterschaft

a) Allgemeine Voraussetzungen einer Mittäterschaft (§ 25 Abs. 2 StGB)

Als Mittäter wird gemäß § 25 Abs. 2 StGB bestraft, wer die Tat mit anderen „gemeinschaftlich" begeht. Sind folglich mehrere Personen an einer Tat beteiligt, handelt mittäterschaftlich, wer seinen eigenen Tatbeitrag bewusst und gewollt in die gemeinschaftliche Tat einfügt, sodass jeder erbrachte Tatbeitrag die von den übrigen Beteiligten ausgeführten Tatbeiträge ergänzt.[1322] Indem also jeder Mittäter arbeitsteilig einen wesentlichen Tatbeitrag aufgrund eines gemeinsamen Tatbeschlusses erbringt, handelt er mit „funktioneller Tatherrschaft"[1323]. Eine Mittäterschaft ist konstruktiv auch dann denkbar, wenn von mehreren (zusammenwirkenden) Beteiligten jeder selbst den Tatbestand vollumfänglich verwirklicht; da jedoch in diesen Fällen eine Alleintäterschaft eines jeden Beteiligten gegeben ist, bedarf es in tatsächlicher Hinsicht regelmäßig keiner Zurechnung des Handelns eines anderen Beteiligten über § 25 Abs. 2 StGB.[1324] Eine Zurechnung fremder Tatbeiträge im Rahmen der Mittäterschaft ist nach der Tatherrschaftslehre sogar dann möglich, wenn ein Beteiligter keine einzige tatbestandsmäßige Handlung selbst verwirklicht.

Im Übrigen können über § 25 Abs. 2 StGB lediglich objektive Tatbeiträge wechselseitig zugerechnet werden. Folglich setzt eine Mittäterschaft, wie bei allen übrigen Erscheinungsformen der Täterschaft, das Vorliegen aller subjektiven Tatbestandsmerkmale bei jedem einzelnen Mittäter voraus. Sofern also ein

---

1321 Vgl. m. w. N. *Roxin* S. 264 ff.; LK-StGB/*Schünemann* 12. A. § 25 Rn. 113.

1322 BGHSt 6, 248 (249); 8, 393 (396); 37, 287 (291); zust. *Fischer* § 25 StGB, Rn. 23.

1323 *Roxin* S. 307 ff.; *ders.* AT II § 25 Rn. 188; zust. SK-StGB/*Hoyer* § 25 Rn. 108; Lackner/Kühl/*Heger* § 25 StGB, Rn. 11; *Gropp/Sinn* AT § 10, Rn. 168 ff.; krit. u. a. *Freund/Rostalkski* AT § 10, Rn. 43 ff.

1324 *Fischer* § 25 StGB Rn. 24; *Schnürer* Gesamtgeschäft S. 177; a. A. Körner/*Patzak* § 29 BtMG, Rn. 395.

Tatbestand besondere subjektive Tatbestandsmerkmale – wie bestimmte Absichten oder Gesinnungen – erfordert, müssen diese inneren Tatumstände bei jedem Mittäter gesondert verwirklicht sein.[1325] Dies ist auch für das unerlaubte Handeltreiben der Fall, sodass das subjektive Tatbestandsmerkmal der Eigennützigkeit[1326] eines Handeltreibenden in keinem Fall über § 25 Abs. 2 StGB einem anderen Beteiligten zugerechnet werden kann, denn es kann für eine Mittäterschaft gerade nicht genügen, dass der Beteiligte den ausschließlichen Eigennutz eines anderen mit seinem Tatbeitrag unterstützen will[1327].

In objektiver Hinsicht drängt sich die Frage auf, wie der von einem Mittäter erbrachte Tatbeitrag qualitativ beschaffen sein muss, um eine (wechselseitige) Zurechnung gemäß § 25 Abs. 2 StGB zu ermöglichen. Nach der im Schrifttum herrschenden Tatherrschaftslehre[1328] hält ein Täter das Geschehen nur dann in den Händen und handelt mit funktioneller Tatherrschaft, wenn er einen für die Tat „wesentlichen" Tatbeitrag erbringt.[1329] Ein Tatbeitrag ist dabei als wesentlich zu bewerten, wenn die Tat mit diesem steht oder fällt. Mit anderen Worten liegt ein wesentlicher Tatbeitrag dann vor, wenn, würde dieser zurückgezogen oder verweigert werden, die Tat insgesamt nicht gelingen würde.[1330] In einem solchen Fall beherrscht jeder einzelne Beteiligte nicht nur seinen Tatteil, sondern wegen dessen Bedeutung für die Gesamttat zugleich auch die Tat insgesamt.[1331]

1325 LK-StGB/*Schünemann* 12. A. § 25 Rn. 168; SK-StGB/*Hoyer* § 25 Rn. 7.

1326 St. Rspr. BGHSt 28, 308 f.; 34, 124 (125 f.); BGH NStZ 2006, 578; BGH BeckRS 2012, 12394; BGH NStZ 2013, 550; BGH NStZ-RR 2013, 282; BGH NStZ-RR 2016, 213; BGH NStZ-RR 2020, 112 (113); BGH NStZ 2020, 552 f.; BVerfG NJW 1996, 116 (117); zust. *Schoreit* NStZ 1982, 63 (64); *Weber* § 29 BtMG, Rn. 313; Körner/*Patzak* § 29 BtMG, Rn. 342; MüKo-StGB/*Oğlakcıoğlu* § 29 BtMG, Rn. 284; *Beisheim* S. 45, 161 ff. vgl. hierzu ausführl. 4. Teil, B. II.

1327 BGHSt 34, 124 (125 f.).

1328 Maßgebl. begründ. v. *Roxin* S. 29 ff.; 67 ff. *ders.* AT II § 25 Rn. 10 ff.; zust. u. a. LK/*Schünemann* 12. A. § 25 Rn. 36 ff.; SK-StGB/*Hoyer* § 25 Rn. 12 ff.; Sch/Sch/*Heine*/*Weißer* Vor. §§ 25 ff. StGB, Rn. 57 ff.; Maurach/Gössel/Zipf/*Renzikowski* AT II § 47 Rn. 85 ff.; *B. Heinrich* AT Rn. 1206 ff.; *M. Heinrich* Entscheidungsträgerschaft, S. 8; *Jescheck/Weigend* AT S. 651 f.; *Kühl* AT § 20 Rn. 26 ff., 99 ff.; krit. MüKo-StGB/*Joecks* § 25 Rn. 33 ff.; *Lampe* ZStW 119, 471 (495 f.).

1329 *Roxin* S. 313, 316 f.; *ders.* AT II § 25 Rn. 188, 211; SK-StGB/*Hoyer* § 25 Rn. 109; LK-StGB/*Schünemann* 12. A. § 25 Rn. 156, 188; MüKo-StGB/*Joecks/Scheinfeld* § 25 Rn. 223 f.; *Jescheck/Weigend* AT, S. 653; *Lampe* ZStW 119 (2007) 471 (495 f.).

1330 *Roxin* AT II § 25 Rn. 188, 211; SK-StGB/*Hoyer* § 25 Rn. 109.

1331 *Roxin* AT II § 25 Rn. 188, 211; SK-StGB/*Hoyer* § 25 Rn. 109; LK-StGB/*Schünemann* 12. A. Rn. 156, 188 f.; *Stratenwerth/Kuhlen* AT § 12 Rn. 93.

Unter dieser Prämisse ist es verständlich, warum eine mittäterschaftliche Zurechnung nicht notwendigerweise die wechselseitige Vornahme von tatbestandsmäßigen Ausführungshandlungen verlangt, sondern für eine solche auch Tatbeiträge genügen, die hinter einer tatbestandlichen Handlung zurückbleiben. Die „Wesentlichkeit" eines Beitrages wird aus der ex-ante-Perspektive bestimmt; sie ist demnach maßgeblich vom konkreten Tatplan bzw. -ablauf abhängig. Demnach verbieten sich allgemeine Aussagen zur Annahme eines wesentlichen Tatbeitrages; gesichert erscheint jedoch, dass völlig untergeordnete Tätigkeiten[1332] – wie die Ermunterung zum Weitermachen oder die Sorge um das leibliche Wohl des Täters während der Tat – die Schwelle einer Mittäterschaft im Sinne der Tatherrschaftslehre nicht überschreiten.

Darüber hinaus ist im Rahmen der Beteiligungsdogmatik der Mittäterschaft innerhalb der Tatherrschaftslehre umstritten, zu welchem Zeitpunkt ein wesentlicher Tatbeitrag im Rahmen der Mittäterschaft erbracht werden muss, und insbesondere, ob ein ausschließlich im Vorbereitungsbereich[1333] erbrachter Tatbeitrag funktionelle Tatherrschaft vermitteln kann.

Um die Mittäterschaft von der Anstiftung bzw. Beihilfe hinreichend abgrenzen zu können, ist die ausschließliche Tätigkeit im Vorbereitungs- bzw. Planungsstadium der Tat – entgegen der herrschenden Rechtsprechung[1334] – nicht als wesentlicher Tatbeitrag im Sinne von § 25 Abs. 2 StGB zu werten.[1335] Der lediglich bei der Planung (geistig) Mitwirkende hat nämlich gerade keine

---

1332 Zust. *Roxin* AT II § 25 Rn. 211, LK-StGB/*Schünemann* 12. A. § 25 Rn. 188; diff. SK-StGB/*Hoyer* § 25 Rn. 109; Sch/Sch/*Heine/Weißer* § 25 Rn. 70; *Kühl* AT § 20 Rn. 112; lediglich i. E. zust. BGH 34 124 (125), BGHSt 34, 124 (125); 50, 252 (265 f.); 51, 219 (221); BGH NStZ 1988, 507; BGH NStZ-RR 1999, 24; BGH NStZ 2005, 228; BGH NStZ 2006, 578 (579); BGH NStZ-RR 2017, 116.

1333 Gegen einen mittäterschaftlichen Tatbeitrag ausschließlich im Beendigungsstadium: *Roxin* S. 323 f.; *ders.* AT II § 25 Rn. 227; SK-StGB/*Hoyer* § 25 Rn. 122 ff.; *Bock* WuV BT, S. 197; diff. *B. Heinrich* AT Rn. 1239; dagegen die Rspr., welche sogar eine sukzessive Mittäterschaft bis zur Beendigung der Tat für möglich hält: BGHSt 2, 344 (346); BGH NStZ 1997, 272; BGH NStZ 2004, 263; BGH NStZ 2008, 280 (281).

1334 St. Rspr.: BGHSt 11, 268 (271 f.); 14, 123 (128 f.); 37, 289 (292 f.); BGH NStZ 1995, 122; BGH NStZ 2009, 25; BGH NStZ-RR 2012, 209; zust. *Fischer* § 25 StGB Rn. 32; *Lampe* ZStW 119 (2007) 471 (497 f.); diff. *Jakobs* AT 21/48, der den Mangel in der Ausführung durch ein Mehr in der Planung ausgleichen will; in diese Richtung auch *Stratenwerth/Kuhlen* AT § 12 Rn. 94.

1335 *Roxin* S. 328 f.; *ders.* AT II § 25 Rn. 211; LK-StGB/*Schünemann* 12. A. § 25 Rn. 182; *Bloy* GA 1996, 424 (436); diff. SK-StGB/*Hoyer* § 25 StGB, Rn. 119 f.; auf den Versuchsbeginn abstellend MüKo-StGB/*Joecks/Scheinfeld* § 25 Rn. 228.

(funktionelle) Tatherrschaft, da er den Ablauf des Geschehens in der Ausführungsphase – mangels einer faktischen Einflussmöglichkeit auf die (willensautonom handelnden) übrigen Beteiligten – nicht beherrschen kann.

Folglich ist zu untersuchen, ob bzw. inwieweit im Sinne des hier vertretenen alternativen Begriffsverständnisses zumindest eine (mittelbare) Mitwirkungshandlung eines jeden Beteiligten im Ausführungsstadium der Tat festgestellt werden kann, damit neben den unmittelbar Ausführenden auch die Drahtzieher und Hintermänner des Drogenhandels wegen gemeinschaftlichen unerlaubten Handeltreibens mit Betäubungsmitteln bestraft werden können.

b) Die Mittäterschaft bei den eine Weitergabegefahr begründenden Handlungen

Nach der hier vertretenen Auffassung ist zunächst anhand der Tathandlung[1336] zu prüfen, ob der Täter beide die Weitergabegefahr begründenden Voraussetzungen (Betäubungsmittelbesitz und die Verbindungshandlung) eigenhändig verwirklicht haben könnte, sodass eine mittäterschaftliche Zurechnung durch die vorliegende unmittelbare Alleintäterschaft nicht erforderlich wäre. Insbesondere sind durch den hier vorgeschlagenen (extensiv verstandenen) Begriff des Betäubungsmittelbesitzes Sachverhaltskonstellationen denkbar, die intuitiv – aufgrund des gemeinsamen Tatplans der Beteiligten – eine Zurechnung nach § 25 Abs. 2 StGB nahelegen würden, diese jedoch im Einzelfall nicht nötig ist, da jeder isoliert das unerlaubte Handeltreiben als Alleintäter verwirklicht. Dies gilt insbesondere in den Fällen, in denen zwischen den Beteiligten ein Besitzmittlungsverhältnis vereinbart wurde und daran anschließend vom Hinter- und vom Vordermann betäubungsmittelspezifische Verbindungshandlungen erbracht werden. So verwirklicht der Hintermann, indem er den Kurier anweist, Betäubungsmittel zum Übergabeort zu fahren, das unerlaubte Handeltreiben als Alleintäter. Indem der Kurier daraufhin die Betäubungsmittel zum Übergabeort transportiert, treibt auch er alleintäterschaftlich mit Betäubungsmitteln unerlaubt Handel. Eine Zurechnung des Betäubungsmittelbesitzes bzw. der betäubungsmittelspezifischen Verbindungshandlung wäre jedoch dann erforderlich, wenn der Hintermann die objektiven Tatumstände (noch) nicht selbst verwirklicht hat bzw. diese ihm nicht nachzuweisen sind.

1336 Durch den Bezugspunkt des Gesamtgeschäfts von der konkreten Tathandlung dagegen weitgehend entkoppelt d. h. M.: *Weber* § 29 BtMG, Rn. 634 ff.; Körner/*Patzak* § 29 BtMG, Rn. 396; MüKo-StGB/*Oğlakcıoğlu* § 29 BtMG, Rn. 364 ff.

Sofern dies nicht der Fall sein sollte, können – bei Vorliegen eines gemeinsamen Tatbeschlusses (im Sinne von § 25 Abs. 2 StGB) zwischen den Beteiligten – diese wesentlichen Tatbeiträge den Beteiligten als Ausfluss der gemeinschaftlichen Tat wechselseitig zugerechnet werden. So können dem jeweiligen Beteiligten der nicht (auch nicht mittelbar) ausgeübte Betäubungsmittelbesitz bzw. die nicht ausgeführte betäubungsmittelspezifische Verbindungshandlung und unter Umständen sogar beide von anderen Beteiligten ausgeführten Tatbestandsmerkmale über § 25 Abs. 2 StGB zugerechnet werden. Eine mittäterschaftliche Zurechnung von wesentlichen Tatbeiträgen kann jedoch nur dann erfolgen, wenn sich die Beteiligten durch den gemeinsamen Tatbeschluss zu den von ihnen erbrachten wechselseitigen Tatbeiträgen gegenseitig bestimmt[1337] haben.[1338] Ist hingegen der für die Mittäterschaft zwingend erforderliche gemeinsame Tatbeschluss nicht nachweisbar, wird der erbrachte Tatbeitrag bei Vorliegen eines Gehilfenvorsatzes zumindest als Beihilfe zum unerlaubten Handeltreiben (§§ 29 Abs. 1 S. 1 Nr. 1 BtMG i. V. m. § 27 Abs. 1 StGB) gewertet werden.

Wie bereits angesprochen, können auch nicht-tatbestandsmäßige Tatbeiträge im Ausführungsstadium – wie die (bewaffnete) Begleitung eines Verkäufers zur (ex ante erforderlichen) Absicherung einer Rauschgiftübergabe – zur Begründung einer Weitergabegefahr der Betäubungsmittel in objektiver Hinsicht durchaus wesentlich sein, sodass in dem obigen Beispiel die tatbestandsmäßigen Handlungen des Dealers dem Sicherheitsmitarbeiter nach § 25 Abs. 2 StGB zugerechnet werden. Die Frage, inwieweit Tatbeiträge, die die Weitergabe der Betäubungsmittel nicht unmittelbar bewirken, wesentlich sein können, kann nicht allgemeingültig bzw. schematisch beantwortet werden. Hierzu sind konkrete Feststellungen im Einzelfall erforderlich, ob die Tat insgesamt mit dem in Rede stehenden Tatbeitrag steht oder fällt; im Zweifel ist lediglich eine Beihilfe zum unerlaubten Handeltreiben anzunehmen.

Wie bereits allgemein festgestellt, kann eine Mitwirkung in der Vorbereitungs- bzw. Planungsphase der Tat, auch wenn diese vorbereitenden Handlungen zentral vom Organisator bzw. Drahtzieher des in Aussicht genommenen Drogengeschäfts ausgeführt werden, mangels eines wesentlichen, funktionellen Tatbeitrages im Ausführungsstadium keine Mittäterschaft im Sinne von

---

1337 Dagegen die Rspr., welche sogar eine sukzessive Mittäterschaft bis zur Beendigung der Tat für möglich hält: BGHSt 2, 344 (346); BGH NStZ 1997, 272; BGH NStZ 2004, 263; BGH NStZ 2008, 280 (281); a. A. *Roxin* S. 323 f.; *ders.* AT II § 25 Rn. 227; SK-StGB/*Hoyer* § 25 Rn. 122 ff.; *Bock* WuV BT, S. 197; diff. *B. Heinrich* AT Rn. 1239.

1338 *Puppe* GA 1984, 101 (112); zust. SK-StGB/*Hoyer* § 25 Rn. 122 ff.

§ 25 Abs. 2 StGB begründen.[1339] Diese im Hinblick auf eine widerspruchsfreie Dogmatik erforderliche Einschränkung des Anwendungsbereichs der Mittäterschaft führt jedoch im Rahmen der eine Weitergabegefahr verursachenden tatbestandlichen Handlungen nicht zu einer wesentlichen Einschränkung des gemeinschaftlichen Handeltreibens, da der Organisator des beabsichtigten Drogengeschäfts in aller Regel sichergestellt hat, dass alle für ihn tätigwerdenden Personen die Betäubungsmittel auch für ihn besitzen sollen. Er hat folglich mit diesen (möglicherweise mehrfach gestufte) Besitzmittlungsverhältnisse vereinbart. Durch den mittelbaren Besitz der Betäubungsmittel verwirklicht der Hintermann selbst ein Tatbestandsmerkmal im Ausführungsstadium. Sofern also ein an der Ausführung unmittelbar Beteiligter (möglicherweise der unmittelbare Besitzer selbst) – im Rahmen des vorher gemeinsam getroffenen Tatbeschlusses – eine betäubungsmittelspezifische Verbindungshandlung erbringt, kann diese dem Organisator über § 25 Abs. 2 StGB zugerechnet werden, ohne dass es darauf ankommt, ob er am Tatort anwesend ist oder gar bestimmenden (kommunikativen) Einfluss auf die Ausführenden ausübt.

Folglich kann zusammengefasst werden, dass die in dieser Untersuchung vertretene Einschränkung der Definition des unerlaubten Handeltreibens im objektiven Tatbestand durch den andererseits (ausgeweiteten) Begriff des Betäubungsmittelbesitzes ausgeglichen werden kann, da über die Mittäterschaft gemäß § 25 Abs. 2 StGB die Hintermänner und Drahtzieher, welche nicht direkt mit den Betäubungsmitteln in Berührung kommen, einer Strafbarkeit wegen (gemeinschaftlichen) unerlaubten Handeltreibens unterworfen werden können. Folglich kann dem grundlegenden gesetzgeberischen Zweck einer Pönalisierung[1340] dieser im Hintergrund agierenden Personen entsprochen werden, ohne auf die dogmatisch bedenkliche extensive Definition des unerlaubten Handeltreibens rekurrieren zu müssen.

1339 *Roxin* S. 328 f.; *ders.* AT II § 25 Rn. 211; LK-StGB/*Schünemann* 12. A. § 25 Rn. 182; Bloy GA 1996, 424 (436); a. A. *Lampe* ZStW 119 (2007) 471 (497 f.); diff. SK-StGB/*Hoyer* § 25 StGB, Rn. 119 f.; auf den Versuchsbeginn abstellend MüKo-StGB/*Joecks*/*Scheinfeld* § 25 Rn. 228.

1340 BRegE. BT-Drs. 8/3551, S. 35; i. d. S. auch der Stn. BR. BT-Drs. 8/3551, S. 39, 45; ebenso Gegenäußerung d. BReg. BT-Drs. 8/3551, S. 51; BT-Sten. Ber. Bd. 117, S. 303, 306, 309; BRatE. BT-Drs. 12/989, S. 1, 30; BRegE. BT-Drs. 12/3533, S. 18; BGH NJW 1979, 1259; BGH NStZ 2004, 105 (109); BGHSt 50, 252 (261 f.); zust. *Slotty* ZRP 1981, 60 (64); *Körner* NStZ 2000, 95; *Weber* § 29 BtMG, Rn. 190 ff.; *ders.* JR 2006, 139 (141).

c) Die Mittäterschaft bei den eine betäubungsmittelmarktspezifische Gefahr begründenden Handlungen

Um die betäubungsmittelmarktspezifische Gefahr mittäterschaftlich (§ 25 Abs. 2 StGB) zu verwirklichen, muss die rechtsgeschäftliche Willenserklärung keineswegs simultan von mehreren Personen abgegeben werden. Es ist vielmehr ausreichend, wenn mehrere Personen bei der Abgabe einer Willenserklärung eines Betäubungsmittelverpflichtungs- bzw. -vermittlungsgeschäfts gemeinschaftlich zusammenwirken. Dies wäre beispielsweise dann gegeben, wenn verschiedene regelungsbedürftige Vertragsbestandteile von unterschiedlichen Personen nach dem zuvor gefassten Tatbeschluss partiell verhandelt werden.

Ein Tatbeitrag kann auch dann wesentlich sein, wenn überhaupt keine Willenserklärung von dem Beteiligten abgegeben wurde, sein Beitrag jedoch für die Abgabe der Willenserklärung erforderlich ist, sodass die Tat – also die Abgabe der Willenserklärung – mit dem Tatbeitrag steht oder fällt. Bietet sich beispielsweise für jemanden eine Gelegenheit, ein Betäubungsmittelgeschäft abzuschließen, was jedoch nur dadurch möglich wäre, dass er unverzüglich ein Angebot abgibt bzw. die Annahme seinem Geschäftspartner gegenüber prompt erklärt, hat dieser Täter jedoch zurzeit keinen Zugriff auf die entsprechenden Telekommunikationsgeräte, erbringt derjenige, der dem anderen aufgrund eines gemeinsamen Tatbeschlusses für diese Erklärung ein Mobiltelefon zur Verfügung stellt, einen wesentlichen Tatbeitrag i. S. d. Mittäterschaft gemäß § 25 Abs. 2 StGB. Eine Wesentlichkeit wäre beispielsweise auch dann gegeben, wenn überhaupt keine Telekommunikationsmittel greifbar sind und der Beteiligte nach dem gemeinsam gefassten Tatbeschluss als Erklärungsbote für den anderen tätig wird, weil der Erklärende keine Zeit oder keine Möglichkeit hat, die Willenserklärung dem Geschäftspartner gegenüber selbst abzugeben.

Wie bereits erörtert, wird im Rahmen der sogenannten offenen Stellvertretung die betäubungsmittelmarktspezifische Gefahr nicht nur durch den Stellvertreter geschaffen, vielmehr kann die Willenserklärung des Vertreters dem Vertretenen nach § 25 Abs. 2 StGB zugerechnet werden. Dies ist deshalb gerechtfertigt, weil bei einer offenkundigen Stellvertretung auf dem Betäubungsmittelmarkt nicht nur der Vertreter, sondern auch der Vertretene nach außen erkennbar auftritt, sodass die vom Tatbestand zu verhütende betäubungsmittelmarktspezifische Gefahr von beiden gleichermaßen verursacht wird. Da dieses gemeinschaftliche Zusammenwirken auf dem Betäubungsmittelmarkt nach außen zutage tritt, also gerade nicht in der internen Sphäre der Beteiligten verbleibt, ist für alle Beteiligten offensichtlich, dass bei der Abgabe der Willenserklärung nicht nur der Erklärende tätig wird, sondern auch der im Hintergrund agierende Vertretene.

Nun könnte man ganz formal darauf abstellen, dass bei der offenen Stellvertretung der Hintermann im Ausführungsstadium gerade keinen eigenen Tatbeitrag erbringt, sondern lediglich durch die Erteilung der Vertretungsmacht im Vorbereitungsstadium der Tat tätig wird, wodurch nach der Tatherrschaftslehre eine Mittäterschaft eigentlich ausscheiden müsste.[1341] Diese Argumentation verkennt jedoch, dass durch die absprachegemäße Erklärung des Vertreters die zuvor vom Vertretenen erteilte Vertretungsmacht mittelbar betätigt wird. Sofern sich der Vertreter im Ausführungsstadium auch noch innerhalb dieser bewegt, ist der Vertreter in seinen Handlungsoptionen weiterhin beschränkt, sodass der Vertretene bei der Abgabe der Willenserklärung gegenüber dem Geschäftspartner zugleich funktionelle Tatherrschaft über den Stellvertreter ausübt. Folglich erbringt der Vertretene im Ausführungsstadium einen eigenen (mittelbaren) Tatbeitrag, der sich darüber hinaus auf den Tatbeitrag des Vertreters im Ausführungsstadium kausal bezieht[1342] und in ihm fortwirkt. Obwohl der Hintermann bei der offenen Stellvertretung regelmäßig bei Ausführung der Tat nicht unmittelbar anwesend ist, kann im Rahmen der offenen Stellvertretung nach der hier vertretenen Auffassung ein gemeinschaftliches unerlaubtes Handeltreiben begründet werden, ohne die dogmatischen Prämissen der Tatherrschaftslehre aufheben oder einschränken zu müssen.

Wird die Vertretungsmacht hingegen durch den Vertreter überschritten und das Betäubungsmittelverpflichtungsgeschäft zu vorher nicht abgesprochenen Vertragsbedingungen abgeschlossen, wird die (vermittelte) funktionelle Tatherrschaft von dem Vertreter einseitig aufgekündigt, sodass der Vertreter als Alleintäter handelt. Der Hintermann hat sich lediglich wegen eines Versuchs des gemeinschaftlichen Handeltreibens strafbar gemacht. Fraglich ist – wie bereits bei der gescheiterten mittelbaren Täterschaft erörtert –, ob sich (neben dem versuchten gemeinschaftlichen unerlaubten Handeltreiben) der ursprünglich Vertretene als Anstifter oder Gehilfe am vollendeten unerlaubten Handeltreiben des Vordermanns beteiligt hat. Für die Teilnahmelösung müsste man den ursprünglichen Vorsatz zur Mittäterschaft in einen Anstiftungsvorsatz umdeuten, was dem

1341 So *Roxin* S. 328 f.; *ders.* AT II § 25 Rn. 211; LK-StGB/*Schünemann* 12. A. § 25 Rn. 182; *Bloy* GA 1996, 424 (436); a. A. BGHSt 11, 268 (271 f.); 14, 123 (128 f.); 37, 289 (292 f.); BGH NStZ 1995, 122; BGH NStZ 2009, 25 (25); BGH NStZ-RR 2012, 209; zust. *Fischer* § 25 StGB Rn. 32; *Lampe* ZStW 119 (2007) 471 (497 f.); diff. SK-StGB/*Hoyer* § 25 StGB, Rn. 119 f.; MüKo-StGB/*Joecks/Scheinfeld* § 25 Rn. 228; *Jakobs* AT 21/48, *Stratenwerth/Kuhlen* AT § 12 Rn. 94.

1342 Vgl. hierzu nur SK-StGB/*Hoyer* § 25 Rn. 118 ff.

Aliud-Verhältnis von Täterschaft und Anstiftung nicht entsprechen dürfte.[1343] Darüber hinaus dürfte es sich zumindest in dem Fall, dass der Vertreter das Geschäft als eigenes betreiben möchte und die erteilte Vertretungsmacht total negiert, in subjektiver Hinsicht um eine wesentliche Abweichung der Haupttat vom ursprünglichen Vorstellungsbild des Vertretenen handeln[1344], sodass der Vertreter zu dieser Tat gerade keinen Teilnahmevorsatz hatte.

4. *Anstiftung*

Als Anstifter wird gemäß § 26 StGB gleich einem Täter bestraft, „wer vorsätzlich einen anderen zu dessen vorsätzlich begangener rechtwidriger Tat bestimmt hat." Die Gleichbehandlung des Anstifters mit dem Täter kann nach dem Verständnis der Anstiftung als akzessorischen Rechtsgutsangriff[1345] der Anstiftung folgendermaßen begründet werden:

Im Gegensatz zum Gehilfen ruft der Anstifter, indem er den Täter „bestimmt", bei ihm einen Tatentschluss hervor, sodass seiner Handlung, wie der des Täters, ein Handlungsunwert als eigener (akzessorietätsunabhängiger) Rechtsgutsangriff angelastet werden kann.[1346]

Das Bestimmen setzt voraus, dass der Teilnehmer durch die kommunikative Beeinflussung des Täters für den Tatentschluss desselben mitursächlich geworden ist.[1347]

Dies allein vermag den nicht gemilderten, tätergleichen Strafrahmen der Anstiftung jedoch nicht zu legitimieren. Um tätergleiches Unrecht zu verwirklichen und somit die identische Strafandrohung zu rechtfertigen, muss der Anstifter auf den Täter nicht bloß kommunikativ einwirken[1348], sondern darüber hinaus auch Motivherrschaft über den Täter ausüben, welche sich dergestalt auswirkt, dass sich der Täter u. a. wegen der vom Anstifter gesetzten Motive

---

1343 So ausdrückl. SK-StGB/*Hoyer* Vor §§ 26–31 Rn. 42; *Bloy* ZStW 117 (2005), 3 (27); MüKo-StGB/*Joecks/Scheinfeld* § 25 Rn. 172; dagegen LK-*Schünemann* 12. A. § 25 Rn. 147.

1344 BGHSt 34, 63 (67 f.); Sch/Sch/*Heine/Weißer* Vor §§ 25 StGB Rn. 38 ff.; SK-StGB/*Hoyer* Vor §§ 26–31 Rn. 46; enger BGH NStZ 1996, 434 (435).

1345 Zu den abweichenden Ansichten zum Strafgrund vgl. SK-StGB/*Hoyer* Vor §§ 26–31 Rn. 6 ff.

1346 SK-StGB/*Hoyer* § 26 Rn. 2 f.

1347 RGSt 13, 122; BGHSt 9, 379; BGHSt 45, 373 (374); BGH NStZ 2008, 42; zust. *Fischer* § 26 StGB, Rn. 3; SK-StGB/*Hoyer* § 26 Rn. 5; Sch/Sch/*Heine/Weißer* § 26 StGB, Rn. 2.

1348 So die h. M. BGH NStZ 2009, 393, zust. Sch/Sch/*Heine/Weißer* § 26, Rn. 3 f.; *Roxin* AT II § 26 Rn. 73; LK-StGB/*Schünemann* 12. A. § 26 Rn. 10 ff.

(materielle oder immaterielle Gegenleistung) zur Tat entschließt.[1349] Erst aufgrund dieses sogenannten „Unrechtspakts“[1350] zwischen dem Anstifter und dem Täter kann das intensivierte Anstiftungsunrecht – im Vergleich zum geminderten Unrecht der bloßen kommunikativen (psychischen) Beihilfe – normativ abgeschichtet und die tätergleiche Bestrafung des Anstifters legitimiert werden.

In subjektiver Hinsicht muss der Anstifter mit dem sogenannten „doppelten Anstiftervorsatz“ handeln. Er muss einerseits wissentlich und willentlich die Bestimmungshandlung vornehmen. Andererseits muss er Kenntnis von der vorsätzlichen, rechtswidrigen Haupttat haben und diese zumindest billigend in Kauf nehmen. Der Vorsatz des Anstifters muss sich auf die Umstände des vom Haupttäter verwirklichten Tatbestands beziehen; hierzu muss er nicht alle Umstände im Detail vor Augen haben, es genügt vielmehr, wenn er die Tat in ihren wesentlichen Merkmalen bzw. Grundzügen kennt[1351] und sie, daran anknüpfend, als rechtswidrig bewertet. Darüber hinaus muss der Anstifter die persönlichen subjektiven Unrechtsmerkmale – wie die Eigennützigkeit beim unerlaubten Handeltreiben – nicht selbst aufweisen, es ist ausreichend, wenn er weiß, dass der Täter eigennützig handelt.[1352] Ferner ist zwingend erforderlich, dass sich der Vorsatz des Anstifters auf die (materielle) Vollendung der Haupttat richtet, um die subjektive Tatseite der Anstiftung ebenfalls zu verwirklichen.[1353]

Unabhängig von den dogmatischen Streitfragen bezüglich der allgemeinen Voraussetzungen der Anstiftungshandlung blendet die herrschende Auffassung[1354] die Anstiftung zum unerlaubten Handeltreiben weitestgehend aus, da ihr im Ergebnis keine praktische Bedeutung zukommt. Dies liegt für das unerlaubte Handeltreiben maßgeblich darin begründet, dass typische Anstiftungshandlungen wie das Bestellen und Vermitteln von Betäubungsmittelgeschäften problemlos unter den extensiv verstandenen Begriff des unerlaubten

---

1349 SK-StGB/*Hoyer* § 26 Rn. 13 ff.; ähnl. *Puppe* GA 1984, 101 (110 ff.); *ders.* NStZ 06, 424 ff.; *ders.* GA 2013, 514 (517 ff.); i. d. S. auch *Jakobs* AT 22/22.

1350 *Puppe* GA 1984, 101 (110 ff.); *ders.* NStZ 06, 424 ff.; *ders.* GA 2013, 514 (517 ff.).

1351 BGHSt 37, 218; BGH NStZ 1996, 435; BGH NStZ 1998, 295; zust. *Fischer* § 26 StGB, Rn. 8; Sch/Sch/*Heine/Weißer* § 26 StGB, Rn. 18; *Bülte/Hagemeier* NStZ 2015, 317 (321).

1352 Allg. hierzu RGSt 56, 171 (172); SK-StGB/*Hoyer* § 26 Rn. 26; MüKo-StGB/*Joecks/Scheinfeld* § 26 Rn. 64.

1353 *Weber* § 29 BtMG, Rn. 822; SK-StGB/*Hoyer* § 26 Rn. 28.

1354 Vgl. Körner/*Patzak* § 29 BtMG, Rn. 237; MüKo-StGB/*Oğlakcıoğlu* § 29 BtMG, Rn. 53.

Handeltreibens subsumiert werden können.[1355] Der „Total-Ausfall" des Anwendungsbereichs der Anstiftung ist mit den allgemeinen Grundsätzen des Allgemeinen Teils entgegen der herrschenden Rechtsprechung[1356] jedoch nicht in Einklang zu bringen. Indem das in dieser Untersuchung vertretene Begriffsverständnis die tatbestandliche Weite des unerlaubten Handeltreibens einschränkt, wird zugleich der Anwendungsbereich der Anstiftung maßvoll ausgedehnt, was ebenfalls anhand der dualistischen Struktur des objektiven Tatbestands dargestellt werden soll.

a) Die Anstiftung zu Handlungen, welche eine Weitergabegefahr begründen

Der objektive Tatbestand des unerlaubten Handeltreibens verlangt nach der hier vertretenen Auffassung, dass der (Allein-)Täter, an seinen (mittelbaren) Betäubungsmittelbesitz anknüpfend, eine betäubungsmittelspezifische Verbindungshandlung erbringt. Die Kumulation der beiden die Weitergabegefahr begründenden Umstände hat für die Anstiftung zur Folge, dass der Anstifter den (noch nicht entschlossenen) Täter entweder zu beiden objektiven Tatbestandsmerkmalen oder zumindest zur betäubungsmittelspezifischen Verbindungshandlung bestimmen muss.

In der erstgenannten Fallgruppe weckt der Anstifter beim Täter den Entschluss, überhaupt in den „Betäubungsmittelhandel" einzusteigen, indem er ihm beispielsweise mitteilt, wie er Betäubungsmittel ankaufen und in Besitz nehmen und an wen, wie und wo er diese gewinnbringend verkaufen kann.

Im Gegensatz zu dieser Bestimmung des Täters von Grund auf hat der Täter in der letztgenannten Fallgruppe bereits Betäubungsmittel in Besitz, er ist lediglich zu einer konkreten betäubungsmittelspezifischen Verbindungshandlung (noch) nicht entschlossen. Indem nun der Anstifter den Täter mit Motivherrschaft dazu bestimmt, verwirklicht er die Anstiftung zum unerlaubten Handeltreiben mit Betäubungsmitteln. Teilt der Anstifter dem Täter folglich mit, wer die von ihm gehaltenen Betäubungsmittel für den Täter verkaufen, transportieren, strecken oder lagern könnte, weckt er beim Täter den Entschluss, diese Personen

---

1355 So auch *Roxin* StV 1992, 517 (519); *Harzer* StV 1996, 336; *Paul* StV 1998, 623 (625); *Kreuzer* FS-Miyazawa 177 (189); *Oğlakcıoğlu* AT-BtMG S. 550.

1356 Vgl. u. a. BGHSt 34, 124 (125); 50, 252 (266); 51, 219 (221); BGH StV 1981, 275 (276); BGH StV 1999, 427; BGH NStZ-RR 2003, 309; BGH StV 2005, 555; 666 (668); BGH NStZ-RR 2006, 88 (89); BGH, NStZ-RR 2007, 58; BGH NStZ-RR 2011, 57; BGH StV 2019, 317 (318).

zu kontaktieren, um die bereits besessenen Betäubungsmittel gewinnbringend umzusetzen.[1357] Erst durch diese Bestimmungshandlung wird der strafbare Betäubungsmittelbesitz (§ 29 Abs. 1 Nr. 3 BtMG) zum unerlaubten Handeltreiben hochgestuft, sodass es gerechtfertigt ist, auch diese Bestimmungshandlung gleichsam als Anstiftung zum unerlaubten Handeltreiben zu werten, wobei das unterschiedlich nuancierte (Teilnahme-)Unrecht freilich in der Strafzumessung entsprechend berücksichtigt werden kann.

Wie bereits dargestellt, geht nach der hier vertretenen Auffassung das Bestimmen im Sinne von § 26 StGB über die schlichte kommunikative Beeinflussung des Täters hinaus, vielmehr muss der Anstifter mit Motivherrschaft auf den Täter Einfluss nehmen und ihn dadurch zur Tat verleiten. Der Anstifter muss die Haupttat vom Täter als eine an ihn zu erbringende materielle oder immaterielle Leistung fordern und der Täter muss die Tat auch deshalb erbringen, um sich die materielle oder immaterielle Gegenleistung zu verdienen.[1358] Diese Leistung-Gegenleistung-Beziehung ist schwächer ausgeprägt als die noch darzustellende subjektive Beteiligungsvoraussetzung der Eigennützigkeit[1359]. Für eine Motivherrschaft des Anstifters genügt nämlich jeder Vorteil der Haupttat, der ihm mittelbar zugutekommen soll[1360]. Wird beispielsweise der Täter durch den Anstifter zur Tat motiviert, um die familiäre oder emotionale bzw. sexuelle Verbundenheit zu stärken oder aufrechtzuerhalten, ist eine Motivherrschaft und somit eine Anstiftung ebenso gegeben, wie in den Fällen, in denen der Täter für die Tat ein Entgelt fordert. Liegt diese Motivherrschaft hingegen nicht vor bzw. ist sie nicht nachweisbar, kann die kommunikative Beeinflussung des Täters durch den vermeintlichen Anstifter lediglich als (psychische) Beihilfe

---

1357 Die h. M. schließt selbst in diesen Fällen eine Täterschaft nicht grds. aus: vgl. BGH StV 1995, 197 (198); zust. Körner/*Patzak* § 29 BtMG, Rn. 299; *Weber* § 29 BtMG, Rn. 432.

1358 SK-StGB/*Hoyer* § 26 Rn. 13 ff.; ähnl. *Puppe* GA 1984, 101 (110 ff.); *ders.* NStZ 06, 424 ff.; *ders.* GA 2013, 514 (517 ff.); i. d. S. auch *Jakobs* AT 22/22; für nur eine kommunikative Beeinflussung die h. M.: BGH NStZ 2009, 393, Sch/Sch/*Heine/Weißer* § 26, Rn. 3 f.; *Roxin* AT II § 26 Rn. 73; LK-StGB/*Schünemann* 12. A. § 26 Rn. 10 ff.

1359 Vgl. hierzu 4. Teil, B. II.

1360 So die h. M. zur Eigennützigkeit: BGHSt 28, 308 f.; 34, 124 (125 f.); BGH NStZ 2006, 578; BGH BeckRS 2012, 12394; BGH NStZ 2013, 550; BGH NStZ-RR 2013, 282; BGH NStZ-RR 2016, 213; BGH NStZ-RR 2020, 112 (113); BGH NStZ 2020, 552 f.; BVerfG NJW 1996, 116 (117); zust. *Schoreit* NStZ 1982, 63 (64); *Weber* § 29 BtMG, Rn. 313; Körner/*Patzak* § 29 BtMG, Rn. 342; *Beisheim* S. 45, 161 ff.

zum unerlaubten Handeltreiben § 29 Abs. 1 S. 1 Nr. 1 BtMG, § 27 Abs. 1 StGB strafrechtlich geahndet werden.

Bevor jedoch vorschnell eine Anstiftungshandlung des Beteiligten angenommen wird, ist sorgfältig zu prüfen, ob der Beteiligte durch seine Bestimmungshandlung das unerlaubte Handeltreiben möglicherweise bereits täterschaftlich verwirklicht haben könnte.

Eine Alleintäterschaft wäre dann gegeben, wenn die Bestimmungshandlung sich auf einen (eventuell mittelbar) ausgeübten Betäubungsmittelbesitz bezieht, da dann die Bestimmungshandlung selbst eine betäubungsmittelspezifische Verbindungshandlung darstellt.

Nach § 29 StGB ist es für eine Teilnehmerstrafbarkeit grundsätzlich nicht von Belang, ob der Vordermann mangels Schuld nicht bestraft werden kann. Ist hingegen der Hintermann für den Wissens- oder Willensmangel des Vordermanns – der dessen Schuld entfallen lässt (z. B. Verbotsirrtum im Sinne von § 17 StGB bzw. Notstandslage nach § 35 StGB) – verantwortlich, verwirklicht die daran anknüpfende Bestimmungshandlung des Hintermanns die Voraussetzungen der mittelbaren Täterschaft, sodass eine Anstiftung dahinter zurücktritt. Ist die bestimmende Person für den Irrtum nicht verantwortlich, weil er ihn möglicherweise gar nicht kennt, ihn nicht beheben kann bzw. zur Aufklärung des Irrtums rechtlich nicht verpflichtet ist, kann – sofern der Vordermann zur konkreten Tat tatsächlich erst durch die Handlung des Hintermannes motiviert und somit bestimmt wurde – der Hintermann als Anstifter bestraft werden[1361]. Eine Anstiftung kommt auch in den Fällen in Betracht, in denen eine mittelbare Täterschaft deshalb ausscheidet, weil der Vordermann die Tat im Zustand der verminderten Schuldfähigkeit im Sinne von § 21 StGB begeht[1362] und er in Kenntnis dessen vom Hintermann bestimmt wird. Stellt der Hintermann – ohne (mittelbaren) Betäubungsmittelbesitz zu haben – dem vermindert schuldfähigen Vordermann für die Tat eine materielle oder immaterielle Gegenleistung in Aussicht, ist der dadurch Bestimmende als Anstifter zum unerlaubten Handeltreiben gemäß §§ 29 Abs. 1 S. 1 Nr. 1 BtMG i. V. m. § 26 StGB zu bestrafen.

1361 SK-StGB/*Hoyer* Vor. §§ 26–31 Rn. 39.

1362 Sch/Sch/*Heine/Weißer* § 25 Rn. 46; SK-StGB/*Hoyer* § 25 Rn. 51; *Jakobs* AT 21/94; diff. LK-StGB/*Schünemann* 12. A. § 25, Rn. 115 ff.; *Roxin* AT II § 25 Rn. 150; a. A. *Schaffstein* NStZ 1989, 153 (156).

b) *Die Anstiftung zu Handlungen, welche eine betäubungsmittelmarktspezifische Gefahr begründen*

Nach der obigen Definition des unerlaubten Handeltreibens verwirklicht der Täter durch eine ausdrückliche oder konkludente Erklärung mit Umsatzwillen, die auf den Abschluss eines Verpflichtungs- bzw. Vermittlungsgeschäftes von umzusetzenden Betäubungsmitteln gerichtet ist, den Tatbestand des unerlaubten Handeltreibens, da er durch diese Handlung eine betäubungsmittelmarktspezifische Gefahr verursacht. Demnach stiftet jemand einen anderen zum unerlaubten Handeltreiben dann an, wenn er ihn mit Motivherrschaft zur Abgabe der Willenserklärung zum Verpflichtungs- bzw. Vermittlungsgeschäft bestimmt. Wie bereits ausgeführt, ist dies im Rahmen der mittelbaren Stellvertretung regelmäßig der Fall. In dieser Konstellation erbringt nämlich der mittelbare Stellvertreter eine eigene Willenserklärung auf fremde Rechnung. Sofern diese Erklärung nicht gänzlich aus altruistischen Motiven erfolgen sollte, ist eine Motivherrschaft und somit ein Bestimmen im Sinne von § 26 StGB gegeben.

Auch wenn mit der rechtsgeschäftlichen Erklärung zum Abschluss eines Betäubungsmittelvermittlungsgeschäftes der Tatbestand des unerlaubten Handeltreibens nach der hier vertretenen Auffassung bereits täterschaftlich verwirklicht wurde, ist ein Anwendungsbereich der Anstiftung für Handlungen im Bereich der Vermittlung von Betäubungsmittelgeschäften weiterhin gegeben.

Nach der hier vertretenen Definition des unerlaubten Handeltreibens verwirklicht ein Vermittler bereits durch die rechtsgeschäftliche Willenserklärung zum Abschluss eines Verpflichtungsgeschäfts zur Betäubungsmittelvermittlung den Tatbestand des unerlaubten Handeltreibens als Täter. Für eine eigenständige täterschaftliche Strafbarkeit beider am Verpflichtungsgeschäft zur Vermittlung beteiligten Personen ist jedoch erforderlich, dass das ins Auge gefasste Betäubungsmittelverpflichtungsgeschäft zumindest bezüglich der Art und der Menge bzw. Qualität der umzusetzenden Betäubungsmittel zum Zeitpunkt des Vermittlungsgeschäfts hinreichend konkretisiert wurde.[1363]

Eine Täterschaft kommt zudem nur infrage, sofern der zukünftige Vermittler eigennützig[1364] tätig wurde und bei Abgabe der Willenserklärungen das zu vermittelnde Betäubungsmittelverpflichtungsgeschäft durch die abgegebenen Willenserklärungen hinreichend konkretisiert wurde. Liegen diese Voraussetzungen nicht vor oder sind sie nicht nachweisbar, kann durch die Offerierung von Geschäftsangeboten bzw. durch die Eröffnung von Geschäftsmöglichkeiten

---

1363 Vgl. hierzu 3. Teil, B. 3. b) (2).

1364 Vgl. eingeh. 4. Teil, B. II.

der Vermittler den Täter zum unerlaubten Handeltreiben anstiften, sofern der Vermittler den Täter mit Motivherrschaft zur Tat verleitet.

Ist im Einzelfall die Motivherrschaft nicht gegeben bzw. nicht nachweisbar, stellt sich die Mitteilung von Geschäftsmöglichkeiten als Hilfeleistung zur Haupttat und somit als strafbare Beihilfe zum unerlaubten Handeltreiben dar. Eine Gehilfenstellung im Sinne von § 27 Abs. 1 StGB ist beispielsweise dann gegeben, wenn jemand einem anderen als Freundschaftsdienst oder beiläufig, ohne weitergehende Interessen zu verfolgen, mitteilt, bei wem er eine bestimmte Menge Betäubungsmittel an- oder verkaufen kann.

Darüber hinaus ist anzumerken, dass durch Vorverlagerung des Tatbestands auf das Verpflichtungsgeschäft zur Vermittlung die Strafbarkeit einer Anstiftung zu derselben ebenfalls vorverlagert wird. So macht sich jemand wegen Anstiftung zum unerlaubten Handeltreiben strafbar, der einen anderen dazu bestimmt, eine Willenserklärung zu einem Betäubungsmittelvermittlungsgeschäft abzugeben oder anzunehmen. Beispielsweise macht sich eine Ehefrau wegen Anstiftung zum unerlaubten Handeltreiben strafbar, die ihren Ehemann dazu bewegt, sich gegenüber einem Dritten zu einer Betäubungsmittelvermittlung zu verpflichten, wenn die Fortführung der Ehe von der Vermittlungstätigkeit bzw. von den damit erwirtschafteten Einnahmen abhängig gemacht wird.

5. *Beihilfe*

Als Gehilfe wird nach § 27 Abs. 1 StGB bestraft, „wer vorsätzlich einem anderen zu dessen vorsätzlich begangener rechtswidriger Tat Hilfe geleistet hat." Im Gegensatz zur Anstiftung ist die Strafe des Gehilfen nach § 27 Abs. 2 S. 2 i. V. m. § 49 Abs. 1 StGB zwingend zu mildern. In der Gerichtspraxis ist diese obligatorische Strafmilderung der eigentliche Grund, warum die Abgrenzung zwischen Täterschaft und Teilnahme beim unerlaubten Handeltreiben mit Betäubungsmitteln nach dem Begriffsverständnis der herrschenden Meinung dogmatisch inkonsistent und kasuistisch am Einzelfall erfolgt, denn im Rahmen des extrem weiten Tatbestands ist der Weg über die Beihilfe regelmäßig die einzige Möglichkeit, einem Beteiligten eine obligatorische Strafmilderung zu gewähren und ihn somit auch vor den erheblich erhöhten Mindeststrafrahmen der Qualifikationen (§§ 29a ff. BtMG zu bewahren.

Im Gegensatz zur Mittäterschaft und Anstiftung verursacht der Gehilfe beim Täter keine deliktische Motivation zur Tat. Insbesondere ist für eine Beihilfe nicht erforderlich, dass der Täter von der Hilfeleistung des Gehilfen Kenntnis hat und deshalb die Tat begeht.[1365] Folglich kann dem Gehilfen weder die Handlung noch das damit verwirklichte Handlungsunrecht strafrechtlich zugerechnet werden. Da er durch seine Hilfeleistung jedoch einen kausalen Beitrag zur Tat erbringt, ist ihm immerhin das Erfolgsunrecht der Tat zuzurechnen. Aufgrund dieses verringerten Unrechts wird dem Gehilfen die obligatorische Strafmilderung des § 27 Abs. 2 S. 2 StGB gewährt. Demnach ist für die Beihilfestrafbarkeit lediglich erforderlich, dass das Erfolgsunrecht des unerlaubten Handeltreibens, welches in einer abstrakten Gefährdung des Rechtsgutes der Drogenverkehrshoheit besteht, dem Gehilfen zugerechnet werden kann.

Dies ist nach der herrschenden Auffassung im Schrifttum dann der Fall, wenn der Gehilfe für den Erfolg der Haupttat mitursächlich geworden ist[1366]. Da das unerlaubte Handeltreiben auch nach der hier vertretenen Auffassung als Tätigkeitsdelikt ausgestaltet ist, ist der Erfolg der Tat die Tätigkeit selbst, also die eine Weitergabegefahr bzw. betäubungsmittelmarktspezifische Gefahr begründende Handlung des Täters. Eine Hilfeleistung ist dann kausal, wenn sie die Durchführung der Tathandlung ermöglicht, erleichtert oder absichert. Ist die konkrete Hilfeleistung nicht ursächlich für die Handlung des Täters geworden, liegt lediglich eine versuchte Beihilfe vor, welche nicht strafbar ist.

Jedoch bedingt die Kausalität nicht zwingend, dass der Gehilfe den Täter bei der Ermöglichung, Erleichterung bzw. Absicherung der Täterhandlung händisch unterstützt haben muss. Zutreffend ist auch die sogenannte „psychische Beihilfe" als taugliche Hilfeleistung zur Tat anzuerkennen[1367], sofern sie sich in der Tathandlung kausal niedergeschlagen hat. Gibt jemand beispielsweise einem Drogendealer den Rat, zur Fahrt zu einer für den heutigen Tag verabredeten Betäubungsmittelübergabe nicht die U-Bahn zu nehmen, da diese aufgrund eines technischen Defekts nicht verkehrt oder dort Polizeikontrollen durchführt werden[1368], ermöglicht bzw. sichert er die Tathandlung des

1365 SK-StGB/*Hoyer* § 27 Rn. 1.

1366 Sch/Sch/*Heine/Weißer* § 27 StGB, Rn. 6; Lackner/Kühl/*Heger* § 27 StGB Rn. 2; LK-StGB/*Schünemann* 12. A. § 27 Rn. 2; SK-StGB/*Hoyer* § 27 Rn. 3; zust. *Fischer* § 27 StGB, Rn. 14; *Roxin* AT II § 26 Rn. 184 Rn. 243; *Jakobs* AT 22/34; *Jescheck/Weigend* AT S. 694; *Kühl* AT § 20 Rn. 214 f.; a. A. st. Rspr. RGSt 58, 113 (114 ff.); 75, 112 (113); BGHSt 2, 129 (130 f.); BGH NStZ-RR 2009, 311(312); BGH NStZ 2019, 461.

1367 So die h. M. NK-StGB/*Schild* § 27 Rn. 9; Lackner/Kühl/*Heger* § 27 StGB Rn. 4; MüKo-StGB/*Joecks/Scheinfeld* § 27 Rn. 5; Sch/Sch/*Heine/Weißer* § 27 StGB Rn. 15; *Puppe* GA 2013, 514 (534 f.).

1368 Zur Abgrenzung der Beihilfe von der (antizipierten) Strafvereitelung vgl. SK-StGB/*Hoyer* § 27 Rn. 11 m. w. N.; zust. MüKo-StGB/*Joecks/Scheinfeld* § 27 Rn. 8.

Betäubungsmitteltransports ab, da er kausal dafür sorgt, dass der Dealer den Transport termingerecht bzw. von der Polizei unbehelligt durchführen kann. Er leistet somit zu dieser Tat Hilfe im Sinne von § 27 Abs. 1 StGB.

Im Rahmen der sogenannten voluntativen Beihilfe – dass also lediglich der Tatentschluss des Täters bestärkt wird – ist eine Abgrenzung zur Anstiftung anhand der (nicht) vorliegenden Motivherrschaft des Beteiligten vorzunehmen. Eine voluntative (psychische) Beihilfe ist lediglich dann gegeben, wenn der Beteiligte gerade keine Motivherrschaft auf den Täter ausübt. Dies ist dann der Fall, wenn der Täter sich zur Begehung der Tat gerade nicht deshalb entschlossen hat, weil er sich dadurch die vom Beteiligten in Aussicht gestellte Gegenleistung verdienen will.[1369] Wird vielmehr auf den Täter durch Zureden, Zuzwinkern, Kopfnicken oder Ähnliches psychisch eingewirkt, ohne dass die Motive des Beteiligten auf den Täter projiziert werden oder überhaupt noch übertragen werden können, da der Täter bereits zur Tat fest entschlossen ist, liegt lediglich eine strafbare Beihilfe gemäß § 27 Abs. 1 StGB vor. Wird demgegenüber durch den Beteiligten die sogenannte Motivherrschaft ausgeübt, liegt – wie soeben erörtert – eine Anstiftung zum unerlaubten Handeltreiben vor.

Hingegen stellt das bloße Dulden einer fremden Tat keine strafbare Beihilfe dar, wenn die Tat zwar gebilligt, aber diese Billigung dem Täter nicht zum Ausdruck gebracht wird.[1370] Wäre dies nicht so, würde über die psychische Beihilfe die Tatbestandsvoraussetzung der Garantenstellung des Unterlassenden entgegen der Vorschrift des § 13 Abs. 1 StGB umgangen werden[1371].

Im Rahmen der Beihilfedogmatik ist ebenfalls umstritten, in welchem Zeitraum Beihilfe zu einer vorsätzlichen rechtswidrigen Tat geleistet werden kann. Die ständige Rechtsprechung erachtet eine „sukzessive Beihilfe" zwischen Voll- und Beendigung der Tat für möglich.[1372] Dagegen wird vom Schrifttum zutreffend angeführt, dass eine derartig temporär ausgedehnte Beihilfe contra legem nicht nur gegen den Tatbegriff des § 27 Abs. 1 StGB i. V. m. § 11 Abs. 1 Nr. 5 StGB

1369 SK-StGB/*Hoyer* § 27 Rn. 13; *Puppe* GA 1984, 101 (117 ff.); *ders.* GA 2013, 514 (534 f.)

1370 BGH NStZ 1999, 451; BGH NStZ 2010, 221 f.; BGH StraFo 2012, 331; BGH NStZ-RR 2017, 219 (220); zust. *Fischer* § 27 StGB Rn. 13a; NK-StGB/*Schild* § 27 Rn. 9.

1371 BGH NStZ 2010, 224 (225); BGH StraFo 2012, 331; BGH NStZ-RR 2017, 219 (220); zust. *Fischer* § 27 StGB, Rn. 13a.

1372 RGSt 23, 292 (293); 71, 193 (194); BGHSt 4, 132 (133); 19, 323 (325); BGH NStZ-RR 1997, 319.

verstößt, sondern auch die Abgrenzung zu den Anschlussdelikten (§§ 257, 258 StGB) nahezu unmöglich gemacht wird.[1373]

Weitgehend einig sind sich die Rechtsprechung und das Schrifttum darin, wie die Fälle der Kettenbeteiligungen (Anstiftung zur Beihilfe bzw. Beihilfe zur Anstiftung zum unerlaubten Handeltreiben) strafrechtlich zu bewerten sind. Zutreffend erkennt die herrschende Auffassung[1374] die Teilnahme an der Haupttat nicht als eigenständige teilnahmefähige Haupttat an, da diese (nur) akzessorisch mit der tatsächlichen Haupttat – dem unerlaubten Handeltreiben – verknüpft ist. Vielmehr soll die schwächste Beteiligungsform der (Teilnahme-) Kette die Entscheidung – ob die Handlung des Beteiligten als Anstiftung oder Beihilfe zu werten ist – bestimmen, sodass der Anstifter des Gehilfen bzw. der Gehilfe des Anstifters sich gleichermaßen als mittelbare Gehilfen zum unerlaubten Handeltreiben strafbar gemacht haben. Folglich ist der Anstifter des Anstifters zum unerlaubten Handeltreiben (Kettenanstiftung) wegen Anstiftung zum unerlaubten Handeltreiben zur bestrafen. In allen diesen Konstellationen der Mehrfachbeteiligung gilt, dass dem (mittelbaren) Gehilfen bzw. Anstifter der Haupttäter nicht persönlich bekannt sein muss[1375], da es im Rahmen der subjektiven Tatseite der Teilnahme generell nicht auf die persönliche Bekanntschaft mit dem Täter, sondern darauf ankommt, ob die wesentlichen Tatumstände der Haupttat dem Gehilfen zur Kenntnis gelangt sind.

In subjektiver Hinsicht muss auch der Gehilfe mit einem Doppelgehilfenvorsatz[1376] gehandelt haben. Bezüglich der vorsätzlichen rechtswidrigen Haupttat braucht er nicht die konkreten Umstände der Tat (Täter, Tatort bzw. -zeit) kennen, er muss lediglich billigend in Kauf nehmen, dass ein bestimmter Tatbestand

1373 LK-StGB/*Schünemann* 12. A. § 27 Rn. 40 ff.; SK-StGB/*Hoyer* § 27 Rn. 18; *Jakobs* AT 23/40; *Oğlakcıoğlu* AT-BtMG, S. 598; MüKo-StGB/*Joecks* § 27 Rn. 20 ff.; dagegen *Fischer* § 27 StGB, Rn. 6; *Jescheck/Weigend* AT S. 692.

1374 RGSt 59, 396 (397); BGH NStZ 1996, 562 (563); SK-StGB/*Hoyer* § 26 Rn. 32; Sch/Sch/*Heine/Weißer* § 26 Rn. 15; LK-StGB/*Schünemann* 12. A. § 26 Rn. 103; *Jakobs* AT 22/30; *B. Heinrich* AT Rn. 1341 ff.; a. A. BGHSt 6, 359 (361); *Schröder* GA 2016, 65 (69).

1375 *Roxin* AT II § 26 Rn. 176, zust. Sch/Sch/*Heine/Weißer* § 26 Rn. 19; nur i. E. zust. BGHSt 6, 359 (361).

1376 *Kühl* AT § 20 Rn. 241, *Roxin* AT II § 26 Rn. 270, LK-StGB/*Schünemann* 12. A. § 27 Rn. 54; SK-StGB/*Hoyer* § 27 Rn. 34.

vom Haupttäter verwirklicht werden wird und er dazu einen kausalen Gehilfenbeitrag erbringt.[1377]

a) Die Beihilfe zu den eine Weitergabegefahr begründenden Handlungen

Diese allgemeinen Grundsätze der Beihilfe vorausgesetzt, ergeben sich unzählige Möglichkeiten zur Hilfeleistung zu einer die Weitergabegefahr begründenden Handlung. Anders als bei der Anstiftung zum unerlaubten Handeltreiben sind die Handlungsoptionen des Gehilfen weit weniger beschränkt. So ist es bereits ausreichend, dass der Gehilfe den Täter lediglich dabei unterstützt, überhaupt erst einmal Betäubungsmittelbesitz zu begründen (z. B. indem er den Täter zum Veräußerer fährt bzw. durch die altruistische Nennung von Ankaufsmöglichkeiten[1378] oder die psychische Bestärkung zur Begründung von Drogenbesitz eines zum Drogenhandel bereits fest entschlossenen Täters).

Hat der Täter sodann den Besitz begründet, kann jede Hilfeleistung zu einer der vielfältigen betäubungsmittelspezifischen Verbindungshandlungen – sofern diese Tätigkeit keinen wesentlichen Tatbeitrag im Sinne einer Mittäterschaft (§ 25 Abs. 2 StGB)[1379] darstellt – eine Beihilfestrafbarkeit begründen. Ein Gehilfenbeitrag im Sinne von § 27 Abs. 1 StGB kann darin bestehen, dass die betäubungsmittelspezifische Verbindungshandlung ermöglicht, erleichtert oder abgesichert wird. Dies kann der Gehilfe beispielsweise dadurch verwirklichen, dass er dem Betäubungsmittel besitzenden Haupttäter ein Telefon zur Kontaktaufnahme mit einem potentiellen Käufer zur Verfügung stellt oder den Täter nach der Übergabe zum Betäubungsmittelbunker fährt bzw. den Betäubungsmittelbesitz des Täters vor dem Zugriff von Dritten absichert.

Entscheidend für die Annahme einer Beihilfe in den soeben aufgezählten Beispielen ist, dass der Gehilfe keinen (auch keinen mittelbaren) Betäubungsmittelbesitz ausübt, denn dann würde seine Hilfstätigkeit in objektiver Hinsicht eine betäubungsmittelspezifische Verbindungshandlung darstellen und somit (sofern auch die subjektiven Voraussetzungen vorliegen[1380]) ein täterschaftliches unerlaubtes Handeltreiben verwirklichen. Folglich kann es – entgegen der Rechtsprechung und dem ihr folgenden Schrifttum[1381] – nicht darauf ankommen,

---

1377 RGSt 67, 343; BGHSt 3, 65; zust. Sch/Sch/*Heine/Weißer* § 27 Rn. 29; MüKo-StGB/*Joecks/Scheinfeld* § 27 Rn. 104 ff.; LK-StGB/*Schünemann* 12. A. § 27 Rn. 57; SK-StGB/*Hoyer* § 27 Rn. 34.

1378 Zur Anstiftung vgl. 4. Teil, B. I. 4. b).

1379 Vgl. hierzu 4. Teil, B. I. 3.

1380 Zur Eigennützigkeit sogleich: 4. Teil, B. II.

1381 Vgl. 4. Teil, A. II. und III.

welche Bedeutung die vom Beteiligten ausgeführte Handlung für einen Teilakt[1382] oder für ein (irgendwie geartetes) Gesamtgeschäft[1383] des unerlaubten Handeltreibens hatte.

Die Beurteilung der Beteiligungsverhältnisse ist vielmehr stringent an den tatbestandlichen Voraussetzungen des unerlaubten Handeltreibens auszurichten. In objektiver Hinsicht ist also die tatbestandliche Handlung maßgebend, nicht jedoch der aus einem Gesamtgeschehen beliebig herausgestanzte Teilakt bzw. das unbestimmte (und in der Mehrzahl der Fälle nicht hinreichend aufgeklärte) Gesamtgeschäft des Betäubungsmittelhandels. Die bereits dargestellten gegenteiligen Auffassungen entfernen sich nicht nur weitgehend von den Grundsätzen der Tatherrschaftslehre, sondern verstoßen gegen den Tatbegriff des § 27 Abs. 1 StGB i. V. m. § 11 Abs. 1 Nr. 5 StGB. Hat ein Beteiligter somit alle Voraussetzungen des unerlaubten Handeltreibens in eigener Person verwirklicht, ist zumindest in objektiver Hinsicht kein Raum, diese Handlung lediglich als Beihilfe zum unerlaubten Handeltreiben zu werten. Legt man demnach dem unerlaubten Handeltreiben ausschließlich die Tatherrschaftslehre zur Abgrenzung von Täterschaft und Teilnahme zugrunde, kommt man in objektiver Hinsicht nicht umhin, bei einem sogenannten „Bodypacker" oder bei einem Kurierfahrer, der unmittelbaren Betäubungsmittelbesitz ausübt und daraufhin seine Transporttätigkeit erbringt, eine Täterschaft anzunehmen.

Diese Schlussfolgerung wäre lediglich insofern zu kritisieren, als sie – unabhängig von den dogmatisch überzeugenden Argumenten – unweigerlich zu kriminalpolitisch zweifelhaften Ergebnissen führen würde, da sie in einer Vielzahl von Fällen die im Betäubungsmittelhandel untergeordnet (und streng weisungsgebunden) agierenden Personen – trotz des (relativ) geringen, von ihnen selbst verwirklichten Unrechts – wegen täterschaftlichen unerlaubten Handeltreibens verurteilt werden müssten. Insofern würde diesen Beteiligten die kriminalpolitisch adäquate Strafmilderung des § 27 Abs. 2 StGB verwehrt werden. Im Hinblick auf die objektiven Voraussetzungen einer Beteiligung erscheint diese Kritik durchaus berechtigt. Es soll jedoch dem weiteren Fortgang dieser Untersuchung

---

1382 In diese Richtung die frühere Rspr.: BGHSt 38, 315 (319); BGH NJW 1979, 1259; BGH NStZ 1984, 413 f.; BGH NStZ 2006, 577; BGH NStZ-RR 2006, 88 (89); BGH NStZ-RR 2007; 88 (89); dagegen BGHSt 51, 219 ff.; *Weber* § 29 BtMG, Rn. 650 ff.; *Fischer* § 25 StGB, Rn. 45; auch MüKo-StGB/*Oğlakcıoğlu* § 29 BtMG, Rn. 353.

1383 BGHSt 51, 219 ff.; zust. BVerfG NStZ 2008, 39; BGH NStZ 2020, 556 (557); *Fischer* § 25 Rn. 45; Sch/Sch/*Heine/Weißer* Vor. § 25 ff. Rn. 69; *Krumdiek* HRRS 2008, 288 (291); *Winkler* NStZ 2012, 257; *Schmidt* NJW 2012, 3072; krit. *Weber* NStZ 2008, 467; *ders.* § 29 BtMG, Rn. 752 ff.; auch *Puppe* JR 2007, 299 f.

vorbehalten bleiben, ob dieses Argument durch die deliktsspezifischen (subjektiven) Beteiligungsvoraussetzungen[1384] abgemildert oder sogar gänzlich entkräftet werden kann.

Eine Beihilfe zu einer die Weitergabegefahr begründenden Handlung des Täters ist nicht mehr nach dem Umsatz der Betäubungsmittel möglich. Diese Auffassung kann bereits dadurch begründet werden, dass – aus den zuvor genannten Gründen[1385] – eine sukzessive Beihilfe nicht anzuerkennen ist. Unabhängig von dieser die allgemeine Beteiligungsdogmatik betreffenden Problematik kann diese Auffassung für das unerlaubte Handeltreiben auch aus dem Schutzzweck der Strafvorschrift bzw. mit ihrem Rechtsgutsbezug begründet werden. Der bewirkte Betäubungsmittelumsatz führt dazu, dass die Weitergabegefahr von einer Person auf eine andere verlagert wird, sodass – mangels tatsächlicher Einflussmöglichkeit – die Weitergabegefahr beim ursprünglichen Besitzer zum Erlöschen gebracht wurde. In temporärer Hinsicht bildet der bewirkte Umsatz demnach eine Zäsur, die auch im Rahmen der Beihilfe adäquat berücksichtigt werden muss. Wird folglich nach dem Betäubungsmittelumsatz – im Beendigungsstadium der Tat – eine Hilfstätigkeit (wie die Abholung des durch den Umsatz erwirtschafteten Erlöses) geleistet, kann diese nicht (mehr) als Beihilfe zum unerlaubten Handeltreiben gewertet werden. Diese dem Umsatz nachfolgenden Handlungen können nach dem hier vertretenen Ansatz allenfalls mit den Tatbeständen der Begünstigung (§ 257 StGB) bzw. der Geldwäsche (§ 261 StGB) strafrechtlich erfasst werden. Ist hingegen vom Haupttäter beabsichtigt und dem Gehilfen bekannt sowie von diesem gewollt, dass der erzielte Erlös durch den Haupttäter für den erneuten Ankauf von Betäubungsmitteln investiert werden soll, können Abholung bzw. Transport des Erlöses durchaus eine Hilfstätigkeit für die daran anschließende rechtsgeschäftliche Willenserklärung des Täters sein und in diesem Fall eine Strafbarkeit wegen Beihilfe zum unerlaubten Handeltreiben begründen. Dieses Beispiel soll vorrangig verdeutlichen, dass der Umsatz der Betäubungsmittel lediglich in Bezug auf die Weitergabegefahr – nicht jedoch für die sogleich zu erörternde betäubungsmittelmarktspezifische Gefahr – eine absolute zeitliche Grenze der Beihilfestrafbarkeit begründet. Demnach kann festgehalten werden, dass die gemeinhin befürchteten Strafbarkeitslücken durch die dogmatisch-indizierte Beschränkung der Beihilfe auf das Vorbereitungs- und das Ausführungsstadium speziell für das unerlaubte

1384 Vgl. sogleich 4. Teil, B. II.
1385 Vgl. hierzu Fn. 1374 m. w. N.

Handeltreiben nicht besonders groß sind, sodass die Anerkennung der sukzessiven Beihilfe jedenfalls für dieses Delikt nicht gerechtfertigt ist.

b) Die Beihilfe an den eine betäubungsmittelmarktspezifische Gefahr begründenden Handlungen

Um sich an der vom Täter geschaffenen betäubungsmittelmarktspezifischen Gefahr als Gehilfe zu beteiligen, müsste dieser die rechtsgeschäftliche Erklärung (Angebot oder Annahme) des Täters kausal ermöglichen, erleichtern oder absichern. Ein Gehilfe ermöglicht beispielsweise die Erklärung des Täters, indem er ihn zum „Geschäftstreffen" fährt oder ihm – ohne ein Vermittlungsgeschäft über Betäubungsmittel mit dem Täter vereinbart zu haben – potentielle Verkäufer bzw. Abnehmer nennt. Eine Erleichterung der vom Täter ins Auge gefassten Willenserklärung zu einem Betäubungsmittelgeschäft läge etwa dann vor, wenn der Gehilfe dem Täter einen Kugelschreiber zum Abschluss des „Deals" reicht, die Vertragspartner während der zähen Vertragsverhandlung mit Nahrung und Getränken versorgt oder, ohne eine Gegenleistung zu erwarten, dem Täter die Vorteile des Geschäfts aufzeigt und ihn damit in seiner (möglicherweise bereits getroffenen) Entscheidung bestärkt. Die Willenserklärung des Täters über das beabsichtigte Betäubungsmittelgeschäft wird vom Gehilfen beispielsweise dann abgesichert, wenn dieser auf einen unerkannten Dissens der Parteien hinweist und so sicherstellt, dass sich über das eigentlich Gewollte geeinigt wird, oder wenn er den Täter bei den Vertragsverhandlungen vor störenden Einwirkungen durch Dritte bewahrt.

II. Deliktsspezifische subjektive Beteiligungsvoraussetzung

Wie bereits ausgeführt, hat die Abgrenzung von Täterschaft und Teilnahme beim unerlaubten Handeltreiben nicht ausschließlich nach objektiven Kriterien zu erfolgen. Zutreffend wird von der herrschenden Auffassung anerkannt, dass für ein täterschaftlich verwirklichtes unerlaubtes Handeltreiben der Täter zwingend eigennützig handeln, bei der Teilnahme hingegen dieses (ungeschriebene) subjektive Tatbestandsmerkmal nicht notwendigerweise vorliegen muss.[1386] Auch

---

1386 BGHSt 34, 124 (125 f.); BGH NStZ-RR 1997, 86; BGH NStZ 1999, 451 (452); BGH NStZ 2012, 517; BGH NStZ 2013, 550; BGH NStZ-RR 2013, 282; BGH NStZ-RR 2014, 213; BGH NStZ-RR 2014, 375; BGH NStZ-RR 2020, 112 (113); *Weber* § 29 BtMG, Rn. 638 ff.; MüKo-StGB/*Oğlakcıoğlu* § 29 BtMG, Rn. 351 f.; Körner/*Patzak* § 29 BtMG Rn. 396; *Schnürer* Gesamtgeschäft, S. 80 f.; krit. *Fischer* § 25 StGB, Rn. 30; *Paeffgen* FG-BGH 695 (720).

nach der Tatherrschaftslehre können subjektive Tatbestandsmerkmale durchaus als Abgrenzungskriterien der Beteiligungsformen fungieren. Sie sind jedoch nicht in der Lage, den wesentlichen Tatbeitrag gänzlich zu ersetzen und somit einen Beteiligten zum Täter ohne Tatherrschaft zu erheben.[1387] Folgerichtig ist es überzeugend, wenn die herrschende Auffassung aus der bei einem Beteiligten vorhandenen Eigennützigkeit gerade nicht ableitet, dass der geleistete Tatbeitrag zwingend täterschaftlich gewertet werden muss.[1388] Demnach kommt dem subjektiven Tatbestandsmerkmal der Eigennützigkeit lediglich eine die Täterschaft begrenzende Funktion zu. Fehlt es an diesem subjektiven Tatbestand, kommen Alleintäterschaft, Mittäterschaft bzw. mittelbare Täterschaft ausnahmslos nicht in Betracht. Trotz dieses unilateralen Differenzierungsmerkmals von Täterschaft und Teilnahme ist es für den weiteren Fortgang der Untersuchung unumgänglich, die konkrete Bedeutung der Eigennützigkeit beim unerlaubten Handeltreiben näher zu beleuchten.

1. Die Eigennützigkeit nach der herrschenden Auffassung

Nach der ständigen Rechtsprechung und der herrschenden Auffassung im Schrifttum handelt eine Person (im Sinne des BtMG) eigennützig, wenn sie die auf den Betäubungsmittelumsatz gerichtete Handlung ausführt, um einen persönlichen materiellen oder immateriellen Vorteil – insbesondere einen monetären Gewinn – zu erzielen.[1389] Dieses subjektive Tatbestandsmerkmal ist beispielsweise dann nicht verwirklicht, wenn jemand Betäubungsmittel verschenkt, zum Selbstkostenpreis veräußert, sie für einen anderen ohne Gegenleistung verkauft bzw. ausschließlich aus altruistischen Motiven (z. B. freundschaftlicher oder familiärer Verbundenheit) in den Betäubungsmittelhandel eines anderen eingebunden ist.[1390]

Ist hingegen ein Vorteil – sei er auch noch so gering – bei einem Beteiligten quantifizierbar (dies wird bei den im Drogenhandel beteiligten Personen

---

1387 SK-StGB/*Hoyer* § 25 Rn. 7.

1388 BGH StV 1995, 197 (198); BGH NStZ-RR 2003, 309; BGH StV 2005, 555.

1389 St. Rspr. BGHSt 28, 308 f.; 34, 124 (125 f.); BGH NStZ 2006, 578; BGH BeckRS 2012, 12394; BGH NStZ 2013, 550; BGH NStZ-RR 2013, 282; BGH NStZ-RR 2016, 213; BGH NStZ-RR 2020, 112 (113); BGH NStZ 2020, 552 f.; BVerfG NJW 1996, 116 (117); zust. *Schoreit* NStZ 1982, 63 (64); *Weber* § 29 BtMG, Rn. 313; Körner/*Patzak* § 29 BtMG, Rn. 342; MüKo-StGB/*Oğlakcıoğlu* § 29 BtMG, Rn. 284; *Beisheim* S. 45, 161 ff.

1390 M. w. N. *Weber* § 29 BtMG, Rn. 314.

regelmäßig der Fall sein), ist eine Eigennützigkeit gegeben und eine Täterschaft nicht mehr kategorisch ausgeschlossen. Hinzu kommt, dass es weder für die Eigennützigkeit noch für die Verwirklichung des Tatbestandes insgesamt von Belang ist, ob ein eigener oder ein fremder Umsatz gefördert wird. Täter des unerlaubten Handeltreibens kann nach der herrschenden Auffassung auch eine Person sein, die lediglich fremden Betäubungsmittelumsatz fördern will.[1391]

Ein derart extensiv verstandener Begriff der Eigennützigkeit bewegt sich zwar noch innerhalb der Wortlautgrenze, jedoch führt die weite Auslegung der Eigennützigkeit dazu, dass der ohnehin extrem extensiv gefasste objektive Tatbestand des unerlaubten Handeltreibens durch den subjektiven Tatbestand nur marginal begrenzt wird. Dies hat wiederum zur Folge, dass die Eigennützigkeit als (einseitiges) Abgrenzungsmerkmal zwischen Täterschaft und Teilnahme im Ergebnis ihre Funktion weitgehend einbüßt und der Tatbestand insgesamt – entgegen den Vorgaben des Großen Senats für Strafsachen[1392] – auch über die Vorschriften zur Beteiligung nicht merklich begrenzt werden kann. Aufgrund dieser doppelten Dysfunktionalität ist auch bezüglich des Tatbestandsmerkmals der Eigennützigkeit eine von der herrschenden Auffassung abweichende, spezifisch am Tatbestand des unerlaubten Handeltreibens mit Betäubungsmitteln orientierte Auslegung zu entwickeln.

2. Die eigene Auffassung zur Eigennützigkeit

Wie bereits erörtert, wird das mit dem unerlaubten Handeltreiben verwirklichte Unrecht (sowohl die Verursachung der Weitergabegefahr als auch die betäubungsmittelmarktspezifische Gefahr) maßgeblich dadurch geprägt, dass der Handeltreibende die tatbestandliche Handlung gerade deshalb ausführt, um mit den (später) umzusetzenden Betäubungsmitteln einen Gewinn zu erzielen. Dies ist deshalb besonders verwerflich, weil das Gewinnstreben[1393] auch darauf beruht, sich unter Umständen die mit dem Betäubungsmittelkonsum

---

1391 St. Rspr. RG DJZ 1932, Sp. 808; RG JW 1933, 2772; BGH 29, 239 (240); 34, 124 (125); BGH NJW 1979, 1259; BGH NJW 1980, 2204; BGH NJW 1993, 2389 (2390); BGH NStZ 2006, 455; BGH NStZ 2006, 577; BGH NStZ-RR 2006, 88; *Weber* § 29 BtMG, Rn. 296 ff.; MüKo-StGB/*Oğlakcıoğlu* § 29 BtMG, Rn. 280; *Eberth/Müller* § 29, Rn. 12; a. A. *Paul* StV 1998, 623 (625).

1392 Vgl. BGHSt 50, 252 (266); s. 2. Teil, B. II. 6.

1393 Vgl. hierzu bereits BRegE. BT-Drs. 8/3551, S. 35; i. d. S. auch der Stn. BR. BT-Drs. 8/3551, S. 39, 45; ebenso Gegenäußerung d. BReg. BT-Drs. 8/3551, S. 51; BT-Sten. Ber. Bd. 117, S. 303, 306, 309; BRatE. BT-Drs. 12/989, S. 1.

einhergehenden Abhängigkeitsverhältnisse zunutze zu machen. Dieser das Unrecht des unerlaubten Handeltreibens maßgeblich typisierende Aspekt ist zumindest im Rahmen des subjektiven Tatbestandsmerkmals der Eigennützigkeit adäquat zu berücksichtigen.

In diesem Sinne ist – entgegen der herrschenden Auffassung – die Eigennützigkeit beim unerlaubten Handeltreiben deliktsspezifisch auszulegen. Eigennützig handelt somit nur derjenige, der am mit dem anvisierten Betäubungsmittelumsatz zu erzielenden Gewinn partizipieren will. Seine Motivation zur Schaffung der Weitergabegefahr bzw. betäubungsmittelmarktspezifischen Gefahr liegt maßgeblich darin begründet, dass er sich an durch den ins Auge gefassten Umsatz zu erzielenden Gewinnen bereichern will.

Entgegen der herrschenden Auffassung reicht es für ein eigennütziges Handeln nicht aus, dass der Beteiligte durch den Umsatz irgendeinen messbaren persönlichen (oder gar immateriellen) Vorteil erzielen will. Für die (deliktsspezifisch ausgelegte) Eigennützigkeit ist darüber hinaus auch nicht von Belang, ob der Beteiligte eigenen oder fremden Umsatz tätigen will[1394], ob er ein originäres Interesse am Umsatz hat[1395] oder direkt am durch den Umsatz erzielten Erlös partizipieren soll, indem er beispielsweise den „Lohn" für seine Kuriertätigkeit aus dem für die umgesetzten Betäubungsmittel gezahlten Geldbetrag entnehmen soll.

Die Eigennützigkeit im Sinne eines eigenen Gewinnstrebens ist vielmehr dann verwirklicht, wenn das Handeln des Täters darauf angelegt ist, an den mit dem (eigenen oder fremden) Umsatz der Betäubungsmittel erzielten oder erstrebten (wirtschaftlichen) Überschüssen (selbst) zu partizipieren. Der Bezugspunkt zur Bewertung, ob der Beteiligte mit dem Handeltreiben einen eigenen Gewinn erzielen will, ist also die wirtschaftliche Verwertung der zuvor erlangten Betäubungsmittel. Es ist demnach zu fragen, ob der Beteiligte an den durch die Verwertung der Betäubungsmittel erzielten oder erstrebten wirtschaftlichen Überschüssen beteiligt werden sollte. Dies kann dauerhaft oder auch einmalig geschehen sowie mit einem hohen oder aber auch mit einem niedrigen eigenen Partizipationsanteil verknüpft sein. Auch muss nach der hier vertretenen Auffassung die Partizipation am anvisierten Gewinn nicht unbedingt in Form einer geldlichen Leistung bestehen, sondern kann auch durch eine Sachleistung (z. B. Betäubungsmittel) bzw. durch ersparte Aufwendungen abgegolten werden,

---

1394 Dafür offenbar *Paul* StV 1998, 623 (625).

1395 In diese Richtung *Liemersdorf/Miebach* MDR 1979, 981 (985); krit. *Paeffgen* FG-BGH 695 (720).

sofern diese immerhin nach wirtschaftlichen Kriterien bezifferbar sind. Reine immaterielle Vorteile können demnach keinen Gewinn im Sinne der hier vertretenen deliktsspezifischen Eigennützigkeit darstellen.

Ein Gewinnstreben in diesem Sinne liegt unzweifelhaft vor, wenn jemand auf eigene Rechnung Betäubungsmittel zu Geld machen will, ihm also die durch den Umsatz der Betäubungsmittel zu erzielenden Überschüsse selbst zukommen sollen. Ein Täter handelt aber auch dann eigennützig, wenn er für einen anderen durch besonderes Verhandlungsgeschick die mit den Betäubungsmitteln erzielten Gewinne maximiert und durch ein erfolgsabhängiges Honorar (Provision) am zu erzielenden Gewinn entsprechend beteiligt werden soll. Somit würde ein Beteiligter ebenfalls eigennützig handeltreiben, der, ohne einen Einfluss auf die Verwertung der Betäubungsmittel zu haben, gleichfalls an den dadurch erzielten Überschüssen beteiligt werden soll.

Wurde hingegen die in Aussicht gestellte Vergütung eines Beteiligten (z. B. Kurierfahrer, Bunkerhalter oder Straßendealer) für seine Tätigkeit im Vorfeld konkret vereinbart, wird diese Person gewinnunabhängig für einen anderen tätig; sie handelt somit gerade nicht eigennützig im Sinne der betäubungsmittelspezifischen Auslegung, da es ihr vorrangig darauf ankommt, sich das ausgehandelte Entgelt für die Dienstleistung, nicht jedoch den durch den Umsatz bewirkten Gewinn zu verdienen.[1396] Wird der Lohn für die tatbestandsmäßige Handlung nicht fix vereinbart, sondern von der Umsatzmenge abhängig gemacht, handelt der Beteiligte durchaus mit dem Interesse einen möglichst hohen Umsatz zu erzielen. Gleichwohl wird ihn der durch den Betäubungsmittelumsatz zu erzielende Gewinn regelmäßig nicht bekannt sein oder nicht interessieren, sodass er ebenfalls gewinnunabhängig seinen Tatbeitrag erbringt und somit lediglich wegen Beihilfe am unerlaubten Handeltreiben zu bestrafen ist.

Nach diesen Prämissen wird beispielsweise ein „Bodypacker“, dessen Lohn davon abhängt, wie viele Kügelchen Heroin er in seinen Körper verbringen kann, regelmäßig nicht eigennützig im Sinne der Norm handeln. Zweifellos bewirkt diese Person, indem sie das transportierte Heroin einem anderen übergibt, einen eigenen Betäubungsmittelumsatz. Der von ihr erlangte Vorteil (z. B. ein (relativ) geringes Entgelt, Sachleistungen bzw. ersparte Aufwendungen) ist von der wirtschaftlichen Verwertung, die dem Umsatz logischerweise nachfolgt, regelmäßig unabhängig. Demnach ist es gerechtfertigt, für diesen Beteiligten

1396 Zum Primär- und Sekundärinteresse ebenso *Liemersdorf/Miebach* MDR 1979, 981 (985).

die Eigennützigkeit im Ergebnis zu verneinen und sie von der Täterschaft des unerlaubten Handeltreibens auszuschließen.

Zusammenfassend ist die Eigennützigkeit beim unerlaubten Handeltreiben deliktsspezifisch folgendermaßen zu definieren:

> Eigennützig im Sinne von § 29 Abs. 1 S. 1 Nr. 1 BtMG handelt ein Täter, der die tatbestandliche Handlung ausführt, um einen eigenen materiellen, messbaren Gewinn durch die wirtschaftliche Verwertung der umzusetzenden Betäubungsmittel erzielen will.

3. *Konsequenzen der Einschränkung des subjektiven Tatbestands*

Zweifellos wird in einem gerichtlichen Verfahren der Nachweis einer Partizipation am beabsichtigten Gewinn schwieriger zu führen sein, als lediglich den beabsichtigten materiellen bzw. gar immateriellen Vorteil prozessual festzustellen. Hingegen wird durch diese erhöhte Anforderung an die subjektive Tatseite mitnichten eine Strafbarkeitslücke im Rahmen von § 29 Abs. 1 S. 1 Nr. 1 BtMG eröffnet.

Auch wenn mangels Eigennützigkeit ein täterschaftliches unerlaubtes Handeltreiben nicht mehr infrage kommt, erbringt jeder Beteiligte, der in das Handeltreiben eines anderen eingebunden ist, ohne jedoch an der Verwertung der umzusetzenden Betäubungsmittel (anteilig) beteiligt zu sein, für den eigennützig handelnden Täter des unerlaubten Handeltreibens eine kausale Hilfeleistung. Demzufolge ist der gewinnunabhängige Beteiligte regelmäßig ein Gehilfe am Betäubungsmittelhandel eines anderen. Dafür kann er selbstverständlich auch bestraft werden, wobei die Strafe gemäß § 27 Abs. 2 S. 2 StGB i. V. m. § 49 Abs. 1 StGB zwingend zu mildern ist. Im Rahmen dieses gemilderten Strafrahmens können die zweifellos bestehenden Nuancen einer unterschiedlich ausgeprägten Eigennützigkeit im Rahmen der Strafzumessung schuldadäquat berücksichtigt werden. So wird ein Gehilfe, der immerhin direkt am Umsatz der Betäubungsmittel beteiligt ist, eine höhere Strafe zu erwarten haben als derjenige, der nur aus familiären bzw. freundschaftlichen Gründen beim Handeltreiben Hilfe leistet. Insofern dürften auch kriminalpolitische Gründe – obwohl damit allein eine Strafvorschrift niemals legitimiert werden sollte – nicht gegen die hier vertretene Auffassung der Eigennützigkeit beim unerlaubten Handeltreiben sprechen.

Mit der Begrenzung des täterschaftlichen Handeltreibens durch die deliktsspezifische Auslegung des subjektiven Tatbestands der Eigennützigkeit geht notgedrungen einher, dass die im Klammerzusatz des § 29 Abs. 1 S. 1 Nr. 1 BtMG genannten Tätigkeiten (Ein- und Ausfuhr, Veräußerung, Abgabe, Erwerb, Inverkehrbringen und das Sich-Verschaffen von Betäubungsmitteln) aufgewertet werden, sodass ihr Anwendungsfeld im Ergebnis vergrößert wird. Sofern also neben der Beihilfe am Handeltreiben der Beteiligte eine im Klammerzusatz genannte Handlung täterschaftlich verwirklicht (indem er beispielsweise die Betäubungsmittel zu einem fixen Lohn außer Landes bringt), ist der in § 29 Abs. 1 BtMG genannte Strafrahmen (Geldstrafe bzw. Freiheitsstrafe bis zu fünf Jahren) ungemildert anzuwenden. Aufgrund der unrechtsintensiveren (täterschaftlichen) Beteiligungsform wird die grundsätzliche formelle Subsidiarität der im Klammerzusatz genannten Begehungsformen zum unerlaubten Handeltreiben aufgehoben, sodass beide Delikte (z. B. die Einfuhr und die Beihilfe zum unerlaubten Handeltreiben) im konkurrenzrechtlichen Verhältnis der Tateinheit (§ 52 StGB) zueinander stehen.

Unabhängig davon führt die Eingrenzung des subjektiven Tatbestands im Rahmen der Eigennützigkeit zu einer Akzentverschiebung zugunsten der Beihilfe. Dieser (kriminalpolitisch auch vom Schrifttum zu begrüßende) Paradigmenwechsel ist nicht besonders neuartig; so ist auch in der herrschenden Rechtsprechung zum Gesamtgeschäft[1397] die Tendenz unübersehbar, dass die täterschaftlichen Begehungsformen zunehmend zugunsten der Beihilfe verdrängt werden. Im Übrigen ist anzumerken, dass die hier vorgeschlagene – am gesetzgeberischen Willen und am Telos des unerlaubten Handeltreibens orientierte – Auslegung der Eigennützigkeit bereits de lege lata angewandt werden könnte, da die eingeschränkte Auslegung dieses semantisch offenen subjektiven Tatbestandsmerkmals weitgehend isoliert von dem (scheinbar gesicherten) extensiven Verständnis des unerlaubten Handeltreibens vollzogen werden kann, sodass – auch wenn das hier präferierte[1398] rechtsgutsorientierte Begriffsverständnis abgelehnt werden sollte – eine schuldadäquate Abgrenzung von Täterschaft und Teilnahme gleichwohl vorgenommen werden könnte.

III. Zwischenergebnis

Im Gegensatz zur Rechtsprechung vom Gesamtgeschäft zeichnet sich das hier vorgeschlagene Abgrenzungsmodell von Täterschaft und Teilnahme vor allem durch seinen strengen tatbestandlichen Bezug aus. So wird in objektiver Hinsicht ermöglicht, die Abgrenzung der Beteiligungsformen beim unerlaubten Handeltreiben nicht intuitiv-kasuistisch an einem nur schwer fassbaren, vom Tatbestand weitgehend losgelösten Oberbegriff des sogenannten „Gesamtgeschäfts“ auszurichten[1399], sondern – im Sinne der dogmatisch überzeugenden

1397 Vgl. 4. Teil, A. II. 2.
1398 Ausführl. s. 3. Teil.
1399 Zur diesbezgl. Kritik vgl. 4. Teil, A. III.

Tatherrschaftslehre – stringent anhand der konkreten tatbestandlichen Handlung vorzunehmen. Durch das neuartig definierte subjektive Tatbestandsmerkmal der Eigennützigkeit wird die Abgrenzung von Täterschaft und Teilnahme – in Übereinstimmung mit dem gesetzgeberischen Willen bzw. dem Telos der Norm – noch differenzierter auf den mit Gewinnstreben handelnden „Großtäter“ zugeschnitten. Aufgrund dieser unterschiedlichen Differenzierungskriterien kann – im Gegensatz zur herrschenden Auffassung – für jede Beteiligungsform ein selbstständiger (wenngleich unterschiedlich großer) Anwendungsbereich beim unerlaubten Handeltreiben bestimmt werden, sodass das zweifellos unterschiedlich gewichtige Unrecht der verschiedenen tatbestandsmäßigen Beiträge zum unerlaubten Handeltreiben – wie vom Großen Senat in seiner Grundsatzentscheidung vom 26. Oktober 2005[1400] vorgeschlagen – im Rahmen der Beteiligung adäquat berücksichtigt werden kann.

Insofern ist festzuhalten, dass das in dieser Untersuchung vertretene Modell tatsächlich in der Lage ist, die Abgrenzung der Beteiligungsformen beim unerlaubten Handeltreiben durch die verschiedenen tatbestandlichen Beschränkungen mit den allgemeinen Beteiligungsgrundsätzen der §§ 25 ff. StGB (wieder) in Übereinstimmung zu bringen. Demnach wird durch die vorgeschlagene Lösung die Abgrenzung von Täterschaft und Teilnahme dogmatisch insgesamt vorhersehbarer gemacht, was wiederum letztlich der Rechtssicherheit zugutekommt.

1400 Vgl. BGHSt 50, 250 (256).

5. Teil Die unionsrechtskonforme Strafzumessung der §§ 29 ff. BtMG

Wie soeben gezeigt, ist die Abgrenzung der Beteiligungsformen unter anderem deshalb strittig, weil ein zu weitgehender Anwendungsbereich der Täterschaft die Gerichte zu stark im Rahmen der Strafzumessung einschränken würde. Anknüpfend an die im Rahmen dieser Untersuchung herausgearbeiteten unionsrechtlichen Prämissen, soll sich im nachfolgenden Teil mit der Thematik der Strafzumessung im unionsrechtlichen Kontext eingehender auseinandergesetzt werden. Unabhängig von der im Rahmen der unionrechtskonformen Auslegung abgeleiteten konservierenden Funktion eines extensiv verstandenen Begriffs des unerlaubten Handeltreibens trifft der EU-Rahmenbeschluss - im Gegensatz zu den völkerrechtlichen Übereinkommen - auch Aussagen bezüglich der zu verhängenden Strafen. Auch wenn diese Thematik den eigentlichen Untersuchungsgegenstand nur im Bereich der Strafzumessung tangiert, soll zum Abschluss dieser Studie beleuchtet werden, ob und in welchem Maß die Methode der unionsrechtskonformen Auslegung auch im Bereich der Strafzumessung angewandt werden kann, um die konkrete Bestimmung der zu verhängenden Strafe nach den §§ 29 ff. BtMG unionsrechtlich anzugleichen.

A. Die in der Höhe unbeschränkte unionsrechtliche Mindesthöchststrafe

Auch wenn der Wortlaut des zur Zeit geltenden Art. 83 Abs. 1 AEUV es durchaus zuließe, die Formulierung „Mindestvorschriften" auch auf die Festlegung der Strafen dergestalt zu beziehen, dass den Mitgliedstaaten verbindliche Strafrahmen vorgegeben werden könnten, in denen sie (ausschließlich) ihre nationalen Strafrahmen integrieren könnten[1401], ist der noch unter der alten Rechtslage zustandegekommene EU-Rahmenbeschluss dahingehend zu verstehen, dass durch ihn die Mitgliedstaaten bei ihren legislativen Umsetzungsakten nicht in

---

1401 So bereits im Ansatz: Von der Groeben/Schwarze/Hatje/*Meyer* Art. 83 AEUV, Rn. 25; auch *Zeder* juridicum 2001, 47 f. *ders.* EuR 2012, 34 (35 f.); zur Zulässigkeit einer Mindeststrafe vgl. Frankfurter Kommentar/*Hochmayr* Art. 83 AEUV, Rn. 45; vgl. auch Kom (2012) 363 endg.; krit. Streinz/*Satzger* Art. 83 AEUV, Rn. 33; *Satzger* Internationales und Europäisches Strafrecht, S. 164 f.; abl. *Schwarze/Böse* Art. 83 AEUV, Rn. 20.

der Bestimmung des absoluten Strafhöchstmaßes beschränkt werden sollen. Übereinstimmend mit der herrschenden Auffassung werden von dem EU-Rahmenbeschluss lediglich Mindesthöchststrafen vorgegeben, welche von den Mitgliedstaaten einzuhalten sind.[1402]

Diese Auffassung kann zum einen auf den Wortlaut des Rahmenbeschlusses[1403] gestützt werden, zum anderen ergibt sie sich aus der Übereinstimmung der vom EU-Rahmenbeschluss gewählten Mindesthöchststrafen mit den vom Rat vorgeschlagenen Strafniveaus[1404].

Auch wenn der Wortlaut von Art. 4 Abs. 1, 2, 4 EU-Rahmenbeschluss durch die Existenz der oberen Grenze der Mindesthöchststrafe auf den ersten Blick funktionslos und somit irreführend erscheint, kann die Formulierung „im Höchstmaß von mindestens einem [bzw. fünf] bis drei [bzw. zehn] Jahren" in der Tat (noch) so verstanden werden, dass sich „mindestens" auch auf die obere Grenze der Mindesthöchststrafe bezieht. Demnach wäre die Formulierung als „im Höchstmaß von mindestens einem [bzw. fünf] bis mindestens drei [bzw. zehn] Jahren" zu interpretieren. Aufgrund des offenen Wortlauts von Art. 4 Abs. 1, 2, 4 EU-Rahmenbeschluss werden die Mitgliedstaaten in der Wahl der oberen Strafrahmengrenze im der gesetzgeberischen Tätigkeit nicht beschränkt.

Diese Auslegung von Art. 4 EU-Rahmenbeschluss wird teleologisch dadurch untermauert, dass die vom Rahmenbeschluss vorgegebenen Mindesthöchststrafen mit den vom Rat entwickelten Strafniveaus vollständig übereinstimmen.[1405] Folglich ist davon auszugehen, dass der EU-Rahmenbeschluss an das zuvor vom Rat entwickelte System der Strafniveaus anknüpfen sollte. Aus den

---

1402 *Brodowski* ZIS 2018, 493 (500); so auch *Hecker* Europäisches Strafrecht, S. 282 ff.; allg. zur Rechtsetzungskompetenz der Union bzgl. der Strafen: Böse/*Heger* Europäisches Strafrecht, S. 274; Schwarze/*Böse* Art. 83 AEUV Rn. 17; Callies/Ruffert/*Suhr* 5. A. Art. 81 Rn. 8; Frankfurter Kommentar/*Hochmayr* Art. 83 AEUV Rn. 38, 45; Streinz/*Satzger* Art. 83 AEUV, Rn. 2; *Satzger* Internationales und Europäisches Strafrecht, S. 162; *Heger* ZIS 2009, 406 (412); zur verfassungsrechtlich eingeschränkten Rechtsetzungskompetenz der Union vgl. das „Lissabon-Urteil" des BVerfG, BVerfGE 123, 267 (408 ff.).

1403 Ausführl. zu den unionsrechtlichen Auslegungsmethoden: *Martens* S. 329; Riesenhuber/*Riesenhuber* S. 199 ff.; Frankfurter Kommentar/*Pechstein/Kubicki* Art. 19 EUV Rn. 24 ff.

1404 Zu den Strafniveaus der (vereinheitlichen) Mindesthöchststrafen, vgl. Ratsdok. 9141/02 v. 27.05.2002, S. 4; ebenfalls Ratsdok. 16542/09, S. 6, 9; vgl. hierzu 2. Teil, A. II. 2. b).

1405 Zu den vier Strafniveaus vgl. Ratsdok. 9141/02 v. 27.05.2002, S. 4.

Schlussfolgerungen des Rates ergibt sich eindeutig, dass „es sich bei den aufgeführten Niveaus um Mindestniveaus handelt und dass es den Mitgliedstaaten freisteht, in ihren nationalen Rechtsvorschriften weiter als diese Niveaus zu gehen."[1406] Insofern bedeutet die (gesetzgebungstechnisch durchaus zu kritisierende) Fassung der Mindesthöchststrafe lediglich, dass die Mitgliedstaaten auch die obere Grenze der Strafniveaus prinzipiell überschreiten können.

Demnach wurden die nationalen Gesetzgeber durch den EU-Rahmenbeschluss nicht – im Wege des sogenannten „hard laws" – in ihrer sanktionsrechtlichen Gesetzgebungskompetenz in Bezug auf das Strafhöchstmaß beschränkt, folglich verstoßen die von §§ 29 ff. BtMG angedrohten Höchststrafen nicht gegen den EU-Rahmenbeschluss. Da die §§ 29 BtMG jedenfalls die (verbindliche) untere Grenze des Rahmens der Mindesthöchststrafen einhalten, sind die nationalen Strafvorschriften des BtMG insgesamt mit Art. 4 EU-Rahmenbeschluss vereinbar.[1407]

B. Die strafrechtsangleichende Funktion der oberen Grenze der Mindesthöchststrafe

Im Gegensatz zu Art. 4 Abs. 1, 2 und 4 EU-Rahmenbeschluss sieht Art. 4 Abs. 3 EU-Rahmenbeschluss[1408] tatsächlich eine lediglich an der unteren Grenze beschränkte Mindesthöchststrafe vor. Bereits diese unterschiedliche Regelungstechnik wirft die Frage auf, welche Bedeutung bzw. Funktion dem unionsrechtlichen Obermaß der in Art. 4 Abs. 1, 2 und 4 vorgeschriebenen Mindesthöchststrafe überhaupt beizumessen ist.

Im Schrifttum wurde dieser Frage bisher keine besondere Aufmerksamkeit beigemessen. Teilweise wird vorgeschlagen, das unionsrechtliche Obermaß der Mindesthöchststrafe schlichtweg zu vernachlässigen, da dieses vom Untermaß der Mindesthöchststrafe in jedem Fall umfasst sei und die Mitgliedstaaten davon unberührt diese obere Grenze überschreiten könnten.[1409] Davon abweichend,

---

1406 Ratsdok. 9141/02 v. 27.05.2002, S. 4; daran anknüpfend Ratsdok. 16542/2/09, S. 6.

1407 Vgl. Bericht der Kommission über die Umsetzung des Rahmenbeschlusses 2004/757/JI, KOM (2009), 669 endgültig, S. 5.

1408 Vgl. „mit Freiheitsstrafen im Höchstmaß von mindestens zehn Jahren bedroht sind".

1409 *Schwarze* EU-Kommentar Art. 83, Rn. 20; so nach „altem Recht" die Kommission im Grünbuch über die Angleichung, die gegenseitige Anerkennung und die Vollstreckung strafrechtlicher Sanktionen in der Europäischen Union vom 30.04.2004, Kom (2004) 334 endg. S. 19.

wird zum Teil die Obergrenze lediglich als „symbolische Harmonisierung“[1410] bezeichnet, welche die Mitgliedstaaten dazu anregen soll, ihre nationalen Strafrahmen den unionsrechtlichen Vorgaben anzupassen. Demnach wird zwar die Harmonisierungsintention der Union nicht geleugnet, den Mindesthöchststrafen jedoch – da eine Negierung folgenlos bleibt – eine äußerst beschränkte Harmonisierungsleistung zugesprochen.[1411] Keine der beiden – für die Anwendung des derzeit geltenden nationalen Rechts – im Ergebnis übereinstimmenden Auffassungen kann überzeugen:

Gegen die erste Ansicht spricht, dass nach ihr das Obermaß der Mindesthöchststrafe des EU-Rahmenbeschlusses im Grunde gänzlich überflüssig wäre, da diesem Normbefehl nach dieser Auffassung kein verbindlicher Regelungsgehalt beigemessen wird. Insofern wäre die normative Bestimmung des Obermaßes im EU-Rahmenbeschluss als Redaktionsversehen des Rates zu betrachten. Gegen diese Deutung spricht bereits, dass auf ein Obermaß der Mindesthöchststrafe nicht nur im EU-Rahmenbeschluss Bezug genommen wurde, sondern dass der Rat gerade durch die nach oben begrenzte Mindesthöchststrafe „ein System von Strafniveaus“[1412] schaffen wollte, wobei er zur Abgrenzung der Niveaus an das Obermaß der Mindesthöchststrafe anknüpfte. Die Höchststrafen der unterschiedlichen Strafniveaus wurden nämlich folgendermaßen klassifiziert:

Höchststrafen von mindestens einem Jahr bis zu drei Jahren (Niveau 1), Höchststrafen von mindestens zwei Jahren bis zu fünf Jahren (Niveau 2), Höchststrafen von mindestens fünf Jahren bis zu zehn Jahren (Niveau 3) und Höchststrafen von mindestens zehn Jahren (Niveau 4).[1413]

Bereits der Begriff des „Niveaus“ intendiert, dass die verschiedenen Stufen bzw. Ebenen in sich geschlossen, folglich von den übrigen Niveaus sowohl am unteren als auch am oberen Rand begrenzt sind. Daher wurde lediglich für das letzte Niveau (logischerweise) auf eine Obergrenze des Mindesthöchstmaßes der Strafe verzichtet. Damit geht einher, dass die Regelungsintention des Rates tatsächlich auf die Schaffung eines Systems gerichtet war, denn ein systemisches Verständnis der Strafniveaus bedingt, dass die verschiedenen Stufen bzw.

1410 *Satzger* Internationales und Europäisches Strafrecht, S. 164 f.; zust. *Zimmermann* ZIS 2009 1 (8); insgesamt krit. zur strafrechtlichen Harmonisierung: *Klip* ZStW 117 (2005) 890 (905).

1411 *Satzger* Internationales und Europäisches Strafrecht, S. 164 f.; Böse/*Satzger* Europäisches Strafrecht, S. 76 f.; dagegen für „gewisse Angleichungseffekte“ *Hecker* Europäisches Strafrecht, S. 266.

1412 Ratsdok. 9141/02 v. 27.05.2002, S. 4.

1413 Ratsdok. 9141/02 v. 27.05.2002, S. 4; daran anknüpfend Ratsdok. 16542/2/09, S. 6.

Klassen sich grundsätzlich nicht überlappen, sondern vielmehr aufeinander aufbauen sollen. Mit Ausnahme des zweiten Niveaus bauen die übrigen Strafniveaus ohne Überschneidungen aufeinander auf, sodass im Allgemeinen eine lineare Abstufung der abstrakten Unrechtsschwere gewährleistet ist und die Bezeichnung „System" der Strafzumessung tatsächlich gerechtfertigt erscheint. Diese niveaubegrenzende Funktion wird durch das Unter- bzw. Obermaß der Mindesthöchststrafe gewährleistet. Der Umstand, dass die Mitgliedstaaten diese Grenze überschreiten können, ist lediglich eine die Normfunktion berührende Frage, kann jedoch – entgegen der erstgenannten Ansicht – keinesfalls dazu führen, die Harmonisierungsintention der Union und die Harmonisierungsfunktion des Obermaßes der unionsrechtlichen Sanktionen gänzlich zu negieren.

Entgegen der von *Satzger* vertretenen, zweitgenannten Ansicht kommt der Obergrenze der Mindesthöchststrafe nämlich tatsächlich eine Funktion zu, sodass sie mitnichten als „Scheinharmonisierung auf Rechtsfolgenseite"[1414] bezeichnet werden kann. Zutreffend ist, dass die Mitgliedstaaten vom EU-Rahmenbeschluss nicht legislativ – folglich nicht bei der gesetzlichen Umsetzung der entsprechenden Unionsrechtsakte – an das Obermaß der Mindesthöchststrafe unmittelbar gebunden sind, sodass sie aufgrund ihrer Gesetzgebungskompetenz weiterhin befugt sind, über die unionsrechtliche Obergrenze der Mindesthöchststrafe hinauszugehen.[1415] Dem stimmt die (noch) herrschende Auffassung im Schrifttum[1416] zu, obwohl der Wortlaut des Art. 83 Abs. 1 AEUV einer stärkeren Bindung der nationalen Strafgesetzgebung bezüglich der Sanktionskompetenz zumindest nicht entgegensteht. Da der Terminus der „Mindestvorschriften" im Sinne der Norm auch so verstanden werden könnte, dass den Mitgliedstaaten immerhin ein gesetzgeberischer Umsetzungsspielraum verbleiben müsse[1417], wären mithin unionsrechtlich unmittelbar bindende

1414 Böse/*Satzger* Europäisches Strafrecht, S. 77.

1415 Ratsdok. 9141/02 v. 27.05.2002, S. 4; daran anknüpfend Ratsdok. 16542/2/09, S. 6; zur verfassungsrechtlich eingeschränkten Rechtsetzungskompetenz der Union vgl. das „Lissabon-Urteil" des BVerfG, BVerfGE 123, 267 (408 ff.); ferner BVerfGE 50, 142 (162).

1416 Böse/*Heger* Europäisches Strafrecht, S. 274; Schwarze/*Böse* Art. 83 AEUV Rn. 17, 20; Callies/Ruffert/*Suhr* 5. A. Art. 81 Rn. 8; Frankfurter Kommentar/*Hochmayr* Art. 83 AEUV Rn. 38, 45; Streinz/*Satzger* Art. 83 AEUV, Rn. 2; *Satzger* Internationales und Europäisches Strafrecht, S. 162 f.; *Heger* ZIS 2009, 406 (412).

1417 Vgl. BVerfGE 123, 267 (412): „substantielle Ausgestaltungsspielräume".

Beschränkungen der nationalen Gesetzgeber in Form von echten Mindest-[1418] bzw. Höchststrafen[1419] nach dem EU-Recht durchaus denkbar.[1420] Die eigentliche Erklärung dafür, dass die Mitgliedstaaten in ihrer Gesetzgebungskompetenz durch die Union nicht beschränkt werden sollten, besteht darin, dass eine derartig stark ausgeprägte unionsrechtliche Bindung mit den nationalen Strafzumessungssystemen bzw. -praktiken unvermeidlich in Konflikt geraten würde.

Der europäische Gesetzgeber hat nach Art. 4 Abs. 2 EUV die nationale Identität und somit auch grundlegende politische und verfassungsmäßige Strukturen der Mitgliedstaaten zu achten. Da in den verschiedenen Gesellschaften der einzelnen Mitgliedstaaten unterschiedliche Gerechtigkeits- bzw. Wertevorstellungen bezüglich der abstrakten Unrechtsschwere und der damit einhergehenden staatlichen Sanktion vorherrschen, ist das Strafzumessungsrecht der Mitgliedstaaten zum Teil überaus unterschiedlich ausgeprägt.[1421] Eine unionsweite Harmonisierung der strafrechtlichen Rechtsfolgen durch verbindliche EU-Rechtsakte würde folglich tief in die mitgliedschaftlichen Strafrechtsordnungen und Kriminalpolitiken eingreifen.[1422] Im Rahmen des Prinzips der sogenannten vertikalen Kohärenz[1423] hat der europäische Gesetzgeber die Balance der nationalen Strafzumessungssysteme nicht in systemwidriger Weise zu stören.[1424] Zutreffend sollen demnach durch das System der Mindesthöchststrafen die anwendbaren Strafen für die Mitgliedstaaten so eingriffsschonend wie möglich einander angenähert werden.[1425] Dies ist der Grund, warum die Union eine Harmonisierung der mitgliedstaatlichen Legislative nicht durch einen starren, von

---

1418 Dafür bereits grds.: Grabitz/Hilf/Nettesheim/*Vogel/Eisele* 71. EL, Art. 83 Rn. 38; Frankfurter Kommentar/*Hochmayr* Art. 83 AEUV, Rn. 45; vgl. auch Kom (2012) 363 endg.; krit. hingegen *Satzger* Internationales und Europäisches Strafrecht, S. 164 f.; abl. Schwarze/*Böse* Art. 83 AEUV, Rn. 20.

1419 In diese Richtung von der Goeben/Schwarze/Hatje/*Meyer* Art. 83 AEUV, Rn. 21, 64; Schwarze/Böse Art. 83, Rn. 17; a. A explizit Streinz/*Satzger* Art. 83 AEUV, Rn. 41; Grabitz/Hilf/Nettesheim/*Vogel/Eisele* 78. EL, Art. 83 Rn. 32.

1420 Von der Groeben/Schwarze/Hatje/*Meyer* Art. 83 AEUV, Rn. 25; so bereits im Ansatz *Zeder* juridicum 2001, 47 f. ders. EuR 2012, 34 (35 f.).

1421 Ratsdok. 9141/02 v. 27.05.2002, S. 4; daran anknüpfend Ratsdok. 16542/2/09, S. 6; ebenso *Satzger* Internationales und Europäisches Strafrecht, S. 164 f.; *ECPI* ZIS 2009, 697 (699).

1422 Grabitz/Hilf/Nettesheim/*Vogel/Eisele* 78. EL, Art. 83 AEUV, Rn. 39.

1423 Vgl. Böse/*Satzger* Europäisches Strafrecht, S. 86; *ECPI* ZIS 2009, 697 (699).

1424 *Satzger* Internationale und Europäisches Strafrecht, S. 172.

1425 *Hecker* Europäisches Strafrecht, S. 266.

der Union vorgegebenen Sanktionsrahmen umsetzen konnte, sondern auf eine Mindesthöchststrafe, welche für die Legislative nur am unteren Rand verbindlich ist, zurückgreifen musste.

Unabhängig vom Prinzip der vertikalen Kohärenz hat der Rat in seinen Schlussfolgerungen vom 27. Mai 2002 ein System von vier Strafniveaus entworfen, welches zuvörderst gewährleisten soll, die unionsrechtlichen Sanktionen untereinander abzustimmen. Neben dieser die horizontale Kohärenz sicherstellenden Funktion geht mit der Schaffung der vier Strafniveaus jedoch gleichzeitig einher, dass den jeweiligen Rechtsakten der Union durch die Verknüpfung der strafbaren Handlungen mit diesen Niveaus in der Tat eine gewisse Leitvorstellung der Unrechtsschwere zu entnehmen ist. Dies muss sowohl für die Unter- als auch für die Obergrenze des jeweiligen Strafniveaus gelten. Würde die Funktion der Obergrenze nämlich tatsächlich nur darin bestehen, die mitgliedstaatliche Angleichung der Rechtsfolgen untereinander sicherzustellen, ist nicht recht verständlich, warum die (scheinbar unverbindliche) Obergrenze den jeweiligen EU-Rechtsakten überhaupt zugrunde gelegt und somit auch den Mitgliedstaaten vorgegeben wurde.

Um das von der Union beabsichtigte Ziel der Strafrechtsangleichung auch im Bereich der Sanktionen umzusetzen, ist den Strafniveaus eine eingeschränkte – die Sanktionsordnungen der Mitgliedstaaten wahrende – vertikale Kohärenzfunktion beizumessen. Legt man dieser Annahme darüber hinaus zugrunde, dass durch die Strafniveaus auch das verwirklichte Unrecht abstrakt klassifiziert werden sollte, wird die in den verschiedenen Strafniveaus genannte Obergrenze der Mindesthöchststrafe mit einem normativen Sinn erfüllt.

In normativer Hinsicht sprechen weitere Gründe dafür, die Obergrenze nicht nur als eine unverbindliche symbolische Harmonisierung aufzufassen. Nach Art. 3 Abs. 2 EUV i. V. m. Art. 67 Abs. 1 AEUV bildet die Union nicht nur einen Raum der Sicherheit, sondern gleichfalls einen Raum der Freiheit und des Rechts[1426]. Indem die Union über Art. 83 Abs. 1 AEUV Mindestvorschriften zu Straftaten und Strafen festlegen kann, verpflichtet sie die Mitgliedstaaten, einen von ihr vorgeprägten Raum der Sicherheit zu gewährleisten. Doch der Raum der Sicherheit gilt nicht schrankenlos, er wird bedingt durch den Raum der Freiheit. Das antipodische Verhältnis der beiden Raumgebilde wird durch den Grundsatz

1426 Vertiefend zum Rechtsinstitut des Raums der Freiheit, der Sicherheit und des Rechts: Grabitz/Hilf/*Röben* 78. EL, Art. 67 AEUV, Rn. 54 ff.; Schwarze/*Herrnfeld* Art. 67 AEUV, Rn. 6 ff.

der Verhältnismäßigkeit (Art. 49 Abs. 3 GrCh[1427]) miteinander vereinbart, welcher sowohl von der Union als auch von den Mitgliedstaaten bei der Umsetzung von Rechtsakten der Union zu beachten ist. Nach diesem EU-Grundrecht muss das Ausmaß der Strafe im Hinblick auf den Unrechts- und Schuldgehalt der Tat angemessen bzw. tragbar sein; diesbezüglich sind die Schwere des Verstoßes sowie das Gewicht der Strafe von entscheidender Bedeutung[1428].[1429] Indem der EU-Rahmenbeschluss die strafbare Handlung mit einem bestimmten Strafniveau verknüpft, wird das verwirklichte Unrecht mithilfe der oberen und unteren Grenze des Strafhöchstmaßes gradweise seiner Höhe nach charakterisiert. Diese für die nationalstaatliche Umsetzung leitbildgebende Funktion der unionsrechtlichen Rechtsakte ist dann besonders gerechtfertigt, wenn wie beim EU-Rahmenbeschluss durch den EU-Rechtsakt ein Kriminalitätsbereich nahezu lückenlos pönalisiert bzw. die Strafbarkeit weit ins deliktische Vorfeld dieses Kriminalitätsbereichs verlagert wird.[1430] Um sicherzugehen, dass der Grundsatz der Verhältnismäßigkeit von den Mitgliedstaaten bzw. vom Normanwender im Einzelfall gewahrt wird, ist es nützlich, die Schwere des Verstoßes aus dem EU-Rechtsakt selbst erkenntlich werden zu lassen. Diese den Verhältnismäßigkeitsgrundsatz wahrende Funktion wird von der Obergrenze der Mindesthöchststrafe des jeweiligen Strafniveaus übernommen, sodass das verwirklichte Unrecht insofern abstrakt charakterisiert wird, um (prophylaktisch) zu verhindern, dass die Mitgliedstaaten bei der Umsetzung der EU-Rechtsakte ihre nationalen Strafvorschriften mit unverhältnismäßigen Sanktionen verknüpfen.[1431]

Darüber hinaus hat die Union zweifellos auch ein faktisches Interesse an einer gewissen Annäherung der verschiedenen nationalen Strafzumessungssysteme und -praktiken.[1432] Wenn materiell-rechtlich identische Handlungen, deren

1427 Zur Rechtsnatur der Grundrechtecharta vgl. *Streinz* Vor. GrCh, Rn. 7; *Jarass* GrCh Einl. Rn. 8 ff.

1428 EuGH, Urt. v. 12.07.2001 – C-262/99 („Louloudakis"), Rn. 67, 71; EuGH, Urt. v. 13.11.2014 – C-443/13 („Reindl"), Rn. 40; EuGH, Urt. v. 12.12.2014 – T-551/08 („H&R ChemPharm"), BeckRS 2014, 82683, Rn. 308.

1429 *Jarass* Art. 49 GrCh, Rn. 18 f.; *Jarass* NStZ 2012, 611 (616); Callies/Ruffert/*Blanke* 5. A. Art. 49 GrCh, Rn. 6.

1430 Für eine Befugnis der Union zur Restriktion im Bereich der strafbaren Handlungen bereits Schwarze/*Böse* 83 AEUV, Rn. 17.

1431 Dies unberücksichtigt lassend: Grabitz/Hilf/Nettesheim/*Vogel/Eisele* 78. EL, Art. 83 AEUV, Rn. 32.

1432 Vgl. zu den hierzu vorgeschlagenen Maßnahmen: Grünbuch über die Angleichung, die gegenseitige Anerkennung und die Vollstreckung strafrechtlicher Sanktionen in der Europäischen Union vom 30.04.2004, Kom (2004) 334 endg. S. 53 f.

Strafbarkeit maßgeblich auf denselben Rechtsakt der Union zurückzuführen ist, in unterschiedlichen Mitgliedstaaten mit teilweise erheblich abweichenden Strafen[1433] bedroht sind und auch unterschiedlich bestraft werden, führt dies einerseits unweigerlich zu Irritationen des (europäischen) Rechtsgefühls[1434]. Andererseits würde durch ein in den Rechtsfolgen von der Union harmonisiertes Sanktionenrecht mehr Akzeptanz unter den Mitgliedstaaten erzeugt, sodass die Union ihr primärrechtlich festgeschriebenes Rechtsprinzip (Art. 67 Abs. 3, 82 Abs. 1 AEUV) der gegenseitigen Anerkennung gerichtlicher Urteile wesentlich effektiver erfüllen könnte.[1435] Diesbezüglich ist anzumerken, dass der Grundsatz der Verhältnismäßigkeit (Art. 49 Abs. 3 GrCh) einer Auslieferung eines Beschuldigten aufgrund eines Europäischen Haftbefehls an einen Mitgliedstaat der Europäischen Union unter Umständen entgegenstehen kann, wenn die dem Beschuldigten drohende Strafe denselben unerträglich hart treffen würde.[1436]

Folglich sprechen auch Sinn und Zweck des Art. 83 Abs. 1 AEUV in Korrelation mit dem Grundsatz der Verhältnismäßigkeit nach Art. 49 Abs. 3 GrCh – entgegen der herrschenden Meinung – dafür, eine strafrechtsangleichende Funktion der unionsrechtlichen Mindeststrafenobergrenze bezüglich der mitgliedstaatlichen Rechtsanwendung anzuerkennen. Es stellt sich jedoch die Frage, wie diese für die Mitgliedstaaten unmittelbar nicht verbindliche „weiche" Obergrenze in der Strafrechtsanwendung Berücksichtigung finden kann, um der von der Union beabsichtigten strafrechtlichen Harmonisierung der Rechtsfolgen Genüge zu tun.

C. Die unionsrechtskonforme Bestimmung der Strafzumessungsschuld

Da aufgrund der Geltung des vertikalen Kohärenzprinzips eine unmittelbare Wirkung der Mindeststrafenobergrenze nicht in Betracht kommt, sodass im

1433 Vgl. Bericht der Kommission über die Umsetzung des Rahmenbeschlusses 2004/757/JI, KOM (2009), 669 endg. S. 4 ff.; exemplarisch diesbzgl. das Vorabentscheidungsverfahren vor dem EuGH: EuGH Beschl. v. 06.11.2017 – C-510/17, vgl. ABl. C 374/20; daran anschließend Beschluss des Präsidenten der Zweiten Kammer des EuGH v. 24.01.2019 – 2019/C 172/27, vgl. ABl. C 172/23 v. 20.05.2019.

1434 Grabitz/Hilf/Nettesheim/*Vogel/Eisele* 78. EL, Art. 83 AEUV, Rn. 39.

1435 So auch *Satzger* ZIS 2009, 691; vgl. Grünbuch über die Angleichung, die gegenseitige Anerkennung und die Vollstreckung strafrechtlicher Sanktionen in der Europäischen Union vom 30.04.2004, Kom (2004) 334 endg. S. 10.

1436 Vgl. OLG Zweibrücken, StV 1996, 105; OLG Stuttgart NJW 2010, 1617 f.

Ergebnis die von den Mitgliedstaaten festgelegten Strafrahmen weiterhin Gültigkeit beanspruchen können, verbleibt lediglich, die rechtsfolgenharmonisierende Funktion des Unionsrechts im Bereich der nationalen Strafzumessung der jeweiligen Gerichte zur Anwendung kommen zu lassen.[1437] Jedoch sind der Rechtsangleichung auf Strafzumessungsebene im StGB ebenfalls gewisse Grenzen gesetzt. So muss jede Strafe im Einzelfall tat- und schuldangemessen sein (§ 46 Abs. 1 StGB).[1438] Dieser Grundsatz der Strafzumessung darf auch durch das Unionsrecht nicht angetastet werden. Abstrakter Ausgangspunkt der Findung einer tat- und schuldangemessenen Strafe ist der gesetzlich bestimmte Strafrahmen eines jeden Delikts. Da das deutsche Strafrecht – mit Ausnahme der lebenslangen Freiheitsstrafe – insgesamt, also so auch für die Delikte des Betäubungsmittelstrafrechts, jeweils einen Strafrahmen eröffnet, werden die Grenzen der richterlichen Strafzumessung durch das Gesetz selbst programmatisch festgelegt.[1439] Durch diese Orientierungsfunktion der Strafrahmen wird die Bedeutung bzw. der Rang der Verbotsnorm innerhalb unserer Sozialordnung grob charakterisiert.[1440] An diese vom Gesetzgeber vorgegebene, allgemeine Wertung der Schwere des verwirklichten Unrechts ist das Gericht grundsätzlich gebunden und hat seine Strafzumessungsentscheidung daran auszurichten.[1441] Folglich muss es seine eigene Wertauffassung dem Wertmaßstab des Gesetzes zwingend unterordnen. Jedoch soll nach dem Großen Senat für Strafsachen das Gericht gleichwohl nicht daran gehindert sein, in Ausnahmefällen von den gesetzlichen Strafrahmen abzuweichen, wenn sich dies aus der Verfassung (insbesondere dem Verhältnismäßigkeitsprinzip) oder aus anderen, dem einzelnen Strafgesetz übergeordneten Normen zwingend ergibt.[1442]

Im Gegensatz zur soeben zitierten Entscheidung des Großen Senats – bezüglich der Strafzumessungs- bzw. Straffolgenlösung beim Mordmerkmal der

---

1437 So erwartet *Hecker* Europäisches Strafrecht, S. 266: „gewisse Angleichungseffekte in der mitgliedstaatlichen Sanktionspraxis"; zust. Sieber/Satzger/v. Heintschel-Heinegg/*Satzger* § 10 Rn. 34; vgl. Bericht der Kommission über die Umsetzung des Rahmenbeschlusses 2004/757/JI, KOM (2009), 669 endg. S. 5.

1438 St. Rspr. BVerfGE 25, 269 (286); 123, 267 (413); 140, 317 (341); BGHSt 20, 265 f.; BGH NJW 1987, 2685 f.; m. w. N. *Fischer* § 46 StGB, Rn. 5.

1439 Sch/Sch/*Kinzig* Vor. §§ 38 ff. Rn. 42; *Bruns/Güntge* S. 40 ff.

1440 BVerfGE 25, 269 (286); SK-StGB/*Horn/Wolters* § 46 Rn. 51; *Bruns* Leitfaden 46 ff.

1441 BGHSt 24, 173 (178); *Bruns/Güntge* S. 40 f.; SK-StGB/*Horn/Wolters* § 46 Rn. 52.

1442 BGHSt 30, 105 (121); SK-StGB/*Horn/Wolters* § 46 Rn. 52; abl. *Bruns/Güntge* S. 41.

Heimtücke[1443] – liegt bezüglich der durch den EU-Rahmenbeschluss unionsrechtlich festgelegten Mindeststrafenobergrenzen kein Fall des Judizierens contra legem[1444] vor, da die Mindeststrafenobergrenzen des EU-Rahmenbeschlusses stets hinter den nationalen Strafrahmenobergrenzen der §§ 29 ff. BtMG zurückbleiben. Insofern würde eine Strafzumessung unter Beachtung von Art. 4 EU-Rahmenbeschluss weder die untere noch die obere Grenze der gesetzlichen Strafrahmen überschreiten, das Gericht müsste sich folglich auch nicht über den durch das Gesetz eindeutig festgelegten Strafrahmen hinwegsetzen. Eine Berücksichtigung der unionsrechtlichen Mindeststrafenobergrenzen würde allenfalls die Orientierungsfunktion der nationalen Strafrahmen zur Bestimmung der abstrakten Unrechts- und Schuldschwere[1445] relativieren. Die untere und obere Strafrahmenhöhe stellen, wie bereits angedeutet, nicht nur die absolute Grenzen einer schuldangemessenen Strafe dar, sondern umschreiben gleichzeitig abstrakt die Schuld im leichtesten bzw. im schwersten Fall.[1446] Diese Orientierungsfunktion wird durch die unionsrechtlich abgesenkte Mindeststrafenobergrenze modifiziert.

Auf die hergebrachte Dogmatik der Strafzumessung bezogen, hat diese Auffassung zur Konsequenz, dass nicht die absoluten Strafrahmen – und somit auch nicht die gesetzgeberische Wertentscheidung – als Ausgangspunkt der Strafzumessungsentscheidung angetastet werden sollen, sondern lediglich die sogenannte Strafzumessungsschuld – von der herrschenden Meinung abweichend – unter Berücksichtigung der unionsrechtlichen Obergrenzen zu bestimmen ist.[1447]

Bei der konkreten Einordnung der Tat innerhalb des Strafrahmens nach dem Maß der Strafzumessungsschuld kommt dem Gericht tatsächlich ein gewisser Beurteilungsspielraum zu. Gemäß der sogenannten „Spielraumtheorie" der herrschenden

1443 Dagegen zutreffend Arzt/Weber/Heinrich/*Hilgendorf* § 2, Rn. 17 f.; Maurach/Schroeder/Maiwald/*Hoyer*/Momsen § 2 Rn. 27, 46; *Hassemer* JZ 1983, 967 f.; *Kargl* StraFo 2001, 365 (370); weitere Nachweise bei *Fischer* § 211 StGB, Rn. 47.

1444 Zur Contra-legem-Grenze: EuGH EuZW 2005, 433 (435); EuGH, Urt. v. 29.06.2017 – C-579/15 (Popławski), BeckRS 2017, 114684; *Zöller* JZ 2010, 908 (912); Böse/*Heger* Europäisches Strafrecht, S. 223 f.; *Wehner* NJW 2005, 3760 f.; *Gärditz/Gusy* GA 2005, 225 (233); *Weber* Handeltreiben, S. 184; teilw. abw. *Röcker* S. 216 ff.

1445 Vgl. BVerfGE 105, 135 (156); Sch/Sch/*Stree/Kinzig* Vor. §§ 38 StGB, Rn. 44.

1446 BGHSt 27, 2 (3); SK-StGB/*Horn/Wolters* § 46 Rn. 107; *Schäfer/Sander/van Gemmeren* Rn. 1165; Körner/*Patzak* Vor. §§ 29 BtMG, Rn. 67.

1447 So nur *Satzger* Internationales und europäisches Strafrecht, S. 200.

Auffassung[1448] wird nach der Strafrahmenwahl im Wege einer erneuten Gesamtbewertung aller strafzumessungserheblichen Umstände ein Schuldrahmen bestimmt, innerhalb dessen alle Strafhöhen vom Gericht schuldangemessen verhängt werden können. Demnach erfasst die Strafzumessungsschuld neben dem Maß der Vorwerfbarkeit des tatbestandsmäßigen Unrechts auch, wie stark der Täter durch die Tat die Rechtsordnung gestört hat.[1449]

Im Rahmen der Strafzumessungsschuld ist die unionsrechtskonforme Strafzumessung dogmatisch zu integrieren, können die durch das Unionsrecht ausgeformten, nach oben begrenzten unionsrechtlichen Mindeststrafenobergrenzen ihre Wirkung entfalten.[1450] Im Unionsrecht ist schließlich anerkannt, dass auch die nationalen Gerichte unter Berücksichtigung des gesamten innerstaatlichen Rechts und unter Anwendung der dort anerkannten Auslegungsmethoden alles tun müssen, was in ihrer Zuständigkeit liegt, um die volle Wirksamkeit des Unionsrechts zu gewährleisten und zu einem Ergebnis zu gelangen, das mit dem vom Unionsrecht verfolgten Ziel (bestmöglich) in Einklang steht.[1451] Bezüglich der Strafzumessung wird der EuGH sogar noch konkreter: Es sei Aufgabe des nationalen Gerichts, „von seiner richterlichen Beurteilungsfreiheit Gebrauch zu machen, um zu einer Ahndung zu gelangen, die dem Charakter und dem Zweck der gemeinschaftsrechtlichen Vorschriften angemessen ist."[1452]

Wie *Satzger* zutreffend herausgearbeitet hat, kann die grundfreiheitliche Relevanz des pönalisierten (Täter-)Verhalten (z. B. die diskriminierende Behandlung

---

1448 BGHSt 7, 28 (32); 24 132 f.; BGH StV 1993, 638 (639); Maurach/Gössel/*Zipf/Dölling* AT § 62 Rn. 3; *Fischer* § 46 StGB, Rn. 20; m. w. N. *Schäfer/Sander/van Gemmeren* Rn. 886; *Bruns/Güntge* S. 121 ff.; krit. *Frisch* ZStW 99 (1987) 349 (361 ff.); a. A. SK-StGB/*Horn/Wolters* § 46 Rn. 34.

1449 BGHSt 20, 264 (266); Sch/Sch/*Kinzig* § 46 StGB, Rn. 8; Lackner/Kühl/*Heger* § 46 StGB, Rn. 23 ff.; *Bruns* S. 145 f.; *Maurach/Zipf* AT I § 30, Rn. 2; *Schäfer/Sander/van Gemmeren* Rn. 575; *Satzger* Europäisierung S. 633; teilw. krit. *Frisch* ZStW 99 (1985) 349 (384 ff.).

1450 So auch *Satzger* Internationales und europäisches Strafrecht, S. 200; *Satzger* Europäisierung, S. 633.

1451 EuGH, Urt. v. 05.10.2004 – C-397/01 („Pfeiffer"), BeckRS 2004, 78014, Rn. 118; bzgl. der (früheren) rahmenbeschlusskonformen Auslegung vgl. EuGH, Urt. v. 16.06.2005 – C-105/03 („Pupino"), NJW 2005, 2839 (2841); EuGH, Urt. v. 05.09.2012 – C-42/11 („Lopes Da Silva Jorge"), NJW 2013, 141 (144); zust. *Röcker* S. 201, 209; *Böhm* NStZ 2017, 77.

1452 EuGH, Urt. v. 14.07.1977 – Rs. 8/77, NJW 1977, 1579; i. E. zust. Satzger Internationales und europäisches Strafrecht, S. 200.

von EU-Ausländern bezüglich strafbarer Handlungen[1453]) die Bestimmung der Strafzumessungsschuld insofern beeinflussen, dass diese der Höhe nach zu beschränken ist, um eine diskriminierende Wirkung der angedrohten Sanktion im Einzelfall zu unterbinden. Dies ist gerechtfertigt, da durch die grundfreiheitliche Relevanz des Täterverhaltens sowohl das Handlungs- als auch das Erfolgsunrecht der Tat gemindert und somit die Rechtsordnung nicht stärker als durch eine Handlung eines EU-Inländers beeinträchtigt wurde.[1454]

Diese die nationalstaatliche Strafzumessung begrenzende Funktion ist jedoch nicht nur auf einen grundfreiheitlichen Bezug zu beschränken, sondern kann darüber hinaus auch dann zur Anwendung kommen, wenn Aspekte der justiziellen Zusammenarbeit im Rahmen des Raumes der Freiheit, der Sicherheit und des Rechts (Art. 3 Abs. 2 EUV; Art. 67, 82 ff. AEUV) betroffen sind. Nicht ohne Grund wird der Raum der Freiheit, der Sicherheit und des Rechts in Art. 3 Abs. 2 EUV – der Grundnorm des EU-Integrationsprogramms – als ein verbindliches Ziel der Union genannt. Mit der Aufnahme dieses Ziels in Art. 3 Abs. 2 EUV haben die Mitgliedstaaten deutlich gemacht, dass die polizeiliche und justizielle Zusammenarbeit in den nächsten Jahren eine zentrale Position im weiteren Verlauf der Integration einnehmen wird.[1455] Diese verbindliche Zielbestimmung kann sich im Rahmen der Ermittlung der Strafzumessungsschuld dahingehend auswirken, dass durch eine Anerkennung der Harmonisierungsintention der Union die verwirklichte Schuld des Täters als weniger intensiv erscheint. Ferner würde durch eine vom Unionsrecht teilweise harmonisierte nationalstaatliche Strafzumessung der in Art. 82 Abs. 1 AEUV niedergelegte Grundsatz der gegenseitigen Anerkennung gerichtlicher Urteile für die Mitgliedstaaten so eingriffsschonend wie möglich erfüllt werden. Folglich erscheint es auch gerechtfertigt, dass staatliche Stellen der Mitgliedstaaten auch dieses unionsrechtliche (Grund-)Ziel im Rahmen der unionsrechtskonformen Auslegung zugunsten des Beschuldigten zukünftig adäquat zu berücksichtigen haben.

Fraglich ist allerdings, in welchem Maß und in welcher Form diese Berücksichtigung von den Mitgliedstaaten zu erfolgen hat. Wie bereits dargelegt wird durch die strafrechtsangleichende Funktion der Mindeststrafenobergrenzen (infolge der Bezugnahme auf das entsprechende unionsrechtliche Strafniveau)

1453 Vgl. *Satzger* Internationales und europäisches Strafrecht, S. 146 ff.; eingeh. zu den Grund-(bzw. Markt-)freiheiten: *Herdegen* Europarecht, S. 319 ff.

1454 *Satzger* Internationales und europäisches Strafrecht, S. 200; *Satzger* Europäisierung, S. 633.

1455 Grabitz/Hilf/Nettesheim/*Terhechte* 78. EL, Art. 3 EUV, Rn. 33.

das Unrecht leitbildartig-abstrakt charakterisiert. Insofern folgt daraus, dass der europäische Normgeber das mit diesen Delikten abstrakt verwirklichte Handlungs- und Erfolgsunrecht durch die geringeren unionsrechtlichen Mindeststrafenobergrenzen milder als der deutsche Gesetzgeber bewertet hat. Dieser Umstand ist im Rahmen der Bestimmung der Strafzumessungsschuld insofern zu berücksichtigen, als dass für den Regelfall der von den Gerichten abzuurteilenden Taten die unionsrechtliche Mindeststrafenobergrenze zunächst als erster Orientierungspunkt heranzuziehen ist.

Lediglich in den Fällen, in denen diese Sanktion sich als nicht mehr schuldadäquat erweisen sollte, ist auf die (höhere) nationale Strafrahmenobergrenze zurückzugreifen. Hierzu sind die Mitgliedstaaten – wie bereits erörtert – aufgrund der Geltung des vertikalen Kohärenzprinzips auch befugt.

Eine solche Überschreitung der unionsrechtlichen (strafniveaubedingten) Strafobergrenze ist jedoch nur dann gerechtfertigt, wenn erhebliche Strafschärfungsgründe die Überschreitung indizieren. In solchen Fällen würde eine die unionsrechtliche Mindeststrafenobergrenze überschreitende Sanktion nämlich nicht unverhältnismäßig im Sinne von Art. 49 Abs. 3 GrCh erscheinen, da die Schwere des verwirklichten Unrechts einer Unverhältnismäßigkeit entgegenstünde. Diese Auffassung erfordert vom Gericht, nicht lediglich die „erheblichen" strafschärfenden Strafzumessungserwägungen im Urteil zu nennen, sondern auch den Ausnahmecharakter der Strafzumessungsentscheidung unter Einbezug von Verhältnismäßigkeitserwägungen (gegebenenfalls auch mit dem Verweis auf die unionsrechtlichen Vorgaben) hinreichend zu begründen. Mit anderen Worten muss die Abweichung vom unionsrechtlich geformten Leitbild aus der Strafzumessungsentscheidung hervorgehen, wobei nicht zwingend erforderlich ist, dass das Gericht die unionsrechtliche Dimension der Strafzumessungsentscheidung zutreffend erkannt und im Urteil erörtert hat. Ausreichend ist vielmehr, dass der Ausnahmecharakter einer die unionsrechtliche Mindeststrafenobergrenze übersteigenden Sanktion in der Entscheidung deutlich wird. Diese gesteigerten Begründungsanforderungen bei der Strafzumessung sind nicht neuartig. So ist bereits anerkannt[1456], dass, je mehr sich die Strafe dem Höchstmaß nähert, die tragenden Strafzumessungserwägungen desto ausführlicher begründet werden müssen. Demnach ist es umso notwendiger, „die Abweichung vom Üblichen" plausibel und anhand der Besonderheiten des jeweiligen Einzelfalles zu begründen.[1457]

1456 BGH StV 1983, 102; BGH StV 1986, 57; BGH NStZ-RR 2011, 5.

1457 SK-StGB/*Horn*/*Wolters* § 46 Rn. 107.

Der praktische Vorteil der hier vertretenen – aus dem Unionsrecht abgeleiteten – Auffassung liegt auf der Hand: Durch die unionsrechtlich festgelegte Mindeststrafenobergrenze wird das Näheverhältnis zum nationalen Strafrahmenhöchstmaß und somit der Grundsatz der Verhältnismäßigkeit der konkreten Sanktion auf ein eindeutiges numerisches Fundament gestellt. Insofern wird durch die unionsrechtliche Vorgabe zur Strafrahmenobergrenze hinreichend bestimmt, in welchen Fällen die Strafzumessungsentscheidung durch das Gericht besonders intensiv begründet werden muss. Aus den näher darzulegenden besonderen Gründen muss demnach hervorgehen, warum diese erhebliche Freiheitsstrafe im Einzelfall erforderlich und verhältnismäßig ist. Dies kommt zum einen dem Verurteilten und somit der Einzelfallgerechtigkeit zugute, zum anderen verschafft es dem Gericht die (Rechts-)Sicherheit, die revisionsrechtlichen Begründungsanforderungen an die Strafzumessungsentscheidung erfüllt zu haben.

D. Die konkrete Anwendung der vorgenannten Strafzumessungsgrundsätze auf die §§ 29 ff. BtMG

Das BtMG sieht für das „einfache" unerlaubte Handeltreiben nach § 29 Abs. 1 S. 1 Nr. 1 BtMG eine Freiheitsstrafe von bis zu fünf Jahren vor. Nach Art. 4 Abs. 1 S. 2 EU-Rahmenbeschluss wird die Mindeststrafenobergrenze auf drei Jahre Freiheitsstrafe für alle in Art. 2 genannten Straftaten bestimmt. Wie bereits erörtert, wird durch die extensive Auslegung des unerlaubten Handeltreibens sichergestellt, dass § 29 Abs. 1 BtMG insgesamt die Vorgaben des Rahmenbeschlusses erfüllt. Aufgrund dieser konservierenden – die einzelnen strafbaren Handlungen nach Art. 2 Abs. 1 EU-Rahmenbeschluss integrierenden – Funktion des unerlaubten Handeltreibens muss die Mindeststrafenobergrenze von Art. 4 Abs. 1 S. 2 EU-Rahmenbeschluss auch für das unerlaubte Handeltreiben Anwendung finden, obwohl diese Begehungsform im Beschluss selbst nicht genannt wird. Demnach muss die Verhältnismäßigkeit einer Freiheitsstrafe von mehr als drei Jahren für das (einfache) unerlaubte Handeltreiben mit Betäubungsmitteln vom Gericht im konkreten Einzelfall in den Urteilsgründen besonders intensiv dargelegt werden. Da mit dem unerlaubten Handeltreiben – im Verhältnis zu den übrigen Begehungsformen des § 29 Abs. 1 BtMG – grundsätzlich ein gesteigertes Unrecht einhergeht, müssen die strengeren Begründungsanforderungen erst recht für die übrigen (schwächeren) Tathandlungen gelten. Folglich ist die aus dem Unionsrecht abgeleitete numerische Konkretisierung der Darlegungsanforderungen für eine unionsrechtskonforme Strafzumessungsentscheidung

(Freiheitsstrafe über drei Jahre) auf alle in § 29 Abs. 1 BtMG genannten Tathandlungen anzuwenden.

Durch die Qualifikation des unerlaubten Handeltreibens nach § 29a Abs. 1 Nr. 2 BtMG (Handeltreiben in nicht geringer Menge) wird der Strafrahmen (Freiheitsstrafe zwischen einem bis zu 15 Jahren[1458]) deutlich angehoben. Demgegenüber wird durch Art. 4 Abs. 2 a) EU-Rahmenbeschluss die obere Mindeststrafenobergrenze für das unerlaubte Handeltreiben mit großen (Betäubungsmittel-)Mengen bei zehn Jahren Freiheitsstrafe angesiedelt. Demnach hat ein Gericht, sofern es für den Verstoß nach § 29a Abs. 1 Nr. 2 BtMG im konkreten Einzelfall eine höhere Freiheitsstrafe als zehn Jahre erwägt, intensiv zu prüfen, ob die Überschreitung der unionsrechtlichen Mindeststrafenobergrenze in diesem Ausnahmefall noch erforderlich und verhältnismäßig ist und die tragenden Erwägungen in den Urteilsgründen näher darzulegen.

E. Zwischenergebnis

Zusammenfassend ist festzuhalten, dass die von § 29 Abs. 1 BtMG und § 29a Abs. 1 Nr. 2 BtMG bestimmten Strafrahmen zwar die in Art. 4 Abs. 1 S. 2 und Abs. 2 EU-Rahmenbeschluss normierte Mindeststrafenobergrenze signifikant überschreiten, diese Normen des nationalen Rechts aber gleichwohl unionsrechtskonform sind. Um eine tatsächliche Harmonisierung des BtMG nicht nur auf tatbestandlicher Ebene, sondern auch bezüglich der zu verhängenden Strafen zu erzielen, ist diese Sanktionsdivergenz im Rahmen der Bestimmung der Strafzumessungsschuld (unionsrechtskonform) auszugleichen. Hierbei fungiert die im EU-Rahmenbeschluss aufgeführte Mindeststrafenobergrenze für das Gericht zur Bestimmung der Strafzumessungsschuld als Indiz des Höchstmaßes der im Regelfall in Betracht kommenden Sanktion.

Da die Mitgliedstaaten durch den EU-Rahmenbeschluss jedoch nicht in ihrer absoluten Strafgewalt beschränkt werden, ist es (im Ausnahmefall) zulässig, auch die obere Grenze der unionsrechtlichen Mindesthöchststrafe zu überschreiten, sofern das verwirklichte Unrecht mit diesem unionsrechtlichen Sanktionsrahmen nicht adäquat erfasst werden kann. Sollte ein Gericht erwägen, für eine strafbare Handlung nach § 29 Abs. 1 BtMG (bzw. nach § 29a Abs. 1 Nr. 2 BtMG) eine Freiheitsstrafe über drei (bzw. zehn) Jahre zu verhängen, hat es den Ausnahmecharakter der beabsichtigten Strafzumessungsentscheidung eingehend zu berücksichtigen und entsprechend im Urteil zu begründen, warum

---

1458 Vgl. § 38 Abs. 2 Var. 1 StGB.

in diesem Einzelfall eine Freiheitsstrafe in dieser Höhe erforderlich und auch verhältnismäßig ist.

Gerade bei einem tatbestandlich derart offen ausgestalteten Tatbestand wie dem unerlaubten Handeltreiben mit Betäubungsmitteln kommt der Strafzumessung eine besondere Bedeutung zu, um im konkreten Einzelfall eine schuldadäquate Strafe bestimmen zu können. Insofern erscheinen die erhöhten Prüfungs- und Begründungsanforderungen für die Strafzumessung bei den §§ 29 f. BtMG auch gerechtfertigt, da durch diese (relative weiche) Methode die teilweise erheblich voneinander abweichenden nationalstaatlichen Sanktionen effektiv harmonisiert werden können, ohne die Mitgliedstaaten in ihren legislativen Hoheitsrechten bzw. die Normadressaten in ihren Grundrechten ungebührlich zu beschränken.

Es obliegt letztlich dem Gesetzgeber, im Rahmen einer erneuten Novellierung des BtMG die Notwendigkeit der Überschreitungen der jeweiligen unionsrechtlichen oberen Mindeststrafenobergrenze eingehend zu überdenken. Um (unionsrechtswidrigen) Strafzumessungsentscheidungen vorzubeugen, wird dafür plädiert, die Strafrahmen der §§ 29 f. BtMG de lege ferenda mit den Vorgaben von Art. 4 Abs. 1 S. 2 und 2 EU-Rahmenbeschluss in Kongruenz zu bringen. Demnach wird vorgeschlagen, § 29 Abs. 1 S. 1 BtMG folgendermaßen neu zu fassen:

„Mit Freiheitsstrafe bis zu drei Jahren oder mit Geldstrafe wird bestraft, […]".

In Bezug auf § 29a Abs. 1 BtMG wird dem Gesetzgeber empfohlen, dieser Norm folgenden Nebensatz voranzustellen:

„Mit Freiheitsstrafe von einem Jahr bis zu zehn Jahren wird bestraft, […]".

Für die übrigen Tatbestände des BtMG dürfte die hier vorgeschlagene Absenkung des Sanktionsrahmens ebenfalls einen gewissen Anpassungsbedarf auslösen, um eine stimmige Abstufung des abstrakten Unrechts für alle Strafvorschriften des BtMG insgesamt zu erzielen. So wäre beispielsweise der Strafrahmen des § 29 Abs. 3 BtMG entsprechend (Freiheitsstrafe von einem Jahr bis zu zehn Jahren) herabzusetzen.

6. Teil Fazit und rechtspolitischer Ausblick

Im Rahmen dieser Untersuchung wurde ein gänzlich eigenständiger Begriff des unerlaubten Handeltreibens entwickelt. Durch dieses neuartige – anhand der tradierten Auslegungsmethoden abgeleitete – Begriffsverständnis können die mit der bisher herrschenden Definition des unerlaubten Handeltreibens notwendigerweise einhergehenden systematischen Friktionen weitgehend aufgelöst werden. Dies führt im Ergebnis dazu, dass die Strafvorschriften des BtMG untereinander bzw. deren Verhältnis zum Allgemeinen Teil des StGB auf ein dogmatisch stimmiges Fundament gestellt werden. Der hier entwickelte Begriff des unerlaubten Handeltreibens grenzt zwar die extensive Definition des unerlaubten Handeltreibens in einem gewissen Maß ein, im Ergebnis bleibt jedoch die vom Gesetzgeber beabsichtigte und im Gesetz angelegte tatbestandliche Weite weiterhin bestehen. Demnach kann auch mit dem hier entwickelten Begriff das (kriminalpolitische) Bedürfnis nach einem umfassenden Tatbestand, mit dem auch die Besonderheiten des (internationalen) Drogenhandels erfasst werden können – insbesondere die Bestrafung der Drahtzieher und Organisatoren des Betäubungsmittelhandels –, adäquat befriedigt werden. Hinzu tritt, dass die hier vorgeschlagene Lösung – im Gegensatz zur herrschenden Auffassung – auch im Hinblick auf das von der Norm geschützte Rechtsgut teleologisch begründet werden kann, wodurch das derzeit herrschende legitimatorische Defizit dieser Strafnorm geheilt wird. Im Zusammenhang mit dem Begriff des Handeltreibens wurden auch der Begriff des unerlaubten Betäubungsmittelbesitzes bzw. der Eigennützigkeit mit dieser Untersuchung neu konzipiert. Durch die Eingrenzung des subjektiven Tatbestandsmerkmals der Eigennützigkeit wurde eine (unrechtsadäquate) Abschichtung der Beteiligungsformen ermöglicht.

Da weder das unerlaubte Handeltreiben noch der Besitz von Betäubungsmitteln bzw. die Eigennützigkeit (als tragende Säulen der hier vertretenen Auslegung) im BtMG legaldefiniert sind, kann das in dieser Untersuchung entwickelte Begriffsverständnis bereits nach dem geltenden Recht zur Anwendung gebracht werden. Um semantische Unklarheiten ein für alle Mal auszuräumen und somit den Normappell im Sinne von Art. 103 Abs. 2 GG zu präzisieren, ist der Gesetzgeber angehalten, in das BtMG Legaldefinitionen des unerlaubten Handeltreibens, des unerlaubten Betäubungsmittelbesitzes sowie der Eigennützigkeit in dem hier vorgeschlagenen Sinne[1459] aufzunehmen. Gerade die an den

1459 Vgl. 3. Teil, B. II. 3. A) (1), C. bzw. 4. Teil, B. 2.

Tatbestand des unerlaubten Handeltreibens geknüpften erheblichen Strafandrohungen sprechen sehr dafür, dass der Normappell durch eine Legaldefinition hinreichend verdeutlicht wird, sodass den Normadressaten die außerordentliche Reichweite bzw. die strafrechtlichen Konsequenzen dieses (weiterhin stark) subjektivierten Straftatbestands eindrücklich vor Augen geführt werden und sie ihr Handeln daran entsprechend ausrichten können. De lege ferenda könnten diese Begriffe in einem neu einzuführenden § 2 Abs. 1 Nr. 5, 6 bzw. 7 BtMG legaldefiniert werden.

In Bezug auf das metaphorische Leitmotiv dieser Untersuchung ist – aufgrund der signifikanten Abweichung der vorgeschlagenen Lösung von der herrschenden Auffassung – festzuhalten, dass der Bergsteiger zweifellos nicht direkt an den ursprünglichen Ausgangspunkt seiner Reise zurückgefunden hat. Da die extensive Tendenz der Definition jedoch grundsätzlich beibehalten wurde und das hier vertretene Begriffsverständnis sogar de lege lata in das BtMG integriert werden kann, liegen Start und Ziel der Tour nicht weit voneinander entfernt, sodass die Abweichung vom ursprünglichen Rückweg nicht sonderlich ins Gewicht fällt. Retrospektiv kann sogar festgehalten werden, dass diese alternative Route deutlich sicherer, von der Routenführung stilvoller und unter weitestmöglichem Verzicht auf technische Hilfsmittel[1460] begangen werden konnte.

So wie bei jeder Bergtour lohnende Gipfel bzw. Routen, für deren Begehung keine Zeit oder Kraft mehr verblieb, für zukünftige Projekte ins Auge genommen werden, wird noch zu untersuchen sein, wie sich das Verhältnis des unerlaubten Handeltreibens im hier verstandenen Sinne zu den übrigen – ebenfalls auf das Handeltreiben rekurrierenden – Strafnormen (z. B. § 19 Abs. 1 Nr. 1 GÜG, § 95 Abs. 1 Nr. 4 AMG, § 18 Abs. 1 TPG, § 19 Abs. 1 Nr. 1 KrWaffKontrG, § 4 Abs. 1 Nr. 1 AntiDopG bzw. § 4 Abs. 1 Nr. 1 NpSG) gestalten wird. Inwieweit die teilweise leitbildgebende Funktion des BtMG für die übrigen nebenstrafrechtlichen Bereiche auch unter dem hier vertretenen Begriffsverständnis aufrechterhalten werden kann, muss weiteren Untersuchungen vorbehalten bleiben.

Die Forderung bzw. gesetzliche Umsetzung einer (Teil-)Legalisierung des Umgangs bzw. Handels mit Betäubungsmitteln stehen momentan deutlich im Fokus des politischen Diskurses. Die aktuelle Bundesregierung hat im Koalitionsvertrag diesbezüglich gesetzgeberischen Handlungsbedarf angekündigt.[1461]

1460 Beim Bergsteigen „by fair means" wird z. B. auf Fixseile, vorbereitete Lager und künstlichen Sauerstoff verzichtet, jedoch sind z. B. Sicherungsmittel, Eispickel und Steigeisen erlaubt.

1461 Vgl. Koalitionsvertrag zwischen SPD, Bündnis 90/Die Grünen und FDP, Bl. 87: „Wir führen die kontrollierte Abgabe von Cannabis an Erwachsene zu Genusszwecken in

Das Rechtsgutskonzept der Drogenverkehrshoheit ist – im Gegensatz zu den derzeit propagierten Universalrechtsgütern[1462] – durchaus dazu in der Lage, die teilweise Legalisierung von bestimmten Drogen (z. B. kontrolliertem (Klein-) Handel von Cannabis in einem „Coffee-Shop“) wesentlich transparenter zu legitimieren. Möglicherweise können die mit dieser Untersuchung erzielten Forschungsergebnisse im Rahmen der anstehenden (Weiter-)Reformierung des BtMG einen Beitrag leisten. Abschließend sollen die erarbeiteten Kernthesen retrospektiv zusammengefasst werden:

---

lizenzierten Geschäften ein.“, https://www.wiwo.de/downloads/27830022/8/koalitionsvertrag-2021-2025.pdf, abgerufen am 28.05.2023.

1462 Vgl. 2. Teil, E. VI. 2.

7. Teil Thesenübersicht

I. Das extensive Begriffsverständnis des unerlaubten Handeltreibens geht ursprünglich auf das Reichsgericht zurück und wurde vom BGH (sogar vom Großen Senat für Strafsachen) bzw. vom BVerfG im Ergebnis vollumfänglich bestätigt. Das unerlaubte Handeltreiben mit Betäubungsmitteln wird (mit unwesentlichen begrifflichen Abweichungen) als „jede eigennützige, auf den Umsatz von Betäubungsmitteln gerichtete Tätigkeit" definiert.[1463]

II. Der Gesetzgeber hat sich spätestens seit dem BtMG (1982) das extensive Begriffsverständnis des unerlaubten Handeltreibens zu eigen gemacht und dieses verschiedenen Gesetzgebungsvorhaben (zum Teil mit explizitem Verweis auf die Rechtsprechung) zugrunde gelegt.[1464]

III. Dieses weite Begriffsverständnis überschreitet zwar noch nicht die Wortlautgrenze[1465] und ist sowohl völker- als auch unionsrechtskonform[1466], führt jedoch durch die (extreme) Subjektivierung zu nicht mehr tolerierbaren systematischen Friktionen. So können weder das Verhältnis des unerlaubten Handeltreibens zum Anbau und zur Herstellung von Betäubungsmitteln noch die Deliktsverwirklichungsstufen[1467] bzw. die verschiedenen Beteiligungsformen trennscharf voneinander abgegrenzt werden[1468].

IV. Hinzu kommt, dass keines der von der herrschenden Auffassung genannten (scheinbaren) (Universal-)Rechtsgüter in der Lage ist, das extensive Begriffsverständnis vollumfänglich zu legitimieren.[1469]

V. Entgegen der herrschenden Auffassung kann dieses Legitimationsdefizit allenfalls durch das anzuerkennende Rechtsgut der staatlichen Drogenverkehrshoheit vermieden werden. Es soll ausschließlich dem Staat obliegen zu entscheiden, wer, wann, mit wem und unter welchen Voraussetzungen mit Betäubungsmitteln umgehen (sowie mit diesen Handel treiben) darf.[1470] Speziell für den nicht-medizinischen Zusammenhang (Genusskonsum von

1463 2. Teil, B. II. 1., 6.; C.
1464 2. Teil, A. II.; C.
1465 2. Teil, E. I. 3.
1466 2. Teil, E. IV., V.
1467 2. Teil, E. II. 2., 3.
1468 4. Teil, A. III.
1469 2. Teil, E. VI. 2., 3.
1470 3. Teil, A. II.

Betäubungsmitteln) wird die soziale Funktionseinheit der staatlichen Drogenverkehrshoheit durch die (gewinnmotivierte) unkontrollierte Weitergabe von Betäubungsmitteln sowie die Etablierung bzw. Stabilisierung eines illegalen Betäubungsmittelmarkts gefährdet. Der Schutzumfang des unerlaubten Handeltreibens ist folglich zumindest für den Bereich des Genusskonsums auf die Unterbindung der sogenannten Weitergabegefahr[1471] sowie der betäubungsmittelmarktspezifischen Gefahr beschränkt[1472].

VI. Um gegen diese beiden Gefahrenzustände einen wirksamen Strafrechtsschutz zu gewährleisten, ist das unerlaubte Handeltreiben folgendermaßen zu definieren:

Das unerlaubte Handeltreiben mit Betäubungsmitteln ist jede eigennützige, mit Betäubungsmittelbesitz ausgeführte Tätigkeit, welche auf den Umsatz dieser Betäubungsmittel gerichtet ist, sowie jede eigennützige (ausdrückliche oder konkludente) Willenserklärung mit Umsatzwillen, die auf den Abschluss eines Verpflichtungs- bzw. Vermittlungsgeschäfts über umzusetzende Betäubungsmittel gerichtet ist.

De lege ferenda sollte diese Definition in § 2 Abs. 1 Nr. 5 BtMG aufgenommen werden.[1473]

VII. Damit insbesondere im Rahmen der Weitergabegefahr nicht nur der unmittelbare Besitz, sondern auch der mittelbare bzw. der (Mit-)Besitz und somit – wie vom Gesetzgeber beabsichtigt – auch die Drahtzieher bzw. Organisatoren des (internationalen) Drogenhandels mit der Strafvorschrift erfasst werden können, ist der Begriff des Betäubungsmittelbesitzes folgendermaßen zu definieren:

Betäubungsmittelbesitz erfordert ein mit Herrsschaftsbewusstsein und -willen ausgeübtes körperliches oder geistiges Herrschaftsverhältnis, das eine (mittelbare) Einwirkungsmöglichkeit auf Betäubungsmittel beinhaltet und auf nennenswerte Dauer angelegt ist.

Dieses Begriffsverständnis zum Betäubungsmittelbesitz sollte ebenfalls als Legaldefinition in § 2 Abs. 1 Nr. 6 BtMG aufgenommen werden.[1474]

VIII. Dieser immer noch relativ weit gefasste Tatbestand des unerlaubten Handeltreibens ist in Fällen teleologisch zu reduzieren, in denen die abstrakte Weitergabegefahr bzw. betäubungsmittelspezifische Gefahr nicht (mehr) besteht und der Täter durch sein Verhalten Sicherheitsvorkehrungen getroffen hat,

1471 3. Teil, B. II. 1., 3. a).
1472 3. Teil, B. II. 2., 3. b).
1473 3. Teil C.
1474 3. Teil, B. II. 3. a) (1).

damit sich die ursprünglich existente abstrakte Gefahr gerade nicht zu einer konkreten Gefahr verdichten konnte.[1475]

IX. Dieses neu entwickelte Begriffsverständnis bewegt sich nicht nur innerhalb der Wortsinngrenze des Handeltreibens[1476], sie bewahrt dem Tatbestand – wie kriminalpolitisch gewünscht – prinzipiell seinen extensiven Charakter[1477].

X. Erst durch diese Definition wird der Tatbestand mit der norminternen Systematik – insbesondere dem Verhältnis zum Anbau, zur Herstellung und zum Besitz sowie zu den Begehungsformen des Klammerzusatzes in § 29 Abs. 1 S. 1 Nr. 1 BtMG – stimmig begründet.[1478] Lediglich die Tathandlung des Sich-Verschaffens in sonstiger Weise kann, auch wenn diese Begehungsform mit dem Willen vorgenommen wurde, dass die Betäubungsmittel später gewinnbringend umgesetzt werden sollen, das unerlaubte Handeltreiben noch nicht verwirklichen. Um eine stimmige norminterne Systematik herzustellen, ist de lege ferenda das Sich-Verschaffen aus § 29 Abs. 1 S. 1 Nr. 1 BtMG auszugliedern und als weitere Tathandlung in § 29 Abs. 1 S. 1 Nr. 3 BtMG aufzunehmen. Diese Vorschrift sollte folgendermaßen gefasst werden:

> *„Betäubungsmittel sich verschafft oder sie besitzt, ohne zugleich im Besitz einer schriftlichen Erlaubnis für den Erwerb zu sein,“*

XI. Durch diese Definition wird der Begriff des unerlaubten Handeltreibens zugleich mit objektiven Tatbestandsmerkmalen (Betäubungsmittelbesitz, die betäubungsmittelspezifische Verbindungshandlung bzw. die rechtsgeschäftliche Erklärung des Händlers) angereichert. Dadurch wird eine Abgrenzung von Vorbereitungshandlung, Versuch und Vollendung (wieder) gewährleistet.[1479] Auch können dadurch die Beteiligungsformen besser als mit der extensiven Begriffsauslegung voneinander unterschieden werden. Aufgrund dieses dogmatischen Zugewinns ist es gerechtfertigt, das (bemakelte) Bekenntnis des Gesetzgebers zur extensiven Begriffsauslegung in dem hier vorgeschlagenen begrenzten Umfang zu relativieren.

XII. Auch der von der Rechtsprechung entwickelte Bezugspunkt des Gesamtgeschäfts ist nicht geeignet, die Abgrenzung der Beteiligungsformen mit den allgemeinen Beteiligungsgrundsätzen in Einklang zu bringen. Bereits der Begriff

1475 3. Teil, B. III.
1476 3. Teil, D. I.
1477 3. Teil, D. III.
1478 3. Teil, D. II.1., 2.
1479 3. Teil, D. II. 3.

des sogenannten Gesamtgeschäfts ist nicht hinreichend klar, er agiert ferner ohne einen tatbestandlichen Anknüpfungspunkt und führt zu einer in dogmatischer Hinsicht abzulehnenden Einzelfallkasuistik.[1480]

XIII. Dagegen ist die hier vertretene Auffassung – durch eine begriffliche Objektivierung des Tatbestands – dazu in der Lage, die Tatherrschaft auch für das unerlaubte Handeltreiben zum primären Abgrenzungsmerkmal von Täterschaft und Teilnahme zu erheben.[1481] Die von der neueren Rechtsprechung initiierte „Vorzeichenumkehr" zugunsten der Beihilfe ist grundsätzlich zu begrüßen. Um diese dogmatisch stimmig mit dem Tatbestand zu verknüpfen und den allgemeinen Grundsätzen zur Beteiligung (§§ 25 ff. StGB) zu entsprechen, ist das derzeit ungeschriebene (subjektive) Tatbestandsmerkmal der Eigennützigkeit – entgegen der herrschenden Auffassung – folgendermaßen zu definieren:

> *Eigennützig im Sinne von § 29 Abs. 1 S. 1 Nr. 1 BtMG handelt ein Täter, der die tatbestandliche Handlung ausführt, um einen eigenen materiellen, messbaren Gewinn durch die wirtschaftliche Verwertung der umzusetzenden Betäubungsmittel zu erzielen.*[1482]

Soll folglich jemand nicht an der wirtschaftlichen Verwertung der umzusetzenden Betäubungsmittel (anteilig) beteiligt werden, wird diese Person nicht eigennützig tätig, sodass ein täterschaftliches Handeltreiben nicht mehr infrage kommt; selbstverständlich bleibt in diesem Fall eine Teilnahme (Anstiftung bzw. Beihilfe) möglich. Übereinstimmend mit der herrschenden Auffassung machen sich einfache Betäubungsmittelkuriere bzw. sogenannte „Bodypacker" regelmäßig lediglich wegen Beihilfe zum unerlaubten Handeltreiben strafbar. De lege ferenda sollte die obige Umschreibung der Eigennützigkeit in § 2 Abs. 1 Nr. 7 BtMG legaldefiniert werden.[1483]

XIV. Zur Bestimmung der Strafzumessungsschuld im Rahmen der § 29 Abs. 1 BtMG und § 29a Abs. 1 Nr. 2 BtMG hat sich der Rechtsanwender zunächst nicht am nationalen Strafhöchstmaß zu orientieren, sondern an der in Art. 4 Abs. 1 S. 2 EU-Rahmenbeschluss bzw. Art. 4 Abs. 2 EU-Rahmenbeschluss genannten Mindeststrafenobergrenze (Freiheitsstrafe bis zu drei Jahren bzw. bis zu zehn Jahren). Erst wenn dieser aufgrund der unionsrechtskonformen Schuldbewertung gebildete Sanktionsrahmen im Ausnahmefall nicht mehr schuldadäquat sein sollte, ist auf die nationalen Strafrahmen (Freiheitsstrafe bis zu fünf Jahren

---

1480 4. Teil, A. III.
1481 4. Teil, B. III.
1482 4. Teil, B. II. 2.
1483 4. Teil, B. II. 3.

bzw. 15 Jahren) zurückzugreifen. Diese vom Regelfall abweichende Strafzumessungsentscheidung hat das Gericht vor dem Grundsatz der Erforderlichkeit bzw. Verhältnismäßigkeit eingehend zu begründen.[1484]

XV. Um eine vollständige Harmonisierung der Strafzumessung bei Betäubungsmitteldelikten zu erreichen, ist der Gesetzgeber angehalten, de lege ferenda die nationalen Strafrahmen der §§ 29 Abs. 1, 29a Abs. 1 BtMG in ihrem Höchstmaß an die Vorgaben des EU-Rahmenbeschlusses anzupassen. In direkter Konsequenz ist der Strafrahmen des § 29 Abs. 3 BtMG auf Freiheitsstrafe bis zu zehn Jahren im Höchstmaß zu begrenzen.[1485]

1484 5. Teil, C.
1485 5. Teil, E.

www.ingramcontent.com/pod-product-compliance
Ingram Content Group UK Ltd.
Pitfield, Milton Keynes, MK11 3LW, UK
UKHW021830290926
8980IPUK00004B/373

9 783631 894682